新法科·核心课程系列教材

本书受上海市高水平地方高校（学科）建设项目资助

Private International Law

国际私法学

杜涛　主编

法律出版社
LAW PRESS·CHINA
北京

图书在版编目(CIP)数据

国际私法学 / 杜涛主编. -- 北京 : 法律出版社，2023

ISBN 978-7-5197-8095-1

Ⅰ. ①国… Ⅱ. ①杜… Ⅲ. ①国际私法-法的理论-高等学校-教材 Ⅳ. ①D997

中国国家版本馆 CIP 数据核字(2023)第 128923 号

国际私法学
GUOJI SIFAXUE

杜　涛 主编

责任编辑 陆帅文
装帧设计 臧晓飞

出版发行 法律出版社
编辑统筹 教育出版分社
责任校对 王晓萍
责任印制 刘晓伟
经　　销 新华书店

开本 710 毫米×1000 毫米 1/16
印张 30　　字数 572 千
版本 2023 年 9 月第 1 版
印次 2023 年 9 月第 1 次印刷
印刷 固安华明印业有限公司

地址:北京市丰台区莲花池西里 7 号(100073)
网址:www. lawpress. com. cn
投稿邮箱:info@ lawpress. com. cn
举报盗版邮箱:jbwq@ lawpress. com. cn

销售电话:010-83938349
客服电话:010-83938350
咨询电话:010-63939796

书号:ISBN 978-7-5197-8095-1　　定价:65. 00 元

明德崇法　华章正铸

——华东政法大学“十四五”规划教材系列总序

教材不同于一般的书籍，它是传播知识的主要载体，体现着一个国家、一个民族的价值体系，是教师教学、学生专业学习的重要工具，更是教师立德树人的重要途径。一本优秀的教材，不仅是教师教学实践经验和学科研究成果的完美结合，更是教师展开思想教育和价值引领的重要平台。一本优秀的教材，也不只是给学生打下专业知识的厚实基础，更是通过自身的思想和语言的表达，引导学生全方位地成长。

习近平总书记深刻指出：“当代中国的伟大社会变革，不是简单延续我国历史文化的母版，不是简单套用马克思主义经典作家设想的模板，不是其他国家社会主义实践的再版，也不是国外现代化发展的翻版，不可能找到现成的教科书。”新时代教材建设应当把体现党和国家的意志放在首位，要立足中华民族的价值观念，时刻把培养能够承担民族发展使命的时代新人作为高校教师编写教材的根本使命。为此，编写出一批能够体现中国立场、中国理论、中国实践、中国话语的有中国特色的高质量原创性教材，为培养德智体美劳全面发展的社会主义接班人和建设者提供保障，是高校教师的责任。

华东政法大学建校 70 年以来，一直十分注重教材的建设。特别是 1979 年第二次复校以来，与北京大学出版社、法律出版社、上海人民出版社等合作，先后推出了“高等学校法学系列教材（北大版）”“法学通用系列教材（上海人民版）”“法学案例与图表系列教材（法律版）”“英语报刊选读系列教材（北大版）”“研究生教学系列用书（北大版）”“海商法系列教材（北大版）”“新世纪法学教材（北大版、上海人民版）”等，其中曹建明教授主编的《国际经济法学概论》、苏惠渔教授主编的《刑法学》等教材荣获了司法部普通高校法学优秀教材一等奖；史焕章研究员主编的《犯罪学概论》、丁伟教授主编的《冲突法论》、何勤华教授与魏琼教授编著的《西方商法史》及我本人主编的《诉讼证据法学》等教材荣获了司法部全国法学教材与科研成果二等奖；苏惠渔教授主编的《刑法学》、何勤华教授主编的《外国法制史》获得了上海市高校优秀教材一等奖；孙潮教授主编的《立法学》获得“九五”普通高等教育国家级重点教材立项;杜志淳教授主编的《司法鉴定实验教程》、何勤华教授主编的《西方法律思想史(第二版)》和《外国法制史(第五版)》、高富平教授与黄武双教授主编的《房地产法学(第二版)》、高富平教授主编的《物权法讲义》、余素青教授主编的《大学英语教程:读写译1、2、3、4(政法类院校版)学生用书》、苗伟明副教授主编的《警察技能实训教程》等分别入选第一批、第二批"十二五"普通高等教育本科国家级规划教材;王立民教授副主编的《中国法制史(第二版)》荣获首届全国优秀教材二等奖。1996年以来,我校教师主编的教材先后获得上海市级优秀教材一等奖、二等奖、三等奖共计72项。2021年,由何勤华教授主编的《外国法制史(第六版)》、王迁教授主编的《知识产权法教程(第六版)》、顾功耘教授主编的《经济法教程(第三版)》、王莲峰教授主编的《商标法学(第三版)》以及我本人主编的《刑事诉讼法学(第四版)》等5部教材获评首批上海高等教育精品教材,受到了广大师生的好评,取得了较好的社会效果和育人效果。

进入新时代,我校以习近平新时代中国特色社会主义思想铸魂育人为主线,在党中央"新工科、新医科、新农科、新文科"建设精神指引下,配合新时代背景下新法科、新文科建设的需求,根据学校"十四五"人才培养规划,制定了学校"十四五"教材建设规划。这次的教材规划一方面力求巩固学校优势学科专业,做好经典课程和核心课程教材建设的传承工作,另一方面适应新时代的人才培养需求和教育教学新形态的发展,推动教材建设的特色探索和创新发展,促进教学理念和内容的推陈出新,探索教学方式和方法的改革。

基于以上理念,围绕新文科建设,配合新法科人才培养体系改革和一流学科专业建设,在原有教材建设的基础上,我校展开系统化设计和规划,针对法学专业打造"新法科"教材共3个套系,针对非法学专业打造"新文科"教材共2个套系。

"新法科"教材的3个套系分别是:"新法科·核心课程系列教材""新法科·法律实务和案例教学系列教材""新法科·涉外法治人才培养系列教材"。"新文科"教材的2个套系分别是:"新文科·经典传承系列教材"和"新文科·特色创新课程系列教材"。

"新法科"建设的目标,就是要解决传统法学教育存在的"顽疾",培养与时代相适应的"人工智能+法律"的复合型人才。这些也正是"新法科"3套系列教材的设计初心和规划依据。

"新法科·核心课程教材系列",以推进传统的基础课程和核心课程的更新换代为目标,促进法学传统的基础和核心课程体系的改革。"新法科"理念下的核心课程教材系列,体现了新时代对法学传统的基础和核心课程建设的新要求,通过对我国司法实践中发生的大量新类型的法律案件的梳理、总结,开阔学生的法律思维,提升学生适用法律的能力。

“新法科·法律实务和案例教学系列教材”，响应国家对于应用型、实践型人才的培养需要，以法律实务和案例教学的课程建设为基础，推进法学实践教学体系创新。此系列教材注重理论与实践的融合，培养真正能够解决社会需求的应用型人才；以“新现象”“新类型”“新问题”为挑选案例的标准和基本原则，以培养学生学习兴趣、提升学生实践能力为导向。通过概念与案例的结合、法条与案例的结合，从具体案情到抽象理论，让更多的学生明白如何在实践中解决疑难复杂问题，体会情、理与法的统一。

“新法科·涉外法治人才培养系列教材”，针对培养具有国际视野和家国情怀、通晓国际规则、能够参与国际法律事务、善于维护国家利益、勇于推动全球治理体系变革的高素质涉外法治人才的培养目标，以涉外法治人才培养相关课程为基础，打造具有华政特色的涉外法治人才培养系列教材。

“新文科·经典传承系列教材”，以政治学与行政学、公共事业管理、经济学、金融学、新闻学、汉语言文学、文化产业管理等专业的基础和主干课程为基础，在教材建设上，一方面体现学科专业特色，另一方面力求传统学科专业知识体系的现代创新和转型，注重把学科理论与新的社会文化问题、新的时代变局相联结，引导学生学习经典知识体系，以用于分析和思考新问题、解决新问题。

“新文科·特色创新课程系列教材”，以各类创新、实践、融合等课程为基础，体现了“新文科”建设提出的融合创新、打破学科壁垒，实现跨学科、多学科交叉融合发展的理念，在教材建设上突破“小文科”思维，构建“大文科”格局，打造具有华政特色的各类特色课程系列教材。

华东政法大学2022年推出的这5个教材系列，在我看来，都有如下鲜明的特点：

第一，理论创新。系列教材改变了陈旧的理论范式，建构具有创新价值的知识体系，反映了学科专业理论研究最新成果，体现了经济社会和科技发展对人才培养提出的新要求。

第二，实践应用。系列教材的编写紧密围绕社会和文化建设中亟需解决的新问题，紧扣法治国家、法治政府、法治社会建设新需求，探索理论与实践的结合点，让教学实践服务于国家和社会的建设。

第三，中国特色。系列教材编写的案例和素材均来自于中国的法治建设和改革开放实践，传承并诠释了中国优秀传统文化，较好地体现了中国立场、中国理论、中国实践、中国话语。

第四，精品意识。为保证本系列教材的高质量出版，我校遴选了各学科专业领域教学经验丰富、理论造诣深厚的学科带头人担任教材主编,选派优秀的中青年科研骨干参与教材的编写,组成教材编写团队,形成合力,为打造出高质量的精品教材提供保障。

当然,由于我校"新文科""新法科"的建设实践积累还不够丰厚,加之编写时间和编写水平有限,系列教材难免存在诸多不足之处。希望各位方家不吝赐教,我们将虚心听取,日后逐步完善。我希望,本系列教材的出版,可以为我国"新文科""新法科"建设贡献华政人的智慧。

是为序。

华东政法大学校长、教授　叶青

2022 年 8 月 22 日于华政园

前　言

国际私法是调整涉外民事法律关系并直接服务于涉外法治的一门学科，在实践中的运用越来越广泛。自2018年以来，国内外形势发生了巨大变化。尤其是2020年年初暴发的全球新冠疫情正在重塑世界政治经济格局。美国政府奉行单边主义政策，试图逆转全球化进程，并加大了对我国的战略竞争和打压力度。在严峻的国内外形势面前，党中央继续加强法治建设，于2018年3月在历史上第一次成立了专门的中央全面依法治国委员会。2019年2月25日，习近平总书记在中央全面依法治国委员会第二次会议上指出："要加快推进我国法域外适用的法律体系建设，加强涉外法治专业人才培养，积极发展涉外法律服务，强化企业合规意识，保障和服务高水平对外开放"。2020年2月5日，习近平总书记在中央全面依法治国委员会第三次会议上再次强调："要加强国际法治领域合作，加快我国法域外适用的法律体系建设，加强国际法研究和运用，提高涉外工作法治化水平"。

2020年5月28日《民法典》的颁布是我国立法史上划时代的事件。随着《民法典》的出台，我国涉外民事关系的立法和司法改革进程也将进入快车道。2019年3月15日颁布的《外商投资法》对我国的外商投资制度进行了根本性改革，奠定了我国新时代改革开放政策的法律基础。2019年修订的《证券法》第2条、2022年修正的《反垄断法》第2条、2022年颁布的《期货和衍生品法》第2条、2021年颁布的《个人信息保护法》第3条、2021年颁布的《数据安全法》第2条等都增加了域外适用规定。

我国涉外司法体制也进行了重大改革。2018年4月第十三届全国人民代表大会常务委员会第二次会议通过了《关于设立上海金融法院的决定》；2018年6月29日最高人民法院第一国际商事法庭、第二国际商事法庭分别在深圳和西安揭牌。杭州、北京和广州等地先后设立互联网法院。南京增设海事法院。根据第十三届全国人民代表大会常务委员会第十五次会议通过的《全国人民代表大会常务委员会关于授权最高人民法院在部分地区开展民事诉讼程序繁简分流改革试点工作的决定》，最高人民法院出台了《民事诉讼程序繁简分流改革试点方案》。

最高人民法院颁布了一系列有关涉外和涉我国香港特区、澳门特区和台湾地区民事审判的司法解释或司法解释性质文件,包括《最高人民法院关于设立国际商事法庭若干问题的规定》、《最高人民法院关于为海南全面深化改革开放提供司法服务和保障的意见》、《最高人民法院关于人民法院进一步为"一带一路"建设提供司法服务和保障的意见》、《最高人民法院关于人民法院为中国(上海)自由贸易试验区临港新片区建设提供司法服务和保障的意见》、《最高人民法院关于发布第22批指导性案例的通知》、《最高人民法院关于修改〈关于民事诉讼证据的若干规定〉的决定》、《最高人民法院关于适用〈中华人民共和国外商投资法〉若干问题的解释》、《最高人民法院关于依法妥善审理涉新冠肺炎疫情民事案件若干问题的指导意见(三)》、《最高人民法院关于北京、上海、广州知识产权法院案件管辖的规定》(2020年修正)、《最高人民法院关于涉外民事或商事案件司法文书送达问题若干规定》(2020年修正)、《最高人民法院关于涉外民商事案件诉讼管辖若干问题的规定》(2020年修正)、《最高人民法院关于适用〈中华人民共和国涉外民事关系法律适用法〉若干问题的解释(一)》(2020年修正)、《全国法院涉外商事海事审判工作座谈会会议纪要(2021)》等。最高人民法院与香港特别行政区和澳门特别行政区相继签署了《关于内地与香港特别行政区法院相互认可和执行民商事案件判决的安排》、《关于内地与香港特别行政区法院就仲裁程序相互协助保全的安排》、《关于内地与香港特别行政区相互执行仲裁裁决的补充安排(2021)》、《关于内地与香港特别行政区法院相互认可和执行婚姻家庭民事案件判决的安排》、《关于内地与澳门特别行政区就仲裁程序相互协助保全的安排》、《关于内地与澳门特别行政区法院就民商事案件相互委托送达司法文书和调取证据的安排》(2020年修正)等一系列新的双边司法协助安排。

上述新发展充分表明,当前世界国际政治经济环境深刻变化并不会改变人类社会全球化的总体发展趋势。中国人已经遍布全球,中国企业已经走向世界。我国法律业界也要转变观念,统筹推进国内法治和涉外法治,建设开放型法治国家,弘扬国际法治理念,为实现"两个一百年"奋斗目标和中华民族伟大复兴的中国梦打下坚实的法治基础。

本教材作为华东政法大学涉外法治系列教材之一,坚持以习近平新时代中国特色社会主义思想为指导,在归纳总结近十年我国司法实践基础之上,争取实现国际私法理论的中国化和实用化。需要特别说明的是,2020年5月28日,教育部发布《高等学校课程思政建设指导纲要》,要求全面推进课程思政建设,将价值观引导融合在知识传授和能力培养之中,帮助学生塑造正确的世界观、人生观、价值观。本教材在编写中坚持以马克思主义和习近平法治思想为指导,加快构建中国特色国际私法学科体系、学术体系、话语体系,帮助学生了解相关专业和行业领域的国家战略、法律法规和相关政策，引导学生深入社会实践、关注现实问题，培育学生经世济民、诚信服务、德法兼修的职业素养。

本书的分工如下：第一章（杜涛）；第二章（杜涛、李晶）；第三章（杜涛）；第四章（杜涛、王洪根）；第五章（杜涛、司文）；第六章（杜涛、王洪根）；第七章（杜涛、李晶）；第八章（杜涛、李晶）；第九章（杜涛、王洪根）；第十章（杜涛、赵艳坤）；第十一章（杜涛、赵艳坤）；第十二章（杜涛、司文）；第十三章（杜涛、张炳南）；第十四章（杜涛、张炳南）；第十五章（杜涛、赵艳坤）；第十六章（杜涛、张炳南）。全书由杜涛统稿校对。

本书的出版离不开法律出版社编辑认真细致的编辑工作，特致谢意！

杜　涛

2022 年 8 月于上海

目　录

第一章　国际私法总论

第一节　国际私法的调整对象

一、国际私法的概念

（一）国际私法的定义

习近平总书记2018年8月24日在中央全面依法治国委员会第一次会议上的讲话中提出："中国走向世界，以负责任大国参与国际事务，必须善于运用法治。"〔1〕习近平总书记2019年2月25日在中央全面依法治国委员会第二次会议讲话中首次使用了"涉外法治"这一名词："要加快推进我国法域外适用的法律体系建设，加强涉外法治专业人才培养，积极发展涉外法律服务，强化企业合规意识，保障和服务高水平对外开放。"〔2〕2019年10月31日中国共产党第十九届四中全会通过的中共中央《关于坚持和完善中国特色社会主义制度推进国家治理体系和治理能力现代化若干重大问题的决定》首次在中央文件中提出"涉外法治"的概念。习近平总书记2020年11月在中央全面依法治国工作会议讲话中进一步强调："要坚持统筹推进国内法治和涉外法治。要加快涉外法治工作战略布局，协调推进国内治理和国际治理，更好维护国家主权、安全、发展利益。要强化法治思维，运用法治方式，有效应对挑战、防范风险，综合利用立法、执法、司法等手段开展斗争，坚决维护国家主权、尊严和核心利益。要推动全球治理变革，推动构建人类命运共同体。"〔3〕

国际私法（international private law）就是专门调整涉外民事关系的一个法律部门，是用国内法手段解决跨国民事纠纷的一个古老而常新的法学学科。从字面上看，国际私法就是"国家之间的私法"，它主要解决以下三个方面的问题：（1）涉外民事诉讼的管辖权；（2）涉外民事法律关系的法律选择与法律适用；（3）外国判决和裁

〔1〕习近平：《加强党对全面依法治国的领导》，载《求是》2019年第4期。

〔2〕参见《完善法治建设规划提高立法工作质量效率　为推进改革发展稳定工作营造良好法治环境》，载《人民日报》2019年2月26日，第1版。

〔3〕《习近平在中央全面依法治国工作会议上强调　坚定不移走中国特色社会主义法治道路　为全面建设社会主义现代化国家提供有力法治保障》，载《人民日报》2020年11月18日，第1版。

决的承认与执行。国际私法的目标是实现涉外民商事交往的法治化。

(二)涉外因素

1. 涉外因素的概念

国际私法调整涉外民事关系。涉外民事关系中的“涉外”,是指民事关系具有“涉外因素”(foreign element, Auslandsbeziehung)。民事法律关系包含三个要素,即民事法律关系的主体、客体和内容。因此,“涉外民事法律关系”就是在民事法律关系三要素中,至少有一个要素与外国具有联系,包括主体涉外、客体涉外、内容涉外等。

最高人民法院2012年制定、2020年修正的《关于适用〈中华人民共和国涉外民事关系法律适用法〉若干问题的解释(一)》[1](以下简称《法律适用法解释一》)第1条对涉外民事关系做了扩大解释。民事关系具有下列情形之一的,人民法院可以认定为涉外民事关系:(1)当事人一方或双方是外国公民、外国法人或者其他组织、无国籍人;(2)当事人一方或双方的经常居所地在中华人民共和国领域外;(3)标的物在中华人民共和国领域外;(4)产生、变更或者消灭民事关系的法律事实发生在中华人民共和国领域外;(5)可以认定为涉外民事关系的其他情形。[2]

2. 涉外因素的复杂性

当今世界全球化的发展,使得涉外性越来越复杂。实践中应当结合具体情况分别进行判断。

(1)隐藏的涉外案件

法官在审理案件前就去判断案件是否涉外,容易陷入先入为主的陷阱。案件尚未经过实体审理,仅凭初步证据作出的判断可能产生错误,导致很多涉外案件未被发现。[3] 由于案情的发展是逐步深入的,一开始被认为不具有涉外性的案件,很可能随着案件审理的进展,被发现具有涉外关系,此时可能导致案件重审。另外,在案件审理过程中,因追加当事人或者第三人而使得案件具有涉外因素的,也会导致该案件成为涉外案件。比如,外国银行中国分行与我国当事人之间缔结的合同是否属

---

[1] 法释[2012]24号,2012年12月10日由最高人民法院审判委员会第1563次会议通过,自2013年1月7日起施行。

[2] 2015年发布、2022年修正的《最高人民法院关于适用〈中华人民共和国民事诉讼法〉的解释》第520条所规定的“涉外民事案件”的判断标准与此相同。

[3] 实践中,未被发现的涉外案件比比皆是。我国很多法院在审判中都有意无意地忽略了案件中的涉外因素,直接将其作为一般国内案件进行处理。为了解决这一问题,最高人民法院要求各地法院建立专门的涉外审判庭,对涉外案件进行集中管辖。但并非所有涉外民事案件都由涉外审判庭审理。其他非涉外审判庭也审理很多涉外案件,比如婚姻家庭审判庭、知识产权审判庭等。这些案件往往都被作为一般国内案件处理,未被统计为涉外案件。比如最高人民法院民四庭只审理涉外商事海事案件,而不审理涉外婚姻家庭继承和知识产权案件。最高人民法院主办的中国涉外商事海事审判网也只发布涉外商事海事判例。参见 http://www.ccmt.org.cn/。

于涉外合同,在实践中就有争议。[1] 2016 年 12 月,最高人民法院发布《关于为自由贸易试验区建设提供司法保障的意见》,规定自贸试验区内注册的外商独资企业相互之间约定将商事争议提交域外仲裁的,不应仅以其争议不具有涉外因素为由认定相关仲裁协议无效。[2]

(2)虚假的涉外案件

有些表面上具有涉外因素的案件,实际上并不是真正的涉外案件,不需要国际私法的调整。戚希尔和诺斯就认为,按照英国 1977 年《不公平合同条款法》第 26 条的规定,如果两个同国籍人,即使在外国缔结了一个纯粹是由他们双方在国内履行的合同,这份合同并不是国际合同。[3] 例如两个中国人在泰国旅游期间订立的一份在中国履行的合同。

(3)特殊类型的涉外案件

在涉外保险中,我国保险业界对于涉外保险业务是做扩大解释的。除了保险关系当事人为外国人、保险标的位于国外之外的保险,在中国境内设立的三资企业所投的各种保险也被视为涉外保险,外国人在中国境内承包的项目所投的保险也是涉外保险,中国保险公司与中国从事涉外活动的企业或个人订立的保险合同也是涉外保险。例如,中国远洋公司与国内保险公司订立的货物运输保险合同,出国人员的人身保险合同等。[4] 但这些保险合同并不一定符合"三要素"标准。

在票据法领域,对"涉外票据"的判断有特殊规定。例如我国《票据法》第 94 条第 2 款规定:"前款所称涉外票据,是指出票、背书、承兑、保证、付款等行为中,既有发生在中华人民共和国境内又有发生在中华人民共和国境外的票据。"可见,票据关系中当事人的国籍并非判断涉外性的标准。如果票据的所有行为均在我国境内发生,仅开票人或背书人是外国人,则该票据仍然是国内票据而非国际票据。

2003 年 6 月 10 日商务部颁布的《关于外商投资举办投资性公司的规定》(2015 年修正)允许外国投资者根据中国有关外国投资的法律、法规及该规定,在中国设立投资性公司。因此,这种投资性公司显然是中国法人。但是,投资性公司可以作为发起人发起设立外商投资股份有限公司或持有外商投资股份有限公司未上市流通的法人股。投资性公司也可以根据国家有关规定持有境内其他股份有限公司未上

---

〔1〕 参见中国国际钢铁投资公司与日本国株式会社劝业银行等借款合同纠纷管辖权异议案,最高人民法院民事裁定书,(2001)民四终字第 12 号;荷兰商业银行上海分行诉苏州工业园区壳牌燃气有限公司担保合同偿付纠纷案,江苏省高级人民法院民事判决书,(2000)苏经初字第 1 号等。

〔2〕 参见西门子国际贸易(上海)有限公司诉上海黄金置地有限公司申请承认与执行外国仲裁裁决案,上海市第一中级人民法院民事裁定书,(2013)沪一中民认(外仲)字第 2 号。

〔3〕 P. M. North, *Chishire's Private International Law*, 9th edition, London, Butterworths, 1974, p. 233-234.

〔4〕 参见李嘉华主编:《涉外保险法》,法律出版社 1991 年版,第 9、78 页。

市流通的法人股。投资性公司应视为股份有限公司境外发起人或股东。[1] 因此，投资性公司与我国国内的企业之间的合同也具有涉外因素。

国务院2001年颁布并于2020年修订的《技术进出口管理条例》将“技术进出口”定义为“本条例所称技术进出口，是指从中华人民共和国境外向中华人民共和国境内，或者从中华人民共和国境内向中华人民共和国境外，通过贸易、投资或者经济技术合作的方式转移技术的行为”，因此“技术进出口合同”与“涉外技术转让合同”有所区别。假如一个外国人在我国境内向一个中国公司转让其在中国取得的专利，该转让合同就不是真正的“技术进出口合同”，而是涉外技术转让合同。

在国际民航运输中，外国人乘坐我国国内航班发生的民事纠纷，属于“涉外”民事纠纷，但不属于《华沙公约》意义上的“国际”航空运输纠纷，不能适用该公约。

(4)涉外标准的淡化处理

涉外案件的判断标准问题在国际上也长期陷入争议，当前的趋势是逐渐放宽对涉外案件的判断标准。在私法领域的国际条约中，有少数条约明确规定它们只适用于国际案件或涉外案件，但它们对“国际”或“涉外”有专门定义，如1986年海牙《国际有体动产买卖法律适用公约》(第1条第1款)、1977年海牙《产品责任法律适用公约》(序言)、1965年海牙《收养管辖权、法律适用和判决承认公约》(第2条)、1986年海牙《国际货物销售合同法律适用公约》(第1条)和《联合国国际货物销售合同公约》(第1条)等。而1980年《罗马合同债务法律适用公约》和2008年《罗马第一条例》都不再限制纯国内合同适用外国法律。[2] 其他大多数国际条约对此问题也不置可否，由缔约国自行决定。[3]

越来越多的国家对“涉外因素”都作较为广义的解释，只要案件涉及外国法律就可以了，无须事先界定该案件是否涉外案件。比如德国国际私法中的涉外因素就是指案件“与外国法律有联系”。

我国法院近年来也有放宽涉外标准的趋势。[4] 最高人民法院2017年发布的《关于明确第一审涉外民商事案件级别管辖标准以及归口办理有关问题的通知》将以下案件也列为涉外民商事案件：“(三)外商投资企业设立、出资、确认股东资格、分配利润、合并、分立、解散等与该企业有关的民商事案件；(四)一方当事人为外商独

---

[1] 参见《关于外商投资举办投资性公司的规定》第14条。

[2] 参见欧共体1980年《罗马合同债务法律适用公约》及欧盟2008年《罗马第一条例》第3条第3款。

[3] 如1956年《儿童抚养义务法律适用公约》、1971年《交通事故法律适用公约》、1978年《婚姻财产制法律适用公约》、1985年《信托法律适用及其承认的公约》、1988年《死亡人遗产继承法律适用公约》等。

[4] 参见西门子国际贸易(上海)有限公司诉上海黄金置地有限公司申请承认和执行外国仲裁裁决案，上海市第一中级人民法院民事裁定书，(2013)沪一中民认(外仲)字第2号。

资企业的民商事案件。"[1]

但是,如果一份不具有其他涉外因素的合同采用外文订立并选择外国法律作为准据法,单凭这一点并不能使该合同具有涉外因素。[2]

二、国际私法的名称

由于对国际私法的概念和范围理解不同,人们对国际私法的名称也有很大争议。[3]

1. 冲突法

17世纪的荷兰学者罗登伯格(Rodenburg)于1653年最早使用拉丁文"De Conflictu Legum"(法律冲突)这一概念。经过乌尔里希·胡伯(Ulrich Huber)的发展,这一理论经苏格兰传入英国,并随后传入美国。美国学者斯托瑞于1834年出版《冲突法评论》(Commentaries on the Conflict of Laws),确立了"法律冲突"的概念和"冲突法"这一学科在英美国家的地位。19世纪的英国学者赫兰德(T. E. Holland)就曾说过,"冲突法"和"私国际法"(private international law)这两个名称,前者是最好的,后者是最坏的。[4] 迄今,大多数英美法系国家的国际私法学者都倾向于使用"冲突法"这一名称。但戴西(Dicey)和莫里斯(Morris)等学者虽然也使用"冲突法"这一名称,但对其也有批评。[5]

2. 私国际法

一般认为,"私国际法"这一名称最早是由美国哈佛大学教授约瑟夫·斯托瑞(Joseph Story)在其名著《冲突法评论》中率先提出的。斯托瑞指出:"由于不同国家法律在现代商业和交往中的实际应用而引起法律冲突,从这种冲突中产生的这门法律科学是公法中最有趣和最重要的分支……公法的这一分支可以被适当地称为私国际法……"[6]一些英国学者也倾向于使用这一名称,如韦斯特莱克(Westlake)、切希尔(Chessier)与诺斯(North)等。

法国学者费里克斯(Foelix)于1840年首先在欧洲大陆采用斯托瑞的主张,在法

---

〔1〕 相关案例参见广州市喜燃能源有限公司与广州新牛哥酒楼、潘欣豪买卖合同纠纷案,广东省广州市中级人民法院民事裁定书,(2020)粤01民辖192号。

〔2〕 参见大连日创置业有限公司与大连东洋置业有限公司委托合同纠纷再审案,辽宁省高级人民法院民事裁定书,(2010)辽民三申字第11号。

〔3〕 P. Arminjon, *What is Private International Law*?, 14 Southern California Law Review 43 (1930).

〔4〕 C. Holland, *Elements of Jurisprudence*, Clarendon Press, 1880, p. 288.

〔5〕 C. Lawrence Collins ed., *Dicey, Morris and Collins on the Conflict of Laws*, 14th edition, Vol. 1, Thomson Sweet & Maxwell, 2006, p. 36.

〔6〕 Story, *Commentaries on the Conflict of Laws*, Boston, 1834, S. 229.

语中提出了私国际法的概念(Droit International Privé)。[1] 私国际法在英语、法语、意大利语(Diritto Internazional Privato)和西班牙语(Direito Internacional Privado)中的名称是学者最广泛使用的概念。但是,这一概念最大的问题在于,私国际法不是真正的"国际法",而且许多人认为它也不是"私法"。中国学者将"private international law"或"droit international prive"翻译为"国际私法"是一种约定俗成的译法。

3. 国际私法

如前所述,斯托瑞在《冲突法评论》中最先提出"私国际法"的概念,被法国学者费里克斯引入欧洲大陆。德国学者薛夫纳(Wilhelm Peter Schaeffner,1815-1897年)1841年写作的《国际私法的发展》[2]中接受了费里克斯的观点,但他并没有按照英文和法文直接翻译该名称,而是将其翻译为"国际私法"。这一名称主要被德国和受德国法影响的国家采用,如日本、韩国、中国、俄罗斯及独联体国家、东欧国家等。英语文献中也逐渐出现了"international private law"的用法。

随着公法和私法界限的日益模糊,"私国际法"或"国际私法"这一概念的局限性也日显突出。法律冲突已经不再仅仅是国家法律之间的冲突,也不仅仅是私法之间的冲突。

4. "法律适用法"和"法律施行法"

德国1896年国际私法立法将国际私法置于《民法典施行法》(Einführungsgesetz)之中,因为德国当时的立法者将国际私法视为民法典的域外施行法,即如何解决民法典在地域上和时间上的适用范围。这一名称也影响到日本和我国。日本1898年的《法例》就是"法律的适用条例",2006年被直接修订为《法律适用通则法》。我国于1918年颁布的《法律适用条例》也采用了该名称,后经修改为《涉外民事法律适用法》,沿用于我国台湾地区。我国原《民法通则》第八章采用了"涉外民事关系的法律适用"的标题。2010年颁布的《涉外民事关系法律适用法》也直接沿用了该名称。

除此之外,还有一些学者提出其他名称,如国际民法、国际民商法、涉外私法、跨国民商法等。但没有任何一个名称能够体现本学科的全部内涵。上述几个概念仍然被交替使用。

三、国际私法的范围

人们对国际私法概念和名称的分歧具体反映在国际私法的调整范围上,对此形成了不同观点。

---

[1] Johann Jacob Foelix, Du conflit des lois de defférentes nations ou du droit international, *Revue étrangére et francaise de legislation et d'économie politique*, 1840.

[2] Wilhelm Peter Schäffner, Entwicklung des internationalen Privatrechts, 1841.

1. 狭义的国际私法观点

传统意义上的国际私法就是涉外法律适用法，即只解决涉外民事案件依照哪个国家的国内法来审理的问题。德国在传统上采用这种观点，因此德国的《民法典施行法》中单设了一章"国际私法"来规范涉外民事关系的法律适用。中国学者李浩培、董立坤等也持此种观点。日本、韩国、泰国、波兰、奥地利、列支敦士登等国的国际私法立法以及我国《涉外民事关系法律适用法》都只包括法律适用规范。〔1〕

2. 广义的国际私法观点

广义的观点则认为，所有调整涉外民事关系的法律都是国际私法的研究对象。这样一来，国际私法除了包括法律适用法之外，还包括国际民事程序法（涉外民事诉讼管辖权、外国判决的承认与执行规范、国际商事仲裁等），甚至还包括国内涉外实体私法和国际统一实体私法等。法国、比利时、意大利等国学者持这种广义观点。〔2〕我国大陆主流国际私法理论也采用广义国际私法主张。〔3〕

3. 本书采取的观点

当今世界已进入"人类命运共同体"时代。随着现代高科技的发展，人类生活的方方面面都已经实现了全球性融合。然而，调整人与人之间关系的法律却仍然是多元并存的，不同地域、不同种族和不同文化的人们生活在不同法律的控制之下。在可预见的将来，这种法律多元状态仍然是难以消除的，而且在某种意义上也是值得鼓励的。〔4〕国际私法所要解决的问题就是如何应对全球化时代的法律多元现象。因此，对于国际私法的范围，应持一种开放态度。

我们认为，应当持一种广义的宏观国际法观念来理解国际私法的范围。〔5〕世界各国普遍承认的法律学科划分标准是将法律分为国际法和国内法，二者既有区别，也有紧密联系。我们赞同宏观国际法学的观点，即国际法是一个与国内法相平行的独立法律体系和独立法学学科。国际法体系可分为以下部门：国际公法、国际私法、国际民商法、国际经济法、国际刑法、国际诉讼法、国际行政法等。〔6〕也就是说，凡是国内法中所有的法律部门，在国际法体系中都有对应的部门。国际私法的范围不宜过度扩展，以免与其他国际法部门相重叠。"国际私法"这一名称是在历史上形成

---

〔1〕传统上坚持小国际私法理论的德国，其当代国际私法学者也将国际民事诉讼法纳入国际私法的范围，德国国际私法学者晚近出版的国际私法教材均包含了国际民事诉讼的内容。

〔2〕Bernd von Hoffmann/Karsten Thorn, Internationales Privatrecht, 9 Aufl. 2007, S. 8.

〔3〕参见韩德培主编：《国际私法新论》，武汉大学出版社 2009 年版；李双元：《国际私法学》（第 2 版），北京大学出版社 2011 年版；黄进：《国际私法》，法律出版社 2005 年版；等等。

〔4〕参见谢遥：《法律地理学论纲》，载《交大法学》2021 年第 2 期。

〔5〕参见黄进：《宏观国际法学论》，载《法学评论》1984 年第 2 期；黄进：《宏观国际法学论》，武汉大学出版社 2007 年版，第 3 页。

〔6〕参见黄进：《完善法学学科体系，创新涉外法治人才培养机制》，载《国际法研究》2020 年第 3 期。

的,从字面意义上容易让人理解为是实体私法的国际统一法,即国际民商法。实际上,国际私法学科的主要内容仅限于以下三个领域,即涉外民事案件的管辖权、涉外民事案件的法律适用和外国民事判决的承认与执行。跨境送达和跨境取证属于司法协助范畴。实践中,一般将民商事领域的跨境送达和取证列入国际私法的范围。

第二节 国际私法的历史

一、西方国际私法史

1. 万民法时期

在古代所有文明国家,外国人的权利都遭到限制或否定,不可能发生涉外法律关系。在罗马帝国,被征服地域的人并不享有与本土拉丁罗马人同样的权利。罗马市民适用罗马的市民法(jus civile),对于被征服地区的人,原则上适用其自身的法律。对于罗马人和外国人以及外国人之间的争端,由外邦人大法官(praetor peregrinus)依照万民法(ius gentium)来处理。万民法就是“各民族的法”(law of nations),是罗马帝国时期调整帝国内部不同部族人民之间民事关系的法律,是现代国际私法的早期渊源。

公元 476 年,西罗马帝国灭亡,日耳曼人建立法兰克王国,万民法被废止,欧洲进入属人法(部族法)时代。所有部族的法律制度只对其成员有效,原则上,每个人都依照其出生地的法(部族法)进行判决。〔1〕

自 10 世纪以后,欧洲逐渐进入封建社会。领土的观念渐次加强,法律的适用范围遵循属地原则,以领土为界限。不管诉讼当事人是什么人,所涉及的财产是什么财产,也不管所涉及的行为是什么行为,在每一块领土上都只适用地方当局所颁布或承认的法律。〔2〕 法律基本上没有域外效力。

2. 法则区别学说时期

11 世纪起,在意大利北部逐渐形成许多独立城邦国家。各城邦的“法则”(statuta)互不相同,极大地妨碍了各城邦之间日益频繁的商业交往。12 世纪初,意大利注释法学派(Glossator)的学者们开始提出法律的域外适用问题。〔3〕 14 世纪,巴托鲁斯(Bartolus,1314-1357 年)开始从两个问题出发探讨该问题:第一,某一法则(在其境内)对于非本邦的臣民是否也有地域效力?第二,某一法则在立法者境外

---

〔1〕 Max Gutzwiller, *Geschichte des Internationalprivatrechts*, 1977, S. 7.

〔2〕 Christian von Bar/Mankowsky, *Internationales Privatrecht*, band I, 2 Aufl. 2003, S. 476.

〔3〕 Max Gutzwiller, *Geschichte des Internationalprivatrechts*, 1977, S. 14.

是否也有效力？他主张，应当区分不同性质的法则分别探讨其域外效力，并提出了“巴托鲁斯规则”，将法则区分为人的法则和物的法则，从而奠定了“法则区别学说”的基础。〔1〕 随着罗马法的复兴运动，法则区别学说几乎影响了全部欧洲大陆国家，并持续到19世纪。其间先后出现意大利学派、法国学派、荷兰学派和德国学派。

法国学派代表人物是查理·杜摩兰（Charles Dumoulin，1500－1566年）和达让特莱（Bertrand d'Argentré，1519－1590年）。杜摩兰被认为是冲突法中“意思自治”原则的首倡人。而达让特莱是与杜摩兰针锋相对的人物，其坚持法律的属地主义思想。他认为，“一切习惯都是物的”（Toules les coutumes sont relles）。达让特莱的属地主义路线和杜摩兰的属人主义路线相互斗争，一直到法国《民法典》的制定。〔2〕

荷兰学派全盛于17世纪。荷兰学者格劳秀斯（Grotius）发扬了法国学者博丹的主权学说，发表《战争与和平法》，奠定了现代国际法的基础。荷兰学者在主权原则基础上提出了“法律冲突”的概念，代表人物是乌尔里希·胡伯（1636－1694年），他提出了著名的礼让原则（comity）〔3〕，认为外国法在国内的效力是基于主权者的“礼让”，从而将法律冲突问题的解决建立在现代国际法的基础之上。胡伯的礼让原则对美国冲突法理论和实践产生了巨大的影响，〔4〕并一直持续到现在。

3. 欧洲大立法时代

18世纪末和19世纪初是欧洲大立法时代，在此期间，欧洲地区产生了几部伟大的法典。这些法典中均有关于国际私法的内容，这是国际私法走向法典化的开端。其中最著名的是1756年《巴伐利亚民法典》（Codex Maximilianeus Bavaricus civilis）、1794年《普鲁士普通邦法》（Allgemeinen Landrecht für die Preißischen Staaten）、1804年法国《民法典》、1817年奥地利《民法典》和1810年《巴登邦法典》。由于拿破仑战争的影响，法国《民法典》广泛传播到世界各地，极大推动了国际私法在世界各国的法典化。

4. 萨维尼与现代国际私法

拿破仑战争激发了现代民族国家概念的兴起，各国兴起法典化浪潮，传统的建立在普遍主义自然法理论基础上的“法则区别学说”已经无法满足现实的需要。19世纪，德国一些学者如威廉·彼特·薛夫纳和卡尔·格奥尔格·冯·魏希特（Carl

---

〔1〕 J. A. Clarence Smith, *Bartolo on the Conflict of Laws*, 14 American Journal of Legal History 157 (1970).

〔2〕 Max Gutzwiller, *Geschichte des Internationalprivatrechts*, 1977, S. 78ff; Gamillscheg, *Der Einfluß Dumoulins auf die Entwicklung des Kollisionsrechts*, 1955, S. 110ff.

〔3〕 Lorenzen, *Huber's De Conflictu Legum*, in Selected Articles on the Conflict of Laws, 1947, p. 162－180.

〔4〕 Davies, *The Influence of Huber's De Conflictu Legum on English Private International Law*, 18 British Yearbook of International Law 49 (1937).

Georg von Wächter)首先发起了对"法则区别学说"的批判。[1]

弗里德里希·卡尔·冯·萨维尼(Friedrich Carl von Savigny,1779-1861年)于1949年发表了《现代罗马法体系》第八卷,[2]主张从法律关系出发,探讨它们受何种法律规则的支配,即法律关系本座说:"对于任一法律关系,都应当探求根据其本身的性质该法律关系所归属或服从的那一法律区域。"[3]萨维尼的理论被认为实现了国际私法的哥白尼革命,他也被称为现代国际私法之父。[4] 萨维尼及其后继学者们采用19世纪流行的理性主义和概念主义方法,为每一种法律关系设计了一种"系属公式"(冲突规范),从而为国际私法的法典化奠定了基础。

5. 孟西尼与国籍原则

孟西尼(Pasquale Stanislao Mancini,1817-1888年)是意大利伟大的政治家和法学家。1851年他发表了一篇讲演"论国籍作为国际法的基础"(Della nazionalità come fondamento del diritto delle genti),主张国籍是国家存在的基础,也是国际法的基础。对于冲突法而言,国籍也是国家确定其法律管辖范围的基础。[5] 在此基础上,孟西尼提出了国际私法的三项基本原则:(1)国籍原则(Principe de nationalite):意大利法律应当适用于生活在任何地方的意大利人;(2)主权原则(Principe de Souverainete),即公共秩序原则:凡以保护公共利益为目的的法规,不问当事人国籍如何,对国内的任何人均应适用;(3)自由原则(Principe de liberte),即意思自治原则:在不违反公共利益的范围内,当事人可以自由选择应适用的法律。[6] 孟西尼的学说影响到大陆法系很多国家,成为现代国际私法中"意大利学派"(罗马学派)的奠基人。[7]

6. 斯托瑞与英美冲突法的奠基

英美冲突法起源于17-18世纪,一开始便受到荷兰"礼让原则"的影响。1834

---

[1] Stefan Wagner, Wilhelm Peter Schaeffner, *Praxis des Internationalen Privat-und Verfahrensrechts* 17 (1997), S. 75; Wächter, Über die Collision der Privatrechtsgesetze verschiedener Staaten, *Archiv für die civilistische Praxis* 24 (1841), S. 280 Anm. 93; *Archiv für die civilistische Praxis* 25 (1842), S. 16f.

[2] Savigny, *System des heutigen Römischen Rechts*, band Ⅷ, 1 Aufl. 1849, S. 6f.

[3] Savigny, *System des heutigen Römischen Rechts*, band Ⅷ, 1 Aufl. 1849, S. 28.

[4] Paul Heinrich Neuhaus, Savigny und die Rechtsfindung aus der Natur der Sache, *Rabels Zeitschrift für ausländisches und internationales Privatrecht* 15 (1949), S. 366.

[5] E. Jayme, *Pasquale Stanislao Mancini. Internationales Privatrecht zwischen Risorgimento und praktischer Jurisprudenz*, 1980.

[6] Nishitani, *Mancini und die Parteiautonomie im Internationalen Privatrecht*, 1998.

[7] 该学派代表人物还有意大利的Esperson和Fiore,法国的Weiss和Pillet以及比利时的Laurent等。

年,美国最高法院大法官约瑟夫·斯托瑞(Joseph Story)出版了著名的《冲突法评论》,[1]该书虽然遵循的是胡伯的礼让原则,但斯托瑞在方法论上开始从法律关系的角度来探讨法律适用问题,从而摆脱了"法则区别学说"的"法则三分法",[2]在方法论上具有划时代的意义,被引入欧洲后对萨维尼产生了决定性影响。[3]

7. 戴西与既得权理论

19世纪末,英国学者戴西在胡伯礼让原则的基础上提出既得权理论(vested rights)。戴西在《冲突法》一书中指出:"任何根据文明国家的法律在外国已经正当获得的权利,原则上都应当被英国法院执行;而任何不按照英国冲突规范获得的权利原则上都不能被英国法院执行。"[4]既得权理论很快得到美国学者的欢迎。1934年,美国学者比尔(Joseph H. Beale)受美国法学会之托主持出版美国《冲突法重述》,实现了既得权理论的"准法典化"。

8. 美国冲突法革命

进入20世纪以后,埃尔利希、庞德和韦伯等人引领的法律社会学运动对传统的法律实证主义进行了批判。法律现实主义(legal realism)逐渐成为美国法学理论的主流。冲突法领域的现实主义学者反对既得权理论所采用的先验的、抽象的演绎方法。库克(Cook)和汉德法官(Learned Hand)创立了"本地法"学说,[5]卡弗斯等人提出了"结果选择方法"和"优先原则"(principle of preference)等新理论。[6]

"二战"结束后,美国学者布雷纳德·柯里(Brainerd Currie)于1963年出版《冲突法论文集》,提出了"政府利益分析说"(governmental interest analysis said),强烈地反对传统的通过冲突规范来确定法律适用的观点。他认为传统的理论完全是一种概念主义的虚构模式,就像一架机器,应当代之以政府利益分析。[7]

其他学者在柯里的理论基础上,提出了各种补充观点,比如勒弗拉尔(Leflar)的"更好法律说"(Better Law Approach)[8]、埃伦茨维格(Ehrenzweig)的"法院地法

---

[1] C. Joseph Story, *Commentaries on the Conflict of Laws: Foreign and Domestic, in Regard to Contracts, Rights and Remedies, and Especially in Regard to Marriages, Divorces, Wills, Successions and Judgments*, Boston, Hilliard, Gray and Company, 1834.

[2] Gerhard Kegel, Joseph Story, *Rabels Zeitschrift für ausländisches und internationales Privatrecht* 43 (1979), S. 627.

[3] Max Gutzwiller, *Der Einfluss Savignys auf die Entwicklung des Internationalprivatrechts*, 1923, S. 110ff.

[4] Dicey, *Conflict of Laws*, 3rd edition, London, Stevens, 1922, p. 23.

[5] W. W. Cook, *The Logical and Legal Bases of the Conflict of Laws*, 33 Yale Law Journal 457 (1924).

[6] Cavers, *Contemporary Conflicts Law in American Perspective*, 131 Collected Courses of the Hague Academy of International Law 151 (1970).

[7] C B. Currie, *Selected Essays on the Conflict of Laws*, Durham, Duke University Press, 1963.

[8] Leflar, *Choice-Influencing Considerations in Conflicts Law*, 41 New York University Law Review 267 (1966).

说”(Lex Fori Doctrine)[1]、冯·梅伦(von Mehren)和特劳特曼(Trautman)所创立的“功能分析方法”[2]以及巴克斯特(Baxter)提出的“比较损害说”(comparative impairment)等。[3] 1971年,以里斯为报告人的《第二次冲突法重述》由美国法学会正式公布。《第二次冲突法重述》贯彻了里斯的“最密切联系原则”,通过它对传统的冲突规范进行改造,试图使法律的选择过程摆脱机械性,使其更具灵活性。[4]

《第二次冲突法重述》被证明经过几十年的司法实践也未能解决美国冲突法的困境,美国法学会正在起草第三次《冲突法重述》。[5]

9. 欧洲现代理论

受美国理论的影响,欧洲一些学者重新提出了国际私法的“政治化”(Politisierung)理论,这一理论也被称为国际私法的“政治学派”(Die politische Schule des IPR)[6]。他们认为,随着现代社会的发展,传统的宪政国家观念被民主法治国家观念所取代,国家与社会的分立、公法与私法的分立都被打破,国家越来越多地干预到社会和经济领域;经济政治化,政治经济化,公法私法化,私法公共化。现代冲突法与其他国内法一样,面临个人利益与公共利益的交织。传统的冲突法从以前的私人法律领域向公法领域扩展。

德国学者克格尔提出了利益法学(Interessenjurisprudenz)理论。利益法学是德国土生土长的一个法学流派,它诞生于20世纪初对实证主义法学和概念主义法学的批判浪潮之中,其代表人物有耶林(Jhering)、菲力普·赫克(Philipp Heck)、吕梅林(Max Rümelin)等,是20世纪初期一个非常有影响力的法学流派。[7] 德国学者克格尔(Kegel)将利益法学思想引入国际私法领域。[8] 他认为,国际私法上的利益包括当事人的利益、交往利益和制度利益。[9]克格尔的“利益法学”理论并不排斥冲突规范,与美国学者柯里的“政府利益分析学说”完全不同,甚至相互对立。克格尔的理论在德国产生了巨大影响。

---

[1] Ehrenzweig, *The Lex Fori-Basis Rule in the Conflict of Laws*, 58 Michigan Law Review 637 (1960).

[2] Arthur Taylor & Donald Theodore Trautm Von Mehren, *The Law of Multistate Problems: Cases and Materials on Conflict of Laws*, Little, Brown & Company, 1965.

[3] Baxter, *Choice of Law and the Federal System*, 16 Stanford Law Review 1 (1963).

[4] Reese, *Conflict of Laws and the Restatement Second*, 28 Law and Contemporary Problems 679 (1963); Reese, *General Course on Private International Law*, 150 Collected Courses of the Hague Academy of International Law (1976).

[5] Kermit Roosevelt & Bethan Jones, *What a Third Restatement of Conflict of Laws Can Do*, 110 AJIL Unbound 139 (2016).

[6] Rehbinder, Zur Politisierung des Internationlen Privatrechts, *JuristenZeitung* 28 (1973), S. 151ff.

[7] Johann Edelmann, *Die Entwicklung der Interessenjurisprudenz*, 1967, S. 13ff.

[8] 杜涛:《利益法学与国际私法的危机和革命——德国国际私法一代宗师格尔哈特·克格尔教授的生平与学说》,载《环球法律评论》2007年第6期。

[9] Kegel, *Begriffs-und Interessenjurisprudenz im internationalen Privatrecht*, 1953, S. 277.

21世纪后,欧盟冲突法的发展具有特别重要的意义。欧盟近年来先后颁布了关于合同之债、非合同之债以及离婚法律适用的罗马第一条例、第二条例和第三条例,以及关于管辖权和判决承认与执行的布鲁塞尔第一条例、第二条例,形成了一场声势浩大的统一冲突法运动,以至于有人发出了"欧洲冲突法革命"的惊叹。[1]

10. 统一实体法理论

国际私法的"实体化"(Materialization)分为两种,一种是国内的实体化;另一种是国际的实体化。第一种观点认为,传统冲突法所指引的准据法难以维护本国的国家利益和社会利益,因此需要用国内实体法来直接调整涉外民事关系。所谓的"直接适用的法"或"强制性规范"就是这种方法的体现。第二种观点则认为,应当创造新的国际统一实体规范来直接适用于国际案件。[2] 这一观点的主要体现是所谓的"新商人法"理论(New Merchant Law),[3]其代表人物有施密托夫(Schmitthoff)等。我国学者李双元教授也极力倡导国际民商事统一法的研究。[4]

"二战"后,越来越多的国际组织投身于国际统一法运动,如联合国国际贸易法委员会(UNCITRAL)、海牙国际私法协会(HCCH)、罗马国际统一私法协会(UNIDROIT)等。国际商会(ICC)等非政府组织也发挥着重要作用。

11. 经济分析方法

法经济学是20世纪70年代在西方兴起的一门交叉学科,是运用经济学理论和方法对法律进行分析。[5] 进入21世纪后,一些学者将经济分析方法引入冲突法领域,形成了冲突法的经济分析理论。[6] 经济分析法学用成本—效益理论、博弈理论、公共选择理论等经济学方法来分析国际私法中的管辖权选择、法律选择和判决

---

[1] Symeonides, *The American Revolution and the European Evolution in Choice of Law: Reciprocal Lessons*, 82 Tulane Law Review 1741 (2008); Ralf Michaels, *The New European Choice-of-Law Revolution*, 82 Tulane Law Review 1607 (2008).

[2] Peter Hay, *The International Unification of Law: A Symposium*, 16 American Journal of Comparative Law 1 (1968).

[3] 参见李双元主编:《中国与国际私法统一化进程》,武汉大学出版社1998年版;Mark D. Rosen, *Do Codification and Private International Law Leave Room for a New Law Merchant?*, 5 Chicago Journal of International Law 83 (2004).

[4] 参见李双元:《走向21世纪的国际私法——国际私法与法律的趋同化》,法律出版社1999年版。

[5] 参见[美]罗伯特·考特、[美]托马斯·尤伦:《法和经济学》,张军等译,上海人民出版社1994年版,第1页。

[6] Michael J. Whincop, Mary Keyes & Richard Posner, *Policy and Pragmatism in the Conflict of Laws*, London, Routledge, 2001; Michael J. Solimine, *The Law and Economics of Conflict of Law*, 4 American Law and Economics Review 208 (2002); Horatia Muir Watt, *Aspects Economiques du Droit International Privé: in Académie de Droit International de la Haye*, 307 Collected Courses of the Hague Academy of International Law 25 (2004); Jürgen Basedow & Toshiyuki Kono ed., *An Economic Analysis of Private International Law*, Tübingen, Mohr Siebeck, 2006; O'Hara ed., *The Economics of Conflict of Laws*, Elgar Publishing, 2007.

相互承认与执行等问题。[1] 但这种方法如何在实践中运用,尚未得到证明。

12. 法典化运动

自20世纪90年代以来,世界上许多国家开始重新制定或者修改本国国际私法立法,兴起了一股国际私法立法的高潮。尤其是欧盟成立后,一直积极致力于冲突法的欧洲,近年来颁布了一系列冲突法法规。具有不同法律传统的国家或地区所掀起的这场国际私法法典化运动,使当代国际私法呈现出欣欣向荣的发展趋势。[2]

13. 数字化时代的国际私法

互联网、大数据和人工智能等新兴技术的发展给人类生活带来了全方位变革,也给包括国际私法在内的全球法治带来挑战。西方发达国家和国际组织都在开展相关立法规划。海牙国际私法会议已于2021年3月发布《关于数字经济(包括DLT)国际私法问题的发展》的报告。[3] 海牙国际私法会议正在考虑成立一个专家组对制定一部专门的国际私法公约的必要性进行评估。联合国国际贸易法委员会也提出了《关于电子交易和人工智能及自动化使用方面立法工作的提议》。[4]

二、中国国际私法的历史与发展

1. 古代中国国际私法

早在我国唐朝时期,就产生了解决法律冲突的制度。当时,唐朝与世界各国的关系十分密切,在唐朝首都长安(现西安市)和广州、扬州、泉州等地,均有大量外国人在此居住或从事商业活动,于是设立了"蕃坊",对外国人进行管理。[5] 在此背景下,唐朝的法律中,已经有了解决涉外交往中法律适用问题的规范:"诸化外人,同类自相犯者,各依本俗法;异类相犯者,以法律论。"[6]《唐律疏议》对此解释说:"化外人谓蕃夷之国,别立君长者,各有风俗,制法不同,其有同类相犯者,须问本国之制,依其俗法断之;异类相犯者,如高丽之与百济相犯之类,皆以国家法律论定刑名。"我国很多国际私法学者将此看作世界历史上"最早的冲突规范",并认为它"与现代国际私法精神颇为类似。"[7]不过,中国古代社会的"天下观"和现代西方社会"世界

---

[1] 参见徐伟功:《冲突法的博弈分析》,北京大学出版社2011年版。

[2] Symeon C. Symeonides, *Codifying Choice of Law Around the World*, Oxford University Press, 2014.

[3] Https://assets.hcch.net/docs/8bdc7071-c324-4660-96bc-86efba6214f2.pdf.

[4] Https://documents-dds-ny.un.org/doc/UNDOC/GEN/V21/030/16/PDF/V2103016.pdf? Open Element.

[5] 参见邱树森:《唐宋"蕃坊"与"治外法权"》,载《宁夏社会科学》2001年第5期。

[6] 见《永徽律》"名例篇"。

[7] 韩德培主编:《国际私法》,高等教育出版社、北京大学出版社2000年版,第55页;李双元等:《中国国际私法通论》,法律出版社2007年版,第82-83页。

观”具有根本差异,[1]中国古代统治者秉持“普天之下莫非王土,率土之滨莫非王臣”的观念,不可能产生类似于西方法则区别说那样的地域间的法律冲突理论。《唐律疏议》“化外人”条款之规定更接近于“人际法”性质,主要适用于外国人聚居的“蕃坊”。后世甚至有人认为,“蕃坊”中蕃人犯罪不受中国法律制裁,由蕃长按照其本俗法处置,使蕃坊类似于后来的“租界”并使得外国人享有“治外法权”。[2]

宋朝沿用唐律。[3] 到了明朝之后,中国逐渐实行闭关锁国政策,属地主义法律思想得到绝对化,[4]把唐朝的律例修改为:“凡化外人犯罪者,并依律拟断。”其理由是:“言次等人,原虽非我族类,归附即是王民……并依常例拟断。示王者无外也。”清朝沿用明制,实行禁海政策:“凡官员兵民私自出海贸易,凡迁移海岛居住耕种者,俱以通贼论,处斩。”[5]

2. 近代中国国际私法

我国现代国际私法立法是从清朝末年开始从西方引进的。清政府腐败无能,与外国签订的大量不平等条约中规定了“领事裁判权”,即所谓的“治外法权”,在华外国人之间的案件,不论刑民,均由所属国领事依其本国法审判。后来更发展到,凡中国人与外国人的案件,如被告为外国人,不论刑民,均由被告所属国领事依其本国法审判。到 1918 年,中国被迫同 18 个国家签订了含有领事裁判权条款的条约共 34 个,其中共有领事裁判权条款 110 余条。[6]

清政府的部分开明官僚在与外国打交道的过程中也逐渐认识到西方的国际法在涉外交往中的作用,因此他们与在中国的西方传教士合作,开始翻译西方的国际法著作,并在对外交往中尝试加以运用,希望达到“以夷制夷”的目的。江南制造局主持翻译的《各国交涉便法论》是我国翻译的第一部国际私法专著。该书译自英国学者费利摩罗巴德(R. J. Phillimore)的著作《国际法评论》(*Commentaries Upon International Law*)。[7]

---

[1] 关于中国的“世界观”和西方的“世界观”的差异,极富启发性的见解参见赵汀阳:《天下体系:世界制度哲学导论》,江苏教育出版社 2005 年版,第 1-33 页。

[2] 参见傅筑夫:《中国封建社会经济史》(第 4 卷),人民出版社 1986 年版,第 460 页。

[3] 《宋刑统》卷六《名例律》“化外人相犯”条与唐律完全相同。

[4] 日本学者曾从中国文化角度研究过中国历史上的属人法主义,参见仁井田陞「中華思想と属人法主義及び属地法主義」日本法制史学会編『法制史研究』(1953 年)125 頁。

[5] 黄忍斋等编:《大清律例全纂》卷二十。

[6] 1843 年中英《五口通商章程》第 13 款规定:“英人如何科罪,由英国议定章程法律,发给领事馆照办,华民如何科罪,应治以中国之法。”该条首开外国在华领事裁判权之先河。相关条约内容参见王铁崖编:《中外旧约章汇编》(第 1 册),三联书店 1957 年版,第 42 页。

[7] [英]费利摩罗巴德:《各国交涉便法论》,[英]傅兰雅译,钱国祥笔述,江南制造局 1895 年版。参见李贵连、俞江:《简论中国近代法学的翻译与移植——以我国第一部国际私法译著为例》,载北京大学法学院编:《价值共识与法律合意》,法律出版社 2002 年版。

中日甲午战争后,中国兴起留学东洋热潮。由留日学生翻译过来一大批国际私法著作。[1] 西方国际私法在中国的传播达到了历史上的第一个高潮。

1918年8月5日,北洋政府以清末的草案为依据颁布《法律适用条例》,[2]共7章27条,其内容和体系均与日本1898年《法例》相似。尽管由于当时中国半封建半殖民地的国际地位和外国领事裁判权的存在,使得这一法规名存实亡,但它的颁布标志着中国现代国际私法的诞生。

北伐战争胜利后,民国政府的立法工作基本上也是以清末和北洋政府的立法为基础进行的。1927年8月12日,南京政府下令暂准援用1918年《法律适用条例》。到20世纪40年代初,中国相继收回了大部分外国租界,并取消了大部分外国列强的治外法权,鼓舞了中国学者研究国际私法的热情,诞生了一大批由我国学者自己撰写的介绍和研究中国国际私法问题的著作。

3. 中华人民共和国成立后的国际私法

中华人民共和国成立后,国家废除了国民党的《六法全书》,开始在苏联法律的影响下建设社会主义法制。这一时期我国出版了大量苏联国际私法著作。但"文革"爆发后,国际私法丧失了存在的空间。

改革开放后,我国国际私法获得了巨大发展。从1985年《涉外经济合同法》和1986年《民法通则》为起点,经过近20年的发展,我国关于国际私法方面的立法从无到有,至今已经蔚为壮观。2010年9月28日《涉外民事关系法律适用法》的颁布,标志着我国国际私法立法的体系化。

在国际私法学术研究方面,我国在近30年内也获得了引人注目的发展。[3] 1983年,中华人民共和国第一部国际私法全国统编教材在教育部和司法部联合组织下,由韩德培教授主编,在武汉大学出版社出版;1987年,中国国际私法研究会在武汉大学正式成立,并每年举办学术年会,编辑出版了《中国国际私法与比较法年刊》。在涉外民商事审判实践方面,最高人民法院实行了涉外民商事案件的集中管辖制度,定期召开涉外商事海事审判工作会议。

4. 新时代中国特色社会主义国际私法的发展

党的十八大以来,以习近平总书记为主要代表的中国共产党人,顺应时代发展,从理论和实践结合上系统回答了新时代坚持和发展什么样的中国特色社会主义、怎样坚持和发展中国特色社会主义这个重大时代课题,创立了习近平新时代中国特色

---

[1] 参见田涛:《国际法输入与晚清中国》,济南出版社2001年版,第131页以下。

[2] 1918年8月5日教令第32号公布,同日施行。载《政府公报》第88号,第40页。

[3] 关于中华人民共和国成立后的国际私法发展状况的综述参见陈泽宪主编:《当代中国国际法研究》,中国社会科学出版社2019年版;黄进、孔庆江主编:《改革开放40年法律制度变迁·国际法卷》,厦门大学出版社2019年版。

社会主义思想。习近平总书记2019年2月25日在中央全面依法治国委员会第二次会议讲话中指出："要加快推进我国法域外适用的法律体系建设,加强涉外法治专业人才培养,积极发展涉外法律服务,强化企业合规意识,保障和服务高水平对外开放。"在2020年11月16日至17日举行的中央全面依法治国工作会议上,党中央正式确立了"习近平法治思想",提出了"坚持统筹推进国内法治和涉外法治"的时代命题。2021年12月,习近平总书记在主持第十九届中央政治局第三十五次集体学习时强调,要坚持统筹推进国内法治和涉外法治,加强涉外领域立法,推动我国法域外适用的法律体系建设。在习近平法治思想的引领下,全国人大及其常委会加强了包括涉外民商事法规在内的涉外立法工作,颁布了《外商投资法》《反外国制裁法》,修订了《民事诉讼法》等法律。最高人民法院于2018年正式设立国际商事法庭,[1]颁布或修订了一系列涉外民商事司法解释,发布了一大批涉外民商事指导性案例。

第三节　国际私法的渊源

一、概论

法律的渊源,简称"法源"(Rechtsquellen, sources of law)。法律的渊源本意是指法律规范第一次出现的地方。现在一般是指法律的存在和表现形式。在大陆法系国家,法律的渊源主要是制定法,在一定程度上还包括国际条约和习惯法。[2] 而在英美法国家,法律渊源主要是判例和制定法,另外还有习惯法、国际条约和法理。[3]

一国法律的渊源包括哪些形式,通常应当由该国宪法或法律予以规定。我国宪法虽然没有明确规定我国法律渊源的形式,但是根据我国权威法学家对法律的定义,在我国,法律是指由国家立法机关制定或认可,由国家强制力量保障实施的具有强制力的行为规范。这种解释是建立在经典的实证主义法学基础之上的。根据这种观点,我国法律的渊源只能包括制定法、司法解释以及我国缔结或加入的国际条约。国际私法作为我国国内法的一部分,也兼有上述各类国内渊源和国际渊源。

我国现行有效的国际私法的国内渊源主要是国家立法机关的立法和最高人民法院的司法解释,法院判例、习惯和法理学说在我国不是国际私法的正式渊源。国际渊源主要是我国缔结或参加的国际私法方面的国际条约。

---

[1] 参见国际商事法庭官网,http://cicc.court.gov.cn。

[2] 参见[美]E.博登海默:《法理学——法哲学及其方法》,邓正来、姬敏武译,华夏出版社1987年版,第394页以下;沈宗灵:《比较法研究》,北京大学出版社1998年版,第161页以下。

[3] 参见沈宗灵:《比较法研究》,北京大学出版社1998年版,第284页以下。

二、国内立法

(一)国际私法的国内立法体系

如前所述,从部门法角度来理解,国际私法是国内法,各国都有本国的国际私法立法。但由于各国对国际私法的范围理解不同,各国国际私法立法体系也大相径庭。

1. 分散式立法模式:没有单独的国际私法法规,将国际私法的不同内容分散规定在其他民事法律中。

大多数国家目前都采用此种立法体例。一般将外国人民事法律地位规范规定在宪法、民法典和其他单行法中,将冲突规范规定在民法典中或其他单行民事立法之中(如民法典的施行法、婚姻法、合同法等),将国际民事诉讼法规定在民事诉讼法典中,将国际商事仲裁法规定在民事诉讼法典或仲裁法典当中。加拿大魁北克国际私法也规定在民法典第十卷中,但内容涵盖了冲突规范和国际民事诉讼程序规范等。俄罗斯和其他独联体国家大都将国际私法放在民法典之中。西班牙、葡萄牙、罗马尼亚和荷兰的民法典也都包括了国际私法。

2. 法典式立法模式:越来越多的国家颁布了独立的国际私法法典。其中一些国家颁布的国际私法仅包括冲突规范,而不包括国际民事诉讼程序规范,如日本、奥地利、泰国、列支敦士登、波兰等。晚近很多国家开始将冲突法规范和国际民事诉讼法(有的还包括国际商事仲裁规范)放在同一法典中,如土耳其1982年《国际私法和国际诉讼程序法》、瑞士1987年《国际私法》、罗马尼亚1992年国际私法、意大利1995年国际私法、突尼斯1998年《国际私法》、委内瑞拉1998年国际私法、比利时2004年国际私法、保加利亚2005年国际私法、捷克共和国2012年国际私法、多米尼加2014年国际私法等。

我国国际私法立法一直采用的是分散立法方式。原《民法通则》第八章中规定了一些冲突规范,但在其他单行法中也规定了大量冲突规范,如《海商法》《民用航空法》《票据法》等。另外在我国最高人民法院的司法解释中还有大量有关国际私法的规定。我国国际民事程序法规定在《民事诉讼法》第四编和《海事诉讼特别程序法》中。

2010年10月28日颁布的《涉外民事关系法律适用法》是中华人民共和国第一部单行的国际私法。不过该法并不完整,仍有一些国际私法规范分散在其他单行法之中。

(二)我国国际私法的国内立法渊源

1. 外国人法律地位相关条文表

序号	法规名称	颁布日期	相关条文
1	中华人民共和国宪法	1954 年 9 月 20 日发布，2018 年 3 月 11 日修正	18、32
2	中华人民共和国民法典	2020 年 5 月 28 日发布,2021 年 1 月 1 日起施行	683、1109
3	中华人民共和国未成年人保护法	1991 年 9 月 4 日发布,2020 年修订	131
4	中华人民共和国对外贸易法	1994 年 5 月 12 日发布,2016 年修正	6、7、24、31
5	中华人民共和国公司法	1993 年 12 月 29 日发布,2018 年修正	191-197
6	中华人民共和国商标法	1982 年 8 月 23 日发布，2019 年修正	17、18、21、25、26
7	中华人民共和国专利法	1984 年 3 月 12 日发布,2020 年修正	10、17、18
8	中华人民共和国著作权法	1990 年 9 月 7 日发布,2020 年修正	2
9	中华人民共和国外商投资法	2019 年 3 月 15 日发布,2020 年 1 月 1 日起施行	全部
10	中华人民共和国外交特权与豁免条例	1986 年 9 月 5 日发布并施行	全部
11	中华人民共和国外国中央银行财产司法强制措施豁免法	2005 年 10 月 25 日发布并施行	1-3
12	中华人民共和国领事特权与豁免条例	1990 年 10 月 30 日发布并施行	全部
13	中华人民共和国民用航空法	1995 年 10 月 30 日发布,2021 年修正	173-183
14	中华人民共和国出境入境管理法	2012 年 6 月 30 日发布,2013 年 7 月 1 日起施行	3
15	中华人民共和国社会保险法	2010 年 10 月 28 日发布,2018 年修正	97
16	中华人民共和国文物保护法	1982 年 11 月 19 日发布,2017 年修正	25、52
17	中华人民共和国境外非政府组织境内活动管理法	2016 年 4 月 28 日发布,2017 年修正	全部
18	中华人民共和国民事诉讼法	1991 年 4 月 9 日发布,2021 年修正	5

续表

序号	法规名称	颁布日期	相关条文
19	中华人民共和国海上交通安全法	1983 年 9 月 2 日发布,2021 年修正	11、13、39
20	中华人民共和国档案法	1987 年 9 月 5 日发布,2020 年修正	22
21	中华人民共和国拍卖法	1996 年 7 月 5 日发布,2015 年修正	67
22	中华人民共和国保险法	1995 年 6 月 30 日发布,2015 年修正	80
23	中华人民共和国注册会计师法	1993 年 10 月 31 日发布,2014 年修正	44
24	中华人民共和国渔业法	1986 年 1 月 20 日发布,2013 年修正	8
25	中华人民共和国国家赔偿法	1994 年 5 月 12 日发布,2012 年修正	40
26	中华人民共和国合伙企业法	1997 年 2 月 23 日发布,2006 年修订	108
27	中华人民共和国法律援助法	2021 年 8 月 20 日发布,2022 年 1 月 1 日起施行	69
28	中华人民共和国海南自由贸易港法	2021 年 6 月 10 日发布并施行	46
29	中华人民共和国期货和衍生品法	2022 年 4 月 20 日发布,2022 年 8 月 1 日起施行	第十一章

2. 法律适用相关条文表

序号	法规名称	颁布日期	相关条文
1	中华人民共和国民法典	2020 年 5 月 28 日发布,2021 年 1 月 1 日起施行	12、467、594、1109
2	中华人民共和国涉外民事关系法律适用法	2010 年 10 月 28 日发布,2011 年 4 月 11 日起施行	全部
3	中华人民共和国海商法	1992 年 11 月 7 日发布并施行	268-276
4	中华人民共和国民用航空法	1995 年 10 月 30 日发布,2021 年修正	184-190
5	中华人民共和国票据法	1995 年 5 月 10 日发布,2004 年修正	94-101
6	中华人民共和国出口管制法	2020 年 10 月 17 日发布,2020 年 12 月 1 日起施行	全部
7	中华人民共和国期货和衍生品法	2022 年 4 月 20 日发布,2022 年 8 月 1 日起施行	第十一章

3. 国际民商事程序相关条文表

序号	法规名称	颁布日期	相关条文
1	中华人民共和国民事诉讼法	1991年4月9日发布,2021年修正	第4编
2	中华人民共和国海事诉讼特别程序法	1999年12月25日发布,2000年7月1日起施行	全部
3	中华人民共和国仲裁法	1994年8月31日发布,2017年修正	65-73
4	中华人民共和国企业破产法	2006年8月27日发布,2007年6月1日起施行	5
5	中华人民共和国外国中央银行财产司法强制措施豁免法	2005年10月25日发布并实施	全部

(三)我国行政法规中与国际私法有关的条文表

序号	法规名称	颁布日期	相关条文
1	中华人民共和国外国人入境出境管理条例	2013年7月12日发布,2013年9月1日起施行	全部
2	外国(地区)企业在中国境内从事生产经营活动登记管理办法	1992年8月15日发布,2020年修订	全部
3	外国人在中华人民共和国收养子女登记办法	1999年5月25日发布并施行	全部
4	中华人民共和国野生植物保护条例	1996年9月30日发布,2017年修正	21、27
5	中华人民共和国植物新品种保护条例	1997年3月20日发布, 2014年修订	9、20、23
6	外国人在中国就业管理规定	1996年1月22日发布,2017年修正	全部
7	外国企业常驻代表机构登记管理条例	2010年11月19日发布,2018年修订	全部
8	外国人在中国永久居留审批管理办法	2003年12月13日经国务院批准,2004年8月15日发布并施行	全部
9	公共航空运输旅客服务管理规定	2021年3月3日发布,2021年9月1日起施行	2

续表

序号	法规名称	颁布日期	相关条文
10	计算机软件保护条例	2001年12月20日发布,2013年修订	5、22
11	婚姻登记条例	2003年8月8日发布,2003年10月1日起施行	2、4、5、10、11
12	集成电路布图设计保护条例	2001年4月2日发布,2001年10月1日起施行	3
13	国务院关于股份有限公司境外募集股份及上市的特别规定	1994年8月4日发布并施行	全部
14	中华人民共和国船员条例	2020年3月27日发布并施行	9、13、30
15	中华人民共和国国际海运条例	2001年12月11日发布,2019年修订	全部
16	中华人民共和国技术进出口管理条例	2001年12月10日发布,2020年修订	全部
17	外国企业常驻代表机构登记管理条例	2010年11月19日发布,2018年修订	全部
18	中国公民出国旅游管理办法	2002年5月27日发布,2017年修订	全部
19	对外承包工程管理条例	2008年7月21日发布,2017年修订	全部
20	中华人民共和国外资银行管理条例	2006年11月11日发布,2019年修订	全部
21	中华人民共和国外资保险公司管理条例	2001年12月12日发布,2019年修订	全部
22	中华人民共和国船舶登记条例	1994年6月2日发布,2014年修订	全部
23	中华人民共和国对外合作开采陆上石油资源条例	1993年10月7日发布,2013年修订	全部
24	国务院关于外商参与打捞中国沿海水域沉船沉物管理办法	1992年7月12日发布,2020年修订	全部
25	实施国际著作权条约的规定	1992年9月25日发布,2020年修订	全部

三、最高人民法院司法解释

在我国,司法解释是指国家最高司法机关根据法律的授权,就司法实践中具体应用法律的问题所作的解释。全国人民代表大会常务委员会所作的《关于加强法律解释工作的决议》〔1〕第2条规定:"凡属法院审判工作中具体应用法律、法令的问题,由最高人民法院进行解释。"另外根据《最高人民法院关于司法解释工作的规定》〔2〕第5条规定:"最高人民法院发布的司法解释,具有法律效力。"因此,最高人民法院发布的司法解释是我国法律的渊源之一。

(一)法律适用领域表

序号	法规名称	颁布日期	相关条文
1	《最高人民法院关于适用〈中华人民共和国涉外民事关系法律适用法〉若干问题的解释(一)》	2012年12月28日发布,2020年修正	全部
2	《最高人民法院关于审理信用证纠纷案件若干问题的规定》	2005年11月14日发布,2020年修正	2、4、6
3	《最高人民法院关于审理无正本提单交付货物案件适用法律若干问题的规定》	2009年2月26日发布,2020年修正	7
4	《最高人民法院关于审理涉台民商事案件法律适用问题的规定》	2010年12月27日发布,2020年修正	1-3
5	《最高人民法院关于审理船舶油污损害赔偿纠纷案件若干问题的规定》	2011年5月4日发布,2020年修正	全部
6	《最高人民法院关于审理劳动争议案件适用法律若干问题的解释(一)》	2020年12月27日发布,2021年1月1日起施行	33
7	《最高人民法院关于审理独立保函纠纷案件若干问题的规定》	2016年11月18日发布,2020年修正	全部

---

〔1〕 1981年6月10日第五届全国人民代表大会常务委员会第十九次会议通过。

〔2〕 法发〔2007〕12号;该规定取代了1997年7月1日《最高人民法院关于司法解释工作的若干规定》;经2021年《最高人民法院关于修改〈最高人民法院关于司法解释工作的规定〉的决定》修正。

（二）国际民商事程序法领域表

序号	法规名称	颁布日期	相关条文
1	《最高人民法院关于适用〈中华人民共和国民事诉讼法〉的解释》	2015年1月30日发布，2015年2月4日起施行，2022年修正	第一节、第二十二节
2	《最高人民法院关于涉外民商事案件诉讼管辖若干问题的规定》	2002年2月25日发布，2002年3月1日起施行，2020年修正	全部
3	《最高人民法院关于内地与澳门特别行政区法院就民商事案件相互委托送达司法文书和调取证据的安排》	2001年8月27日发布，2020年修正	全部
4	《最高人民法院关于适用〈中华人民共和国海事诉讼特别程序法〉若干问题的解释》	2003年1月6日发布，2008年调整	全部
5	《最高人民法院关于中国公民申请承认外国法院离婚判决程序问题的规定》	1991年8月13日发布，2020年修正	全部
6	《最高人民法院关于人民法院受理申请承认外国法院离婚判决案件有关问题的规定》	1999年12月1日发布，2020年修正	全部
7	《最高人民法院关于内地与香港特别行政区法院相互委托送达民商事司法文书的安排》	1999年3月29日发布	全部
8	《最高人民法院、外交部、司法部关于执行〈关于向国外送达民事或商事司法文书和司法外文书公约〉有关程序的通知》	1992年3月4日发布	全部
9	《司法部、最高人民法院、外交部关于印发〈关于执行海牙送达公约的实施办法〉的通知》	1992年9月19日发布	全部
10	《最高人民法院、外交部、司法部关于我国法院和外国法院通过外交途径相互委托送达法律文书若干问题的通知》	1986年8月14日发布	全部

续表

序号	法规名称	颁布日期	相关条文
11	《最高人民法院关于审理涉及计算机网络域名民事纠纷案件适用法律若干问题的解释》	2001 年 7 月 17 日发布，2020 年修正	2
12	《最高人民法院关于涉外民事或商事案件司法文书送达问题若干规定》	2006 年 8 月 10 日发布，2020 年修正	全部
13	《内地与澳门特别行政区关于相互认可和执行民商事判决的安排》	2006 年 3 月 21 日发布	全部
14	《最高人民法院关于内地与香港特别行政区法院相互承认和执行当事人协议管辖的民商事案件判决的安排》	2006 年 7 月 14 日发布	全部
15	《最高人民法院关于执行我国加入的〈承认与执行外国仲裁裁决公约〉的通知》	1987 年 4 月 10 日发布	全部
16	《最高人民法院关于内地与香港特别行政区相互执行仲裁裁决的安排》	2000 年 1 月 24 日发布	全部
17	《最高人民法院关于承认和执行外国仲裁裁决收费及审查期限问题的规定》(已失效)	1998 年 11 月 14 日发布	全部
18	《最高人民法院关于适用〈中华人民共和国仲裁法〉若干问题的解释》	2006 年 8 月 23 日发布，2008 年调整	16
19	《最高人民法院关于涉台民事诉讼文书送达的若干规定》	2008 年 4 月 17 日发布	全部
20	《最高人民法院关于严格执行案件审理期限制度的若干规定》	2000 年 9 月 22 日发布，2008 年调整	2
21	《最高人民法院关于人民法院执行工作若干问题的规定(试行)》	1998 年 7 月 8 日发布，2020 年修正	2、10
22	《最高人民法院关于涉港澳民商事案件司法文书送达问题若干规定》	2009 年 3 月 9 日发布	全部
23	《海峡两岸关系协会与台湾海峡交流基金会海峡两岸共同打击犯罪及司法互助协议》	2009 年 4 月 26 日签署	7、8、10

续表

序号	法规名称	颁布日期	相关条文
24	《最高人民法院关于人民法院办理海峡两岸送达文书和调查取证司法互助案件的规定》	2011 年 6 月 14 日发布	全部
25	《最高人民法院关于认可和执行台湾地区法院民事判决的规定》	2015 年 6 月 29 日发布，2015 年 7 月 1 日起施行	全部
26	《最高人民法院关于认可和执行台湾地区仲裁裁决的规定》	2015 年 6 月 29 日发布，2015 年 7 月 1 日起施行	全部
27	《最高人民法院关于审理发生在我国管辖海域相关案件若干问题的规定（一）》	2016 年 8 月 1 日发布	全部
28	《最高人民法院关于依据国际公约和双边司法协助条约办理民商事案件司法文书送达和调查取证司法协助请求的规定》	2013 年 4 月 7 日发布，2020 年修正	全部
29	《最高人民法院关于巡回法庭审理案件若干问题的规定》	2015 年 1 月 28 日发布，2016 年修正	4
30	《最高人民法院关于明确第一审涉外民商事案件级别管辖标准以及归口办理有关问题的通知》	2017 年 12 月 7 日发布	全部
31	《最高人民法院关于仲裁司法审查案件报核问题的有关规定》	2017 年 11 月 26 日发布，2021 年修正	全部
32	《最高人民法院关于审理仲裁司法审查案件若干问题的规定》	2017 年 12 月 26 日发布	12–17
33	《最高人民法院关于设立国际商事法庭若干问题的规定》	2018 年 6 月 27 日发布	全部
34	《最高人民法院关于内地与香港特别行政区法院相互认可和执行婚姻家庭民事案件判决的安排》	2022 年 2 月 1 日发布，2022 年 2 月 15 日起施行	全部
35	《最高人民法院关于内地与香港特别行政区相互执行仲裁裁决的补充安排》	2020 年 11 月 26 日发布	全部

续表

序号	法规名称	颁布日期	相关条文
36	《最高人民法院关于适用〈中华人民共和国反不正当竞争法〉若干问题的解释》	2022年3月16日发布	27

四、国际私法条约

国际条约是国际法主体（国家、国际组织等）之间签订的一种书面协议。国际条约是国际法的主要渊源。但是对于国际条约是否构成一个国家的国内法的法律渊源，必须要依据各国法律的规定。

我国《民法通则》（已失效）第142条第2款规定："中华人民共和国缔结或者参加的国际条约同中华人民共和国的民事法律有不同规定的，适用国际条约的规定，但中华人民共和国声明保留的条款除外。"《票据法》第95条第1款、《海商法》第268条第1款、《民用航空法》第184条第1款和《民事诉讼法》第267条均规定："中华人民共和国缔结或者参加的国际条约同本法有不同规定的，适用国际条约的规定；但是，中华人民共和国声明保留的条款除外。"这些规定表明，国际条约在我国具有高于国内民事立法的效力。

最高人民法院2012年发布的《法律适用法解释一》第4条规定："涉外民事关系的法律适用涉及适用国际条约的，人民法院应当根据《中华人民共和国民法通则》第一百四十二条第二款以及《中华人民共和国票据法》第九十五条第一款、《中华人民共和国海商法》第二百六十八条第一款、《中华人民共和国民用航空法》第一百八十四条第一款等法律规定予以适用，但知识产权领域的国际条约已经转化或者需要转化为国内法律的除外。" 但在2020年12月29日新修订的该司法解释中，第4条的内容已全部被删除。

最高人民法院《法律适用法解释一》第7条还规定："当事人在合同中援引尚未对中华人民共和国生效的国际条约的，人民法院可以根据该国际条约的内容确定当事人之间的权利义务，但违反中华人民共和国社会公共利益或中华人民共和国法律、行政法规强制性规定的除外。"这一规定不应被理解为尚未对我国生效的国际条约在我国具有法律效力，而应理解为该条约的内容可以作为当事人之间的合同条款，只对合同当事人有约束力。

国际条约包括双边条约和多边公约。我国与其他许多国家签订了大量的双边司法协助条约。[1] 一些特殊领域的双边协定中也包含有国际私法方面的条款,比如《中华人民共和国与德意志联邦共和国社会保险协定》第8条的规定。

我国缔结或参加的国际私法方面的多边国际私法公约也很多,包括外国人民事法律地位的公约、冲突法公约、民事诉讼和国际商事仲裁公约等。

中国加入的国际私法公约表

序号	公约中英文名称	签订日期/地点/保存机关	生效日期	中国参加情况
1	《保护工业产权的巴黎公约》(1967年斯德哥尔摩修订文本) Paris Convention for the Protection of Industrial Property (as Amended at Stockholm in 1967)	1883. 3. 20/巴黎/WIPO 总干事	1884. 7. 7	1984年12月19日交存加入书,对公约第28条第1款持有保留
2	《保护文学和艺术作品伯尔尼公约》Berne Convention for the Protection of Literary and Artistic Works	1986. 9. 9/伯尔尼/WIPO 总干事	1887. 12. 5	1992年7月1日加入;声明根据《公约》附件第1条的规定,享有附件第2条和第3条规定的权利,1992年10月5日对中国生效
3	《本国工人与外国工人关于事故赔偿的同等待遇公约》Convention Concerning Equality of Treatment for National and Foreign Workers as Regards Workmen's Compensation for Accidents	1925. 6. 5/日内瓦/国际劳工局局长	1926. 9. 8	1984年6月11日承认,1934年4月27日当时中国政府批准,1984年6月11日对中国生效
4	《统一国际航空运输某些规则的公约》(又称华沙公约) Convention for the Unification of Certain Rules Relating to International Carriage By Air	1929. 10. 12/华沙/波兰政府	1933. 2. 13	1958年7月20日交存加入书,1958年10月18日对中国生效

[1] 参见最高人民检察院刑事检察厅编:《中外司法协助与引渡条约集》,中国人民大学出版社1997年版。

续表

序号	公约中英文名称	签订日期/地点/保存机关	生效日期	中国参加情况
5	《国际统一私法协会章程》Statut de Instittut International Pour L'unification du Droit Prive	1940. 3. 15\罗马\意大利政府	1940. 4. 21	1986年1月1日签署,同日对中国生效
6	《国际货币基金协定》Agreement of the International Monetary Fund	1944. 7. 22/布雷顿森林/美国政府	1945. 12. 27	1980年4月1日通知承认,1980年4月1日对中国生效
7	《国际民用航空公约》Convention on International Civil Aviation	1944. 12. 7/芝加哥/ICAO 秘书长	1947. 4. 4	1971年2月15日中国正式宣告承认该公约,1974年3月28日对中国生效
8	《关于难民地位的公约》Convention Relating to the Status of Refugees	1951. 7. 28/日内瓦/联合国秘书长	1954. 4. 22	1982年9月24日交存加入书,1982年12月23日对中国生效
9	《海牙国际私法会议章程》Statute of the Hague Conference on Private International Law	1951. 10. 31/海牙/荷兰政府	1955. 7. 15	1987年7月3日交存接受书,同日对中国生效
10	《承认及执行外国仲裁裁决公约》Convention on the Recognition and Enforcement of Foreign Arbitral Awards	1958. 6. 10/纽约/联合国秘书长	1959. 6. 7	1987年1月22日交存加入书,1987年4月22日对中国生效
11	《关于解决国家与他国国民之间的投资争端的公约》(又称华盛顿公约)Convention on the Settlement of investment Disputes between States and Nationals of other States	1965. 3. 18/华盛顿/美国政府	1966. 10. 14	1990年2月9日签署, 1992年7月1日批准加入, 1993年1月7日交存批准书, 1993年2月6日对中国生效

续表

序号	公约中英文名称	签订日期/地点/保存机关	生效日期	中国参加情况
12	《关于向国外送达民事或商事司法文书和司法外文书公约》Convention of 15 November 1965 on the Service Abroad of Judicial and Extrajudicial Documents in Civil or Commercial Matters	1965. 11. 15/海牙/荷兰政府	1970. 3. 18	1991年3月2日批准加入,1991年5月3日交存批准书
13	《关于难民地位的议定书》Protocol Relating to the Status of Refugees	1967. 1. 31/纽约/联合国秘书长	1967. 10. 4	1982年9月24日交存加入书,同日对中国生效
14	《建立世界知识产权组织公约》Convention Establishing the World Intellectual Organization	1967. 7. 1/斯德哥尔摩/WIPO总干事	1970. 4. 26	1980年3月4日交存加入书,1980年6月4日对中国生效
15	《商标国际注册马德里协定》(斯德哥尔摩修订文本)Madrid Agreement Concerning the International Registration of Marks	1891. 4. 14/斯德哥尔摩/WIPO总干事	1970. 9. 19	1989年7月1日交存加入书,1989年10月4日对中国生效,我国参加的是斯德哥尔摩修订文本(1967,1979)
16	《国际油污损害民事责任公约》International Convention on Civil Liability for Oil Pollution Damage	1969. 11. 29/布鲁塞尔/国际海事组织秘书长	1975. 6. 19	1980年1月30日交存接受书,2000年1月5日对中国生效
17	《禁止和防止非法进出口文化财产和非法转让其所有权的方法的公约》Convention on the Means of Prohibiting and Preventing the Illicit Import, Export and Transfer of Ownership of Cultural Property	1970. 11. 14/巴黎/UNESCO总干事	1970. 11. 14	1989年11月28日交存接受书

续表

序号	公约中英文名称	签订日期/地点/保存机关	生效日期	中国参加情况
18	《世界版权公约》Universal Copyright Convention	1971. 7. 24/巴黎/WIPO 总干事	1974. 7. 10	1992 年 7 月 1 日加入，声明根据《公约》第 5 条之二的规定，享有该公约第 5 条之三、之四规定的权利
19	《国际海上避碰规则公约》Convention on the International Regulations for Preventing Collisions at Sea	1972. 10. 20/伦敦/国际海事组织秘书长	1977. 7. 15	1980 年 1 月 7 日交存加入书，同日对中国生效
20	《1969 年国际油污损害民事责任公约的议定书》Protocol to the International Convention on Civil Liability for Oil Pollution Damage	1976. 11. 19/伦敦/国际海事组织秘书长	1981. 4. 8	1986 年 9 月 29 日交存加入书
21	《联合国国际货物销售合同公约》the United Nations Convention on Contracts for the International Sale of Goods	1980. 4. 11/维也纳/联合国秘书长	1988. 1. 1	1981 年 9 月 30 日签署，1986 年 12 月 11 日交存核准书，不受公约第 1 条 1 款(B)、第 11 条及与第 11 条内容有关之规定的约束
22	《国际救助公约》International Rescue Convention 1989	1989. 4. 28/伦敦/国际海事组织秘书长	1996. 7. 14	1994 年 3 月 30 日交存加入书，1996 年 7 月 14 日对中国生效
23	《联合国儿童权利公约》Convention on the Rights of the Child	1989. 11. 20/纽约/联合国秘书长	1990. 9. 2	1990 年 8 月 29 日签署，1992 年 1 月 3 日批准加入，1992 年 4 月 2 日对中国生效

续表

序号	公约中英文名称	签订日期/地点/保存机关	生效日期	中国参加情况
24	《商标国际注册马德里协定有关议定书》Protocol relating to the Madrid Agreement Concerning International Registration of Marks	1989. 6. 27/马德里/WIO总干事	1995. 12. 1	1995年9月1日签署,1995年12月1日对中国生效
25	《关于从国外调取民事或商事证据的公约》Convention on the Taking of Evidence Abroad in Civil or Commercial Matters	1970. 3. 18/海牙/荷兰王国外交部	1972. 10. 7	1997年12月8日交存加入书,第60天后对中国生效
26	《国际承认航空器权利公约》Convention on the International Recognition of Rights in Aircraft	1948. 6. 19/日内瓦/国际民航组织	1953. 9. 17	2000年4月28日加入, 2000年7月27日对中国生效
27	《跨国收养方面保护儿童及合作公约》Convention on the Protection of Children and Co-operation in Respect of Inter-country Adoption	1993. 5. 29/海牙/荷兰外交部	1995. 5. 1	2000年5月1日签署,全国人大常委会2005年4月27日批准
28	《国际船舶燃油污染损害的民事责任和赔偿公约》(Bunkers Convention)	2001. 3. 23/国际海事组织	2008. 11. 21	2008年11月17日加入,2009年3月9日对中国生效
29	《移动设备国际利益公约》和《移动设备国际利益公约关于航空器设备特定问题的议定书》	国际统一私法协会/意大利外交部	2006. 3. 1	2008年10月28日全国人民代表大会常务委员会批准

五、国际惯例

1. 国际惯例的含义

我国原《民法通则》第142条第3款规定：[1]“中华人民共和国法律和中华人民共和国缔结或者参加的国际条约没有规定的，可以适用国际惯例。”[2]应当把这里的“国际惯例”区别于“国际习惯”。这两个用语的含义，我国学术界存在许多分歧。这主要是各位学者对英文中的custom和usage的翻译和理解不同而造成的。权威的观点是将custom（习惯）视为具有法律约束力的国际法渊源，而usage（惯例）则不具有法律约束力。[3]

我国法律中所规定的国际惯例是指国际商事交易中的惯常交易规则。这些国际惯例与各种贸易术语、交货条件、标准合同、格式条款、示范法等一起构成了一个相对独立的“商人法”（lex mercatoria）部门，我国著名国际私法学者李浩培将其称为“自发法”（spontaneous law）。[4] 这种“商人法”或“自发法”不同于国际法，也不同于国内法，是一个自治的法律领域，属于任意性规范，供从事国际商业交往的当事人任意选用。[5] 如果当事人没有选用，我国法院也可以采用国际惯例来弥补国内法中的漏洞。《最高人民法院关于审理信用证纠纷案件若干问题的规定》（2020年修正）第2条就规定：“人民法院审理信用证纠纷案件时，当事人约定适用相关国际惯例或者其他规定的，从其约定；当事人没有约定的，适用国际商会《跟单信用证统一惯例》或者其他相关国际惯例。”

2. 国际惯例通常由当事人约定适用

国际惯例通常由当事人选择作为合同条款并入合同之中，从而约束当事人。许多国际惯例本身对此给予了肯定。1994年罗马国际统一私法协会《国际商事合同通则》前言就明确指出：“在当事人一致同意其合同受通则管辖时，适用通则。”另外，“当无法确定合同的适用法律对某一问题的相关规则时，通则可以对该问题提供解决办法。”国际商会制定的《国际贸易术语解释通则》（INCOTERMS）、国际商会的《托收统一规则》《跟单信用证统一惯例》《华沙-牛津规则》《欧洲合同法原则》也有

---

[1] 《海商法》第268条第2款、《民用航空法》第184条第2款、《票据法》第96条第2款的规定也相同，这里的分析也适用于它们。

[2] 《票据法》第95条第2款、《海商法》第268条第2款、《民用航空法》第184条第2款的规定与此相同。

[3] 参见[英]詹宁斯·瓦茨修订：《奥本海国际法》（第1卷第2分册），王铁崖等译，中国大百科全书出版社1998年版，第16页。

[4] 参见中国大百科全书总编辑委员会：《中国大百科全书·法学卷》，中国大百科全书出版社1985年版，第230、828页。

[5] 关于“现代商人法”参见郑远民：《现代商人法研究》，法律出版社2001年版。

类似规定。1980年《联合国国际货物销售合同公约》第9条第1款也规定,只有双方当事人业已同意的任何惯例和他们之间确立的任何惯常做法,才对双方有约束力。

我国最高人民法院1989年发布的《全国沿海地区涉外、涉港澳经济审判工作座谈会纪要》第2条第3项规定:"涉外、涉港澳经济纠纷案件的双方当事人在合同中选择适用的国际惯例,只要不违背我国的社会公共利益,就应当作为解决当事人间纠纷的依据。"其第3条第5款进一步规定:"凡是当事人在合同中引用的国际惯例,例如离岸价格(F. O. B)、成本加运费价格(C&F)、到岸价格(C. I. F)等国际贸易价格条件,以及托收、信用证付款等国际贸易支付方式,对当事人有约束力,法院应当尊重当事人的这种选择,予以适用。"《最高人民法院关于审理信用证纠纷案件若干问题的规定》第2条规定:"人民法院审理信用证纠纷案件时,当事人约定适用相关国际惯例或者其他规定的,从其约定。"《最高人民法院关于审理独立保函纠纷案件若干问题的规定》(2020年修正)第5条也规定:"独立保函载明适用《见索即付保函统一规则》等独立保函交易示范规则,或开立人和受益人在一审法庭辩论终结前一致援引的,人民法院应当认定交易示范规则的内容构成独立保函条款的组成部分。不具有前款情形,当事人主张独立保函适用相关交易示范规则的,人民法院不予支持。"由此可见,我国法院在实践中也是以当事人的选择作为适用国际惯例的前提,而且也只认为国际惯例对当事人之间具有约束力。此外,适用国际惯例应当"谁主张,谁举证",对方可以提出反证。

3. 国际惯例不具有法律性质

鉴于国际惯例的法律性质尚有争议,因此不能笼统地认为国际惯例是我国国际私法或我国国内法的渊源。我国法院在审理涉外民事案件时,根据我国国际私法的指引,既可以适用中国法律,也可以适用外国法律、国际条约或者国际惯例,它们都可以是审理涉外案件的准据法,但它们并不一定都是法律的渊源。准据法和法律的渊源是两个不同的概念。《国际法院规约》第38条规定,国际法院审理案件可以适用国际条约、国际习惯、一般法律原则、司法判例、权威公法学家学说以及公允和善良原则等。但是多数学者都认为只有前三项才构成国际法的渊源。

4. 国际惯例不能违反我国社会公共利益

我国原《民法通则》第150条还规定:"依照本章规定适用外国法律或国际惯例的,不得违背中华人民共和国的社会公共利益。"《海商法》第276条和《民用航空法》第190条也有相同规定。

第四节　区际私法、人际私法和时际私法

一、区际私法

(一)区际私法的概念

区际私法(interregional private law,interlocal private law),或者被称为区际冲突法(interregional conflicts law),是指专门用来解决一个国家内部不同法域之间的法律冲突的法律。在世界上许多主权国家内部,还存在不同的法域,比如英国的英格兰、苏格兰、北爱尔兰等,美国的各个州(state)等。这些不同法域之间的法律存在差异,这种差异与国家间的法律差异几乎是一样的,因此也需要一套法律制度来解决它们之间的适用问题,这就是区际私法或区际冲突法。

(二)区际私法与国际私法的关系

区际私法和国际私法之间最大的区别就在于:国际私法解决的是各个国家之间的私法冲突,区际私法解决的是一国内部不同法域之间的法律冲突。除此之外,二者在诸多方面都是一致的。

在英美法系国家,一般不区分区际冲突法和国际冲突法。对于英美国家来说,在冲突法上,"外国"中的"国"(country 或 state)不仅仅指主权国家,还是与"法域"(jurisdiction)同义的,即具有不同法律制度的区域。因此,在英美国家,冲突法的制度对于国家之间和一国内部不同法域之间的法律适用问题同样有效。而且,由于英美国家一般不采用国籍作为当事人属人法的连结点,而是采用住所,因此,国际私法和区际私法在适用上也不存在障碍。

在大陆法系国家,国际私法和区际私法有所区别,主要是因为大陆法系国家大多采用国籍作为当事人属人法的连结点。对于区际私法来说,一国内部不同法域的居民都拥有同一国籍,国籍对于区际私法来说就没有意义了,必须用其他的连结点来代替。

我国此前的《民法通则》采用国籍作为连结点。比如,《最高人民法院关于贯彻执行〈中华人民共和国民法通则〉若干问题的意见(试行)》(以下简称《民通意见》)第 190 条规定:监护的设立、变更和终止,适用被监护人的本国法律。这里,监护人的本国法就是他的国籍国法。这一规定就只能用在国际私法中,而不能用在区际私法中,因为如果他的国籍国内部存在不同法域,这一规范仍无法确定到底适用该国家哪一地域的法律。比如,被监护人如果是美国人,美国有 50 个州,就有 50 个法域,到底适用哪一州的法律呢?而假如依据被监护人的住所或经常居所来确定监护

的法律适用的话,就不会存在这个问题,因为当事人的住所或经常居所肯定在某一个州内。

为解决这一问题,原《民通意见》第 192 条规定:"依法应当适用的外国法律,如果该外国不同地区实施不同的法律的,依据该国法律关于调整国内法律冲突的规定,确定应当适用的法律。该国法律未作规定的,直接适用与该民事关系有最密切联系的地区的法律"。

我国现行的《涉外民事关系法律适用法》改用"经常居所地"作为连结点之后,国际冲突法和区际冲突法就可以合二为一了。不过,《涉外民事关系法律适用法》也没有完全放弃国籍,因此在遇到用国籍作为连结点时,还是需要区分国际私法和区际私法的。《涉外民事关系法律适用法》第 6 条因此专门规定:"涉外民事关系适用外国法律,该国不同区域实施不同法律的,适用与该涉外民事关系有最密切联系区域的法律。"

二、人际私法、时际私法

(一)人际私法

人际私法(interpersonal private law)也称为人际冲突法(interpersonal conflict of laws),是解决一个国家内部由于不同民族、种族、宗教或阶级的人适用不同的法律而产生的法律冲突的法律规范。

在亚洲、非洲一些国家,如印度、印度尼西亚、伊拉克、伊朗、以色列、约旦、马来西亚、巴基斯坦、叙利亚、埃及、阿尔及利亚、加纳、利比亚、摩洛哥、尼日利亚、塞内加尔、索马里、苏丹、多哥等国家,由于国内宗教或部落林立,不同民族、宗教、种族或阶层的人在人的身份、亲属关系、婚姻和继承等方面所适用的法律是不同的。比如,在印度,印度教徒适用印度教规,伊斯兰教徒适用伊斯兰教规,基督教徒适用普通法,其他众多教派的教徒也有自己的教规,不同阶层的人也要遵循各自的风俗习惯。这些不同身份的人之间发生民事交往,就产生到底适用哪一种法律的问题。[1]

国际私法与人际私法有相同之处,例如,它们都是间接指引规范,不直接规定当事人的权利与义务。但是二者的区别是显而易见的,国际私法主要解决的是不同地域之间的法律冲突问题,而人际私法解决的是不同人群之间的法律冲突问题。

国际私法中也会涉及人际私法问题,因为当某一国家的国际私法规范规定应当适用某一国法律时,如果该国国内存在人际法律冲突问题,就会产生到底适用哪一种法律的问题。此时,一般依照该国国内的人际冲突法来解决。

在我国,人际私法问题不是很突出,因为根据我国宪法规定,我国法律对所有中

---

〔1〕 V. C. Govindarj, *The Conflict of Laws in India: Inter-Territorial and Inter-Personal Conflict*, Oxford University Press, 2011.

华人民共和国公民同等适用。在民事法律领域,不存在因人而异的规定,因此一般情况下不会考虑人际私法问题。

(二)时际私法

时际私法(intertemporal private law)或时际冲突法(intertemporal conflict of laws),是指新法和旧法之间在时间上的适用冲突。[1] 在国际私法适用中经常会遇到时际私法问题,比如当合同约定适用某一国家法律时,应适用该国何时的法律?是适用合同缔结时的该国法律还是合同履行时的该国法律?解决该问题的原则一般是:(1)新法优于旧法;(2)法律不溯及既往;(3)即得权保护。但是这些原则也有例外。我们将根据不同的法律关系,在具体章节中分别探讨。

---

〔1〕 参见李浩培:《论条约法上的时际法》,载《武汉大学学报(社会科学版)》1983年第6期;John K. McNulty, *Corporations and the Intertemporal Conflict of Laws*, 55 California Law Review 12 (1967); T. O. Elias, *The Doctrine of Intertemporal Law*, 74 American Journal of International Law 285 (1980); Celia Wasserstein Fassberg, *The Intertemporal Problem in Choice of Law Reconsidered: Israeli Matrimonial Property*, 39 International and Comparative Law Quarterly 856 (1990); Steven Wheatley, *Revisiting the Doctrine of Intertemporal Law*, 41 Oxford Journal of Legal Studies 484 (2021).

第二章　国际民事诉讼管辖权

第一节　概　　论

一、国际法上的管辖权

根据国际法规则,任何国家无论大小、强弱均享有国家主权。主权是国家的基本属性,是国家对内的最高权和对外的独立权。国家主权的一个最基本权能是它的管辖权(jurisdiction),这是因为管辖权与国家主权是同位一体的。"管辖权是指通常被称为'主权'的国家的一般法律权限的特定方面",[1]是"国家对其领土及其国民行使主权的具体体现"[2]。

管辖权既然是国家主权的体现,因此任何主权国家都非常重视对本国管辖权的规范。关于管辖权的法律大部分是通过国内法院适用本国法律的判决发展起来的。由于许多国家的法院适用他们的本国法律而不问是否符合国际法,而且法院自然倾向于主要从本国利益的角度来看待发生的问题,因而国内司法判例使许多管辖权问题含糊而不明确,而且使管辖权各项原则更难以发展成为结合在一起的整体。[3]

到目前为止,国际法上对国家管辖权的规范仍然是不明晰的,还没有一项国际法文件来规范各国管辖权的范围及其行使条件。目前国际法对管辖权的规范主要通过习惯法,其中一条逐渐被广泛接受的原则是"实际联系原则",[4]即行使管辖权的前提是有关问题与行使管辖权的国家之间存在相当密切的联系,从而使该国有理由对该问题加以管辖。[5]

按照国际法学界通行观点,管辖权分为立法管辖权(prescriptive jurisdiction)、司

---

[1] 参见[英]伊恩·布朗利:《国际公法原理》,曾令良、余敏友等译,法律出版社 2003 年版,第 330 页。

[2] 王铁崖主编:《国际法》,法律出版社 1995 年版,第 125 页。

[3] [英]詹宁斯·瓦茨修订:《奥本海国际法》(第 1 卷第 1 分册),王铁崖等译,中国大百科全书出版社 1995 年版,第 327 页。

[4] Nottebohm case (Liechtenstein v. Guatemala), I. C. J. Report 1955, p. 4.

[5] 参见[英]詹宁斯·瓦茨修订:《奥本海国际法》(第 1 卷第 1 分册),王铁崖等译,中国大百科全书出版社 1995 年版,第 328 页;[英]伊恩·布朗利:《国际公法原理》,曾令良、余敏友等译,法律出版社 2003 年版,第 330 页。

法管辖权(judicial jurisdiction)和执行管辖权(enforcement jurisdiction)。[1] 立法管辖权是国家针对特定的人或行为制定法律的权力;司法管辖权是指一国法院受理针对某人或某一事件的诉讼的权力;执行管辖权则是指为执行某一法律或决定而采取管理行为的权力。[2]

任何国家行使管辖权都要遵守国际法上的基本原则,包括属地管辖(the territorial jurisdiction)、属人管辖(the personal jurisdiction)、保护管辖(the protective jurisdiction)和普遍管辖(the universal jurisdiction)等基本原则。

根据国家主权原则,国家的属地管辖权始终居于优先地位。属地管辖是指国家对于所有位于本国领域内的人和事均具有管辖权。所有其他管辖依据都不能对抗国家的属地管辖权,即使另一个国家同时有行使管辖权的根据,但如果它行使管辖权的权力是与具有属地管辖权的国家的权力相冲突的,则该另一个国家行使管辖权的权力就受到了限制。这就是所谓的属地优越性原则。[3] 违反属地管辖原则而行使管辖权的,通常被称为"域外管辖权"(éxtraterritorial jurisdiction)。域外管辖权的行使会引发国际管辖冲突。

属人管辖原则是指国家对于所有本国人均具有管辖权。

保护管辖原则也称为安全原则(security principle),是指国家对影响其本国国家安全的行为拥有管辖权,即使该行为是由外国人在境外实施的。保护管辖原则作为国家行使管辖权的依据目前主要运用于刑事领域。[4]

普遍管辖原则(the universality principle)针对的是国际法上公认的违法犯罪行为,它赋予任何国家可以对此类行为行使管辖权。[5] 美国《对外关系法重述(第四次)》第402条已经将普遍管辖权扩大到刑事领域之外,该条规定:"普遍管辖权不限于刑法——一般而言,在普遍利益基础上的管辖权是以刑法的形式行使的,但是国际法并不排斥非刑法的适用,例如向海盗的受害者提供侵权或者恢复原状的救济。"我国现行法律并未将普遍管辖权扩张到民事领域。

每一种管辖原则又可以包括很多具体管辖依据。比如,属人管辖原则又可以分为积极属人原则(active personality principle)和消极属人原则(passive personality principle)。而引发众多争议的"效果原则"(effect principle)到底属于客观属地管辖

---

[1] 参见[英]伊恩·布朗利:《国际公法原理》,曾令良、余敏友等译,法律出版社2003年版,第330页;美国法学会:《对外关系法重述(第四次)》(2018年),第401条。

[2] 美国法学会:《对外关系法重述(第四次)》,第401条。

[3] 参见[英]伊恩·布朗利:《国际公法原理》,曾令良、余敏友等译,法律出版社2003年版,第330页。

[4] 参见《刑法》第8条。

[5] Curtis A. Bradley, Universal Jurisdiction and U. S. Law, 2001 U. Chi. Legal F., 323. 我国《刑法》第9条也规定了普遍管辖权。

原则还是保护管辖原则,尚未有定论。[1] 在一些特殊法律领域,比如航空法、海事法、公司法等领域,根据国际条约的规定,也产生了一些新的管辖权因素,比如船旗国、航空器登记国、公司成立地等,这些管辖因素属于哪一类型的管辖原则,也会引发争议。

在国际交往日益频繁的社会,各国的管辖权不是相互排斥的,而是经常并行的。如果多个国家都对同一纠纷主张管辖权,就会发生管辖权冲突。

二、国际民事诉讼管辖权的概念

(一)诉讼管辖权的概念

诉讼管辖权也称司法管辖权(gerichtliche Zuständigkeit, judicial jurisdiction, la compétence judiciaire),[2]是管辖权的权能之一。它是相对于立法管辖权和执法管辖权而言的,是指国家司法机关(主要是法院)对各种法律纠纷进行审判的权限。它包括民事诉讼管辖权、刑事诉讼管辖权和行政诉讼管辖权。

根据国际法上的主权原则和属地原则,国家只依照本国法律确定本国法院的管辖权。例如我国《民事诉讼法》第二十四章专门规定了我国法院审理涉外民事案件的管辖权。我国《刑法》第一章和《刑事诉讼法》第一章也规定了在哪些情况下应当依照我国《刑法》和《刑事诉讼法》对跨国犯罪行为进行追诉。我国法院对涉外行政诉讼纠纷的受理也完全是根据我国法律的规定进行。

对于刑事诉讼案件和行政诉讼案件来说,由于体现了更多的国家利益和主权因素,各国对管辖权的争夺更为激烈,管辖权的冲突通常会引起严重的国际纠纷。比如,2018年12月1日,华为公司首席财务官孟晚舟在加拿大温哥华被捕,美国向加

---

[1] 参见[英]伊恩·布朗利:《国际公法原理》,曾令良、余敏友等译,法律出版社2003年版,第333页。我国《反垄断法》第2条和《证券法》第2条已采纳了效果原则。

[2] 中文"管辖权"在西方国家法律中有两组不同的对应术语:英美法系中的jurisdiction和competence,法国法中的juridiction和compétence、意大利法律中的giurisczione和competenza以及德国法中的Gerichtsbarkeit和Zuständigkeit。在大陆法系国家,比较严格地区分二者:前者是一个较为广义的概念,较多用于国际法中的管辖权,包括立法管辖权、司法管辖权和执行管辖权;后者专指法院的司法裁判权。法国、德国、意大利等国家的民事诉讼法典中所规定的法院的管辖权都用后一概念。参见Schack, Internationales Zivilverfahrensrecht 4 Aufl. (Beck 2010), Rn. 132。在英美法系国家,jurisdiction被广泛运用于国际法和国内法中。在美国,无论国际法还是民事诉讼法中都用jurisdiction来表示管辖权。民事诉讼中,管辖权分为对人管辖权(personal jurisdiction)、事务管辖权(jurisdiction over matters)和适当审判地(proper venue),而competence的含义等同于jurisdiction over matters,参见Born & Rutledge, *International Civil Litigation in United States Courts*, 5th Edition, Wolters Kluwer, 2011, p.5。美国法中的venue一词相当于大陆法系中的地域管辖。由于中国法律中不存在西方大陆法系国家中对管辖权的二元划分,因此本书中的"管辖权"类似于英语中的jurisdiction,涵盖了两种意义上的管辖权。但本书所讨论的涉外民事诉讼管辖权,主要是指第二种意义上的法院裁判权(Zuständigkeit, compétence judiciaire)。

拿大申请将其引渡到美国接受刑事审判,由此引发了中国和美国以及加拿大之间的外交纠纷。

在民事诉讼领域,由于较少涉及国家的公共利益,各国接受了私法的平等性和互换性原则,因此虽然主权原则仍然是确定管辖权的基础,但各国对管辖权的争夺相对来说不是那么激烈。对于多个国家同时具有管辖权的案件,各国司法机关也表现得比较宽容,特殊情况下甚至会主动放弃自己的管辖权,对于外国法院依法管辖并做出的裁决,通常也会予以承认和执行。各国司法机关也并不总是严格遵守国际法上的管辖原则。私法上的意思自治原则在民事诉讼领域也得到贯彻,其中最主要的表现是大多数国家允许当事人协议选择案件的管辖权,当事人还可以约定进行仲裁而排斥任何国家法院的管辖权。在国际民事诉讼管辖权方面,各国的立法和司法实践非常丰富,相关的理论学说也非常发达,各国之间也通过国际条约达成了很多双边和多边条约。

(二)国际(涉外)民事诉讼管辖权与国内民事诉讼管辖权

司法管辖权分为国内诉讼管辖权和国际诉讼管辖权。国内诉讼管辖权也称地域管辖权(örtliche Zustaendigkeit)(我国《民事诉讼法》第二章第二节),它解决的是一个案件由国内哪个法院审理;而国际诉讼管辖权解决的是一个案件由哪一国家法院审理(我国《民事诉讼法》第四编第二十四章)。对于涉外民事案件,一国法院通常要先判断本国法院是否享有国际民事诉讼管辖权,然后再确定其是否具有国内地域管辖权。

国际民事诉讼管辖权和国内民事诉讼管辖权虽然性质上不同,但彼此在规则上有很多相似之处。很多国家没有专门的国际民事诉讼管辖权立法,通常类推适用国内地域管辖规则来判断国际管辖权,在德国法上,这被称为地域管辖规则的双重功能(Doppelfunktion),即它们可以被类推用于确定法院的国际管辖权。[1] 我国《民事诉讼法》(2012 年修正)第 259 条规定:"在中华人民共和国领域内进行涉外民事诉讼,适用本编规定。本编没有规定的,适用本法其他有关规定。"《民事诉讼法》(2007 年修正)[2]第四编"涉外民事诉讼程序的特别规定"第二十四章是对涉外民事诉讼管辖的集中规定。该章在 2012 年第二次修正后只保留了两个条文,即《民事诉讼法》(2007 年修正)第 241 条(特殊地域管辖)和《民事诉讼法》(2007 年修正)第 244 条(专属管辖)(现第 272 条和第 273 条),其他方面都类推适用第二章第二节。这表明,我国也采用了"双重功能原则"。

---

[1] See Schack, *Internationales Zivilverfahrensrecht*, 2001, S. 89; Bernd von Hoffmann/Karsten Thorn, *Internationales Privatrecht*, 9 Aufl. 2007, S. 75.

[2] 1991 年 4 月 9 日通过;2007 年 10 月 28 日第一次修正;2012 年 8 月 31 日第二次修正;2017 年 6 月 27 日第三次修正;2021 年 12 月 24 日第四次修正。

但是"双重功能原则"忽视了国内管辖权和国际管辖权的性质差异。[1] 国内管辖权的法律基础是国内宪法和法律,是为了解决国内不同地区法院在管辖上的分配,其立法目的是方便诉讼。一个主权国家有权根据国内法任意地分配本国境内不同地区法院的管辖权。国际管辖权的法律基础是国际法,所要解决的是各国管辖权的竞合与冲突问题。国际管辖权的基本原则是国家主权原则。国际管辖权的行使需要遵守一般国际法原则,其中最重要的是属地管辖原则。一国行使域外管辖权时不能"过度",否则会侵犯他国主权和管辖权,从而导致作出的判决得不到他国的承认和执行。[2] 国际民事诉讼管辖权在很多问题上与国内民事诉讼管辖权有差别,需要特别处理,比如协议管辖、平行诉讼问题、不方便法院原则等。越来越多的国家开始颁布专门的国际民事诉讼管辖权法规,或者将其统一规定在国际私法典之中。德国现在也主要根据欧盟《布鲁塞尔条例》来解决涉外民事诉讼管辖权问题,不再完全类推适用《民事诉讼法》中的管辖权规则。日本也于2011年在《民事诉讼法》中增加了专门的国际民事诉讼管辖权条款。

(三)国际民事诉讼管辖权的分类

国际民事诉讼管辖权包括直接管辖权和间接管辖权。[3] 直接国际管辖权(direct international jurisdiction)是指本国法院对于某一涉外民事案件是否有管辖权。间接国际管辖权(indirect international jurisdiction)是指外国法院对某一民事诉讼案件的管辖权是否被本国承认。我们这里所探讨的国际民事诉讼管辖权是指直接国际民事诉讼管辖权,而间接国际民事诉讼管辖权属于判决的承认和执行中的问题。

管辖权可以分为协议管辖权和法定管辖权。协议管辖权是指根据当事人之间的协议选择而享有管辖权(我国《民事诉讼法》第35条)。而法定管辖权是指当事人没有选择或者选择无效的情况下根据法律规定行使管辖权。

法定管辖权可以分为一般管辖权(general jurisdiction, allgemeine Gerichtsstände)和特别管辖权(special jurisdiction, besondere Gerichtsstände)。一般管辖权也称普通管辖权,就是指"原告就被告原则"(actor sequitur forum rei),即原告应当向被告住所地法院对被告提起诉讼。该原则始于罗马法,现在已经为大多数国家所接受。这一原则不仅适用于国内民事诉讼,也同样适用于国际民事诉讼。特别管辖权是普通管辖权的例外和补充,是指在某些特殊类型的民事案件中,被告住所地以外的其他国家的法院也可以行使管辖权。

管辖权还可以分为任意性(facultative)管辖权和专属性(exclusive)管辖权。任

---

[1] 如上所述,西方国家在基本概念上就存在 jurisdiction/Gerichsbarkeit 和 competence/Zuständigkeit 的区分,我国法律中没有这种区分。

[2] 参见杜涛:《论国际民事诉讼中的过度管辖权》,载《武大国际法评论》2017年第1期。

[3] 参见李浩培:《国际民事程序法概论》,法律出版社1996年版,第44页。

意性管辖权是指法律规定的管辖法院不具有排他效力,原告可以选择在该地起诉,也可以到其他有管辖权的法院起诉。而专属性管辖权也称排他性管辖权,是指国家法律规定,对于某些类型的民事案件只能由特定法院行使管辖权,其他法院无权受理。

三、管辖豁免

《民事诉讼法》第268条规定:“对享有外交特权与豁免的外国人、外国组织或者国际组织提起的民事诉讼,应当依照中华人民共和国有关法律和中华人民共和国缔结或者参加的国际条约的规定办理。”

《外交特权与豁免条例》[1]第14条第2、3、4款规定:“外交代表享有民事管辖豁免和行政管辖豁免,但下列各项除外:(一)外交代表以私人身份进行的遗产继承的诉讼;(二)外交代表违反第二十五条第三项规定在中国境内从事公务范围以外的职业或者商业活动的诉讼。外交代表免受强制执行,但对前款所列情况,强制执行对其人身和寓所不构成侵犯的,不在此限。外交代表没有以证人身份作证的义务。”该法第15条规定:“外交代表和第二十条规定享有豁免的人员的管辖豁免可以由派遣国政府明确表示放弃。外交代表和第二十条规定享有豁免的人员如果主动提起诉讼,对与本诉直接有关的反诉,不得援用管辖豁免。放弃民事管辖豁免或者行政管辖豁免,不包括对判决的执行也放弃豁免。放弃对判决执行的豁免须另作明确表示。”《领事特权与豁免条例》[2]第14条有类似规定。

最高人民法院2007年发布的《关于人民法院受理涉及特权与豁免的民事案件有关问题的通知》[3]指出,凡以在中国享有特权与豁免的主体为被告、第三人向人民法院起诉的民事案件,人民法院应在决定受理之前,报请本辖区高级人民法院审查;高级人民法院同意受理的,应当将其审查意见报最高人民法院。在最高人民法院答复前,一律暂不受理。这些主体包括:(1)外国国家;(2)外国驻中国使馆和使馆人员;(3)外国驻中国领馆和领馆成员;(4)途经中国的外国驻第三国的外交代表和与其共同生活的配偶及未成年子女;(5)途经中国的外国驻第三国的领事官员和与其共同生活的配偶及未成年子女;(6)持有中国外交签证或者持有外交护照(仅限互免签证的国家)来中国的外国官员;(7)持有中国外交签证或者持有与中国互免签证国家外交护照的领事官员;(8)来中国访问的外国国家元首、政府首脑、外交部长及其他具有同等身份的官员;(9)来中国参加联合国及其专门机构召开的国际会议的外国代表;(10)临时来中国的联合国及其专门机构的官员和专家;(11)联合国系统组织驻中国的代表机构和人员;(12)其他在中国享有特权与豁免的主体。

---

〔1〕全国人民代表大会常务委员会1986年9月5日通过并自该日起实施。

〔2〕中华人民共和国第七届全国人民代表大会常务委员会第十六次会议于1990年10月30日通过。

〔3〕法〔2007〕69号。

广东省高级人民法院曾就“蓝某诉被告马某和荷兰驻广州总领事馆等机动车交通事故责任纠纷案”向最高人民法院请示是否受理。最高人民法院指出，该案被告马某虽然是荷兰驻广州总领事馆领事，但根据《维也纳领事关系公约》和我国《领事特权与豁免条例》的规定，对于因车辆在我国境内造成的事故涉及损害赔偿的诉讼，领事官员并不享有司法豁免权，人民法院应予受理。荷兰驻广州总领事馆系荷兰驻我国的外交代表机构，不具备民事诉讼主体资格，不应作为被告参加诉讼。另外，根据我国一贯坚持的国家绝对豁免原则，也不能将荷兰作为本案的被告。〔1〕

在“马某宝劳务合同纠纷案”中，马某宝以沙特阿拉伯王国驻华使馆为被告，要求其支付劳务合同工资。法院认为，沙特阿拉伯王国驻华使馆作为外国驻华的外交代表机构，享有外交豁免权，即本案不属于我国司法管辖范围，驳回起诉。〔2〕

2005 年 10 月 25 日实施的《外国中央银行财产司法强制措施豁免法》第 1 条规定，中华人民共和国对外国中央银行财产给予财产保全和执行的司法强制措施的豁免；但是，外国中央银行或者其所属国政府书面放弃豁免的或者指定用于财产保全和执行的财产除外。该法第 3 条规定，外国不给予中华人民共和国中央银行或者中华人民共和国特别行政区金融管理机构的财产以豁免，或者所给予的豁免低于本法的规定的，中华人民共和国根据对等原则办理。

我国于 1979 年 9 月 11 日加入了《联合国特权和豁免公约》和《联合国专门机构特权与豁免公约》。我国和欧洲共同体委员会于 1987 年签署了《关于在中华人民共和国设立欧洲共同体委员会代表团及其特权与豁免协定》。2005 年 2 月 28 日第十届全国人民代表大会常务委员会第十四次会议批准了 2004 年 6 月 17 日在塔什干签署的《上海合作组织特权与豁免公约》。我国政府还于 2005 年 9 月 14 日签署了《联合国国家及其财产管辖豁免公约》，但该公约尚未生效。

第二节　一般管辖权与特别管辖权

一、一般管辖权

（一）概念

如上所述，现行国际法承认的最基本的管辖权原则，就是所谓的“实际联系原则”，〔3〕根据该原则，国家行使管辖权的前提是有关问题与该国之间存在相当密切

---

〔1〕《最高人民法院关于原告蓝婕诉被告马腾和荷兰驻广州总领事馆等机动车交通事故责任纠纷一案受理问题的请示的复函》，〔2012〕民四他字第 31 号。

〔2〕参见北京市第三中级人民法院民事裁定书，（2020）京 03 民终 3819 号。

〔3〕Nottebohm case (Liechtenstein v. Guatemala), I. C. J. Report 1955, p. 4.

的联系,从而使该国有理由对该问题加以管辖。[1] 实际联系的存在可以提供法律确定性,避免被告在一个他不能合理预见的地方的法院被起诉。根据这种联系因素的不同,各国法律通常把民事诉讼的管辖权区分为一般管辖权和特别管辖权。[2]

一般管辖权是指法院对与本地有密切和持久联系(通常是住所)的被告行使的管辖权。根据一般管辖权,法院可以审理针对住所在本地的被告的任何诉讼请求,包括与法院地完全无关的行为所引起的诉讼请求。因此,一般管辖权也被称为“全能管辖权”(all-purpose jurisdiction)。

特别管辖权是指法院根据被告与法院地之间的特殊联系而行使的管辖权。根据特别管辖权,法院仅能对与该特殊联系有关的诉讼请求行使管辖权。

一般管辖权通常根据被告住所(或经常居所)这一联系因素确立管辖权,而特别管辖权则是根据其他联系因素确立管辖权,比如财产所在地、行为地等。之所以各国都接受原告就被告原则,是因为原告是诉讼中的“进攻方”(aggressor),是打破现状的人,根据“被告可比其进攻方要求更多保护”的一般规则,原告可在能够直接执行其期待的判决利益的法院起诉,而被告的利益是在对其及其证人便利的法院进行诉讼,所以被告的此项利益应优先于原告。[3]

在美国,法院通常会行使一种所谓的“长臂管辖权”(long arm jurisdiction),但这种长臂管辖权也需要证明某外国被告与法院地州有最低限度的联系(minimum contacts)。[4] 因此,如果当事人选择一个与他们之间的纠纷完全无关系的外国法院进行管辖,则该外国法院审理起来并不方便,且通常也不一定愿意行使管辖权,因为它要花费更多的司法成本,作出的判决也会遇到执行上的困难。

(二)我国立法

我国《民事诉讼法》也将“原告就被告原则”作为一般管辖原则。“原告就被告原则”对于国内民事诉讼和涉外民事诉讼同样适用。在判断被告的住所地时,通常依照法院地法。我国《民事诉讼法》第22条规定:“对公民提起的民事诉讼,由被告住所地人民法院管辖;被告住所地与经常居住地不一致的,由经常居住地人民法院管辖。对法人或者其他组织提起的民事诉讼,由被告住所地人民法院管辖。同一诉讼的几个被告住所地、经常居住地在两个以上人民法院辖区的,各该人民法院都有

---

〔1〕 参见[英]詹宁斯·瓦茨修订:《奥本海国际法》(第1卷第1分册),王铁崖等译,中国大百科全书出版社1995年版,第328页;[英]伊恩·布朗利:《国际公法原理》,曾令良、余敏友等译,法律出版社2003年版,第330页。

〔2〕 Arthur von Mehren & Donald Trautman, *Jurisdiction to Adjudicate*: *A Suggested Analysis*, 79 Harvard Law Review 1121 (1966).

〔3〕 [美]阿瑟·冯迈伦:《国际私法中的司法管辖权之比较研究》,李晶译,法律出版社2015年版,第133页。

〔4〕 International Shoe Co. v. Washington, 326 U. S. 310, 316 (1945).

管辖权。”《最高人民法院关于适用〈中华人民共和国民事诉讼法〉的解释》（以下简称《民诉法司法解释》）第3条规定：“公民的住所地是指公民的户籍所在地，法人或者其他组织的住所地是指法人或者其他组织的主要办事机构所在地。法人或者其他组织的主要办事机构所在地不能确定的，法人或者其他组织的注册地或者登记地为住所地。”该解释第4条规定：“公民的经常居住地是指公民离开住所地至起诉时已连续居住一年以上的地方，但公民住院就医的地方除外。”

二、特别管辖权

特别管辖权是指不依据被告住所地，而是依据其他特别连结因素（specific contacts）对案件行使管辖权。特别管辖权通常是根据法律纠纷的不同类型而定。根据我国法律的规定，我国法院针对以下不同纠纷，可以依据以下不同连结因素确定管辖权：

1. 合同纠纷

（1）合同签订地在中华人民共和国领域内的，由合同签订地人民法院管辖（《民事诉讼法》第272条）。

（2）合同履行地在中华人民共和国领域内的，由合同履行地人民法院管辖（《民事诉讼法》第272条）；合同约定履行地点的，以约定的履行地点为合同履行地。合同对履行地点没有约定或者约定不明确，争议标的为给付货币的，接收货币一方所在地为合同履行地；交付不动产的，不动产所在地为合同履行地；其他标的，履行义务一方所在地为合同履行地。即时结清的合同，交易行为地为合同履行地。合同没有实际履行，当事人双方住所地都不在合同约定的履行地的，由被告住所地人民法院管辖（《民诉法司法解释》第18条）。

（3）诉讼标的物在中华人民共和国领域内的，由诉讼标的物所在地人民法院管辖（《民事诉讼法》第272条）。

（4）被告在中华人民共和国领域内设有代表机构的，由代表机构所在地人民法院管辖（《民事诉讼法》第272条）。

（5）被告在中华人民共和国领域内有可供扣押的财产的，由可供扣押的财产所在地人民法院管辖（《民事诉讼法》第272条）。[1]

（6）保险合同，由保险标的物所在地人民法院管辖（《民事诉讼法》第25条）；因

---

〔1〕根据《最高人民法院涉外商事审判实务问题解答（讨论稿）》，采用“可供扣押财产地”行使管辖权时，人民法院应当查实有关财产确实是被申请人所有的财产。独资公司、合作合资公司中的股权、知识产权以及到期债权都可作为可供扣押的财产。根据《最高人民法院第二次全国涉外商事海事审判工作会议纪要》第3条规定，一方当事人以外国当事人为被告向人民法院起诉，该外国当事人在我国境内设有“三来一补”企业的，应认定其在我国境内有可供扣押的财产。

财产保险合同纠纷提起的诉讼,如果保险标的物是运输工具或者运输中的货物,可以由运输工具登记注册地、运输目的地、保险事故发生地人民法院管辖。因人身保险合同纠纷提起的诉讼,可以由被保险人住所地人民法院管辖(《民诉法司法解释》第21条)。

(7)因铁路、公路、水上、航空运输和联合运输合同纠纷提起的诉讼,由运输始发地、目的地或被告住所地人民法院管辖(《民事诉讼法》第28条)。

(8)财产租赁合同、融资租赁合同以租赁物使用地为合同履行地。合同对履行地有约定的,从其约定(《民诉法司法解释》第19条)。

(9)以信息网络方式订立的买卖合同,通过信息网络交付标的的,以买受人住所地为合同履行地;通过其他方式交付标的的,收货地为合同履行地。合同对履行地有约定的,从其约定(《民诉法司法解释》第20条)。

(10)海上运输合同纠纷案件,如果转运港在我国领域内,也可以由转运港所在地海事法院管辖(《海事诉讼特别程序法》第6条第2款第2项)。

(11)因海船租用合同纠纷提起的诉讼,如果交船港、还船港、船籍港所在地在我国领域内,可以由交船港、还船港或船籍港所在地海事法院管辖(《海事诉讼特别程序法》第6条第2款第3项)。

(12)因海上保赔合同纠纷提起的诉讼,如果保赔标的物所在地或事故发生地在我国领域内,可由保赔标的物所在地或事故发生地海事法院管辖(《海事诉讼特别程序法》第6条第2款第4项)。

(13)因海船的船员劳务合同纠纷提起的诉讼,如果原告住所地、合同签订地、船员登船港或离船港所在地在我国领域内,可由原告住所地、合同签订地、船员登船港或离船港所在地海事法院管辖(《海事诉讼特别程序法》第6条第2款第5项)。

2. 物权纠纷

(1)诉讼标的物在中华人民共和国领域内的,由标的物所在地人民法院管辖(《民事诉讼法》第272条)。

(2)被告在中华人民共和国领域内有代表机构的,由代表机构所在地人民法院管辖(《民事诉讼法》第272条)。

(3)被告在中华人民共和国领域内有可供扣押的财产的,由可供扣押的财产所在地人民法院管辖(《民事诉讼法》第272条)。

(4)因海船的船舶所有权、占有权、使用权、优先权纠纷提起的诉讼,如果船舶所在地、船籍港所在地在我国领域内,可由船舶所在地或船籍港所在地海事法院管辖(《海事诉讼特别程序法》第6条)。

(5)因海事担保纠纷提起的诉讼,如果担保物所在地在我国领域内,可由担保物所在地海事法院管辖;因船舶抵押纠纷提起的诉讼,如果船籍港在我国领域内,可由船籍港所在地海事法院管辖(《海事诉讼特别程序法》第6条第2款第6项)。

(6)当事人申请认定海上财产无主的案件,如果财产所在地在我国领域内,则由财产所在地海事法院管辖(《海事诉讼特别程序法》第9条)。

3. 侵权赔偿纠纷

(1)被告在中华人民共和国领域内有代表机构的,由代表机构所在地人民法院管辖(《民事诉讼法》第272条)。

(2)被告在中华人民共和国领域内有可供扣押的财产的,由可供扣押的财产所在地人民法院管辖(《民事诉讼法》第272条)。

(3)侵权行为地(包括侵权行为实施地和侵权结果发生地)在中华人民共和国领域内的,由侵权行为地人民法院管辖(《民事诉讼法》第29、272条)。

(4)因产品、服务质量不合格造成他人财产、人身损害提起的诉讼,产品制造地、产品销售地、服务提供地、侵权行为地和被告住所地人民法院都有管辖权(《民诉法司法解释》第26条)。

(5)因铁路、公路、水上和航空事故请求损害赔偿提起的诉讼,可由事故发生地或车辆、船舶最先到达地、航空器最先降落地人民法院管辖(《民事诉讼法》第30条)。

(6)因海事侵权行为提起的诉讼,可由船籍港所在地海事法院管辖(《海事诉讼特别程序法》第6条第2款第1项)。

(7)因船舶碰撞或者其他海事损害事故请求赔偿提起的诉讼,由碰撞发生地、碰撞船舶最先到达地、加害船舶被扣押地人民法院管辖(《民事诉讼法》第31条);如果船籍港在我国领域内,也可由船籍港所在地的海事法院管辖(《海事诉讼特别程序法》第6条第2款第1项)。

(8)侵害信息网络传播权民事纠纷案件由侵权行为地或者被告住所地人民法院管辖。侵权行为地包括实施被诉侵权行为的网络服务器、计算机终端等设备所在地。侵权行为地和被告住所地均难以确定或者在境外的,原告发现侵权内容的计算机终端等设备所在地可以视为侵权行为地。(《最高人民法院关于审理侵害信息网络传播权民事纠纷案件适用法律若干问题的规定》[1]第15条);信息网络侵权行为实施地包括实施被诉侵权行为的计算机等信息设备所在地,侵权结果发生地包括被侵权人住所地(《民诉法司法解释》第25条)。[2]

(9)涉及域名的侵权纠纷案件,由侵权行为地或者被告住所地的中级人民法院管辖。对难以确定侵权行为地和被告住所地的,原告发现该域名的计算机终端等设备所在地可以视为侵权行为地(《最高人民法院关于审理涉及计算机网络域名民事

〔1〕 2012年11月26日通过,2020年12月23日修正。

〔2〕 参见潘行紫旻与谷歌有限责任公司网络侵权责任纠纷案,安徽省芜湖经济技术开发区人民法院民事裁定书,(2018)皖0291民初4662号。

纠纷案件适用法律若干问题的解释》[1]第2条第1款)。

(10)因产品、服务质量不合格造成他人财产、人身损害提起的诉讼,产品制造地、产品销售地、服务提供地、侵权行为地和被告住所地人民法院都有管辖权(《民诉法司法解释》第26条)。

(11)被诉不正当竞争行为发生在中华人民共和国领域外,但侵权结果发生在中华人民共和国领域内,当事人主张由该侵权结果发生地人民法院管辖的,人民法院应予支持。[2]

4. 其他财产权益纠纷

(1)诉讼标的物在中华人民共和国领域内的,由诉讼标的物所在地人民法院管辖(《民事诉讼法》第272条)。

(2)被告在中华人民共和国领域内设有代表机构的,由代表机构所在地人民法院管辖(《民事诉讼法》第272条)。

(3)被告在中华人民共和国领域内有可供扣押的财产的,由可供扣押的财产所在地人民法院管辖(《民事诉讼法》第272条)。

(4)因票据纠纷提起的诉讼,可以由票据支付地人民法院管辖(《民事诉讼法》第26条)。

(5)因公司设立、确认股东资格、分配利润、解散等纠纷提起的诉讼,以及因股东名册记载、请求变更公司登记、股东知情权、公司决议、公司合并、公司分立、公司减资、公司增资等纠纷提起的诉讼,由公司住所地人民法院管辖(《民事诉讼法》第27条,《民诉法司法解释》第22条)。

(6)因船舶碰撞或者其他海事损害事故请求损害赔偿提起的诉讼,由碰撞发生地、碰撞船舶最先到达地、加害船舶被扣留地人民法院管辖(《民事诉讼法》第31条)。

(7)因海难救助费用提起的诉讼,可以由救助地或者被救助船舶最先到达地人民法院管辖(《民事诉讼法》第32条)。

(8) 因共同海损提起的诉讼,可由船舶最先到达地、共同海损理算地或航程终止地人民法院管辖(《民事诉讼法》第33条)。

5. 有关身份关系的诉讼

(1)对不在中华人民共和国领域内居住的人提起的有关身份关系的诉讼,如果原告住所地或经常居住地在我国领域内,由原告住所地或者经常居住地人民法院管辖(《民事诉讼法》第23条第1项)。

---

〔1〕 2020年12月23日修正。

〔2〕 《最高人民法院关于适用〈中华人民共和国反不正当竞争法〉若干问题的解释》(法释〔2022〕9号)第27条。

如何判断“不在中华人民共和国领域内居住”？最高人民法院在“唐某与邢某虎离婚纠纷民事裁定书”中认为，被告作为中国公民，在2017年6月3日至2019年8月28日多次往来于中国与美国，并未在国外长期居住，故不属于“不在中华人民共和国领域内居住的人”。[1] 如果当事人之间的纠纷不是身份关系纠纷，则不适用本项规定。[2]

(2)对下落不明或者宣告失踪的人提起的有关身份关系的诉讼，如果原告住所地或经常居住地在我国领域内，由原告住所地或者经常居住地人民法院管辖(《民事诉讼法》第23条第2项)。[3]

(3)在国内结婚并定居国外的华侨，如定居国法院以离婚诉讼须由婚姻缔结地法院管辖为由不予受理，当事人向人民法院提出离婚诉讼的，由婚姻缔结地或者一方在国内的最后居住地人民法院管辖(《民诉法司法解释》第13条)。

(4)在国外结婚并定居国外的华侨，如定居国法院以离婚诉讼须由国籍所属国法院管辖为由不予受理，当事人向人民法院提出离婚诉讼的，由一方原住所地或者在国内的最后居住地人民法院管辖(《民诉法司法解释》第14条)。[4]

(5)中国公民一方居住在国外，一方居住在国内，不论哪一方向人民法院提起离婚诉讼，国内一方住所地人民法院都有权管辖。国外一方在居住国法院起诉，国内一方向人民法院起诉的，受诉人民法院有权管辖(《民诉法司法解释》第15条)。[5]

(6)中国公民双方在国外但未定居，一方向人民法院起诉离婚的，应由原告或者被告原住所地人民法院管辖(《民诉法司法解释》第16条)。

(7)已经离婚的中国公民，双方均定居国外，仅就国内财产分割提起诉讼的，由主要财产所在地人民法院管辖(《民诉法司法解释》第17条)。

(8)宣告死亡案件

《海事诉讼特别程序法》第9条规定，“申请因海上事故宣告死亡的，向处理海事事故主管机关所在地或者受理相关海事案件的海事法院提出”。

6. 对被采取强制性教育措施和被监禁的人提起的诉讼

对被采取强制性教育措施和被监禁的人提起的诉讼，由原告住所地人民法院管辖；原告住所地与经常居住地不一致的，由原告经常居住地人民法院管辖(《民事诉讼法》第23条第3、4项)。

---

[1] 参见最高人民法院民事裁定书，(2020)最高法民辖83号。

[2] 参见谢某某与罗某某同居关系析产纠纷案，上海市高级人民法院民事裁定书，(2019)沪民辖98号。

[3] 参见苏某与吴某离婚纠纷案，广西壮族自治区防城港市防城区人民法院民事判决书，(2015)防民初字第1332号。

[4] 参见J某、尹某离婚纠纷案，辽宁省沈阳市中级人民法院民事裁定书，(2020)辽01民终4939号。

[5] 参见包某、赵某离婚纠纷案，云南省昆明市中级人民法院民事裁定书，(2019)云01民辖终858号；郭某离婚纠纷案，广东省广州市番禺区人民法院民事判决书，(2021)粤0113民初4506号。

7. 诉讼保全

当事人申请诉前保全后没有在法定期间起诉或者申请仲裁，给被申请人、利害关系人造成损失引起的诉讼，由采取保全措施的人民法院管辖。当事人申请诉前保全后在法定期间内起诉或者申请仲裁，被申请人、利害关系人因保全受到损失提起的诉讼，由受理起诉的人民法院或者采取保全措施的人民法院管辖（《民诉法司法解释》第 27 条）。

《海事诉讼特别程序法》第 63 条规定："当事人在起诉前申请海事证据保全，应当向被保全的证据所在地海事法院提出。"

8. 督促程序

债权人申请支付令，适用《民事诉讼法》第 22 条规定，由债务人住所地基层人民法院管辖（《民诉法司法解释》第 23 条）。

海事强制令是指海事法院根据海事请求人的申请，为使其合法权益免受侵害，责令被请求人作为或者不作为的强制措施。根据我国《海事诉讼特别程序法》第 52 条的规定："当事人在起诉前申请海事强制令，应当向海事纠纷发生地海事法院提起。"该法第 53 条规定："海事强制令不受当事人之间关于该海事请求的诉讼管辖协议或者仲裁协议的约束。"

《海事诉讼特别程序法》第 99 条规定："债权人基于海事事由请求债务人给付金钱或者有价证券，符合《中华人民共和国民事诉讼法》有关规定的，可以向有管辖权的海事法院申请支付令。债务人是外国人、无国籍人、外国企业或者组织，但在中华人民共和国领域内有住所、代表机构或者分支机构并能够送达支付令的，债权人可以向有管辖权的海事法院申请支付令。"

9. 公示催告程序

按照规定可以背书转让的票据持有人，因票据被盗、遗失或者灭失，可以向票据支付地的基层人民法院申请公示催告（《民事诉讼法》第 225 条）。《海事诉讼特别程序法》第 100 条规定："提单等提货凭证持有人，因提货凭证失控或者灭失，可以向货物所在地海事法院申请公示催告。"

根据《海事诉讼特别程序法》第 120 条的规定，船舶转让时，受让人可以向海事法院申请船舶优先权催告，催促船舶优先权人及时主张权利，消灭该船舶附有的船舶优先权。该法第 121 条规定："受让人申请船舶优先权催告的，应当向转让船舶交付地或者受让人住所地海事法院提出。"

三、方便法院和必要法院

"方便法院"（forum conveniens）大陆法系称为"必要法院"（forum necessitatis），是指原本对纠纷没有管辖权的法院，对于没有其他适当法院行使管辖权的案件，为了保障当事人权益,或者出于便利的考虑,可以行使管辖权。[1]

“方便法院原则”与“不方便法院原则”相对应,是英美普通法上的概念。[2] 大陆法系国家多使用“必要法院”这一术语。例如1987年瑞士联邦《国际私法》第3条(必要管辖权)就明确规定:“如果本法未规定瑞士法院有管辖权,而诉讼在其他国家不可能进行或在外国提起诉讼不合理时,与案件有足够联系的地方的瑞士司法或行政机关对案件有管辖权。”加拿大魁北克《民法典》第3136条也有类似规定。欧盟2012年通过的《继承事项管辖权、准据法和判决承认与执行以及创设欧洲继承证书的条例》第11条也采纳了这一原则。

我国《民事诉讼法》第22条第1项规定,“对不在中华人民共和国领域内居住的人提起的有关身份关系的诉讼,如果原告住所地或经常居住地在我国领域内,由原告住所地或者经常居住地人民法院管辖”,该规定也体现了方便原则。而《民诉法司法解释》第13条和第14条则体现了必要原则。[3]

第三节　协议管辖

一、《民事诉讼法》(2021年修正)第35条

1991年颁布的《民事诉讼法》(以下简称原《民事诉讼法》)第244条规定:“涉外合同或者涉外财产权益纠纷的当事人,可以用书面协议选择与争议有实际联系的地点的法院管辖。选择中华人民共和国人民法院管辖的,不得违反本法关于级别管辖和专属管辖的规定。”2012年修正后的《民事诉讼法》删除了该条,但这并不意味着《民事诉讼法》(2021年修正)不再允许当事人协议选择法院,而是把第244条并入《民事诉讼法》(2021年修正)第35条。

《民事诉讼法》(2021年修正)第35条规定:“合同或者其他财产权益纠纷的当

---

[1] Valentin Rétornaz & Bart Volders, Le For de Nécessité: Tableau Comparatif et Evolutif, *Revue Critique de Droit International Privé*, p. 225, (2008); Lucas Roorda & Cedric Ryngaert, *Business and Human Rights Litigation in Europe and Canada: The Promises of Forum of Necessity Jurisdiction*, 80 Rabels Zeitschrift für ausländisches und internationales Privatrecht 783 (2016).

[2] 参见[加拿大]威廉·泰特雷:《国际冲突法:普通法、大陆法及海事法》,刘兴莉译,法律出版社2003年版,第534页。

[3] 《民诉法司法解释》第14条的规定:“在国外结婚并定居国外的华侨,如定居国法院以离婚诉讼须由国籍所属国法院管辖为由不予受理,当事人向人民法院提出离婚诉讼的,由一方原住所地或者在国内的最后居住地人民法院管辖。”

事人可以书面协议[1]选择被告住所地、合同履行地、合同签订地、原告住所地、标的物所在地等与争议有实际联系的地点的人民法院管辖,但不得违反本法对级别管辖和专属管辖的规定。"该条与原《民事诉讼法》第 244 条表面上大同小异,它同样保留了书面形式要件和实际联系原则,同样规定了级别管辖和专属管辖例外原则,但是认真分析的话,我们会发现这两个条款有很大区别。

原《民事诉讼法》第 244 条第 1 句"涉外合同或者涉外财产权益纠纷的当事人,可以用书面协议选择与争议有实际联系的地点的法院管辖",其中没有用"人民法院",而是用"法院",这表明,当事人既可以选择中国的法院管辖(prorogation),也可以选择外国的法院从而排除我国法院的管辖权(derogation)。也就是说,原《民事诉讼法》第 244 条是一条双边指引规范。反观 2021 年修正的《民事诉讼法》第 35 条,它是一条单边指引规范,它将当事人可以选择的法院仅限于我国的"人民法院"。至于当事人能否选择外国法院,第 35 条没有规定。我们认为,应该把这里的"人民法院"做扩大化解释,即指通常意义上的法院,既包括我国人民法院和海事法院及其他审理民事案件的专门法院,也包括外国法院,而不管其名称如何。[2]

有人会质疑,如果把"人民法院"的含义扩大化,会导致国内合同或其他财产权益纠纷当事人选择外国法院,因为 2021 年修正的《民事诉讼法》第 35 条并没有像原《民事诉讼法》第 244 条那样仅限于"涉外"合同或"涉外"财产权益纠纷案件。这种担心没有必要,因为第 35 条中有一项限制性条件,即当事人只能选择"被告住所地、合同履行地、合同签订地、原告住所地、标的物所在地等与争议有实际联系的地点的"法院,这就排除了纯粹国内案件当事人选择外国法院的可能性。

在"Easy Tour Nordic AB(瑞典宜途旅游有限公司)与北京领先国际旅行社有限公司委托合同纠纷案"中,当事人合同约定:"甲乙双方因履行本协议产生争议的,可协商解决,协商不成的,任何一方可以向乙方住所地人民法院起诉。"尽管本案乙方宜途旅游住所地位于瑞典并且瑞典并没有"人民法院",但北京市高级人民法院认为,本案管辖权应由瑞典宜途旅游有限公司住所地瑞典王国法院行使。[3]

2015 年《民诉法司法解释》第 531 条第 1 款(2022 年修正的《民诉法司法解释》第 529 条第 1 款)规定:"涉外合同或者其他财产权益纠纷的当事人,可以书面协议选择被告住所地、合同履行地、合同签订地、原告住所地、标的物所在地、侵权行为地等与争议有实际联系地点的外国法院管辖。"

---

[1] 《民诉法司法解释》第 29 条规定:"民事诉讼法第三十五条规定的书面协议,包括书面合同中的协议管辖条款或者诉讼前以书面形式达成的选择管辖的协议。"

[2] 欧盟《布鲁塞尔第一条例》中对"法院"一词的解释就采用了广义解释,包括不同国家的审判机构,无论其名称为何。参见 2012 年 12 月 12 日《欧洲议会和欧洲理事会关于民商事案件管辖权和判决执行的第 1215/2012 号(欧盟)条例》第 2 条。

[3] 参见北京市高级人民法院民事裁定书,(2022)京民终 8 号。

二、法院选择协议的准据法

我国1982年颁布《民事诉讼法(试行)》时,完全没有规定协议管辖制度,无论是涉外案件还是非涉外案件都不允许当事人协议选择法院。自1991年《民事诉讼法》正式颁布后,协议管辖制度就得以确立。[1] 我国多年来的司法实践也一直认可当事人的管辖权选择。因此,不能因为2012年《民事诉讼法》删除了第244条而禁止当事人选择外国法院管辖。

如果实践中当事人在合同中明文约定某国法院作为合同争议的管辖法院,该项选择协议是否有效呢?这里首先需要确定该法院选择协议(choice of forum agreement)的准据法。对此应当区分两个不同层面的问题:可执行性(enforceability/Zulässigkeit)与有效性(validity/Zustandekommen)。

(一)法院选择协议是否可被执行?

法院选择协议与法律选择协议在性质上是一种特殊合同,属于诉讼合同(Prozessvertrag)。[2] 诉讼合同中,双方当事人约定将其纠纷提交给作为第三方的某一国家法院审理,但是该第三方法院有权接受或不接受当事人的约定,也可以规定一些条件来审查当事人之间的约定。这种审查权力,属于该国主权,应当依照该国法律(法院地法律)。[3] 对此又要区分两种情况:

1. 协议服从某国法院管辖(prorogation):当事人协议选择某国法院管辖的,该选择是否被该国法院接受,应当适用当事人所选择的法院地法律(lex fori of the prorogated forum)。协议选择中国法院的,中国法院就应当依照我国《民事诉讼法》予以审查。这一规则被普遍接受。2005年《海牙协议选择法院公约》第5条第1款规定:"根据排他性选择法院,协议指定的缔约国一个或多个法院应该有管辖权以裁决协议适用的争议,除非该协议依据被选择的法院国的法律是无效的。"欧盟2012年修订后的《布鲁塞尔条例》第25条采用了类似规定。这一做法被认为可以解决平行诉讼问题。

2. 协议排除内国法院管辖(derogation):当事人协议选择某一外国法院管辖,但假如一方当事人事后在内国法院起诉,内国法院需要判断该管辖权协议是否排除了

---

〔1〕 1991年《民事诉讼法》第25条允许国内合同的双方当事人可以在书面合同中协议选择被告住所地、合同履行地、合同签订地、原告住所地、标的物所在地人民法院管辖;第244条允许涉外合同或者涉外财产权益纠纷的当事人可以用书面协议选择与争议有实际联系的地点的法院管辖。2007年修正后的《民事诉讼法》完全保留了该两条规定,只是调整了序号。

〔2〕 Gerhard Wagner, Prozessverträge: Privatautonomie im Verfahrensrecht, 1998, S. 32. 国内学者的研究见张嘉军:《论诉讼契约的性质》,载《河北法学》2008年第12期;张嘉军:《论诉讼契约的效力》,载《法学家》2010年第2期。

〔3〕 H. Schack, *Internationales Zivilverfahrensrecht*, 2001, S. 193.

自己的管辖权。此时,受案法院应依照自己的法律即实际受理案件的法院地国法律(lex fori of the derogated forum)。[1] 如果内国法律拒绝执行该管辖权协议,即使该协议依据被选择的法院地国法律有效,也不能排斥内国法院行使管辖权。

巴西就拒绝承认当事人选择外国法院以排除巴西法院的管辖权。2000年的一起案件中,合同中约定由美国法院管辖,但巴西最高法院否决了上诉人美国保险公司提出的管辖权抗辩。法官指出:"法官更应关注公正而不是效率……当事人可以以效率为由作为抗辩,但不能排除巴西法院的管辖权……巴西关于管辖权的规定属于公法,不能被合同排除,因为管辖权的行使是国家主权的固有表现形式……效率原则不妨碍巴西的管辖权。"[2]

根据我国最高人民法院历年来的实践,我国法院一概依照我国法律来判断管辖权协议是否可以排除我国法院的管辖权。[3]

最高人民法院在"山东聚丰网络有限公司与韩国MGAME公司、天津风云网络技术有限公司网络游戏代理及许可合同纠纷管辖权异议案 "中明确指出:"对协议选择管辖法院条款的效力,应当依据法院地法进行判断;原审法院有关协议管辖条款必须符合选择的准据法所属国有关法律规定的裁定理由有误。"[4]此外,在"上海衍六国际货物运输代理有限公司与长荣海运股份有限公司海上货物运输合同纠纷案"[5]"德力西能源私人有限公司与东明中油燃料石化有限公司买卖合同纠纷案"[6]等案件中,最高人民法院一再重申了该原则。[7]

(二)法院选择协议是否有效成立及其解释

法院选择协议作为一种诉讼合同,其内部效力即对当事人双方的效力,包括其成立(conclusion)、生效(validity)以及解释(interpretation)等问题,属于实体问题,应当适用合同准据法(lex causae)。比如当事人是否有缔结法院选择协议的缔约能力、当事人的意思表示是否真实等问题,都依照合同准据法判断。如果当事人选择了合同准据法,则管辖权条款的效力当然适用所选择的法律。

最高人民法院曾在一起案件中指出:"由于本案双方当事人同时在融资贷款协议第23.1条约定'本协议适用我国香港特别行政区法律,故应适用当事人约定的该

---

〔1〕 Geimer, Internationales Verfahrensprozessrecht, 6 Aufl. 2009, Rn. 1677; Bernd von Hoffmann/Karsten Thorn, *Internationales Privatrecht*, 9 Aufl. 2007, S. 89.

〔2〕 S. T. J., R. E. No. 251. 438/RJ, Relator: Athos Gusmão Carneiro, 08. 08. 2000 (Brazil).

〔3〕 参见国泰世华商业银行股份有限公司与高某保证合同纠纷上诉案,上海市高级人民法院民事裁定书,(2016)沪民辖终99号。

〔4〕 最高人民法院民事裁定书,(2009)民三终字第4号。

〔5〕 最高人民法院民事裁定书,(2011)民提字第301号。

〔6〕 最高人民法院民事裁定书,(2011)民提字第312号。

〔7〕 参见美怡有限公司、嘉昌控股有限公司侵权责任纠纷案,最高人民法院民事裁定书,(2019)最高法民再157号。

融资贷款协议的准据法即我国香港特别行政区法律对约定管辖条款的含义作出解释。依据我国香港特别行政区法律，该协议管辖条款应理解为，若借款人新华公司作为原告就该融资贷款协议纠纷提起诉讼，应接受我国香港特别行政区法院的非专属管辖；若贷款人住友银行作为原告就该融资贷款协议纠纷提起诉讼，即可以向我国香港特别行政区法院提起，也可向我国香港特别行政区以外的其他有管辖权的法院提起。"[1]

(三)有关法院地法的争议

有学者对原《民事诉讼法》第244条提出批评，认为应当取消该条，理由是该条所规定的法院地法原则不利于保护当事人的意思自治。我国一些法院的判决也认为应当依照合同准据法来判断管辖权条款的效力。比如在"山东聚丰网络有限公司与韩国MGAME公司、天津风云网络技术有限公司网络游戏代理及许可合同纠纷管辖权异议案"[2]中，二审法院山东省高级人民法院在判决书中就认为："本案为涉外知识产权纠纷，虽然原告聚丰网络有限公司与被告MGAME公司于2005年3月25日签订的《游戏许可协议》第21条约定产生的争议应当接受新加坡的司法管辖，但是双方同时约定'本协议应当受中国法律管辖并根据中国法律解释'，双方在协议适用法律上选择中国法律为准据法。因此，双方协议管辖条款也必须符合选择的准据法即中国法律的有关规定"。

如上所述，这种观点实际上混淆了管辖权协议的"有效性"和"可执行性"这两个不同的问题。[3] 管辖权协议是否有效成立属于合同的实质问题，当然应适用合同准据法；而该管辖权协议是否约束我国法院，属于程序问题，应依照法院地法。原《民事诉讼法》第244条和2021年修正的《民事诉讼法》第35条都是关于管辖权协议在我国是否可执行的规定，无论合同准据法是哪国法律，该合同中的管辖权条款都应依照我国上述规定予以审查。

在上述"山东聚丰案"的再审判决中，最高人民法院驳斥了原审法院的观点："对协议选择管辖法院条款的效力，应当依据法院地法进行判断；原审法院有关协议管辖条款必须符合选择的准据法所属国有关法律规定的裁定理由有误。"[4]该案中，最高人民法院的结论是正确的，但是需要说明的是，其中的"效力"一词，应当是指协议选择管辖法院在我国的"可执行性"，而不是指该协议本身是否有效成立。

管辖权协议本身是否有效成立取决于该协议本身的准据法，而且根据合同法上的"争端解决条款独立性原则"，管辖权条款的有效性独立于主合同，不受主合同无

---

[1] 最高人民法院民事裁定书，(1999)经终字第194号。

[2] 山东省高级人民法院民事裁定书，(2008)鲁民三初字第1号。

[3] 我国法学界把validity和effect都翻译为"效力"，实际上是混淆了二者的根本差异。

[4] 最高人民法院民事裁定书，(2009)民三终字第4号。

效、变更或者终止的影响。我国原《合同法》第 57 条和《民法典》第 507 条规定:“合同不生效、无效、被撤销或者终止的,不影响合同中有关解决争议方法的条款的效力。”〔1〕该规定与 1980 年联合国《国际货物销售合同公约》第 81 条是一致的。根据这一原则,管辖权协议的有效性与主合同的有效性在准据法上也可能会不一致。如果管辖权协议是主合同中的条款,且当事人没有对管辖权条款单独约定准据法,则主合同的准据法就是管辖权条款的准据法;相反,如果合同当事人单独为管辖权协议约定了准据法,则管辖权协议的准据法应当独立于主合同。

另外,管辖权协议的形式有效性并不适用合同准据法,而应当适用法院地法,因为 2021 年修正的《民事诉讼法》第 35 条和原《民事诉讼法》第 244 条都强制要求缔结管辖权协议应采取书面形式。根据《民诉法司法解释》第 29 条规定,这种书面形式包括书面合同中的协议管辖条款或者诉讼前以书面形式达成的选择管辖的协议。

江苏省高级人民法院审理的“无锡市华冶发动机专件有限公司(以下简称华冶公司)诉康斯博格汽车部件(德国)公司(以下简称康斯博格公司)国际货物买卖合同纠纷案”〔2〕是一起典型的管辖权协议条款有效性案件。该案中,双方签署的销售手册中的争议解决条款明确约定:如双方协商不成,应诉至康斯博格公司登记地有管辖权的法院。华冶公司事后向江苏省无锡市中级人民法院起诉。华冶公司认为,该销售手册是华冶公司与泰利福德国公司签署的,康斯博格公司并未提供泰利福德国公司变更为康斯博格公司的证据,故手册中的纠纷管辖条款不适用于华冶公司与康斯博格公司之间的纠纷。此案管辖权争议存在两个方面的问题:第一,双方当事人之间是否达成了有效的管辖权协议?第二,该管辖权协议在我国是否可被执行并排除我国法院的管辖权?

对于第一个问题,属于合同的有效性问题,应依照合同准据法判断;对于第二个问题,属于程序法问题,应依我国原《民事诉讼法》第 244 条判断。法院最终认为:华冶公司与康斯博格公司之间已就双方纠纷解决的管辖法院达成协议;根据原《民事诉讼法》第 244 条,该协议所选择的法院与纠纷有实际联系,故我国法院无管辖权。

在最高人民法院再审判决的一起船舶碰撞纠纷管辖权异议案中,也涉及同样的问题。该案中,三林海运(塞浦路斯)所有的鹏托达曼轮与青岛海运承租的“和达98”轮在中国长江口水域发生碰撞。后来青岛海运代表船东与三林海运律师签订的船舶碰撞管辖协议约定:每一方索赔,包括责任限制,确定排他性地由香港特区法院根据香港特区法律与惯例管辖。三林海运基于该管辖协议向香港特区法院提起海事对物诉讼;青岛海运则在青岛海事法院申请扣押三林海运所属的“鹏托达曼”轮,并向青岛海事法院提起了船舶碰撞损害赔偿诉讼,三林海运对此诉讼提出管辖权异

〔1〕 这里的“效力”一词应当是指“有效性”(validity),而非“效果”(effect)。

〔2〕 江苏省高级人民法院民事裁定书,(2011)苏商外终字第 0041 号。

议，认为应根据双方管辖权协议由香港特区法院审理。三林海运认为，本案应适用管辖协议约定的准据法即香港特区法解释协议的含义。青岛海运则辩称：管辖协议约定的准据法仅指香港特区实体法，而不应当包括冲突法和程序法，对本案审理的管辖争议，应当适用中国法；青岛海运是船承租人而不是船东，故不受管辖权协议约束。最高人民法院再审后根据原《民事诉讼法》第 244 条认为管辖权协议对青岛海运不具有约束力。

我们认为，该案中，青岛海运是否受管辖权协议约束的问题，属于实体法问题，应依约定的准据法判断；而该管辖权协议是否约束我国法院，应依原《民事诉讼法》第 244 条处理。

三、实际联系原则

原《民事诉讼法》第 244 条规定，当事人只能协议选择"与争议有实际联系的地点的法院"管辖。2021 年修正的《民事诉讼法》第 35 条规定："合同或者其他财产权益纠纷的当事人可以书面协议选择被告住所地、合同履行地、合同签订地、原告住所地、标的物所在地等与争议有实际联系的地点的人民法院管辖。"该条规定也采纳了"实际联系原则"，并且明确规定与争议有实际联系的地点的法院可以是被告住所地、合同履行地、合同签订地、原告住所地、标的物所在地等地点。

国内外长期争论的一个问题是：是否允许当事人在合同中约定一个完全中立的第三方法院（a neutral forum）作为纠纷管辖法院？对此问题，不同学者之间存在很大争议。持肯定态度的学者认为，这有利于当事人之间纠纷的公正解决，因为当事人双方都不愿意在对方国家法院打官司，一个中立的、与纠纷没有牵连的第三国法院是一个理想的选择。〔1〕持否定态度的学者则认为，管辖权要受到国际法的限制，一个与纠纷没有任何联系的国家的法院对案件的管辖不符合国际法上的管辖标准，该法院所作出的判决也很难得到其他国家的承认与执行。〔2〕

我国 2021 年修正的《民事诉讼法》第 35 条仍保留了"实际联系原则"。最高人民法院也一直坚持该原则。在"山东聚丰网络有限公司与韩国 MGAME 公司等网络游戏代理及许可合同纠纷管辖权异议案"〔3〕和随后的"上海衍六国际货物运输代理有限公司与长荣海运股份有限公司海上货物运输合同纠纷一案"〔4〕"德力西能源

---

〔1〕 Kropholler, *Internationales Zivilverfahrensrecht*, S. 46; Geimer, Internationales Zivilprozessrecht, 6 Aufl. 2009, Rn. 1745; Schack, *Internationales Zivilverfahrensrecht*, 2010, Rn. 330.

〔2〕 F. A. Mann, *The Doctrine of Jurisdiction on International Law*, Vol. 111, A. W. Sijthoff, 1964, p. 76-81.

〔3〕 最高人民法院民事裁定书，(2009)民三终字第 4 号。

〔4〕 最高人民法院民事裁定书，(2011)民提字第 301 号。

私人有限公司与东明中油燃料石化有限公司买卖合同纠纷案”[1]和中信澳大利亚资源贸易有限公司与山煤煤炭进出口有限公司、青岛德诚矿业有限公司管辖权案[2]等案件中，最高人民法院都坚持了实际联系原则。

需要注意的是，当事人选择我国法院管辖的，不受“实际联系原则”的限制。我国《海事诉讼特别程序法》第8条规定，在海事纠纷诉讼当中，如果纠纷当事人都是外国人、无国籍人、外国企业或者组织，但当事人书面协议选择中华人民共和国海事法院管辖的，即使与纠纷有实际联系的地点不在我国领域内，我国海事法院对该纠纷也有管辖权。

例如，在“韩国基金株式会社因船舶融资租赁合同纠纷起诉被告韩国SH航运有限公司一案”[3]中，原告于2007年5月15日与被告SH航运有限公司签订了船舶融资租赁合同，后被告因破产倒闭在韩国进入了破产重整程序。原、被告之间的船舶融资租赁合同中订有韩国法院管辖的条款，但由于韩国的破产重整程序比较复杂，抵押权的确认更是耗时漫长，在金融危机日益加深的情况下，原、被告于2008年11月27日在韩国达成了船舶融资租赁合同管辖权条款的修正案，约定将纠纷提交中国上海海事法院管辖。

在司法实践中，对于如何判断与争议有实际联系的地点，由法院根据具体案情灵活掌握，而不同法院的做法可能会不一致，但有一点是肯定的，即选择某国法院管辖本身不能使该国与争议有实际联系。[4]

四、推定协议管辖

推定协议管辖也被称为“无抗辩应诉管辖”（unconditional appeanance, rügelose Einlassung），是对当事人协议选择管辖法院的一种补充。许多国家民事诉讼法都规定，即使当事人之间没有明确的约定，但如果原告向本国法院起诉，而被告自愿出庭应诉且不提出管辖权抗辩，则可以认为原、被告双方默认了本国法院具有管辖权。

德国《民事诉讼法》第39条规定：“在第一审法院里，被告不主张管辖错误而进行本案的言词辩论时，也可以产生管辖权。但未依第504条的规定而告知者，不能适用本条的规定。”瑞士《国际私法》第6条也规定：“在财产事项方面，被告未提出关于法院管辖权的抗辩而直接就案件的实质问题进行言词辩论时，法院即有管辖权，除非该法院在第5条第3款许可的范围内拒绝管辖。”

---

〔1〕 最高人民法院民事裁定书，（2011）民提字第312号。

〔2〕 参见最高人民法院民事裁定书，（2016）最高法民终66号。

〔3〕 上海海事法院法院民事裁定书，（2009）沪海法商初字第147号。

〔4〕 参见《最高人民法院第二次全国涉外商事海事审判工作会议纪要》第4条。国外有学者认为，选择一国法院管辖或者选择一国法律作为准据法本身就使得该国与纠纷具有了联系。See Schack, *Internationales Zivilverfahrensrecht*, 2010, Rn. 442.

我国1991年《民事诉讼法》第245条规定:“涉外民事诉讼的被告对人民法院管辖不提出异议,并应诉答辩的,视为承认人民法院为有管辖权的法院。”2021年修正的《民事诉讼法》将其删除,并在第130条第2款规定:“当事人未提出管辖异议,并应诉答辩的,视为受诉人民法院有管辖权,但违反级别管辖和专属管辖规定的除外。”

在“恒光有限公司、超级汽车投资有限公司股权转让纠纷案”[1]中,最高人民法院认为:“本案系超级汽车公司向内地法院提起诉讼,恒光公司在一审答辩期间并未对内地法院管辖本案提出异议,其仅对本案的级别管辖提出异议,并且向内地法院提出了反诉请求。根据《民事诉讼法》第130条第2款的规定,当事人未提出管辖异议并应诉答辩的,视为受诉人民法院有管辖权。因此,一审法院对本案享有管辖权。”

与国外立法相比,我国的“无抗辩应诉管辖”制度尚待进一步完善,其不足主要是立法过于宽泛,缺乏必要的限制,容易被法官滥用。而国外立法都对“无抗辩应诉管辖”规定了限制条件,比如:(1)只有涉及财产权的案件才适用无抗辩应诉管辖权,人身权纠纷案件不能采用;(2)如果其他国家或地区法院对案件有专属管辖权,本国法院不宜行使管辖权;(3)被告出庭应诉必须是就实质问题进行答辩,而非仅就程序问题进行答辩;(4)法院应当告知被告无抗辩应诉的后果,以避免因被告不了解自己行为的后果而损害其应有的权利。

五、管辖权协议的排他性

如果在案件中,当事人通过协议选择外国法院为管辖法院,那么这种协议管辖权能否排除我国法院根据一般地域管辖原则和特殊地域管辖原则所拥有的管辖权呢?对于这个问题,通常根据当事人所作的管辖权选择条款的性质而定。实践中,当事人所约定的管辖权条款有两种:排他性(exclusive)管辖权和非排他性(non-exclusive)管辖权。如果当事人约定的是“非排他性”管辖权,即使在其中还加上了“这种选择是不可撤销的”等限定用语,也不能排除当事人在事后向其他有管辖权的法院起诉的权利。相反,如果当事人约定的是“排他性”管辖权,则当事人必须受该管辖法院的约束,非经当事人协议一致,不能改向其他法院起诉,除非该协议管辖条款被法院认定为无效。

如果当事人在其管辖协议中未明确写明他们所选择的是“排他性”或“非排他性”管辖权,则该如何认定呢?对此问题,美国和欧盟的做法正好相反。在美国,一项法院选择条款被认为仅仅具有许可性(permissive)而非排他性,除非其中包含有

[1] 最高人民法院民事判决书,(2013)民四终字第3号。

相反的用语。[1] 比如在“Boland 诉 George S. May Intern. 公司案”中,[2]法院选择条款规定“管辖权授予伊利诺伊州”。马萨诸塞州法院认为该条款只是“允许而非要求诉讼在伊利诺伊州法院进行”。[3] 相反,欧洲国家采用的《布鲁塞尔第一条例》和《卢加诺公约》则规定,一项法院选择条款应被推定为具有排他性,除非其中包含相反用语。[4]

海牙国际私法会议于 2005 年 6 月 30 日通过的《选择法院协议公约》的规定采纳了欧盟的做法,它对“排他性选择法院协议”作了定义:“排他性选择法院协议实质是由双方或多方当事人根据第三款要求而订立的协议,其指定某一缔约国法院或者某一缔约国的一个或者多个具体法院处理因某一特定法律关系而产生或者可能产生的争议,从而排除任何其他法院的管辖。指定某一缔约国法院或者某一缔约国的一个或者多个具体法院的选择法院协议应当被认为是排他性的,除非当事人另作明确规定。”

实践中,如果合同中的用语本身就模棱两可,那么该条款到底是排他性的还是许可性的,这个问题必须通过司法解释来回答。如果合同中没有包含法律选择条款,那么就应当根据法院地法律来进行判断。如果合同中有法律选择条款,那么问题就演变为:司法解释应当根据法院地法律来进行还是根据法律选择条款所选定的法律来进行?美国法院的实践中二者兼有,有些法院适用法院地法律,[5]有些法院

---

[1] See e. g. , John Boutari & Son, Wines & Spirits, S. A. v. Attiki Imp. and Distrib. , Inc. , 22 F. 3d 51, 53 (2d Cir. 1994); Docksider, Ltd. v. Sea Technology, Ltd. , 875 F. 2d 762, 764 (9th Cir. 1989); Hunt Wesson Foods, Inc. v. Supreme Oil Co. , 817 F. 2d 75, 77-78 (9th Cir. 1987); Keaty v. Freeport Indonesia, Inc. , 503 F. 2d 955, 956-57 (5th Cir. 1974); Citro Florida, Inc. v. Citrovale, S. A. , 760 F. 2d 1231, 1231-32 (11th Cir. 1985).

[2] 969 N. E. 2d 166 (Mass. App. Ct. 2012).

[3] Id. at 168. McDonald v. Amacore Group, Inc. , 2012 WL 2327727 (unpublished, N. J. Super. Ct. App. Div. June 20, 2012),该案中的法院选择条款规定:“本协议应受佛罗里达州法律支配,该州对本合同有关事务引起的任何请求或纠纷具有排他性管辖权……”

[4] 《布鲁塞尔第一条例》第 25 条规定:“无论当事人住所位于何地,如果同意某一成员国法院解决他们之间特定法律关系引起的纠纷,该法院即拥有管辖权,除非该协议根据该成员国法律在实质上无效或失效。除当事人另有约定外,该管辖权具有排他性。”《卢加诺公约》第 23 条之规定也相同。

[5] See e. g. , Wong v. PartyGaming Ltd. , 589 F. 3d 821, 827 (6th Cir. 2009); Fru-Con Constr. Corp. v. Controlled Air, Inc. , 574 F. 3d 527, 538 (8th Cir. 2009); Doe 1 v. AOL LLC, 552 F. 3d 1077, 1083 (9th Cir. 2009); Ginter ex. rel. Ballard v. Belcher, Prendergast & Laporte, 536 F. 3d 439, 441 (5th Cir. 2008); Phillips v. Audio Active Ltd. , 494 F. 3d 378, 384 (2d Cir. 2007); P & S Bus. Machs. v. Canon USA, Inc. , 331 F. 3d 804, 807 (11th Cir. 2003); Jumara v. State Farm Ins. Co. , 55 F. 3d 873, 877 (3d Cir. 1995); Manetti-Farrow, Inc. v. Gucci America, Inc. , 858 F. 2d 509, 513 (9th Cir. 1988); Golden Palm Hospitality, Inc v. Stearns Bank Nat'l Ass'n, 874 So. 2d 1231, 1234-1235 (Fla. Dist. Ct. App. 2004); Fendi v. Condotti Shops, Inc. , 754 So. 2d 755, 757-758 (Fla. Dist. Ct. App. 2000); Yamada Corp. v. Yasuda Fire & Marine Ins. Co. , Ltd. , 712 N. E. 2d 926 (Ill. App. Ct. 1999).

则适用所选择的的法律,前提是法律选择条款有效。[1] 我国法院通常按照法院地法判断。

如果当事人的管辖权协议中明确出现"非排他性"字样,我国法院一般都认为其不能排除我国法院的法定管辖权。在"菱信租赁国际(巴拿马)有限公司与中国远洋运输(集团)总公司、北京幸福大厦有限公司、北京市外国企业服务总公司、庆新集团私人有限公司借款合同纠纷案"中,[2] 当事人达成的《协议》约定:"借款人特此不可撤销地同意,因本协议或本协议中述及的任何文件发生任何法律诉讼或程序均可提交东京和我国香港特别行政区法庭审理,并特此不可撤销地、就其自身和其财产而言、普遍地和无条件地服从上述法庭的非排他性的司法管辖。"由于合同中明确出现"非排他性"表述,但这种约定并不能排除一般地域管辖权,因此该案中我国法院仍然根据"被告住所地原则"行使了管辖权。

在"中国国际钢铁投资公司与日本国株式会社、劝业银行等借款合同纠纷管辖权异议案"[3] 中,最高人民法院认为,"由于当事人约定香港法院享有的管辖权是非排他性的司法管辖权,因此不能排除其他依法享有管辖权的法院的司法管辖权。……因此,被上诉人有权在我国香港特别行政区法院以外的其他依法有管辖权的法院就贷款合同纠纷提起诉讼"。最高人民法院在"汕头海洋(集团)公司、李国俊与被上诉人中国银行(香港)有限公司借款担保纠纷管辖权异议一案"[4] 和"黄艺明、苏月弟与周大福代理人有限公司、亨满发展有限公司以及宝宜发展有限公司股权转让合同纠纷案"[5] 等案中都有相同判决。

涉外合同或者其他财产权益纠纷的当事人签订的管辖协议明确约定由一国法院管辖,但未约定该管辖协议为非排他性管辖协议的,应推定该管辖协议为排他性管辖协议。[6]

---

[1] See e. g., Abbott Laboratories v. Takeda Pharmaceutical Co. Ltd., 476 F. 3d 421, 423 (7th Cir. 2007); Yavuz v. 61 MM, Ltd., 465 F. 3d 418 (10th Cir. 2006); Jacobsen Constr. Co. v. Teton Builders, 106 P. 3d. 719, 723 (Utah 2005); Szymczyk v. Signs Now Corp., 168 N. C. Ct. App. 182, 606 S. E. 2d 728 (2005); Jacobson v. Mailboxes Etc. USA, Inc., 646 N. E. 2d 741 (Mass. 1995); Cerami-Kote, Inc. v. Energywave Corp., 773 P. 2d 1143 (Id. 1989); Simon v. Foley, W. D. N. Y. No. 07-CV-766S, 2011 WL 4954790 (Oct. 18, 2011); Lanier v. Syncreon Holdings, Ltd., E. D. Mich. No. 11-14780, 2012 WL 3475680 (Aug. 14, 2012); Global Link, LLC. v. Karamtech Co., Ltd., 06-CV-14938, 2007 WL 1343684 (E. D. Mich. May 8, 2007); TH Agric. & Nutrition, LLC v. Ace European Group Ltd., 416 F. Supp. 2d 1054 (D. Kan. 2006).

[2] 参见北京市第二中级人民法院民事判决书,(1999)二中经初字第 1795 号;北京市高级人民法院民事判决书,(2001)高经终字 191 号。

[3] 最高人民法院民事裁定书,(2001)民四终字第 12 号。

[4] 最高人民法院民事裁定书,(2007)民四终字第 16 号。

[5] 最高人民法院民事裁定书,(2011)民四终字第 32 号。

[6] 参见最高人民法院 2021 年发布的《全国法院涉外商事海事审判工作座谈会会议纪要》第 1 条。

六、格式合同中的管辖权条款

(一)消费者合同和劳动合同

实践中特别有争议的是格式合同中的管辖权条款。在美国,管辖权协议受到法院的普遍尊重,即使是在格式合同中也不例外。在1991年的Shute案中,[1]联邦最高法院甚至将法院选择协议神圣化,以至于在涉及消费者和劳动者的合同中也不加犹豫地加以承认。这一点虽然遭到学者广泛批评,[2]但美国法院始终我行我素。2012年的"Estate of Myhra诉皇家加勒比游船公司案"[3]仍然援引了Shute案,承认了一张船票中选择英格兰法院的条款的效力。

而在欧盟有关保险合同、消费者合同和雇佣合同的立法中,弱方当事人应受到相对于一般规则而言对其更有利的管辖权规则的保护,在这些合同中,当事人只有有限的意思自治来决定管辖法院。比如对于消费者合同,《布鲁塞尔第一条例》第19条规定:"本节各项规定只能在下列条件下通过双方协议予以排除:(1)该协议是在争端发生后订立的;(2)该协议允许消费者在本节规定以外的法院提起诉讼;(3)该协议系由消费者和合同另一方当事人订立,双方于合同缔结之时在同一成员国有住所或惯常居所,且该协议授予该成员国法院以管辖权,但以此项协议不违反该国的法律为限。"对于劳动合同,该条例有相同规定。[4]

我国《民诉法司法解释》第31条也规定:"经营者使用格式条款与消费者订立管辖协议,未采取合理方式提请消费者注意,消费者主张管辖协议无效的,人民法院应予支持。"网络电商平台使用格式条款与消费者订立跨境网购合同,未采取合理方式提示消费者注意合同中包含的管辖条款的,消费者可以根据《民法典》第496条的规定主张该管辖条款不属于合同内容。网络电商平台虽已尽到合理提示消费者注意的义务,但该管辖条款约定在消费者住所地国以外的国家法院诉讼,不合理加重消费者寻求救济的成本,消费者可以根据《民法典》第497条的规定主张该管辖条款无效。涉外合同或者其他财产权益纠纷的当事人签订的管辖协议明确约定一方当事人可以从一个以上国家的法院中选择某国法院提起诉讼,而另一方当事人仅能向一个特定国家的法院提起诉讼,当事人以显失公平为由主张该管辖协议无效的,人民法院不予支持;但管辖协议涉及消费者、劳动者权益或者违反民事诉讼法专属管辖

---

〔1〕 499 U. S. 585 (1991).

〔2〕 Patrick J. Borchers, Forum Selection Agreements in the Federal Courts after Carnival Cruise: A Proposal for Congressional Reform, 65 *Washington Law Review* 55 (1992).

〔3〕 695 F. 3d 1233 (11th Cir. 2012).

〔4〕 参见2012年12月12日《欧洲议会和欧洲理事会关于民商事案件管辖权和判决执行的第1215/2012号(欧盟)条例》。

规定的除外。[1]

(二)提单

在国际海上货物运输中,提单背面通常订有管辖权条款,规定提单项下的争议提交某一国家的法院(大多为承运人主要营业所所在地国法院)审理或者提交某一仲裁机构仲裁。对于这种管辖权条款的效力,不同国家法院有不同认定。

1. 否定说

该观点认为,提单中的管辖条款为承运人利用其优势地位单方面拟订的对自己有利的格式条款,没有体现双方意思自治原则。尤其是当提单发生转让的情况下,提单持有人更没有表达意思的自由,故此类条款不应具有拘束力。当提单中约定的管辖法院所在地是“方便旗”国家或“避税港”国家时,如果承认提单中约定的管辖法院,则会纵容当事人的规避行为。

2. 肯定说

该观点则认为,应更多地遵从商业习惯。在国际海运实务中,班轮提单或租约提单的争议解决条款虽然是格式条款,但都是公布在外的,托运人或提单持有人并非不能知道该条款,无法表达对争议解决条款的意思,因此应将接受提单视为默示同意了提单的争议解决条款。比如德国《一般运输条件法》第 65 条(b)项就明确规定提单中的管辖法院为承运人营业地法院,实践中也都予以承认。[2] 美国法院对提单中的管辖条款也非常支持。

我国不同法院对待提单中管辖条款的态度各异。比如在“上海衍六国际货物运输代理有限公司(以下简称衍六公司)与长荣海运股份有限公司(以下简称长荣公司)海上货物运输合同纠纷案”中,法院的观点发生了反复变化。一审法院认为:提单所证明的海上货物运输合同与提单所选择的美国纽约州没有实际联系,长荣公司提出管辖权异议的理由不符合《民事诉讼法》第 242 条的规定,应予驳回。二审推翻了一审意见,认为现有证据不能证实衍六公司不清楚提单背面条款,一审、二审期间,衍六公司对此亦未提出抗辩。根据当事人意思自治原则,本案应依据提单约定确定管辖。最高人民法院再审则推翻了二审意见,认为涉案提单协议管辖条款约定不明确,不具有排他性,选择的法院不属于与争议有实际联系的地点的法院,不能排除中国法院对本案依法行使管辖权。

(三)提单中并入的仲裁条款

在国际航运实践中,越来越多的格式提单中明示规定租约的仲裁条款并入提单。例如 1994 年版的 Congenbill 格式提单的并入条款为:“All terms and conditions, liberties and exceptions of the Charter-party, dated as overleaf, including the Law and

---

[1] 参见最高人民法院 2021 年发布的《全国法院涉外商事海事审判工作座谈会会议纪要》第 2、3 条。

[2] Schack, *Internationales Zivilverfahrensrecht*, 2010, Rn. 445.

Arbitration Clause, are herewith incorporated."目前中国进口货物最常用的就是Congenbill,其并入的租船合同中多数订有伦敦仲裁条款。早在1995年,最高人民法院在《关于福建省生产资料总公司与金鸽航运有限公司国际海运纠纷一案中提单仲裁条款效力问题的复函》中就指出:"本案上诉人福建省生产资料总公司虽然不是租船合同和海上货物运输合同的签约人,但其持有承运人签发的含有合并租约和仲裁条款的提单,并明示接受该仲裁条款,因此,该条款对承运人和提单持有人均有约束力。此案中,我国法院应承认该临时仲裁条款的效力。"〔1〕但近年来我国法院越来越倾向于认为提单中的仲裁条款或并入的租船合同仲裁条款均对我国的当事人极为不利,故对提单中并入的仲裁条款审查标准的规定越来越严格。〔2〕

最高人民法院在《关于中国人民财产保险股份有限公司深圳市分公司诉广州远洋运输公司海上货物运输合同货损纠纷一案仲裁条款效力问题的请示的复函》〔3〕中也指出,由于保险人不是协商订立仲裁条款的当事人,仲裁条款并非保险人的意思表示,除非保险人明确表示接受,否则提单仲裁条款对保险人不具有约束力。本案争议发生后,保险人并未与承运人达成新的仲裁协议,因此本案提单仲裁条款不应约束保险人。

七、主、从合同约定不同管辖法院的处理

最高人民法院2021年12月发布的《全国法院涉外商事海事审判工作座谈会会议纪要》第4条规定了主从合同约定不同管辖法院的处理问题。该纪要明确了主合同和担保合同分别约定不同国家或者地区的法院管辖,且约定不违反民事诉讼法专属管辖规定的,应当依据管辖协议的约定分别确定管辖法院。当事人主张根据《最高人民法院关于适用〈中华人民共和国民法典〉有关担保制度的解释》第21条第2款的规定,根据主合同确定管辖法院的,人民法院不予支持。

《最高人民法院关于适用〈中华人民共和国民法典〉有关担保制度的解释》(2020年发布)第21条规定:主合同或者担保合同约定了仲裁条款的,人民法院对约定仲裁条款的合同当事人之间的纠纷无管辖权。债权人一并起诉债务人和担保

---

〔1〕 法函〔1995〕135号。

〔2〕 参见梓贝克股份公司、联合王国船东互保协会(欧洲)有限公司海上、通海水域货物运输合同纠纷案,天津市高级人民法院民事裁定书,(2016)津民辖终8号;海洋贸易船东有限公司、广州植之元油脂实业有限公司纠纷案,广东省高级人民法院民事裁定书,(2018)粤民辖终683号;欧罗纳夫NV公司、中国人民财产保险股份有限公司北京市分公司海上、通海水域货物运输合同纠纷案,浙江省高级人民法院民事裁定书,(2019)浙民辖终200号;阿斯帕亚海运有限公司、江苏北大荒油脂有限公司与阿斯帕亚海运有限公司、江苏北大荒油脂有限公司纠纷案,江苏省高级人民法院民事裁定书,(2020)苏民辖终49号。

〔3〕 〔2005〕民四他字第29号。

人的,应当根据主合同确定管辖法院。债权人依法可以单独起诉担保人且仅起诉担保人的,应当根据担保合同确定管辖法院。可见,对于主从合同约定不同管辖法院的处理上,最高人民法院区分了国内案件和涉外案件。对于纯国内案件,从合同一般要依据主合同的管辖权条款。但对于涉外案件,从合同与主合同中的协议管辖权条款是相互独立的,从合同纠纷无须遵从主合同的协议管辖权条款。

第四节 国际民事诉讼的专属管辖

一、一般规定

我国《民事诉讼法》第 34 条规定:“下列案件,由本条规定的人民法院专属管辖:(一)因不动产纠纷提起的诉讼,由不动产所在地人民法院管辖;(二)因港口作业中发生纠纷提起的诉讼,由港口所在地人民法院管辖;(三)因继承遗产纠纷提起的诉讼,由被继承人死亡时住所地或者主要遗产所在地人民法院管辖。”第 34 条的规定原则上也类推适用于涉外民事诉讼案件。〔1〕

需要说明的是,该条规定沿用的是几十年前的旧例,已经不太符合现实的情况。比如,对于继承遗产纠纷,没有必要定为专属管辖。〔2〕在涉外纠纷中,如果被继承人死亡时住所地位于我国,而主要遗产所在地及其他联系因素都在境外,我国法院是否非要行使专属管辖呢?〔3〕如果当事人所争议的仅仅是遗嘱的有效性,并无必要将其作为专属管辖案件。

即使是不动产纠纷,也应当区分纠纷的类型。如果涉及的是不动产权属纠纷,则不动产所在地法院拥有专属管辖权。如果涉及的仅是不动产合同纠纷或其他纠纷,则不动产所在地法院并无必要行使专属管辖权。〔4〕

我国法院在审判实践中还遇到针对位于外国境内的不动产提起的诉讼。在河南省高级人民法院审理的一起案件中,涉案标的是位于法国巴黎的房产,而且该房产是我国国有企业的海外资产。该案中,法院认为“虽然当事人争议的财产登记在

---

〔1〕参见王某贤、王某泽赠与合同纠纷案,福建省厦门市中级人民法院民事判决书,(2018)闽 02 民终 3389 号;广州市富洲物业管理有限公司、凌余安娜房屋租赁合同纠纷案,广东省广州市中级人民法院民事判决书,(2020)粤 01 民终 16090 号等。

〔2〕参见刘力:《涉外继承案件专属管辖考》,载《现代法学》2009 年第 2 期。

〔3〕在(2010)中中法民四初字第 21 号判决书中,中山市法院承认了我国澳门特别行政区法院做出的继承判决,并依照该判决执行了当事人位于内地的遗产。

〔4〕在有关判例中,当事人约定《国有土地抵押合同》产生的纠纷由我国香港特别行政区法院管辖。我国法院在审判中并未以违反我国法院专属管辖为由予以否定。参见最高人民法院民事裁定书,(2006)民四终字第 11 号。

法国巴黎,但双方当事人对巴黎房产的注册登记及其资金来源等事实均不持异议,争议产权的实质内容与中华人民共和国更具密切联系,故中华人民共和国人民法院处理双方争议适当”,而且被告“对我国法院的管辖不提出异议并应诉答辩,视为其承认原审法院有管辖权”。法院根据1999年9月27日中华人民共和国财政部、外交部、国家外汇管理局、海关总署联合发布《境外国有资产管理暂行办法》对案件作出了判决。[1]

《民事诉讼法》第273条(2007年《民事诉讼法》第244条)规定:“因在中华人民共和国履行中外合资经营企业合同、中外合作经营企业合同、中外合作勘探开发自然资源合同发生纠纷提起的诉讼,由中华人民共和国人民法院管辖。”该条所规定的几类合同纠纷其实并非属于单纯的合同纠纷,大都涉及的是外商投资企业的设立、转让、股东权利义务、分红等争议,此种争议在性质上属于公司纠纷。[2] 我国2019年颁布的《外商投资法》已取代了之前的《中外合资经营企业法》《外资企业法》《中外合作经营企业法》。《外商投资法》第31条规定:“外商投资企业的组织形式、组织机构及其活动准则,适用《中华人民共和国公司法》《中华人民共和国合伙企业法》等法律的规定。”在《外商投资法》施行前依据上述三部法律设立的外商投资企业,在本法施行后五年内可以继续保留原企业组织形式等。可以预见,未来在中华人民共和国履行中外合资经营企业合同和中外合作经营企业合同发生的纠纷会逐渐减少。未来发生的与外商投资有关的纠纷,应当由外商投资企业注册登记地法院专属管辖。[3]

根据国际上的经验,专属管辖的目的是保护本国主权和社会公共利益,同时方便特定案件的当事人。比如2011年修订的日本《民事诉讼法》规定的专属管辖主要涉及在日本登记的权利的相关纠纷,种类并不是很多,比如根据日本《公司法》提起的有关公司组织、公司职员责任或职员解雇问题的诉讼,与知识产权的设立、注册、存在和效力有关的诉讼等。[4] 欧盟《布鲁塞尔第一条例》规定的专属管辖也仅涉及不动产物权纠纷、与公司有关的纠纷、其他与身份登记有关的纠纷和知识产权纠纷等。[5]

---

〔1〕 参见李某斌、张某芬与河南建总国际工程有限公司侵权纠纷案,河南省高级人民法院民事判决书,(2010)豫法民三终字第00115号。

〔2〕 参见福建全通资源再生工业园有限公司与万威实业股份有限公司股权转让纠纷上诉案,最高人民法院民事裁定书,(2013)民四终字第14号。

〔3〕 参见《最高人民法院第二次全国涉外商事海事审判工作会议纪要》第5条。

〔4〕 参见2011年4月28日日本第177届国会通过的『民事訴訟法及び民事保全法の一部を改正する法律案』第3条之五。

〔5〕 参见2012年修订的《布鲁塞尔第一条例》第19条。

二、专属管辖的排他性

专属管辖可以排除当事人的协议管辖。《民事诉讼法》第34条规定,当事人选择我国法院管辖的,不得违反我国法律规定的级别管辖和专属管辖。假如当事人仍然约定境外法院管辖且境外法院依此受理了该案件,但其所做判决不能得到我国法院的承认和执行。

但是,我国法院的专属管辖并不排斥仲裁管辖。最高人民法院《民诉法司法解释》第529条第2款也规定:"根据民事诉讼法第34条和第273条规定,属于中华人民共和国法院专属管辖的案件,当事人不得协议选择外国法院管辖,但协议选择仲裁的除外。"比如在"山西亨达内燃机总公司与美国TH&H公司合资侵权纠纷上诉案"[1]中,该案属于1991年《民事诉讼法》第244条规定的我国法院专属管辖的案件。但双方在合资经营合同中约定:"董事会经过协商不能解决争端时,提请中国国际贸易促进委员会对外经济贸易仲裁委员会,按该会的仲裁程序规则进行仲裁。"最高人民法院经过审理认为,双方的争议应依据双方原先的合资经营合同中的仲裁条款提交仲裁解决,人民法院不享有管辖权。

司法实践中,如果当事人协议选择的法院不符合我国法律关于级别管辖和专属管辖的规定,人民法院不应认定协议全部无效,首先应当肯定当事人选择我国法院管辖的效力,然后按照我国法律关于级别管辖和专属管辖的规定办理。有关案件已经由我国有关人民法院受理的,受理案件的法院应当按照级别管辖和专属管辖的规定移送有管辖权的人民法院审理。[2]

专属管辖与专门管辖不同。根据1984年11月第六届全国人民代表大会常务委员会第八次会议通过的《关于在沿海港口城市设立海事法院的决定》,我国先后在广州、上海、青岛、天津、大连、武汉、厦门、海口、宁波和北海等地设立了海事法院。海事法院与中级人民法院同级,专门审理海事、海商案件,包括海事侵权纠纷、海商合同纠纷以及法律规定的其他海事纠纷案件。最高人民法院2015年通过的《关于海事法院受理案件范围的规定》[3]对海事法院的管辖范围作了详细规定。对于属于海事法院受理范围的案件,地方人民法院不得受理。当事人如果约定由地方人民法院管辖的,也应当认定无效,但当事人选择我国法院管辖的约定不受影响。另外,

---

〔1〕 最高人民法院民事裁定书,(1998)经终字第42号。

〔2〕 参见《最高人民法院涉外商事审判实务问题解答(讨论稿)》第1条第2款。该讨论稿只涉及级别管辖问题,对于专属管辖也应同样处理。

〔3〕 法释〔2016〕4号,2015年12月28日由最高人民法院审判委员会第1674次会议通过,自2016年3月1日起施行。

根据《最高人民法院关于铁路运输法院案件管辖范围的若干规定》,[1]国际铁路联运合同和铁路运输企业作为经营人的多式联运合同纠纷案件,由铁路运输法院管辖。

我国近年来还专门设立了知识产权法院、[2]互联网法院[3]和金融法院[4]等专门性法院。专门性法院受理的案件并不都属于专属管辖案件。

《海事诉讼特别程序法》第7条规定:下列海事诉讼,由本条规定的海事法院专属管辖:(1)因沿海港口作业纠纷提起的诉讼,由港口所在地海事法院管辖;(2)因船舶排放、泄漏、倾倒油类或者其他有害物质,海上生产、作业或者拆船、修船作业造成海域污染损害提起的诉讼,由污染发生地、损害结果地或者采取预防污染措施地海事法院管辖;(3)因在中华人民共和国领域和有管辖权的海域履行的海洋勘探开发合同纠纷提起的诉讼,由合同履行地海事法院管辖。

三、知识产权纠纷的专属管辖权

(一)知识产权专属管辖的范围

知识产权纠纷中,由于专利权和商标权属于需要登记注册才享有的权利,因此有关专利权和商标权权属的纠纷,特别是关于专利和商标的有效性,通常属于注册登记地国家司法机关的专属管辖范围。欧盟《布鲁塞尔第一条例》第24条第4款就规定:"有关专利、商标、设计模型或必须登记或注册的其他类似权利的注册或效力的诉讼,专属业已申请登记或注册或已经登记或注册,或按照国际公约视为已经登记或注册的成员国法院。"在这一点上,专利权和商标权类似于不动产物权,都属于需要登记的权利,以该权利为诉讼标的的案件,属于专属管辖范围。《保护工业产权巴黎公约》也规定:"本同盟国成员国法律关于司法及行政程序、管辖权力以及送达通知地址的选定或代理人的指定的规定,凡属工业产权法律所要求的,特声明保留。"[5]根据该规定,各国在工业产权纠纷的司法管辖问题上可以不实行国民待遇,因此对涉外工业产权纠纷实行专属管辖的规定并不违背国际公约的义务。

专属管辖排除协议管辖,因此,我国《民事诉讼法》第35条(1991年《民事诉讼法》第244条)规定的协议管辖不适用商标和专利权利归属纠纷诉讼案件。根据我

---

〔1〕 法释〔2012〕10号,2012年7月2日由最高人民法院审判委员会第1551次会议通过,自2012年8月1日起施行。

〔2〕 《全国人民代表大会常务委员会关于在北京、上海、广州设立知识产权法院的决定》,2014年8月31日第十二届全国人民代表大会常务委员会第十次会议通过。

〔3〕 《最高人民法院关于增设北京互联网法院、广州互联网法院的方案》(法〔2018〕216号)。

〔4〕 《全国人民代表大会常务委员会关于设立上海金融法院的决定》,2018年4月27日第十三届全国人民代表大会常务委员会第二次会议通过。

〔5〕 《巴黎公约》第2条第3款。

国相关立法和司法解释规定,我国法院可以审理专利申请权纠纷案件和专利权权属纠纷案件以及商标专用权权属纠纷案件,[1]但对于该类案件的具体管辖地没有规定。根据各国实践,此类纠纷应当由商标或专利注册登记地(或注册登记申请地)法院专属管辖。在海牙国际私法会议制定《民商事管辖权与外国判决公约》(草案)的过程中,各国代表对此也基本达成一致。[2]

专利权和商标权的专属管辖会带来跨国平行诉讼问题。由于专利权的地域性,即使是相同专利,由于在不同国家注册,该国均对其有专属管辖权。比如苹果公司与三星公司的专利权纠纷中,双方的诉讼大战在全世界多个国家同时展开。[3] 如何解决该问题,成为当前学界探讨的热点。[4]

(二)不属于专属管辖的知识产权纠纷

1. 著作权纠纷

由于著作权或邻接权不需要登记或注册就可以自动获得,因此对于著作权或邻接权一般不适用专属管辖原则。[5] 此类案件可以根据我国《民事诉讼法》规定的一般管辖和特别管辖原则进行管辖。《最高人民法院关于审理著作权民事纠纷案件适用法律若干问题的解释》[6]第4条规定:"因侵犯著作权行为提起的民事诉讼,由著作权法第四十七条、第四十八条所规定侵权行为的实施地、侵权复制品储藏地或者查封扣押地、被告住所地人民法院管辖。前款规定的侵权复制品储藏地,是指大量或者经营性储存、隐匿侵权复制品所在地;查封扣押地,是指海关、版权等行政机关依法查封、扣押侵权复制品所在地。"第5条规定:"对涉及不同侵权行为实施地的多个被告提起的共同诉讼,原告可以选择其中一个被告的侵权行为实施地人民法院管辖;仅对其中某一被告提起的诉讼,该被告侵权行为实施地的人民法院有管辖权。"

尽管如此,著作权权属纠纷或侵权纠纷也不能适用《民事诉讼法》第35条(1991

---

[1] 参见《最高人民法院关于审理专利纠纷案件适用法律问题的若干规定》第1条;《最高人民法院关于审理商标案件有关管辖和法律适用范围问题的解释》第1条第3项。

[2] 参见《民商事管辖权及外国判决公约》(草案)第12条第4款;"《民商事管辖权及外国判决公约》(草案)爱丁堡会议综述",载《中国涉外商事海事审判指导与研究》(第1卷),人民法院出版社2001年版,第316页。该公约草案并未被通过。

[3] Florian Mueller, *List of 50+ Apple-Samsung Lawsuits in 10 Countries*, FOSS PATENTS (Aug. 29, 2012), http://business.time.com/2012/04/list-of-50-apple-samsung-lawsuits-in-10.html.

[4] 参见张先砉、殷越:《知识产权国际竞争背景下禁诉令制度探索与构建》,载《法律适用》2021年第4期。

[5] 海牙国际私法会议拟订的《民商事管辖权及外国判决公约》(草案)第12条第4款也明确将著作权或邻接权权属或侵权纠纷排除在专属管辖之外。

[6] 2002年10月12日通过,2020年修正,法释〔2020〕19号。

年《民事诉讼法》第244条)规定的协议管辖。[1] 因为著作权与商标权、专利权不同,商标权和专利权的内容主要是经济权利(财产权利),不包含人身权[2]。而著作权则不仅仅是“财产权益”,还与权利人的人身紧密结合在一起,其中的精神权利与经济权利往往不可截然分开。[3] 根据各国通例,有关人身权的纠纷,不允许当事人任意约定管辖法院,即使被告侵犯的只是著作权人著作权中的经济权利,在侵权纠纷中一般也不会出现原告和被告事先约定管辖法院的情况。原告在起诉被告侵权行为之前不可能去征求被告的意见。因此,《民事诉讼法》第35条(1991年《民事诉讼法》第244条)的规定也不适用于著作权侵权纠纷。

另外要注意的是,如果当事人在合同中约定的法院选择条款只针对当事人之间关于合同发生的纠纷,则一旦当事人之间的纠纷是因侵权引起,该选择条款就不适用。[4] 例如,一位外国作家授权某出版商在中国香港特区和台湾地区出版其著作的中文繁体字版,双方约定合同纠纷由该香港特区法院管辖。后来该出版商同时在我国大陆出版了该书的中文简体字版。该外国作家向我国内地法院起诉,要求被告承担侵犯著作权的责任。被告主张由双方合同约定的香港特区法院审理。虽然纠纷也涉及双方在合同中约定的著作权授权范围,但原告提起的是侵犯著作权的侵权诉讼,所以应当依据侵权纠纷的管辖权原则确定管辖法院,而双方的合同中约定的法院选择条款对该案无效。

2. 专利与商标侵权纠纷

实践中最为经常发生的是专利权和商标权侵权纠纷。对于此类纠纷,一般不属于专属管辖范围。海牙国际私法会议草拟的《民商事管辖权与外国判决公约》(草案)第12条第4款虽然规定了专利、商标权属纠纷的专属管辖,但第5款又规定:“在以专利侵权为标的的诉讼中,前款规定不排除其他任何法院根据本公约或缔约国国内法的管辖权”。

我国《专利法》第65条规定:“未经专利权人许可,实施其专利,即侵犯其专利权,引起纠纷的,由当事人协商解决;不愿协商或者协商不成的,专利权人或者利害关系人可以向人民法院起诉,也可以请求管理专利工作的部门处理。管理专利工作的部门处理时,认定侵权行为成立的,可以责令侵权人立即停止侵权行为,当事人不服的,可以自收到处理通知之日起十五日内依照《中华人民共和国行政诉讼法》向人

---

[1] 参见[美]保罗·戈尔斯坦:《国际版权原则、法律与惯例》,王文娟译,中国劳动社会保障出版社2003年版,第71页。

[2] 例如,我国《商标法》规定的商标侵权纠纷只是侵犯商标专用权纠纷;我国《专利法》规定的专利侵权纠纷主要是指侵犯专利实施权的纠纷。

[3] 我国《著作权法》第10条专门规定了著作权包括人身权和财产权。

[4] 例如,美国的Corcovado Music公司诉Hollis Music公司案;参见[美]保罗·戈尔斯坦:《国际版权原则、法律与惯例》,王文娟译,中国劳动社会保障出版社2003年版,第97页。

民法院起诉;侵权人期满不起诉又不停止侵权行为的,管理专利工作的部门可以申请人民法院强制执行。进行处理的管理专利工作的部门应当事人的请求,可以就侵犯专利权的赔偿数额进行调解;调解不成的,当事人可以依照《中华人民共和国民事诉讼法》向人民法院起诉。"

《民事诉讼法》第272条规定,因合同纠纷或者其他财产权益纠纷,对在我国境内没有住所的被告提起的诉讼,如果合同签订地、合同履行地、诉讼标的物所在地、侵权行为地在我国或被告在我国有可供扣押的财产或有代表机构的,我国法院可以行使管辖权。因此,专利或商标侵权纠纷,如果侵权行为地在我国,我国法院有管辖权。

另外,《最高人民法院关于审理专利纠纷案件适用法律问题的若干规定》[1]第2条规定:"因侵犯专利权行为提起的诉讼,由侵权行为地或者被告住所地人民法院管辖。侵权行为地包括:被诉侵犯发明、实用新型专利权的产品的制造、使用、许诺销售、销售、进口等行为的实施地;专利方法使用行为的实施地,依照该专利方法直接获得的产品的使用、许诺销售、销售、进口等行为的实施地;外观设计专利产品的制造、许诺销售、销售、进口等行为的实施地;假冒他人专利的行为实施地。上述侵权行为的侵权结果发生地。"第3条规定,"原告仅对侵权产品制造者提起诉讼,未起诉销售者,侵权产品制造地与销售地不一致的,制造地人民法院有管辖权;以制造者与销售者为共同被告起诉的,销售地人民法院有管辖权。销售者是制造者分支机构,原告在销售地起诉侵权产品制造者制造、销售行为的,销售地人民法院有管辖权"。

《最高人民法院关于审理商标民事纠纷案件适用法律若干问题的解释》第6条规定:"因侵犯注册商标专用权行为提起的民事诉讼,由商标法第十三条、第五十七条所规定侵权行为的实施地、侵权商品的储藏地或者查封扣押地、被告住所地人民法院管辖。前款规定的侵权商品的储藏地,是指大量或者经常性储存、隐匿侵权商品所在地;查封扣押地,是指海关等行政机关依法查封、扣押侵权商品所在地。"第7条规定:"对涉及不同侵权行为实施地的多个被告提起的共同诉讼,原告可以选择其中一个被告的侵权行为实施地人民法院管辖;仅对其中某一被告提起的诉讼,该被告侵权行为实施地的人民法院有管辖权。"

另外,《最高人民法院关于审理商标案件有关管辖和法律适用范围问题的解释》第2条第3款规定,商标民事纠纷第一审案件,由中级以上人民法院管辖。

3. 网络侵权纠纷中对侵权行为地的认定

由于现代科学技术的发展,给侵犯知识产权行为的"侵权行为地"的认定带来了一些困难。尤其是互联网上发生的侵权行为,如何确定侵权行为地?《最高人民法院关于审理侵害信息网络传播权民事纠纷案件适用法律若干问题的规定》(2020年

[1] 2020年第三次修正。

修正)第15条规定:“侵害信息网络传播权民事纠纷案件由侵权行为地或者被告住所地人民法院管辖。侵权行为地包括实施被诉侵权行为的网络服务器、计算机终端等设备所在地。侵权行为地和被告住所地均难以确定或者在境外的,原告发现侵权内容的计算机终端等设备所在地可以视为侵权行为地。”

第五节　平行诉讼问题与不方便法院原则

一、平行诉讼的概念

“平行诉讼”(parallel proceedings)也称为“重复诉讼”(duplicative proceedings)或诉讼竞合(concurrent proceedings),是指相同当事人就同一争议基于相同事实以及相同目的在两个以上国家的法院进行诉讼的现象。[1] 在西方法学文献中,也经常使用“异地未决诉讼”(lis alibi pendens)这一概念来表示这种现象。[2]

平行诉讼的产生是与各国法院在国际民事案件上的平行管辖权密切相关的。对于绝大多数国际民事纠纷案件来讲,并非只有一个国家法院才有管辖权。比如,甲和乙之间因为合同发生纠纷,甲和乙的住所地均在外国,但合同在我国缔结和履行。对于该合同纠纷,甲和乙可以在外国法院起诉,该外国法院可以根据“被告住所地”原则享有管辖权,但如果甲或乙向我国法院起诉,我国法院也可以根据合同缔结地或履行地在我国境内行使管辖权。如果甲向外国法院起诉,而乙向我国法院起诉,各国都不放弃自己的管辖权,此时就会产生“平行诉讼”或“诉讼竞合”问题。

平行诉讼的产生很大程度上也是当事人“挑选法院”(forum shopping)的结果。因为对于同一涉外民事纠纷,在几个国家都有管辖权的情况下,不同当事人会选择去不同国家法院提起诉讼,以便获得对自己最有利的判决结果。[3]

平行诉讼也可能因某国法院的“过度管辖”(exorbitant jurisdiction)而引起。[4] 过度管辖在美国也被称为“长臂管辖”(long arm jurisdiction),即只要案件与法院地存在最低限度的联系,该法院就可行使管辖权。[5] 美国各州都制定了自己的长臂管辖立法,法院在实践中也经常对其做扩张性解释,这就会与其他国家的管辖权发生重叠。

平行诉讼通常会带来相抵触的判决,非常不利于当事人之间纠纷的解决。重复

---

〔1〕 Austen L. Parrish, *Duplicative Foreign Litigation*, 78 George Washington Law Review 237 (2010).

〔2〕 参见杜涛:《先受理法院规则与国际平行诉讼问题的解决》,载《武大国际法评论》2015年第2期。

〔3〕 参见李晶:《国际民事诉讼中的挑选法院》,北京大学出版社2008年版,第10页。

〔4〕 参见杜涛:《论国际民事诉讼中的过度管辖权》,载《武大国际法评论》2017年第1期。

〔5〕 International Shoe Co. v. Washington, 326 U. S. 310, 66 S. Ct. 154, 90 L. Ed. 95 (1945).

诉讼也会造成司法资源的浪费,引发不同国家之间的管辖权竞争,影响国家间友好合作关系。因此,各国都通过一定方式加以避免和解决平行诉讼问题。

二、平行诉讼的解决方式

(一)国际条约

各国对于平行诉讼的态度各异。一些国家通过对本国法院管辖权的限制来中止本国法院的诉讼,而让位于外国诉讼。另一些国家则对外国法院的管辖权作出限制,限制诉讼在外国进行。也有很多国家对平行诉讼采放任态度,不加干预。

通过国际条约来解决平行诉讼是最佳方式。目前比较有效的区域性国际公约是欧盟国家间的《布鲁塞尔公约》[1]和欧洲经济区国家之间的《卢加诺公约》[2]以及1979年《美洲国家间关于外国判决和仲裁裁决的域外有效性公约》。[3] 海牙国际私法会议长期以来一直致力于国际民事诉讼程序规则的全球统一,20世纪90年代初,在美国代表倡议下,海牙国际私法会议开始起草一项《民商事管辖权及外国判决公约》。[4] 由于美国和其他国家之间的巨大分歧,所以该公约草案未能通过。经过修改,2005年6月30日,海牙国际私法会议在其第20届外交大会上,通过了一项范围较小的《选择法院协议公约》。[5] 该公约是海牙国际私法会议经过十多年艰苦谈判形成的,标志着第一项全球性的涉及民商事管辖权和判决承认与执行的国际公约的诞生。然而该公约的适用范围仍然是很有限的。它只适用于当事人之间达成了排他性法院选择协议的民商事案件,对于这样的案件,当事人协议选择的法院拥有排他性管辖权,他国缔约国法院不得再行使管辖权。但是如果当事人之间没有达成此类管辖协议,或者对于那些不属于公约适用范围的特殊领域的案件,则仍然难以避免平行诉讼问题。

此外,由美国法学会和国际统一私法协会联合起草的《跨国民事诉讼原则》(ALI / UNIDROIT Principles of Transnational Civil Procedure)也是世界上影响较大

---

[1] 该公约已于2000年被转化为2000年12月22日《关于民商事管辖权和判决承认与执行的第44/2001号条例》,简称为《布鲁塞尔第一条例》。2012年12月12日修订。

[2] Convention on jurisdiction and the enforcement of judgments in civil and commercial matters at Lugano on 16 September 1988. 2007年,欧盟与冰岛、芬兰、挪威和丹麦签订了新的《卢加诺公约》,取代了1988年的公约。新公约与欧盟《布鲁塞尔条例》保持完全一致。

[3] Inter-American Convention on Extraterritorial Validity of Foreign Judgments and Arbitral Awards. 该公约由美洲国家组织在蒙得维的亚订立,1980年生效,已有9个缔约国。参见 http://www. sice. oas. org/dispute/comarb/caicmoe. asp。

[4] [荷]汉斯·范·鲁:《迈向一个关于民商事事件国际管辖权及外国判决效力的世界性公约》,粟烟涛译,载《中国国际私法与比较法年刊》(第3卷),法律出版社2000年版,第100页。

[5] Convention of 30 June 2005 on Choice of Court Agreements,2015年生效。迄今已有墨西哥、欧盟、新加坡等缔约国。

的一项示范性立法文件。[1] 国际法协会也曾在2000年发布过一项范围广泛的比较法研究报告,向各国推荐了一些在什么情况下可以放弃管辖权和推迟管辖权的原则(鲁汶/伦敦原则)。[2] 这些原则都不具有法律效力。

不同国家间也可以通过缔结双边国际条约来解决彼此间的诉讼竞合问题。在我国与其他国家订立的数十个双边司法协助条约中,大都没有关于管辖权的规定,也没有直接规定如何解决彼此间的平行诉讼问题,只是对平行诉讼情况下判决的承认与执行问题做了规定。其中,大多数司法协助条约都规定,在我国和其他缔约国之间相互申请承认和执行对方法院的裁决时,如果被请求的缔约一方的法院对于相同当事人之间就同一标的和同一事实的案件正在进行审理,则被请求国可以拒绝承认和执行。例如,我国和古巴、埃及、哈萨克斯坦、吉尔吉斯斯坦、蒙古、波兰、罗马尼亚、俄罗斯、塔吉克斯坦、摩洛哥、土耳其、乌兹别克斯坦等国订立的双边司法协助条约。有一些条约里还要求这一审理是先于提出请求的缔约一方法院开始的,如中国与保加利亚、希腊、意大利等国的司法协助条约。这相当于间接承认了先受理法院优先规则。但在中国与埃及、法国、西班牙等国订立的双边司法协助条约里,并没有把被请求的缔约一方法院对于相同案件正在进行审理作为拒绝承认与执行裁决的理由。[3]

(二)先诉法院优先原则

先诉法院优先原则(first-filed rule)是指同一案件在其他国家法院已经被受理的情况下,如果当事人又到本国法院提起诉讼,此时本国法院应在某些条件下中止本法院的诉讼,等待外国法院的判决结果。[4]

大陆法系国家如德国一般不采用“不方便法院”原则,对于本国法院享有管辖权的案件,原则上是不加拒绝的。但在实践中,对于国际诉讼竞合案件,德国法院如果认为外国法院对该案件所作出的判决有可能得到德国法院的承认,则会类推适用德国《民事诉讼法》第261条第3款的规定,禁止或中止当事人在本国法院提起的相同诉讼。德国的做法影响到法国、日本、瑞士等国家。

欧盟《布鲁塞尔公约》和取代该公约的《布鲁塞尔第一条例》也都采用了“先诉法院优先原则”,并排除了不方便法院原则。该条例第29条规定:“相同当事方就相同诉因在不同成员国法院提起诉讼时,首先受诉的法院之外的任何法院均应主动暂停诉讼,直到首先受诉的法院确定其管辖权为止。……当首先受诉的法院的管辖权

---

[1] 该原则2004年通过,不具有法律效力,供各国立法参考。

[2] International Law Association Commttee on International Civil and Commercial Litigation, Third Interim Report: Declining and Referring Jurisdicition in International Litigation (2000).

[3] 参见司法部司法协助局编:《中外司法协助条约规则概览》,法律出版社1998年版,第193页以下。

[4] 参见杜涛:《先受理法院规则与国际平行诉讼问题的解决》,载《武大国际法评论》2015年第2期。

确定时，任何其他受诉法院都应放弃管辖权，将案件交由首先受诉法院受理。”

美国法院也曾在判例中根据礼让原则终止本法院对案件的审理而让位于先受理案件的外国法院。[1]

我国《民事诉讼法》第36条规定：“两个以上人民法院都有管辖权的诉讼，原告可以向其中一个人民法院起诉；原告向两个以上有管辖权的人民法院起诉的，由最先立案的人民法院管辖。”这表明，我国《民事诉讼法》也采用了“先诉法院优先原则”。但是该原则并不适用于涉外民事诉讼案件。《民诉法司法解释》第531条规定：“中华人民共和国法院和外国法院都有管辖权的案件，一方当事人向外国法院起诉，而另一方当事人向中华人民共和国法院起诉的，人民法院可予受理。判决后，外国法院申请或者当事人请求人民法院承认和执行外国法院对本案作出的判决、裁定的，不予准许；但双方共同缔结或者参加的国际条约另有规定的除外。外国法院判决、裁定已经被人民法院承认，当事人就同一争议向人民法院起诉的，人民法院不予受理。”

在“旅美华侨张某芬重复起诉离婚案”中，旅居美国的中国公民张某芬为与居住在中国上海市的中国公民贺某廷离婚，向中国上海市中级人民法院起诉，同时也向其居住地的美国法院起诉，中国法院受理后还未审结前，美国法院已就同一案件作出了判决。最高人民法院于1985年9月18日批复指出，在张某芬未撤回向中国法院起诉的情况下，按《民事诉讼法（试行）》第20条第1款的规定，中国受诉法院得依法作出裁决，不受外国法院受理同一案件和是否作出裁决的影响。

在另一起“中国公民忻某菊与美国公民曹某宝互诉离婚案”中，美国公民曹某宝与中国公民忻某菊1944年在中国结婚。1990年，曹某宝在美国密苏里州杰克逊郡巡回法庭取得与忻某菊的离婚判决书，并于1990年3月来中国，在宁波市民政局涉外婚姻登记处办理了与他人的结婚登记（后由登记处撤销了该登记）。中国公民忻某菊则于1991年12月14日向宁波市中级人民法院提起离婚诉讼，宁波市中级人民法院受理了此案，经调解，双方达成了离婚调解协议。

而在“渣打（亚洲）有限公司诉广西壮族自治区华建公司借款合同担保义务纠纷案”中，原告在向广西壮族自治区南宁市中级人民法院起诉前，曾在我国香港特区的法院起诉，并且我国香港特区最高法院已作出裁决。因目前我国内地与我国香港特区尚无司法协定，我国香港特区法院作出的判决无法在我国内地执行，故原告就同一事实向南宁市中级人民法院单独起诉在内地的担保人，这就构成平行诉讼问题。我国内地法院是否受理涉港合同纠纷案件，不受我国香港特区法院受理同一案

---

[1] See Royal & Sun Alliance Ins. Co. of Can. v. Century Int'l Arms, Inc., 466 F. 3d 88, 96 (2d Cir. 2006); Belize Telecom, Ltd. v. Gov't of Belize, 528 F. 3d 1298, 1305 (11th Cir. 2008). See Parrish, *Duplicative Foreign Litigation*, 78 George Washington Law Review 237 (2010).

件和是否作出裁决的影响，故该院对此案有管辖权。[1]

但我国个别地方法院也曾在案件中以当事人在国外法院先行起诉为由，驳回了当事人在我国法院的诉讼。比如在浙江省乐清市人民法院审理的“刘某洋与施某娥、贺某飞买卖合同纠纷案”中就明确指出：原告已就本案事实于2011年9月30日向乌干达最高法院（商业分院）提起诉讼，要求二被告承担偿付责任，该案至今尚未审结，现就同一事实向本院起诉，不符合人民法院受理民事诉讼的条件，依照《最高人民法院关于适用〈中华人民共和国民事诉讼法〉若干问题的意见》（已失效）第139条的规定，裁定驳回原告的起诉。[2]

（三）不方便法院原则

“不方便法院原则”（forum non conveniens）通常是英美国家采用的一种方式，它是指，对于本法院受理的某一案件，如果有其他法院审理该案件更为合适，而本法院审理该案件不方便，则可以拒绝行使对案件的管辖权，而将该案件交由其他法院审理。[3] 英国法院也采用该原则。[4] 加拿大魁北克《民法典》第3135条也有规定。

“不方便法院原则”是与英美国家相对灵活的管辖权制度紧密联系在一起的。尤其是在美国，法院在确定对人管辖权时，往往依据的是所谓的“最低限度联系”（minimum contacts）标准，法院在解释该标准时往往会扩大其范围，从而导致美国法院管辖权的过度扩张，即所谓的“长臂管辖权”。为了弥补这个缺陷，法院采用不方便法院原则适当限制自身的管辖权。大陆法系国家的管辖权制度建立在严格的法典制度之上，法官自由裁量的空间有限，需要自我限制管辖权的机会也相对较少。

我国2004年的“包头空难”发生后，因国内赔偿标准被遇难者家属认为严重偏低，2005年11月，21名遇难者家属在美国加利福尼亚州法院提起赔偿诉讼，以产品缺陷损害赔偿为由起诉失事飞机制造商加拿大庞巴迪公司、飞机发动机制造商美国通用电气公司，并将中国东方航空集团公司列为共同被告。该案被美国法院以“不方便法院原则”为由驳回。[5] 诉讼审理也从美国转回中国。2009年8月，北京市第

---

[1] 类似案例还有：柯某某与蔡某某离婚纠纷案，福建省泉州市中级人民法院民事裁定书，（2016）闽05民辖终310号；许甲与金甲离婚纠纷案，上海市黄浦区人民法院民事判决书，（2014）黄浦民一（民）初字第8663号等。

[2] 浙江省乐清市人民法院民事裁定书，（2012）温乐商初字第705号。

[3] 美国联邦最高法院在1947年的Gulf Oil Corp. v. Gilbert案（330 U. S. 501[1947]）和Koster v. Lumbermens Mutual Casualty Co.案（330 U. S. 518[1947]）中第一次正式运用不方便法院原则；参见Born&Rutledge, *International Civil Litigation in United States Courts*, 5th Edition, Wolters Kluwer, 2011, p. 369; Donald Earl Childress Ⅲ, *Forum Conveniens: The Search for a Convenient Forum in Transnational Cases*, 53 Virginia Journal of International Law 157 (2013).

[4] The Spiliada [1986] 3 All ER 843, 856 (House of Lords); Lubbe v. Cape plc [2000] 1 W. L. R. 1545 (House of Lords).

[5] Guimei v. General Electric Co., 172 Cal. App. 4th 689 (2009).

二中级人民法院受理了该案并于2012年进行了开庭审理。

我国学者对于不方便法院原则也存在广泛争议。[1] 但在司法实践中,我国法院逐渐接受了"不方便法院"原则。

"日本公民大仓大雄要求在中国起诉离婚案"[2]中,日本公民大仓大雄欲与中国籍妻子离婚,于是向上海市中级人民法院起诉。由于此案夫妻双方婚后住所均在日本,婚姻事实以及有关夫妻财产也在日本,法院认为如果诉讼在中国进行,既不便于双方当事人的诉讼,也不利于弄清夫妻关系的真实情况,更无法查明大仓大雄在日本的财产,难以保护当事人的合法权益。为此,上海市中级人民法院决定不行使司法管辖权,告知大仓大雄去日本法院起诉。后日本法院审理后判决双方离婚,并判令大仓大雄支付其妻子近十万元人民币。

在"住友银行有限公司与新华房地产有限公司贷款合同纠纷管辖权异议上诉案"[3]中,最高人民法院认为:从方便诉讼的原则考虑,本案由香港特别行政区法院管辖更为适宜,广东省高级人民法院不宜受理本案。在"东鹏贸易公司诉东亚银行信用证纠纷案"[4]中,广东省高级人民法院依据最高人民法院的批复,认为双方当事人均为香港特区法人,纠纷与内地无密切联系,为方便诉讼起见,驳回原告起诉。在"大浩化工株式会社诉宇岩涂料株式会社、内奥特钢株式会社买卖合同纠纷案"[5]中,法院按照上述标准以不方便法院原则驳回了韩国原告的诉讼请求。同样的案例还有"捷腾电子有限公司与时毅电子有限公司买卖合同纠纷上诉案"、[6]美国联合航空公司服务合同纠纷案[7]等。

2015年《民诉法司法解释》第532条(2022年修正后改为第530条)在总结司法实践经验的基础上规定:涉外民事案件同时符合下列情形的,人民法院可以裁定驳回原告的起诉,告知其向更方便的外国法院提起诉讼:(1)被告提出案件应由更方便外国法院管辖的请求,或者提出管辖异议;(2)当事人之间不存在选择中华人民共和国法院管辖的协议;(3)案件不属于中华人民共和国法院专属管辖;(4)案件不涉及中华人民共和国国家、公民、法人或者其他组织的利益;(5)案件争议的主要事实不是发生在中华人民共和国境内,且案件不适用中华人民共和国法律,人民法院审理案件在认定事实和适用法律方面存在重大困难;(6)外国法院对案件享有管辖权,且

---

[1] 参见胡振杰:《不方便法院说比较研究》,载《法学研究》2002年第4期;徐伟功:《不方便法院原则研究》,吉林人民出版社2002年版。

[2] 盛勇强:《涉外民事诉讼管辖权冲突的国际协调》,载《人民司法》1993年第9期。

[3] 最高人民法院民事判决书,(1999)经终字第194号。

[4] 广东省高级人民法院编:《中国涉外商事审判热点问题探析》,法律出版社2004年版,第45页。

[5] 江苏省高级人民法院民事裁定书,(2010)苏商外终字第0053号。

[6] 参见上海市高级人民法院民事裁定书,(2009)沪高民四(商)终字第59号。

[7] 参见上海市第二中级人民法院民事判决书,(2016)沪02民终1731号。

审理该案件更加方便。[1]

(四)禁诉令

《布鲁塞尔第一条例》中采用的先诉法院优先原则存在一个弊端,且往往会被当事人滥用。比如某方当事人可以抢先到一个本来没有管辖权的国家法院起诉,让该法院去判断自己的管辖权,其他法院必须中止诉讼等待先诉法院的裁决,这样就可以把案件拖延数月甚至数年。这样就在当事人之间产生"判决竞赛"(race to judgement),甚至引发所谓的"鱼雷诉讼"(torpedo actions)。[2]

为克服这一弊端,英国法院有时会采用"禁诉令"(anti-suit injunction)的方式来阻止当事人在外国法院的诉讼。[3] 美国法院也经常采用禁诉令来维护自己的管辖权。[4] 但这种方法会被认为干涉外国法院的司法主权。[5] 因此,很多国家均不承认他国法院发布的禁诉令。[6]

我国对外国法院发布的禁诉令通常也不予承认和执行。广东省深圳市粮食集团有限公司与外国某公司签订货物买卖合同,该货物由希腊美景伊恩伊公司(以下简称美景公司)承运。因发生严重货损,深圳市粮食集团有限公司拒付货款并向青岛海事法院请求扣押美景公司的船只,并起诉索赔。美景公司则以双方签订有仲裁协议为由提出管辖权异议,并向英国高等法院起诉,请求该法院发出禁诉令,撤销中国青岛海事法院的诉讼。英国高等法院作出了禁止深圳市粮食集团有限公司在中国法院提起诉讼的禁诉令,并向中国司法部提出请求协助送达该禁诉令的申请,但遭到我国司法部的拒绝。[7] 在"香港上海汇丰银行有限公司上海分行与景轩大酒店(深圳)有限公司、万轩置业有限公司金融借款合同纠纷案"中,最高人民法院也

---

〔1〕 参见J某、尹某离婚纠纷案,辽宁省沈阳市中级人民法院民事裁定书,(2020)辽01民终4939号。

〔2〕 Christopher Stothers, Mark Gardner & Sue Hinchliffe, *Forum shopping and "Italian torpedoes" in Competition Litigation in the English courts*, 4 Global Competition Litigation Review 67 (2011).

〔3〕 参见李旺:《国际诉讼竞合》,中国政法大学出版社2002年版,第47页;欧福永:《国际民事诉讼中的禁诉令》,北京大学出版社2007年版,第6页。

〔4〕 See Laker Airways v. Sabena, 731 F. 2d 909 (D. C. Cir. 1984), discussed further in GE v. Deutz, 270 F. 3d 144, 160 (3rd Cir. 2001). For an oft-cited test, see China Trade & Dev. Corp. v. M. V. Choong Yong, 837 F. 2d 33 (2nd Cir. 1987), followed in Kahara Bodas Co., LLC v. Perusahaan Pertambangan Minyak Dan Gas Bumi Negara, 500 F. 3 111 (2nd Cir 2007), cert. denied 111 U. S. 500 (2008), and Lam Yeen Leng v. Pinnacle Performance, Ltd., 474 Fed. Appx. 810 (2nd Cir. 2012). See also Fox, *The Position of the United States on Forum Selection and Arbitration Clauses, Forum Non Conveniens, and Antisuit Injunctions*, 35 Tulane Maritime Law Journal 401 (2011).

〔5〕 参见张丽英:《"最先受诉法院原则"与禁诉令的博弈》,载《中国海商法研究》2012年第1期。

〔6〕 ECJ 10 February 2009-C-185/07-Allianz SpA et al. v. West Tankers, Inc., [2009] ECR I-663. See also Kronke, Acceptable transnational Anti-suit Injunctions, Geimer und Schütze, Recht ohne Grenzen-Festschrift für Kaissis 549 (2012).

〔7〕 参见青岛海事法院民事裁定书,(2004)青海法海商初字第245号。

认定香港特区法院颁布的禁令在内地不具有法律效力。[1]

在康文森公司与华为公司专利纠纷案中，申请人华为技术公司于 2020 年 8 月 27 日向最高人民法院申请行为保全，请求责令康文森公司在本案终审判决作出之前不得申请临时执行德国杜塞尔多夫地区法院就康文森公司诉华为技术公司及其德国关联公司侵害标准必要专利权纠纷案件作出的一审判决。2020 年 8 月，最高人民法院在要求华为公司提供相应担保的情况下，综合考量了必要性、损益平衡、国际礼让等因素，作出了行为保全裁定，发出了我国法院第一份知识产权禁诉令裁决。[2]

在"OPPO 广东移动通信有限公司、OPPO 广东移动通信有限公司深圳分公司与夏普株式会社、赛恩倍吉日本株式会社标准必要专利许可纠纷案"[3]中，一审法院应 OPPO 公司申请做出裁定，要求夏普株式会社在本案终审判决作出之前，不得向其他国家、地区就本案所涉专利对 OPPO 公司提出新的诉讼或司法禁令，如有违反处每日罚款人民币 100 万元。在一审法院发出"禁诉令"7 小时后，德国慕尼黑第一地区法院向 OPPO 公司下达了"反禁诉令"，要求 OPPO 公司向中国法院申请撤回禁诉令。一审法院围绕"禁诉令"和"反禁诉令"进行了法庭调查，最终夏普株式会社无条件撤回了本案中的复议申请和向德国法院申请的"反禁诉令"，同时表示将充分尊重和严格遵守中国法院的生效裁决。

第六节　我国法院审理涉外案件的级别管辖

一、基本原则

我国《民事诉讼法》第 19 条第 1 项规定，"重大涉外案件"由中级人民法院管辖。重大涉外案件，包括争议标的额大的案件、案情复杂的案件，或者一方当事人人数众多等具有重大影响的案件（《民诉法司法解释》第 1 条）。根据这一规定，一般的涉外案件是由基层人民法院管辖，只有"重大涉外"案件，才由中级人民法院管辖。2008 年《最高人民法院关于调整高级人民法院和中级人民法院管辖第一审民商事案件标准的通知》[4]对高级人民法院和中级人民法院审理涉外和涉我国香港特区、澳门特区、台湾地区一审案件的标准进行了具体规定。

---

〔1〕参见最高人民法院民事判决书，（2010）民四终字第 12 号。

〔2〕参见《中国法院作出知识产权领域首个禁诉令裁定　最高法知识产权法庭发布七个典型案例》，载《人民法院报》2020 年 12 月 25 日，第 1 版。

〔3〕广东省深圳市中级人民法院民事裁定书，（2020）粤 03 民初 689 号。

〔4〕法发〔2008〕10 号。

二、集中管辖制度

我国加入 WTO 之后，为了提高涉外案件的审判质量，最高人民法院于 2001 年发布了《关于涉外民商事案件诉讼管辖若干问题的规定》（2020 年修正），对我国人民法院审理涉外民商事案件的级别管辖作了新的调整。根据该规定第 1 条的规定，第一审涉外民商事案件由下列人民法院管辖：(1) 国务院批准设立的经济技术开发区人民法院；(2) 省会、自治区首府、直辖市所在地的中级人民法院；(3) 经济特区、计划单列市中级人民法院；(4) 最高人民法院指定的中级人民法院；(5) 高级人民法院。根据这一规定，可以看出我国对涉外民商事案件实行集中管辖制度。集中管辖制度是我国最高人民法院为迎接“入世”而出台的一项重大举措，从实践来看，该制度确实起到了提高案件审判质量的作用。但集中管辖制度并不符合司法中的国民待遇原则，暴露出一些问题。

三、最新司法解释的规定

为了进一步规范各级人民法院对一审民商事案件的管辖权，最高人民法院于 2004 年 12 月 29 日发布《最高人民法院关于加强涉外商事案件诉讼管辖工作的通知》[1]，将涉外民商事案件的一审管辖权逐步进行下放。[2] 2008 年 3 月，最高人民法院进一步公布了《全国各省、自治区、直辖市高级人民法院和中级人民法院管辖第一审民商事案件标准》。[3] 最高人民法院还于 2009 年 11 月 12 日发布了《关于审理民事级别管辖异议案件若干问题的规定》。[4]

2017 年 12 月 7 日，最高人民法院发布了《关于明确第一审涉外民商事案件级别管辖标准以及归口办理有关问题的通知》，[5] 对全国不同地区四级人民法院审理第一审涉外民商事案件的级别管辖标准进行了规范。该通知第 2 条明确规定，下列案件由各级人民法院涉外审判庭或专门合议庭审理：(1) 当事人一方或者双方是外国人、无国籍人、外国企业或者组织，或者当事人一方或者双方的经常居所地在中华人民共和国领域外的民商事案件；(2) 产生、变更或者消灭民事关系的法律事实发生在

---

〔1〕 法〔2004〕265 号。

〔2〕 2004 年至今，最高人民法院先后授权一些省、自治区和直辖市地方中级人民法院和基层人民法院管辖一审涉外民商事案件。北京、上海等城市的基层人民法院都已获得涉外民事案件的管辖权，参见《最高人民法院关于授权上海市高级人民法院指定辖区十六家基层人民法院（不包括黄浦区人民法院、浦东新区人民法院）管辖一审涉外民商事案件的批复》，〔2010〕民四他字第 78 号；《最高人民法院关于对〈北京市高级人民法院关于指定北京市基层法院审理涉外商事案件的请示〉的批复》，〔2012〕民四他字第 51 号。

〔3〕 最高人民法院于 2008 年 3 月 31 日公布，自 4 月 1 日起实施。

〔4〕 法释〔2009〕17 号。

〔5〕 法〔2017〕359 号。

中华人民共和国领域外,或者标的物在中华人民共和国领域外的民商事案件;(3)外商投资企业设立、出资、确认股东资格、分配利润、合并、分立、解散等与该企业有关的民商事案件;(4)一方当事人为外商独资企业的民商事案件;(5)信用证、保函纠纷案件,包括申请止付保全案件;(6)对第1项至第5项案件的管辖权异议裁定提起上诉的案件;(7)对第1项至第5项案件的生效裁判申请再审的案件,但当事人依法向原审人民法院申请再审的除外;(8)跨境破产协助案件;(9)民商事司法协助案件;(10)《最高人民法院关于仲裁司法审查案件归口办理有关问题的通知》确定的仲裁司法审查案件。[1]

2019年,最高人民法院发布《关于调整高级人民法院和中级人民法院管辖第一审民事案件标准的通知》,调整了高级人民法院和中级人民法院管辖第一审民事案件标准,海事海商案件、涉外民事案件的级别管辖标准也按照该标准执行。

四、国际商事法庭

为依法公正及时审理国际商事案件,平等保护中外当事人合法权益,营造稳定、公平、透明、便捷的法治化国际营商环境,服务和保障"一带一路"建设,最高人民法院于2018年6月25日通过《关于设立国际商事法庭若干问题的规定》,自2018年7月1日起施行。[2] 根据该规定,最高人民法院设立国际商事法庭。其中,第一国际商事法庭设立在广东省深圳市,第二国际商事法庭设立在陕西省西安市,最高人民法院民事审判第四庭负责协调并指导两个国际商事法庭工作。

国际商事法庭是最高人民法院设立的专门处理国际商事纠纷的常设审判机构,案件审理由三名或者三名以上法官组成合议庭进行。国际商事法庭实行一审终审制,作出的判决、裁定是发生法律效力的判决、裁定。

国际商事法庭受理下列案件:(1)当事人依照《民事诉讼法》第34条的规定协议选择最高人民法院管辖且标的额为人民币3亿元以上的第一审国际商事案件;(2)高级人民法院对其所管辖的第一审国际商事案件,认为需要由最高人民法院审理并获准许的;(3)在全国有重大影响的第一审国际商事案件;(4)依照本规定第14条申请仲裁保全、申请撤销或者执行国际商事仲裁裁决的;(5)最高人民法院认为应当由国际商事法庭审理的其他国际商事案件。

---

〔1〕 上述规定的民商事案件不包括婚姻家庭纠纷、继承纠纷、劳动争议、人事争议、环境污染侵权纠纷及环境公益诉讼,也不适用于海事海商及知识产权纠纷案件。涉及我国港澳台地区的民商事案件参照适用该通知。

〔2〕 法释〔2018〕11号。

五、其他专门性案件的一审管辖

(一)知识产权案件

2010年,最高人民法院发布了《关于调整地方各级人民法院管辖第一审知识产权民事案件标准的通知》。[1] 2014年《最高人民法院关于北京、上海、广州知识产权法院案件管辖的规定》(2020年修正)对相关知识产权法院的一审管辖权作了规定。此外,《最高人民法院关于审理专利纠纷案件适用法律问题的若干规定》(2020年修正)第2条进一步明确规定,专利纠纷第一审案件,由各省、自治区、直辖市人民政府所在地的中级人民法院和最高人民法院指定的中级人民法院管辖。最高人民法院根据实际情况,可以指定基层人民法院管辖第一审专利纠纷案件。根据2014年5月1日起施行的《最高人民法院关于商标法修改决定施行后商标案件管辖和法律适用问题的解释》(2020年修正)第3条,第一审商标民事案件,由中级以上人民法院及最高人民法院指定的基层人民法院管辖。涉及对驰名商标保护的民事、行政案件,由省、自治区人民政府所在地市、计划单列市、直辖市辖区中级人民法院及最高人民法院指定的其他中级人民法院管辖。《最高人民法院关于审理著作权民事纠纷案件适用法律若干问题的解释》(2020年修正)第2条规定,著作权民事纠纷案件,由中级以上人民法院管辖。各高级人民法院根据本辖区的实际情况,可以报请最高人民法院批准,由若干基层人民法院管辖第一审著作权民事纠纷案件。

2018年《最高人民法院关于知识产权法庭若干问题的规定》[2]对最高人民法院知识产权法庭的管辖权问题做了专门规定。

(二)海事海商和铁路运输案件

一审涉外海事海商纠纷案件由海事法院专门管辖,其具体受案范围依照《最高人民法院关于海事法院受理案件范围的规定》确定。一审涉外海事海商案件的级别管辖依照2019年《最高人民法院关于调整高级人民法院和中级人民法院管辖第一审民事案件标准的通知》确定。

铁路运输纠纷案件由铁路运输法院专门管辖,具体管辖范围依照《最高人民法院关于铁路运输法院案件管辖范围的若干规定》确定。[3]

涉外航空运输纠纷案件不存在专门法院管辖,因此此类纠纷案件仍应按照最高人民法院关于普通民商事纠纷的司法解释确定一审管辖权。

---

〔1〕 法发〔2010〕5号。
〔2〕 法释〔2018〕22号。
〔3〕 法释〔2012〕10号。

第七节 国际条约中的管辖权规定

根据我国《民事诉讼法》第267条的规定:“中华人民共和国缔结或者参加的国际条约同本法有不同规定的,适用该国际条约的规定,但中华人民共和国声明保留的条款除外。”我国《海事诉讼特别程序法》第3条也有基本相同的规定。我国目前尚未参加专门的国际民事诉讼管辖权公约,但在我国参加的一些特别领域的国际公约中,有涉及法院的管辖权规定。

一、《统一航空运输某些规则的公约》

我国于1975年加入了《统一国际航空运输某些规则的公约》,即《华沙公约》。2005年加入了修订该公约的《蒙特利尔公约》。《华沙公约》规定,承运人对旅客因死亡、受伤或身体上的任何其他损害而产生的损失,对于任何已登记的行李或货物因毁灭、遗失或损坏而产生的损失,以及对旅客、行李或货物在航空运输中因延误而造成的损失承担责任。《华沙公约》第28条对这种损害赔偿提起的诉讼的管辖权作了规定:“(1) 有关赔偿的诉讼,应该按照原告的意愿,在一个缔约国的领土内,向承运人住所地或其总管理机关所在地或签订合同的机构所在地法院提出,或向目的地法院提出。(2)诉讼程序应根据受理法院的法律规定办理。”

《蒙特利尔公约》引入所谓的“第五管辖权”。该公约第33条第1款沿用了《华沙公约》第28条规定的四种管辖法院,第2款则增加了一个管辖法院:“对于因旅客死亡或伤害产生的损失,诉讼可以向本条第一款所述的法院之一提起,或者在这样一个当事国领土内提起,即在发生事故时旅客的主要且永久居所在该国领土内,并且承运人使用自己的航空器或者根据商务协议使用另一承运人的航空器经营到达该国领土或者从该国领土始发的旅客航空运输业务,并且在该国领土内该承运人通过其本人或者与其有商务协议的另一承运人租赁或拥有的住所从事其旅客航空运输经营。”这种基于旅客的居所而享有的管辖权被称为第五管辖权,它只适用于人身伤害和死亡的索赔案件。

二、国际铁路运输公约

目前致力于国际铁路运输统一法的国际组织主要包括国际铁路运输官方组织(Intergovernmental Organization for International Carriage by Rail, OTIF)和铁路合作组织(Organization for Cooperation between Railways, OSJD)。OTIF制定了《国际铁路货物运输公约》(以下简称《国际货约》),该公约由基本条约和7个附件组成,现行有效的基本条约是1999年《国际货约》。我国不是该公约缔约国,但如果准据法是公约缔约国法律,则可以适用该公约。[1]

OSJD 于 1951 年签订了《国际铁路货物联运协定》(Agreement Concerning International Carriage of Goods by Rail,以下简称《国际货协》),主要成员国是苏联、东欧和其他社会主义国家,我国是缔约国。根据该协定第 1 条的规定,经成员国铁路的国际铁路直通货物联运,由本协定规定。根据上述公约的规定,铁路如果违反公约规定的义务造成损害的,应当承担赔偿责任。公约第 29 条第 1 项规定:“凡有权向铁路提出赔偿请求的人,即有权根据运送合同提起诉讼。只有提出赔偿请求后,才可提起诉讼。”第 29 条第 3 项规定:“诉讼只可以向受理赔偿请求的铁路所属国适当的法院提出。”[2]

我国还参加了铁路合作组织 1957 年订立于莫斯科的《国际铁路旅客联运协定》(以下简称《国际客协》)。

三、国际油污损害民事责任公约

我国于 1980 年参加了 1969 年的布鲁塞尔《国际油污损害民事责任公约》,该公约第 9 条规定:(1)如已在一个或若干个缔约国领土(包括领海)内发生油污损害事件,或已在上述领土(包括领海)内采取防止或减轻油污损害的预防措施,赔偿诉讼便只能向上述的一个或若干个缔约国法院提出。任何上述诉讼的适当通知,均应送交被告人。(2)每一缔约国都应保证它的法院具有处理上述赔偿诉讼的必要管辖权。(3)在按照第 5 条规定设立基金之后,基金所在国的法院是决定有关基金分摊和分配的一切事项的唯一可以管辖的法院。在“大连市海洋与渔业局与昂迪玛海运有限公司(Ondimar Transportes Maritimos Ltda)等海域污染损害赔偿纠纷再审案”中,我国法院适用了该公约。[3]

---

〔1〕 参见三井住友海上火灾保险株式会社与中远海运集装箱运输有限公司海上货物运输合同纠纷案,上海海事法院民事判决书,(2016)沪 72 民初 2017 号。

〔2〕 关于该协定的适用参见黑龙江省远洋国际贸易有限责任公司、中国铁路呼和浩特局集团有限公司等铁路货物运输合同纠纷民事申请再审审查案,最高人民法院民事裁定书,(2022)最高法民申 150 号。

〔3〕 参见最高人民法院民事裁定书,(2015)民申字第 1637 号。

第三章　涉外民事关系法律适用的一般理论

第一节　基本概念

一、法律适用

国际私法作为调整涉外民事关系的法律部门，除了解决涉外民事诉讼管辖权问题之外，另一个重要的任务是选择涉外民事关系所适用的法律，即法律选择（choice of law）或法律适用（application of law）。国际私法因此也被称为法律选择法或法律适用法。我国国际私法的最主要渊源之一就是《涉外民事关系法律适用法》。

自从荷兰学者罗登伯格于17世纪最早提出法律冲突这一概念以来，国际私法一直被很多西方学者认为是用来解决法律冲突的一门学科。在很多国家，国际私法也被称为法律冲突法（conflict of laws）。建立在法律冲突基础上的西方国际私法学说无论采用何种名称都是要从相冲突的各国法律中挑选一个最适当的法律来解决个案纠纷。正如美国学者罗斯福教授所说：法律选择问题首先要求法官确定各个国家法律的适用范围，然后来判断它们发生冲突时哪个优先。[1] 欧美的国际私法深受从古希腊哲学延续下来的"单一主义"思维模式的影响，认为任何"法律冲突"的解决都只有一个"准据法"。

中国所倡导的"人类命运共同体"思想着眼于人类文明的永续发展，推动建立新型文明秩序，树立人类整体观。该思想继承和弘扬了《联合国宪章》所明确的宗旨和原则以及中国首倡的和平共处五项原则，坚持全球治理的"共商、共建、共享"核心理念，为当今世界的全球治理提供了崭新的解决方案，也为国际私法问题的解决打开了新思路。在人类命运共同体思想下，世界各国法律是多元共存的客观现象，不会发生所谓的"法律冲突"。跨国民商事法律纠纷的解决应当本着法律共享的理念，在尊重当事人意思自治的基础上从多元的法律中进行选择。[2]

---

〔1〕 Kermit Roosevelt Ⅲ & Bethan Jones, *What a Third Restatement of Conflict of Laws Can Do*, 110 AJIL UNBOUND 139 (2016).

〔2〕 参见杜涛：《从"法律冲突"到"法律共享"：人类命运共同体时代国际私法的价值重构》，载《当代法学》2019年第3期。

二、法律适用规范(冲突规范)

法律适用规范(Rechtsanwendungsnorm, rules of application of law)也称法律选择规范(choice of law rule),是指某一民事法律关系适用某一国家法律的规范,或者说是选择某一国家法律适用于某一民事法律关系的规范。法律适用规范经常被简称为"冲突规范"(conflicts rule, Kollisionsnorm),在德国也经常被称为"指引规范"(Verweisungsnorm),也有人直接称其为"国际私法规范"(rule of private international law)。[1] 我国《涉外民事关系法律适用法》的规范大都是这种规范。出于约定俗成的原因,本书在相同意义上使用"法律适用规范"和"冲突规范"这两个概念。

法律适用规范从性质上看是一种间接规范,它只指明对于某一涉外案件中的某一具体法律关系应当适用哪一地域的法律,而不是直接规定当事人的具体权利和义务。例如《涉外民事关系法律适用法》第 11 条规定:"自然人的民事权利能力,适用经常居所地法律。"

三、法律适用规范的类型

(一) 独立的和非独立的法律适用规范

独立的法律适用规范或独立的冲突规范(independent conflicts rule; selbstaendige Kollisionsnorm)是一条完整的法律适用规范,它具体规定了某一法律关系适用于何种法律。例如《涉外民事关系法律适用法》第 36 条规定:"不动产物权,适用不动产所在地法律。"

非独立的法律适用规范或非独立的冲突规范(dependent conflicts rule, unselbstaendige Kollisionsnorm)是不完整的法律适用规范,它附属于独立的冲突规范,作为其补充,是一种辅助性规范。例如《涉外民事关系法律适用法》第 5 条规定:"外国法律的适用将损害中华人民共和国社会公共利益的,适用中华人民共和国法律。"该条款不是一个独立的法律适用规范,只有当一个法律适用规范指引适用外国法律,而该外国法律的适用将损害我国社会公共利益时,才适用该条规范。

(二)单边规范和双边(多边)法律适用规范

独立的法律适用规范可以分为单边规范和双边规范。

1. 单边规范

单边(unilateral)法律适用规范是指那些规定某一法律关系只应当适用本国法律的法律适用规范,即它们只规定了本国法律适用于某一法律关系。例如,《涉外民事关系法律适用法》第 4 条规定:"中华人民共和国法律对涉外民事关系由强制性规

---

〔1〕 如《联合国国际货物销售合同公约》第 1 条第(1)款 b 项之规定。

定的，直接适用该强制性规定。”再如，《劳动合同法》第 2 条第 1 款规定，“中华人民共和国境内的企业、个体经济组织、民办非企业单位等组织（以下称用人单位）与劳动者建立劳动关系，订立、履行、变更、解除或者终止劳动合同，适用本法”。

2. 双边规范

双边或多边（bilateral or all-sided）法律适用规范与单边法律适用规范不同，它们不仅规定本国法律的适用，还规定一个客观的连结点，根据该连结点，既有可能适用本国法，也有可能适用外国法。因此，这种法律适用规范所指引的法律是双边的或多边的。例如，《涉外民事关系法律适用法》第 36 条规定，“不动产物权，适用不动产所在地法律”。这里的“不动产所在地法律”既可能是中国法律，也可能是外国法律，必须要根据具体案件中不动产的具体所在地而判定。

双边法律适用规范中还有一种不完全的（imperfect ）双边规范，或有条件的（conditional）双边规范。它们所指引的法律虽然也是双边的，但要受到一定条件的限制。例如，《涉外民事关系法律适用法》第 12 条第 2 款规定，“自然人从事民事活动，依照经常居所地法律为无民事行为能力，依照行为地法律为有民事行为能力的，适用行为地法律，但涉及婚姻家庭、继承的除外”。这里的“民事行为能力适用行为地法律”是一条双边规范，但受到一定限制，即必须是在依照经常居所地法律无行为能力的情况下才能适用。

3. 单边法律适用规范和双边法律适用规范之间的关系

双边法律适用规范体现了对本国法和外国法的平等对待。如果各国对于同样的国际民事法律关系都按照同样的双边法律适用规范去选择应适用的法律，就可以实现萨维尼所提倡的“对于同一案件，无论在何处起诉，都可以实现判决的一致性”的目标。因此，随着国际交往的发展，各国越来越趋向于采用双边法律适用规范来规定涉外民事案件的法律适用问题。我国《涉外民事关系法律适用法》及其他单行法律中的法律适用规范，大都是双边法律适用规范。

与双边法律适用规范相反，单边法律适用规范体现的是一种“单边主义”观念，体现了主权者对本国法律的片面优越感和对本国利益的单方面保护思想。1804 年法国《民法典》第 3 条的规定是这种思想的集中反映，并得到 1896 年德国《民法典施行法》的继续贯彻。由于萨维尼理论的广泛影响，这种单边主义在 20 世纪以后的德国以及其他欧洲国家已经通过法院的判例法得到双边化。但是在“二战”后的美国，又在“冲突法革命”中一定程度上得到复兴。

从当代国际私法来看，双边法律适用规范是各国国际私法立法的主流。但不可否认单边法律适用规范仍然在一定范围内具有现实的意义和作用。尤其对于某些需要给予特殊保护的利益，可以从单边法律适用规范上提供保护。在婚姻家庭、消费者保护、妇女和儿童的保护、知识产权保护等公共利益体现得比较强烈的领域，各国仍经常采用单边法律适用规范。

单边法律适用规范在我国通常表现为“法律的地域适用范围规范”(参见下文论述)。近年来,美国政府大肆奉行单边主义政策,对外实施单边经济制裁和长臂管辖,将本国法律适用到境外,但遭到各国抵制。

(三)重叠性法律适用规范和选择性法律适用规范

重叠性法律适用规范(cumulative conflicts rule)是指在双边法律适用规范中规定了两个或两个以上的连结点,它们所指引的准据法同时适用于所列举的法律关系。例如,《涉外民事关系法律适用法》第 28 条规定,“收养的条件和手续,适用收养人和被收养人经常居所地法律”。这主要是为了对收养的条件进行严格控制,保护被收养人利益。

选择性法律适用规范(alternative conflicts rule)也是在双边法律适用规范中规定两个或两个以上的连结点,它们所指引的准据法可以由法官或当事人选择适用其中之一。例如,《涉外民事关系法律适用法》第 29 条规定:“扶养,适用一方当事人经常居所地法律、国籍国法律或者主要财产所在地法律中有利于保护被扶养人权益的法律。”

选择性法律适用规范体现的是当代国际私法上的“有利原则”(favor principle)。所谓“有利原则”就是指,在确定某些特定法律关系的准据法时,尽量选择适用对某一特定方当事人有利的法律。〔1〕“有利原则”在许多法律关系中都有体现,如“有利于生效”(favor validitatis)、“有利于交易”(favor negotii)、“有利于受害者”(favor laesi)、“有利于婚姻”(favor matrimonii)、“有利于离婚”(favor divortii)、“有利于儿童”(favor infantis)、“有利于承认”(favor recognitionis),等等。“有利原则”的一个重要表现就是选择适用的法律适用规范,增加连结点的数量,让法官或当事人选择对其最有利的法律。〔2〕

选择性法律适用规范有时可以附带条件,即只有符合规定的条件才可以选择规定的法律。例如,《涉外民事关系法律适用法》第 44 条规定:“侵权责任,适用侵权行为地法律,但当事人有共同经常居所地的,适用共同经常居所地法律。”

(四)不同类型法律适用规范的作用

不同类型的法律适用规范服务于不同的立法政策。如果立法者认为在某一领域要绝对地保护本国法律规定的利益,则可以采用单边法律适用规范,只规定适用本国法律;如果立法者认为在某一法律领域的某些方面要同时兼顾本国法律规定的利益,则可以采用重叠性双边法律适用规范;如果立法者认为在某些领域可以从宽掌握,以方便法律交往的进行,就可以采用选择性法律适用规范。例如,在合同的形

〔1〕 Christian Schröder, *Das Günstigkeitsprinzip im internationalen Privatrecht*, 1996, S. 1.

〔2〕 参见叶竹盛:《寻找“更有利的法”:比较型冲突规范的司法困境及出路》,载《现代法学》2017 年第 5 期。

式方面，目前国际上的发展趋势是尽量促使合同的有效，因此许多公约和国家的国内立法都对于合同的形式有效性问题规定了多个连结点，并且可以选择适用，只要符合其中任何一个法律的形式规定，就可以判定合同有效。

四、法律的地域适用范围

（一）基本概念

现代国际私法起源于中世纪晚期学者对意大利城邦法地域适用范围的探讨。14 世纪意大利学者巴托鲁斯（Bartolus，1314－1357 年）最早揭示了国际私法所要探讨的两个核心问题：第一，某一法则（在其境内）对于非本邦的臣民是否也有地域效力（Utrum statutum porrigatur extra territorium ad non subditos）？第二，某一法则在立法者境外是否也有域外效力（Utrum effectus statuti porrigatur extra territorium statuentium）？[1] 巴托鲁斯对国际私法的最大贡献在于所谓的“巴托鲁斯规则”（Bartolinische Regel），即把法则区分为人的法则和物的法则，分别探讨它们的地域适用范围。这种方法被视为法则区别说的基础，并一直影响到现代国际私法。[2] 很多国家的立法中还保留着这种地域适用范围的规定。[3]

所谓地域适用范围规范（legal rules which determine their own sphere of application），就是规定某一立法的地域适用范围的规范。[4] 地域适用范围规范有两种类型：一种是属地适用规范，即规定本国法律只适用于本国领域内（territorial application）；另一种是域外适用规范，即规定本国法律可以适用于本国领域之外（extraterritorial application）。前者规定的是本国法律的属地效力（territoriality），后者规定的是本国法律的域外效力（extraterritoriality）。

我国《民法典》第 12 条是典型的属地适用规范，其规定：“中华人民共和国领域内的民事活动，适用中华人民共和国法律。法律另有规定的，依照其规定。”在我国许多民商事立法中，均有类似的规定，如《民事诉讼法》第 4 条、《票据法》第 2 条第 1 款、《证券法》第 2 条第 1 款、《保险法》第 3 条、《招标投标法》第 2 条、《产品质量法》第 2 条、《劳动法》第 2 条、《信托法》第 3 条等。

---

〔1〕 J. A. Clarence Smith, *Bartolo on the Conflict of Laws*, American Journal of Legal History, Vol. 14: 2, p. 157-183 (1970).

〔2〕 Max Gutzwiller, *Geschichte des Internationalprivatrechts*, S. 37.

〔3〕 William S. Dodge, *Extraterritoriality and Conflict - of - Laws Theory: An Argument for Judicial Unilateralism*, 39 Harvard International Law Journal 101 (1998).

〔4〕 Kurt Siehr, Normen mit eigener Bestimmung ihres räumlich - persoenlichen Anwendungsbereichs im Kollisionsrecht der Bundesrepublik Deutschland, *Rabels Zeitschrift fuer auslaendisches und internationales Privatrecht* 46 (1982), S. 357ff; Talpis, *Legal Rules Which Determine Their Own Sphere of Application: Aproposal for Their Recognition in Quebec Private International Law*, 17 R. J. Du T. 201 (1982-1983).

《证券法》第 2 条第 4 款是典型的域外适用规范，它规定："在中华人民共和国境外的证券发行和交易活动，扰乱中华人民共和国境内市场秩序，损害境内投资者合法权益的，依照本法有关规定处理并追究法律责任。"我国《刑法》第 7、8、10 条也属于域外适用规范。《反垄断法》（2022 年修正）第 2 条、《期货和衍生品法》（2022 年颁布）第 2 条第 2 款、《个人信息保护法》（2021 年颁布）第 3 条、《数据安全法》（2021 年颁布）第 2 条第 2 款、《出口管制法》（2020 年颁布）第 44 条等。

（二）法律地域适用范围规范的性质

从我国《民法典》第 12 条以及其他法律中的类似条款的结构上来看，这些地域适用范围规范其实就是典型的单边法律适用规范，它们单方面规定中国法律的地域适用范围，体现的是一种单边主义思维方法。

我国《涉外民事关系法律适用法》大量采用双边法律适用规范，该法之规定与《票据法》第五章、《民用航空法》第十四章、《海商法》第十四章等类似，体现的是双边主义或多边主义。由此产生一个问题，《民法典》第 12 条和《涉外民事关系法律适用法》之间以及《票据法》第 2 条和第五章之间是一种怎样的关系？按照《民法典》第 12 条的规定，所有发生于我国领域内的民事关系，都应当适用我国法律的规定；而依照《涉外民事关系法律适用法》，如果发生于我国的民事关系具有涉外因素，比如当事人为外国人或民事关系的标的位于外国，则应当依照该法的法律适用规范指引准据法，并不一定适用我国法律。也有人说《民法典》第 12 条所规定的"适用我国法律"，包括我国冲突法。但这种理解思路无法运用于其他法律。比如我国《保险法》第 3 条规定："在中华人民共和国境内从事保险活动，适用本法。"而《保险法》中没有法律适用规范。因此，我们只能理解为，凡是发生在我国境内的保险活动，均必须适用我国保险法的规定。事实上，如果是涉外保险关系，必须依照法律适用规范指引准据法，但不一定适用我国保险法。[1] 同样，我国《信托法》第 3 条、《招标投标法》第 2 条、《劳动法》第 2 条和《旅游法》第 2 条的规定也存在这一问题。我们还要注意到，发生于我国领域内的民事活动，如果当事人不在我国法院起诉，则不一定会适用我国法律。同样，发生于我国领域外的民事活动，如果当事人在外国法院诉讼，外国法院也可以适用我国法律。

由此可见，我国民事立法中关于法律地域适用范围的规定与国际私法中的双边法律适用规范是难以共存的。产生这种矛盾的根源在于我国立法者沿用了过去公私不分的立法模式，将公法和私法的地域效力混合在一起。

---

〔1〕 参见合升发展有限公司等诉中国平安财产保险股份有限公司上海分公司财产保险合同纠纷案，上海市第二中级人民法院民事判决书，（2003）沪二中民五（商）初字第 4 号；杨保元诉中保人寿保险有限公司乌苏市支公司保险合同案，新疆维吾尔自治区塔城地区中级人民法院民事判决书，（1999）塔经终字第 74 号。

地域适用范围规范从形式上看就是一种单边法律适用规范，它强调本国法律在特定场合下的优先适用性，并排除当事人或法官选择适用他国法律。在一些国家的国内法中，也有这样的单边规范，例如美国1936年《海上货物运输法》就规定，凡进出口美国的船舶签发的提单必须适用该法。因此，如果相关提单纠纷在美国法院审理，则必须适用美国《海上货物运输法》，并排除当事人选择的《海牙规则》等国际条约或其他国家法律。在英格兰，如果立法规定了其自身地域适用范围，就要严格按照该范围予以适用；如果立法没有规定其自身适用地域范围，就要按照冲突法规则确定其适用范围。〔1〕

由于我国《保险法》《信托法》《招标投标法》《劳动法》等立法中没有像《票据法》那样专门规定涉外民事关系的法律适用，因此很多人便根据其中的"地域适用范围条款"的规定，认为所有发生于我国境内的保险、信托、招标投标和劳动关系纠纷均应适用我国法律，〔2〕并排除当事人意思自治和冲突法规则。这是与国际私法基本原理相违背的，也非常不利于我国的国际民事交往的发展。〔3〕

近来引起广泛关注的美国篮球明星迈克尔·乔丹起诉乔丹体育股份公司一案中，迈克尔·乔丹要求中国法院保护其姓名权。有学者在分析该案时，援引原《民法通则》第8条第2款的规定，即"本法关于公民的规定，适用于在中华人民共和国领域内的外国人、无国籍人"，并以此为据认为迈克尔·乔丹不在我国领域内，因此其姓名权不受我国法律之保护。这一理解无视了《涉外民事关系法律适用法》第15条和第44条等法律适用规范的存在。

在"四会市晋辉金属熔铸有限公司与李某连提供劳务者受害责任纠纷案"〔4〕中，李某连国籍不明，但在我国已居住二十多年。法院援引原《民法通则》第8条认为："公民的生命健康权受到法律保护，无论该公民是否取得我国国籍，只要该公民是在我国领土上受到伤害都可以依据我国法律主张权利。"该案正确的做法是援引《涉外民事关系法律适用法》第15条，即人格权适用权利人经常居所地法律。

私法的地域适用范围问题应当由国际私法来调整。1804年颁布的法国《民法典》第1条关于法典一般适用范围的规定也被废除了。而法国《民法典》第3条则被

---

〔1〕 Lawrence Collins ed., *Dicey, Morris and Collins on The Conflict of Laws*, 14th edition, Vol. 1, Thomson Sweet & Maxwell, 2006, p. 19.

〔2〕 在我国香港特别行政区高等法院审理的珠光集团公司破产案中，就涉及对《招标投标法》第2条的解释问题。See In The Matter of ZHU KUAN Group Company Limited (In Compulsory Liquidation), HCMP 1286/2007.

〔3〕 值得肯定的是，《民用航空法》就没有对该法地域适用范围进行限制。该法第十四章有专门的涉外法律适用条款。

〔4〕 广东省高级人民法院民事裁定书，(2015)粤高法民一申字第952号。

普遍认为是国际私法中的强制性规范。〔1〕对于不属于该条范围内的法律关系，法国法院均依照法国国际私法确定准据法。

(三)法律地域适用范围规范的作用

法律地域适用范围规范具有其特殊的应用场合，具体而言，它们主要运用于以下两种情况：

1.强制性规范的适用范围

"强制性规范"(mandatory rules; zwingende normen)在德国也被称为"干预规范"(Eingriffsnormen)，在法国一般被称为"直接适用的法律"(loi de l'application immediate)或"警察法"(loi de polic)，是指一国法律当中那些具有强行性质的规范，它们在涉外案件中必须强行适用，而不必考虑外国法律。〔2〕如果在某些领域，立法者认为本国法律中的某些强制性规范必须得到适用，则可以通过地域适用规范的规定达到目的。例如，法国《民法典》第3条的规定就是如此。我国《反垄断法》《期货和衍生品法》《个人信息保护法》《数据安全法》《出口管制法》等法律中的域外适用条款就具有此种性质和作用。

2.公法的地域适用范围

按照萨维尼的理论，私法具有国际间的等价性和互换性，各国之间可以相互适用对方的私法。但是公法却不具有此种性质，各国通常不会主动适用对方国家的公法。在涉外公法关系中，例如在涉外行政关系、涉外刑法关系中，各国立法者都是从自己的角度规定本国公法的地域适用范围，即在何种情况下适用本国公法。

我国许多公法立法中都有关于法律地域适用范围的规定，如《个人所得税法》第1条规定："在中国境内有住所，或者无住所而一个纳税年度内在中国境内居住累计满一百八十三天的个人，为居民个人。居民个人从中国境内和境外取得的所得，依照本法规定缴纳个人所得税。在中国境内无住所又不居住，或者无住所而一个纳税年度内在中国境内居住累计不满一百八十三天的个人，为非居民个人。非居民个人从中国境内取得的所得，依照本法规定缴纳个人所得税。"《环境保护法》第3条规定："本法适用于中华人民共和国领域和中华人民共和国管辖的其他海域。"我国《刑法》第6条规定："凡在中华人民共和国领域内犯罪的，除法律有特别规定的以外，都适用本法。凡在中华人民共和国船舶或者航空器内犯罪的，也适用本法。犯罪的行为或者结果有一项发生在中华人民共和国领域内的，就认为是在中华人民共

〔1〕该条规定："关于警察和安全的法律对于所有位于本国境内的人均有约束力。不动产即使属于外国人所有也应适用法国法律。有关人的身份和能力的法律适用于所有法国人，即使其位于外国也不例外。"

〔2〕Serge Lazareff, *Mandatory Extraterritorial Application of National Law*, 11 Arbitration International 137 (1995).

和国领域内犯罪。”我国《刑法》第 7 条规定：“中华人民共和国公民在中华人民共和国领域外犯本法规定之罪的，适用本法，但是按本法规定的最高刑为三年以下有期徒刑的，可以不予追究。中华人民共和国国家工作人员和军人在中华人民共和国领域外犯本法规定之罪的，适用本法。”我国《刑法》第 8 条规定：“外国人在中华人民共和国领域外对中华人民共和国国家或者公民犯罪，而按本法规定的最低刑为三年以上有期徒刑的，可以适用本法，但是按照犯罪地的法律不受处罚的除外。”2021 年修订的《行政处罚法》第 84 条也规定，“外国人、无国籍人、外国组织在中华人民共和国领域内有违法行为，应当给予行政处罚的，适用本法，法律另有规定的除外”。

综上所述，法律地域适用范围规范与法律适用规范是从两种不同的角度来解决法律冲突问题，二者适用的对象也不同。在私法领域，由于各国私法间的等价性和互换性，各国普遍根据国际私法中的双边法律适用规范来确定涉外民事关系的准据法，从而无须地域适用范围规范的指定。对于某些特殊的具有强制性和公法性质的法律规范，才需要通过专门的地域适用范围规范明确其适用范围。我国现行几乎所有的民事立法中都不加区别地规定一条关于该法地域适用范围的条款，这种做法忽视了国际私法的作用，导致人们对国际私法的错误认识和对我国有关立法的误解。[1]

五、连结点

（一）法律适用规范的结构

任何法律规范都由两部分构成：事实构成（Tatbestand）和法律后果（Rechtsfolge）。如果某一生活关系具备了法律规定的“事实构成”，则会产生法律规定的“法律后果”。“事实构成”就是具体的事实关系（Sachverhalt），即各种法律事实组成的关系。在一般的实体法规范中，“法律后果”就是法律规定的当事人之间具体的权利和义务。根据法学方法论的一般原理，法律适用过程就是将特定案件事实归属于法律规范的构成要件之下，以得出特定法律后果的推论过程，即所谓的涵摄过程（Subsumtionsmodell）。[2] 涉外民事案件的法律适用过程也不例外。[3] 只不过，在涉外案件中运用国际私法法律适用规范的过程中，涵摄过程与非涉外案件相比更为复杂，实际上分为两步走：第一步，把特定案件事实归属到某一特定国家的法律规范之下；第二步，将该特定案件事实归属到该国特定的法律规范之下。前一步骤属于国际私法上的涵摄过程，后一步骤属于国内法上的涵摄过程。

---

〔1〕 我国《信托法》是一部商事立法，其中第 3 条也是地域适用范围规范，而且没有但书的限制，容易让人将其理解为冲突规范，从而与《法律适用法》第 17 条相冲突。

〔2〕 参见王泽鉴：《法律思维与民法实例》，中国政法大学出版社 2001 年版，第 200-201 页。

〔3〕 Kegel/Schurig, *Internationales Privatrecht*, 9 Aufl. 2004, S. 310.

国际私法中，通常把法律适用规范中的“事实构成”部分称为“范围”或“类型”（category），而把“法律后果”部分称为“系属”（attribution）。例如，“不动产的所有权，适用不动产所在地法律”这一法律适用规范，“不动产的所有权”是事实构成之一，而“适用不动产所在地法律”是“法律后果”，即所谓的“系属”。“系属”有“隶属于”“归因于”的意思，[1]它是指法律适用规范的“范围”中所规定的事实关系或法律关系应当归属于某一特定的法律调整。

由于法律适用规范不直接规定具体的权利和义务关系，因此法律适用规范所规定的法律后果只是一种间接的法律后果。

我国《海商法》第105条规定：“货物的灭失或者损坏发生于多式联运的某一运输区段的，多式联运经营人的赔偿责任和责任限额，适用调整该区段运输方式的有关法律规定。”[2]实践中，我国法院经常将该条作为法律适用规范适用。[3] 实际上，该条并不符合法律适用规范的结构和性质。[4]

（二）连结点的概念

“连结”（anknuepfen）的概念是德国学者卡恩（F. Kahn）于1891年最早提出的，后来逐渐成为国际私法中的一个专门术语。法律适用规范是一种指引规范，它只规定某一法律关系适用某一国家的法律。因此，从性质上来说，法律适用规范也是一种“连结规范”（Anknuepfungsnorm，connecting rules），即把特定的事实构成与某一国家的法律“连结”起来，连结点就是其中的联系纽带。德国学者卡恩最早将其称为“连结概念”（Anknuepfungsbegriff）。也有人称其为“连结因素”（Anknuepfungsmoment，connecting factors，éléments de rattachement）、“连结事实”（Anknuepfungstatsache）或“连结基础”（Anknuepfungsgrund，connecting ground）等，它是法律适用规范中用来将某一生活关系（连结对象）与某一国家的法律连结起来的客观事实。比如，“侵权责任，适用侵权行为地法律”。其中，“侵权行为地”就是连结点。

（三）连结点的分类

1. 客观连结点和主观连结点

客观连结点（objective connecting point）是一些客观的事实存在，如国籍、住所、物之所在地、法院地等。主观连结点（subjectibe connecting point）则是一些抽象的概

---

[1] “范围”和“系属”的概念似乎是从法语中翻译而来，法国国际私法著作中一般将“连结对象”称为“la catégorie de rattachement”，如果直译的话也可译为“系属范围”。

[2] 《民法典》第842条与该条有基本相同的规定。

[3] 参见张继林、罗孝炳：《出口货物在外国陆运区段遭盗抢的责任认定》，载《人民司法（案例）》2016年第11期；顾全、牛晨光：《国际货物多式联运合同纠纷的法律适用》，载《人民司法》2021年第23期。

[4] 相关案例参见上海海事法院民事判决书，（2018）沪72民初929号；上海市高级人民法院民事判决书，（2018）沪民终405号。

念,需要当事人或法官通过主观判断才能确定,如“当事人意思自治”、“最密切联系地”“有利原则”等。

2. 静态连结点和动态连结点

客观连结点又可分为静态连结点和动态连结点。静态连结点就是固定不变的连结点,通常是指不动产所在地和行为的发生地,如婚姻举行地、侵权行为地、合同缔结地等。静态连结点都是唯一的,它们所指引的法律也非常明确,而动态的连结点是可变更的,如当事人的国籍、住所、居所、法人的主营业地等。这种动态的连结点会带来准据法的不稳定性问题,因此通常需要进行时间上的限制。[1] 例如,假如某一法律关系适用当事人的住所地法,但是,当事人前后可能会有好几个住所,此时就需要确定到底以何时的住所为准？因此,《涉外民事关系法律适用法》第 31 条规定:“法定继承,适用被继承人死亡时经常居所地法律。”这里的被继承人经常居所是不固定的,必须以当事人死亡时的经常居所为准。

3. 复数连结点

考虑到法律选择中多种价值的平衡,可以在一条法律适用规范中设立多个(复数)连结点(plural connecting point)。复数连结点包括重叠性(cumulative)连结点和选择性(alterlative)连结点。重叠性连结点是指在一条法律适用规范中设置两个或两个以上的连结点,几个连结点所指引的法律必须得到重叠适用。含有重叠性连结点的法律适用规范就是重叠适用的法律适用规范。选择性连结点就是在一个法律适用规范中设置两个或两个以上的连结点,当事人或法官可以选择适用其中一个连结点所指引的法律。包含有选择性连结点的法律适用规范就是选择适用的法律适用规范。

六、准据法

(一)概念

准据法(lex causae, applicable law)是指经过法律适用规范指引,用以确定涉外民事关系当事人之间权利和义务的特定国家和地区的实体规范。

由于法律适用规范是一种间接规范,不具体规定当事人的权利和义务,它只是指引应当适用的法律。因此,法律适用规范必须和准据法结合起来才能解决具体的案件。

准据法具有以下特征:

1. 准据法是国际私法上特有的概念,特指经过法律适用规范指引的实体法律规范。

---

[1] J. H. C. Morris, *The Time Factor in the Conflict of Laws*, 15 International and Comparative Law Quarterly 422 (1966).

2. 准据法是实体规范。准据法是直接用来调整当事人之间权利和义务的规范。法律适用规范所指引的法并不一定就是实体法，这必须要看各国国内法的具体规定。如果有的国家国内法接受反致，则法律适用规范指引的法律就包括该国的法律适用规范，此时必须要再根据该国法律适用规范的指引去确定最后的准据法（参见本书关于反致问题的论述）。

3. 准据法是指法律适用规范所指引的特定地域的法律，因此通常是指某个特定国家或地区的法律（state law）。一国加入的国际条约根据该国法律之规定转化或并入该国国内法之后，可以间接地成为准据法。例如，在“三井住友海上火灾保险株式会社诉中远海运集装箱运输有限公司国际多式联运合同纠纷案”[1]中，双方当事人对于涉案货物铁路运输区段的责任认定、责任承担方式等选择适用希腊法律达成一致，而希腊是《国际铁路运输公约》的成员国，《国际铁路货物运输合同统一规则》是《国际铁路运输公约》的附件 B。希腊在批准加入该公约时未作任何保留声明，公约在希腊优先于其国内法适用。尽管我国不是《国际铁路运输公约》缔约国，但我国法院仍然适用该公约解决了当事人之间的争议。

《海商法》第 268 条规定：“中华人民共和国缔结或者参加的国际条约同本法有不同规定的，适用国际条约的规定；但是，中华人民共和国声明保留的条款除外。”根据该条规定的字面含义，只有在准据法是我国法律，我国缔结或者参加的国际条约同我国的法律有不同规定的情况下，才适用《国际铁路运输公约》。[2]

《海商法》第 268 条第 2 款规定：“中华人民共和国法律和中华人民共和国缔结或者参加的国际条约没有规定的，可以适用国际惯例。”此时准据法仍然是我国法律，只有当我国法律没有具体规定时，才可以将国际惯例作为弥补我国法律漏洞的替补规则。国际惯例通常根据当事人的约定而适用。[3]

（二）准据法的表述方式

准据法通常是通过连结点来确定的，如住所、国籍、物之所在地、行为地等。在国际私法中，通常用一些约定俗成的拉丁文术语来表示各种准据法。例如，lex domicilii（住所地法），lex patriae（本国法），lex loci contractus（合同缔结地法），lex loci solutionis（合同履行地法），lex loci delicti（侵权行为地法），lex situs（物之所在地法），lex loci celebrationis（婚姻举行地法），lex loci actus（行为发生地法），lex monetae（货币地法）。我国学者常称之为“系属公式”。

---

[1] 上海市高级人民法院民事裁定书，(2018)沪民终 140 号。

[2] 国际条约的国内适用问题较为复杂，参见本书第一章有关论述。

[3] 东方置业房地产有限公司、安徽省外经建设（集团）有限公司信用证欺诈纠纷案，最高人民法院民事判决书，(2017)最高法民再 134 号。

(三)准据法的范围

1. 私法与公法

根据传统的观点,国际私法调整的是民事法律关系,因此依据国际私法所选择的准据法只包括私法,即民商事法律,而公法不属于准据法的范围。一国通常也不会主动适用外国的公法。这也被有些学者称为国际私法中的“公法禁忌”。[1]

根据权威的《戴西、莫里斯和柯林斯论冲突法》中的规则 3(1):“英国法院没有管辖权去受理一项其目的在于直接或间接地执行(enforcement)外国刑法、税法或其他公法的诉讼。”[2]该书认为,一个国家的法院不执行外国的刑法和税法是一项公认的普遍原则。根据 Keith 大法官在 Government of India v. Taylor 案中的观点,执行外国公法上的请求是对外国主权的扩张,是一个国家在另一个国家领域内主张主权权力,因此是违反主权原则的。[3]

根据上述规则,外国的刑法、税法和其他公法被禁止在英国法院执行。至于一项外国法律是否属于刑法、税法或公法,应当根据英国法律来判断,而不能仅仅依据该外国对法律做出的分类。例如在 Ortiz 案中,丹宁法官也认为对外国公法不予执行,但对于什么是“其他公法”,他认为,应当从国际法上对行为的分类入手。他认为,公法一方面就是国家主权机关实施的行为,另一方面还包括那些因国家主权机关实施行为而发生效力的行为。[4]

同样,也不能仅仅依据诉讼的性质(民事诉讼或刑事诉讼)来进行判断。也就是说,一项外国法律即使不属于外国刑法典的一部分,或者是在民事诉讼中所援用的一项外国法律,但都有可能被认为是刑法、税法或公法。同理,一项包含有刑事制裁条款的法律,并非其所有的其他条款都是刑事法律条款。比如在 Schemmer v. Property Resources Ltd. 案中,英国法院拒绝承认根据美国 1934 年《证券交易法》指

---

[1] Philip J. McConnaughay, *Reviving the "Public Law Taboo" in International Conflict of Laws*, 35 Stanford Journal of International Law 255 (1999).

[2] Lawrence Collins ed., *Dicey, Morris and Collins on The Conflict of Laws*, 14th edition, Vol. 1, Thomson Sweet & Maxwell, 2006, rule 3(1), para. 5-020ff;Dicey 规则 3(1)中所提到的“其他公法”来源于 Keith 所修订的该书第 4 版(1927 年),其中的规则 54(第 224 页)提到“政治性法律”(political law),并援引 Emperor of Austria v. Day and Kossuth 案指出政治性法律不应得到执行。在该书第 7 版中“政治性法律”的概念才被“其他公法”代替;参见 J. H. C. Morris et al., *Dicey and Morris on the Conflict of Laws*, 7th ed., London, Stevens, 1958, p. 159;修改的主要原因在于 F. A. Mann 博士以及 Parker 法官等人对“政治性法律”的概念提出批判,参见 F. A. Mann in *Prerogative Rights of Foreign States and the Conflict of Laws*, 40 Tr. Gro. Soc. 25 (1955), reprinted in F. A. Mann, *Studies in International Law*, Oxford, Clarendon Press, 1973, p. 500;Regazzoni v. K. C. Sethia (1944) *Ltd.* [1956] 2 QB 490, at 524。

[3] [1955] A. C. 491, 511. cf. Att-Gen of New Zealand v. Ortiz [1984] A. C. 1 (CA), at p. 20-21, per Lord Denning M. R., at p. 32, per Ackner L. J.

[4] Attorney-General of New Zealand v. Ortiz and Others, [1984] A. C, 20-21.

定的一位财产接受人的权利。英国法院认为美国《证券交易法》是一项刑事法律。但实际上美国《证券交易法》虽然规定有刑事制裁措施,但根据该法任命财产接受人是为了保护和挽回公司财产而规定的,所以与刑事制裁措施无关。[1]

现在很多国家的立法都不是严格按照公法和私法的界限来制订的。比如我国《证券法》《保险法》等多部法律都综合了民事、行政和刑事规范。因此,在个案中应当根据所涉及的外国法律中的具体条款来确定其性质,而不是以该部法律的名称来决定。[2]

近年来,随着国际交往的发展,许多学者甚至主张,不能再先验地将公法排除在本国法院的适用范围之外,[3]应将公法包括在准据法之内。国际法学会 1975 年威斯巴登年会决议明确指出:"法律适用规范所指引的外国法律规范的公法性质不影响该规范的适用,但根据公共秩序所做的根本性保留除外……在某些国家的司法判决和法律文献中存在的所谓的外国公法不予适用的先验原则是建立在没有说服力的理论和实践基础之上的……"[4] 1987 年瑞士《国际私法》第 13 条也规定:"本法对外国法的指定,包括所有依该外国法适用于该案件的法律规定。不得仅以该外国法律规定被认为具有公法性质而排除其适用。"至于外国的哪些公法能够被内国法院予以适用,各国理论和实践还存在分歧。

2. 实体法与程序法

各国法律都包括实体法和程序法两类。实体法是规定法律主体的实体权利和义务的法律,如我国的《民法典》《公司法》《海商法》等。而程序法主要是规定各种纠纷解决程序的规则,如我国的《民事诉讼法》《海事诉讼特别程序法》《仲裁法》《人民调解法》等。

在涉外民事纠纷的解决过程中,法院或仲裁庭都要区分实体问题和程序问题。这种区分的意义在于:实体问题有可能适用法院地实体法,也有可能适用外国的实体法;而程序问题只能适用法院地程序法。

诉讼程序问题适用法院地法律(lex fori processualis),这已经成为各国公认的一项基本法律原则。各国国内立法、司法判例以及许多国际公约都肯定了这一原则。[5] 美国《第二次冲突法重述》第 122 条规定:"诉讼程序规则,通常由法院地州

---

[1] Schemmer v. Property Resources Ltd. [1975] Ch 273.

[2] Huntington v. Attrill [1893] AC 150, at 155; Att-Gen of New Zealand v. Ortiz [1984] AC 1, at 32, per Ackner LJ.

[3] F. Vischer, Generel Course on PIL, in: *Recueil des Cours*, 1992 I, p. 150.

[4] Institut de Droit International, Session de Wiesbaden 1975, L'application du droit etranger (Vingtieme Commission: Pirre Lalive, Rapporteur), at http://www.idi-iil.org/idiE/resolutionsE/1975_wies_04_en.pdf.

[5] 李浩培:《国际民事程序法概论》,法律出版社 1996 年版,第 16 页以下。

的本地法确定，即使法院对于案件中其他争议适用另一州法律。”意大利《国际私法》第12条亦规定：“在意大利进行的民事诉讼，适用意大利的诉讼法。”美洲国家组织《布斯塔曼特法典》第314条亦规定：“各缔约国法院的管辖和组织，依其法律决定。诉讼程序、执行判决的方式以及对于判决的上诉，亦同。”

我国《民事诉讼法》第266条规定：“在中华人民共和国领域内进行涉外民事诉讼，适用本编规定。本编没有规定的，适用本法其他有关规定。”

涉外民事诉讼程序为什么要像国内诉讼程序一样，适用法院地法律？对于该问题，不同时代、不同国家的不同学者都进行了解释。[1] 归纳起来，我们认为有以下理由：

(1)诉讼程序法具有公法的性质，是国家主权的体现，因此对于任何诉讼，一国法院都要适用自己国家和地区的程序法，而不得适用外国的程序法。

(2)诉讼程序适用法院地法最为方便。法官对本地诉讼程序规范最为熟悉。如果要求本国法官了解各个国家的诉讼程序规则，实在过于苛刻，也没有可能。

(3)诉讼程序如果适用外国法律，无法确定到底应当适用哪一外国法律。诉讼程序开始时，案件尚未进行实体审理，实体问题的准据法尚未确定，但程序问题早已开始，因此程序事项不可能适用实体问题准据法。

归根结底诉讼程序适用法院地法已经得到各国普遍承认，且在国际私法和国际民事诉讼法中已经成为一项毫无疑义的基本法律原则。[2]

与诉讼类似，仲裁中的程序问题一般也适用仲裁地法律。[3]

七、几种重要的连结点

(一)国籍

国籍(Nationality)是指一个人作为特定国家的成员而隶属于这个国家的一种法律上的身份。国籍问题一般由各国的国内法规定，各国都有自己的国籍法。1923年，常设国际法院在突尼斯和摩洛哥国籍法令案[4]中指出：“按国际法的目前状况

[1] Janeen M. Carruthers, *Substance and Procedurein the Conflict of Laws: A Continuing Debate in Relation to Damages*, 53 International & Comparative Law Quarterly 691 (2004).

[2] 最高人民法院在一系列公报案例中也确立了该原则，参见德国亚欧交流有限责任公司与绥芬河市青云经贸有限公司合作协议纠纷案，载《最高人民法院公报》2007年第6期；中国恒基伟业集团有限公司、北京北大青鸟有限责任公司与广晟投资发展有限公司、香港青鸟科技发展有限公司借款担保合同纠纷案，载《最高人民法院公报》2008年第1期；林某恩与李某山等损害公司利益纠纷案，载《最高人民法院公报》2014年第11期；黄某明、苏某弟与周大福代理人有限公司、亨满发展有限公司以及宝宜发展有限公司合同纠纷案，载《最高人民法院公报》2016年第7期。

[3] 参见黄某明、苏某弟与周大福代理人有限公司、亨满发展有限公司以及宝宜发展有限公司合同纠纷案，最高人民法院民事判决书，(2015)民四终字第9号。

[4] The Nationality Decrees in Tunis and Morocco Case (1932).

来看,国籍问题……原则上属被保留的领地之内的问题”。[1] 这一原则得到1930年《关于国籍法冲突的若干问题的公约》第2条的确认:“关于某人是否具有某一特定国家国籍的问题,应依照该国的法律予以断定。”[2] 1997年《欧洲国籍公约》也认可了这个原则。[3] 我国《国籍法》第1条也规定:“中华人民共和国国籍的取得、丧失和恢复,都适用本法。”

虽然一国有权决定谁是国民,但这一权利并不是绝对的。1930年《关于国籍法冲突的若干问题的公约》第1条在表示“应由每个国家按照本国法律自行决定谁是其国民”的同时,还载列了一项但书:“这项法律应得到其他国家的承认,但须符合有关国籍的国际公约、国际习惯和普遍公认的法律原则。”[4] 目前的公约,尤其是人权领域的公约,规定各国在给予国籍时应遵守国际标准。例如《消除对妇女一切形式歧视公约》第9条第1款规定:“缔约各国应给予妇女与男子有取得、改变或保留国籍的同等权利。缔约各国应特别保证,与外国人结婚或于婚姻存续期间丈夫改变国籍均不当然改变妻子的国籍,使她成为无国籍人,或把丈夫的国籍强加于她。”[5]

在我国,一般在国际公法课程中介绍国籍法的内容。[6] 在国际私法上,我们主要探讨国籍作为国际私法上的连结点以及由此带来的国籍冲突问题。在大陆法系国家,国籍是一个重要的连结点,它主要用来确定当事人的诉讼地位和属人法等。[7]

1954年联合国《关于无国籍人地位的公约》[8] 第1条规定,无国籍人是指“任何国家根据它的法律不认为是它的国民的人”。该公约第12条规定:“一、无国籍人的个人身份,应受其住所地国家的法律支配,如无住所,则受其居住地国家的法律支配。二、无国籍人以前由于个人身份而取得的权利,特别是关于婚姻的权利,应受到缔约国的尊重,如必要时应遵守该国法律所要求的仪式,但以如果他不是无国籍人该有关的权利亦被该国法律承认者为限。”

(二)住所与经常居所

住所(Wohnsitz, domicilium, domicile)是一个人的法定居住地,是一个人生活和从事民事活动的主要场所。

---

[1] 《常设国际法院案例汇编》,B辑,第4号,1923年,第24页。

[2] 《国际联盟条约汇编》,第179卷,第89页。

[3] 《联合国条约汇编》,第2135卷,第213页,第3条。

[4] 另见1997年《欧洲国籍公约》第3条第2款。

[5] 另见《美洲人权公约》第20条,《联合国条约汇编》,第1144卷,第123页;《消除一切形式种族歧视国际公约》第5条(d)款3项,《联合国条约汇编》,第660卷,第195页;《已婚妇女国籍公约》第1条。

[6] 参见王铁崖主编:《国际法》,法律出版社1995年版,第167-176页。

[7] 陈某2等法定继承纠纷案,北京市第一中级人民法院民事判决书,(2020)京01民终5268号。

[8] 1954年9月28日通过,1960年6月6日生效,该公约在中国仅适用于香港特别行政区。

对于住所的设定,各国法律规定各不相同。早期各国对住所采用形式标准,即以家庭生活、生产的中心和财产的集中地为住所。形式标准不适应现代国际交往社会的需要,故近代各国普遍采用实质标准,即强调住所与本人的实质联系。实质标准又有主观主义和客观主义之分。客观主义认为只要客观上作为生活中心之场所就可成为住所;主观主义则要强调人的意思表示,即以该地为住所的愿望。法国、日本、韩国民法典采用客观主义;而德国、瑞士、土耳其、泰国、英国采用主观主义。我国台湾地区"民法"第 20 条第 1 款规定:以久住之意思,住于一定地域者,即为设定其住所于该地。有的国家和地区规定,一个人只能有一个住所,如瑞士、泰国、英国、我国台湾地区等;有的国家和地区允许一个人有两个以上住所,如德国、韩国、日本。[1] 英美法系国家,由于将住所作为当事人属人法的连结点,因此对住所的认定尤为重视,并在法律上发展出了一套严密的住所制度。[2]

在我国国际私法中,住所作为一个连结点,它指引的是住所地法(lex domicilii)。随着《涉外民事关系法律适用法》的颁布,住所越来越多地被经常居所代替,用来确定当事人的属人法。例如,该法第 11 条规定:"自然人的民事权利能力,适用经常居所地法律";第 12 条第 1 款规定:"自然人的民事行为能力,适用经常居所地法律"。

经常居所不像国籍或住所那样有一个明确的判断标准,因此采用经常居所作为连结点会给实践带来一些困扰。[3]

我国现行法律法规中同时采用了"经常居住地"和"经常居所"这两个概念。但根据我国现行法律的规定,这两个概念的含义有很大区别。我国最早在《户口登记条例》[4] 中采用"经常居住地"概念。该条例第 6 条规定:"公民应当在经常居住的地方登记为常住人口,一个公民只能在一个地方登记为常住人口。"根据 2015 年国务院颁布的《居住证暂行条例》第 2 条,公民离开常住户口所在地,到其他城市居住半年以上,符合有合法稳定就业、合法稳定住所、连续就读条件之一的,可以依照本条例的规定申领居住证;该条例第 3 条规定,居住证是持证人在居住地居住、作为常住人口享受基本公共服务和便利、申请登记常住户口的证明。根据上述规定,经常居住地是指公民离开常住户口所在地,到其他城市居住半年以上,符合有合法稳定就业、合法稳定住所、连续就读条件之一的地点。

我国《民事诉讼法》第 22 条和第 23 条中也使用了"经常居住地"的概念。《民诉法司法解释》第 4 条规定:"公民的经常居住地是指公民离开住所地至起诉时已连

---

[1] 参见史尚宽、张谷校:《民法总论》,中国政法大学出版社 2000 年版,第 131 页以下。

[2] Lawrence Collins ed., *Dicey, Morris and Collins on the Conflict of Laws*, 14th edition, Vol. 1, Thomson Sweet & Maxwell, 2006, p. 122.

[3] 参见郭某闵、李某珍与青岛昌隆文具有限公司股东资格确认纠纷上诉案,山东省高级人民法院民事判决书,(2016)鲁民终 2270 号。

[4] 1958 年 1 月 9 日通过并施行,现行有效。

续居住一年以上的地方，但公民住院就医的地方除外。"这一解释与最高人民法院1988年发布的《民法意见》（已失效）第9条中对"经常居住地"的解释保持一致，但与《户口登记条例》中对"经常居住地"的解释明显不同。

经常居所的概念主要规定在《民法典》和《涉外民事关系法律适用法》之中。《民法典》第25条规定："自然人以户籍登记或者其他有效身份登记记载的居所为住所；经常居所与住所不一致的，经常居所视为住所。"至于如何判断经常居所，最高人民法院《法律适用法解释一》（2020年修正）第13条规定："自然人在涉外民事关系产生或者变更、终止时已经连续居住一年以上且作为其生活中心的地方，人民法院可以认定为涉外民事关系法律适用法规定的自然人的经常居所地，但就医、劳务派遣、公务等情形除外。"

我国知识产权法中也交替使用了"经常居所"和"经常居住地"这两个概念，主要是为了实施知识产权领域相关国际公约的需要。但是有些法律法规中使用了"经常居所"，〔1〕有些法律法规则使用"经常居住地"。〔2〕相关法规中对这两个概念并没有解释。考虑到相关知识产权国际公约中所使用的都是habitual residence这一概念，中文中的概念分歧主要是翻译的差异，因此在我国知识产权法律法规中"经常居所"和"经常居住地"应当被作为相同概念使用。

还需要指出的是，应当把民事法律中的经常居所与税法中的类似概念相区分。《个人所得税法实施条例》〔3〕第2条规定："个人所得税法所称在中国境内有住所，是指因户籍、家庭、经济利益关系而在中国境内习惯性居住；所称从中国境内和境外取得的所得，分别是指来源于中国境内的所得和来源于中国境外的所得。"国家税务总局发布的《征收个人所得税若干问题的规定》〔4〕进一步规定："在中国境内有住所的个人，是指因户籍，家庭，经济利益关系而在中国境内习惯性居住的个人。所谓习惯性居住，是判定纳税义务人是居民或非居民的一个法律意义上的标准，不是指实际居住或在某一个特定时期内的居住地。如因学习、工作、探亲、旅游等而在中国境外居住的，在其原因消除之后，必须回到中国境内居住的个人，则中国即为该纳税人习惯性居住地。"

（三）行为地

行为地（locus actus，Handlungsort）是指法律行为发生的地方。它所指引的准据法就是行为地法（lex loci actus）。《涉外民事关系法律适用法》第12条第2款规定：

---

〔1〕参见《种子法》第24条、《实施国际著作权条约的规定》第4条、《专利法》第17条、《商标法实施条例》第5条、《集成电路布图设计保护条例实施细则》第4条等。

〔2〕参见《著作权法》第2条，《计算机软件保护条例》第5条。

〔3〕1994年1月28日中华人民共和国国务院令第142号发布，根据2011年7月19日《国务院关于修改〈中华人民共和国个人所得税法实施条例〉的决定》第三次修订。

〔4〕国税发〔1994〕089号，1994年1月1日起施行，2016年修正。

“自然人从事民事活动，依照经常居所地法律为无民事行为能力，依照行为地法律为有民事行为能力的，适用行为地法律。”第16条规定：“代理适用代理行为地法律。”行为地来源于中世纪法则区别学者提出的“场所支配行为”（locus regit actus）这一法律谚语。行为地大多用来确定法律行为的形式有效性问题的准据法。由于法律行为的多样性，行为地又派生出多种连结点。

1. 合同缔结地，一般用来确定合同的成立、合同的形式效力和实质效力等问题的准据法，即合同缔结地法（lex luci contractus）。

2. 合同履行地（locus solutionis），一般用来确定合同履行问题的准据法，即合同履行地法（lex loci lolutionis）。

3. 婚姻缔结地，一般用来确定婚姻有效性的准据法，即婚姻缔结地法（lex loci celebrationis）。

4. 侵权行为地，一般用来确定侵权行为之债的准据法，即侵权行为地法（lex loci delicti）。

除此之外，我国法律中还采用了付款地、出票地、理算地、无因管理行为地、不当得利行为地等连结点。

（四）物之所在地

物之所在地是指民事关系的客体物所在的地点。它通常被用来指引物权的准据法，即物之所在地法（lex rei sitae），它尤其适用于不动产物权。我国《涉外民事关系法律适用法》第36条规定：“不动产物权，适用不动产所在地法律。”第31条规定：“不动产法定继承，适用不动产所在地法律。”

（五）法院地

法院地是指审理案件的法院所在地，法院地法（lex fori）则是法院地所在国家的法律，通常被用来作为涉外民事诉讼程序问题的准据法。[1] 法院地法也经常被用来解决实体问题，比如对案件的定性（《涉外民事关系法律适用法》第8条）、诉讼离婚（《涉外民事关系法律适用法》第27条）等。外国法无法查明时，通常也以法院地法代替（《涉外民事关系法律适用法》第10条）。在英美普通法国家，法院地法具有更重要的意义。普通法国家法院更关注管辖权问题，只要法院有管辖权，通常就直接适用法院地实体法，即使案件本来应该适用外国法，外国法也被推定为与英格兰法律相同，除非当事人有相反证据。[2] 美国一些学者甚至将法院地法原则视为冲

---

〔1〕 Konstantinos D. Kerameus, *Scope of Application of the Lex Fori*, 264 Recueil des cours 376 (1997).

〔2〕 Lawrence Collins ed., *Dicey, Morris and Collins on the Conflict of Laws*, 14th edition, Vol. 1, Thomson Sweet & Maxwell, 2006, p. 255.

突法的首要原则。[1]

八、法律选择的灵活性与法律适用规范的软化

传统的国际私法理论建立在欧洲大陆的理性逻辑思维基础之上，其注重法律的明确性，主张法律适用规范的客观性和准据法的确定性。20 世纪 60 年代兴起的美国“冲突法革命”则对传统的冲突法理论展开了批评，认为传统的法律适用规范是“僵固的”“机械的”“呆板的”，不能实现个案的公正。因此，他们甚至主张“抛弃”法律适用规范。[2] 几十年来的发展证明，美国现代冲突法“革命”中的偏激派主张固然不可取，但传统的法律适用规范确实有值得改进的一面。从晚近英美地区及欧洲大陆各国法规来看，上述两种价值取向逐渐走向调和，当代国际私法正向兼顾法律的“确定性”和“灵活性”方向发展，传统的法律适用规范也被软化处理。

（一）最密切联系原则

最密切联系原则自从在美国《第二次冲突法重述》中被首次采用以来，已经被世界上大多数国家法规所接受。但各国对该原则接受的方法和程度均不相同。在晚近各国国际私法改革中，有的国家仿照奥地利国际私法法规，将最密切联系原则作为一项指导法律选择的基本原则，如列支敦士登和白俄罗斯共和国。而大多数国家均是将最密切联系原则作为与其他客观性连结因素并存的补充性连结点，以增加法律选择上的灵活性。这主要体现在国际合同领域，在这一领域，最密切联系原则与意思自治原则相结合形成的“合同自体法理论”（proper law）已为许多国家接受，如罗马尼亚 1992 年法规第 73 条和第 77 条、澳大利亚 1992 年法规草案第 9 条、加拿大魁北克 1994 年法规第 3111-1113 条以及白俄罗斯《民法典》第 1124-1125 条等。

我国《涉外民事关系法律适用法》第 2 条第 2 款将最密切联系原则作为“兜底条款”：“本法和其他法律对涉外民事关系法律适用没有规定的，适用与该涉外民事关系有最密切联系的法律。”在第 41 条中，又将该原则作为确定合同准据法的一项基本原则。

（二）当事人意思自治原则

当事人意思自治原则早在萨维尼之前便被应用在合同领域，并成为合同法律适用上的主要原则。[3] 但从晚近各国立法来看，这一原则的适用已超出国际合同法领域，逐渐向婚姻家庭、继承、侵权及国际民事管辖权领域拓展。在婚姻家庭领域，

---

〔1〕 Albert A. Ehrenzweig, *The Lex Fori-Basic Rule in the Conflict of Laws*, 58 Michigan Law Review 637 (1960).

〔2〕 C Morris, *The Conflict of Laws*, 2nd edition, London, Stevens, 1980, p. 511; Currie, *Selected Essays on the Conflict of Laws*, Duke University Press, 1963, p. 133.

〔3〕 参见韩德培主编：《国法私法新论》，武汉大学出版社 2003 年版，第 293-296 页。

2016年欧盟《关于加强婚姻财产制事项的管辖权、法律适用以及判决的承认与执行的第1103号条例》第22条允许当事人协议选择准据法。在继承领域,很多国家均允许被继承人选择其遗产继承的准据法。[1] 在侵权领域,大多数国家新的法规中均允许产品责任的受害者选择所适用的法律,尽管这种选择受到一定限制。如德国《民法典施行法》第42条规定,非合同债务关系据以产生的事件发生后,当事人可以选择应适用的法律。在国际民事诉讼中允许当事人协议选择管辖法院更是为各国法规所普遍接受。

我国《涉外民事关系法律适用法》第3条将当事人意思自治原则作为一项基本原则:"当事人依照法律规定可以明示选择涉外民事关系适用的法律。"但需要说明的是,并非所有涉外民事关系当事人都可以协议选择适用的法律。《涉外民事关系法律适用法》只允许在委托代理(第16条)、信托(第17条)、仲裁协议(第18条)、夫妻财产关系(第24条)、协议离婚(第26条)、动产物权(第37条)、合同(第41条)、侵权责任(第44条)、不当得利和无因管理(第47条)以及知识产权(第49-50条)领域允许当事人选择准据法。最高人民法院《法律适用法解释一》第4条规定:"中华人民共和国法律没有明确规定当事人可以选择涉外民事关系适用的法律,当事人选择适用法律的,人民法院应认定该选择无效。"这意味着,《涉外民事关系法律适用法》其他条文中所涉及的法律关系不允许当事人选择法律。[2]

(三)有利原则

上文所介绍的复数连结点实际上也体现了当今国际私法上一个越来越重要的原则,即"有利原则"(favor principle)。[3] 在法律行为的形式要件方面设定多个连结点以利于法律行为的有效,"有利生效"(favor Validitatis)原则正是"有利原则"的一种表现。有利原则还有其他各种表现,如"有利于婚姻"(favor matrimonii)、"有利于准正"(favor legitimitatis)、"有利于交易"(favor negotii)、"有利于遗嘱"(favor testamenti)、"有利于离婚"(favor divortii)、"有利于受害者"(favor laesi)、"有利于儿童"(favor infantis)、"有利于承认"(favor recognitionis),等等。"有利原则"是受美国学者柯里的"利益分析"理论的影响而逐渐发展出来的一项原则,它放弃了"利益分析"理论中过于偏激的成分,将其与法律适用规范进行"嫁接",实际上是"利益分析"理论的具体化。比如在婚姻家庭领域,采用"有利于儿童"便是为了维护子女的利益。[4]

---

[1] 比如欧盟2012年《关于继承管辖权、法律适用和判决承认与执行的第650号条例》第22条。

[2] 参见深圳市建达建筑工程有限公司与金亿利(东莞)房地产开发有限公司建设工程施工合同纠纷上诉案,广东省东莞市中级人民法院民事判决书,(2016)粤19民终7645号。

[3] 参见徐冬根:《论国际私法的形式正义与实质正义》,载《华东政法大学学报》2006年第1期。

[4] 参见胡某、于某继承纠纷案,广东省珠海市中级人民法院民事判决书,(2019)粤04民终878号。

"有利原则"在各国法律中有不同表现形式,一般可归为以下几种:一是在法律适用规范中增加连结点的数量,从而使需要得到适用的法律尽可能被适用。例如《涉外民事关系法律适用法》第32条规定:"遗嘱方式,符合遗嘱人立遗嘱时或者死亡时经常居所地法律、国籍国法律或者遗嘱行为地法律的,遗嘱均为成立。"二是规定适用需要保护的一方的属人法。比如《涉外民事关系法律适用法》第29条规定:"扶养,适用一方当事人经常居所地法律、国籍国法律或者主要财产所在地法律中有利于保护被扶养人权益的法律。"《涉外民事关系法律适用法》第30条规定:"监护,适用一方当事人经常居所地法律或者国籍国法律中有利于保护被监护人权益的法律。"三是允许弱方当事人选择对其有利的法律。例如《涉外民事关系法律适用法》第42条规定:"消费者合同,适用消费者经常居所地法律;消费者选择适用商品、服务提供地法律或者经营者在消费者经常居所地没有从事相关经营活动的,适用商品、服务提供地法律。"

九、法律适用规范的强制性和任意性

(一)法律适用规范的强制性

任何国家的法律都可以分为两类:强制性法律和任意性法律。强制性法律是指法院在审理案件时必须绝对适用的法律规范,当事人不能通过彼此的协议予以排除其适用。而任意性法律是指不具有强制性,在法院审理案件时,可以由当事人排除其适用的规范。一般来说,法律适用规范具有强制性,法院在审理涉外民事纠纷时,必须先适用本国的法律适用规范来确定案件应当根据哪国法律审判。外国的法律适用规范通常不会被内国法院采用,[1]这一点得到大多数国家的承认,而且在很多国家都是一条不言而喻的法律信条。[2] 我国原《民法通则》第142条第1款规定:"涉外民事关系的法律适用,依照本章的规定确定。"最高人民法院原《民通意见》第178条第2款规定:"人民法院在审理涉外民事关系的案件时,应当按照民法通则第八章的规定来确定应适用的实体法。"《涉外民事关系法律适用法》第2条第1款也规定:"涉外民事关系适用的法律,依照本法确定。"由此可见,我国法律也是把我国《涉外民事关系法律适用法》中的规范视为强制性法律规范,是法院在审理案件时"应当"适用的规范。

(二)任意性法律选择理论

20世纪70年代以后,某些大陆法系国家受英美法影响,出现了"任意性法律选

---

[1] 在反致问题和先决问题中有例外情形,参见本书相关论述。

[2] 但是在国际商事仲裁中,是否必须优先适用仲裁庭所在地的冲突规范,则有争议。See Th. M. De Boer, *Choice of Law in Arbitration Proceedings*, 375 Collected Courses of the Hague Academy of International Law 53 (2015).

择”理论(facultative choice of law)。所谓“任意性法律选择”或“任意性冲突法”(Fakultatives Kollisionsrecht)理论,是指将国际私法中的法律适用问题与当事人意思自治结合起来,只有当事人要求依照国际私法规范指引适用外国法律并且能够像对待事实问题一样证明该外国法律时,法官才会适用国际私法。否则,法院根本不会考虑国际私法并一律依照法院地法裁判案件。[1]与这种理论相对立的观点则认为,法官应当依照职权主动适用国际私法来决定准据法的选择。[2]

“任意性法律选择”理论实际上涉及的是一个民事诉讼程序法上的问题,即国际私法和外国法律在本国诉讼法上的地位,应当将其作为法律还是作为事实来看待?[3]

任意性法律选择理论在法国得到法院判例的支持。1959 年,法国最高法院在彼斯巴尔(Bisbal)案件中认为,法国的国际私法规范不属于保护公共利益的强制性规范,如果当事人没有要求适用外国法,法国法院也没有义务主动适用国际私法规范从而适用外国的实体法。[4] 到了 1990 年和 1991 年最高法院再次支持了该观点,即下级法院没有义务主动适用国际私法。[5]这样,“任意性法律适用”理论在法国再次得到确立。受英美国际私法理论和法国司法实践的影响,从 20 世纪 70 年代起,其他一些大陆法系国家学者开始主张接受“任意性冲突法”理论,[6]主张法院在审理案件时,如果当事人不主动提出的话,就应当适用法院地法律。斯堪的纳维亚国家的司法实践也倾向于这种做法。[7]

---

[1] Flessner, Fakultatives Kollisionsrecht, Rabels Zeitschrift fuer auslaendisches und internationales Privatrecht 34 (1970), S. 547ff, S. 567.

[2] Dörthe Koerner, Fakultatives Kollisionsrecht um Frankreich und Deutschland, 1995, S. 1.

[3] De Boer, *Facultative Choice of Law the Procedural Status of Choice-of-Law Rules and Foreign Law*, 257 Collected Courses of the Hague Academy of International Law 227 (1996).

[4] Cass. Civ. 12. 5. 1959-Bisbal.

[5] Cour de Cassation 4. 12. 1990, Clunet, 1991, p. 371; Cour de Cassation 10. 12. 1991, Revue critique, 1992, p. 316.

[6] Flessner, Fakultatives Kollisionsrecht, Rabels Zeitschrift fuer auslaendisches und internationales Privatrecht 34 (1970), S. 547ff; Müller - Graff, Peter - Christian, Fakultatives Kollisionsrecht im internationalen Wettbewerbsrecht? Rabels Zeitschrift fuer auslaendisches und internationales Privatrecht48 (1984), S. 289ff; Simitis, Über die Entscheidungsfindung im internationalen Privatrecht, StAZ1976, 6-15; Sturm, Fakultatives Kollisionsrecht: Notwendigkeit und Grenzen, FS Zweigert (1981) 329-351; Zweigert, Zur Armut des IPR an Sozialen Werten, Rabels Zeitschrift fuer auslaendisches und internationales Privatrecht 37 (1973), S. 435ff; Raape/Sturm, IPR, 6 Aufl., S. 306ff; Gerhard Wagner, Fakultatives Kollisionsrecht und prozessuale Parteiautonomie, ZEuP 1999, S. 6ff.

[7] Flessner, Fakultatives Kollisionsrecht, Rabels Zeitschrift fuer auslaendisches und internationales Privatrecht 34 (1970), S. 548.

"任意性冲突法"理论在大陆法系国家遭到多数学者的批判。[1] 在德国等传统大陆法系国家占主导地位的意见是,应当继续保持目前的法律传统,即法官依照职权强制适用冲突法,而不取决于当事人的选择,德国联邦最高法院的判决也一再肯定了这一点。[2] 奥地利 1978 年国际私法立法更加明确地排除了"任意性法律选择"的可能。[3] 该法第 3 条规定,如果准据法为外国法,则应当由法官依职权并在该法本来的适用范围内予以适用。同时该法第 2 条规定,对于应当选择适用哪一国家法律具有决定性意义的事实和法律要件,也由法官依职权决定(法律允许当事人协议选择准据法的情况除外)。

(三)我国的立法和实践

如上文所述,我国现行立法把我国的法律适用法视为强制性法律规范,法院在审理案件时"应当"予以适用。最高人民法院也多次要求各级法院在审理涉外民商事案件时,必须按照我国冲突法来确定案件的准据法。例如,在最高人民法院关于印发《全国沿海地区涉外涉港澳经济审判工作座谈会纪要》的通知中要求:"审理涉外、涉港澳经济纠纷案件,必须按照民法通则、民事诉讼法和涉外经济合同法的规定,正确地解决法律适用问题。"

然而,我国法院在许多涉外案件的审判中,有意无意之中采用了类似于"任意性法律选择"的做法,即只要当事人不主动提出适用外国法律,就自然地依照我国民事实体法进行审判。比如在湖北省高级人民法院二审、最高人民法院再审审理的"饭野海运公司与苏豪国际集团股份有限公司海上货物运输合同无单放货纠纷案"[4]中,一审和二审法院均在没有说明理由的情况下直接适用中国法律进行审判,而最高人民法院再审中认为,一审、二审中,当事人对于适用中国法律均未提出异议,因此法院可以直接适用中国法。

在某些案件中,我国法院甚至在当事人已经事先在合同中约定了外国法的情况下,也以当事人在庭审中未提出适用外国法律为由而直接适用我国法律。在"河北圣仑进出口股份有限公司与津川国际客货航运有限公司、津川国际客货航运(天津)

〔1〕 Neuhaus, Neue Wege im europäischen IPR, Rabels Zeitschrift fuer auslaendisches und internationales Privatrecht 1971, S. 401ff; ders: Die Grundbegriff des IPR (1976), S. 65ff; Dölle, IPR (1972), S. 100; Firsching, Einführung in das IPR (1974), S. 14; Ferid, IPR (1975), S. 207; Kegel, IPR, 4 Aufl. (1977), S. 227ff; Kegel/Schurig, IPR (2000), S. 437, 439; Schurig, Kollisionsnormen und Sachrecht, S. 349. etc.

〔2〕 BGH 7. 4. 1993, NJW 1993, 2305, 2306; BGH 6. 3. 1995, NJW 1995, 2097; BGH21. 9. 1995, NJW 1996, 54.

〔3〕 Günther Beitzke, Neues Österreichesches Kollisionsrecht, Rabels Zeitschrift fuer auslaendisches und internationales Privatrecht 43(1979), S. 249.

〔4〕 湖北省高级人民法院民事判决书,(1997)鄂经终字第 294 号;最高人民法院民事判决书,(2000)交提字第 7 号。

有限公司无正本提单放货纠纷案”[1]中,提单背面有管辖和法律适用条款,其中规定:“因提单引起的争议应在韩国解决或根据承运人的选择在卸货港解决并适用英国法。任何其他国家的法院均无权管辖。”但是,在诉讼中,“原、被告双方当事人均未曾向本院提出过适用法院地以外的法律的主张,也未向本院提交过相应的法律规定”,因此,法院最后适用了中华人民共和国法律对案件进行了审理。上述做法不符合我国法律的规定。

第二节 定 性

一、定性的概念

根据《民事诉讼法》第 122 条的规定,当事人要通过民事诉讼解决纠纷,必须要有明确的诉讼请求。法院的审判程序,必须围绕着当事人的诉讼请求而展开,并针对当事人的诉讼请求而作出判决。最高人民法院 2007 年发布的《民事案件案由规定》(2020 年修正)[2]规定:“民事案件案由应当依据当事人诉争的民事法律关系的性质来确定。”

在民事诉讼中确定诉讼请求(案由)的过程被称为识别(Qualifikation),[3]英美法中通常称之为定性(characterisation)[4]或分类(classification)。[5]《涉外民事关系法律适用法》采用“定性”这一用语,而我国国际私法理论界更倾向于采用“识别”这一大陆法系的术语。本书将二者作为同义词使用,但为了与《涉外民事关系法律适用法》保持一致,统一使用“定性”这一用语。

定性具有重要的意义。诉讼标的或诉讼请求是法院审理和判决案件的对象,也就是定性的对象。[6] 所有的诉讼程序都必须围绕着当事人的诉讼请求来进行,不能超出其范围。诉讼请求或诉讼标的也是判定当事人的起诉是否属于重诉的依据。对于同一诉讼标的的案件,当事人不得两次起诉。

定性对涉外民事诉讼同样具有重要意义。首先,涉外民事诉讼中,我国法院必

---

[1] 天津海事法院民事判决书,(2002)海商初字第 144 号。

[2] 《最高人民法院关于印发修改后的〈民事案件案由规定〉的通知》(法〔2020〕347 号)。

[3] Rabel, Das Problem der Qualifikation, Rabels Zeitschrift fuer auslaendisches und internationales Privatrecht 5 (1931), 241.

[4] Falconbridge, *Characterization in the Conflict of Laws*, 53 Law Quarterly Review 235 (1937).

[5] Beckett, *The Question of Classification in Private International Law*, 15 British Yearbook of International Law 46 (1934).

[6] 参见[法]亨利 · 巴蒂福尔、[法]保罗 · 拉加德:《国际私法总论》,陈洪武译,中国对外翻译出版公司 1989 年版,第 400-401 页。

须确定自己是否享有对案件的管辖权。对管辖权的判定,我国《民事诉讼法》是根据不同的法律关系来分别规定的,实际上就是根据诉讼标的(案由)来分类。其次,在涉外民事诉讼中,法院还要确定案件适用何国的法律。我国《涉外民事关系法律适用法》中的法律适用规范对于法律适用的规定也是根据当事人所争议的法律关系(诉讼标的)的性质来划分的。例如,《涉外民事关系法律适用法》第 44 条规定,侵权责任,适用侵权行为地法。如果法官确定案件的诉讼标的是侵权纠纷,则法院应当适用侵权行为地法律。

二、国际私法上的定性冲突

(一)概论

国际私法上要研究的定性问题是定性的国际法律冲突问题。在国内案件中,法院显然是根据本国法律来识别案件的诉讼标的,但如果案件具有涉外因素,则在有些情况下,仍然依照国内法进行识别和定性就不一定合理。此时,如果按照外国法进行定性,就可能得出与国内法不同的结论。换句话说,定性冲突问题就是依据相冲突的不同法律采用不同的定性时,法官应根据什么法律确定诉讼标的的性质,以确定应适用的法律。[1]

国际私法上的定性冲突问题早期是由德国学者弗兰茨·卡恩于 1891 年[2]和法国学者巴丹于 1897 年[3]分别提出的。劳伦森(Lorenzen)于 1920 年将其引入美国,贝克特(Beckett)于 1934 年将其引入英格兰[4]。卡恩和巴丹认为,即使各国有相同的法律适用规范,如果它们对于相同的事实作出不同的识别和归类,也会导致适用不同的法律。卡恩将这种冲突称为"隐存的法律冲突"(latente Gesetzeskollisionen),巴丹直接称其为识别冲突。

(二)定性冲突问题产生的原因

1. 不同国家对于同一事实或行为赋予不同的法律性质,会导致适用不同的法律适用规范。例如,一个住所在法国、不满 21 岁的法国男子,在英格兰与一个在英格兰有住所的英格兰女子结婚,但没有像法国法所要求的那样取得其父母的同意。依照法国法,父母同意是婚姻的实质要件,而依照英格兰法,这只是结婚的形式要件。

---

〔1〕 参见[法]亨利·巴蒂福尔、[法]保罗·拉加德:《国际私法总论》,陈洪武译,中国对外翻译出版公司 1989 年版,第 400 页。

〔2〕 Franz Kahn, Gesetzeskollisionen–Ein Beitrag zur Lehre des internationalen Privatrechts, JherJb 30, 1–143.

〔3〕 Etienne Badin, De l'impossibilite d'arriver a la suppression definitive des conflits de lois, Clunet 24 (1897), S. 225ff.

〔4〕 Beckett, *The Question of Classification in Private International Law*, 15 British Yearbook of International Law 46 (1934).

英格兰和法国的冲突法都规定婚姻形式要件适用婚姻举行地法,但结婚实质要件适用属人法。由于两国对该问题定性不同,所以导致法律适用上的不同。[1]

2. 不同国家法律部门分类不同,把同一问题归入不同的法律部门,从而导致适用不同的法律适用规范。例如,对于时效制度,有的国家如英格兰认为其属于程序问题;而有的国家如德国认为时效属于实质问题。程序问题一般适用法院地法,而实质问题适用法律关系的准据法。对于缔约过失(culpa in contrahendo),我国将其认定为合同问题(《民事案件案由规定》第 74 项),但有的国家将其认定为非合同之债或侵权问题。

3. 有些国家法律中规定的制度在其他国家不存在。比如,很多大陆法系国家没有普通法中的信托制度(trust system)。因此,在普通法国家成立的信托在德国或法国就会被作为其他制度对待。再如有些国家所承认的同性婚姻在我国并不被法律认可,因此一对同性“夫妻”要求在我国法院“离婚”或争夺子女抚养权或财产权发生的纠纷是否应被作为“婚姻家庭纠纷”处理还尚待研讨。[2]

三、定性的准据法

(一)法院地法说

法院地法说由卡恩和巴丹最早提出,并得到大陆法系多数国家的接受。我国《涉外民事关系法律适用法》第 8 条也规定:“涉外民事关系的定性,适用法院地法律。”

适用法院地法的理由是:(1)冲突法是国内法,应当用国内法来解释其使用的概念;(2)法官最熟悉法院地法,用法院地法进行定性最为方便;(3)定性是法律适用的前提条件,在没有进行定性之前,外国法还没有被选择出来,因此只有法院地法可用。

反对法院地法的观点认为:(1)适用法院地法会导致本来应当得到适用的外国法得不到适用,或者在本来不该适用法院地法时适用了法院地法;(2)在法院地法中如果不存在与外国法的制度或规则相似的制度或规则,依照法院地法就无法定性。例如,英格兰法律中不存在法国法中的夫妻财产共有制度;而法国法中不存在英格兰法律中的信托制度。

在我国《信托法》颁布前,我国法院审理的“广东省轻工业品进出口集团公司与

---

[1] Lawrence Collins ed., *Dicey, Morris and Collins on the Conflict of Laws*, 14th edition, Vol. 1, Thomson Sweet & Maxwell, 2006, p. 37-38.

[2] 赵某与姜某物权确认纠纷案,江苏省高级人民法院民事裁定书,(2019)苏民申 7886 号。

TMT 贸易有限公司商标权属纠纷上诉案”[1]是一起典型案例。该案中最惹人注意的地方在于,它在我国当时尚没有信托法的情况下,将案件定性为信托关系,而不是广东省高级人民法院所认定的委托合同关系。基于这种认定,最高人民法院在其判决中未援用被广东省高级人民法院作为法律依据的原《民法通则》关于代理的条款,而仅以原《民法通则》中规定的诚实信用原则作为实体法律依据。可以看出,最高人民法院的判决实际上是在我国内地还没有信托法的情况下认可了我国香港特别行政区的信托制度。该案本来可成为我国定性领域的经典案例,但法院未能在学理上予以充分展开,殊为可惜。

(二)法律关系准据法说

大陆法系国家有一些学者主张,定性应当依照法律关系准据法来进行,该主张代表人物是法国学者德帕涅(Despagnet)和德国学者马丁·沃尔夫(Matin Wolff)。[2] 依照这一观点,案件本身应当适用哪一国家的实体法律,就应当运用该国法律对案件所涉及的事实构成和法律概念进行定性。“准据法定性说”可以解决“法院地法定性说”的某些缺陷,如当外国的某一法律制度在法院地国并不存在时,法院地法理论就无能为力,此时依据准据法进行定性就是一种替代方法。准据法定性理论在英格兰曾经被个别案例采用,[3]但多数学者和判例并没有接受该理论,因为它存在一个循环论证(circulus vitiosus)的悖论。[4] 定性发生在准据法被确定之前,在准据法还未被确定的情况下如何能依照准据法进行定性呢?有些学者主张,可以先根据法院地的法律适用规范假设或推定出一个准据法(die hypothetische lex causae),然后再按照该准据法来检验事先所作出的定性是否正确。[5]

英国法院审理的“马尔多那多遗产案”[6]是英国冲突法上关于定性方法的著名案例。该案中,马尔多那多是西班牙的一个寡妇,1924 年死于西班牙,死亡时住所地在西班牙,死后留下一笔存放于英国某银行的股票,价值高达 2.6 万英镑。马尔多那多生前未留遗嘱,也没有任何亲属。于是西班牙政府在英国法院提起诉讼,要求以死者唯一继承人的身份取得马尔多那多留在英国的遗产。被告英国财政部则主张该遗产为无人继承遗产,是无主物,应归英国政府所有。英国法院首先要面临一个定性问题,即本案到底是属于财产继承问题还是属于无主物的归属问题。如果按

---

[1] 最高人民法院民事判决书,(1998)知终字第 8 号;广东省高级人民法院民事判决书,(1998)粤法知初字第 2 号。

[2] M. Wolff, Das internationale Privatrecht Deutschlands, S. 54-60.

[3] Lawrence Collins ed., *Dicey, Morris and Collins on the Conflict of Laws*, 14th edition, Vol. 1, Thomson Sweet & Maxwell, 2006, p. 46.

[4] Basedow/Rühl/Ferrari/de Miguel Asensio, Encyclopedia of Private International Law, 2017, S. 357f.

[5] Bernd von Hoffmann/Karsten Thorn, Internationales Privatrecht, 9 Aufl. 2007, S. 230f.

[6] Re Maldonado's Estate(1954) p. 233(C. A.)

照法院地法(英国法)定性,该财产是无人继承财产,该案就成为无主物的归属问题。按照英国冲突法,无主物的归属按照财产所在地法律即英国法,应当归英国所有。如果按照西班牙法律进行定性,则该财产属于有人继承的财产,该案件也成为一个财产继承案件,应当按照英国关于财产继承的冲突规范确定准据法。按照英国冲突规则,动产无遗嘱继承适用被继承人死亡时住所地法,即西班牙法律。按照西班牙法律,西班牙政府以最后继承人身份获得该遗产。最终,英国法院依照西班牙法律,将案件定性为继承关系,依照继承关系冲突规范指引适用西班牙实体法,西班牙政府获得该遗产。

需要说明的是,"马尔多那多案"并不意味着英国采用了"法律关系准据法说",因为英国审理案件是以原告的诉讼请求为依据,由于该案中西班牙政府是以继承为诉因起诉的,故英国法院才适用了英国的继承冲突规则;假如西班牙政府不是以继承诉因起诉,而是以无主物归属为诉因,则英国法院就会依照动产所有权的法律适用规范来确定其准据法,并会将该遗产判归英国政府。[1] 而且,英国法院在此后的案例中也没有采用"马尔多那多案"的做法。[2] 美国纽约州上诉法院曾在判例中援用"马尔多那多案",但后来纽约州制定的《遗产、权力和信托法》推翻了该判例。[3]

(三)比较法定性方法

德国著名比较法和国际私法学者拉贝尔(Rabel)于1931年在《识别问题》[4]一文中提出了"比较法识别理论",并得到英国学者贝克特(Beckett)等人的赞同。拉贝尔认为,国际私法中的定性不要受法院地法或准据法中法律概念的影响,而应当独立(autonom)进行。这种观点建立在一种世界主义的基础之上,虽然具有很大的诱惑力,但在实践当中很难贯彻,[5]只有国际法庭才可能采用这种观点。

(四)功能定性或目的定性方法

功能定性(Funktionelle Qualifikation)方法或目的定性(Teleologische Qualifikation)方法是德国当前占主流地位的定性理论。这种方法是对法院地法说的补充,实际上是把"法院地法定性方法"和"比较法定性方法"结合起来,因此也被称为"进化的法院地法方法"(enlightened lex fori approach)。该方法特别用于识别那些法院地法中不存在的外国法律制度。这种方法最早可以追溯到卡恩,并在德国最高

---

[1] Lawrence Collins ed., *Dicey, Morris and Collins on the Conflict of Laws*, 14th edition, Vol. 1, Thomson Sweet & Maxwell, 2006, p. 44-45.

[2] Adams v. National Bank of Greece, [1961] A. C. 255.

[3] New York Estates, Powers and Trusts Law, paras. 4-1. 5.

[4] Rabel, Das Problem der Qualifikation, Rabels Zeitschrift fuer auslaendisches und internationales Privatrecht 5 (1931), 241-288.

[5] Veronique Allarousse, *A Comparative Approach to the Conflict of Characterization in Private International Law*, 23 Case Western Reserve Journal of International Law 479 (1991).

法院的判例中得到采纳。[1]这种方法可以分为两种：

1. 根据法律适用规范的目的进行定性：克格尔（Kegel）主张一种广义的法院地法理论，认为应当依照法院地法进行定性，但不能仅仅依照法院地的实体法进行定性，还应当根据法律适用规范体现的利益来进行定性。他从"利益法学"角度出发，认为凡是可以进行比较的事实或实体法律规范都可以被归入同一个法律适用规范之下。[2]

2. 根据实体法的目的进行定性：德国学者诺伊豪斯（Neuhaus）和勒瓦尔德（Lewald）主张应当根据各种具体法律制度在法律生活中的功能来进行定性。[3] 这种观点也建立在拉贝尔的比较法理论基础之上，拉贝尔认为世界各地人们的生活关系以及由此产生的需要和问题到处都是一样的，只是对于这些问题的解决方式在各个国家和地域是不同的，而它们背后隐含的目的是相同的。定性就是要分析各种法律制度的功能并依此确定应适用的法律。

四、综合方法

对于定性问题，目前大多数国家采用法院地法为定性的基础，但法院地法定性说和准据法定性说都存在不足，它们都试图从某一个国家国内法上的法律概念出发解决问题。而"比较法定性说"以及"功能定性说"或"目的定性说"都主张从国际私法本身出发去进行定性，从而摆脱任何国家国内实体法的干扰。英美国家一些学者也是从这个角度去探讨，如加拿大学者法尔肯布里奇（Falconbridge）[4]所提出的方法。

在定性问题上，原则上还是应以法院地法为准，特殊情况下可以依据法律关系准据法进行。尤其是在当事人已经协议选择了法律关系准据法的情况下，应当根据当事人选择的法律确定案件的性质。

2020 年修正的《民事案件案由规定》中，最高人民法院明确规定："民事案件案由应当依据当事人诉争的民事法律关系的性质来确定。"在涉外案件中，如果当事人讼争的民事法律关系不为我国法律所接受，则可以借鉴德国的功能识别说和目的识别说。[5] 例如，对于国外成立的"同性婚姻"，可以依照我国《民法典》中的"同居"来对待。

---

〔1〕 BGH BeckRS 2014, 16775 Rn. 58 = IPRax 2015, 423 mAnm P. Huber IPRax 2015, 403 (405f.).

〔2〕 Kegel/Schurig, Internationales Privatrecht, 9 Aufl. 2004, S. 346ff.

〔3〕 Neuhaus, Grundbegriffe des Internatinalen Privatrechts, S. 129ff.

〔4〕 See John Delatre Falconbridge, *Essays on the Conflict of Laws*, 2nd edition, Canada Law Book Co., 1954, p. 50-123.

〔5〕 贵州瓮福磷矿进出口公司与斯诺运输公司等不当得利纠纷上诉案，广东省高级人民法院民事判决书，(2009)粤高法民四终字第 53 号。

第三节 先决问题

一、先决问题的概念

(一)国际私法上的先决问题

广义上的先决问题是指法院在解决一个法律问题时,要以首先解决另外一个法律问题为前提。前一个待解决的问题是主要问题(Hauptfrage),后一个问题就是先决问题(Vorfrage)。

法院在审理任何一个案件时,无论是国际案件还是国内案件,都可能存在这种先决问题。例如,国内法院在解决离婚纠纷时,首先要确定该婚姻是否合法有效。关于婚姻是否合法有效的问题就是一个先决问题。再如,遗产继承纠纷中,某人以死者儿子身份要求继承死者遗产,但对于该人是否死者亲生儿子发生争议,对于该人与死者之间的亲子关系问题,就是继承问题的先决问题。

国内案件中的先决问题与主要问题一样,依照法院所在国法律解决,不会涉及法律的冲突问题,不会引起争议,国内法中也不会专门探讨这一问题。但在国际私法中,由于经常涉及不同国家法律的适用,先决问题依照哪一国法律解决就成为人们争议的问题,需要专门进行探讨。〔1〕

国际私法上最早"发现"先决问题的是德国学者勒瓦尔德和梅尔奇奥。〔2〕最早单独撰文讨论该问题的是另一位德国学者温格勒尔。〔3〕德裔英国学者布雷斯劳最早将该理论引入普通法系。〔4〕英美学者通常将其称为先决问题(preliminary question)〔5〕或附带问题(incidental question)。〔6〕虽然各国学者都在研究先决问题,但对于先决问题的概念、范围和解决方案却存在很大分歧。

---

〔1〕 Torben Svenne Schmidt, *The Incidental Question in Private International Law*, 233 Collected Courses of the Hague Academy of International Law305 (1992).

〔2〕 Lewald, Questions de Droit International des Successions, Rec. des Cours (1925-I), p. 72-75; Melchior, Die Grundlagen des Deutschen Internationalen Privatrechts, 1932, S. 245.

〔3〕 Wengler, Die Vorfrage im Kollisionsrecht, RabelsZ (1934), S. 1487.

〔4〕 W. Breslauer, *The Private International Law of Succession in England, America and Germany*, London, Sweet & Maxwell, 1937.

〔5〕 Robertson, *The Preliminary Question in the Conflict of Laws*, 55 Law Quarterly Review 565 (1939).

〔6〕 A. E. Gotlieb, *The Incidental Question in Anglo-American Conflict of Laws*, 33 Canadian Bar Review 523 (1955). 美国最早涉及该问题的案例见 Travelers Insurance Co. v. Workmens Compensation Appeals Board, 434 P 2d 992 (1967)。

(二)先决问题的类型

1. 法律适用规范引起的先决问题

国际私法上的先决问题分为法律适用规范上的先决问题和准据法(实体法)上的先决问题。狭义的先决问题仅指准据法上的先决问题。[1]

法律适用规范上的先决问题是指法院在运用本国法律适用规范来指引主要问题的准据法时,本国法律适用规范本身提出了一个待解决的问题。比如,当事人双方要求离婚,法院将其定性为“离婚”问题。假设根据法院地冲突法,离婚要适用婚姻举行地法,此时,首先要判断的是婚姻举行地,而判断婚姻举行地的前提是确定该婚姻是否成立。如果婚姻根本没有成立或无效,就谈不上离婚,也就不用再去探讨离婚的准据法了。法律适用规范中的先决问题被德国学者称为初始问题(Erstfrage)。[2]

2. 准据法上的先决问题

准据法(实体法)上的先决问题是指在法律适用规范所指引的作为准据法的实体法在适用过程中产生的附带问题。例如,对于继承问题,动产继承适用被继承人死亡时住所地法。假如被继承人死亡时住所地位于甲国,该国法律规定妻子可以继承丈夫的财产。此时,在适用甲国实体法时也产生一个先决问题,即谁是被继承人的妻子?此时涉及的是夫妻之间的婚姻是否有效。这里,婚姻的效力问题就构成继承的先决问题。这种先决问题就是国际私法上所要研究的狭义上的先决问题,也被称为“真正的”(true)先决问题。[3]

法律适用规范引起的先决问题不会引起法律冲突,通常依照法院地法律适用规范来确定其准据法,因为它是在适用法院地法律适用规范过程中产生的,而此时主要问题的准据法还没有确定。相反,准据法上的先决问题就会引起国际私法上的争议,即到底适用法院地国家的法律适用规范还是适用主要问题准据法所属国法律适用规范来确定准据法,因为该问题本身是因适用准据法而引起的。我们以下所探讨的先决问题就是指这种狭义上的先决问题。

二、先决问题的构成要件

(一)经典案例

研究先决问题的学者们津津乐道的一个案例是摩洛哥法院 1932 年审理的一起遗产继承案。[4] 英国学者根据该案虚构了一个经典案例:一位住所位于希腊的希

---

〔1〕 参见王葆莳:《国际私法中的先决问题研究》,法律出版社 2007 年版,第 22 页。

〔2〕 Bernd von Hoffmann/Karsten Thorn, Internationales Privatrecht, 9 Aufl. 2007, S. 237.

〔3〕 A. E. Gotlieb, *The Incidental Question Revisited: Theory and Practice in the Conflict of Laws*, 26 International and Comparative Law Quarterly 734 (1977).

〔4〕 Loupetis v. Quemener, Tribunal of Rabat (first instance), Dec. 28, 1932; Clunet 992.

腊人死亡,在英格兰留下一笔遗产,该希腊人未留下遗嘱。其妻子在英格兰提起诉讼,要求分得该笔遗产。根据英格兰冲突法,继承应当适用死者死亡时住所地法,即希腊法。而根据希腊法律,妻子有权分得丈夫的遗产。但在审理过程中,法官面临一个问题:该原告是否死者的妻子?根据英格兰冲突法,婚姻的形式有效性适用婚姻举行地法,而原告与死者是在英格兰举行的民事婚姻,根据英格兰法律,该婚姻有效。但是,如果根据希腊冲突法,婚姻的形式有效性应适用当事人国籍国法律,即希腊法。而根据希腊婚姻法,该婚姻在举行时没有神父出席,应属无效。

在这个案件中,主要问题是继承问题。继承依照法院地(英格兰)法律适用规范应适用死者住所地法,即希腊法。在适用希腊法过程中产生一个先决问题:婚姻的有效性。婚姻的有效性到底是依照英格兰冲突法来确定准据法,还是应当依照希腊(继承准据法所属国)的冲突法来确定准据法?采用不同的方法会产生完全不同的审判结果。

(二)三要件

从上述案例中可以归纳出国际私法上先决问题的三个先决条件,如果不满足该条件,就不会产生法律适用上的冲突问题,也就没有必要从国际私法上进行研究。[1] 这三个条件是:

1. 该先决问题具有相对独立性,可以作为一个单独问题提出,并有自己独立的法律适用规范可以引用。

2. 主要问题依照法院地国冲突规范的指引应当适用外国法律。如果主要问题适用法院地法,广义上的先决问题虽然也存在,但此时就没有必要去讨论是否适用外国冲突规范了,关于先决问题的法律适用也就不会存在争议,只能按照法院地冲突规范的指引适用法院地法。

3. 法院地国关于先决问题的冲突规范与主要问题准据法所属国关于先决问题的冲突规范不相同,从而会导致适用不同的法律。如果适用的法律都一样,也失去了探讨的意义。

三、先决问题准据法的确定

针对上述案例所提出来的先决问题,学者们对两种解决方法进行了争论。

(一)依照主要问题准据法所属国冲突规范确定

梅尔齐奥、温格勒尔、沃尔夫、罗伯特逊等最早"发现"先决问题的学者都坚持此种主张。该主张实际上是为先决问题设立一种非独立的法律适用规范(unselbständige Vorfragenanknüpfung),即先决问题的准据法要依附于主要问题的准

---

[1] Lawrence Collins ed., *Dicey, Morris and Collins on the Conflict of Laws*, 14th edition, Vol. 1, Thomson Sweet & Maxwell, 2006, p. 52-53.

据法。就上述案例而言，就是要按照希腊冲突法来判断该婚姻的形式有效性问题，即该婚姻无效。这实际上是让本国法官站在外国法官的位置上来处理先决问题的法律适用。这种观点的优点在于有利于实现判决的国际一致性，即无论案件在哪国法院起诉，都能获得一致的判决。在上述案例中，假如该妻子在希腊法院起诉，结果也是适用希腊法律来判断其婚姻有效性。

（二）依照法院地国法律适用规范确定

很多学者都反对上述观点，转而认为，先决问题应当依照法院地法律适用规范来确定应当适用的法律，即对于先决问题适用独立的法律适用规范（selbständige Vorfragenanknüpfung），就像把先决问题视为一个单独的问题来看待。法院地法说的优点是可以实现判决的内部一致性，即本国法院审理的类似案件都可以获得同样的判决。[1] 上述案例中，假如依照英格兰冲突法来确定婚姻的形式有效性，不管主要问题适用哪一国家法律，婚姻有效性都依据婚姻举行地法律来判断。

我国最高人民法院《法律适用法解释一》第10条规定："涉外民事争议的解决须以另一涉外民事关系的确认为前提时，人民法院应当根据该先决问题自身的性质确定其应当适用的法律。"这一规定实际上也是采用法院地法律适用规范来确定先决问题的准据法。

四、评论

实践中，真正狭义上的、能引起法律适用冲突的先决问题出现得并不多。正如有人讽刺的那样："先决问题只是一个法学教授们争论不休的问题，而法官们对此视而不见。"[2]不过，先决问题在实践中也并非完全不可能存在。目前，依照法院地法律适用规范确定先决问题准据法的方法虽然是主流观点，但也不是绝对采用此观点。学者们对这两种观点都有批判，因此也有学者主张"第三条道路"，即采用个案处理的方法，根据案件与国内和国外的联系程度来决定准据法的选择。[3]

各国国际私法通常不对先决问题的法律适用进行明确规定。我国《涉外民事关系法律适用法》也未作规定。但我国最高人民法院《法律适用法解释一》第10条规定："涉外民事争议的解决须以另一涉外民事关系的确认为前提时，人民法院应当根据该先决问题自身的性质确定其应当适用的法律。"这一规定实际上并未解决上述"真正的"先决问题的法律冲突。

在上海法院审理的"范某、范某昭、凌某某等与范某富继承纠纷案"[4]中，范某

---

〔1〕 Kegel/Schurig, Internationales Privatrecht, 9 Aufl. 2004, S. 377.

〔2〕 P. Nygh, *Conflict of Laws in Australia*, 2nd edition, Butterworths, 1971, p. 276.

〔3〕 Kegel/Schurig, Internationales Privatrecht, 9 Aufl. 2004, S. 378.

〔4〕 上海市第一中级人民法院民事判决书，(1999)沪一中民初字第393号。

某原籍宁波,1942年在当地与凌某某结为夫妻。1962年,范某某只身来到香港,后于1971年在香港与郑某某结婚,按照香港的传统习俗举办了婚礼。20世纪90年代,范某某返沪探亲与凌某某团聚,并在上海定居。1998年范某某与凌某某在上海去世,范某某生前未留遗嘱。对于范某某的遗产,郑某某和凌某某的亲属均向法院提出继承主张。本案主要问题是继承问题。但首先需要解决一个问题,即郑某某与范某某在香港的婚姻是否有效?婚姻的有效性问题是一个独立的问题,但是否属于"真正的"先决问题呢?由于该案主要问题(继承)适用内地法律,因此不符合第二个构成要件,故不是真正的先决问题。

在"杨某1、杨某5继承纠纷案"中,最高人民法院认为:"本案中继承纠纷的解决以确定杨某6的遗产范围为前提,因此杨某6与张某的夫妻财产分割属于本案的先决问题,应当依照夫妻财产关系确定应当适用的法律。"〔1〕

第四节 反致和转致

一、反致问题的产生

按照萨维尼的理论,每一法律关系都应当按照其本性适用其"本座"(Sitz)所在地的法律。〔2〕 每一法律关系有且只有一个"本座"。他认为,存在一个"相互交往的民族构成的国际法共同体",共同体内的每个国家基于互惠原则都应当依据每一法律关系的"本座"去寻找其应当适用的法律。他相信:"这一原则的充分采纳不仅会使外国人在每一国家都跟本国国民一样,而且,在发生法律冲突时,无论案件在此国或彼国审判,都能得到相同的判决结果。"〔3〕萨维尼的这种理想就是要所有国家对于同一法律关系都采用同一法律适用规范,适用同样的连结点(本座)。

但是,萨维尼的这一理想未能完全实现。20世纪以后,法律适用规范逐渐成为各国的国内法,对于同一法律关系,各国采用不同的连结点,从而使法律关系的"本座"无法统一。尤其是大陆法系和英美法系在自然人属人法上存在本国法与住所地法的尖锐对立。一些立法中采用的经常居所连结点使得这一问题更为复杂化。

不同国家对于同一法律关系采用不同连结点,就会发生"法律适用规范之间的冲突"问题。〔4〕 此时本国法官在依照本国法律适用规范的指引适用外国法时就会

---

〔1〕 最高人民法院民事裁定书,(2019)最高法民申3532号。

〔2〕 Savigny, System des heutigen Römischen Rechts, band Ⅷ, 1 Aufl. 1849, S. 108.

〔3〕 Savigny, System des heutigen Römischen Rechts, band Ⅷ, 1 Aufl. 1849, S. 27.

〔4〕 参见[法]亨利·巴蒂福尔、[法]保罗·拉加德:《国际私法总论》,陈洪武译,中国对外翻译出版公司1989年版,第414页。

产生一个疑问:是应直接适用外国的实体法,还是首先应适用外国的国际私法?比如,甲国国际私法规定,自然人行为能力的认定适用该自然人本国法。假如该自然人为乙国人,乙国法律既包括其民商事实体法,也包括该国的国际私法,如果甲国法律规定,甲国国际私法所指引的外国法包括外国的国际私法,则反致或转致问题就可能产生。〔1〕

二、反致的几种情形

如果甲国国际私法将案件指引到乙国法律,而且甲国法律规定,对外国法律的指引包括外国的国际私法,则可能会产生如下多种情形:

1. 乙国国际私法指引适用乙国自己的法律,此时法院应当适用乙国实体法。这种情况下不发生反致或转致。

2. 乙国国际私法指引适用甲国法律,这种情况为“反致”(remission, Rueckverweisung),或叫“反指引”。此时,甲国法院通常会接受这种反致,适用甲国实体法。这种反致也被称为直接反致或“一级反致”(single renvoi, renvoi au premier degre)。

假设一个定居于德国的法国人在德国死亡,留下动产和不动产在德国。依照德国国际私法,继承适用被继承人本国法,即法国法。但德国国际私法规定,德国国际私法所指引的外国法包括外国的国际私法,因此法院适用法国国际私法;而法国国际私法则规定,动产的继承适用被继承人死亡时住所地法。德国法院经过审理,确定被继承人死亡时住所地在德国,于是适用德国法律,即德国继承法作为案件的准据法。此案中德国法院就采纳了反致。

3. 乙国国际私法指引适用丙国法律,这种情况被称为“转致”(transmission, Weiterverweisung)。

转致情形下又可能出现两种选择:适用丙国的法律是否包括丙国的国际私法?此时要取决于乙国国际私法对待外国法的态度:

(1) 如果乙国国际私法规定,它所指引的外国法不包括外国的国际私法,则直接适用丙国实体法作为案件的准据法。

(2) 如果乙国国际私法规定,它所指引的外国法也包括外国的国际私法,则又会产生复杂的情形:其一,丙国国际私法指引适用丙国自己的法律,此时应当适用丙国实体法。其二,丙国国际私法指引适用乙国法律,此时出现丙国法律对乙国法律的反致,德国学者称其为“附含反致的转致”(Weiterverweisung mit zusätzlicher

---

〔1〕 西方各种语言的法学文献中通用法文 renvoi 来表示反致和转致问题。我国学界将其翻译为反致,但并不能全面描述该问题的复杂性。反致只是 renvoi 的一种最简单的情形。

Rückverweisung),〔1〕此时如果乙国法律接受反致,则适用乙国实体法。其三,丙国国际私法指引适用甲国法律,此时出现的是指引的回转,即返回到法院地法,德国学者称之为"返回到原点的转致"(Weiterverweisung mit Zusatzverweisung auf die Ausgangsstation)。我国国际私法教材上通常将这种情形称为"间接反致"(indirect remission)。〔2〕 例如,一法国公民住所在英国并在英国死亡,在德国遗留有不动产,现在因为该不动产继承在德国发生诉讼。根据德国国际私法,继承适用被继承人本国法,即法国法,但根据德国国际私法规定,应当适用法国国际私法;根据法国国际私法,继承适用被继承人最后住所地法,即英国法;而根据英国国际私法,继承应当适用不动产所在地法,即德国法。于是德国法院适用德国继承法来判决该案件。此外,丙国国际私法还有可能指引适用丁国法律,即"二级转致"(doppelte Weiterverweisung)。以此类推,理论上还有可能发生三级、四级直到N级转致。但实际上发生三级以上转致的可能性非常小,因为目前各国对于同一法律关系所采用的连结点虽然有差异,但毕竟有限。

三、关于反致和转致制度的理论分歧

有关反致问题的判例在19世纪英国法院就已经出现过,但在国际私法上引起人们对反致问题极大关注的判例是法国最高法院审理的著名的"福尔果案"(Forgo Case)〔3〕。

福尔果(Franz Xaver Forgo)是1801年出生于巴伐利亚的非婚生子,5岁时随母亲去了法国,并一直生活于法国,在法国有事实上的住所。按照当时的法国法律,外国人在法国取得住所必须办理"住所准许"的法律手续,但福尔果从未办理此种手续。1869年福尔果在法国去世,生前未留遗嘱,其母亲、妻子先于他死亡,也没有子女。他在法国留下一笔动产遗产,该遗产被法国国库管理部门视为无人继承遗产,由国库管理人接管。在巴伐利亚的福尔果母亲的旁系亲属得知后,认为他们根据巴伐利亚法律享有继承权。他们在法国提起诉讼,要求适用巴伐利亚法律取得福尔果的遗产。

法国波尔多法院受理案件后,根据法国国际私法,动产继承应当适用被继承人最后住所地法,即认为福尔果最后住所在法国,于是适用法国《民法典》。法国波尔多法院根据法国《民法典》规定的非婚生子的兄弟姐妹以外的其他旁系亲属无权继承其遗产,判决驳回原告起诉,遗产归法国国库所有。原告不服,于是向法国最高法

---

〔1〕 Kegel/Schurig, Internationales Privatrecht, 9 Aufl. 2004, S. 401.

〔2〕 参见韩德培主编:《国际私法》(第2版),高等教育出版社2007年版,第132页。

〔3〕 Cass. 24. 6. 1878 and 22. 2. 1882, D. 1879. 1. 56 and 1882. 1. 301. Kropholler, Internationales Privatrecht, 5 Aufl. 2004, S. 164.

院上诉。法国最高法院于1875年5月作出判决,指出福尔果没有满足法国关于住所的要求,其住所不在法国,判决将案件发回波尔多法院重审。波尔多法院确认福尔果的法定住所在巴伐利亚,于是根据巴伐利亚法律判决福尔果的旁系亲属有权继承其遗产。法国国库管理人不服判决,向法国最高法院提起上诉。法国最高法院1878年6月作出判决,认为根据法国国际私法应当适用被继承人住所地法,即巴伐利亚法,但依照巴伐利亚国际私法,动产继承应当适用被继承人事实上的住所所在地法,福尔果生前事实上的住所在法国,因此应当按照法国法律判决遗产的归属。于是将案件转交法国图卢兹法院重审。法国图卢兹法院依照法国《民法典》的规定,驳回原告的诉讼请求。原告上诉,被法国最高法院于1882年2月驳回。

福尔果案在法学界引起激烈争论,从而引发了反致和转致问题的争论和分歧。

(一)反对反致和转致的主张[1]

1. 反致和转致导致结果的不可预测性,也不一定能实现判决的国际一致性。

2. 反致和转致有悖于法律适用规范的目的,会使国际私法上的许多制度失去意义,例如,国际私法上的"有利原则",即适用对某一当事人有利的法律,如果采用反致,就会使该原则无法发挥作用。

3. 反致会带来案件审理上的不方便,会带给法官极大的负担。

4. 反致会导致"恶性循环"(Circulus inextricabilis),如果法院地法律和外国法律都采用完全的反致理论,会导致准据法在法院地法和外国法之间来回指引,无法确定适用哪一法律,从而也无法实现判决的国际一致性。

5. 反致存在许多例外,需要考虑的因素太多。

(二)赞成反致的主张[2]

1. 采用反致有利于实现判决的国际一致性。

2. 采用反致可以增加适用法院地法的机会,符合国际上流行的"返家趋势"(homeward trend; Heimwärtsstreben)[3]。

3. 采用反致有利于在个案中实现判决的公正。

4. 反致不会导致"恶性循环",因为不可能所有的国家都采用反致制度,实践中发生"恶性循环"的案例几乎没有出现过。

(三)合同法上无反致原则

一个众所周知的国际私法原则是,一般情形下,合同中当事人选择法律的条款

---

〔1〕 Harry Stratton, *Against Renvoi in Commercial Law*, Journal of Private International Law, Vol. 17: 3, p. 524-537 (2021).

〔2〕 Bernd von Hoffmann/Karsten Thorn, Internationales Privatrecht, 9 Aufl. 2007, S. 224.

〔3〕 所谓"返家趋势"是指法官在涉外案件中优先考虑适用法院地法的倾向。

只能选择一国国内的实体法,不包括法律适用规范和程序规范。[1] 但是,如果当事人意图让他们选择的法律包含被选国家的"全部法律",法院也可以尊重这种选择以满足当事人的意思自治。[2]

四、各国(地区)法律对反致的不同态度

各国在反致问题上的立法和实践也有分歧。[3] 一些国家立法明确排除反致和转致,如希腊(《民法典》第32条)、斯堪的纳维亚国家、美国多数州(美国《第二次国际私法重述》第8条,路易斯安那州《民法典》第3517条)和加拿大魁北克(《民法典》第3080条)、秘鲁(《民法典》第2048条)、比利时(《国际私法典》第16条)、荷兰(2012年《民法典》第十章第5条),埃及(《民法典》第37条),突尼斯(《国际私法》第35条),阿联酋(《民法典》第26条),约旦(《民法典》第27条)等。

最早在立法中规定反致制度的是德国1896年《民法典施行法》第27条。1986年修改后的德国《民法典施行法》第4条继承了以前的做法。日本、韩国均规定在适用当事人本国法的情况下允许采用反致和转致;土耳其、塞内加尔、波兰、原民主德国、原南斯拉夫、匈牙利、罗马尼亚、俄罗斯、白俄罗斯、葡萄牙、奥地利、瑞士、列支敦士登、委内瑞拉以及我国澳门特别行政区等国家和地区也都在属人法方面部分采用反致制度。

英国法院在某些案件中采用一种独特的反致制度,其被称为"外国法院说"(foreign-court-theory)或"双重反致理论"(doctrine of double renvoi)。[4]

反致制度在欧盟法中经历了一个从"终结"到"复兴"的过程。在此前的欧盟国际私法条例中(包括《罗马第一条例》《罗马第二条例》《罗马第三条例》),反致一直被排除,因此有人提出了反致制度的"终结"。[5]但随着2012年7月《继承条例》第34条的通过,反致制度又重新回到欧盟国际私法之中。[6]

从各国(地区)发展趋势来看,围绕反致和转致制度的争议尚难有定论,但即使

---

[1] See Symeon C. Symeonides, *Choice of Law*, Oxford University Press, 2016, p. 400-406.

[2] For comparative discussion, see Symeon C. Symeonides, *The Scope and Limits of Party Autonomy in International Contracts: A Comparative Analysis*, in Franco Ferrari & Diego P. Fernandez Arroyo eds., The Continuing Relevance of Private International Law and New Challenges, 2019.

[3] 有关反致问题的详细的比较法研究见 Von Overbeck, Cours general de droit international prive, Chapitre V-Le renvoi, Rec. des Cours 176(1982-Ⅲ),127-167。

[4] 有关案例见 In Re Estate of Christopher Willian Adams: Iriarte Angel, Rev. gen. der. 1989, 3561-3582; 参见 Collier, Conflict of Laws (1994), p. 23; Cheshire and North's Private International Law, 13. ed.,1999, p. 55。

[5] Dieter Henrich, Der Renvoi: Zeit fuer einen Abgesang, in: FS von Hoffmann, 2011, S. 147.

[6] Dennis Solomon, Die Renaissance des Renvoi im Europaeischen Internationalen Privatrecht, in: FS Schurig 2012, S. 237ff.

是接受反致或转致的国家,也对反致和转致的适用施加了限制。从目前世界国际私法立法趋势来看,关于反致的争议已经不再是要不要采用反致制度,而是在哪些领域采用反致,以及对于反致要给予哪些限制。笼统地在所有领域采用反致已经被证明是不可行的。

五、我国在反致问题上的立法和实践

我国第一部国际私法立法1918年《法律适用条例》第4条受德国和日本国际私法影响,很早就接受了反致。该条规定:“依本条例,适用当事人本国法时,如依其本国法,应适用中国法者,依中国法。”在该条例基础上修订的中国台湾地区“涉外民事法律适用法”更进一步承认了间接反致和转致。[1] 我国原《民法通则》在立法过程中,关于反致曾产生了很大争议,许多学者主张采用反致,但未被采纳。

我们认为,随着当代国际私法的实体化、统一化和日益灵活化的发展进程,反致制度的缺陷越来越明显。反致制度的产生是建立在过去两大法系在属人法上国籍原则和住所地原则的严格对立和僵硬、刻板的冲突规范的继承之上。而现在,随着最密切联系原则的发展和一系列灵活性、开放性连结点被广为接受,反致制度所存在的基础日益丧失。而且由于反致制度过于复杂,存在非常多的例外情形,对法官的要求过于苛刻,考虑到我国的国情,采用反致制度弊多利少。

最高人民法院1988年《民通意见》第178条第2款规定:“人民法院在审理涉外民事关系的案件时,应当按照民法通则第八章的规定来确定应适用的实体法。”我国法院在审判实践中基本也不接受反致。《涉外民事关系法律适用法》第9条也明确规定:“涉外民事关系适用的外国法律,不包括该国的法律适用法。”

第五节　诉讼时效与期间

一、时效的概念

时效(Verjährung, prescription)制度来源于罗马法,是指一定的事实状态存在一定时间后即发生一定法律后果的法律制度。民法中的时效有取得时效和消灭时效之分。取得时效(praescriptio acquisitiva, Ersitzung)是指作为取得某种权利的法律要件的时效,即占有他人财产持续达到法律规定的期间,就发生取得该财产的效力。消灭时效(erlöschende Verjährung, extinctive prescription)是指作为权利消灭的法律要件的时效,即权利人不行使权利持续达到法定时间,就发生权利消灭的效力。

---

[1] 2010年我国台湾地区“涉外民事法律适用法”第6条。

大陆法系各国关于时效制度的立法有很大差异,有统一主义和区别主义之分。统一主义以法国《民法典》和日本《民法典》为代表,对取得时效和消灭时效统一规定(法国《民法典》第2219条)。日本民法在"第一编总则"中就时效制度作了规定(第144条以下),分为取得时效(第162条以下)和消灭时效(第167条以下)两类。区别主义立法以德国《民法典》为代表,将取得时效和消灭时效作为两个不同的法律制度看待,如德国《民法典》在总则部分规定消灭时效,而把取得时效作为物权制度放在物权编中加以规定。多数国家和地区,如意大利《民法典》和我国台湾地区所谓"民法典",采用德国的立法模式。

英美法系中没有取得时效和消灭时效的概念,[1]直到1623年才颁布了《诉讼时效和防止法律诉讼法》(Act for Limitation of Actions and for Avoiding of Suits in Law),该法规定了6年的普通诉讼时效期间,一直沿用到现在。[2] 1832年《取得实效法》(Prescription Act 1832)规定了土地用益权、引水权及通行权的不同取得时效期限。其他英联邦国家与英国制度类似。美国联邦政府和50个州都有自己的诉讼时效法。

我国原《民法通则》由于受苏联民事立法的影响,认为在社会主义制度下不应当存在取得时效制度,因此没有规定取得时效,只规定了诉讼时效制度。原《民法总则》专设第九章对诉讼时效进行了详细规定。《民法典》第一编第九章延续了原《民法总则》第七章的规定,只规定了诉讼时效而没有规定取得时效。根据我国法律规定,诉讼时效是权利人在法定期间内不行使权利,该期间届满后,权利不受保护的法律制度。[3] 诉讼时效按其性质属于消灭时效。根据我国立法宗旨,我国法律中的消灭时效采用的是诉权消灭主义,即诉讼时效到期后,当事人请求法院保护其权利的诉权归于消灭,但其实体权利并不消灭。[4]

时效在诉讼当中的作用巨大,对于原告来说,时效届满可以说是致命的打击。尤其是在涉外案件中,时效的准据法不同,会对案件产生决定性影响。因此,在很多涉外案件中,当事人或其律师所要做的第一件事就是调查时效。由于各国时效制度存在巨大差异,在涉外纠纷中依照不同国家法律的时效规定,对当事人的权利会产

---

〔1〕 David W. Oughton, John P. Lowry & Robert M. Merkin, *Limitation of Actions*, LLP Asia Limited, 1998, p. 3.

〔2〕 该法历经1939年、1954年、1963年、1972年、1975年和1980年六次修订,现行的是1980年《诉讼时效法》(Limitation Act 1980),适用于英格兰和威尔士。在北爱尔兰适用的是1958年《(北爱尔兰)诉讼时效法》;在苏格兰适用的是1973年《(苏格兰)取得时效和诉讼时效法》[Prescription and Limitation(Scotland)Act]。

〔3〕 参见全国人大常委会副委员长李建国2017年3月8日在第十二届全国人民代表大会第五次会议上所做《关于〈中华人民共和国民法总则(草案)〉的说明》。

〔4〕 参见梁慧星:《民法总论》,法律出版社1996年版,第239-240页。

生决定性影响。

二、诉讼时效的准据法

(一)实体问题与程序问题

大陆法系国家通常认为,消灭时效是使权利归于消灭的一种方式,因此多将时效定性为实体法问题,应当适用时效所属法律关系的准据法。[1]英美法系一般将时效定性为程序法问题,而程序问题一般适用法院地法。[2]

近年来,一些国家认识到,单纯地将时效视为实体法问题或程序法问题,都具有片面性。因此,简单地适用法院地法或者简单地适用法律关系准据法都过于武断。前者会鼓励人们去挑选法院,后者则不利于维护法院地国家的公共利益。有鉴于此,一些国家的立法采用了折中的做法。英国法中的时效分为两种:消灭救济的时效规定和消灭权利的时效规定。前者是程序性的,后者是实体性的。而诉讼时效一般被认为是程序性的。而且在英格兰,性质上为程序性的时效规定,并不总是影响依据外国准据法所获得的权利。[3] 1984 年颁布的《外国时效期限法》(The Foreign Limitation Periods Act 1984)也将时效认定为实体问题,而非程序问题。根据该法规定,凡在英格兰和威尔士法院审理的涉外案件,只要根据国际私法规则所适用的准据法为外国法,则诉讼时效也受该外国法的约束,除非是在双重可诉的侵权情形下。[4]

在美国,1973 年新泽西州成为第一个放弃将诉讼时效定性为程序问题的州。在 Uniroyal 公司案[5]中,新泽西州最高法院认为,诉讼时效冲突应当按照在特定案件中解决其他(实体)国际私法问题的同样方法来解决。[6] 美国统一州法委员会 1982 年拟定的《统一冲突法——时效法》(Uniform Conflict of Laws—Limitations Act 1982)也规定时效原则上适用案件准据法,该法已被美国 7 个州采纳;[7]1988 年修

---

[1] 如匈牙利《国际私法》第 30 条;土耳其《国际私法和国际诉讼程序法》第 7 条;德国《民法典施行法》第 32 条;西班牙《民法典》第 10 条;瑞士《国际私法典》第 148 条;秘鲁《民法典》第 2099 条;俄罗斯《民法典》第 1208 条等。

[2] Lawrence Collins ed., *Dicey, Morris and Collins on the Conflict of Laws*, 14th edition, Vol. 1, Thomson Sweet & Maxwell, 2006, p. 196.

[3] Lawrence Collins ed., *Dicey, Morris and Collins on the Conflict of Laws*, 14th edition, Vol. 1, Thomson Sweet & Maxwell, 2006, p. 196.

[4] [加]威廉·泰特雷:《国际冲突法——普通法、大陆法及海事法》,刘兴莉译,法律出版社 2003 年版,第 474 页。

[5] 305 A. 2d 412 (N. Y. 1973).

[6] 自 Heavner 案之后,其他七个州采用了类似方法:阿肯色州、加利福尼亚州、特拉华州、印第安纳州、密歇根州、罗德群岛和威斯康辛州。

[7] 俄勒冈州、科罗拉多州、明尼苏达州、蒙大拿州、内布拉斯加州、北达科他州和华盛顿州。

订的《第二次冲突法重述》第142条也吸收了《统一冲突法——时效法》的成果。美国路易斯安那州1991年冲突法立法也抛弃了传统的法院地法原则，采用法院地法和案件准据法相结合的做法。[1] 美国继续把诉讼时效定性为程序问题并适用法院地法的州的数量已经下降到一半左右。[2]

（二）我国的立法和实践

我国《涉外民事关系法律适用法》第7条规定："诉讼时效，适用相关涉外民事关系应当适用的法律。"这是与大陆法系国家的普遍实践相一致的。

实践中，法律关系准据法的适用要受到法院地法的适当限制。例如，我国《民法典》第193条规定："人民法院不得主动适用诉讼时效的规定。"因此，如果当事人未主动提出诉讼时效问题，我国法院不应主动援引《涉外民事关系法律适用法》第7条。再如，我国《民法典》第188条规定："自权利受到损害之日起超过二十年的，人民法院不予保护，有特殊情况的，人民法院可以根据权利人的申请决定延长。"这是我国法律规定的最长诉讼时效，应当被视为我国的一项"社会公共利益"。如果外国法律规定的诉讼时效超过20年，我国法院可以依据公共秩序保留原则而拒绝适用。此外，如果我国境内的被盗财产被转移到境外，非善意的买主依照外国诉讼时效所获得的保护不应当被我国法院承认。

此外，我国《最高人民法院关于审理民事案件适用诉讼时效制度若干问题的规定》第1条规定，对下列债权请求权提出诉讼时效抗辩的，人民法院不予支持：(1)支付存款本金及利息请求权；(2)兑付国债、金融债券以及向不特定对象发行的企业债券本息请求权；(3)基于投资关系产生的缴付出资请求权；(4)其他依法不适用诉讼时效规定的债权请求权。涉外案件中，对于此类请求权也不适用外国法上的时效抗辩。

实践中，我国法院在大多数案件中都依照法律关系准据法确定诉讼时效期限，如"大丰银行有限公司诉南海市桂城商业贸易物资总公司等借款担保合同纠纷案"[3]"中信嘉华银行有限公司诉佛山市中宝企业集团公司、佛山市禅城区人民政府等担保合同纠纷案"[4]等。

在"永华油船公司因与福清市通达船务有限公司、何某敏、李某玉船舶物料、备品供应合同纠纷案"[5]中，一审法院认为合同适用中国内地法律，故诉讼时效也应适用我国内地法律。根据我国内地法律，该诉讼请求已经超过诉讼时效，因此驳回

---

[1] Symeonides, *PIL Codification in a Mixed Jurisprudence: Louisiana Experience*, RabelsZ 1993, p. 476.

[2] Symeon Symeonides, *Choice of Law in the American Courts in* 2012: *Twenty-Sixth Annual Survey*, 61 American Journal of Comparative Law 217 (2013).

[3] 广东省高级人民法院民事判决书，(2003)粤高法民四初字第59号。

[4] 广东省高级人民法院民事判决书，(2002)粤高法民四初字第56号。

[5] 广东省高级人民法院民事判决书，(2012)粤高法民四终字第13号。

原告诉讼。二审法院认为,该案合同纠纷应适用我国香港特别行政区法律,因此诉讼时效也应适用我国香港特别行政区法律。根据我国香港特别行政区法例第347章诉讼时效第4条的规定,本案诉讼时效应为6年,故未超过诉讼时效。

最高人民法院在一起担保合同纠纷案中认为,虽然当事人在合同中所约定的香港特区法律违反了我国对外担保的强制性规定而不能适用于担保合同,但关于该案诉讼时效的规定仍然要适用当事人所约定的担保合同准据法,即我国香港特别行政区法律,因为时效规则不属于我国内地法律中的强制性规定。[1]

三、涉外民事诉讼期间

(一)审理期限

《民事诉讼法》第152条规定:"人民法院适用普通程序审理的案件,应当在立案之日起六个月内审结。有特殊情况需要延长的,由本院院长批准,可以延长六个月;还需要延长的,报请上级人民法院批准。"第183条规定:"人民法院审理对判决的上诉案件,应当在第二审立案之日起三个月内审结。有特殊情况需要延长的,由本院院长批准。人民法院审理对裁定的上诉案件,应当在第二审立案之日起三十日内作出终审裁定。"

上述规定只是针对国内案件。对于涉外案件的审理,根据我国《民事诉讼法》第277条的规定,人民法院审理涉外民事案件的期间不受《民事诉讼法》第152条和第183条规定的限制。《最高人民法院关于严格执行案件审理期限制度的若干规定》[2]第2条第8、9款也规定:审理涉外民事案件,不受审理期限的限制。审理涉港澳台民事案件的期限,参照审理涉外民事案件的规定办理。

(二)答辩和上诉期限

《民事诉讼法》第275条规定:"被告在中华人民共和国领域内没有住所的,人民法院应当将起诉状副本送达被告,并通知被告在收到起诉状副本后三十日内提出答辩状。被告申请延期的,是否准许,由人民法院决定。"

《民事诉讼法》第276条规定:"在中华人民共和国领域内没有住所的当事人,不服第一审人民法院判决、裁定的,有权在判决书、裁定书送达之日起三十日内提起上诉。被上诉人在收到上诉状副本后,应当在三十日内提出答辩状。当事人不能在法定期间提起上诉或者提出答辩状,申请延期的,是否准许,由人民法院决定。"

---

〔1〕 最高人民法院民事判决书,(2008)民四终字第6号。

〔2〕 2000年9月14日通过,2008年调整。

第六节 外国法的查明

一、外国法的性质

在任何诉讼程序中,法官都要区分"事实问题"和"法律问题"。所谓"事实问题"就是"实际发生的是什么";而所谓"法律问题"就是"实际发生的事情依照法律规定应当如何处理"。法官审判案件的过程实际上就是将被认定的案件事实归属于法条的构成要件之下。事实问题与法律问题的区分贯穿诉讼法的始终。根据民事诉讼的"当事人主义",对于"事实问题",法官应当依据当事人的主张和举证进行判断;而对于"法律问题",法官则应当依据其本身的法律认知来决定,而不取决于当事人的主张,即所谓"法官应当知道法律"(Jura novit curia)。

法官在涉外案件中,如果本国法院最后适用外国法律,那么外国法律到底是"事实问题"还是"法律问题"?这个看似简单的问题,在不同国家之间却有分歧。在英美法系国家,外国法律并不被承认为"法律",而只是被作为"事实"看待,[1]至少是一种"特殊类型的事实"[2]。而在大陆法系国家,一般承认外国法律的"法律"地位。根据萨维尼的"国际法律共同体"思想,各国法律在地位上具有"等价性"。国际私法只是在各国国际私法之间进行"分配"或"指引"。

不过,随着国际社会一体化进程的深入发展,人们不再抽象地去探讨这一形而上的问题。即使在大陆法系国家,各国间彼此适用对方的法律也不再建立在传统国际法上的"礼让原则"基础之上,不再以"互惠"为必要的前提。例如,海牙1971年《公路交通事故法律适用公约》第11条就规定:"本公约第1条至第10条的适用与任何互惠要求无关,即使适用的法律是非缔约国法律,本公约亦应适用。"俄罗斯《民法典》第1227条规定,"在例外情况下,如果俄罗斯联邦某一法律规定应在互惠基础上适用外国法律,则法院应适用外国法律,而不必考虑在该外国对于类似法律关系是否也适用俄罗斯法律。如果外国法律的适用取决于互惠关系的存在,则推定存在此种互惠,除非能证明有相反规定"。

二、外国法的查明和举证义务

如果本国法律适用规范指引适用外国法,则应当由谁承担外国法的证明义务

---

[1] C Richard Fentiman, *Foreign Law in English Courts: Pleading, Proof and Choice of Law*, Clarendon Press, 1998, p. 3.

[2] [英]莫里斯:《法律冲突法》,李东来等译,中国对外翻译出版公司1990年版,第40页。

呢？由于大陆法系国家和英美法系国家对待外国法性质的态度不同，所以就存在“当事人举证主义”和“法官查明主义”的对立。不过现在这种分歧越来越模糊。[1]

（一）法官依照职责查明外国法

以德国为代表的大陆法系国家虽然也在民事诉讼中贯穿“当事人主义”，但德国1976年通过对《民事诉讼法典》的修改，加强了法官“促进程序进行”的职权。与英美国家法官相比，德国法官拥有主宰诉讼程序的一定权力。[2] 在大陆法系国家，一般把外国法也看作“法律”，而不是“事实”。法律都应当由法官依职权查明，因此在国际私法上，大多数大陆法系国家都规定，法官应当依照职权查明外国法。

法官依照职责查明法律的制度在德国（《民事诉讼法》第293条）、奥地利（《国际私法》第4条第1款）、意大利（《国际私法》第14条第1款）、荷兰、秘鲁（《民法典》第2051条）、列支敦士登（《国际私法》第4条第1款）、白俄罗斯（《民法典》第1095条）、罗马尼亚（《国际私法》第7条）等国家立法或司法实践中得到体现。同时，很多国家如瑞士、前南斯拉夫、突尼斯等国也规定，原则上法官应当依职权查明外国法律，但必要时也可以由当事人提供。瑞士《国际私法》第16条规定：“法官负责查明外国法的内容，法官可以要求当事人予以合作。涉及财产事项的，由当事人负责查明。”

在大陆法系国家，法国是个例外。1959年，法国最高法院在彼斯巴尔（Bisbal）案件中认为，法国的法律适用规范不属于保护公共利益的强制性规范，如果当事人没有要求适用外国法，法国法院也没有义务主动适用该法律适用规范从而适用外国的实体法。但在1961年的一个类似案件中，法国地方法院却采取了相反的做法，法官依职权主动适用了外国法。[3] 1988年，法国最高法院又两次作出规定，要求下级法院应当主动适用外国法律。[4] 但是到了1990年和1991年，最高法院再次改变了观点，认为下级法院没有义务主动适用国际私法。[5]

（二）由当事人提供外国法的证明

在英美法系国家，采用的是更彻底的“对抗式”或“当事人主义”审判方式。法官绝对保持中立并不介入当事人辩论的内容。很多案件中，法官（陪审团）只需在最后作出一个支持某一方当事人的判决就可以了，其他程序完全交由当事人来进行，

---

[1] 参见刘来平：《外国法的查明》，法律出版社2007年版，第55页以下。

[2] 参见［日］谷口安平：《程序的正义与诉讼》，王亚新、刘荣军译，中国政法大学出版社1996年版，第25-27页。

[3] C Cour de Cassation 2. 2. 1960, Revue critique, 1960, p. 97.

[4] C Cour de Cassation 11. 10. 1988, Clunet, 1989, p. 349.

[5] Cour de Cassation 4. 12. 1990, Clunet, 1991, p. 371; Cour de Cassation 10. 12. 1991, Revue critique, 1992, p. 316.

甚至连判决书都可以由当事人来草拟。〔1〕 上述审判方式反映在国际私法上,外国法是被当作事实看待的,而不是法律。法官不会主动适用外国法,只需要依据当事人的请求。在英国,如果当事人希望援用外国法,则应该像提供其他事实一样提供该法,否则,英国法院就会把含有涉外因素的案件像纯粹国内案件一样看待。〔2〕 英格兰法院一般不会自己去调查外国法,外国法由当事人提出后,一般要通过当事人提供的专家证人来证实。如果专家证人引用了外国法律中的条文,或者外国判决中的一段,法官也不能在没有证人协助的情况下,主动查看该法典的其他章节或判决的其他段落。如果双方当事人的专家证人对于外国法没有矛盾,法官就会接受它们。如果当事人对外国法的内容有争议或矛盾,则由法官判断哪一方的主张正确。

从 20 世纪中期以后,随着国家对社会生活的干预加强,在司法上法院的职权主义在民事诉讼中有复苏的趋势。早在 1936 年,美国就颁布了《统一外州(国)法律司法认知法》。〔3〕 不过该法对外州法律和外国法律进行了区别对待,它要求各州法官对姊妹州的法律必须给予司法认知,而对外国法律则不做强行要求。1962 年《统一州际和国际诉讼程序法》(Uniform Interstate and International Procedure Act),则取消了对外国法律的歧视,准许法院把外国法作为法律问题对待。〔4〕 1966 年《联邦民事诉讼规则》(FRCP)第 44.1 条进一步赋予法官查明外国法律的权力。〔5〕 目前,美国大多数州都接受了《联邦民事诉讼规则》,〔6〕只有少数几个州仍然坚持外国法是事实问题,如伊利诺伊州、艾奥瓦州、肯塔基州、犹他州等。

无论是采用法官职权主义还是当事人主义,查明外国法都是一件困难的事情,

---

〔1〕 参见[日]谷口安平:《程序的正义与诉讼》,王亚新、刘荣军译,中国政法大学出版社 1996 年版,第 102 页。

〔2〕 C Lawrence Collins ed., *Dicey, Morris and Collins on the Conflict of Laws*, 14th edition, Vol. 1, Thomson Sweet & Maxwell, 2006, p. 255.

〔3〕 Uniform Judicial Notice of Foreign Law Act of 1936. 司法认知是英美法概念,是指无须证据证明的事实。

〔4〕 参见 1962 年《统一州际和国际诉讼程序法》第 4.03 条。该法已于 1977 年被美国统一州法全国委员会废弃。

〔5〕 虽然该条要求法官将外国法律作为事实予以查明,但其前提仍然是当事人首先向法庭提出适用外国法律的请求并以书面方式出示外国法律。在司法实践中,如果当事人未主动提出适用外国法的主张或者未能举证外国法律的内容,即使根据法律适用规范应当适用外国法律,美国法官也不会主动去查明外国法的内容。这种情况下,法官就直接适用法院地州的法律。S. Symeonides, *American Private International Law*, Kluwer Law International, 2008, p. 90.

〔6〕 不过美国不同州法院对该条款的解释不一样。在 Carey v. Bahama Cruise Lines 一案中法庭认为:"规则 44.1 授予联邦法院权力去确定外国法的适用,但并未施加该项义务。" C Carey v. Bahama Cruise Lines, 862 F. 2d 201 (1st Cir. 1988).

甚至被认为是国际私法中最为重要、最为棘手的问题。[1] 欧盟委托瑞士比较法研究所进行的一项调查显示,在欧盟成员中有35%的被调查者表示会避免在案件中适用外国法律。[2]

为了降低查明外国法的困难,一些国际组织通过了一些国际公约进行国际合作,如1968年欧洲理事会成员国缔结的《关于提供外国法资料的欧洲公约》[3] 和1979年美洲国家组织制定的《美洲国家间关于外国法证明和查询的公约》。[4] 海牙国际私法会议近年来正在致力于加强成员国之间在提供外国法方面的合作。

三、我国法院查明外国法的方式

(一)法官依职权查明外国法的内容

我国的诉讼模式受到苏联的影响,也具有典型的法官职权主义特征。我国民事诉讼法规定,法院审理案件应当"以事实为依据,以法律为准绳",这表明我国的司法审判制度既不同于西方国家的"法官职权主义",也不同于"当事人主义",而是具有独特的中国特色。

在对待外国法律的性质上,我国法院显然是将外国法律作为法律看待的。我国最高人民法院在原《民通意见》第178条第2款明确指出:"人民法院在审理涉外民事关系的案件时,应当按照民法通则第八章的规定来确定应适用的实体法。"《涉外民事关系法律适用法》第10条第1款也规定:"涉外民事关系适用的外国法律,由人民法院、仲裁机构或者行政机关查明。当事人选择适用外国法律的,应当提供该国法律。" 综合上述规定,可以这样理解:

第一,我国法院和其他司法机构必须要依职权主动适用我国法律中的法律适用规范来确定涉外案件的准据法。

第二,一旦我国国际私法指引适用外国法,法院或其他司法机构也必须主动适用该外国法,而不是像英美法系国家和"任意性冲突法理论"所主张的那样,外国法的适用要取决于当事人的请求。在目前的司法审判方式下,我国法院无论是对事实还是法律,都要依据职权主动去调查取证,而不是完全听凭当事人的举证。

---

[1] C Sofie Geeroms, *Foreign Law in Civil Litigation: A Comparative and Functional Analysis*, Oxford University Press, 2004, p. 1.

[2] Schweizerisches Institut für Rechtsvergleichung, Lausanne & Europäische Kommission / Generaldirektion Justiz, *The Application of Foreign Law in Civil Matters in the EU Member States and Is Perspectives for the Future*, JLS/2009/JCIV/PR/0005/E4, Part Ⅱ, Empirical Analysis, 11 July, 2011, para. 3. 1.

[3] European Convention on Information on Foreign Law of 1968, CETS No. : 062. 截至2013年6月该公约已有43个缔约国。Http://conventions. coe. int/Treaty/EN/Treaties/Html/062. htm.

[4] *Inter-American Convention on Proof of and Information on Foreign Law*, 18 International Legal Materials 1231 (1979). 该公约于1980年生效,已有12个缔约国。

第三,我国法院必须依职权查明外国法的内容,但查明的方式可以灵活多样。《最高人民法院关于设立国际商事法庭若干问题的规定》第8条规定:国际商事法庭审理案件应当适用域外法律时,可以通过下列途径查明:(1)由当事人提供;(2)由中外法律专家提供;(3)由法律查明服务机构提供;(4)由国际商事专家委员提供;(5)由与我国订立司法协助协定的缔约对方的中央机关提供;(6)由我国驻该国使领馆提供;(7)由该国驻我国使馆提供;(8)其他合理途径。

通过上述途径提供的域外法律资料以及专家意见,应当依照法律规定在法庭上出示,并充分听取各方当事人的意见。

在"王某与某贸易公司跨境股权转让纠纷案"中,[1]苏州市中级人民法院二审认为,就王某与贸易公司是否存在股权代持合意的问题,双方在书面合同中约定适用中国法律,符合《涉外民事关系法律适用法》第41条的规定,故适用《最高人民法院关于适用〈中华人民共和国公司法〉若干问题的规定(三)》第24条的规定,认定王某与贸易公司之间对钢铁公司的股权存在代持合意,其应当按照约定返还股权。但是贸易公司要求王某配合变更股权登记的诉讼请求,涉及公司股东变更,依照《涉外民事关系法律适用法》第14条规定,应当适用钢铁公司登记地的埃塞俄比亚法律。苏州市中级人民法院遂委托苏州国际商事法庭专家委员会专家,对本案所涉埃塞俄比亚法律进行查询并出具咨询意见,在查清埃塞俄比亚1960年《商法典》规定的基础上,二审法院认定,一审判决王某无偿转让其代持股份并办理股份变更登记,符合埃塞俄比亚的相关法律规定。本案二审判决作出后,贸易公司即将生效判决进行公证和认证,并将股东会决议等申请文件一并提交埃塞俄比亚投资局。2021年8月,埃塞俄比亚投资局接受贸易公司的申请,将王某在钢铁公司的股权变更登记至贸易公司名下。

根据2022年《全国法院涉外商事海事审判工作座谈会会议纪要》第22条的规定,人民法院委托最高人民法院国际商事专家委员就审理案件涉及的国际条约、国际商事规则、域外法律的查明和适用等法律问题提供咨询意见的,应当通过高级人民法院向最高人民法院国际商事法庭协调指导办公室办理寄交书面委托函,写明需提供意见的法律所属国别、法律部门、法律争议等内容,并附相关材料。

(二)当事人提供外国法

最高人民法院原《民通意见》第193条就规定了可以由当事人提供外国法。《涉外民事关系法律适用法》第10条第1款规定:"涉外民事关系适用的外国法律,由人民法院、仲裁机构或者行政机关查明。当事人选择适用外国法律的,应当提供该国法律。"《法律适用法解释一》第16条规定:"人民法院应当听取各方当事人对应当

---

[1] 参见江苏省苏州市中级人民法院民事判决书,(2021)苏05民终2105号。

适用的外国法律的内容及其理解与适用的意见,当事人对该外国法律的内容及其理解与适用均无异议的,人民法院可以予以确认;当事人有异议的,由人民法院审查认定。"根据 2022 年《全国法院涉外商事海事审判工作座谈会会议纪要》第 23 条规定,当事人可以依据《民事诉讼法》第 82 条的规定申请域外法专家出庭。人民法院可以就专家意见书所涉域外法的理解,对出庭的专家进行询问。经法庭准许,当事人可以对出庭的专家进行询问。专家不得参与域外法查明事项之外的法庭审理活动。专家不能现场到庭的,人民法院可以根据案件审理需要采用视频方式询问。第 26 条规定,对于应当适用的域外法,根据《涉外民事关系法律适用法》第 10 条第 1 款的规定由当事人提供的,查明费用由当事人直接支付给查明方,人民法院不得代收代付。人民法院可以根据当事人的诉讼请求和具体案情,对当事人因查明域外法而发生的合理费用予以支持。

需要注意的是,当事人提供外国法只是法院查明外国法的一种方式,并非把提供外国法的义务加之于当事人。在请"中外法律专家"提供外国法内容时,对中外法律专家提供的外国法,人民法院在审理有关涉外案件中仍需要进行质证。经过质证不能确定内容是否属实的,应当不予采信。〔1〕

(三)查明外国法内容的其他途径

我国与有些国家达成的双边司法协助协定中,规定了相互提供本国法律的方式。比如 1987 年中国和法国签订的《关于民事、商事司法协助的协定》第 28 条规定:"有关缔约一方的法律、法规、习惯法和司法实践的证明,可以由本国的外交或领事代表机关或者其他有资格的机关或个人以出具证明书的方式提交给缔约另一方法院。"

2021 年 12 月 3 日,中华人民共和国最高人民法院与新加坡共和国最高法院签署《关于法律查明问题的合作谅解备忘录》,〔2〕第 1 条规定,当中华人民共和国和新加坡共和国的法院在审理国际民商事案件中需要适用对方国家的法律时,各参与方可以依据本备忘录请求对方针对其民事和商事的国内法和司法实践或相关事项,提供信息和意见。

随着互联网的发展,世界上很多国家都开始将本国法律电子化和网络化。德国、日本等国都开始进行官方主导的法律英译工程,将本国法律的权威英文本公布在网络上。〔3〕 很多权威的电子法律数据库(如 Westlaw、Lexisnexis、Heinonline、

〔1〕 参见厦门凌凯矿业有限公司、福建安港投资有限公司股权转让纠纷案,最高人民法院民事裁定书,(2019)最高法民申 319 号。

〔2〕 2022 年 4 月 3 日起正式生效。

〔3〕 日本的法律英译网站参见 http://www.japaneselawtranslation.go.jp/? re=02;德国的法律数据库及其英译网站参见 http://www.gesetze-im-internet.de/Teilliste_translations.html。

Beckonline 等）收集了世界上很多国家的法律信息资料，通过网络查明外国法越来越便捷，因此此种方式已经成为当今各国法院普遍采用的方式。在我国，一些法院也开始采用上述方式。上海市中级人民法院曾审理一起涉外出资合同纠纷。原告为我国公民，被告为美国 MPI 公司的两位股东。双方签署合同，约定原告出资 400 万美元成为被告公司股东。后原告以未能成为被告公司股东为由起诉，要求返还出资款。该案涉及美国 MPI 公司属人法的适用，而该公司注册地位于美国特拉华州，故应适用特拉华州公司法。由于原、被告双方提供的该州法律内容不一致，法院通过特拉华州官方网站和 LEXIS 网站查找到该州现行法律条文及判例，并据此作出判决。[1]

在天津市高级人民法院审理的"上诉人赛奥尔航运有限公司与被上诉人唐山港陆钢铁有限公司错误申请海事强制令损害赔偿纠纷案"[2]中，法院从公共网站获取了英国法律专家 John F. Wilson 教授撰写的《海上货物运输》（*Carriage of Goods by Sea*，Longman 出版社出版）第七版著作，并从图书馆查阅了其他两位英国法律专家所著的海商法著作，并以著作中的观点作为英国法律的权威解释。虽然一方当事人提出质疑，认为英国法查明不应依据书籍，而应依据判例，同时，中华人民共和国法律规定了外国法查明的途径，即不能通过查阅法律著作进行摘录得出结论，但是法院仍然认为，上述著作系来源于公共网站及高校图书馆，就本案争议的留置权问题，上述著作均直接确定了英国普通法下船东对货物行使留置权的适用情形，可以作为英国法的相关内容，审查留置权是否成立。

一些法院与有关学术研究机构联合建立外国法查明中心，委托该机构提供外国法查明服务，取得了良好效果。例如，华东政法大学于 2014 年成立的外国法查明中心在多起案件中为法院查明了所适用的外国法律。[3]

四、外国法无法查明时的处理

外国法无法查明包括两种情况：第一，该外国与本国交流不便，通过各种途径均无法得到有关该国法律的文本或者无法得到该国法律文本的中文翻译；第二，通过有关途径查到该国法律，但是该国法律中对于案件所涉及的情况没有相应的规定。

最高人民法院《法律适用法解释一》第 15 条规定："人民法院通过由当事人提供、已对中华人民共和国生效的国际条约规定的途径、中外法律专家提供等合理途径仍不能获得外国法律的，可以认定为不能查明外国法律。根据涉外民事关系法律适用法第十条第一款的规定，当事人应当提供外国法律，其在人民法院指定的合理

---

〔1〕 参见中国法院网有关报道：http://www.chinacourt.org/public/detail.php?id=192136。

〔2〕 天津市高级人民法院民事判决书，（2012）津高民四终字第 4 号。

〔3〕 参见最高人民法院国际商事法庭网，https://cicc.court.gov.cn/html/1/218/347/。

期限内无正当理由未提供该外国法律的，可以认定为不能查明外国法律。”2022年《全国法院涉外商事海事审判工作座谈会会议纪要》第24条规定，人民法院不得仅以当事人对域外法内容存在争议为由认定不能查明域外法。第25条规定，当事人应当提供域外法的，人民法院可以根据案件具体情况指定查明域外法的期限并可依据当事人申请适当延长期限。当事人在延长期限内仍不能提供的，视为域外法查明不能。

外国法无法查明时，应当寻找“替代法律”（Ersatzrecht）来代替原来的准据法。对于如何确定“替代法律”，各国立法和实践有以下不同方法。

我国《涉外民事关系法律适用法》第10条第2款也规定：“不能查明外国法律或者该国法律没有规定的，适用中华人民共和国法律。”根据上述规定，应区分两种情况对待：

（1）外国法无法查明

最高人民法院在《关于适用〈涉外经济合同法〉若干问题的解答》第2条第11款规定：“……通过上述途径仍不能查明的，可以参照我国相应的法律处理。”而在稍后发布的《民通意见》第193条规定：“……通过以上途径仍不能查明的，适用中华人民共和国法律。”我国的这一规定是与国际上的普遍做法相一致的。

（2）外国法没有相应规定

《涉外民事关系法律适用法》第10条第2款将外国法律不能查明与外国法律没有规定同等对待，均以中国法律取代之。我们认为，应当把二者区别开来。外国法律如果对案件所涉法律问题没有直接规定，则需要根据该国法律规定对该国相关法律进行解释。比如日本2006年《法律适用通则法》第2条规定，如果法律没有规定的，应适用习惯。

五、外国法的解释

如果在涉外案件中最终确定要适用外国实体法，那么法官应当如何具体适用该外国法呢？这就是如何解释外国法的问题。

大陆法系的观点通常认为，法院地法官既然决定适用外国法，就应当像外国法官一样来适用该外国法，而不能按照自己的理解来适用外国法。外国法的渊源，也应当按照该国法律的规定，不一定是制定法，还有可能是习惯法、判例等。对于外国参加的国际条约，如果是造法性条约，自然应当适用，即使法院地国没有参加该条约。对于外国法的解释也要依照该国法律的解释方法，突尼斯《国际私法》第33条、意大利《国际私法》第15条、葡萄牙《民法典》第23条和奥地利《国际私法》第3条具有类似规定。常设国际法院在1929年审理的巴西—塞尔维亚债务案中也曾明确指出:“对外国法的解释只能依据该国自己的判例法进行,除此之外别无他途。”[1]美国法院最近在一起适用中国法律的案件中也指出,对中国法律的适用不仅要看其字面含义,还要看其在实践中的运用。[2]

不过在实践中,要求本国法官依照外国法的解释方法解释外国法确实存在客观困难,因为很少有哪个国家的法官通晓外国法的解释原理,更何况对外国法的解释还存在语言翻译和文化理解等方面的障碍。[3] 实践中,很多英美国家的法官都依靠专家意见和证言来解释外国法律。[4]

《法律适用法解释一》第16条规定:“人民法院应当听取各方当事人对应当适用的外国法律的内容及其理解与适用的意见,当事人对该外国法律的内容及其理解与适用均无异议的,人民法院可以予以确认;当事人有异议的,由人民法院审查认定。”

第七节 外国法错误适用后的救济

一、概论

外国法的错误适用是指法院在依照法律适用规范的指引适用外国法时发生错误,包括适用法律适用规范本身的错误和适用外国实体法的错误。前者是指依照本国法律适用规范的指引本来应当适用甲国法律,却错误地适用了乙国法律或者适用了法院地国法律,或者相反,本应适用法院地国法律,却错误地适用了外国法律。后者是指在依照法律适用规范指引适用外国法时,错误地理解了该外国法,并导致作出了错误的判决。如果内国法院在适用外国法律时发生错误,是否允许当事人以此为由提起上诉? 这就是外国法适用中的“可上诉性”问题(revisability)。对此不同国家之间有相互对立的观点。[5]

---

[1] Case of the Brazilian and Serbian Debts, 1929 P. C. I. J. (ser. A) Nos. 20-21 (July 12); C. Louis Henkin et al., *International Law-Cases and Materials*, West Publishing Co., 1980, p. 115.

[2] Wultz et al. v. Bank of China Limited, Doc. 192, Nov. 5, 2012.

[3] Andrew N. Adler, *Translating and Interpreting Foreign Statutes*, 19 Michigan Journal of International Law 37(1997). 另见徐鹏:《外国法解释模式研究》,载《法学研究》2011年第1期。

[4] John Henry Merryman, *Foreign Law as a Problem*, 19 Stanford Journal of International Law 151 (1983); Milton Pollack, *Proof of Foreign Law*, 26 American Journal of Comparative Law 470 (1978).

[5] Fastrich, Revisibilitaet der Ermittlung auslaendischen Rechts, ZZP 97 (1984), S. 423ff; Kerameus, Revisibilitaet ausländischen Rechts, ZZP 99 (1986), S. 166ff; Gottwald, Zur Revisibilität ausländischen Rechts, IPRax 1988, S. 210ff; Wiedemann, Die Revisibilität ausländischen Rechts im Zivilprozess, 1991.

二、解决方法

(一)禁止上诉

大陆法系许多国家都禁止当事人以下级法院适用外国法错误为由向上级法院提起上诉。德国、瑞士以及法国、荷兰、突尼斯、摩洛哥等国均如此。[1] 在这些国家,最高法院(上诉法院)只是法律审(revisio in jure)的法院,其目的并不在于对下级法院所作的事实认定和具体审判结果的审查,而是在于维护本国法律适用的统一性。下级法院适用外国法律是否错误,上诉法院没有义务去审查,因此也不允许当事人以此为由提出上诉。在德国,根据《民事诉讼条例》第545条第1款的规定,[2]上诉审只负责对"违反联邦法律"的案件进行复审,而适用外国法的错误不属于违反联邦法律。2008年12月17日,德国修订了《民事诉讼条例》第545条第1款的规定,将"违反联邦法律"改为"违反法律",鉴于德国法院将外国法律视为法律,因此很多德国学者认为适用外国法律的错误也属于"违反法律",也可以提起上诉。[3]但是德国联邦最高法院并不认同这一观点,仍然坚持外国法不可上诉。[4]

(二)允许上诉

也有一些大陆法系国家允许当事人以下级法院适用法律错误为由向上级法院提起上诉,上级法院也会予以受理。奥地利、意大利、东欧国家、俄罗斯及其他独联体国家立法均持此种态度。比利时和希腊等国原来持拒绝态度的国家,后来也转变为允许上诉法院对下级法院适用外国法进行审查。在这些国家,上诉法院的任务不仅仅是维护本国法律适用的统一,同时也要对具体案情进行审理,包括事实认定和法律适用,因此对外国法的错误适用,就是对本国国际私法的错误适用,上诉法院理所当然可以进行审查。

在英美法系国家,尽管把外国法看作事实而非法律,但英美法系国家的上诉法院也有权对下级法院审理的案件进行全面审查,其中包括事实认定和法律适用等。因此,下级法院对外国法的错误适用属于对事实的错误认定,允许当事人提起上诉。

(三)我国的实践

我国的诉讼制度实行的是两审终审制,上级法院和下级法院之间没有法律审和事实审之分,下级法院所审理的案件无论是事实认定还是法律适用上发生错误,上

---

[1] 德国早在1877年的《民事诉讼条例草案》第487条就有此项规定,并且在其立法解释中强调:外国法律是否被正确适用,不得成为上诉的理由。法国法也采此观点。See Hahn, Die gesamten Materialien zur Civilprozessordnung, 1880, zu § 487, S. 359.

[2] 2009年9月1日前的文本。

[3] Menno Aden, Revisibilitaet des kollisionsrechtlich berufenen Rechts, RIW 2009, S. 475.

[4] BGHZ 198, 14 = NJW 2013, 3656.

级法院都有权进行审查,当事人当然可以提起上诉。因此,下级法院适用外国法的错误,当事人是可以提起上诉的,上级法院也应当受理并进行重新审查。另外,我国诉讼制度中还存在审判监督程序,因此当事人或法院还可以通过审判监督程序纠正法院适用外国法的错误。[1]

第八节　法律规避

一、法律规避的概念

法律规避(fraus legis,evasion of law,Gesetzesumgehung)既是国内实体法上的一个重要问题,也是国际私法上的一个重要问题。比如,国内法中,当事人为了逃避个人所得税而将本来应该一次获得的收入分几次领取。各国国内法对于规避本国国内法的行为一般都是禁止的。但在国际私法上,法律规避的方法有所不同。在国际私法上,法律规避是指涉外民事关系当事人为了避开本来应当得到适用但对其不利的某国法律,而使对其有利的某国法律得到适用,就故意制造某一连结点,从而通过法律适用规范的指引,适用对其有利的该国法律而实施的行为。[2]

主流理论认为,法律规避应当具备四个要件:[3]

1. 主观上的意图,即当事人有规避法律的意愿。

2. 规避法律的行为,即当事人通过人为制造或改变一个连结点来达到规避法律的目的。

3. 被规避的法律,即法律规避的对象,被规避的是本来应当得到适用的有关国家的法律(不一定是强制性或禁止性法律)。

4. 想要适用另一国的法律,即当事人规避一国法律的目的是要适用对他有利的另一国的法律。

1878年法国最高法院审判的鲍富莱蒙案件(Bauffremont Case)[4]是国际私法历史上经典的法律规避案例。

在该案中,原告鲍富莱蒙是法国的一个王子,其妻子原是比利时人,因与鲍富莱蒙结婚而取得法国国籍。后来,鲍富莱蒙的妻子想与鲍富莱蒙离婚,以便与罗马尼

---

[1] 参见新加坡长荣海运股份有限公司与第一产物保险股份有限公司民事案,最高人民法院民事判决书,(2018)最高法民再196号。

[2] Gonzalo Parra-Aranguren, The Evasion of the Law (Fraude a la loi), 210 Recueil des cours 102 (1988).

[3] Kegel/Schurig, Internationales Privatrecht, 9 Aufl. 2004, S. 478.

[4] Bauffremont-Bibesco, Cour de Cassation 18. 3. 1878, Clunet 1878, 50.

亚的一个王子结婚。但当时法国法律禁止离婚。为了达到离婚的目的,鲍富莱蒙夫人先在法国法院取得分居判决,然后只身前往允许离婚的德国定居,并取得德国国籍,然后在德国法院获得离婚判决。之后,鲍富莱蒙夫人在柏林与罗马尼亚王子比贝斯科结婚。婚后,她以德国公民身份回到法国,于是鲍富莱蒙在法国提起诉讼,要求法院判决其妻子加入德国国籍的行为以及离婚和再婚的行为均属无效。

按照当时的法国国际私法,鲍富莱蒙夫人的离婚应当适用当事人本国法,即德国法。如果适用德国法,她的离婚和结婚行为均属有效。但法国法院认为,鲍富莱蒙夫人加入德国国籍的目的显然在于规避法国禁止离婚的法律,因此判决其离婚和再婚的行为在法国无效。至于她加入德国国籍的效力,法国法院未作判决。

二、法律规避的方式

法律规避包括两种类型:真正的规避和伪装的规避。[1]

(一)真正的规避(echte Umgehung)

1. 改变连结因素,包括改变国籍、住所、经常居所或改变合同签订地、公司注册地或营业地等。

2. 通过实施某一行为影响法官的定性,从而使某一法律关系适用另一法律关系的准据法。例如,被继承人生前将其不动产登记到其外国公司名下,这样关于该不动产的法定继承问题就不是按照遗产的法定继承来确定法律的适用,而是要依照该外国公司的准据法。

3. 滥用法律选择权,约定合同适用某一特定国家的法律,从而规避本应适用的法律。

4. 挑选法院,通过选择有利的法院去起诉,也可以使对自己有利的法律得到适用。

(二)伪装的规避(Simulation)

伪装的规避是指当事人伪造一个连结点,试图规避应当适用的法律。例如,当事人双方在国内签署一份合同,但在合同书中将合同缔结地写为美国纽约。或者合同双方均为国内企业,但为了规避国内法律,故意以一家外国企业的名义签订合同。[2]

三、法律规避的后果

(一)有效的法律规避

当事人能够规避法律只能说明法律本身的规定存在漏洞和缺陷,法律只要不明

---

〔1〕 Bernd von Hoffmann/Karsten Thorn, Internationales Privatrecht, 9 Aufl. 2007, S. 267ff.

〔2〕 欧盟法院的判例参见 EuGH NZA 2012, 227 Rn. 49-Vogsgeerd/Navimer。

文禁止的行为就应当是有效的。因此,有些国家立法和学说主张对当事人规避法律的行为不加禁止。

在实践当中,对于某些规避法律的行为也很难完全禁止。例如,船舶的方便旗,有些国家允许本国船舶挂方便旗,以便提高本国轮船公司的竞争力。另外还有在所谓的“避税天堂”(Tax Haven)注册公司的问题,即公司为了避税而在某些税收很低的国家和地区进行注册(被称为“邮箱公司”)。还有所谓的“结婚天堂”(如 Gretna Green)和“离婚天堂”(如美国的 Nevada),在那里可以很方便地结婚和离婚,且吸引了许多人前往。[1]

在我国,很多企业和个人为了规避我国法律,到一些离岸中心去注册成立“邮箱公司”,然后再回中国成立“外资企业”,从而产生很多所谓的“假外企”(Pseudo-foreign company)。[2] 这样的“假外企”只要是合法成立的,其所实施的法律行为仍然是有效的。

在最高人民法院再审的“河北冀星高速公路有限公司(以下简称冀星公司)与京域高速公路有限公司(以下简称京域公司)、康永基础有限公司(以下简称康永公司)、永荣国际集团有限公司、高威有限公司、辉达投资有限公司、光远财务有限公司、新耀服务有限公司、澄天投资集团有限公司、敏辉控股集团有限公司、伟福海外有限公司借款合同纠纷案”[3]中,被告京域公司在英属维京群岛设立了九家空壳公司(共同被告),其目的就是利用该九家公司的公司法人地位,规避国家关于项目投资审批权限的强制性规定。而事实上,京域公司与康永公司等九家公司在公司业务、财产、人员等诸多方面均严重混同。原告主张,被告京域公司对冀星公司的借款依法应当由十名被告共同承担连带责任。但是最高人民法院再审后认为,康永公司等九家公司系在英属维京群岛登记设立,其与京域公司注册地址虽然相同,但这是注册地法律所允许的。康永公司等九家公司和京域公司拥有相同的注册办公地址,并不影响各家公司各自的独立法人地位。因此,本案中京域公司和康永公司等九家公司并不构成法人人格混同,并驳回了原告的再审请求。

(二)无效的法律规避

很多国家立法规定,当事人规避本国法律的行为无效。如原南斯拉夫《国际冲突法》第5条,加蓬《民法典》第31条,突尼斯《国际私法》第30条等。也有一些国家规定,当事人无论规避本国法律还是外国法律,均无效(如葡萄牙、西班牙等国)。

最高人民法院《法律适用法解释一》第9条规定:“一方当事人故意制造涉外民

---

〔1〕 Bernd von Hoffmann/Karsten Thorn, Internationales Privatrecht, 9 Aufl. 2007, S. 269.

〔2〕 美国学者拉蒂最早提出“假外企”的概念,参见 Elvin R. Latty, *Pseudo-Foreign Corporations*, 65 Yale Law Journal 137 (1955)。

〔3〕 最高人民法院民事裁定书,(2011)民申字第289号。

事关系的连结点,规避中华人民共和国法律、行政法规的强制性规定的,人民法院应认定为不发生适用外国法律的效力。”

实践中也不能滥用法律规避来排除本应适用的外国法律。要根据具体案情加以判断。〔1〕

第九节　公共秩序保留

一、公共秩序保留的概念

“公序良俗原则”是民法最基本的原则之一,最早规定在1804年法国《民法典》中,该法第6条规定:“个人不得以特别约定违反有关公共秩序和善良风俗的法律。”几乎所有国家的民法典都有类似规定。但对于“公共秩序”(ordre public),各国称谓有所不同。英美国家称其为公共政策(public policy),我国法律中多用“社会公共利益”或“公序良俗”。我国《民法典》第8条规定,民事主体从事民事活动,不得违反法律,不得违背公序良俗。国内私法中,公共秩序规范可以排除私人的意思自治。

在国际私法中,公共秩序则被用来排除外国法的适用。早在法则区别学说时代,巴托鲁斯已经指出,对于其他城邦的“令人厌恶的法则”(statuta odiosa),比如对女子歧视的继承法则,可以不予承认。〔2〕荷兰的胡伯认为,对外国法的承认不得有损于本国主权者和公民的权益。德国学者萨维尼则奠定了现代公共秩序理论的基础。萨维尼认为:“对于任一法律关系,都应当探求根据其本身的性质判断该法律关系所归属或服从的那一法律地域”,也就是“法律关系的本座所在地”。萨维尼根据“法律共同体”思想,主张各国法律之间的等价性和互换性,因此本国法官审理案件时,如果“本座”位于外国,则可以适用外国法律。〔3〕但是,萨维尼同时承认,他所提出的原则存在例外,“因为有许多法律由于其特殊性质不允许过分自由地适用不同国家之间的普通法。在此情况下,法官宁愿适用其本国法,而不适用根据这一原则所应当适用的外国法”〔4〕。萨维尼将这种例外归为两类:(1)本国具有严格的积极性和强制性的法律规范,比如本国禁止一夫多妻的制度;(2)外国所存在的某些法律制度,不为本国法律所承认,不能依此请求法律保护,比如外国的奴隶制。〔5〕后来

---

〔1〕安庆市昕臆汽车配件有限公司与周某劳动争议上诉案,安徽省安庆市中级人民法院民事判决书,(2017)皖08民终466号。

〔2〕巴托鲁斯著作的英译本参见Smith, 174 American Journal of Legal History (1970)。

〔3〕Savigny, System des heutigen Römischen Rechts, band Ⅷ, 1 Aufl. 1849, S. 108.

〔4〕Savigny, System des heutigen Römischen Rechts, band Ⅷ, 1 Aufl. 1849, S. 32.

〔5〕Savigny, System des heutigen Römischen Rechts, band Ⅷ, 1 Aufl. 1849, S. 33.

的学者进一步发扬了萨维尼的理论，公共秩序保留制度成为各国国际私法上一项排除外国法律适用的基本制度。

公共秩序保留（reservation of public order, ordre public-Vorbehalt）或称为保留条款（Vorbehaltsklausel）、排除条款（Ausschließungsklausel），是指法院在适用外国法时，如果该法律的适用会违背法院地法的基本政策、道德观念、国家根本利益或法律基本原则，则可以排除该外国法的适用。此种公共秩序保留制度来源于萨维尼所说的第二种例外，即外国的法律制度不为内国所承认，不能得到内国之保护。此种公共秩序也被称为“消极的公共秩序”（negative ordre public）。

我国原《民法通则》第150条规定：“依照本章规定适用外国法律或者国际惯例的，不得违背中华人民共和国的社会公共利益。”《海商法》第276条、《民用航空法》第190条也有相同的规定。我国《民事诉讼法》第289条也规定，在承认和执行外国判决和裁决时，应当审查该判决或裁决是否违反我国法律的基本原则和我国国家、社会利益；如果违反，则可以拒绝承认与执行该判决或裁决。《涉外民事关系法律适用法》第5条规定：“外国法律的适用将损害中华人民共和国社会公共利益的，适用中华人民共和国法律。”

二、公共秩序保留的对象

（一）一般原则

虽然所有国家的国际私法中都规定外国法律的适用不得违背本国的公共秩序，但什么是本国公共秩序，各国的理解不同。尤其是各国政治、经济、宗教和文化上的差异，导致不同国家判断违背本国公共秩序的标准不同。历史上，各国也经常滥用公共秩序保留条款作为对抗外国法律的手段。

对于什么是我国的公共秩序或社会公共利益，我国法律未作具体解释，其必须由我国法官根据我国法律和政策进行判断。一般来说，可以从以下几个方面来判断外国法律的适用是否违反我国的公共秩序（社会公共利益）：（1）外国法律的适用违反我国宪法的基本原则，如四项基本原则、公民的基本权利、男女平等原则、保护儿童原则等；（2）外国法律的适用违反我国善良风俗和诚实信用原则；（3）外国法律的适用违反我国缔结或加入的国际条约的基本原则，如联合国宪章的基本原则等。

实践中，应注意区分公共秩序与法律中的强制性规定（参见下节论述）。

（二）一夫多妻制度（polygamous marriage）

我国宪法和原《婚姻法》中所规定的一夫一妻制度是否为我国的公共秩序？对此亦有争论，〔1〕因为有些国家的法律承认一夫多妻制度。因此，在国外合法成立的

---

〔1〕参见焦燕：《多配偶制婚姻与国际私法的公共秩序保留——关于一则案例的分析》，载《国际私法与比较法年刊》2005年卷，北京大学出版社，第194页。

多配偶婚姻,能否因为违反我国婚姻法上的一夫一妻制度而被拒绝承认呢？萨维尼就认为外国一夫多妻制不能被本国承认,因此德国禁止一夫多妻制的法律属于他所说的第二种强行法。[1] 随着时代的变化,有些国家的法律有所变通。英国早就在一定范围内承认了多配偶婚姻制度;[2]在加拿大魁北克,尽管在魁北克境内禁止多配偶婚姻,但在国外成立的多配偶婚姻可以在魁北克得到承认。[3] 在德国、法国也同样如此。[4]

我国上海法院审理的范某、范某昭、凌某某等与范某富继承纠纷案[5]中,我国香港特别行政区居民范某 1942 年在内地与凌某某结婚,于 1971 年在我国香港特别行政区又与郑某某结婚。根据我国香港特别行政区法律,我国香港特别行政区居民在 1971 年 10 月前所存在的旧式华人习俗婚姻按照大清《民律草案〈亲属〉》规定,男子纳妾及兼祧再娶,皆为合法婚姻,其权利义务受我国香港特别行政区法律保护。因此,一审法院判范某的双重婚姻有效。但二审法院认为,依照我国香港特别行政区法律承认范某与郑某某的婚姻违背我国内地法律一夫一妻制的规定,有悖于我国的社会公共利益,因此根据公共秩序保留予以否决。

法国法院早在 1980 年就审理过类似案例。该案中,一个阿尔及利亚人死后留下两个妻子,并各有一子。死者在法国有不动产遗产。对于继承,应适用法国法律。但对于第二个妻子及其子女的法律身份,法国法院适用了死者的本国法即阿尔及利亚法律,从而承认了第二个妻子的继承权。[6]

(三)同性婚姻

同性婚姻(same-sex marriage)是指两个相同性别成员之间的婚姻。有些国家的立法者迫于保守者的压力不承认同性婚姻但又要兼顾同性伴侣的权利,于是创立了一种新的法律,即民事结合制度。它以民法为依据,允许两个同性伴侣登记为民事伴侣,提供近似或部分婚姻的权利。

同性婚姻近年来在很多国家引发了广泛争论。截至 2020 年 8 月,全世界已有近 30 个国家将同性婚姻合法化。美国最高法院也在 2015 年 6 月 26 日的“Obergefell 案”中以 5 票对 4 票的投票结果做出历史性裁决,认为同性婚姻同样受

---

[1] Savigny, System des heutigen Römischen Rechts, band Ⅷ, 1. Aufl. 1849, S. 35.

[2] Lawrence Collins ed., *Dicey, Morris and Collins on the Conflict of Laws*, 14th edition, Vol. 1, Thomson Sweet & Maxwell, 2006, p. 850.

[3] H. Patrick Glenn, *Codification of Private International Law in Quebec*, RabelsZ 60 (1996), S. 236.

[4] Kegel/Schurig, Internationales Privatrecht, 4 Aufl. 2004, S. 528.

[5] 上海市第一中级人民法院民事判决书,(1999)沪一中民初字第 393 号。

[6] Dame Bendeddouche c. Dame Boumaza, Cass. Civ., 1re ch., 3. 1. 1980, Bull. Civ., 1980, I, p. 3; Revue critique, (1980), p. 331. See Schmidt, *The Incidental Question in Private International Law*, 233 Collected Courses of the Hague Academy of International Law 337 (1992).

宪法保护。[1] 该裁决使同性婚姻在美国所有州均合法。

但是，对于那些仍不承认同性婚姻的国家来说，在国外合法缔结的同性婚姻不一定能得到它们承认。

2016年3月10日，我国香港特别行政区高等法院在"QT诉Director of Immigration案"[2]中，支持了我国香港特别行政区入境事务处拒绝向原告颁发依亲签证的决定。该案中，申请人是英国国民，她的同性伴侣持工作签证在我国香港特别行政区工作。申请人以其同性伴侣的受养人的身份，申请依亲签证来港居留。根据受养人政策，"配偶"被视为仅由男女结合的一夫一妻婚姻中的其中一方，而这种婚姻被理解为唯一一种获我国香港特别行政区法律认可的婚姻；入境事务处处长以此为依据，拒绝发给申请人依亲签证。申请人寻求司法复核，被法院驳回。法院给出的理由是，如果入境处给申请人颁发签证，则会变相地承认同性伴侣或同性婚姻关系在我国香港特别行政区的法律效力，而这在我国香港特别行政区是不被法律允许的。我国香港特别行政区2006年4月11日颁布法律禁止英国驻我国香港特别行政区领事馆为同性伴侣颁发结婚登记。而英国驻中国的领事馆则可以向英国公民颁发同性结婚证书。

值得注意的是，在我国香港特别行政区，如果一个男性实施变性手术变更为女性后，则可以和另一个男性结婚。[3]

我国内地（大陆）法律不承认同性婚姻。湖南省长沙市中级人民法院在"孙某麟、胡某亮诉长沙市芙蓉区民政局不履行婚姻登记法定职责案"[4]中明确指出："二上诉人均为男性，明显不符合法律规定的办理结婚登记的条件，其要求判令被上诉人为其办理结婚登记，理由不成立。"在涉及同性同居关系的诉讼纠纷中，我国内地（大陆）法院也拒绝按照婚姻关系处理当事人之间的纠纷。[5]

（四）赌博之债（Gambling or wagering obligation）

赌博在很多国家与地区均属非法行为而受到禁止，因而因赌博产生之债务为无效债务不受法律保护。但近年来世界各国与地区对赌博行为越来越持开放态度。如英国2005年修订的《赌博法》已经废除了原先对赌博合同的很多限制。[6] 另外，

---

[1] Obergefell v. Hodges, 35 S. Ct. 1039, 576 U. S. 644 (2015).

[2] QT v. Director of Immigration [2016] 2 HKLRD 583.

[3] 参见桑志祥：《W诉婚姻登记机关变性人婚姻登记纠纷案——变性人婚姻登记的效力》，载《人民司法·案例》2015年第2期。

[4] 湖南省长沙市中级人民法院民事判决书，(2016)湘01行终452号。

[5] 房某与金某某赠与合同纠纷案，上海市徐汇区人民法院民事判决书，(2016)沪0104民初17101号。另见庄某霞盗窃罪案，上海市第一中级人民法院刑事判决书，(2019)沪01刑终313号。

[6] Ebenezer O. I. Adodo, *Enforcement of Foreign Gambling Debts: Mapping the Worth of the Public Policy Defence*, 1 Journal of Private International Law 291 (2005).

我国澳门特别行政区法律允许赌博及打赌,由此产生的赌债就可成为法定债务。《澳门民法典》亦对赌债的性质作了规定:“特别法有规定时,赌博及打赌构成法定债之渊源;涉及体育竞赛之赌博及打赌,对于参加竞赛之人亦构成法定债务之渊源;如不属上述各情况,则法律容许之赌博及打赌,仅为自然债务之渊源。〔1〕 有关赌博的特别法是我国澳门特别行政区颁布的《娱乐场博彩或投注信贷》法规,用以规范博彩借贷行为的运作,从而使得我国澳门特别行政区的赌博借贷行为有了法定依据。在这一赌博借贷立法出台后,我国澳门特别行政区赌债已成为法定债务,其法律效力在于当债务人不履行债务时,债权人可通过司法途径强制执行。假如中国内地某居民在我国澳门特别行政区赌场赌博欠下赌债,我国澳门特别行政区债权人向我国内地法院要求其清偿,此时,我国内地法院如何对待该赌债?法院能否运用公共秩序保留制度判令赌债无效?

我们认为,既然我国宪法确立了“一国两制”的基本制度,就不能轻易用公共秩序保留来排除澳门特区关于赌债的法律规定。我们认为可以将赌博之债作为自然债务处理,法院不受理赌债的诉讼。例如,原来的英国冲突法中,根据合同自体法有效的赌博合同在英格兰被视为有效,但不得就偿还由于该合同而赢得的钱在英格兰提起诉讼。2005 年之后英格兰已经废除了后一规则。〔2〕

最高人民法院在“宋某与李某隆股权转让纠纷案”〔3〕中认为,上诉人主张《借款协议》及案涉系列股权转让协议系由发生在我国澳门特别行政区的赌债而产生,因赌债不受我国法律保护,以赌债为基础的合同应属无效。对此,《涉外民事关系法律适用法》第 41 条规定,“当事人可以协议选择合同适用的法律。当事人没有选择的,适用履行义务最能体现该合同特征的一方当事人经常居所地法律或者其他与该合同有最密切联系的法律”,因此上诉人所主张的在我国澳门特别行政区发生的赌债即使属实,在没有证据表明当事人约定适用其他法律的情况下,亦应适用履行义务最能体现赌债特征的博彩机构经常居所地及与赌债有最密切联系的我国澳门特别行政区法律认定其法律效力。对宋某主张应当适用我国内地法律认定《借款协议》及案涉系列股权转让协议因基于赌债发生而无效的主张,法院不予支持。〔4〕

实践中,我国内地很多法院仍然依据公共秩序保留排除我国澳门特别行政区法

---

〔1〕《澳门民法典》第 1171 条。

〔2〕 C Lawrence Collins ed., *Dicey, Morris and Collins on the Conflict of Laws*, 14th edition, Vol. 1, Thomson Sweet & Maxwell, 2006, p. 1858.

〔3〕 最高人民法院民事判决书,(2016)最高法民终 152 号。

〔4〕 新近案例参见田某、罗某民间借贷纠纷案,湖北省孝感市中级人民法院民事判决书,(2019)鄂 09 民终 1204 号。

律的适用,对赌债不予保护。[1]

(五)境外代孕生子

随着医学的发展,社会上出现了代孕现象(gestational surrogacy)。代孕是指通过辅助生殖技术将体外受精的卵子植入孕母子宫,由孕母替他人完成怀胎和分娩的行为。世界上大多数国家包括我国都在法律上禁止商业性人工代孕,但是仍有一些国家和地区允许商业代孕,比如印度和美国的某些州。[2] 由此导致世界各地的人士纷纷到这些允许代孕的国家和地区找人代孕生子。[3]

近年来,我国也出现境外代孕生子引发的法律纠纷。在"陶某诉尹某霖监护权案"[4]中,原告陶某与被告尹某霖于 2009 年 7 月 9 日登记结婚,婚后经美国加利福尼亚州某代孕公司安排由代孕人替其产下三胞胎,并获加利福尼亚州圣贝纳迪诺县公共卫生局颁发的加利福尼亚州出生证明。2014 年陶某与尹某霖协议离婚,约定三胞胎由陶某抚养,尹某霖不支付抚养费用。因三胞胎系美国国籍,护照需要法定监护人即陶某与尹某霖签字办理换证,但尹某霖以各种理由拖延办理,导致三胞胎的护照过期,出行、旅游严重受阻,亦无法正常到国外接受教育,故原告向法院请求判令被告尹某霖配合办理其代孕子的护照签字换证手续,履行监护人义务。法院依据《涉外民事关系法律适用法》第 5 条之规定,对于美国加利福尼亚州圣贝纳迪诺县高级法院作出的认为被告尹某霖作为三名孩子"合法自然母亲"的亲子关系判决不予认可,否认了被告与三胞胎之间的亲子关系,驳回了原告的诉讼请求。

三、国际民事诉讼法上的公共秩序保留

国际民事诉讼法中,在涉及域外送达和取证以及外国法院判决或仲裁裁决的承认与执行时,也会产生依照本国公共秩序来判断是否承认和执行外国判决的问题。例如,《民事诉讼法》第 283 条第 2 款规定:"外国法院请求协助的事项有损于中华人民共和国的主权、安全或者社会公共利益的,人民法院不予执行。"以及第 289 条规定:"人民法院对申请或者请求承认和执行的外国法院作出的发生法律效力的判决、裁定……违反中华人民共和国法律的基本原则或者国家主权、安全、社会公共利益

---

[1] 山东省枣庄市中级人民法院民事判决书,(2010)枣商初字第 13 号,(2011)鲁民四终字第 162 号;湖南省南县人民法院民事判决书,(2014)南法民二初字第 329 号;广东省广州市花都区人民法院民事判决书,(2013)穗花法东民初字第 738 号;湖北省汉川市人民法院民事判决书,(2019)鄂 0984 民初 1715 号等。

[2] 美国加利福尼亚州、伊利诺伊州和内华达州允许代孕;See Johnson v. Calvert, 851 P. 2d 776, 778 (1993): Cal. Fam. Code §7606 (2012);另外,英国、俄罗斯、希腊、乌克兰等国也允许代孕。印度、美国加州和俄罗斯允许商业代孕。

[3] 我国法院曾以违反社会公共利益判定赴美代孕服务合同无效,参见深圳西尔斯国际商务咨询有限公司与孙某务合同纠纷案,广东省深圳市中级人民法院民事判决书,(2018)粤 03 民终 9212 号。

[4] 云南省昆明市中级人民法院民事判决书,(2019)云 01 民终 2092 号。

的,不予承认和执行。”《民事诉讼法》第 281 条还规定:“对中华人民共和国涉外仲裁机构作出的裁决……人民法院认定执行该裁决违背社会公共利益的,裁定不予执行。”

四、国际条约、国际惯例与公共秩序保留

(一)国际惯例可以被公共秩序排除

原《民法通则》第 150 条规定:“依照本章规定适用外国法律或者国际惯例的,不得违背中华人民共和国的社会公共利益。”《民用航空法》第 190 条和《海商法》第 276 条都有相同规定。根据该规定,外国法律和国际惯例都可以被公共秩序所排除。

国际惯例并非国际法的渊源,也不是我国国内法的渊源。因为国际惯例的内容争议很大,一些当事人所主张的“国际惯例”能否为我国所接受是值得怀疑的。比如,联合国《国际货物销售合同公约》第 9 条第 1 款规定:“双方当事人已同意的任何惯例(any usage)和他们之间确立的任何惯常做法(practices),对双方当事人均有约束力。”在有关该条的起草过程中,有成员国曾建议规定:惯例的效力应优先于公约。但考虑到该规定可能会违反有些成员国宪法和公共秩序,最终没有增加该规定。[1]另外,国际统一私法协会制定的《国际商事合同通则》(2010 年版)第 1.9 条也有关于国际惯例的类似规定,但该通则第 1.4 条明确规定:“通则的任何规定均不应限制根据有关国际私法规则所导致的对强制性规则的适用,不论这些强制性规则是源于一国的、国际的还是超国家的。”由此可见,任何国内法院都可以通过公共秩序来限制国际惯例的适用,公共秩序保留条款在此可以起到一种“安全阀”的作用。

国际惯例的适用不得违反我国的公共秩序,这在我国一些案例中得到了反映。比如在海南省木材公司诉新加坡泰坦船务公司和达斌(私人)有限公司提单欺诈案[2]中,海南省木材公司与新加坡达斌公司签订木材购货合同,付款条件为银行即期信用证。原告海南省木材公司开出信用证后,发现被告提供的单据有诈,要求中国银行海口分行暂不付款,并向法院申请冻结信用证。本案如果严格遵守国际商会制订的《跟单信用证统一惯例》,根据该惯例规定的“表面真实原则”,中国银行海口分行只进行表面审查,只要单证相符,银行就有付款的义务。法院就无权冻结信用证项下的款项。然而从本案情况来看,被告显属诈骗,银行如照单付款,将使得诈骗者阴谋得逞。法院可以依据我国原《民法通则》第 150 条规定的公共秩序保留原则否决《跟单信用证统一惯例》的适用。

---

〔1〕 Commentary on the Draft Convention on Contracts for the International Sale of Goods, Prepared by the Secretariat, Document A/CONF. 97/5.

〔2〕 参见海南省木材公司诉新加坡泰坦船务公司和达斌(私人)有限公司提单欺诈案,载《最高人民法院公报》1993 年第 2 期。

(二)已加入的国际条约不能被公共秩序排除

很多国际私法方面的国际条约,尤其是海牙国际私法会议通过的一些国际私法条约经常在其中加入这样一条标准条款:“根据本公约的规定而应当适用的法律,只有在其适用明显地与公共秩序相违背时才可以拒绝适用。”〔1〕这些国际私法公约之所以规定允许缔约国提出公共秩序保留,原因在于,制订国际私法上的国际条约的目的在于统一各国的国际私法而不是实体法,根据公约规定的法律适用规范所指引的仍然是各国国内实体法,这种外国实体法的适用是本国法院所无法预知的,因此可能会导致与本国公共秩序相违背的结果。此时,允许缔约国提出公共秩序保留,应当是合理的。

但是,我们要看到这些公约中规定的公共秩序保留并非针对公约条款本身,而是针对公约中的国际私法所指引的准据法。国际法院在其受理的“伯尔案”(Boll Case)中,劳特派特法官也明确肯定了这一观点,他认为,有关法律适用规范的国际条约的参加国,在特殊情况下,如果适用依照该国际条约的有关法律适用规范所援引的法律,会违背法院地国的公共秩序,则可以拒绝适用依该国际条约的有关法律适用规范所指引的法律。〔2〕

另外,有些国际私法条约不允许提出公共秩序保留,是因为这些国际条约属于封闭性条约,条约缔约国数目是确定的,缔约国间对彼此的法律相当熟悉和信任,从而毋须采用公共秩序保留条款。例如,斯堪的纳维亚国家间缔结的国际私法公约就明确禁止缔约国以公共秩序保留为由排除公约的适用〔3〕。如果公约本身没有规定公共秩序保留条款(例如,海牙国际私法会议通过的许多婚姻家庭法方面的国际私法公约),此时应当通过条约解释的方法来查明公约对待公共秩序保留的态度〔4〕。

但不管是在什么情况下,国际私法条约中的公共秩序保留条款实际上是该条约允许缔约国援引公共秩序保留条款来排除该条约中的法律适用规范所指引的“外国法”,被排除的绝不是公约本身。

对于实体法上的国际条约,情况更是如此。实体法上的国际条约是对各国实体法的统一。一国在决定缔结或加入该条约时,通常要经过认真的研究和权衡,并且要经过复杂的国内批准程序。实体法上的国际条约的规定都是明确具体和预先确定的,不会产生缔约国无法预料的结果。而且,如果一国认为国际条约的内容违背了本国的公共秩序,那么该国在签署或加入该国际条约时就会对其提出保留或者不

---

〔1〕海牙《产品责任法律适用公约》第10条、海牙《代理法律适用公约》第17条、海牙《公路交通事故法律适用公约》、1980年罗马《国际合同义务法律适用公约》第16条、海牙《国际货物买卖合同法律适用公约》第18条等。

〔2〕参见黄惠康、黄进编著:《国际公法国际私法成案选》,武汉大学出版社1987年版,第190页以下。

〔3〕Kropholler, Internationales Privatrecht, 5 Aufl. 2004, S. 254.

〔4〕Kropholler, Internationales Privatrecht, 5 Aufl. 2004, S. 254.

加入该条约。一旦国家缔结或加入了有关国际实体法条约，根据条约必须信守原则，其就必须适用该条约的规定，而不能再以公共秩序保留拒绝适用该条约的规定。因此，国际实体法条约只存在缔约前的“条约保留”问题，不存在缔约后的公共秩序保留问题。

（三）我国未加入的国际条约可以被公共秩序排除

最高人民法院《法律适用法解释一》第 7 条规定：“当事人在合同中援引尚未对中华人民共和国生效的国际条约的，人民法院可以根据该国际条约的内容确定当事人之间的权利义务，但违反中华人民共和国社会公共利益或中华人民共和国法律、行政法规强制性规定的除外。”

第十节　直接适用的强制性规定

一、概念

我国《涉外民事关系法律适用法》第 4 条规定：“中华人民共和国法律对涉外民事关系有强制性规定的，直接适用该强制性规定。”这里的强制性规定，就是萨维尼所说的适用外国法的第一个例外，即“本国具有严格的积极性和强制性的法律规范”，也被称为“积极的公共秩序”（positive ordre public）。与“积极的公共秩序”相对应的上文讨论过的公共秩序保留则被称为“消极的公共秩序”（negative ordre public）。萨维尼指出，根据道德上的理由或者政治上、国民经济上的公共幸福而规定的强行法，在国内应当绝对适用，并可以排除外国法的适用。[1] 孟西尼将这种积极意义上的公共秩序发展成为国际私法的三项基本原则之一。他认为，凡是属于为保护本国公共秩序而制定的法律，包括宪法、财政法、行政法、刑法、警察法和安全法、道德法等，不管当事人之国籍，应当适用于境内所有人。后来的学者在此基础上进一步发展出“直接适用的法”（loi de l'application immediate）或“强制性规范”（overriding mandatory rules; zwingende Normen）、警察法（lois de police）[2]理论，在德国也被称为“干预规范”（Eingriffsnormen），是指一国法律当中那些具有强行性质的规范，它们在涉外案件中必须强行适用，而不必考虑法律适用规范所指引的准据法是哪国法律。

---

〔1〕 Savigny, System des heutigen Römischen Rechts, Ⅷ, S. 35.

〔2〕 Francescakis, *Conflits de lois* (*principes generaux*), in Repertoire de droit international, I, Paris, 1968, p. 480-481.

二、国内强制性规定和国际强制性规定

(一)定义

萨维尼将他所说的强制性规范也分为两类:第一类强制性规范“只是为了保护所有者的权益”,包括“根据人的年龄、性别来限制行为能力及涉及转移财产的法律”“所有这类法律都没有理由把它们包括在例外情况之内”,因此“每一个国家都可以容许这一类外国的强行法在本国发生法律效力”[1]。第二类强行法则相反,它们“具有超出我们所理解的纯粹法律范围之外的抽象的目标,即它的实施不仅仅是为了保护所有者的权益,它还具有自己的道德基础”“这样的法律可能与政治、国民经济有关,并建立在公共利益的理由之上”,所有这类法律都属于例外情况,可以排除外国法的适用。[2]

瑞士和法国学者进一步将萨维尼的两类强行法称为“国内公共秩序”(ordre public interne)和“国际公共秩序”(ordre public international)[3]。国内公共秩序即国内法上的强制性规范;国际公共秩序即国际私法上的强制性规范。[4]

在各国国内私法上都有任意性规范和强制性规范的区分。[5] 我国《民法典》第153条第1款规定:“违反法律、行政法规的强制性规定的民事法律行为无效。但是,该强制性规定不导致该民事法律行为无效的除外。”强制性规范仅依法定事实的发生而适用,其内容不得因当事人的意志而改变。[6] 这种一般强制性规范在民法中是无处不在的。通常,物权法、亲属法及继承法上的大部分规范都具有强制性,只有合同法上任意性规范较多。比如关于自然人行为能力的规定(18岁为成年人),物权法上关于物权登记的规定,婚姻法上的结婚登记的规定,等等,都属于国内强制性规范。在国内民事关系中,当事人不得通过约定排除这些强制性规范的适用。但是在涉外民事关系中,这些所谓的强制性规范通常仍然要受法律适用规范的约束,并不一定具有排除外国法适用的效力。例如,一个中国人与一个19岁的外国人在中国签订一份合同。中国法律规定18岁为成年,该外国法律规定为20岁成年。虽然该外国法律关于成年年龄的规定在该外国属于民法上的强制性规范,但并不具有排

---

[1] Savigny, System des heutigen Römischen Rechts, band Ⅷ, 1. Aufl. 1849, S. 35.

[2] Savigny, System des heutigen Römischen Rechts, band Ⅷ, 1. Aufl. 1849, S. 35.

[3] 国际公共秩序还有一种含义,即国际公法上的国际公共秩序(国际强行法)。它属于国际法上的强制性规范,是约束国际法主体的、具有强制效力的国际法规范,与国际私法上讲的公共秩序性质完全不同。

[4] 参见[法]亨利·巴蒂福尔、[法]保罗·拉加德:《国际私法总论》,陈洪武译,中国对外翻译出版公司1989年版,第502页以下。

[5] 参见许中缘:《民法强行性规范研究》,法律出版社2010年版,第1页。

[6] 参见史尚宽、张谷校:《民法总论》,中国政法大学出版社2000年版,第12-13页。

除我国法律适用的效力。根据我国国际私法的规定，当事人在我国缔结合同的，当事人的行为能力可以依照我国法律判断。

所以，国内民法上的这种强制性规范并非完全是国际私法上的强制性规范。《涉外民事关系法律适用法》第 4 条所说的强制性规定特指我国法律中对涉外民事关系所做的强制性规定。[1]

需要注意的是，上述区分也不是绝对的。各国立法者会随着社会政策的变化将某些国内法上的强制性规范上升为国际强制性规范。比如，有关婚姻年龄的规定传统上是国内法上的强制性规范，其并不能强制性地约束依照外国法律缔结的婚姻。但是，近年来，随着对未成年人权利保护的加强，很多国家开始把国内法上的婚龄规定视为国际强制性规范，拒不承认境外未成年人婚姻的国内效力。[2]

相反，一些传统上的国际强制性规范也会随着时代的变迁而失去其国际强制性，仅具有国内效力。比如，有些国家尽管在国内法上禁止商业代孕，但已不再完全否定依照外国法律实施的代孕行为。

（二）我国法律中的国际强制性规范

最高人民法院《法律适用法解释一》第 8 条规定："有下列情形之一，涉及中华人民共和国社会公共利益、当事人不能通过约定排除适用、无需通过法律适用规范指引而直接适用于涉外民事关系的法律、行政法规的规定，人民法院应当认定为涉外民事关系法律适用法第四条规定的强制性规定：（一）涉及劳动者权益保护的；（二）涉及食品或公共卫生安全的；（三）涉及环境安全的；（四）涉及外汇管制等金融安全的；（五）涉及反垄断、反倾销的；（六）应当认定为强制性规定的其他情形。"

实际上，我国涉外民商事领域的强制性规范是很多的，并不局限于上述司法解释的列举范围。

在外国人地位方面，我国颁布了《境外非政府组织境内活动管理法》，其中第 5 条第 2 款规定，境外非政府组织在中国境内不得从事或者资助营利性活动、政治活动，不得非法从事或者资助宗教活动。

住房和城乡建设部、国家外汇管理局 2010 年发布的《关于进一步规范境外机构和个人购房管理的通知》（建房〔2010〕186 号）第 1 条规定，境外个人在境内只能购

---

〔1〕 国内法上的强制性规范被学者们区分为效力性强制性规范和管理性强制性规范。但这两种强制性规范并非全部是国际私法上的强制性规范。参见"最高人民法院民四庭负责人就《关于适用〈中华人民共和国涉外民事关系法律适用法〉若干问题的解释（一）》答记者问"，载万鄂湘主编：《涉外商事海事审判指导》（第 25 辑），人民法院出版社 2013 年版，第 61 页。

〔2〕 比如，德国于 2017 年颁布《反童婚法》，禁止承认未成年人依照境外法律缔结的婚姻，参见 BGBl. I 2017 S. 2429, Gesetzes zur Bekämpfung von Kinderehen；瑞典 2019 年 1 月 1 日也开始实施类似法律，参见 Act（1904：26 p. 1）on Certain International Relationships on Marriage and Guardianship, Chapter 1 § 8a, as amended by SFS 2018：1973。

买一套用于自住的住房。在境内设立分支、代表机构的境外机构只能在注册城市购买办公所需的非住宅房屋。法律法规另有规定的除外。

《对外合作开采陆上石油资源条例》(2013 年修订)第 2 条规定,在中华人民共和国境内从事中外合作开采陆上石油资源活动,必须遵守本条例。

在涉外金融领域,我国实行外汇管制,《外汇管理条例》第 4 条规定,境内机构、境内个人的外汇收支或者外汇经营活动,以及境外机构、境外个人在境内的外汇收支或者外汇经营活动,适用本条例。其第 22 条规定:“借用国外贷款,由国务院确定的政府部门、国务院外汇管理部门批准的金融机构和企业按照国家有关规定办理。外商投资企业借用国外贷款,应当报外汇管理机关备案。”

2019 年修订的《证券法》第 2 条第 4 款规定,在中华人民共和国境外的证券发行和交易活动,扰乱中华人民共和国境内市场秩序,损害境内投资者合法权益的,依照本法有关规定处理并追究法律责任。

2022 年颁布的《期货和衍生品法》第 2 条第 2 款规定:“在中华人民共和国境外的期货交易和衍生品交易及相关活动,扰乱中华人民共和国境内市场秩序,损害境内交易者合法权益的,依照本法有关规定处理并追究法律责任。”

《保守国家秘密法》第 30 条规定,机关、单位对外交往与合作中需要提供国家秘密事项,或者任用、聘用的境外人员因工作需要知悉国家秘密的,应当报国务院有关主管部门或者省、自治区、直辖市人民政府有关主管部门批准,并与对方签订保密协议。

中国证券监督管理委员会、国家保密局和国家档案局联合发布的《关于加强在境外发行证券与上市相关保密和档案管理工作的规定》[1]第 5 条规定,境外上市公司在与有关证券公司、证券服务机构签订服务协议时,应当依照《保守国家秘密法》等法律法规及该规定,对有关证券公司、证券服务机构承担保密义务的范围等事项依法作出明确的约定;服务协议关于适用法律以及有关证券公司和证券服务机构承担保密义务的约定条款与中国有关法律法规的规定以及本规定不符的,应当及时修改。

1997 年《国务院关于进一步加强在境外发行股票和上市管理的通知》第 4 条规定:重申《国务院关于暂停收购境外企业和进一步加强境外投资管理的通知》(国发〔1993〕69 号)规定的精神,禁止境内机构和企业通过购买境外上市公司控股股权的方式,进行买壳上市。

《国务院关于股份有限公司境外募集股份及上市的特别规定》对股份有限公司向境外投资人发行股票,在境外公开的证券交易场所流通转让等行为做了特别规定。

---

〔1〕 中国证券监督管理委员会、国家保密局、国家档案局公告〔2009〕29 号。

在对外担保方面,2014 年国家外汇管理局发布的《跨境担保外汇管理规定》第 5 条规定,境内机构提供或接受跨境担保,应当遵守国家法律法规和行业主管部门的规定,并按该规定办理相关外汇管理手续。担保当事各方从事跨境担保业务,应当恪守商业道德,诚实守信。第 29 条规定,外汇局对跨境担保合同的核准、登记或备案情况以及本规定明确的其他管理事项与管理要求,不构成跨境担保合同的生效要件。[1]

2015 年修正的《商业银行法》第 45 条规定,商业银行发行金融债券或者到境外借款,应当依照法律、行政法规的规定报经批准。

我国对货物进出口也实行严格的统一管理,2016 年修正的《对外贸易法》第 16 条也规定,国家基于特殊原因,可以限制或者禁止有关货物、技术的进口或者出口,并规定了 11 种限制和禁止进出口的情形。2020 年颁布的《出口管制法》第 2 条第 3 款规定,国家可以对从中华人民共和国境内向境外转移管制物项,以及中华人民共和国公民、法人和非法人组织向外国组织和个人提供管制物项,采取禁止或者限制性措施。国务院专门颁布了《货物进出口管理条例》,[2]其中规定,违反我国《对外贸易法》规定的限制或禁止进出口的货物,禁止进出口。我国对文物的进出口也实行严格管制。2020 年修订的《技术进出口管理条例》对技术进出口规定了限制性措施。2007 年修订的《核两用品及相关技术出口管制条例》继续有效。

《文物保护法》(2017 年修正)第 25 条规定:“非国有不可移动文物不得转让、抵押给外国人。”该法还规定,对于国有文物和非国有馆藏珍贵文物,不得进行买卖;国有文物、非国有文物中的珍贵文物和国家规定禁止出境的其他文物,不得出境。上述规定都属于强制性规范,当事人不得以合同的约定排除。例如,中国出口商与外国某公司签订一份出口商品合同,约定由中方向外方出口一批货物,并约定合同适用外国法律。但假如该批货物的出口违反了我国关于该类货物的出口管制规定,尽管当事人约定合同适用外国法,我国法院或有关机关仍然会根据我国有关的法规判定该合同全部或部分无效。

2018 年修正的《野生动物保护法》第 35 条至第 37 条对禁止和限制贸易的野生动物的进出口有强制性规定。

2022 年修订的《农药管理条例》第 29 条第 1 款规定,境外企业不得直接在中国销售农药。境外企业在中国销售农药的,应当依法在中国设立销售机构或者委托符合条件的中国代理机构销售。

《种子法》(2021 年修正)第 11 条第 1 款规定:“国家对种质资源享有主权。任

---

〔1〕《最高人民法院关于 ED&F 曼氏(香港)有限公司申请承认和执行伦敦糖业协会仲裁裁决案的复函》,〔2003〕民四他字第 3 号。

〔2〕中华人民共和国国务院令第 332 号。

何单位和个人向境外提供种质资源,或者与境外机构、个人开展合作研究利用种质资源的,应当报国务院农业农村、林业草原主管部门批准,并同时提交国家共享惠益的方案。"

《专利法》(2020年修订)第10条第2款规定:"中国单位或者个人向外国人、外国企业或者外国其他组织转让专利申请权或者专利权的,应当依照有关法律、行政法规的规定办理手续。"

《国际海运条例》(2019年修订)第2条第1款规定:"本条例适用于进出中华人民共和国港口的国际海上运输经营活动以及与国际海上运输相关的辅助性经营活动。"

《档案法》(2020年修订)第22条第2款规定:"前款所列档案,档案所有者可以向国家档案馆寄存或者出卖。严禁出卖、赠送给外国人或者外国组织。"

《网络安全法》(2016年)第37条规定:"关键信息基础设施的运营者在中华人民共和国境内运营中收集和产生的个人信息和重要数据应当在境内存储。因业务需要,确需向境外提供的,应当按照国家网信部门会同国务院有关部门制定的办法进行安全评估;法律、行政法规另有规定的,依照其规定。"

《个人信息保护法》(2021年)第三章专门规定了个人信息跨境提供的规则。

《数据安全法》(2021年)第2条规定:"在中华人民共和国境外开展数据处理活动,损害中华人民共和国国家安全、公共利益或者公民、组织合法权益的,依法追究法律责任。"

2020年《生物安全法》第56条第4款规定,境外组织、个人及其设立或者实际控制的机构不得在我国境内采集、保藏我国人类遗传资源,不得向境外提供我国人类遗传资源。

《固体废物污染环境防治法》(2020年修订)第23条规定:"禁止中华人民共和国境外的固体废物进境倾倒、堆放、处置。"

三、强制性规范的适用

(一)法院地强制性规范的直接适用

法院地强制性规范的适用已经得到国际法院的承认,该法院在1958年11月28日对伯尔案(Boll Case)所作的判决中表明了这一观点。[1]

我国《涉外民事关系法律适用法》第4条规定:"中华人民共和国法律对涉外民事关系有强制性规定的,直接适用该强制性规定。"这说明,我国的强制性规范具有直接适用的效力。

---

[1] Cour internationale de Justice: affaire relative a l'Application de la Convention de 1902 pour regler la tutelle des mineurs. Arret du 28 novembre 1958. Recueil des arrets, avis consultatifs et ordonnances, 1958, p. 58ff.

最高人民法院在原《民通意见》第194条中规定："当事人规避我国强制性或者禁止性法律规范的行为，不发生适用外国法律的效力。"此条规定容易让人把强制性规范的适用与法律规避区分开来。法律规避更强调当事人规避法律的主观意图，即当事人有意地制造一个连结点来达到适用外国法律的目的；而强制性规范的适用并不以当事人的主观意图为要件，当事人即使并无规避我国强制性规范的意图，但如果事实上只要违反了我国的强制性规范，就发生否定性后果。

我国法院在很多案件的审判中已经意识到我国法律中强制性规范应当直接适用的问题，但由于我国以前的法律中没有对强制性规范问题的适用进行专门规定，法官也缺乏对强制性规范理论的理解，在具体适用过程中，有的案例运用了"法律规避"理论[香港中成财务有限公司与香港鸿润（集团）有限公司、广东江门市财政局借款合同纠纷案〔1〕]，有的则运用了原《民法通则》第150条规定的"公共秩序保留"条款[如"中国银行（香港）有限公司、廖创兴银行有限公司汕头分行诉汕头经济特区粤东房地产开发有限公司等单位贷款纠纷案"〔2〕"中银香港公司诉宏业公司等担保合同纠纷案"〔3〕]。

（二）强制性规范的适用与法律规避的区别

运用"法律规避"或"公共秩序保留"判决涉外担保合同中约定的外国或我国港澳地区法律无效，遭到部分学者和司法实务部门的批判。〔4〕某些法院在有关判例中也正确区分了"强制性规范"与"法律规避"的差异。在"铜川鑫光铝业有限公司（以下简称铜川公司）与中国银行（香港）有限公司担保合同纠纷上诉案"〔5〕中，广东省珠海市中级人民法院在一审中认为，当事人在担保书中约定适用我国香港特别行政区法律属于法律规避。二审法院认为："法律规避的一个重要的构成要件是当事人有规避相关法律的故意且选择一个与本来所涉法律关系无关的法律。然而在本案中，并没有证据证明当事人在担保合同中约定适用我国香港特别行政区法律的行为中存在规避中国内地法律的故意。……我国内地法律并没有规定民事主体不能提供对外担保，也没有规定对外担保合同必须适用中国内地法律。……因此，原审判决当事人选择适用我国香港特别行政区法律的行为属法律规避行为是不妥的，本院对此予

〔1〕参见广东省高级人民法院编：《涉外商事案例精选精析》，法律出版社2004年版，第29页以下。

〔2〕广东省高级人民法院编：《涉外商事案例精选精析》，法律出版社2004年版，第19页。

〔3〕中银香港公司诉宏业公司等担保合同纠纷案，载《最高人民法院公报》2005年第7期。

〔4〕参见时琴：《涉港澳借款担保合同纠纷的处理》，载《审判研究》2006年第3辑（总第16辑），法律出版社2006年版，第114-115页；董勤：《我国对外担保诉讼中公共秩序保留问题研究》，载黄进主编：《中国国际私法与比较法年刊》（第9卷），北京大学出版社2007年版，第299-313页；欧阳振远：《涉港澳商事纠纷案件法律适用存在的问题和解决办法》，载广东省高级人民法院编、吕伯涛主编：《涉港澳商事审判热点问题探析》，法律出版社2006年版，第63-64页。

〔5〕广东省珠海市中级人民法院民事判决书，(2002)珠法民四初字第4号；广东省高级人民法院民事判决书，(2004)粤高法民四终字第6号。

以纠正。调整本案法律关系的准据法为当事人在担保合同中约定的我国香港特别行政区法律。”对于我国内地法律中关于对外担保必须办理审批登记的规定，二审法院认为：“中国内地关于对外担保办理审批登记的规定属于强制性规定，在中国内地法院审理的中国内地机构对外担保案件中具有直接适用的效力。中国内地关于对外担保的强制性规定的直接适用仅仅导致准据法中与该规定相冲突的法律的排除适用，并不影响准据法中其他相关规定的适用。根据中国内地关于对外担保的强制性规定，本案中珠海公司和铜川公司的对外担保因为没有办理批准登记手续而无效。由于合同根据我国强制性规定被认定无效，而合同无效后当事人应承担的责任是一种基于我国内地法律规定所产生的必然结果，所以该责任承担问题仍应由我国内地法律予以确定。”

（三）外国强制性规范的适用

1. 准据法所属国强制性规范

如果强制性规范属于法院地法律适用规范所指引的准据法的一部分，则理论上可以将其作为准据法的一部分予以适用，但必须在该强制性规范的立法者规定的属地和属人范围之内适用该规范。但此时应考虑到该强行规范可能会与法院地公共秩序发生冲突。如果发生冲突，则可以排除其适用。英国法院在 2020 年的拉梅萨案中就承认了当事人约定的美国经济制裁法的效力。[1] 但如果在中国法院审理，适用美国制裁法就可能违反我国《反外国制裁法》和我国的社会公共利益。

2. 第三国强制性规范

当外国的强制性规范不在准据法范围之内时，问题就复杂了。晚近的一些国家国际私法立法和国际私法条约中已经明确规定“可以考虑”此种规范的适用，但都只是赋予法官一种自由裁量权，并要满足一些特定的条件。对此尚有许多不同意见，有关这一问题的争论更是延绵不绝。[2]

由于第三国强制性规范的适用往往与美国的域外次级经济制裁联系在一起，因此很多国家都对此表示反对。迄今为止，支持适用第三国强制性规范的案例尚不多见。值得一提的是荷兰发生的 Alnati 案。有人认为，从这一案例可以看出，法院有义务“考虑”第三国的强制性规范。[3]

最近一些国家立法中在这个问题上有所发展。1994 年生效的加拿大魁北克国际私法立法就不仅规定魁北克的强制性规范必须强行适用，而且进一步规定，其他

---

〔1〕 Lamesa Investments Limited v. Cynergy Bank Limited [2020] EWCA Civ 821.

〔2〕 2018 年 9 月，德国法兰克福高等法院的一项判决执行了科威特对以色列的一项制裁法令，引发了轩然大波。该案判决书参见 OLG Frankfurt 25. 9. 2018-16 U 209/17。

〔3〕 Schultz, *Dutch Antecedents and Parallels to Article 7 of the EEC Contracts Convention of* 1980, Rabels Zeitschrift für ausländisches und internationales Privatrecht 47(1983), p. 267.

国家的强制性规范只要与案情有密切联系,也可得到直接适用。这一规定具有突破性意义,它使“强制性规范”的立法由单边主义向双边主义迈进了一大步。突尼斯《国际私法典》第 38 条同样允许直接适用突尼斯和外国的具有强制性的法律,并且进一步规定,外国法的公法性质不影响其适用。白俄罗斯共和国《民法典》第 1100 条、俄罗斯 2002 年《民法典》第 1192 条第 2 款亦有类似规定。

有关国际公约在这方面的规定特别值得注意。《国际货币基金组织协定》第 8 条 2(b)款规定了成员国外汇管制法规的域外效力,各成员国都必须接受其他成员国与基金协定一致的外汇管制立法。

我国法院一般不会执行第三国的公法和其他强制性法律,尤其是经济制裁法律。[1]

---

〔1〕 浙江金盾压力容器有限公司与油金属制造有限公司国际货物买卖合同纠纷案,浙江省绍兴市中级人民法院民事判决书,(2011)浙绍商外初字第 68 号。

第四章　民事主体

第一节　自然人的属人法

一、属人法的概念

属人法(personal statute),是指支配自然人的人身关系的法律规范,比如支配人的姓名、权利能力、行为能力、婚姻家庭关系等。对于属人法的确定,国际上有两大不同制度:本国法(lex patriae)和住所地法(lex domicilii)。本国法就是当事人国籍所属国法律;住所地法就是当事人的住所所在国法律。19 世纪以前,欧洲普遍采用住所地法作为自然人的属人法。将国籍作为属人法的连结点要追溯到 1804 年法国《民法典》第 3 条第 3 款的规定:“关于法国人身份和法律能力的法律,适用于全体法国人,即使其居住于国外亦同。”[1]在意大利法学家孟西尼等人的鼓吹之下,国籍原则逐渐代替了住所原则成为大多数大陆法系国家采用的属人法连结点。英美法系国家则继承了传统的住所原则,由此导致了两大法系多年来在属人法制度上的分歧,这也是国际私法统一运动面临的巨大障碍之一。

二、住所原则

(一)概论

住所原则起源于罗马法。正如美国法学家斯托雷(Story)所言,在罗马法上,每个人都拥有一个住所,“住所是指每个人的家庭所在地和商业所在地,除了商业的需要以外,他一般不会离开该地,一旦离开该地,他就成为一个流浪者(wanderer),而一旦他返回该地,他就不再是外来者。”[2]由于住所与一个人联系如此密切,所以在法国大革命之前的 500 年里,以住所作为属人问题准据法的连结点成为欧洲国家普

---

[1] 法国《民法典》第 3 条第 3 款。Cf. Delaume, *The French Civil Code and Conflict of Laws: One Hundred and Fifty Years After*, 24 George Washington Law Review 499 (1956).

[2] Joseph Story, *Commentaries on the Conflict of Laws, Foreign and Domestic: in Regard to Contracts, Rights, and Remedies, and Especially in Regard to Marriages, Divorces, Wills, Successions, and Judgments*, New York, Arno Press, 1972, p. 40.

遍接受的原则。[1] 直到法国《民法典》颁布后,欧洲大陆国家开始逐渐从住所向国籍改变,其目的在于实现全国法律的统一。国籍原则由于受意大利学者孟西尼及其负责编纂的意大利《民法典》的影响,逐步在欧洲大陆被广泛采纳。欧洲大陆除了挪威和瑞典继续保留了住所原则外,其他国家在属人法上都接受了国籍原则。

但是,国籍代替住所的运动没有在英国发生。在美国、澳大利亚和加拿大这些国家,由于它们最早是英国的殖民地,因此从当时的法律上讲,这些国家的人都是英国国王的子民,因而也就没有必要用国籍来区分英国人、美国人、加拿大人和澳大利亚人。这些国家都接受了英国的普通法制度,因此住所是这些国家属人法的主要连结点。更为重要的是,英国、美国、加拿大和澳大利亚等国都不是法律统一的国家,它们国内都存在不同的法律区域。对于一国内部不同地域之间的法律冲突问题,如果用国籍来作为连结点,此项原则就无能为力了,因为这些地域的人都拥有同一个国籍。[2]

出于同样的考虑,南美洲一些国家也采用了住所地法为属人法,[3] 如秘鲁《民法典》第 2068 条、乌拉圭《民法典》第 2393 条、巴拉圭《民法典》第 11 条和第 12 条、委内瑞拉《国际私法》第 16 条中也有相同规定。许多传统的欧洲大陆国家近年来也采用住所作为当事人属人法的连结点,如瑞士《国际私法》第 35 条。

(二) 住所冲突时属人法的确定

有的国家规定自然人可以拥有两个以上的住所。同时,由于各国对于自然人取得或丧失住所的规定各有不同,从而可能会导致一个人同时具有两个以上的住所或者一个人不具有任何法定住所,这就是住所的积极冲突和消极冲突。住所的积极冲突和消极冲突会给确定当事人的属人法带来困难,因此需要从法律上探讨如何解决这种冲突。

1. 积极冲突

对于住所的积极冲突,一般采用与解决国籍的积极冲突的同样方式处理,即如果相冲突的两个以上的住所中有一个在法院地国家,则以该住所为准;如果两个以上的住所均在外国,则以实际住所为准。而实际住所一般是与当事人有最密切联系的住所。原《民通意见》第 183 条规定:"当事人有几个住所的,以与产生纠纷的民事关系有最密切联系的住所为住所。"

---

〔1〕 P. E. Nygh, T*he Reception of Dominil into English Private International Law*, 1 Tusmanian University Law Review 555 (1961).

〔2〕 Kurt H. Nadelmann, *Mancini's Nationality Rule and Non-Unified Legal Systems*, *Nationality versus Domicile*, 17 American Journal of Comparative Law 418 (1969).

〔3〕 Ricardo Gallardo, *The Law of Domicile: A Remarkable Connecting Link in Latin-American Conflict of Laws*, 2 Inter-American Law Review 61 (1960).

2. 消极冲突

对于住所的消极冲突，主流观点是采用居所或经常居所代替住所。原《民通意见》第183条规定："当事人的住所不明或者不能确定的，以其经常居住地为住所。"

三、国籍原则

（一）国籍取代住所运动

19世纪随着欧洲民族国家的兴起，各国开始以国籍来作为管辖本国臣民的依据。最早在属人法上采取革命性变革的是1804年的法国《民法典》第3条第3款。[1]

国籍原则的广泛传播得益于意大利著名政治家和法学家孟西尼的极力倡导。孟西尼（Mancini）于1851年在就任都林大学国际法教授时发表了一篇讲演，即《论国籍作为国际法的基础》。[2] 孟西尼从国际法的角度提出要把国际法建立在"各民族根据法律的共存"的基础之上，而国籍是国家存在的基础，也是国际法的基础。对于国际私法而言，既然国籍是国际法的基础，那么它也是国家确定其法律管辖范围的基础。由于意大利法律是为意大利民族所制定的，因此意大利法律应当适用于生活在任何地方的意大利人，并且只适用于意大利人。这样一来，人的本国法，即国籍国法律，就成为人的属人法。孟西尼在其负责起草的1865年意大利民法典中，进一步将属人法的适用范围扩大到所有人身关系，包括身份、能力、夫妻财产制甚至动产和不动产的继承等领域。19世纪末成立的海牙国际私法会议也积极采纳了国籍原则作为统一属人法的连结点，这样，国籍原则在欧洲大陆国家就逐渐取代了传统的住所原则。[3]

国籍原则被认为有以下优越性：

1. 国籍更能反映一个人的身份归属和文化认同，比如很多定居于外国的中国人在身份问题上更认同中国文化；定居于西方国家的伊斯兰教徒也更认同他们的穆斯林身份。

2. 国籍原则有利于保持一个人身份的稳定性。一个人的住所经常发生变化，但一个人的国籍相对稳定，有利于保护一个人的身份不会因住所的变化而变化。[4]

---

[1] Delaume, *The French Civil Code and Conflict of Laws: One Hundred and Fifty Years After*, 24 George Washington Law Review 499 (1956).

[2] P. S. Mancini, Della nazionalita come fondamento del diritto delle genti, 1853; also in P. S. Mancini, Diritto Internazionale, Prelezioni 1 (1873).

[3] Kurt A. Nadelmann, *Mancini's Nationality Rule and Non-Unified Legal Systems: Nationality versus Domicile*, 17 American Journal of Comparative Law 418 (1969).

[4] Francesco Salerno, *The Identity and Continuity of Personal Status in Contemporary Private International Law*, 395 Collected Courses of the Hague Academy of International Law 9 (2019).

3. 国籍原则可以减少当事人进行法律规避和欺诈的可能性。各国对国籍的取得和丧失一般都规定了非常严格的条件和程序,而住所或经常居所的获得则要容易得多。因此,当事人有可能利用改变住所或居所来达到规避法律的目的;而要通过改变国籍来规避法律则困难得多。

4. 国籍更容易确定。确定一个人的国籍相对容易,只要看一下他的护照就可以了。而要查明一个人的真实住所有时需要进行许多调查工作。

5. 国籍原则有利于实现判决的国际一致性。一个人无论居住在哪国,其身份都受其本国法支配,这样他无论在哪里进行诉讼,都能得到同样的判决;住所具有更大的流动性,会导致在不同住所地的诉讼判决不同。

6. 国籍原则不会限制国际交往。住所原则的一个优势被认为是有利于国际交往的进行。但国籍原则并不会限制国际商业交往。因为属人法一般只用来确定当事人的个人身份,在其他方面仍然可以采用其他连结点。另外,可以通过公共秩序保留或强制性规范的适用来达到保护住所地国家利益的效果,而不必排斥国籍原则。

(二)国籍冲突

国籍的获得和丧失必须根据各国国内法的规定。各国都有自己的国籍法,但是各国赋予某人国籍的原则不同,就会导致国籍的冲突,即一个人同时具有两个或两个以上的国籍(积极冲突)或者不具有任何国籍(消极冲突)。在发生国籍冲突时,国籍作为连结点会受到一些限制。

1. 积极冲突

如果法律适用规范指引适用当事人的本国法,但当事人具有多个国家的国籍,此时应如何处理?[1]

(1)如果相冲突的两个以上的国籍中有一个国籍是法院地国,则通常以法院地国国籍优先。

(2)如果相冲突的两个以上的国籍都是外国国籍,一般以当事人的"实际国籍"(real or effective nationality)为准。当事人的"实际国籍"就是与当事人具有最密切联系的国籍。对此要根据各方面的因素进行考虑。一般而言,当事人的住所或经常居所所在地国家的国籍就是当事人的"实际国籍";但如果当事人的住所或经常居所不在其国籍所属国境内,则要根据其他标准进行判断,如当事人行为地等。

《涉外民事关系法律适用法》第 19 条规定:"依照本法适用国籍国法律,自然人具有两个以上国籍的,适用有经常居所的国籍国法律;在所有国籍国均无经常居所的,适用与其有最密切联系的国籍国法律。自然人无国籍或者国籍不明的,适用其

---

〔1〕 Thalia Kruger & Jinske Verhellen, *Dual Nationality = Double Trouble?*, 7 Journal of Private International Law 601 (2011).

经常居所地法律。”由此可见，我国也采用“实际国籍”原则。

2. 消极冲突

对于无国籍人，采用国籍作为连结点就失去了意义，此时，各国一般都采用当事人的住所地作为代替。如果当事人没有住所，则采用其居所地法律。如果当事人亦无居所，则适用法院地法律。联合国《关于无国籍人地位的公约》第12条第1款规定：“无国籍人的个人身份，应受其住所地国家的法律支配；如无住所，则受其居所地国家的法律支配。”

我国原《民通意见》第181条规定：“无国籍人的民事行为能力，一般适用其定居国法律；如未定居的，适用其住所地国法律。”

3. 难民

对于难民，根据1951年日内瓦《关于难民地位的公约》[1]的规定是指，“由于人种、宗教、民族、特定的社会团体归属或政治信仰等原因害怕受到迫害而滞留在其本国之外，并且不能或由于此种畏惧而不愿受其本国保护的人，或不具有国籍并由于上述事实而留在他以前的经常居住的国家以外，而现在不能或由于上述畏惧不愿返回该国的人”。难民由于长期离开了他的国籍国，而且难民通常是受到其本国迫害的人，因此他的人身地位如果继续受其本国法的支配，显然对其十分不利，因此，难民的人身地位一般不受其本国法支配，而适用其住所地或居所地法律。《关于难民地位的公约》第12条第1款规定：“难民的个人身份应受其住所地国家的法律支配，如无住所，则受其居所地国家的法律支配。”

（三）确定国籍所依据的法律

如果法律适用规范指引适用当事人的本国法，此时首先应当确定该人的国籍。根据国际法的规定，各国都有权自行规定取得和丧失本国国籍的条件和程序。一个国家不能根据本国法律来判断一个人是否具有外国的国籍。因此，判断一个人的国籍应当根据当事人国籍所属国法律来确定。1930年海牙《关于国籍法冲突若干问题的公约》第2条明确规定：“关于某人是否具有某一特定国家国籍的问题，应依照该国的法律予以断定。”在实践当中，就是依照某人主张其具有国籍的该国法律来判定该人是否有该国国籍。例如，要判断当事人是否具有中国国籍，只能根据中国国籍法来判断，而不能依据其他任何国家的法律。

四、经常居所原则

（一）对国籍原则的批判

两大法系之间在属人法上存在的巨大差异，是国际私法上产生反致问题的最重

[1] Convention Relating to the Status of Refugees，1982年12月23日起对中国生效。

要原因之一,非常不利于国际民事交往的发展。另外,“二战”后,由于跨国移民和跨国婚姻的大量涌现,无国籍人和多国籍人成为国际社会普遍现象。属人法上继续采用单一的国籍原则遇到了很大障碍,因此大陆法系国家掀起了一股批判国籍原则的潮流。[1] 对国籍原则的批判主要基于以下理由:

第一,属人法所解决的是自然人的身份、能力等私人事项,而国籍是一种政治纽带,所以不如根据作为本人生活中心的家庭这一永久所在地的住所地法更为适当,因为住所与一个人的民事身份联系更为密切。国籍主要体现的则是政治权利。

第二,住所更有利于促进跨国民商事交往。当今世界上越来越多的人并不居住于国籍国,但改变国籍又非常困难,因此适用国籍国法律不利于保护这些人的权利。而通过变更住所的个人行为来取得属人法的变更,这是更自由的个人主义制度,符合世界发展潮流。

第三,在没有统一法律制度的国家,住所是唯一可行的标准,因为这些国家包含着许多不同的法律制度,“本国法”对这些国家是没有意义的。比如在美国,每个州都有独立的法律体系,因此国际私法既用于解决不同国家间的法律冲突问题,也用于解决不同州之间的法律冲突问题。对于后者而言,用国籍作为连结点就无能为力了。

第四,在采取住所地法主义的国家,规定人只有一个住所,因而导致双重国籍或无国籍的本国法主义的优越。

受此影响,在海牙国际私法会议上,也出现了“回归住所”(a return to domicile)的呼声。但是,住所原则也具有难以克服的缺陷,主要是各国法律对住所的定义差别巨大,而且难以统一。鉴于此,海牙国际私法会议开始引入一个新的连结点:经常居所(惯常居所)(habitual residence)。早在1902年和1905年关于监护问题的两个国际私法公约中,经常居所就已经作为辅助性连结点被采用。1955年,海牙国际私法会议通过了《关于解决本国法和住所地法冲突的公约》,该公约试图用经常居所来代替国籍和住所,以解决两大法系之间的对立,但没有取得成功。1956年关于儿童抚养义务的法律适用公约第一次把经常居所设置为首要连结点。此后,一系列海牙国际私法公约都相继跟进,经常居所原则逐渐成为海牙国际私法公约在属人法上的首选连结点。[2]

---

〔1〕 I. De Winter, *Nationality or Domicile? The Present State of Affairs*, 128 Collected Courses of the Hague Academy of International Law 347 (1969); *Pippa Rogerson*, *Habitual Residence: The New Domicile?*, 49 International and Comparative Law Quarterly 86 (2000).

〔2〕 David F. Cavers, *Habitual Residence: A Useful Concept?*, 21 American University Law Review 475 (1972).

近年来,随着欧盟统一化进程的发展,围绕着国籍原则在欧洲爆发了一场大争论。[1] 随着欧盟境内人员的流动自由,欧盟很多国家的外来移民日益增多,采用国籍作为属人法可能会出现对境内不同国籍人的差别对待。这就有可能与欧盟《关于建立欧共体的条约》第 12 条所规定的禁止国籍歧视原则发生抵触。[2] 一些国际私法学者提出了"告别国籍原则"的口号。[3] 在欧盟有关婚姻家庭领域的国际私法立法中,越来越多的学者倾向于采纳经常居所作为属人法的连结点来替代国籍。很多欧洲国家新的国际私法法规都大量采用了经常居所作为主要的或辅助的连结点。德国 1998 年的国际私法改革中,经常居所原则也被引入亲子关系领域。[4] 但另一些人主张,欧盟的统一化并没有消除各成员之间在文化上的差异,婚姻家庭和继承领域是各国传统文化最集中的体现,为了尊重各国的文化认同,不能强制性地取消国籍原则。[5] 欧盟委员会于 2012 年 7 月 4 日通过的《跨国继承的管辖权、法律适用和判决承认的条例》中,一方面将经常居所作为首要连结点(第 21 条),但同时也规定被继承人可以选择其本国法作为继承准据法(第 22 条)。[6]

(二)我国立法的修改

原《民法通则》第 143 条规定:"中华人民共和国公民定居国外的,他的民事行为能力可以适用定居国法律。"该规定虽然没有明确说明自然人的行为能力适用本国法,但从其立法意图和逻辑推理来看,显然是隐含着这一规定。我国《票据法》第 96 条第 1 款对此作了更为明确的规定:"票据债务人的民事行为能力,适用其本国法律。"

---

[1] Erik Jayme, Heinz-Peter Mansel&Jürgen Basedow, Nation und Staat im Internationalen Privatrecht, 1990.

[2] 欧盟《关于建立欧洲共同体的条约》第 12 条规定:"在本条约适用范围内,在不损害其中任何特别规定的情况下,禁止因国籍原因而给予任何歧视。"

[3] Heinrich, Abschied von Staatsangehörigkeitsprinzip, Festschrift von Hans Stoll (2001), S. 437.

[4] 德国《民法典施行法》第 19-21 条。

[5] Veronika Gaertner, *European Choice of Law Rules in Divorce (Rome Ⅲ): An Examination of the Possible Connecting Factors in Divorce Matters against the Background of Private International Law Developments*, 2 Journal of Private International Law 99 (2006).

[6] Regulation (EU) No. 650/2012 of the European Parliament and of the Council of 4 July 2012 on jurisdiction, applicable law, recognition and enforcement of decisions and acceptance and enforcement of authentic instruments in matters of succession and on the creation of a European Certificate of Succession, at http://eur-lex. europa. eu/LexUriServ/LexUriServ. do? uri = OJ:L:2012:201:0107:0134:EN:PDF. 该条例将于 2015 年 8 月 17 日起适用于该日之后死亡的死者的遗产继承。丹麦、爱尔兰和英国未采纳该条例。

20世纪末以来,我国国际私法学界也兴起了否定国籍原则的潮流。[1] 2010年颁布的《涉外民事关系法律适用法》最终也以经常居所取代了国籍,经常居所成为我国国际私法中新的属人法连结点。[2]

(三)经常居所的概念

虽然经常居所被广泛采用,但是对于经常居所的定义,国际上一直没有统一。《涉外民事关系法律适用法》也没有对经常居所的概念进行解释。

与国籍和住所不同,经常居所不是一个法律概念,因此对经常居所的认定是一个事实问题(question of fact),而非法律问题(question of law),只能根据个案情况(case by case)进行判断。[3] 海牙国际私法会议之所以要采纳经常居所作为新的连结点,就是要避免传统的国籍和住所概念在各国之间的分歧。如果各国再对经常居所分别给予不同的定义,势必再次带来混乱。因此,海牙国际私法会议在各公约中都不去给经常居所下定义。英国的判例也认为,应尽可能避免将经常居所变成一个人造术语,应当尽可能根据该词语的通常的自然含义来处理问题。[4]

不过也有一种观点认为,经常居所不仅仅是事实问题。[5] 美国巡回法院的一起判例就认为,经常居所的确定"不纯粹是事实问题,而且还需要将确定经常居所概念的一种法律标准适用到历史事实和个案事实中去"。[6] 近年来,一些国家的判例也试图发展出一些规则用于判断何时才能构成经常居所。也有学者呼吁为经常居

---

〔1〕 参见刘益灯:《惯常居所:属人法趋同化的必然选择》,载《中南工业大学学报(社会科学版)》2002年第3期;王霖华:《关于我国自然人属人法制度的思考》,载《广州大学学报(社会科学版)》2004年第3期;姜茹娇:《从国际属人法的发展谈我国有关冲突规范的完善》,载《铜陵学院学报》2005年第2期;单海玲:《论涉外民事关系中住所及惯常居所的法律适用》,载《比较法研究》2006年第2期;杜焕芳:《论惯常居所地法及其在中国的适用》,载《政法论丛》2007年第5期;贺连博:《两大法系属人法属人法分歧及我国属人法立法完善》,载《烟台大学学报(哲学社会科学版)》2008年第2期;袁发强:《属人法的新发展——当事人所在地法》,载《法律科学(西北政法学院学报)》2008年第1期;等等。

〔2〕 《票据法》第96条仍然保留了属人法国籍原则。

〔3〕 《海牙儿童诱拐公约》和《海牙儿童保护公约》的官方报告均明确指出,经常居所的认定问题是一个事实问题。See Perez-Vera, *Report on the Abduction Convention*, Proceedings of the 14th Session of the Hague Conference, Oct. 1980 Vol. Ⅲ, at par. 66; *Lagarde Report on the Child Protection Convention*, Proceedings of the 18th Session of the Hague Conference, Oct. 1996, Vol. Ⅱ, at par. 41. 另参见英国判例:Re M (Minors) (Residence Order: Jurisdiction) [1993] 1 F. L. R. 495 (CA)。

〔4〕 Lawrence Collins ed., *Dicey, Morris and Collins on The Conflict of Laws*, 14th edition, Vol. 1, Thomson Sweet & Maxwell, 2006, p. 168.

〔5〕 E. M. Clive, *The Concept of Habitual Residence*, 137 Juridical Review 147 (1997).

〔6〕 Feder v. Evans-Feder, 63 F. 3d 217 (3rd Circ 1995).

所确立一个统一的定义。[1] 但是2020年美国最高法院在"Monasky v. Taglieri案"中明确指出:"公约之所以特意采用惯常居所地而非住所地的表述,就是因为将惯常居所地视为单纯的事实性判断,不同于住所地和国籍这样的法律概念,只完全依据法律规定即可作出判断。进而这也就给予法院在这一问题上最大的自由度,以便于根据不同事实作出灵活应对。"[2]

主流观点认为,经常居所就是一个人的生活中心所在地。[3] 有些国家和地区的立法也是从这个角度进行定义的。[4] 我国澳门特区《民法典》第30条第2款规定:"个人实际且固定之生活中心之所在地视为个人之常居地。"罗马尼亚2011年《国际私法》第2570条规定:"自然人的经常居所位于其主要家庭所在地,即使登记地法律中的形式要件并未满足。"

有争议的是如何判断一个人的生活中心。国际上通说认为应当从主观和客观两个方面来判断:

1. 客观上的居住期限

一般认为,经常居所是指"持续一定时间的经常居住",[5]因为只有持续一段相当长的时间,才具有经常性。但持续时间到底多长才算经常,众说纷纭。原《民通意见》第9条第1款规定:"公民离开住所地最后连续居住一年以上的地方,为经常居住地。但住医院治病的除外。"《法律适用法解释一》第13条也规定:"自然人在涉外民事关系产生或者变更、终止时已经连续居住一年以上且作为其生活中心的地方,人民法院可以认定为涉外民事关系法律适用法规定的自然人的经常居所地,但就医、劳务派遣、公务等情形除外。"根据上述解释,我国法律上的经常居所必须是连续居住一年以上的地方。

对于"连续居住"的判断是一个难题。在"NoriYuichiro(堀雄一朗)与杨某宙损害股东利益责任纠纷案"中,法院认为:"考虑到堀雄一朗作为日本国公民,频繁返回

---

[1] Carshae D. Davis, *The Gitter Standard: Creating a Uniform Definition of Habitual Residence under the Hague Convention on the Civil Aspects of International Child Abduction*, 7 Chicago Journal of International Law 321 (2006).

[2] Monasky v. Taglieri, 140 S. Ct. 719 (2020).

[3] A. Baetge, Der gewöhnliche Aufenthalt im Internationalen Privatrecht, 1994, S. 98.

[4] 加拿大马尼托巴省《住所和惯常居所法》(Domicile and Habitual Residence Act for Manitoba)取消了普通法中对住所的定义标准,其第8条规定:(1) The domicile and habitual residence of each person is in the state and a subdivision thereof in which that person's principal home is situated and in which that person intends to reside. (2) For the purposes of subsection (1), unless a contrary intention is shown, a person is presumed to intend to reside indefinitely in the state and subdivision thereof in which that person's principal home is situated。

[5] Peter Stone, *The Concept of Habitual Residence in Private International Law*, 29 Anglo-American Law Review 342 (2000).

日本,仅凭其所称在中国上海拥有房产、工作,并不足以认定其在我国的居住达到了连续居住一年以上且作为其生活中心的条件,故一审法院对堀雄一朗关于其在我国有经常居所地的主张不予采纳。"[1]

如果一个人是非法进入某个国家并经常居住,他(她)的经常居所是否被认可?一种观点认为,欺诈使一切归于无效,因此非法移民的经常居所不应当被承认。但另一种观点认为,应当区分公法上的效果和私法上的效果。非法移民应当受到公法上的惩罚,但不能因此影响到该人私法上的权利。[2] 比如,一位中国人偷渡到美国并在当地长期居住、结婚生子,后来发生婚姻诉讼,此时,尽管他可能受到美国移民法上的制裁甚至被遣返中国,但就他的婚姻关系而言,他的经常居所仍然是在美国。国外的判例采取第二种观点。[3]

2. 主观上的居住意愿

国外理论界和司法实践通常认为,经常居所必须要求当事人有在该地经常居住的意愿(animus manendi)。[4] 英国和美国法院在实践中也遵循一种所谓的"固定意图标准"(settled purpose standard)。[5] 根据该标准,经常居所的概念包含一些主观性因素和意图表示,"法律所要求的就是必须有固定的意图"。[6] 匈牙利 1979 年《国际私法》第 12 条第 2 款也规定:"经常居所是个人无永久居住的意图而较长期居住的地方。"罗马尼亚 2011 年《国际私法》第 2570 条规定:自然人的经常居所位于其主要家庭所在地,即使登记地法律中的形式要件并未满足。自然人在从事营业活动期间的经常居所是其主要营业地。为确定自然人的主要家庭所在地,应考虑该自然人在人身上和职业环境上与该国所具有的持续联系以及建立此种联系的意图。

不过,当事人经常居住的主观意愿在实践中并不容易判断,所以对于经常居所应当从综合情况进行判断,即从当事人的家庭、社交、职业、居住年限等各方面进行考察。一般而言,当事人在一个地方连续居住一年以上的事实就足以说明当事人具有在该地经常居住的意愿,除非存在特殊情况,比如当事人是被强制扣押或监禁在该地。如果当事人没有在该地持续居住的主观意愿,即使一个人在该地事实上居住一年以上,也不能认定该地为经常居所,我国《法律适用法解释一》第 13 条就把"就

---

[1] 上海市第一中级人民法院民事判决书,(2020)沪 01 民终 7597 号。

[2] Peter Stone, *The Concept of Habitual Residence in Private International Law*, 29 Anglo-American Law Review 342 (2000).

[3] Mark v. Mark [2005] UKHL 42, [2006] 1 A. C. 98.

[4] Peter Stone, *The Concept of Habitual Residence in Private International Law*, 29 Anglo-American Law Review 342 (2000); Bernd von Hoffmann/Karsten Thorn, Internationales Privatrecht, 9 Aufl. 2007, S. 207.

[5] See In re Ponath, 829 F Supp 363, 367 (Utah Cent Div 1993).

[6] In re Bates, No CA 122-189, High Court of Justice, Family Divn Ct Royal Courts of Justice, United Kingdom (1989).

医、劳务派遣、公务等情形"排除在外。除此以外,还应当考虑到其他一些情况,比如驻海外从事军事任务(维和行动)、在境外被扣押作为人质或被判处监禁等。海外留学的情形则需要根据具体情况而定。例如,一个中国学生被公派到美国学习,派遣合同上写明留学期限为一年半,并且该学生与单位签署协议表示学成后一定回国效力。假如该生在留美期间与人发生民事关系从而需要判断其经常居所,此时,该学生虽然在美国居住一年以上,但不能将美国认定为其经常居所。假如该生公派留学结束后决定在美国定居,并撕毁与派出单位的合同,此后,他的经常居所就可以认定为在美国。

(四)儿童的经常居所

儿童的经常居所通常依附于父母或监护人。因此,在判断儿童的经常居所时,在客观要件上,虽然要以儿童的实际居住地为标准,但在主观要件上,儿童父母或监护人的意愿发挥着重要作用。德国《民法典施行法》第 5 条第 3 款就规定:"如果某人居所或惯常居所所在地国家法律被指引适用,而一个无完全行为能力的人在未经其法定代理人同意的情况下改变其住所,则这种改变并不导致其他国家法律的适用。"比如德国有一起案件,一位德国母亲将其未成年孩子送到西班牙的寄宿制学校读书。德国法院认定,该儿童在西班牙读书期间的经常居所仍然在德国,因为母亲只是希望孩子在西班牙接受教育而非居住。〔1〕

美国联邦第九巡回法院审理的 Mozes 案中,法院也是根据父母的主观意愿和子女的具体情况来确定子女的经常居所。〔2〕 仅仅是父母的意图并不足够,还需考虑到子女所处的地理位置和持续的时间来确定子女的经常居所,另外,仅仅是父母一方的意图也不足以改变子女的经常居所。〔3〕 美国的判例还要求法院考虑子女对新环境的适应程度以便确定是否构成经常居所。〔4〕 英国的判例也尤其重视儿童对环境的适应程度。〔5〕

在我国深圳与香港特区之间出现了大量跨境学童。这些儿童及其父母均为香港特区居民,但在深圳居住,因此他们每天需要从内地前往香港读书。〔6〕 在涉及这些儿童的家庭案件中,如何确定其经常居所,也需要根据上述原则进行判断。

(五)多个经常居所

《法律适用法解释一》第 13 条将经常居所定义为:"自然人在涉外民事关系产生

---

〔1〕 BGH 5. 2. 1975, NJW 1975, 1068.

〔2〕 Mozes v. Mozes, 239 F3d 1067, 1072 (9th Cir 2001).

〔3〕 Mozes, 239 F3d at 1076–1078.

〔4〕 Ruiz v. Tenorio, 392 F3d 1247 (11th Cir 2004).

〔5〕 [2005] UKHL 40, 3 All ER 291 (HL 2005) (UK).

〔6〕 据深圳福田口岸登记,2013 年,每天往返我国内地和香港特别行政区的跨境学童有 6001 人。据我国香港特别行政区教育局的数据显示,2012 年度至 2013 年度,1.6 万余名跨境学童在港就读。

或者变更、终止时已经连续居住一年以上且作为其生活中心的地方。”如果严格按照这个定义进行解释，当事人通常情况下似乎不可能有两个经常居所，因为一个人不可能同一段时间在两个国家或地区“连续居住一年以上”，但这取决于如何理解“连续居住”的含义。连续居住并不意味着不能短暂离开。比如，一个人离开居住地到境外旅游几天又返回居住地，这并不构成对“连续性”的打破。〔1〕所以在极特殊的情况下也可能出现两个或多个经常居所。〔2〕比如一个人在我国深圳居住而在我国香港特别行政区工作，每天往返两地。如果在主观上该当事人将两地都视为自己的生活中心，则可能产生两个经常居所。此时，可以根据《涉外民事关系法律适用法》第2条第2款所规定的最密切联系原则，适当考虑该当事人在两地的“社会融入”(social integration)程度，确定哪一个地方为其最真实的经常居所。

(六)经常居所与通常居所(ordinary residence)

在普通法国家和地区还有一个常用概念“通常居所”。我国香港特别行政区高等法院审理的引起广泛关注的菲佣居留权案〔3〕中，涉及对菲佣在我国香港特别行政区居留权的认定问题，其中对“ordinary residence”的解释成为案件的关键。《香港特别行政区基本法》第24条第2款第4项规定，“在香港特别行政区成立以前或以后持有效旅行证件进入香港、在香港通常居住连续七年以上并以香港为永久居住地的非中国籍的人”可以成为香港特区的永久居民(permanent resident)。按照权威的英国观点，通常居所和经常居所是可以互换的概念。〔4〕

第二节　自然人属人法的适用范围

一、自然人的权利能力

(一)权利能力的概念和法律冲突

1. 概念

权利能力(Rechtsfähigkeit)有一般权利能力(allgemeine Rechtsfähigkeit)和特别

---

〔1〕 C Lawrence Collins ed., *Dicey, Morris and Collins on The Conflict of Laws*, 14th edition, Vol. 1, Thomson Sweet & Maxwell, 2006, p. 171.

〔2〕 国外很多判例中都确认当事人可以拥有多个经常居所，See Ikimi v. Ikimi [2001] EWCA Civ. 873, [2002] Fam. 72; Armstrong v Armstrong [2003] EWHC 777 (Fam.), [2003] 2 F. L. R. 375; Mark v. Mark [2004] EWCA Civ. 168, [2005] Fam. 267。

〔3〕 Vallejos Evangeline Banao v. Commissioner of Registration and Another, CACV 204/2011.

〔4〕 C Lawrence Collins ed., *Dicey, Morris and Collins on The Conflict of Laws*, 14th edition, Vol. 1, Thomson Sweet & Maxwell, 2006, p. 169.

权利能力(besondere Rechtsfähigkeit)之分。一般权利能力是指自然人享有民事权利和承担民事义务的能力或资格,也就是通常意义上的权利能力。现代各国一般都规定,自然人的权利能力始于出生,终于死亡。现代社会,各国法律都承认人人都拥有一般权利能力,而不再限制某些人(如奴隶)的一般权利能力。随着人工智能的发展,各国也爆发了关于人工智能是否具有权利能力的争论。[1]

特别权利能力是指自然人参加特定民事法律关系所要求具备的法律资格。例如,我国《民法典》第16条规定:"涉及遗产继承、接受赠与等胎儿利益保护的,胎儿视为具有民事权利能力。"第1155条规定:"遗产分割时,应当保留胎儿的继承份额。胎儿娩出时是死体的,保留的份额按照法定继承办理。"这表明,胎儿根据我国法律规定虽然不具有一般民事权利能力,但具有特别的继承权利能力。

再如,作为个体工商户的自然人除了具备一般自然人的权利能力之外,还具备与其登记的经营范围相一致的特别民事权利能力。另外,外国人与中国人之间在某些特殊民事法律关系中所享有的特别民事权利能力是不同的。[2] 例如,外国人能否在中国获得不动产、能否在中国从事特种职业、能否担任国有企业领导等,也属于特别权利能力。一般权利能力和特别权利能力在法律适用上是不同的。

2. 法律冲突

(1)权利能力的开始

各国法律普遍规定自然人的权利能力始于出生。但是对于何为"出生",各国规定大有分歧,计有"阵痛说""部分露出说""全部露出说""断带说""哭声说""独立呼吸说""存活说"等。德国采用出生完成说,西班牙《民法典》则规定必须出生后存活24小时。我国《民法典》第15条规定:"自然人的出生时间和死亡时间,以出生证明、死亡证明记载的时间为准;没有出生证明、死亡证明的,以户籍登记或者其他有效身份登记记载的时间为准。有其他证据足以推翻以上记载时间的,以该证据证明的时间为准。"

各国对于自然人权利能力开始的时间规定上的歧义,可能导致法律冲突的产生,尤其在特别权利能力方面。比如在胎儿的继承权问题上,假如一对西班牙夫妻结婚后生下一婴儿,该婴儿产下后不到24小时即死亡。该男子在婴儿产出前即已死亡。关于该男子的遗产,若依据西班牙《民法典》,该婴儿产后24小时内未能存活,则对其父之遗产无权继承;但若依据我国法律,婴儿完全出生后即有权利能力,可以继承其父之遗产,婴儿死亡后,其所继承的遗产再依法定继承处理。

---

[1] 参见杨立新:《人工类人格:智能机器人的民法地位——兼论智能机器人致人损害的民事责任》,载《求是学刊》2018年第4期;袁曾:《基于功能性视角的人工智能法律人格再审视》,载《上海大学学报(社会科学版)》2020年第1期。

[2] 参见梁慧星:《民法总论》(第3版),法律出版社2007年版,第66页。

(2)权利能力的终止

各国法律亦普遍规定自然人的权利能力终止于死亡,但是对于何为死亡以及生理死亡的标准和宣告死亡等均有分歧,这也会造成法律适用上的冲突。例如,对于生理死亡,各国采用呼吸停止标准、心脏停止跳动标准或脑死亡标准。何时才是真正死亡,对于自然人权利关系重大。例如,现代科学技术的发展,使器官移植非常普遍。但如果对于从法律上来看尚未死亡的人身上取下器官,则构成谋杀。

根据我国《民法典》第16条的规定,自然人的死亡时间,以死亡证明记载的时间为准。人口死亡证明包括医疗机构签发的《居民死亡医学证明(推断)书》和公安司法部门签发的《居民非正常死亡证明》。但有其他证据足以推翻以上记载时间的,以该证据证明的时间为准。[1]

对于相互有继承关系的数人在同一事件中同时死亡的,许多国家规定了"推定存活"制度,而各国对于该制度规定亦有分歧。德国民法典认为数人在同一事故中死亡为同时死亡,不发生推定先死的情况。法国则规定依据死者的年龄进行推定。根据我国《民法典》第1121条第2款的规定,相互有继承关系的数人在同一事件中死亡,难以确定死亡时间的,推定没有其他继承人的人先死亡。都有其他继承人,辈分不同的,推定长辈先死亡;辈分相同的,推定同时死亡,相互不发生继承。

许多国家还规定有宣告失踪和宣告死亡制度。但各国对于该制度的具体规定亦有很大歧异,同样会导致法律适用冲突。例如,中国自然人定居于日本,如果下落不明满四年,依据中国法律即可被宣告死亡,而依据日本《民法典》第30条,自然人必须下落不明满七年才可以被宣告失踪。

一些国家和地区还存在"民事死亡"(Civil Death)制度,如美国纽约州、澳大利亚等。[2] 这种制度可能遭到其他国家的拒绝承认。[3]

(二)自然人一般权利能力的准据法

自然人权利能力适用自然人属人法,这是各国普遍接受的原则。《涉外民事关系法律适用法》第11条第1款规定:"自然人的民事权利能力,适用经常居所地法律。"由于现代各国普遍承认人人具有权利能力,如果某国法律对某类人的权利能力施加歧视和限制(如奴隶制、种族隔离制、民事死亡制度等),此时可以通过公共秩序保留条款排除该国法律的适用,并用法院地法律代替之。[4]

---

〔1〕 俞某等与方某某等道路交通事故责任纠纷上诉案,浙江省绍兴市中级人民法院民事判决书,(2009)浙绍民终字第1179号。

〔2〕 Eisenmann, *Civil Death in New York*, 3 Intramural Law Review 170 (1959); Dugn v. Mirror Newspaper Ltd. (H. C. Australia 1979), 22 Australian Law Review 439 (1979).

〔3〕 Kegel/Schurig, Internationales Privatrecht, 9 Aufl. 2004, S. 545.

〔4〕 Kegel/Schurig, Internationales Privatrecht, 9 Aufl. 2004, S. 545.

（三）改变经常居所导致的准据法的改变

在自然人的权利能力依照经常居所地法律确定的情况下，如果当事人改变其经常居所，就会使当事人的权利能力的准据法随之改变，此时可能出现这样一个问题：当事人按照以前的准据法所取得的权利能力是否被以后的准据法承认？例如，某女子在怀孕期间其夫去世，其胎儿依据甲国法律获得其父部分遗产。后来该婴儿出生后，随其母在乙国经常居住。乙国对于自然人的权利能力采用经常居所地法，此时该婴儿依照原来的权利能力准据法所获得之遗产能否受到后来的乙国法律的保护？

对于此问题，一般原则是，准据法的改变不能缩小，而只能扩大一个人的权利能力。一个人在取得或丧失某一国家国籍之前所拥有的权利能力不因取得或丧失该国国籍而受到影响。[1]

（四）属人法适用的例外

1. 特别权利能力

对于自然人的特别权利能力，比如获得不动产的权利能力、监护的权利能力、继承的权利能力等，一般要依照具体的法律关系准据法进行确定，即"效果准据法"（Wirkungsstatut）。瑞士《国际私法》第 34 条规定："以民事权利能力为先决条件的法律关系的准据法支配民事权利能力的开始和终止。"例如，在"金某 2 等与上海维克德钢材有限公司股权继承纠纷上诉案"中，[2]上海维克德钢材有限公司的股东为金某和薛某，性质为内资有限责任公司。金某一家原为中国国籍，后加入德国国籍（公司性质未发生变化）。2007 年，金某在德国死亡。2008 年 5 月 12 日，上海市浦东公证处出具继承权公证书，内容为：金某 2、金某 1 为金某的继承人；金某死亡后遗有维克德公司注册资金中的出资额人民币 90 万元，未发现金某生前留有遗嘱；金某的父母对金某的上述遗产表示自愿放弃继承权；因此，上述遗产依法由其妻子金某 2 和女儿金某 1 二人共同继承。金某 2、金某 1 在要求维克德公司承认其股东身份、配合办理有关股权变更登记手续时遭到该公司的拒绝，故而向法院提起了确认其股东身份的诉讼。该案中，金某 1 和金某 2 的一般民事权利能力应当依照其经常居所地法律（德国法）确定。至于其是否有资格继承维克德公司的股东资格，则应依据维克德公司的准据法（中国公司法）判断。我国《公司法》第 75 条规定：自然人股东死亡后，其合法继承人可以继承股东资格；但是，公司章程另有规定的除外。

2. 保障交易安全

特定情形下，自然人不能因为根据属人法其无权利能力而主张其法律行为无效。如欧共体《合同之债法律适用公约》第 11 条[3]就规定："在同一国家的双方当

[1] Kegel/Schurig, Internationales Privatrecht, 9 Aufl. 2004, S. 546.

[2] 上海市第一中级人民法院民事判决书，(2009)沪一中民五(商)终字第 7 号。

[3] 该条与 2008 年欧盟《罗马第一条例》第 13 条相同。

事人之间订立的合同,依该国法律具有权利能力和行为能力的当事人,不得依另一国法律主张其无能力,除非合同另一当事方在订立合同时明知或应当知晓其无能力。"该规定是为了保障合同交易的安全和合同的善意当事人的利益。

二、宣告失踪和宣告死亡

(一)概论

各国关于宣告失踪和宣告死亡的制度有所不同。在英美法系中不存在独立的宣告死亡制度,只是在某一特定案件中,某下落不明人的死亡问题可能会被作为一个先决问题被有关当事人提出来。根据英美普通法的规定,只要下落不明满一定期限(一般为七年),就可以被推定为已经死亡,但主张下落不明人死亡的当事人负有举证责任。在大陆法系国家,宣告失踪和宣告死亡是一种独立的民事制度,在诉讼法上通过特殊的非诉程序进行,由法院最终作出一份具有法律效力的失踪或死亡宣告判决。但各国制度也不一样。德国没有宣告失踪制度,只有宣告死亡制度;法国《民法典》原本只有宣告失踪制度,但"二战"后也引入了宣告死亡制度(法国《民法典》第88-92条);瑞士只有宣告失踪制度(瑞士《民法典》第35-38条),但其效果和宣告死亡制度类似;意大利和西班牙同时有宣告失踪和宣告死亡制度,但宣告失踪只是宣告死亡的一个前期阶段。[1] 我国原《民法通则》采用苏联立法体例,将宣告失踪和宣告死亡作为两个独立制度。

(二)宣告失踪、宣告死亡的管辖权和外国死亡证明的承认

我国《民事诉讼法》第190条第1款规定:"公民下落不明满二年,利害关系人申请宣告其失踪的,向下落不明人住所地基层人民法院提出。"第191条第1款规定:"公民下落不明满四年,或者因意外事件下落不明满二年,或者因意外事件下落不明,经有关机关证明该公民不可能生存,利害关系人申请宣告其死亡的,向下落不明人住所地基层人民法院提出。"我国《海事诉讼特别程序法》第9条规定:"申请因海上事故宣告死亡的,向处理海事事故主管机关所在地或者受理相关海事案件的海事法院提出。"《民事诉讼法》第23条还规定,对下落不明或者宣告失踪的人提起的有关身份关系的诉讼,由原告住所地人民法院管辖;原告住所地与经常居住地不一致的,由原告经常居住地人民法院管辖。

《民事诉讼法》的规定针对的只是中国公民的失踪和死亡宣告。我国法院能否受理针对外国人的失踪和死亡宣告,法律没有明文规定,可以类推适用上述规定。

外国有关机构出具的死亡证明或证书在我国境内并不能直接具有法律效力,有关当事人仍然需要依照我国法律程序进行死亡宣告。

---

〔1〕 Kegel/Schurig, Internationales Privatrecht, 9 Aufl. 2004, S. 550.

在“马航370航班事故”引发的“刘某1与刘某2等法定继承纠纷二审案”中，法院认为：“刘某1以其女儿张某经由马来西亚国民登记局出具的《推定死亡证明》，证明张某于2014年3月8日推定死亡为由，提起本案诉讼，请求继承张某的遗产。《民法通则》就推定死亡规定了宣告死亡制度，并在《民事诉讼法》中就宣告死亡案件的审理规定了特别程序。刘某1未通过《民事诉讼法》规定的特别程序宣告张某死亡，仅依据马来西亚国民登记局出具的《推定死亡证明》证明张某死亡事实，其证据不充分。据此，刘某1起诉请求继承张某的遗产，不具备法律规定的受理条件，一审法院裁定驳回刘某1的起诉于法有据，并无不当。刘某1的上诉理由不成立，本院不予支持。”〔1〕

在“张某水与张某芹申请宣告公民死亡案”中，被申请人张某芹于2014年3月8日乘坐马来西亚民航局MH370航班失事，马来西亚国民登记局于2016年6月13日出具《推定死亡证明》，基于吉隆坡高等法院令，确信并证明张某芹于2014年3月8日推定死亡，此《推定死亡证明》被中华人民共和国驻马来西亚大使馆认证，并出具了（2016）马领认字第0006434号认证，北京市志诚公证处也对《推定死亡证明》的真实性进行了公证。我国法院最终依照原《民法总则》第46条、第48条，《民事诉讼法》第150条、第177条、第184条、第185条之规定宣告其死亡。〔2〕

（三）失踪宣告和死亡宣告适用的法律

失踪宣告和死亡宣告是对自然人权利能力的终结，因此一般适用当事人失踪前的属人法（如德国《民法典施行法》第9条）。我国《涉外民事关系法律适用法》第13条规定：“宣告失踪或者宣告死亡，适用自然人经常居所地法律。”〔3〕

三、自然人的行为能力

（一）概论

民事行为能力，是指民事主体据以独立参加民事法律关系，以自己的行为取得民事权利或承担民事义务的法律资格。自然人的权利能力始于出生，终于死亡。但是自然人的行为能力并非天生具有，而必须具备相应的条件。自然人根据法律的规定可能具有完全的行为能力，也可能只有有限的行为能力或无行为能力。行为能力也分为一般行为能力和特殊行为能力。

由于各国家和地区对于自然人行为能力的规定不同，所以会导致一个人根据不同国家和地区的法律会具有不同的行为能力，即法律的冲突。比如各国家和地区对于自然人具备完全行为能力的年龄规定不同。一般规定成年人具有完全民事行为

〔1〕北京市第二中级人民法院民事裁定书，（2016）京02民终10881号。
〔2〕北京铁路运输法院民事判决书，（2017）京7101民特14号。
〔3〕廖某岐申请宣告死亡案，广州海事法院民事判决书，（2019）粤72民特72号。

能力，但各国家和地区法律规定的成年年龄互有差异，有 17 岁、18 岁、20 岁、21 岁等不同规定。[1] 许多国家和地区还规定有禁治产制度（interdiction, Entmündigung），以保护那些虽然达到成年年龄，但由于法定原因不能亲自实施法律行为的人。各国家和地区关于禁治产的规定也会有分歧，例如关于禁治产的原因以及禁治产的法律效力等。

（二）法律适用

自然人的行为能力与权利能力一样，依照属人法确定。我国原来的立法采用本国法主义。我国原《民法通则》第 143 条规定："中华人民共和国公民定居国外的，他的民事行为能力可以适用定居国法律。"我国《票据法》第 96 条第 1 款对此作了更为明确的规定："票据债务人的民事行为能力，适用其本国法律。"[2]

新颁布的《涉外民事关系法律适用法》改用经常居所原则，其第 12 条第 1 款规定："自然人的民事行为能力，适用经常居所地法律。"经常居所地法律确定该自然人是否具有行为能力以及缺乏行为能力时的法律后果。经常居所地法还决定一个人的成年年龄以及婚姻对成年的影响等。[3]

当事人的行为能力与其诉讼能力（Prozessfaehigkeit）一般也是一致的，即当事人的诉讼行为能力也依照其属人法确定。

（三）例外

1. 特殊法律行为

当事人从事某一特殊法律行为的行为能力，需要根据该特殊法律行为的准据法判断，而不适用该当事人属人法。例如，结婚的能力（合法婚龄）应适用婚姻准据法；继承人的继承能力适用继承准据法；缔约能力适用合同准据法；处置不动产的行为能力依照各国通行的规则，也适用不动产所在地法律。

2. 用行为地法限制属人法

我国最高人民法院原《民通意见》第 179 条规定："定居国外的我国公民的民事行为能力，如其行为是在我国境内所为，适用我国法律；在定居国所为，可以适用其定居国法律。"该意见第 180 条又规定："外国人在我国领域内进行民事活动，如依其本国法律为无民事行为能力，而依我国法律为有民事行为能力，应当认定为有民事行为能力。"我国《票据法》第 96 条第 2 款的规定使这一规则双边化："票据债务人的

---

[1] 日本自 2022 年 4 月 1 日起将成年年龄从原来的 20 岁修改为 18 岁。泰国、我国台湾地区仍然规定 20 岁成年；韩国已将成年年龄修改为 19 岁；朝鲜成年年龄为 17 岁。阿根廷、埃及、科威特、阿联酋、新加坡等国为 21 岁成年；美国某些州和加拿大部分省规定 19 岁成年。

[2] 《涉外民事关系法律适用法》第 51 条并没有明文废除《票据法》第 96 条，按照《涉外民事关系法律适用法》第 2 条第 1 款的规定，似乎《票据法》第 96 条应继续有效。

[3] 在瑞士、荷兰和匈牙利等国，婚姻可以导致一个女子成为成年人。

民事行为能力,依照其本国法律为无民事行为能力或者为限制行为能力而依照行为地法律为完全民事行为能力的,适用行为地法律。”《涉外民事关系法律适用法》第12条第2款规定:“自然人从事民事活动,依照经常居所地法律为无民事行为能力,依照行为地法律为有民事行为能力的,适用行为地法律,但涉及婚姻家庭、继承的除外。”这一规定的目的是保护本国境内商业交易的安全,维护善意当事人的合法利益。

此种规定在大多数国家都存在,最著名的是法国的理查迪(Lizardi)案。[1] 理查迪为墨西哥人,已满21岁。他在巴黎购买了大量珠宝。后来他主张自己根据墨西哥法律为未成年人(墨西哥法律当时规定25岁成年)。但法国法院认为,依照当时法国法律,满21岁即为成年人,故理查迪的行为有效。

(四)经常居所地的改变

由于经常居所容易改变,会导致当事人的民事行为能力的准据法发生改变,这种情形被称为动态冲突。[2] 此时,根据以前的经常居所地法从事的法律行为是否有效?一般原则是,准据法的改变不应当限制当事人的民事行为能力,只能扩大当事人的行为能力。例如,一名19岁的人从泰国移居中国,其经常居所变为中国之后,马上成为完全行为能力人;但假如一个国家法律规定16岁成年,一名17岁的人从该国移居中国之后,也应当承认该人为完全行为能力人,否则该人依据其原来的本国法所从事的民事行为依据后来的中国法就会归于无效,这显然是违背其意愿的,也不利于交易安全。这一规则在拉丁文中被概括为:谁已经成年,就应当一直是成年人(semel major,semper major)。[3]

四、宣告无行为能力和限制行为能力

(一)管辖权

《民事诉讼法》第194条规定:“申请认定公民无民事行为能力或者限制民事行为能力,由利害关系人或者有关组织向该公民住所地基层人民法院提出。”如果被宣告人住所地位于我国,我国法院就可以行使管辖权。如果被宣告人是我国公民,我国法院也是可以行使管辖权的。如果我国对于宣告无行为能力和限制行为能力存在利益,我国法院也可以行使管辖权。例如,外国精神病人在我国境内实施民事行

---

〔1〕 Req., D. P. 1861. 1. 193, S. 1861. 1. 305.

〔2〕 Francois Rigaux, *Le conflit mobile en droit positif*, 117 Collected Courses of the Hague Academy of International Law 370 (1966).

〔3〕 Kegel/Schurig, Internationales Privatrecht, 9 Aufl. 2004, S. 560.

为,我国法院可以受理有关利害关系人的申请,对其进行无行为能力宣告。[1]

（二）准据法

无行为能力或限制行为能力宣告原则上应当适用当事人属人法。我国以前的《民法通则》第19条规定:“精神病人的利害关系人,可以向人民法院申请宣告精神病人为无民事行为能力人或者限制民事行为能力人。被人民法院宣告为无民事行为能力人或者限制行为能力人的,根据他健康恢复的情况,经本人或者利害关系人申请,人民法院可以宣告他为限制民事行为能力人或完全民事行为能力人。”我国民法上的宣告无行为能力和限制行为能力制度类似于国外的禁治产宣告制度。近年来,国外民法已逐步废除禁治产制度,监护和照管制度取而代之。被照管的精神病人在民法上仍然具有行为能力。很多国家也修改了相应的国际私法规定。[2] 我国《民法典》也没有采纳原《民法通则》第19条的规定。

我国法院受理的宣告外国人无行为能力或限制行为能力的案件,根据《涉外民事关系法律适用法》第12条的规定,可以类推适用当事人经常居所地法律。[3]

五、自然人的人格权

（一）一般人格权

人格权(personality rights, Persönlichkeitsrecht)是指以权利主体的身体或人格利益(Persönlichkeitsgüter)为客体的人身权。对于人格权的内容,各国法律规定不一。英美法系中没有人格权的一般概念,但有隐私权、肖像权等具体内容。法国《民法典》没有人格权的条款;德国《民法典》也没有规定一般人格权,只在第823条规定了侵犯人的生命、健康、自由和身体应当承担民事责任,另外单独规定了姓名权。[4] 瑞士《民法典》第28条首创对一般人格的保护,但也没有规定一般人格权的内容。不过,大陆法系多数国家在法理上和司法实践中都承认了人格权制度。我国原《民法通则》第98-102条创设了生命健康权、姓名权、名誉权、肖像权、荣誉权5项人格权。原《侵权责任法》第2条列举了生命权、健康权、姓名权、名誉权、荣誉权、肖像权、隐私权等多项具体人格权。《民法典》则专设了第四编规定人格权,其中第990

---

[1] 参见苗某、张某1申请宣告公民无民事行为能力案,天津市南开区人民法院民事判决书,(2020)津0104民特15号。

[2] 参见德国1992年《关于修订监护和照管的法律》。德国《民法典施行法》有关禁治产宣告的第8条也被废除。

[3] 参见寿某甲、章某某、寿某乙等认定公民民事行为能力、限制民事行为能力案,浙江省杭州市余杭区人民法院民事判决书,(2018)浙0110民特2340号;穆哈蔑多娃·索菲亚、廖某言申请宣告公民恢复限制民事行为能力案,新疆维吾尔自治区乌鲁木齐市沙依巴克区人民法院民事判决书,(2018)新0103民特273号。

[4] 参见张红:《19世纪德国人格权理论之辩》,载《环球法律评论》2010年第1期。

条规定:“人格权是民事主体享有的生命权、身体权、健康权、姓名权、名称权、肖像权、名誉权、荣誉权、隐私权等权利。除前款规定的人格权外,自然人享有基于人身自由、人格尊严产生的其他人格权益。”

人格权本身就是在西方天赋人权思想的影响下诞生的法律制度,人格权的具体内容大都与宪法上的公民基本权利相关联,如生命健康权、人身自由、人格尊严等。[1] 在德国,虽然德国《民法典》没有规定一般人格权,但“二战”后,法院通过判例直接从宪法的基本权利中发展出了民法上的一般人格权制度。[2] 各国宪法上的基本权利往往只针对本国公民而规定。例如,我国《宪法》第 2 章的标题就是“公民的基本权利与义务”,而公民是指“具有中华人民共和国国籍的人”(《宪法》第 33 条)。作为宪法基本权利在民法上具体表现的一般人格权也具有同等性质,往往都是根据公民资格(国籍)才能为个人享有。正是由于人格权与宪法基本权利密不可分,故世界多数国家都不在民法中加以规定,国际私法上也不对一般人格权进行规定,而只对某些特别人格权(主要是姓名权)设置单独冲突法规则。

总之,由于人格权问题在很多西方国家都是由宪法来调整,所以在国际私法上往往会引发宪法的域外效力问题。[3] 在美国,围绕着关塔那摩囚犯起诉美国前总统布什的案例,曾经引发了关于美国宪法和人权法令是否适用于外国人的大辩论。[4]

我国《涉外民事关系法律适用法》第 15 条规定:“人格权的内容,适用权利人经常居所地法律。”这就将一般人格权的内容置于权利人经常居所地法律支配之下,使人格权与人的国籍相分离,可能导致我国宪法对外国公民的适用和外国宪法对我国公民的适用。

《澳门民法典》第 26 条对此有限制性规定。该条第 1 款规定:“对人格权之存在、保护以及对其行使时所施加之限制,亦适用属人法。”同时该条第 2 款规定:“然而,非本地居民在澳门不享有任何不为本地法律承认之法律保护。”

另外,因为经常居所地流动性很大,法官查明起来很困难,因此也不利于一个人人格权的稳定。

---

[1] 参见张翔:《民法人格权规范的宪法意涵》,载《法制与社会发展》2020 年第 4 期。

[2] 参见马特:《人格权与宪法基本权利关系探讨》,载《安徽大学学报(哲学社会科学版)》2008 年第 5 期。

[3] Brendan O. Beutell, *Hard Cases Make Bad Law: Extraterritorial Application of the United States Constitution*, 122 West Virginia Law Review 597 (2019).

[4] Tim J. Davis, *Extraterritorial Application of the Writ of Habeas Corpus After Boumediene: With Separation of Powers Comes Individual Rights*, 57 Kansas Law Review 1199 (2009); Patrick J. Borchers, *The Conflict of Laws and Boumediene v. Bush*, 42 Creighton Law Review 1 (2008).

（二）姓名权

1. 一般规则

虽然各国对于一般人格权存在分歧，但对于某些具体人格权普遍给予民法上的承认，尤其是姓名权，因为姓名权较少牵涉宪法和政治问题，更多地与自然人的私权相关联。[1] 我国原《民法通则》在第99条就规定了公民的姓名权受法律保护。《民法典》第1012条进一步规定：自然人享有姓名权，有权依法决定、使用、变更或者许可他人使用自己的姓名，但是不得违背公序良俗。

各国法律关于自然人姓名的取得和改变方式各有差异。大多数国家都规定子女随父姓，但冰岛规定儿子的姓氏不随父姓，而是以父亲的"名"加"son"构成，女儿则以父亲的"名"加"døttir"构成。在伊斯兰国家，儿子的姓氏以父亲"名"加"ben"、女儿以父亲"名"加"bent"构成。俄罗斯则以父亲"名字"的第二格为儿子的姓氏。

我国《民法典》第1015条规定了自然人姓氏选取方式："自然人应当随父姓或者母姓，但是有下列情形之一的，可以在父姓和母姓之外选取姓氏：（一）选取其他直系长辈血亲的姓氏；（二）因由法定扶养人以外的人扶养而选取扶养人姓氏；（三）有不违背公序良俗的其他正当理由。少数民族自然人的姓氏可以遵从本民族的文化传统和风俗习惯。"但《民法典》未规定自然人名字的取名方式。我国法律也没有规定外国人姓名在我国的转化方式。

至于婚姻对夫妻尤其是女方姓氏的影响，各国立法也不相同。以前，大多数国家规定妻子随夫姓；现在很多国家规定妻子姓氏独立原则，可以不随夫姓。我国《民法典》第1056条也规定，夫妻双方都有各自使用自己姓名的权利。

国际私法上自然人的姓名问题，各国普遍适用当事人的属人法。德国《民法典施行法》第10条第1款规定，自然人的姓名受其本国法支配。瑞士《国际私法》第37-40条规定，住所在瑞士的人的姓名适用瑞士法律，但当事人可以要求适用其本国法；当事人姓名的更改，如果依照住所地法或本国法有效，则在瑞士可以得到承认。属人法决定一个人的姓氏、名字、姓名的拼写方式以及对该姓名的保护等。

比如一对德国夫妻定居于英格兰并在英格兰产下一子，他们以夫妻二人的姓氏为其子的姓氏，并得到英格兰法律的允许，从而在英格兰登记成功。后来夫妻携其子返回德国并要求德国姓名登记机关为其子注册姓名。依照德国《民法典施行法》第10条第1款，该儿童之姓名应依其国籍国法律，即德国法。但德国《民法典》第1617条规定，子女姓氏只能随父或母，而不能以父和母之姓氏相加而成。不过，德国慕尼黑高等法院最终援引欧盟法的规定，认为在欧盟其他成员登记注册的姓名应得到德国承认，即同意在德国为其登记。[2]

---

[1] 德国、奥地利等国民法典中都没有人格权的专门规定，但都规定了姓名权。

[2] OLG Muenchen, Urteil v. 19. 1. 2010-31 Wx 152/09, IPRax 2010, S. 452.

《涉外民事关系法律适用法》第15条规定："人格权的内容，适用权利人经常居所地法律。"该条规定也适用于姓名权。但经常居所地容易改变，不利于一个人姓名的稳定。此外，由于不同国家语言文字的差别，导致一个人的姓名在不同国家和地区有不同的书写方式和读音，实践中会引发争议。[1]

在引发巨大关注的"乔丹"商标纠纷案中，美国篮球明星迈克尔·乔丹经常居所地位于美国加州，其姓名权侵权行为发生在我国。依照美国加州法律根本无法判断"乔丹"这一中文姓名是否专属于迈克尔·乔丹。因此，我国法院在审理过程中均直接适用了中国法律，根本未考虑美国法律。[2]

从实践来看，依照外国法律来保护外国人在我国境内的姓名权和肖像权也存在一定困难。尤其对于知名人士而言，他们的姓名权和肖像权已经内含了巨大的商业价值，已经具有了知识产权的属性（商品化权），类推适用被请求保护地法律似乎更为合理。例如，在"LucaDotti、苏州瑞玲珑餐饮有限公司一般人格权纠纷案"中，涉及著名影星奥黛丽·赫本（Audrey Kathleen Hepburn）的姓名权和肖像权。[3] 由于奥黛丽·赫本1993年就已过世，其人格权的内容如果适用其经常居所地法律，则需要判断适用其何时的经常居所地。奥黛丽·赫本是英国籍，生前曾在欧美多个国家居住生活并在瑞士洛桑病逝，因此很难判断其经常居所地，并且根据外国法律也无法判断"奥黛丽·赫本"这个中文名字专属于她。该案最终适用了奥黛丽·赫本女儿（原告）经常居所地（意大利）法律，显然难以自圆其说。

2. 婚姻和收养对姓名的影响

一个人的姓名可能会因为结婚、离婚、收养等发生改变。比如很多国家法律都要求妻子随夫姓。我国原《婚姻法》第14条和《民法典》第1056条均规定，夫妻双方都有各自使用自己姓名的权利。

很多国家规定，婚姻和收养关系的准据法同样决定夫妻（尤其是妻子）和被收养儿童的姓名。例如，意大利《国际私法》第24条第1款规定："人身权的存在及内容受权利主体的本国法支配，但基于家庭关系产生的权利受适用于该家庭关系的法律支配。"[4]假如一个意大利女子嫁给一名德国男子，其姓名将取决于婚姻关系准据

---

〔1〕 公安部2007年起草的《姓名登记条例（草案）》中曾规定："居住在中华人民共和国境内的中国公民，应当依照本条例的规定，申请办理姓名登记。香港同胞、澳门同胞、台湾同胞迁入内地（大陆）定居的，华侨回国定居的，以及外国人、无国籍人在中华人民共和国境内定居并被批准加入或者恢复中华人民共和国国籍的，申请办理姓名登记，适用本条例的规定。"该规定很明显采用的仍然是国籍原则，只是对我国港澳台同胞才采用定居地原则。

〔2〕 迈克尔·杰弗里·乔丹与国家工商行政管理总局（现为国家监督管理总局）商标评审委员会、乔丹体育股份有限公司"乔丹"商标争议行政纠纷案，最高人民法院指导案例113号（2019年）。

〔3〕 江苏省苏州市中级人民法院民事判决书，（2019）苏05民终7188号。

〔4〕 Henrich, Internationales Familienrecht, 2000, S. 76.

法。现在,考虑到男女平等原则和对儿童的保护,一些国家规定,婚姻和收养关系对当事人姓名的影响由当事人各自属人法决定。一些国家还允许夫妻在结婚时选择其姓名准据法(德国《民法典施行法》第 10 条第 2 款)。[1]

3. 准据法的改变

对于姓名的取得、改变和丧失,一般适用当事人取得、改变或丧失该姓名时的经常居所地法律。如果当事人经常居所地发生改变,原则上不影响当事人的姓名。但是当事人移居到另一个国家或地区之后,往往要进行姓名登记,此时需要遵守登记地的法律规定。比如,根据《最高人民法院人民法院民事裁判文书制作规范》(法〔2016〕221 号)的规定,当事人为外国人的,人民法院的裁判文书中应当写明其经过翻译的中文姓名或者名称和住所,并用括号注明其外文姓名或者名称和住所。外国人在我国境内办理就业、入学、购房等事项通常也需要填写中文姓名。

(三)人格权侵权责任

除姓名权之外,我国现行法律还保护公民的生命权、健康权、名誉权、荣誉权、肖像权、隐私权等具体人格权。跨国交往中,经常会出现外国人的名誉权、肖像权和隐私权侵权及其法律责任问题。《涉外民事关系法律适用法》第 46 条规定:"通过网络或者采用其他方式侵害姓名权、肖像权、名誉权、隐私权等人格权的,适用被侵权人经常居所地法律。"该条专门针对人格权侵权,包括网上侵权,也包括网下侵权。实践中,我国法院的做法并不统一。有的法院按照《涉外民事关系法律适用法》第 46 条适用被侵权人经常居所地法。[2] 有的法院在审理类似案件时依照《涉外民事关系法律适用法》第 44 条适用侵权行为地法律。[3]

在"哈特姆特 · 冯 · 威科夫斯基(Hartmut von Wieckowski)诉西安利君制药有限责任公司、陕西省西安制药厂、利君集团有限责任公司肖像权侵权纠纷案"[4]中,涉及德国人肖像权的保护问题。法院根据原《民法通则》第 120 条第 1 款即"公民的姓名权、肖像权、名誉权、荣誉权受到侵害的,有权要求停止侵害,恢复名誉,消除影响,赔礼道歉,并可以要求赔偿损失"之规定,判决被告承担侵权责任。该案实际上承认了外国人享有我国法律规定的肖像权。

---

〔1〕 Henrich, Die Rechtswahl im internationalen Namensrecht und ihre Folgen, 1 StAZ (1996), S. 129-134.

〔2〕 郑多燕(JUNGDAYEON)与浙江淘宝网络有限公司等肖像权、姓名权纠纷案,浙江省杭州市余杭区人民法院民事判决书,(2016)浙 0110 民初 927 号。

〔3〕 林某诉某澳门股份有限公司人格权纠纷案,广东省广州市荔湾区人民法院民事裁定书,(2014)穗荔法民一初字第 1355 号;Luca Dotti、苏州瑞玲珑餐饮有限公司一般人格权纠纷案,江苏省苏州市中级人民法院民事判决书,(2019)苏 05 民终 7188 号;广东华创鑫材实业有限公司、钟某良肖像权纠纷、姓名权纠纷案,广东省广州市中级人民法院民事判决书,(2020)粤 01 民终 5981 号。

〔4〕 陕西省西安市中级人民法院民事判决书,(2007)西民四初字第 021 号。

在“LucaDotti、苏州瑞玲珑餐饮有限公司一般人格权纠纷案”[1]中，法院根据《涉外民事关系法律适用法》第44条关于一般侵权行为的法律适用原则，适用侵权行为地法即中国法律，认为被告瑞玲珑餐饮有限公司非法使用奥黛丽·赫本的姓名、肖像，构成对死者人格利益的侵害。

第三节 法人的属人法

一、法人的国籍

(一)法人是否有国籍

法人(legal person, juristische Person)的国籍问题是一个有争议的问题，存在否定说和肯定说两种理论。凯尔森就从一般法理上否认了法人的国籍。[2] 德国国际私法学者一般也否认法人有“国籍”和“住所”。[3] 德国有关法人的立法也不采用自然人意义上的国籍或住所(Wohnsitz)，而只是规定法人的“所在地”(Sitz)，以区别于“住所”。因此，在德国国际私法中也不去探讨法人的国籍和住所问题，而只是探讨法人的“所在地”。

法国民法典虽然也没有直接规定法人的国籍，但在法国国际私法上，“法人的国籍”这一用语已经长期被学说和判例所接受。[4] 不过需要说明的是，公司的这种“国籍”只是一种拟制的国籍，与自然人的国籍不一样，就如同人们所说的飞机或轮船的“国籍”一样。

我国台湾地区学者普遍认为公司具有国籍，[5]而且我国台湾地区“公司法”第370条规定：“外国公司之名称，应译成中文，除标明其种类外，并应标明其国籍。”

不管是否承认法人的国籍，都需要确定一个标准来区分本国法人和外国法人。不过这种区分标准只能是相对的。一个国家在不同法律中或者在不同情况下可能会采用不同标准区分本国法人和外国法人。

(二)区分本国法人和外国法人的标准

对于如何区分本国法人和外国法人，通常存在两种对立的主张，即成立地说和

---

[1] 江苏省苏州市中级人民法院民事判决书，(2019)苏05民终7188号。

[2] 参见[奥]凯尔森：《法与国家的一般理论》，沈宗灵译，中国大百科全书出版社1996年版，第267-268页。

[3] Kegel/Schurig, Internationales Privatrecht, 9. Aufl. 2004, S. 572.

[4] 参见[法]亨利·巴蒂福尔、[法]保罗·拉加德：《国际私法总论》，陈洪武译，中国对外翻译出版公司1989年版，第276页。

[5] 参见何芳枝：《公司法论》，中国政法大学出版社2004年版，第3页。

所在地说。[1] 特殊情况下还有一种“控制说”。

1. 法人成立地标准(incorporation theory)

成立地标准也被称为准据法标准,是指以法人依照何国法律成立而定其国籍。该标准为英美法系国家普遍采用,并被很多大陆法系国家和地区接受,[2]但在德国、法国等大陆法系国家则不受欢迎。英美法系没有法人“国籍”的概念,只关注法人的住所,而且法人的住所就位于法人成立地国家。在现代国际交往十分发达的社会,“成立地”很难判定,而且也会为当事人提供规避法律的可能。美国现在也不再绝对地采用该标准。

2. 法人所在地标准(real seat theory)

所在地标准即以法人的主要管理中心地(place of head office)或主营业地(place of business)来判断法人的国籍。

德国等大陆法系国家也没有法人“国籍”的概念,只关心法人的“所在地”,并以此区分本国法人和外国法人。这一标准也存在一定问题,即如何判定公司所在何地。公司也可能会通过选择法人所在地的方式以规避法律。

3. 资本控制标准(the control test)或股东国籍标准(nationality of stockholders)

“拥有或控制”标准源于英美公司法上的“刺穿公司面纱”理论(piercing the corporate veil)。[3] 按照公司法原理,公司具有独立法人资格,其人格独立于公司的股东,二者不可混同。而“刺穿公司面纱”也称“公司人格否认制度”,是指在特定情况下以公司股东的人格来替代公司的人格。在公司的管辖问题上,就是要依照公司股东的国籍来对公司行使管辖权。

在判断公司的国籍方面,国际法院审理的著名的“巴塞罗那电车公司案”是广为引用的经典案例。[4]

由于“巴塞罗那电车公司案”拒绝了所谓的“刺穿公司面纱”理论,“拥有或控制”标准并未得到国际法和各国实践的普遍承认。如果将“拥有或控制”标准仅仅用于公司的海外分支机构(branch),那么该理论倒也言之有理,因为分支机构从法律上看不具有独立法人资格,其法律地位从属于公司总部。但对于公司的海外“子公司”(subsidiaries)就不能以“拥有或控制”标准来行使管辖权。

另外,世界贸易组织《服务贸易总协定》(GATS)第 28 条(M)项对于“外国法

---

〔1〕 参见李金泽:《公司法律冲突研究》,法律出版社 2001 年版,第 41 页以下。

〔2〕 我国台湾地区“公司法”第 4 条规定,该规定所称外国公司,谓以营利为目的,依照外国法律组织登记,并经我国台湾地区政府认许,在台湾地区内营业之公司。

〔3〕 参见蔡立东:《公司人格否认论》,载梁慧星主编:《民商法论丛》(第 2 卷),法律出版社 1994 年版,第 327 页。

〔4〕 Barcelona Traction, Light and Power Company, Limited (Belgium v. Spain), Report of the International Court of Justice, 1970, p. 3.

人”的判断基本上兼采“准据法说(成立地法说)”和“营业地说(所在地说)”,同时考虑到了“控制说”。[1]

(三)我国法律规定的标准

我国《公司法》[2]第191条规定:“本法所称外国公司是指依照外国法律在中国境外设立的公司。”实践中,我国法院也以成立地标准来判断本国法人和外国法人。[3]

二、法人的住所

(一)住所的概念

许多大陆法系国家和地区既不承认法人有“国籍”,也不承认法人有自然人意义上的“住所”(domicile)或“居所”(residence),而只关注法人的“所在地”。通常,法人的所在地就是法人的管理中心地或主事务所所在地。法国《民法典》第1837条规定:“所在地位于法国领土上的公司受法国法的支配。”德国1892年颁布的《有限责任公司法》第4a条第1款规定,公司所在地是其章程(Gesellschaftvertrag)中规定的地点。其第2款规定:“章程通常把一个公司设有经营场所的地点,或业务领导部门所在的地点,或行政管理部门所在的地点作为所在地。”德国1892年颁布的《股份公

[1] 《服务贸易总协定》第28条第(L)、(M)和(N)款相关规定如下:

(L)“法人”指根据准据法适当组建或组织的任何法人实体,无论是否以盈利为目的,无论属私营所有还是政府所有,包括任何公司、基金、合伙企业、合资企业、独资企业或协会;

(M)“另一成员的法人”指:

(i)根据该另一成员的法律组建或组织的,并在该另一成员或任何其他成员领土内从事实质性业务活动的法人;

(ii)对于通过商业存在提供服务的情况:(1)由该成员的自然人拥有或控制的法人;(2)由(i)项确认的该另一成员的法人拥有或控制的法人。

(N)法人:

(i)由一成员的个人所“拥有”,如该成员的人实际拥有的股本超过50%;

(ii)由一成员的个人所“控制”,如此类人拥有任命其大多数董事或以其他方式合法指导其活动的权力;

(iii)与另一成员具有“附属”关系,如该法人控制该另一人,或为该另一人所控制;或该法人和该另一人为同一人所控制。

[2] 1993年12月29日第八届全国人民代表大会常务委员会第五次会议通过,2005年10月27日第十届全国人民代表大会常务委员会第十八次会议第三次修正,自2006年1月1日起施行。

[3] 星花投资服务有限公司、杭州金马房地产有限公司、杭州未来世界游乐有限公司债务及担保合同纠纷案,最高人民法院民事判决书,(2004)民四终字第21号。

司法》第5条的规定也相同。[1] 日本和我国台湾地区的规定也与此类似。[2]

在英美国家，无论是自然人还是法人都有住所。通常，法人依据哪一国家法律注册登记而成立，就具有该国住所。英国1985年《公司法》规定：在英格兰注册登记的公司便具有英格兰住所，在苏格兰注册登记的公司则有苏格兰住所。因此在英格兰，公司的住所在其成立地国。[3] 根据这一理论，公司的住所与其国籍实际上是一致的。公司原则上只能有一个住所，因为公司只可能依据一个国家的法律成立。如果该公司依据另一个国家法律重新成立，那就构成一个新的公司。因此，该标准的好处是使公司的住所相对稳定，防止公司利用改变住所的方法规避法律。但该标准也显得过于僵硬。为避免这一弊端，英国法律上还规定了公司的居所制度，公司的居所位于实施中央管理和控制的国家。公司只能有一个住所，但可以有两个以上的居所（营业地）。[4]

（二）我国的规定

我国法律也规定了法人的住所。我国《民法典》第63条规定："法人以其主要办事机构所在地为住所。依法需要办理法人登记的，应当将主要办事机构所在地登记为住所。"我国《公司法》第10条也规定："公司以其主要办事机构所在地为住所。"2021年颁布的《市场主体登记管理条例》第11条第1款规定："市场主体只能登记一个住所或者主要经营场所。"

《最高人民法院关于适用〈中华人民共和国民事诉讼法〉的解释》第3条规定："法人或者其他组织的住所地是指法人或者其他组织的主要办事机构所在地。法人或者其他组织的主要办事机构所在地不能确定的，法人或者其他组织的注册地或者登记地为住所地。"

《企业所得税法》[5]把企业分为居民企业和非居民企业。居民企业是指"依法在中国境内成立，或者依照外国（地区）法律成立但实际管理机构在中国境内的企业"（第2条第1、2款）。这表明，在外国登记成立的企业（外国企业），其住所可能在我国境内。

---

〔1〕 2008年德国通过的《有限责任公司法改革法》已经删除了《有限责任公司法》第4条第2款和《股份公司法》第5条第2款。这是为了适应欧盟法所要求的公司设立自由原则，允许在任一欧盟成员国境内设立的公司将其所在地转移到任何其他成员国境内。

〔2〕 我国台湾地区"公司法"第3条规定，公司以其本公司所在地为住所。该规定所称本公司，为公司依法首先设立，以管辖全部组织之总机构；所称分公司，为受本公司管辖之分支机构。

〔3〕 Lawrence Collins ed., *Dicey, Morris and Collins on The Conflict of Laws*, 14th edition, Vol. 1, Thomson Sweet & Maxwell, 2006, p. 1335.

〔4〕 Lawrence Collins ed., *Dicey, Morris and Collins on The Conflict of Laws*, 14th edition, Vol. 1, Thomson Sweet & Maxwell, 2006, p. 1335.

〔5〕 2007年颁布，2018年第二次修正。

《涉外民事关系法律适用法》第 14 条第 2 款规定："法人的经常居所地，为其主营业地。"法人的主营业地和主要办事机构所在地往往是一致的，此时，法人的经常居所地通常就是法人的住所地。对于跨国公司而言，公司的主要办事机构所在地和主营业地可能并不一致，此时，公司的经常居所和住所会出现分离。

三、法人的属人法

（一）成立主义和实际所在地主义

与自然人的属人法一样，法人也有支配其一般法律问题的"属人法"（lex societatis）。法人的属人法是指支配法人的成立、存续和解散以及法人的权利能力和行为能力、法人的内部组织等问题的法律。[1] 世界上不同国家的法人制度体现出不同的特征，[2]而公司的跨国经营使得法律适用问题越来越复杂。

自然人属人法是指自然人的本国法或住所地法。但对于法人而言，由于一些国家法律中没有法人国籍和住所的概念，因此对于法人的属人法没有所谓的本国法主义和住所地法主义之分，而是存在所谓的"成立主义"和"实际所在地主义"的对立。

1. 成立主义（incorporation theory，Gründungstheorie）

成立主义也称准据法主义，是指以公司成立所依据的法律作为公司的属人法。在美国该理论也被称为"内部事务理论"（internal affairs doctrine）。[3] 美国《第二次冲突法重述》规定，公司成立地州的法律决定公司的设立要件，并且诸如公司的股东、内部管理和分红、表决委托、股份占多数的股东人的义务、普通股东人的义务、董事或高级职员的义务等问题原则上均由公司的成立地法支配。英国法律也采用成立地法支配公司章程的相关事务。公司从事交易的能力也由公司章程和支配有关交易行为的国家的法律调整。[4]

《布斯塔曼特法典》第 23 条以及瑞士（《国际私法》第 154 条）、荷兰、丹麦等欧洲国家采用成立主义标准。东欧许多国家最近的国际私法立法均采用成立标准确定法人的属人法，例如匈牙利（《国际私法》第 18 条第 2 款）、前南斯拉夫（《国际私

[1] S. Rameloo, *Corporations in Private International Law*, Oxford University Press, 2001.

[2] See, e. g. , Mark Roe, *Some Differences in Company Structure in Germany, Japan, and the United States*, 102 Yale Law Journal 1927 (1993).

[3] Edgar v. MITE Corp. , 457 U. S. 624, 645-46 (1982). The Court stated: "The internal affairs doctrine is a conflict of laws principle which recognizes that only one State should have the authority to regulate a corporation's internal affairs-matters peculiar to the relationships among or between the corporation and its current officers, directors, and shareholders because otherwise a corporation could be faced with conflicting demands."

[4] C Lawrence Collins ed. , *Dicey, Morris and Collins on The Conflict of Laws*, 14th edition, Vol. 1, Thomson Sweet & Maxwell, 2006, p. 1345.

法》第 17 条)、俄罗斯(《民法典》第 1202 条)、白俄罗斯(《民法典》第 1111 条)、哈萨克斯坦共和国(《民法典》第 1100 条)。另外秘鲁(《民法典》第 2073 条)、委内瑞拉(《国际私法》第 20 条)等美洲国家和日本(《公司法》第 2 条)、越南(《民法典》第 832 条)、韩国及我国台湾地区等亚洲国家和地区也主要采用成立准据法作为法人属人法。欧盟法也采用成立主义。〔1〕

成立主义具有简便易查的优点,有利于公司准据法的稳定性,因为无论公司营业地迁移到何处,公司的法人地位都不变;该标准也有利于保护成立人的利益,因为成立人可以选择世界上任何有利的地点(比如"避税天堂")成立公司。但成立地主义不利于保护第三人利益,容易产生大量的"邮箱公司"(mailbox company),危害国际经济秩序的稳定性。〔2〕

2. 实际所在地主义(real seat theory)

实际所在地主义(siège réel théorie, Sitztheorie)是指以法人的实际所在地(real seat)法律为其属人法。法人的实际所在地通常是法人的管理中心或营业中心所在地(principle place of business)。有的国家强调法定的所在地,如法人章程规定的所在地,有的国家强调事实上的所在地,如主营业地。德国、法国(《民法典》第 1837 条),卢森堡、比利时、奥地利、葡萄牙(《民法典》第 33 条),波兰(《国际私法》第 9 条),罗马尼亚、土耳其(《国际私法》第 8 条第 4 款)等其他欧洲大陆国家多采用此标准。美洲的阿根廷(《国际私法草案》第 9 条)、亚洲的也门人民民主共和国(《民法典》第 28 条)、阿拉伯也门共和国(《民法典》第 40 条)、约旦(《民法典》第 12 条)、韩国(《国际私法》第 29 条)、阿联酋(《民法典》第 11 条第 2 款)、非洲的突尼斯(《国际私法》第 40 条第 1 款)、埃及(《民法典》第 11 条第 2 款)等国亦同。

所在地主义可以避免成立地主义的弊端,防止一些不法商人随意注册成立一些"邮箱公司"进行避税或其他非法活动。〔3〕但该标准不利于法人地位的稳定性,也不利于法人开展跨国性经营活动,因为法人的管理中心或经营中心一旦转移到其他国家或地区,其法人资格就可能改变。比如,一家在中国注册成立的公司,如果将其总部迁移到德国,则在中国法院看来,其属人法为中国法,依照中国法,该公司有法人资格;而在德国法院看来,其属人法为德国法,依照德国法,该公司未在德国注册,

---

〔1〕 EuGH JZ 89, 384; EuGH BB 99, 809; See: W. -H. Roth, *From Centros to Überseering: Free Movements of companies, Private, International Law and Community*, 52 International and Comparative Law Quarterly 177 (2003).

〔2〕 Korner, Das Kollisionsrecht der Kapitalgesellschaften in den Vereinigten Staaten von Amerika unter besonderer Berücksichtigung der Pseudo-Foreign Corporations, 1988, S. 147 ff.

〔3〕 所在地主义最早由 19 世纪法国法院采用,主要目的就是应对英国的"邮箱公司",防止其规避法国公司法中的强制性规定。参见 Cass civ 21 Nov. 1889, (1889) 16 JDI 850; Cass civ 22 Dec. 1896, (1897) 24 JDI 364。

不具有法人资格。

随着欧盟条约所规定的营业自由原则的生效,欧盟公司法开始向成立地主义转化,特别是欧盟法院作出一系列关于公司设立自由的判例[1]以后,很多欧洲国家都改变了原来的所在地主义,比如奥地利。另一些国家虽未放弃所在地主义,但开始兼采两种主义,如意大利 1995 年《国际私法立法》第 25 条第 1 款规定:“以共有或私有制为基础的公司、社团、基金会及其他机构,即使尚不具备社团的特征,也应由其成立地所在国的法律支配。但是如果其总部位于意大利或主要工作机构位于意大利,则应适用意大利法律。”德国、法国等国国内法虽然仍然坚持所在地法主义,但受到越来越多的批判。[2]

(二)我国的规定

我国原《民通意见》第 184 条规定:“外国法人以其注册登记地国家的法律为其本国法,法人的民事行为能力依其本国法确定。外国法人在我国领域内进行的民事活动,必须符合我国的法律规定。”最高人民法院 1989 年发布的《全国沿海地区涉外涉港澳经济审判工作座谈会纪要》第(五)部分中也明确指出:“对于外国或者港澳地区的公司、企业或其他经济组织是否具有法人资格,是承担有限责任还是无限责任的问题,应当根据该公司、企业或者其他经济组织成立地的法律确定。它们在中国境内进行经营活动的能力,还应当根据中国的法律予以确定。外国或港澳地区的公司、企业、其他经济组织或者个人之间在中国境外设立代理关系的,代理合同是否成立及其效力如何。应依代理人住所地或其营业所所在地的法律确定。”2004 年修正后的《公司法》第 199 条第 2 款规定:“本法所称外国公司是指依照外国法律在中国境外登记成立的公司。”可见,我国法律一直都是以法人成立地法律作为法人属人法。[3]

《涉外民事关系法律适用法》第 14 条第 1 款也明确规定:“法人及其分支机构的民事权利能力、民事行为能力、组织机构、股东权利义务等事项,适用登记地法律。”这里的“登记地”并不明确,可能是设立登记地,也可能是营业登记地。实践中经常发生这样的情况:当事人系在英属维尔京群岛注册成立的公司,但其将主要营业地设在了我国香港特别行政区,亦在我国香港特别行政区的公司注册登记机关依法办理了海外公司的登记。该公司在参加人民法院诉讼时,有时候提交的是我国香港特别行政区公司注册登记机关进行登记的证明,有时候提交的是英属维尔京群岛注册登记机关进行注册登记的证明。此时,人民法院应当将法人的设立登记地认定为涉

---

〔1〕 C-81 Daily Mail [1988] ECR 5483; Case C-212/97 Centros Ltd. [1999] ECR I-1459; Case C-208/00 Überseering [2002] ECR I-9919 [70]; Case C-167/01 Inspire Art [2003] ECR I-10155.

〔2〕 德国 2008 年出台了一份关于公司冲突法的草案,其中也采用了成立地主义。

〔3〕 参见王保树、崔勤之:《中国公司法原理》,社会科学文献出版社 2000 年版,第 315 页。

外民事关系法律适用法规定的法人的登记地。[1]

《涉外民事关系法律适用法》第14条第2款还规定:"法人的主营业地与登记地不一致的,可以适用主营业地法律。"这一规定与意大利立法类似,是为了避免对那些离岸公司的监管漏洞。

四、法人属人法的适用范围

法人的属人法主要用来支配与法人主体资格有关的问题以及法人的内部关系。在美国,这一理论通常被称为公司内部事务理论(internal affairs doctrine)。[2] 具体而言,法人属人法主要支配以下事项:

(一)法人的主体资格

法人的主体资格(personality)包括法人的成立、变更与解散、法人的权利能力和行为能力等问题。早期许多国家国际私法立法均规定,法人的属人法至少用来支配法人的权利能力和行为能力。如土耳其《国际私法》第8条第4款规定:"法人或团体的民事权利能力和行为能力适用其章程规定的管理中心所在地法律。"我国《民通意见》第184条也规定:"外国法人依其注册登记地国家的法律为其本国法。法人的民事行为能力依其本国法确定。"《涉外民事关系法律适用法》第14条第1款也明确规定:"法人及其分支机构的民事权利能力、民事行为能力、组织机构、权利义务等事项,适用登记地法律。"

法人的诉讼能力是指法人能否以自己的名义提起诉讼和应诉。该问题属于诉讼程序法问题,但它直接关系到法人的实体权利能否得到实现。法人的诉讼能力与其行为能力有密切联系,因此一般也应当适用法人的属人法。匈牙利、前南斯拉夫、罗马尼亚等国国际私法立法均作了如此规定。

在"山风(巴巴多斯)有限公司(以下简称山风公司)与北京中天宏业房地产咨询有限责任公司股东知情权纠纷案"[3]中,最高人民法院指出:"山风公司系巴巴多斯登记成立的公司,其民事权利能力和行为能力,应当适用巴巴多斯法律。巴巴多斯公司登记机关登记的山风公司董事为崔某守、金某荣,其决议授权崔某守代表山风公司起诉,故本案起诉符合受理条件。"在"意大利航空公司与上海大鹏国际货运

---

〔1〕 参见最高人民法院2012年《法律适用法解释一》第16条。

〔2〕 Edgar v. MITE Corp., 457 U. S. 624, 645-46 (1982). The Court stated: "The internal affairs doctrine is a conflict of laws principle which recognizes that only one State should have the authority to regulate a corporation's internal affairs-matters peculiar to the relationships among or between the corporation and its current officers, directors, and shareholders because otherwise a corporation could be faced with conflicting demands."

〔3〕 最高人民法院民事裁定书,(2014)民申字第2136号。

有限公司航空货物运输合同纠纷案"[1]中，意大利航空公司已被意大利法院宣布无清偿能力，并被指定了财产管理人，因此上海市高级人民法院审判时认为，该公司的主体资格问题应适用该公司注册地法律，即意大利法律。

(二)法人的人格权

《民法典》第110条第2款采纳了原《民法通则》和《民法总则》的旧例，该条规定："法人、非法人组织享有名称权、名誉权和荣誉权。"[2]《涉外民事关系法律适用法》第15条规定："人格权的内容，适用权利人经常居所地法律。"从其字面意义上来看，该条应当同时适用于自然人和法人及非法人组织的人格权，即法人的名称权、名誉权和荣誉权。这些权利应依据其经常居所地法。而根据《涉外民事关系法律适用法》第14条第2款的规定，法人的经常居所地，为其主营业地。

然而，按照常规理解，法人的人格权(名称、商号等)也应当与自然人一样适用其属人法。[3] 而《涉外民事关系法律适用法》第14条第1款规定，法人属人法是法人登记地法而非主营业地法。而且，我国《市场主体登记管理条例》要求市场主体成立时必须进行登记，登记事项中必须包含公司的名称。其第10条第1款还规定："市场主体只能登记一个名称，经登记的市场主体名称受法律保护。"国务院2020年修订了《企业名称登记管理规定》。这都说明，法人名称要受到属人法(登记地法律)的约束。

此外，法人名称权往往与其商标权、著作权等知识产权相关联，实践中有时难以区分。[4]

(三)法人的组织机构和内部管理问题

法人的组织机构和内部管理问题(internal management)包括法人成员的加入和退出及其权利与义务，法人领导机构的选择方式、管理权限及行使权力的方式，董事及其他职员的权利和责任，法人与其股东或董事、监事与股东之间的关系等。

依照法律或者法人组织章程规定，代表法人行使职权的负责人，是法人的法定代表人。对于法定代表人由哪些人担任、法人代表人对外代表企业从事民事活动的

---

[1] 上海市高级人民法院民事判决书，(2012)沪高民二(商)终字第27号。

[2] 法人人格权的问题在我国引发了广泛争论，有学者反对法人的人格权制度，例如尹田：《论法人人格权》，载《法学研究》2004年第4期；郑永宽：《法人人格权否定论》，载《现代法学》2005年第3期。也有学者认为，法人当然享有人格权，就像自然人一样，并且除了《民法通则》和《民法总则》当中所规定的名称权、名誉权和荣誉权之外，法人还应享有生命权、身体权、自由权、隐私权、场所权、安宁权等各类人格权。参见张民安、李杨：《法人的人格权研究(上)——法人为何享有人格权》，载《学术研究》2019年第2期。即使《民法典》颁布之后，仍有学者对其中的法人人格权制度提出批评，参见刘凯湘：《民法典人格权编几个重要理论问题评析》，载《中外法学》2020年第4期。

[3] 例如瑞士《国际私法》第155条。

[4] 参见意大利阿玛尼(香港)国际发展有限公司诉张某健侵害企业名称权纠纷案，福建省泉州市中级人民法院民事判决书，(2014)泉民初字第539号。

权限以及法人代表人超出法人授权范围的行为的责任承担等问题,也属于法人内部管理问题,应当依法人属人法确定。

(四)法人的股东权利义务问题

股东权利(shareholders rights)是指股东基于股东资格而享有的从公司获取经济利益并参与公司管理的权利。大陆法系传统的公司法理论认为,股东权既非债权,又非物权,而是基于股东地位而取得的包括财产权和经营管理权在内的多种权利的集合体。但是股东权到底是什么性质的权利,学界众说纷纭,有所有权说、社员权说、债权说等多种学说,至今也未有定论。〔1〕在不同国家,股东权利也会有所差别;即使在同一个国家,不同类型公司的股东权利也不一样。

在国际私法上,股东权利义务属于公司内部事务的一部分,应当适用公司属人法。股东权利义务纠纷包括股东身份权纠纷、知情权纠纷、分配权纠纷、优先权纠纷和股东的代表诉讼权纠纷等。《关于股份有限公司境外募集股份及上市的特别规定》〔2〕第29条规定:“境外上市外资股股东与公司之间,境外上市外资股股东与公司董事、监事和经理之间,境外上市外资股股东与内资股股东之间发生的与公司章程规定的内容以及公司其他事务有关的争议,依照公司章程规定的解决方式处理。解决前款所述争议,适用中华人民共和国法律。”该规定也采用公司属人法原则。

(五)其他问题

法人的组织章程的变更、法人对第三人的责任等问题,一般也由属人法支配。现代一些国家的新的国际私法立法对于法人属人法的具体适用范围都作了较详细的规定。比如瑞士《国际私法》第155条就明确规定:“支配公司问题的法律可以适用于下述事项:(1)公司的法律性质;(2)公司的设立和撤销;(3)公司的权利能力和行为能力;(4)公司的名称和字号;(5)公司的组织机构;(6)公司内部的关系如公司与成员的关系;(7)违反公司法规所应承担的责任;(8)公司债务;(9)为公司进行活动的人员的代表权限。”葡萄牙、瑞士和罗马尼亚等国的国际私法立法也都采用了这种列举的方式。我国《涉外民事关系法律适用法》的规定不够全面。

五、法人属人法适用的限制和例外

(一)法院地法律对属人法的限制

法院地国家为了维护本国的公共利益,对于外国法人在本国的活动规定要受本国法律的约束。瑞士《国际私法》第十编就详细规定了外国公司在瑞士活动应当受到瑞士法律限制的诸多情形,比如外国公司在瑞士的分公司的活动应当受瑞士法律

---

〔1〕参见李彤:《近代中国公司法中股东权制度研究:以法律与社会的互动为中心》,法律出版社2010年版,第1章第1节。

〔2〕1994年8月4日国务院第160号令发布。

支配。意大利《国际私法》第25条也规定,法人原则上由成立地国法律支配,但如果法人的总部位于意大利或主要工作机构位于意大利,则应适用意大利法律。罗马尼亚《国际私法》第45条规定:“在罗马尼亚获得承认的外国法人在我国从事经济的、社会的、文化的,以及其他活动应遵守罗马尼亚法律有关规定。”

我国原《民通意见》第184条第2款也规定:“外国法人在我国领域内进行的民事活动,必须符合我国的法律规定。”《涉外民事关系法律适用法》虽然没有对外国法人在我国境内的活动进行明文限制,但根据该法第4条的规定,“中华人民共和国法律对涉外民事关系有强制性规定的,直接适用该强制性规定”,可以推论出我国《公司法》《外商投资企业法》以及其他法律中的强制性规定对外国法人具有强制效力。比如我国《公司法》第195条规定:“外国公司在中国境内设立的分支机构不具有中国法人资格。外国公司对其分支机构在中国境内进行经营活动承担民事责任。”《外国(地区)企业在中国境内从事生产经营活动登记管理办法》(2020年修订)还规定:“在中国境内从事生产经营活动的外国企业,应向省级市场监督管理部门(以下简称登记主管机关)申请登记注册。外国企业经登记主管机关核准登记注册,领取营业执照后,方可开展生产经营活动。未经审批机关批准和登记主管机关核准登记注册,外国企业不得在中国境内从事生产经营活动。”

(二)法人外部关系不适用法人属人法

法人的属人法只支配法人的内部法律问题。对于法人参与的外部民事法律关系,则要视具体法律关系而确定其法律适用。在这一点上法人与一般自然人的地位是相同的。比如,法人参与缔结的合同,也要受合同准据法的支配;法人的侵权行为,依照侵权行为准据法;法人发行证券,要受有关国家的证券法律支配;等等。[1]

(三)法人的合并问题

法人的合并,如果涉及的是不同国家的法人,就会产生法律适用问题。一般而言,不同国家间法人的合并,必须要符合各个法人的属人法的规定才能进行。另外还要考虑到有关国家的反垄断法和安全审查法规。罗马尼亚《国际私法》第46条规定:“具有不同国籍的法人,只要双方本国法中适用于其组织章程的所有条件都得到满足即可进行合并。”意大利《国际私法》第25条第3款也有同样的规定。我国商务部等六部委发布的《关于外国投资者并购境内企业的规定》和《国务院办公厅关于建立外国投资者并购境内企业安全审查制度的通知》等都属于《涉外民事关系法律适用法》第4条意义上的强制性规定。[2]

---

〔1〕 参见李金泽:《公司法律冲突研究》,法律出版社2001年版,第147页以下。

〔2〕 王秀群、武汉天九工贸发展有限公司股权转让纠纷案,最高人民法院民事判决书,(2020)最高法民终677号。

第四节　非法人组织

一、非法人组织的属人法

我国《民法典》第102条规定:“非法人组织是不具有法人资格,但是能够依法以自己的名义从事民事活动的组织。非法人组织包括个人独资企业、合伙企业、不具有法人资格的专业服务机构等。”它们的属人法与法人类似,一般也是其成立地法或所在地法。我国《合伙企业法》第108条规定:“外国企业或者个人在中国境内设立合伙企业的管理办法由国务院规定。”

外商成立的个人独资企业性质比较特殊。我国《个人独资企业法》第2条规定:“本法所称个人独资企业,是指依照本法在中国境内设立,由一个自然人投资,财产为投资人个人所有,投资人以其个人财产对企业债务承担无限责任的经营实体。”但该法第47条规定:“外商独资企业不适用本法。”

2019年颁布的《外商投资法》第2条第2、3款规定:“本法所称外商投资,是指外国的自然人、企业或者其他组织(以下称外国投资者)直接或者间接在中国境内进行的投资活动。本法所称外商投资企业,是指全部或者部分由外国投资者投资,依照中国法律在中国境内经登记注册设立的企业。”第31条规定:“外商投资企业的组织形式、组织机构及其活动准则,适用《中华人民共和国公司法》《中华人民共和国合伙企业法》等法律的规定。”因此,外商个人独资企业可以是法人,也可以是非法人。

《外商投资法》实施之后,《中外合资经营企业法》《外资企业法》《中外合作经营企业法》均被废除。根据《外商投资法》第42条第2款的规定,《外商投资法》施行前依照《中外合资经营企业法》《外资企业法》《中外合作经营企业法》设立的外商投资企业,在该法施行后五年内可以继续保留原企业组织形式等。具体实施办法由国务院规定。

二、外国法人和非法人组织的承认和认许

传统国际私法经常讨论外国法人的承认制度(recognition)。承认是指对于在外国成立的法人,承认其在内国的人格。[1] 当今世界大多数国家都根据多边或双边国际条约相互承认对方法人的法律地位。尤其是世界贸易组织成立之后,凡加入该组织的国家和地区,相互均依照国民待遇原则和最惠国待遇原则给予其他成员方商

---

〔1〕 参见[德]马丁·沃尔夫:《国际私法》,李浩培、汤宗舜译,北京大学出版社2009年版,第334页。

业机构以平等的国民待遇。我国通过双边投资保护协定也相互给予对方企业平等的国民待遇。因此,外国法人之承认制度与法人之属人法制度已经融为一体,无特别研究之必要。

与承认制度不同的是对外国法人的认许或许可制度(admission)。认许是指是否允许外国法人在内国设立营业机构从事经营活动(市场准入)。我国2020年1月1日起施行的《外商投资法》第4条第1、2款明确规定:"国家对外商投资实行准入前国民待遇加负面清单管理制度。前款所称准入前国民待遇,是指在投资准入阶段给予外国投资者及其投资不低于本国投资者及其投资的待遇;所称负面清单,是指国家规定在特定领域对外商投资实施的准入特别管理措施。国家对负面清单之外的外商投资,给予国民待遇。"根据上述规定,凡是在负面清单之外的外商投资,均不再需要特别认许。我国2020年10月23日新修订的《外国(地区)企业在中国境内从事生产经营活动登记管理办法》第3条也仅规定了少数几种需要办理登记注册的生产经营活动。

外国(地区)企业违反上述登记管理法规从事经营活动的,虽然要承担行政法上的责任,但是其所从事的民事法律关系如果没有违反我国强制性法律规定,并不必然无效。

最高人民法院在"汉邦(江阴)石化有限公司、捷佳行集团有限公司居间合同纠纷再审审查与审判监督民事裁定书"[1]中正确指出:导致合同无效的"法律、行政法规"仅限于全国人大及其常委会制定的法律和国务院制定的行政法规,不包含地方性法规和部门规章;"强制性规定"也仅限于效力性强制性规定,而不包括管理性强制性规定。《外国(地区)企业在中国境内从事生产经营活动登记管理办法》为国家市场监督管理总局颁布的部门规章,不属于认定合同无效的"法律、行政法规"。原《企业法人登记管理条例》虽为行政法规,但该规定第3条是为强调企业法人的登记制度和规范经营秩序,属管理性规定,不属于认定合同无效的"效力性强制性规定"。

第五节　涉外民事诉讼当事人

一、诉讼权利能力和诉讼行为能力

(一)概论

诉讼权利能力也称当事人能力(Parteifähigkeit),是指具有可以作为民事诉讼当

---

[1] 最高人民法院民事裁定书,(2016)最高法民申3751号。

事人的主体资格。[1] 具有诉讼权利能力才能成为诉讼法上各种诉讼行为的主体。

诉讼权利能力与民事权利能力具有密切联系,并且在通常情况下保持一致。具有民事权利能力者,也有诉讼权利能力。[2] 自然人民事权利能力始于出生,终于死亡,其诉讼能力原则上也是如此。法人具有民事权利能力,当然就具有诉讼当事人能力。

与当事人能力不同的是诉讼行为能力。诉讼行为能力简称为诉讼能力(Prozessfähigkeit),是指当事人自己或通过自己委托的代理人进行诉讼的能力。当事人能力是一种法定的抽象能力,是诉讼法中作为诉讼主体进行诉讼活动所应具备的能力或资格,但具备这种资格的人并不一定能成为诉讼的当事人,他还必须具备诉讼能力。诉讼能力与一般民事行为能力基本上是一致的。有民事行为能力,就有诉讼能力;无民事行为能力人和限制行为能力人,他的诉讼行为也要由其监护人代为行使。

当前世界多数国家都对外国人在本国进行民事诉讼的能力给予国民待遇。我国《民事诉讼法》第 5 条也规定:"外国人、无国籍人、外国企业和组织在人民法院起诉、应诉,同中华人民共和国公民、法人和其他组织有同等的诉讼权利和义务。外国法院对中华人民共和国公民、法人和其他组织的民事诉讼权利加以限制的,中华人民共和国人民法院对该国公民、企业和组织的民事诉讼权利,实行对等原则。"因此,外国人在我国的当事人能力和诉讼能力与我国公民得到同等保护,但要受到对等原则的限制。[3]

(二)当事人能力和诉讼能力的准据法

1. 属人法原则

鉴于当事人能力和诉讼能力与民事权利能力和民事行为能力之间的这种关联性,通常当事人能力和诉讼能力的准据法与民事权利能力和行为能力的准据法是一致的,即适用当事人的属人法。[4] 例如,俄罗斯联邦《民事诉讼法典》第 399 条第 1 款规定:"外国公民、无国籍人的民事诉讼权利能力依其属人法。"美国联邦《民事诉讼规则》第 17 条第 2 款规定:"个人起诉或应诉的能力依其个人住所地法律。法人起诉或应诉的能力由法人成立地的准据法确定。"

我国《民事诉讼法》第 5 条第 1 款规定:"外国人、无国籍人、外国企业和组织在人民法院起诉、应诉,同中华人民共和国公民、法人和其他组织有同等的诉讼权利义

---

〔1〕 Oliver Furtak, Die Parteifaehigkeit in Zivilverfahren mit Auslandsberuehung, 1995, S. 1.

〔2〕 参见德国《民事诉讼法》第 50 条第 1 款;日本《民事诉讼法》第 28 条。

〔3〕 对于非法在我国境内居留的身份不明的外国人,有些法院不承认其诉讼地位,这种做法有欠妥当。参见梁某花与何某财产损害赔偿纠纷案,广东省湛江经济技术开发区人民法院粤 0891 民初 114 号民事裁定书。

〔4〕 Kegel/Schurig, Internationales Privatrecht, 9. Aufl. 2004, S. 545.

务。”该规定并非要求外国人的诉讼权利能力适用我国法律,而只是一种国民待遇条款,其含义是:依照外国人属人法具有诉讼权利能力的人在我国也被承认有诉讼权利能力。

我国原《民法通则》对属人法采用的是本国法原则,《涉外民事关系法律适用法》改为当事人经常居所地法。因此,诉讼权利能力也依照当事人经常居所地法判断;对法人而言,诉讼权利能力依其成立地法判断。[1] 比如,依照外国法律有效成立的无限公司、两合公司或合伙,只要依照外国法有当事人能力,在我国也有诉讼当事人能力。

在“王某兰、马某玲不当得利纠纷案”中,法院认为:“本案中,从现有证据看,上诉人王某兰作为我国香港特别行政区居民其是否具备完全民事行为能力尚未确定,被上诉人也对上诉人的民事行为能力提出异议,且上诉人的诉讼代理人明确表示王某兰本人不能到庭明确其意思表示,也不能对王某兰的指纹如何加盖在上诉状上进行明确具体的陈述,在经法庭释明后,也不对上诉状上的指纹与《委托授权书》上的指纹是否具有同一性申请鉴定,故在无法确定上诉人王某兰是否具备完全民事行为能力,可以独立进行民事活动以及提起本案诉讼是其真实意思表示的情况下,以王某兰身份提起的本案诉讼不能成立。”[2]

在“黄梁都贸易公司、珠海维佳实业股份有限公司合同纠纷案”中,[3] 法院认为:“本案原告黄梁都贸易公司的登记地在我国澳门特别行政区,因此对于原告黄梁都贸易公司的法律人格认定问题应当适用我国澳门特别行政区法律。黄梁都贸易公司非陈卫文个人企业主的商业名称,其不享有诉讼权利能力,黄梁都贸易公司以原告之名义起诉属于主体不适格,依法应驳回原告的起诉。”

2. 法院地法的限制

但是,当事人的诉讼能力和民事行为能力一样,要受到法院地法的限制,即如果依照某人的属人法该人无诉讼能力,而依据法院地法有诉讼能力,则该人为有诉讼能力。[4] 美国联邦《民事诉讼规则》第 17 条第 2 款规定:“对合伙或非法人团体,该州的法律没有规定起诉或应诉的能力时,为了实现该当事人或对该当事人行使基于美国宪法或法律所享有的实体权利,可以以其通常名义起诉或应诉。”

外国法人在我国的诉讼能力也要受到我国法律的限制。比如在德国等国家,法

---

[1] 丁育等与澳门第一环球国际有限公司侵权责任纠纷上诉案,上海市高级人民法院民事判决书,(2018)沪民终 330 号。

[2] 云南省昆明市中级人民法院民事裁定书,(2016)云 01 民终字第 869 号。

[3] 广东省珠海市横琴粤澳深度合作区人民法院民事裁定书,(2020)粤 0491 民初 1429 号之三。

[4] 参见德国《民事诉讼法》第 55 条,日本《民事诉讼法》第 33 条,俄罗斯《民事诉讼法》第 400 条第 2 款等。

人的分支机构没有当事人能力。[1] 那么,外国企业在我国境内设立的分支机构是否具有民事诉讼能力?该问题首先要依照该外国企业的属人法判断,但如果诉讼在我国进行,则同时要受到我国法律的约束。

对于外国法人在我国的分支机构能否作为涉外案件当事人的问题,在我国学界存在争议。根据我国《公司法》的规定,外国公司在中国境内设立的分支机构不具有中国法人资格。但是根据我国《民事诉讼法》第 51 条规定,“其他组织”可以成为我国民事诉讼当事人。根据《民诉法司法解释》第 52 条规定,《民事诉讼法》第 51 条规定的其他组织是指合法成立、有一定的组织机构和财产,但又不具备法人资格的组织,包括:(1)依法登记领取营业执照的个人独资企业;(2)依法登记领取营业执照的合伙企业;(3)依法登记领取我国营业执照的中外合作经营企业、外资企业;(4)依法成立的社会团体的分支机构、代表机构;(5)依法设立并领取营业执照的法人的分支机构;(6)依法设立并领取营业执照的商业银行、政策性银行和非银行金融机构的分支机构;(7)经依法登记领取营业执照的乡镇企业、街道企业;(8)其他符合本条规定条件的组织。

《法律适用法解释一》第 1 条规定:“民事关系具有下列情形之一的,人民法院可以认定为涉外民事关系:(一)当事人一方或双方是外国公民、外国法人或者其他组织、无国籍人……”显然,外国的“其他组织”可以成为我国涉外民事关系的主体。而《民诉法司法解释》第 520 条规定:“有下列情形之一,人民法院可以认定为涉外民事案件:(一)当事人一方或者双方是外国人、无国籍人、外国企业或者组织的……”这里的“组织”应当与前述“其他组织”含义相同,包括外国的“非法人组织”。《最高人民法院第二次全国涉外商事海事审判工作会议纪要》第 13 条指出,外国企业在我国境内依法设立并领取营业执照的分支机构,具有民事诉讼主体资格,可以作为当事人参加诉讼。因分支机构不能独立承担民事责任,其作为被告时,人民法院可以根据原告的申请追加设立该分支机构的外国企业为共同被告。外国企业在我国境内设立的代表机构不具有诉讼主体资格的,涉及代表机构的纠纷案件应由外国企业作为当事人参加诉讼。同样,外国企业、自然人在我国境内设立的“三来一补”企业在我国虽然也不具有民事主体资格,但可以作为民事诉讼的当事人参加诉讼。[2]

在“荷兰商业银行上海分行诉苏州工业园区壳牌燃气有限公司担保合同偿付纠纷案”[3] 等案件中,我国法院均承认了外国银行中国分行的诉讼资格。

---

[1] 参见[德]罗森贝克、[德]施瓦布、[德]戈特瓦尔德:《德国民事诉讼法》,李大雪译,中国法制出版社 2007 年版,第 265 页。

[2] 参见《第二次全国涉外商事海事审判工作会议纪要》第 14 条。

[3] 江苏省高级人民法院民事判决书,(2000)苏经初字第 1 号。

二、当事人适格、诉讼实施权与诉讼担当

(一)当事人适格与诉讼实施权

在民事诉讼法上,所谓当事人适格(Sachlegitimation),是指当事人是作为诉讼标的的特定权利义务的正当所有人和承担人,包括适格原告(主动适格)和适格被告(被动适格)。[1]

当事人适格和当事人的诉讼能力是不同的概念。当事人诉讼能力是一种与诉讼标的无关的、一般意义上的被认可的资格。原则上,任何人无论是否与诉讼标的有关,只要他具有民事行为能力,也就具有诉讼能力,都可以向法院提起诉讼。至于他是否是本案的适格原告,则需要法院进行查明。但是根据民事诉讼的当事人主义原则,在诉讼开始时,由于法院尚未进行实体审判,尚无法查明也不应该查明当事人是否适格,即是否是正当当事人。只有当法院和当事人等诉讼参与人在诉讼进行中,通过举证、辩论和法庭的调查,才能逐步弄清楚当事人是否适格,在没有查清楚之前,诉讼程序照样进行,此时,他仍然是诉讼当事人,但不一定是正当当事人。如果法院审理之后发现他不是本案的正当当事人,则驳回他的起诉或判决他败诉。[2]

因此,当事人诉讼能力问题和当事人适格问题应当区别开来。判断当事人诉讼能力问题只需根据他的属人法,而无须考虑他与本案实体权利义务关系(诉讼标的)是否具有利害关系。而判断当事人是否适格,则涉及具体的法律关系,必须依照具体法律关系的准据法。比如,原告以被告违约为由提起诉讼,双方是否适格当事人,应依照其所主张的合同准据法判断。只要双方之间合同关系依法成立,双方就互为适格原告和被告。

当事人适格与诉讼实施权(Prozessführungsbefugnis)也是不同的概念,但二者通常是一致的。诉讼实施权是指当事人可以实施诉讼并请求本案判决的资格。通常情况下,适格当事人都有诉讼实施权,可以以自己的名义成为原告或被告,并受本案判决的拘束。[3] 因此,大多数情况下,当事人适格与诉讼实施权的准据法是相同的。但特殊情况下,有诉讼实施权的人并不一定是实体法上的适格当事人。比如在诉讼担当情况下,债务人的诉讼实施权由诉讼担当人承担。此时,诉讼实施权与当事人适格分别适用各自法律关系的准据法。

(二)诉讼担当

在诉讼担当的情况下,诉讼实施权会与适格当事人发生分离。诉讼担当

---

〔1〕 参见[德]奥特马·尧厄尼希:《民事诉讼法》,周翠译,法律出版社2003年版,第104页。

〔2〕 参见[日]高桥宏志:《民事诉讼法制度与理论的深层分析》,林剑锋译,法律出版社2003年版,第208页以下。

〔3〕 参见杨荣馨主编:《民事诉讼原理》,法律出版社2003年版,第52-62页。

(Prozeßstandschaft),是指本不是法律关系主体的第三人,对他人的权利义务有管理权,以当事人的地位,就该法律关系所生出的纠纷行使诉讼实施权,判决的效力及于原民事法律关系主体。[1]

1. 职务诉讼担当

在破产、继承和信托等制度中,破产管理人、遗产管理人或遗嘱执行人以及信托管理人基于职权(kraft Amtes)而行使诉讼实施权。外国的破产管理人、遗产管理人或信托管理人在我国起诉或应诉的,他们的诉讼实施权原则上应依照其法律关系准据法来判断,即破产准据法、继承准据法或信托准据法。

在"大拇指环保科技集团(福建)有限公司与中华环保科技集团有限公司股东出资纠纷案"中,最高人民法院明确指出:"环保科技公司系新加坡法人,其已经按照新加坡法律先后进入司法管理以及清盘程序,环保科技公司的司法管理人以及清盘人是否有权代表公司参加本案诉讼,应当按照新加坡法律的有关规定进行认定。根据新加坡《公司法》227G(2)以及272(2)(a)的规定,环保科技公司的司法管理人以及清盘人均有权代表公司进行相关诉讼,亦有权委托代理人参加诉讼。因此,大拇指公司就环保科技公司诉讼代表权及其代理人资格提出的异议不能成立。"[2]

但同时,诉讼担当人的诉讼实施权还取决于法院地法律的承认。比如,一位定居于国外的中国公民在国外被宣告个人破产,该公民在国内与人有债权债务关系,其国外破产管理人以其名义在国内法院针对其债务人起诉。由于我国不承认个人破产制度,该破产管理人能否以破产人名义行使诉讼实施权,取决于我国是否承认个人破产制度。[3] 至于国外的企业破产管理人在我国行使诉讼实施权,首先也需要我国法院承认该境外破产程序的效力(参见本书破产程序的有关章节)。

2. 法定诉讼担当

在法律规定的情况下,权利所有人的诉讼实施权可以由特定的人行使。此时,该诉讼担当人是以自己的名义行使别人的权利。法定诉讼担当可能基于实体法而产生,也可能基于诉讼法而产生。在国际私法上,它们适用的法律是不同的。

诉讼法上产生的诉讼担当应适用法院地法。比如,诉讼过程中,诉讼标的物被一方当事人转移给第三人的,该当事人的诉讼实施权是否发生转移?该问题应由法院地法解决。再如,我国新修正的《民事诉讼法》第58条首次引入了公益诉讼,其中

---

〔1〕 参见[日]高桥宏志:《民事诉讼法制度与理论的深层分析》,林剑锋译,法律出版社2003年版,第211页。

〔2〕 最高人民法院民事裁定书,(2014)民四终字第20号。

〔3〕《深圳经济特区个人破产条例》已于2020年颁布;深圳市中级人民法院2021年审结的"梁某某个人破产重整案"是我国法院首例个人破产案件被评为2021年全国法院十大商事案件。参见《2021年全国法院十大商事案件》,载中国法院网2022年1月29日,https://www.chinacourt.org/article/detail/2022/01/id/6509400.shtml。

规定诉讼实施权由“法律规定的机关和有关组织”行使。因此,外国的有关组织能否行使诉讼实施权,完全取决于我国法律的规定。我国《境外非政府组织境内活动管理法》(2017 年修正)第 2 条第 2 款规定:“本法所称境外非政府组织,是指在境外合法成立的基金会、社会团体、智库机构等非营利、非政府的社会组织。”该法第 3 条规定:“境外非政府组织依照本法可以在经济、教育、科技、文化、卫生、体育、环保等领域和济困、救灾等方面开展有利于公益事业发展的活动。”该法第 15 条第 2 款规定:“境外非政府组织代表机构不具有法人资格,涉及相关法律责任的,由该境外非政府组织承担。”

实体法上产生的诉讼担当应适用法律关系准据法(lex causae)。比如:公民死亡后,其继承人的诉讼实施权适用继承准据法;保险纠纷中,保险人对被保险人进行理赔后获得代位求偿权的,其对第三人的诉讼实施权,适用保险合同准据法;业主委员会对建筑物区分所有权享有的诉讼实施权,依照物权准据法;夫妻共同财产制中配偶一方对共同财产的诉讼实施权,依照婚姻准据法等。

3. 意定的诉讼担当

意定的诉讼担当(Gewillkürte Prozeßstandschaft)在我国也被翻译为任意的诉讼担当,是指权利人通过私人授权而把诉讼实施权赋予其他无权利人或部分权利人。[1] 意定的诉讼担当与意定的诉讼代理不同,意定的诉讼担当人必须对实施诉讼有自己的法律利益,而诉讼代理人则没有自己的法律利益。德国、日本等国都允许意定的诉讼担当,[2] 然而意大利、法国和奥地利等国法律禁止意定的诉讼担当。[3] 我国《民事诉讼法》规定的代表人诉讼被认为是典型的意定诉讼担当。

意定的诉讼担当在性质上与管辖权协议一样,属于诉讼合同。因此,在法律适用上,该诉讼担当授权书本身的有效性应适用法律关系准据法;但是该诉讼担当的授权是否被法院允许以及法律后果,则必须依照法院地法律(lex fori)确定。[4]

2004 年《国家版权局关于对境外著作权集体管理组织诉讼主体资格问题的复函》中指出:“关于境外著作权集体管理组织能否以自己的名义在我国起诉问题,虽然我国有关著作权法律未明确禁止,但我们应持慎重态度。……按照国际惯例,一国的著作权集体管理组织在另一国主张权利,是通过其与另一国集体管理组织签订

〔1〕 参见[德]罗森贝克、[德]施瓦布、[德]戈特瓦尔德:《德国民事诉讼法》,李大雪译,中国法制出版社 2007 年版,第 290 页。

〔2〕 参见[德]罗森贝克、[德]施瓦布、[德]戈特瓦尔德:《德国民事诉讼法》,李大雪译,中国法制出版社 2007 年版,第 291 页;[日]高桥宏志:《民事诉讼法:制度与理论的深层分析》,林剑锋译,法律出版社 2003 年版,第 251 页。

〔3〕 意大利《民事诉讼法典》第 81 条明文规定:“除法律另有规定外,任何人不得在诉讼中以自己名义主张他人权利。”

〔4〕 Haimo Schack, IZVR (2010), Rn. 558.

相互代表协议,由另一国的著作权集体管理组织代为行使。根据这一原则,一个国家的著作权集体管理组织要想在本国之外主张权利,必须通过与国外的著作权集体管理组织签订相互代表协议来实现。”目前,中国音乐著作权协会已经与境外的70多个相关协会签订了相互代表协议。[1]

第六节 代 理

一、代理的法律冲突

代理(Representation, Stellvertretung)是各国民法中都存在的一个法律制度。但是各国之间,尤其是大陆法系国家和英美法系国家之间,关于代理的法律制度存在非常大的差异,因此很难给代理定一个统一的概念。[2]

(一)英美法系中的代理

现代代理制度起源于英国。[3] 英美法系中的代理一般仅指委托代理,而很少涉及法定代理,法定代理问题由家庭法律制度和信托制度解决。

英美法系的代理制度建立在本人与代理人等同论基础之上,其理论核心可以归纳为“将他人所为的行为视同本人亲自所为”(qui fecit alium, fecit per se)。因此,传统英美法系中的代理一般不区分委托和代理权。只要是代理人以他人(被代理人)名义与第三人实施法律行为,都可以称为代理。同时,英美法系也要求代理人必须具备相应的行为能力。[4]

英美法系中的代理分为披露本人的代理(agency of dislosed principal)和未披露本人的代理(agency of undisclosed principal)。披露本人的代理又分为显名代理(agency of named principal)和隐名代理(agency of unnamed principal)。显名代理指代理人既表明为他人代理,又具体指明委托人的姓名;隐名代理指代理人虽然表明为他人代理,但不指出委托人究竟为谁。未披露本人的代理则指代理人根本不表明自己为他人代理的身份,更不指明委托人是谁,类似于大陆法系中的间接代理。[5]

---

[1] 参见该协会官网,https://www.mcsc.com.cn/about/situation.html。

[2] 参见汪渊智:《比较法视野下的代理法律制度》,法律出版社2012年版,第1页。

[3] Schmitthoff, *Agency in International Trade: A Study in Comparative Law*, 129 Collected Courses of the Hague Academy of International Law 107 (1970).

[4] Paridhi Poddar, *The Rationalisation of Third Party Rights under the Law of Undisclosed Agency*, 13 NALSAR student law review 74 (2019).

[5] Beatriz Fernandez Gregoraci & Severine Saintier, *Indirect Representation and Undisclosed Agency in English, French and Spanish Law: A Comparative Analysis*, 17 European Review of Private Law 25 (2009).

(二)大陆法系中的代理

大陆法系的源头罗马法中并没有代理制度。现代大陆法系的代理制度是德国学者拉班德等人在19世纪后期发展出来的。[1] 德国首次把代理纳入德国《民法典》之中,使之成为一个独立的法律制度。这一规定影响到日本等许多大陆法系国家以及苏联等社会主义国家的民法典。[2]

在大陆法系国家,代理有法定代理(gesetzliche Stellvertretung)和意定代理(Gewillkürte Stellvertretung)之分。法定代理是通过法律规定设立的代理,即代理人的代理权通过法律规定产生。意定代理也称委托代理,是指代理人通过被代理人的委托授权获得代理权的代理。委托代理又可分为直接代理(direkte Stellvertretung)和间接代理(indirekte Stellvertretung)。直接代理是指代理人在代理权限范围内,以被代理人的名义同第三人进行法律行为,该行为的效力直接及于被代理人,即该行为产生的权利和义务由被代理人直接承担。间接代理则是指代理人接受被代理人的委托,为了被代理人的利益,以代理人自己的名义与第三人进行法律行为,该行为的效力不直接及于被代理人,而是先由代理人承担,再由代理人转移给被代理人。

大陆法系上的委托代理制度是建立在严格的区别论(theory of separation)基础之上,即区分代理的内部关系和外部关系,也就是将代理权(Vollmacht)和它的基础关系(委托)严格区分开来。[3] 这种"区别论"是大陆法系代理法最典型的特征。委托与代理权是两个不同的法律概念。委托是委托人(本人或被代理人)和代理人之间的双边法律行为,一般是通过委托合同的形式进行。委托合同支配委托人(principal, Vertretener)和代理人(agent, Vertreter)之间的关系,即内部关系(internal relationship),也就是代理的基础法律关系。代理权是代理人代表委托人与第三人从事法律行为的权利,它需要委托人的单独授权;而代理权的授予是一种单方法律行为。代理权支配被代理人和代理人与第三人(a third person)之间的外部关系(external relationship)。委托合同是产生委托代理权的基础之一,但代理权具有独立性和无因性,并不依赖于基础法律关系的存在;代理权除了通过委托合同、雇佣合同等法律关系而产生之外,也可以通过法律规定(法定代理)产生,甚至不需要通过任何基础法律关系而产生。

另外,大陆法系并不要求代理人必须是完全行为能力人。德国《民法典》第165

---

[1] Laband, Die Stellvertretung bei dem Abschluss von Rechtsgeschäften nach dem Allgemeinen Deutschen Handelsgesetzbuch, Zeitschrift für das gesamte Handelsrecht 10 (1866), S. 183.

[2] 法国早期代理制度与德国有所不同,其并不承认代理权的无因性,参见法国《民法典》第1984条。但法国2016年的债法改革正式在民法典中确立了一般代理制度。意大利、葡萄牙和西班牙等国代理制度受德国影响更大。法国加入了海牙《代理法律适用公约》,在代理的冲突法方面也采纳了区别制。

[3] 参见[德]迪特尔·梅迪库斯:《德国民法总论》,邵建东译,法律出版社2000年版,第719页。

条、法国《民法典》第 1990 条以及日本所谓"民法"均有此规定。例如,某公司与一名未成年人签订一份雇佣协议,雇佣他为该公司在某地代理销售产品,并授予该人代理权。该雇佣合同因受雇佣者未成年而无效,但其代理行为仍然有可能有效。

由于各国和地区法律在代理制度上的差异,使得涉外代理的发生经常面临法律适用上的冲突问题,因此有必要探讨涉外代理的法律适用。[1]

二、法定代理

法定代理是由于某国法律的规定而产生的。指定代理其实也属于法定代理的范畴。法定代理主要产生于婚姻家庭领域,如父母对于未成年子女的代理权、夫妻间的代理权、为失踪人设定财产管理人等。因此,对于法定代理和指定代理,一般要依据各具体法律关系的准据法。比如父母对子女的代理权适用亲子关系准据法;其他监护人对被监护人的代理权适用监护的准据法等。

我国《民法典》规定了法定代理和委托代理两种类型(第 163 条)。指定代理也属于法定代理。

根据各国普遍实践的结果,法定代理因各种具体法律关系而产生,通常要适用相应的法律关系的准据法。比如,父母子女之间的法定代理,应该适用亲子关系准据法;诉讼代理,应当适用法院地法。我国《涉外民事关系法律适用法》第 16 条的规定原则上并不适用于法定代理。

法人或非法人团体的机关(Organe)对该法人或非法人团体的代理权,属于准法定代理权,一般适用该法人或非法人团体的属人法。[2] 例如,葡萄牙《民法典》第 38 条规定,法人以其职能机关为代理行为的,适用该法人属人法。我国《涉外民事关系法律适用法》第 16 条的规定也不适用于法人或非法人机关代理,此种代理应依照《涉外民事关系法律适用法》第 14 条规定。例如,在"中国秦发集团有限公司、神池县神达能源投资有限公司合同纠纷案"[3]中,涉及秦发集团是否授权徐某华进行神池项目的有关行为,此问题属于公司代表人的代理权问题,由于秦发集团注册设立于开曼群岛,其董事会主席的代表权问题应适用登记地法。

---

[1] 关于国际私法上的代理参见 H. L. E. Verhagen, Agency in Private International Law—The Hague Convention on The Law Applicable to Agency, Martinus Nijhoff Publishers, 1995; Francois Riraux, International Encyclopedia of Comparative Law, Vol. Ⅲ, Tuebingen Mohr, 1971; Ruthig, Vollmacht und Rechtsschein im Internationales Privatrecht, 1996; Simon Schwarz, Das Internationale Stellvertretungsrecht im Spiegel nationaler und supranationaler Kodifikationen, Rabels Zeitschrift fuer auslaendisches und internationales Privatrecht 71 (2007), S. 729; Jens Kleinschmidt, Stellvertretung, IPR und ein optionales Instrument für ein europäisches Vertragsrecht, Rabels Zeitschrift fuer auslaendisches und internationales Privatrecht 75 (2011), S. 497。

[2] Kegel/Schurig, Internationales Privatrecht, 9. Aufl. 2004, S. 622.

[3] 最高人民法院民事判决书,(2020)最高法民终 438 号。

三、委托代理

(一)概述

委托代理也称意定代理,是经常发生的代理行为,英美法系中的代理一般也仅指委托代理。国际私法中所探讨的代理,主要是指委托代理。如前所述,在大陆法系国家,由于代理权具有独立性,独立于基础法律关系,代理权的存在是基于被代理人的授权(Bevollmächtigung)。因此,在探讨代理法律关系时要将代理权与代理权产生的基础法律关系区分开来;同时还要把代理权授权行为与代理行为本身区分开来。这种区分也适用于国际私法方面。对于委托代理的法律适用,各国一般也是区分代理的内部关系(基础关系)和外部关系(代理权)分别进行探讨。1978 年海牙《代理法律适用公约》也是这样进行规定的。

我国民法虽然接受了大陆法系的区别论,承认代理权的独立性,但对于代理权是否具有无因性,理论和实践仍有分歧。[1]

在国际私法方面,《涉外民事关系法律适用法》第 16 条规定:"代理适用代理行为地法律,但被代理人与代理人的民事关系,适用代理关系发生地法律。当事人可以协议选择委托代理适用的法律。"这一规定也采用了区分原则,即区分代理的内部关系和外部关系分别加以规定。

(二)代理的内部关系

代理的内部关系是指代理人与被代理人之间的关系。例如,根据委托合同、雇佣合同而成立的代理,该委托合同或雇佣合同关系是代理的基础关系,因此被代理人和代理人之间的关系适用支配该基础合同的法律。这是各国国际私法之通说。

我国《涉外民事关系法律适用法》第 16 条第 1 款规定,被代理人与代理人的内部民事关系应当适用代理关系发生地法律。这里的"代理关系发生地"含义不明确。由于委托代理中被代理人与代理人的关系就是委托合同关系,而根据《涉外民事关系法律适用法》第 41 条的规定,委托合同在当事人没有协议选择法律的情况下,应当适用"履行义务最能体现该合同特征的一方当事人经常居所地法律或者其他与该合同有最密切联系的法律",即受托人(代理人)的经常居所地法律。对此我们可以认为:代理关系发生地就是委托合同中受托人的经常居所地。

(三)代理的外部关系

1. 概论

代理的外部关系实际上就是代理权的对外效力问题,即代理人与第三人的代理行为对本人的效力,或者说是本人与第三人之间的关系问题。外部关系是代理制度

---

〔1〕 参见刘骏:《再论意定代理权授予之无因性》,载《交大法学》2020 年第 2 期。

的核心,也是各国最大的分歧所在。尤其是英国法和大陆法系存在根本分歧。

英国的代理法建立在本人和代理人等同论基础之上,即代理人与第三人之间实施的法律行为视为本人所为。因此在司法实践中主张,本人与第三人之间的权利和义务,应由代理人和第三人所订立的合同的准据法(proper law)支配。〔1〕 这种观点显然侧重于保护第三人和代理人的利益,但是却不利于维护被代理人(本人)的利益。

以德国为代表的大陆法系国家坚持严格的区别制,即本人与第三人的关系独立于代理人与第三人之间的关系。为此,德国法创设了"代理权"(Vollmacht)的概念,代理权独立于代理的基础关系,同时也独立于代理人与第三人之间的关系。代理权系依本人(被代理人)与代理人之间的法律行为(代理权授予行为)而产生。对于代理权授予行为的性质,则存在委托合同说、无名合同说、事务处理合同说(Geschäftsbesorgungsvertrag)及单方行为说等不同观点。在德国和瑞士以单方行为说为通说。〔2〕

我国《民法典》第165条仅规定:"委托代理授权采用书面形式的,授权委托书应当载明代理人的姓名或者名称、代理事项、权限和期限,并由被代理人签名或者盖章。"我国通说也将代理授权行为视为单方行为。〔3〕

在国际私法上,代理权问题由单独的法律适用规范确定准据法——代理权准据法(Vollmachtsstatut),而不受其他关系准据法的约束。〔4〕 这种区别制也称分割制(system of dépecage)。德国的立法也清楚地反映了这一点。德国《民法典施行法》第5节第1分节专门规定了合同债权的法律适用,但是该法规第37条规定了例外情况,其中第3款规定,代理人是否能够使被其代理的人向第三人承担义务,或者一个公司、社团或法人的机关能否使该公司、社团或法人对第三人承担义务的问题,不适用合同准据法。〔5〕

按照这种区别制,假设甲国公民W与乙国公民T订立一份委托代理合同,该合同约定适用甲国法律,W根据合同向T颁发了代理权授权委托书,T根据该委托书以W的名义与丙国公民X订立一份买卖合同,约定该合同适用丙国法律。在此代理关系中,内部关系即W与T之间的关系,适用他们所选择的甲国法律;T和X所订立的合同,适用他们所选择的丙国法律;但是对于代理的外部关系,即T所订立的

---

〔1〕 C Lawrence Collins ed., *Dicey, Morris and Collins on The Conflict of Laws*, 14th edition, Vol. 1, Thomson Sweet & Maxwell, 2006, p. 1849.

〔2〕 参见陈华彬:《论意定代理权的授予行为》,载《比较法研究》2017年第2期。

〔3〕 参见徐涤宇:《代理制度如何贯彻私法自治〈民法总则〉代理制度评述》,载《中外法学》2017年第3期。

〔4〕 Kropholler, Internationales Privatrecht, 5 Aufl. 2004, S. 300.

〔5〕 西班牙《民法典》第10条、葡萄牙《民法典》第39条、瑞士《国际私法典》第126条都采用区别制。

合同对 W 是否有效的问题,既不适用 W 和 T 所选择的甲国法律,也不适用 T 和 X 所选择的丙国法律,而应当根据单独的法律适用规范确定准据法。

外部关系的准据法,实际上就是代理权的准据法。对此,各国有不同做法。

(1)被代理人住所地法或被代理人指定的法律

早期的理论主张适用被代理人(本人)住所地法,这种观点侧重于保护被代理人利益。[1] 同样是出于这种考虑,一些国家主张适用本人指定的法律,如奥地利《国际私法》第 49 条第 1 款规定,双方同意的代理的要件与效力,就委托人和代理人与第三人的关系而言,依该委托人以第三人明显可见的方式所指定的法律。

(2)代理权生效地法

德国早期部分判例采用代理权生效地法(Wirkungsland)[2],也就是代理权被授予地法律。这种观点也有利于保护被代理人。俄罗斯《民法典》第 1217 条也采用授权地法。

(3)代理权实际行使地(Gebrauchsort)法律

多数学者主张适用代理行为实施地法律。奥地利《国际私法》第 49 条第 2 款规定,在委托人未指定法律的情况下,适用代理人行为地法。该主张有利于维护交易的安全,也有利于保护代理人利益,但对被代理人利益有所忽视。

(4)代理人营业地法

瑞士国际私法采用这一做法(《国际私法典》第 126 条第 2 款)。海牙《代理法律适用公约》[3]也接受了该做法,但有所折中,运用了一种独特的"组合连结点"的方法(grouping of contacts)。该公约第 11 条规定:"在本人和第三人之间,代理权的存在、范围和代理人行使或打算行使其权限所产生的效力,应依代理人作出有关行为时的营业所所在地国家的国内法。但在以下情况中,应依代理人行为地国家的国内法:一是本人在该国境内设有营业所,或虽无营业所但有经常居所,而且代理人以本人名义进行活动;二是第三人在该国境内设有营业机构,或虽无营业所但有经常居所;三是代理人在交易所或拍卖行进行活动;四是代理人无营业所。在当事人一方有多个营业所时,本条系指与代理人的有关行为有最密切联系的营业所。"

(5)最密切联系地法

美国《第二次冲突法重述》的规定,与英国的做法有所不同,它实际上接受了大陆法系的区别论。其第 292 条原则上采用最密切联系地法来确定被代理人是否受其代理人在交易中与第三人所为行为的约束。但该条第 2 款规定,依据代理人与第

---

[1] Kegel/Schurig, Internationales Privatrecht, 9 Aufl. 2004, S. 620.

[2] Kegel/Schurig, Internationales Privatrecht, 9 Aufl. 2004, S. 620.

[3] 1978 年 3 月 14 日订立于海牙,目前只在阿根廷、法国、荷兰和葡萄牙生效。参见海牙国际私法会议网,http://www. hcch. net/en/instruments/conventions。

三人从事交易地州的本地法,被代理人应当受其代理人行为的约束时,得认为被代理人应受此种约束,但是至少必须以被代理人此前已授权代理人以其名义在该州进行活动或已使第三人有理由相信代理人有此项授权为条件。

2. 我国《涉外民事关系法律适用法》的规定

(1)当事人意思自治

《涉外民事关系法律适用法》第 16 条第 2 款规定:"当事人可以协议选择委托代理适用的法律。" 根据这一规定,似乎可以推断出,对于委托代理的内部关系和外部关系,都可以适用当事人协议选择的法律。

代理的内部关系也就是本人和代理人之间的关系,主要是委托合同关系,应当适用委托合同的准据法。根据《涉外民事关系法律适用法》第 41 条的规定,首先适用当事人协议选择的法律。这一点与《涉外民事关系法律适用法》第 16 条第 2 款的规定是一致的。

但是就代理的外部关系而言,是否允许当事人选择法律,存在很大争议。因为外部关系就是代理权的效力问题,即被代理人和第三人之间的关系。代理权的授予是一种单方法律行为,基于被代理人单方授权即可生效,不能由当事人协议选择法律,因此列支敦士登、奥地利、西班牙、韩国等国都仅允许被代理人单方面指定外部关系准据法。而海牙《代理法律适用公约》则允许被代理人和第三人通过协议选择他们之间关系的准据法。[1]《涉外民事关系法律适用法》第 16 条第 2 款中的"当事人"是指本人与代理人还是代理人与第三人,似乎并不明确。

(2)客观连结点

在当事人未协议选择法律时,根据《涉外民事关系法律适用法》第 16 条第 1 款的规定,代理外部关系应适用代理行为地法律。根据我国《民法典》第 167 条等条文的规定,代理行为是指代理人接受委托人的委托所实施的法律行为。

四、特殊代理关系

(一)船长、机长的代理权

轮船船长和飞机机长在执行其职务中的代理权具有一定特殊性,海牙《代理法律适用公约》第 2 条第 6 款也明确将其排除在公约适用范围之外。船长、机长的代理权,通常应当适用旗国法律(law of the flag)。[2]

---

〔1〕《代理法律适用公约》第 11 条规定,委托人和第三人之间的关系原则上适用代理人营业机构所在地法,但公约第 14 条规定:"虽有第 11 条的规定,但如果委托人或第三人就第 11 条范围内有关问题所适用的法律作出的书面规定已为对方当事人明示接受的,则以此种方式规定的法律应适用于此类问题。"

〔2〕Kegel/Schurig, Internationales Privatrecht, 9 Aufl. 2004, S. 622.

(二)涉及不动产的代理

很多国家法律都规定,与处理不动产有关的代理,应当适用不动产所在地法律。[1] 但是在海牙《代理法律适用公约》制定过程中,有代表认为应尽量使代理的法律适用问题简化,故该公约没有对涉及不动产的代理加以特别规定。由于很多国家对于不动产代理都有强制性规定,[2]因此与不动产有关的代理除了适用代理准据法之外,还应当适用不动产所在地法律中的强制性规定。

(三)表见代理

表见代理适用该“代理”行为的效果发生地法,主要目的在于维护交易的安全和善意第三人的利益。[3] 比如一个法国公司的前雇员私自保留了一份公司的全权代理证书并伪造了一份授权委托书。基于该虚构的代理权,他在中国通过贷款与一家中国公司签署购买产品的合同。此时是否存在表见代理的问题,应当适用中国法律。在“苹果公司诉唯冠科技有限公司商标权权属纠纷案”中,[4]苹果公司主张唯冠电子股份有限公司签署的商标权转让协议构成对被告的表见代理。法院依据我国《合同法》(已失效)第49条有关表见代理的规定,认为表见代理不成立。该判决书未能说明适用我国《合同法》(已失效)的依据。

(四)国际货物运输代理

国际货物运输代理,是指行为人接受进出口货物收货人、发货人的委托,以委托人的名义或者以自己的名义,为委托人办理国际货物运输及相关业务并收取服务报酬的行为。国际货物运输代理关系的法律适用依照《涉外民事关系法律适用法》第16条。同时,国际货物运输代理是一项专业性和政策性都很强的代理业务,《国际货物运输代理业管理规定》[5]属于这方面的强制性规定,所有在我国从事该业务的代理企业都必须遵守。为了正确审理国际货物运输代理案件,最高人民法院发布了《关于审理海上货运代理纠纷案件若干问题的规定》(2020年修正)。

(五)特殊交易代理

证券交易、期货交易、展览会交易和拍卖交易中的代理,原则上可以依照《涉外民事关系法律适用法》第16条确定准据法,但是由于此类交易涉及法院地和交易所

---

[1] 罗马尼亚《国际私法》第100条、爱沙尼亚《国际私法》第9条第3款、安哥拉《民法典》第39条第4款等。瑞士、奥地利和德国司法实践也持该观点。

[2] 我国《城市房地产管理法》(2007年修订)对房地产中介作了原则性规定,2011年,国家住房和城乡建设部发布了《房地产经纪管理办法》,对房地产经纪行为有更具体规定。

[3] 李某雪、张某光确认合同无效纠纷案,广东省珠海市中级人民法院民事判决书,(2018)粤04民终3147号。

[4] 广东省深圳市中级人民法院民事判决书,(2010)深中法民三初字第208、233号。

[5] 1995年6月6日国务院批准,1995年6月29日对外贸易经济合作部令第5号发布。商务部2003年发布了《国际货物运输代理业管理规定实施细则(试行)》,商务部公告2003第82号。

所在地的公共利益,因此需要对当事人的意思自治有所限制,同时必须遵守法院地和交易所所在地法律中的强制性规定。

我国《证券法》(2019 年修订)第 133 条第 1 款规定:“证券公司接受证券买卖的委托,应当根据委托书载明的证券名称、买卖数量、出价方式、价格幅度等,按照交易规则代理买卖证券,如实进行交易记录;买卖成交后,应当按照规定制作买卖成交报告单交付客户。”

2022 年颁布的《期货和衍生品法》第 120 条规定:“境内单位或者个人从事境外期货交易,应当委托具有境外期货经纪业务资格的境内期货经营机构进行,国务院另有规定的除外。境内期货经营机构转委托境外期货经营机构从事境外期货交易的,该境外期货经营机构应当向国务院期货监督管理机构申请注册,接受国务院期货监督管理机构的监督管理,国务院期货监督管理机构另有规定的除外。”

最高人民法院 1995 年发布的《关于审理期货纠纷案件座谈会纪要》也明确指出:“还应当明确处理客户与经纪公司之间的期货代理纠纷不能适用经济合同法和民法通则中关于委托代理的规定。处理涉外、涉港澳期货纠纷案件,还应参照有关国际惯例。”〔1〕

(六)间接代理与行纪

我国《合同法》第 402 条和第 403 条引入了间接代理制度,并被《民法典》继承(第 925、926 条)。所谓的间接代理是与直接代理相对应而言的,间接代理是指代理人以自己的名义从事法律行为,在符合合同法规定的条件下,其法律后果由委托人间接承担。在间接代理的情况下,由于代理人是以自己的名义对外行为的,在法律上仍然是代理人和第三人之间发生的合同关系,所以,只有以后因本人行使介入权和第三人行使选择权,才可能使被代理人承受代理行为的效果。

我国《民法典》第二十五章还规定了行纪合同。在我国,行纪合同是行纪人以自己的名义为委托人从事贸易活动,委托人支付报酬的合同。我国的间接代理与行纪制度融合了大陆法系和英美法系的特点,与其他国家都有不同,实践中也容易发生混淆。如果是间接代理关系,则依《涉外民事关系法律适用法》第 16 条确定准据法;如果是行纪合同关系,则依《涉外民事关系法律适用法》第 41 条确定准据法。

五、诉讼代理

诉讼代理是指代理人依照法律规定或者当事人的委托,以当事人的名义实施诉讼行为,其后果由当事人承担的制度。诉讼代理包括法定代理和意定代理。很多国家法律规定了律师的强制代理制度(Anwaltszwang)。〔2〕 我国除法定代理外,还采

---

〔1〕《最高人民法院关于审理期货纠纷案件座谈会纪要》(法〔1995〕140 号)现行有效。

〔2〕 如德国《民事诉讼法》第 78 条、法国《民事诉讼法》第 751 条等、日本《民事诉讼法》第 54 条等。

用任意代理制度，当事人可以不委托代理人，也可以委托律师或其他人担任代理人。

诉讼代理与普通民事代理在原理上相似，但由于诉讼代理与国家的社会公共利益密切相关，因此大多数国家都规定，诉讼代理必须适用法院地法律。[1]

如果只是委托律师担任法律顾问，双方之间只是委托合同关系而非代理。比如在“香港易周律师行与成都天友发展有限公司委托合同纠纷案”中，被告委托原告承担天友生物科技股份有限公司于香港创业板上市之香港法律顾问工作，双方因服务费用支付问题发生纠纷。二审法院依照最密切联系原则适用了我国香港特别行政区法律。[2]

律师是否拥有诉讼上的出庭辩护能力（Postulationsfähigkeit），一概依照法院地法。我国《律师法》[3]第13条规定：“没有取得律师执业证书的人员，不得以律师名义从事法律服务业务；除法律另有规定外，不得从事诉讼代理或者辩护业务。”根据《民事诉讼法》第270条的规定，外国人、无国籍人、外国企业和组织在人民法院起诉、应诉，需要委托律师代理诉讼的，必须委托我国的律师。我国《外国律师事务所驻华代表机构管理条例》[4]第15条明确规定，外国律师事务所驻华代表机构及其代表在我国境内只能从事不包括中国法律事务在内的活动。对于我国港澳台地区律师在内地（大陆）的活动，亦应照此办理。

另外，根据《民诉法司法解释》第526条和第527条的规定，涉外民事诉讼中的外籍当事人，可以委托本国人为诉讼代理人，也可以委托本国律师以非律师身份担任诉讼代理人；外国驻华使领馆官员，受本国公民的委托，可以以个人名义担任诉讼代理人，但在诉讼中不享有外交或者领事特权和豁免。涉外民事诉讼中，外国驻华使领馆授权其本馆官员，在作为当事人的本国国民不在中华人民共和国领域内的情况下，可以以外交代表身份为其本国国民在中华人民共和国聘请中华人民共和国律师或者中华人民共和国公民代理民事诉讼。

外国人参加诉讼，应当向人民法院提交护照等用以证明自己身份的证件。外国企业或者组织参加诉讼，向人民法院提交的身份证明文件，应当经所在国公证机关公证，并经中华人民共和国驻该国使领馆认证，或者履行中华人民共和国与其所在国订立的有关条约中规定的证明手续。代表外国企业或者组织参加诉讼的人，应当向人民法院提交其有权作为代表人参加诉讼的证明，该证明应当经所在国公证机关公证，并经中华人民共和国驻该国使领馆认证，或者履行中华人民共和国与其所在国订立的有关条约中规定的证明手续。

---

[1] Kegel/Schurig, Internationales Privatrecht, 9 Aufl. 2004, S. 622.

[2] 参见四川省成都市中级人民法院民事判决书，(2005)成民初字第577号。

[3] 1996年5月15日通过，2017年9月1日第四次修正。

[4] 2002年6月25日通过，自2002年9月1日起施行，并于2004年修正。

第五章　婚姻家庭

第一节　结　　婚

一、概论

由于国际民事交往的发展，我国公民与外国人之间的涉外婚姻或跨国婚姻日益增多；而我国公民在外国或地区定居、商务、留学的人士几乎遍布全球，许多中国人在海外与外国人结婚。[1] 同时，由于我国改革开放的深入和我国国际化程度的提高，越来越多的外籍人士在我国定居生活，要求在我国举行婚姻的外籍人士也越来越多。2018 年，全国各级民政部门和婚姻登记机构共依法办理结婚登记 1013.9 万对，其中涉外及华侨、我国港澳台地区居民登记结婚 4.8 万对。[2]

各国婚姻制度差异巨大，带来严重的法律冲突问题。尤其是人类婚姻制度中长期存在对女性的歧视，导致在婚龄、婚姻意愿、婚姻财产等方面造成男女不平等现象。为了解决此类问题，联合国于 1962 年通过了《关于婚姻之同意、结婚最低年龄及婚姻登记之公约》，目前已有 56 个缔约国。[3]

涉外婚姻关系的法律适用涉及婚姻的实质要件和形式要件、婚姻的人身效力和财产效力等问题。[4]

---

[1] 中国与周边国家跨境婚姻状况研究参见方美花：《中韩学者对跨国朝鲜族女性的研究现状与展望》，载《延边大学学报（社会科学版）》2019 年第 2 期；宋才发：《西南边疆地区跨国婚姻问题的法治探讨》，载《北方民族大学学报（哲学社会科学版）》2019 年第 5 期；纪洪江：《国家治理视阈下中越边民通婚问题研究——以云南麻栗坡县马崩村为例》，四川大学出版社 2017 年版。

[2] 参见民政部 2018 年《民政事业发展统计公报》，载中华人民共和国民政部官网，http://www.mca.gov.cn/article/sj/tjgb/201908/20190800018807.shtml。

[3] Convention on Consent to Marriage, Minimum Age for Marriage and Registration of Marriages, https://www.un.org/zh/documents/treaty/files/A-RES-1763(XVII).shtml.

[4] Henrich, Internationales Familienrecht, 2 Aufl. 2000.

二、婚姻的实质要件

(一)概论

婚姻成立的实质要件也称实质有效性(essential validity),包括当事人必须达到结婚年龄、不得有重婚、不存在近亲关系、婚姻自愿,等等。但是各国对于婚姻的实质要件的规定并不完全相同。如各国关于婚姻年龄的规定各有差异,[1]有的国家将当事人父母同意作为未成年人结婚的实质要件,而我国没有这一规定。关于婚姻是否可被撤销,各国也有不同规定。[2] 因此,依据不同国家的法律对婚姻的有效性会有不同的影响。各国关于婚姻实质要件的准据法主要有两大原则:婚姻举行地法主义和当事人属人法主义。目前,各国立法的趋势是尽量促成婚姻有效(presumption in favor of validity of marriage)。[3]

1. 婚姻缔结地法主义

结婚适用婚姻缔结地法(lex loci celebrationis)是一项古老的法则,是"场所支配行为"原则的体现。早期大多数国家和地区对于婚姻的形式要件和实质要件均主张适用婚姻缔结地法律,目前该原则仍然得到美国许多州和大多数拉美国家以及瑞士法律的承认。苏联及其加盟共和国 1979 年《婚姻家庭立法纲要》中也采用这一原则,并影响我国立法。

婚姻缔结地法主义的优点是比较简便,有利于婚姻的有效,但它的缺陷是容易给当事人提供规避法律的机会,使得"流动婚姻"(migratory marriage)大量增加,当事人选择到对自己有利的地方举行婚姻,以规避其本国或住所地法律。英国法律在19 世纪中叶以前也采用举行地法主义,但是从 1858 年之后,英国法院开始对婚姻的形式效力和实质效力进行区分,对于当事人结婚的能力和意愿等实质要件开始适用婚姻各当事人婚前住所地法律。[4]

---

[1] 世界上大多数国家婚龄为 18 岁;很多国家规定,年满 16 岁的人经过父母同意也可以结婚。我国台湾地区为男 20 岁,女 18 岁;我国香港特别行政区为 21 岁;中国大陆(内地)的法定婚龄是世界上最高的。

[2] 我国《民法典》只规定,因胁迫结婚和一方患有重大疾病而不如实告知的,另一方可以向人民法院请求撤销婚姻。德国等其他国家则将因欺诈、重大误解、虚假婚姻和处于精神错乱状态而缔结的婚姻规定为可撤销婚姻。参见马忆南:《民法典视野下婚姻的无效和撤销——兼论结婚要件》,载《妇女研究论丛》2018 年第 3 期。

[3] Alan Reed, *Essential Validity of Marriage: The Application of Interest Analysis and Depecage to Anglo-American Choice of Law Rules*, 20 New York Law School Journal of International and Comparative Law 387 (2000).

[4] Lawrence Collins ed., *Dicey, Morris and Collins on The Conflict of Laws*, 14th edition, Vol. 1, Thomson Sweet & Maxwell, 2006, p. 789-790.

2. 属人法主义

根据属人法主义，婚姻当事人缔结婚姻的实质要件适用当事人的属人法，其中又有本国法和住所地法的区别。大陆法系多数国家如德国、法国、日本、奥地利、比利时、希腊、意大利、西班牙、葡萄牙、荷兰、卢森堡、土耳其以及东欧地区大多数国家，如波兰、捷克、斯洛伐克、前南斯拉夫国家、匈牙利、罗马尼亚等国都采用当事人本国法主义。英格兰、加拿大、澳大利亚、新西兰等国则采用住所地法主义。值得注意的是，苏联及其加盟共和国的婚姻家庭法对于结婚原来采用婚姻缔结地法主义，但是新修订的独联体国家的婚姻家庭法中出现了采用当事人本国法的趋势。比如1995年俄罗斯联邦《婚姻家庭法典》第156条第2款规定，结婚的实质要件适用当事人结婚时所属国法律。需要注意的是，各国都规定婚姻的实质要件适用婚姻当事人双方各自的属人法，这体现了男女平等原则。

属人法主义的优点是有利于当事人婚姻状况的稳定性，避免当事人规避法律，因为当事人无论在何地举行婚姻，其实质要件均应遵守其属人法。但属人法的查明比较繁琐，而且绝对适用属人法也不利于维护婚姻举行地的法律秩序和社会风俗。因此，很多国家立法均对属人法进行限制，特别是对于在境内举行的婚姻，必须遵守婚姻缔结地国家的强制法律规定。例如，俄罗斯联邦《婚姻家庭法典》第156条第2款虽然规定，对于婚姻的实质要件适用当事人属人法。但是该法第158条又规定，对于在俄罗斯境外缔结的婚姻，只要遵守了婚姻缔结地法律，并且不违反俄罗斯婚姻家庭法典规定的强制性条件，可以在俄罗斯境内被承认为有效婚姻。

属人法主义还会产生一个问题，即当事人属人法可能发生变动，从而对婚姻的有效性造成不利影响。

（二）我国立法和实践

1. 原《民法通则》中的婚姻缔结地法主义

我国原《民法通则》受苏联法律的影响，采用了婚姻缔结地法主义。原《民法通则》第147条规定："中华人民共和国公民和外国人结婚适用婚姻缔结地法律。"同时，我国最高人民法院原《民通意见》第188条作了更明确的解释："认定其婚姻是否有效，适用婚姻缔结地法律。"

2. 婚姻缔结地法主义的利弊

婚姻缔结地法主义有利有弊。从各国立法现状来看，大多数国家采用当事人属人法。尤其是对我国民法通则产生重大影响的苏联地区，其最新立法也有抛弃婚姻缔结地法主义的趋势。婚姻缔结地法主义的主要弊端在于容易让当事人规避法律，当事人很容易选择到某一法制宽松的地区举行婚姻，从而不利于维护当事人本国或居住地国婚姻制度和宗教、伦理、道德和价值观念。另外，有些国家和地区允许一夫多妻制度，另有很多国家允许同性婚姻。采用婚姻缔结地法主义会带来多配偶制婚姻和同性婚姻的承认问题。

范某明、范某昭、凌某清等与范某富继承纠纷案[1]比较清楚地反映出婚姻缔结地法原则的这一弊端。该案中，范某轮原籍宁波，1942年在当地与凌某某结为夫妻。1962年，范某轮只身来到我国香港特别行政区，后于1971年在我国香港特别行政区与郑某某结婚。20世纪90年代，范某轮返沪探亲与凌某某团聚，在上海定居。1998年范某伦与凌某某在上海去世，范某伦生前未留遗嘱，对于其遗产，郑某某的二子一女以及凌某某之兄、妹和侄子以及范某伦的两位兄弟均向法院提出继承主张。

本案首先需要解决一个问题，即范某伦与郑某某在我国香港特别行政区的婚姻是否有效？根据原《民法通则》之规定，婚姻效力适用婚姻举行地法，即我国香港特别行政区法律。根据我国香港特别行政区法律，香港居民在1971年10月前所存在的旧式华人习俗婚姻可按照大清《民律草案〈亲属〉》规定，男子纳妾及兼祧再娶，皆为合法婚姻，其权利义务受我国香港特别行政区法律保护。因此，范某伦的双重婚姻为有效。一审法院也如此判决。但二审法院认为，依照我国香港特别行政区法律承认范某伦与郑某某的婚姻违背我国法律一夫一妻制的规定，有悖于我国的社会公共利益，因此予以否决。

3.《涉外民事关系法律适用法》第21条

《涉外民事关系法律适用法》第21条规定："结婚条件，适用当事人共同经常居所地法律；没有共同经常居所地的，适用共同国籍国法律；没有共同国籍，在一方当事人经常居所地或者国籍国缔结婚姻的，适用婚姻缔结地法律。"这里的"条件"，应当理解为结婚的实质要件，而非形式要件。

该条试图协调属人法主义和婚姻缔结地法主义各自的利弊，采用了一种阶梯式连结点。该条第1句和第2句为婚姻的实质要件创设了一个全新的准据法——共同属人法，即当事人双方的共同经常居所地法律，然后才是其共同国籍国法律。按照通常理解，这里的"共同经常居所地"和"共同国籍国"都应该以当事人"结婚时"为准。

《涉外民事关系法律适用法》第21条用婚姻缔结地法律作为当事人共同属人法的补漏，即当事人没有共同经常居所地和共同国籍时，适用婚姻缔结地法律。但适用婚姻缔结地法律还有一个限制，即婚姻必须是"在一方当事人经常居所地或者国籍国缔结"。这一限制的目的在于防止婚姻缔结地法主义的弊端，但能否实现该目的仍值得怀疑，因为该规定并不全面。假如当事人并非在任一方经常居所地或国籍国缔结婚姻，则应当适用何处的法律？第21条对此没有作出规定。实践中，随着跨国流动的日益便利，出现了越来越多的"私奔婚姻"(runaway marriage)，即当事人到

[1] 参见上海市第一中级人民法院民事判决书，(1999)沪一中民初字第393号。

某个与其无任何联系但有利于婚姻成立的地点去结婚。[1] 这样的婚姻按照原《民法通则》第 147 条的规定是有效的。《涉外民事关系法律适用法》第 21 条对此没有规定。

4.《涉外民事关系法律适用法》与《婚姻登记条例》的冲突

《涉外民事关系法律适用法》第 21 条改变了原《民法通则》第 147 条所规定的婚姻缔结地法主义,但我国 2003 年《婚姻登记条例》并未修改,仍然继续有效。《婚姻登记条例》第 4 条第 2 款规定:“中国公民同外国人在中国内地结婚的,内地居民同香港居民、澳门居民、台湾居民、华侨在中国内地结婚的,男女双方应当共同到内地居民常住户口所在地的婚姻登记机关办理结婚登记。”该条例第 6 条进一步规定:“办理结婚登记的当事人有下列情形之一的,婚姻登记机关不予登记:(一)未到法定结婚年龄的;(二)非双方自愿的;(三)一方或者双方已有配偶的;(四)属于直系血亲或者三代以内旁系血亲的;(五)患有医学上认为不应当结婚的疾病的。”这一规定实际上采用的是与原《民法通则》第 147 条相一致的婚姻缔结地法主义。同样,对于外国人之间在我国境内结婚,2003 年《婚姻登记条例》虽然未作规定,但我国民政部 1983 年的《关于办理婚姻登记中几个涉外问题处理意见的批复》[2] 第 3 条规定:“对于男女双方都是来华工作的外国人;或一方是在华工作的外国人,另一方是临时来华的外国人,要求在华办理结婚登记的,只要他们具备《中国公民同外国人办理婚姻登记的几项规定》中所要求的证件,符合我国《婚姻法》关于结婚的规定,可予办理结婚登记。为了保证婚姻登记的有效性,可以让婚姻当事人提供本国法律在国外办理结婚登记有效的条文。”可见,即使是外国人之间在我国境内结婚,也要符合我国婚姻法规定的条件。现在根据《涉外民事关系法律适用法》第 21 条的规定,假如当事人双方的共同经常居所地不在中国,则应当适用其共同经常居所地法律,而不能适用我国原《婚姻法》(或《民法典》第五编婚姻家庭编)和《婚姻登记条例》规定的结婚条件。

依照《立法法》的规定,国务院颁布的《婚姻登记条例》在效力上低于全国人大常委会通过的《涉外民事关系法律适用法》,因此从 2011 年 4 月 1 日起,在《婚姻登记条例》与《涉外民事关系法律适用法》相冲突的情况下,应优先适用后者。不过事实上,《婚姻登记条例》是对我国长期婚姻登记实践的总结,已被民政部门长期沿用。

---

[1] 苏格兰小镇 Gretna Green 就是举世闻名的“婚姻天堂”。从 18 世纪中期开始,众多争取婚姻自主的英国男女纷纷到此办理登记手续。当年英格兰法律规定,不满 21 岁者,如没有父母同意,不得结婚。而在苏格兰,男子满 14 岁、女子满 12 岁即可在一个见证人面前立下誓言从而缔结婚姻。所以,许多真心相爱却又无法得到家庭认同的恋人纷纷投奔此地结婚。简·奥斯汀在其名著《傲慢与偏见》中也提到此地,这里因此成为全世界“私奔者”的结婚天堂。

[2] 民政部 1983 年 12 月 9 日发布。

2015 年民政部印发的《婚姻登记工作规范》仍然坚持了《婚姻登记条例》的规定。[1] 从实践效果来看,《婚姻登记条例》第 6 条的规定对于维护我国境内婚姻的严肃性、保护婚姻当事人双方的合法权益发挥了重要作用。因此,在实践中,我国婚姻登记机关继续沿用《婚姻登记条例》,而《涉外民事关系法律适用法》第 21 条主要被我国法院用于审查婚姻的有效性。

"张某与 R 某婚姻无效纠纷案"是一起非常离奇的案件。[2] 该案中,张某与 R 某于 2017 年 9 月 28 日在厦门市民政局登记结婚。R 某具有英国和巴基斯坦双国籍,R 某与前妻 W 于××××年在巴基斯坦结婚,后随前妻赴英国居住。由于巴基斯坦有口头离婚的风俗,R 某与前妻 W 于 2010 年口头离婚并离开对方单独生活。后在张某办理英国配偶签证时,移民律师认为 R 某与前妻需办理离婚证明,因此 R 某与前妻于 2018 年 10 月 1 日取得英国法院宣判的离婚证明。但英国移民局认为 R 某与张某的结婚时间先于与前妻的离婚时间,因此质疑 R 某与张某婚姻的有效性。R 某与张某需要在中国法院宣告其婚姻无效后,再重新办理结婚登记。为此,双方诉至厦门法院要求宣告其 2017 年 9 月 28 日的婚姻无效。法院根据《涉外民事关系法律适用法》第 21 条的规定认为本案应适用婚姻缔结地即中华人民共和国法律。由于 R 某与张某在我国注册登记结婚时尚未与前妻解除婚姻关系,所以 R 某与张某的婚姻不符合原《婚姻法》关于合法有效婚姻的规定,属无效婚姻。假如该案中 R 某与张某的共同经常居所地位于英国,则 R 某与张某的婚姻效力应适用英国法律,尽管双方的婚姻是在我国厦门依照我国法律缔结。

三、婚姻的形式要件

(一)有利于婚姻形式有效原则

各国法律都规定,婚姻必须符合一定的形式才能有效,即婚姻的形式要件(formal validity)。各国法律对此规定有所不同,主要有民事婚姻方式、宗教婚姻方式、民事与宗教形式相混合的方式以及事实婚姻等方式。另外,有些国家把一些特殊的结婚要件归为形式问题,如当事人父母的同意、代理婚姻(proxy marriage)[3] 等。

---

[1] 《民政部关于印发〈婚姻登记工作规范〉的通知》(民发〔2015〕230 号)。

[2] 福建省厦门市湖里区人民法院民事判决书,(2019)闽 0206 民初 6596 号。

[3] 我国《婚姻法》(已失效)要求结婚当事人双方必须亲自到婚姻登记机关进行结婚登记;但有些国家(如意大利、西班牙、葡萄牙和墨西哥)允许特定情况下(如婚姻一方或双方为服兵役者、被监禁者等)结婚一方或双方当事人委托第三人代替自己出席结婚仪式。在美国,代理婚姻在加利福尼亚州、科罗拉多州、蒙大拿州和得克萨斯州被承认,同样被《统一结婚和离婚法》第 206(b)条接受,该法在亚利桑那州、佐治亚州、明尼苏达州、华盛顿州、科罗拉多州和蒙大拿州生效。该法参见 http:// uniformlaws. org/home。

对于婚姻形式要件的准据法,目前世界各国的普遍做法是适用婚姻缔结地法律。“如果一个婚姻依照举行地国家的法律是有效的,那么它在世界各地都是有效的。”〔1〕

目前各国的立法趋势都倾向于促使婚姻有效,在婚姻的形式要件上也比较宽松。比如德国《民法典施行法》第 13 条规定,在德国境内举行的婚姻必须符合德国法的形式要件;但在德国境外举行的婚姻只要符合当事人本国法或婚姻举行地法的形式要件,亦为有效。

我国《涉外民事关系法律适用法》第 22 条也采用了有利生效原则,该条规定:“结婚手续,符合婚姻缔结地法律、一方当事人经常居所地法律或者国籍国法律的,均为有效。”这里的“手续”,应当理解为婚姻的形式要件。

(二)我国司法实践分析

1. 在我国境内举行的婚姻

2003 年《婚姻登记条例》〔2〕第 4 条第 2 款规定:“中国公民同外国人在中国内地结婚的,内地居民同香港居民、澳门居民、台湾居民、华侨在中国内地结婚的,男女双方应当共同到内地居民常住户口所在地的婚姻登记机关办理结婚登记。”根据 2012 年《中国边民与毗邻国边民婚姻登记办法》第 5 条规定,中国边民与毗邻国边民在中国边境地区结婚,男女双方应当共同到中国一方当事人常住户口所在地的婚姻登记机关办理结婚登记。其中第 10 条规定:“未到婚姻登记机关办理结婚登记以夫妻名义同居生活的,不成立夫妻关系。”根据该规定,中国人和外国人在我国境内结婚,必须符合我国法律规定的形式要件,也就是《婚姻登记条例》所规定的登记手续。〔3〕

对于外国人之间在我国境内结婚,《婚姻登记条例》未作规定。我国民政部《关于办理婚姻登记中几个涉外问题处理意见的批复》〔4〕第 3 条规定:“对于男女双方都是来华工作的外国人;或一方是在华工作的外国人,另一方是临时来华的外国人,要求在华办理结婚登记的,只要他们具备《中国公民同外国人办理婚姻登记的几项规定》〔5〕中所要求的证件,符合我国《婚姻法》关于结婚的规定,可予办理结婚登记。为了保证婚姻登记的有效性,可以让婚姻当事人提供本国法律在国外办理结婚登记有效的条文。”

---

〔1〕 Lawrence Collins ed., *Dicey, Morris and Collins on The Conflict of Laws*, 14th edition, Vol. 1, Thomson Sweet & Maxwell, 2006, p. 791.

〔2〕 2003 年 8 月 8 日国务院第 387 号令发布,2003 年 10 月 1 日起实施。

〔3〕 张某与 R 某婚姻无效纠纷案,福建省厦门市湖里区人民法院民事判决书,(2019)闽 0206 民初 6596 号。

〔4〕 民〔1983〕民 133 号,现行有效。

〔5〕 民〔1983〕民 94 号,已失效。

《民政部关于贯彻执行〈婚姻登记条例〉若干问题的意见》[1]第8条第1款规定："双方均为外国人，要求在内地办理结婚登记的，如果当事人能够出具《婚姻登记条例》规定的相应证件和证明材料以及当事人本国承认其居民在国外办理结婚登记效力的证明，当事人工作或生活所在地具有办理涉外婚姻登记权限的登记机关应予受理。"

由此可见，《婚姻登记条例》对婚姻形式要件的规定比《涉外民事关系法律适用法》第22条的规定严格得多，该条例基本上遵循的是婚姻缔结地法主义，与原《民法通则》第147条是一致的。《涉外民事关系法律适用法》与《婚姻登记条例》之间的关系需要进一步厘清。

2. 在我国境外举行的婚姻

在我国境外举行的婚姻，会面临在我国境内是否承认问题。此时，境外缔结的婚姻需要经受我国公共秩序和强制性规范的审查。[2]

例如上述"范某明、范某昭、凌某清等与范某富继承纠纷案"[3]中，被继承人范某轮1971年在香港缔结的婚姻被上海法院一审认定有效，二审则因违反我国社会公共利益而被判无效。判断境外婚姻是否有效时，所依据的也应当是我国国际私法。在《涉外民事关系法律适用法》生效前，我国法院是依据《民法通则》第147条，即根据婚姻缔结地法来判断婚姻是否有效。《涉外民事关系法律适用法》生效后，根据该法第22条规定，只要境外婚姻在形式上符合婚姻缔结地法律、一方当事人经常居所地法律或国籍国法律，均为有效。

(三)领事婚姻

对于居住在境外的本国人，如果要求他们在居住地结婚，则在实践当中可能会不方便，尤其是在一些实行严格的宗教婚姻的国家，持不同宗教信仰的外国人可能会无法举行婚姻。领事婚姻制度就是为了解决这一问题而产生的。领事婚姻(consular marriage)是指在驻在国不反对的前提下，一国授权其驻外领事或外交代表为本国侨民依本国法律规定的方式办理结婚手续，成立婚姻的制度。联合国《维也纳外交关系公约》和《维也纳领事关系公约》也允许各国驻外领事机构办理领事婚姻。[4] 各国之间一般通过双边领事协定相互允许对方领事机构在本国办理领事婚姻。目前中国与40多个国家签订了双边领事条约(协定)，[5]其中除《中华人民共和国和美利坚合众国领事条约》《中华人民共和国和伊拉克共和国领事条约》及《中

---

[1] 民函[2004]76号，现行有效。

[2] 例如某些国家存在的"普通法婚姻"(common-law marriage)、代理婚姻(proxy marriage)、同性婚姻以及在伊斯兰国家存在的一夫多妻制度可能并不为其他国家所承认。

[3] 上海市第一中级人民法院民事判决书，(1999)沪一中民初字第393号。

[4] 1963年维也纳领事关系公约第5条第6项。

[5] 参见中国领事服务网，http://cs.mfa.gov.cn。

华人民共和国政府和加拿大政府领事协定》外,其他条约均规定"领事官员有权为派遣国公民登记结婚"。其中,只有中意和中越两个条约规定"领事官员亦可给一方系派遣国公民另一方系第三国公民的当事人颁发结婚证。"

我国《婚姻登记条例》第19条规定:"中华人民共和国驻外使(领)馆可以依照本条例的有关规定,为男女双方均居住于驻在国的中国公民办理婚姻登记。"《民政部办公厅关于驻外使、领馆办理香港中国公民婚姻登记有关问题的通知》[1]规定:"我驻外使、领馆在驻在国承认领事婚姻的前提下,可受理香港中国公民之间、内地出国人员与香港中国公民的婚姻登记申请。香港中国公民申请婚姻登记须按照香港中国公民在内地办理婚姻登记的规定提供本人的证件、证明。当事人证件证明齐全、符合法定婚姻登记条件的,使、领馆应为其办理婚姻登记,发给婚姻证件。对澳门、台湾同胞的婚姻登记申请,我驻外使、领馆暂不受理。"

如果没有领事协定,也可在互惠基础上办理领事婚姻登记,但是只有在驻在国法律允许的前提下才能进行。例如,中国与德国和瑞士之间都没有领事条约,但德国法律允许外国驻德领事机构为派遣国公民办理结婚登记(但不得办理离婚登记),而瑞士法律则不允许。

领事办理婚姻登记也应当按照原《婚姻法》和《婚姻登记条例》规定的程序和条件。1983年11月27日,经国务院批准,外交部、最高人民法院、民政部、司法部等共同发布了《关于驻外使领馆处理华侨婚姻问题的若干规定》,[2]现已失效。

四、童婚问题

所谓童婚(child marriage),是指结婚当事人一方或双方在结婚时未满18岁而缔结的婚姻。[3] 1979年12月18日联合国大会通过的《消除对妇女一切形式歧视公约》第16条第2款明确规定:"童年订婚和童婚应不具法律效力,并应采取一切必要行动,包括制订法律,规定结婚最低年龄,并规定婚姻必须向正式登记机构登记。"该公约目前已被全世界大部分国家接受。虽然该公约并未规定结婚的最低年龄,但是联合国《儿童权利公约》将儿童定义为18周岁以下的人,[4]因此凡是未满18周岁的儿童缔结的婚姻原则上都不能被公约缔约国承认。

---

[1] 厅办函[1998]206号,现行有效。

[2] 《最高人民法院关于驻外使领馆处理华侨婚姻问题的若干规定》,1983年12月27日[83]法研字第26号。2013年1月18日被法释[2013]2号文件废止。

[3] UN Committee on the Elimination of Discrimination against Women/Committee on the Rights of the Child "Joint General Comment No. 31 of the CEDAW / No. 18 of the CRC on harmful practices" (2014) UN Doc CEDAW/C/GC/31-CRC/C/GC/18, 7.

[4] Convention on the Rights of the Child (adopted 20 November 1989, entered into force 2 September 1990) 1577 UNTS 3 (CRC), Art. 1.

目前,世界上有约4亿女性在18周岁前结婚,其中大多数都是因贫穷、强迫或宗教习俗等原因而结婚。童婚对儿童尤其是女性的人身权利造成了严重伤害。联合国儿童基金会等国际组织近年来在世界范围内发起了废除童婚的号召,得到了国际社会的广泛支持。[1]

如果严格遵守《涉外民事关系法律适用法》第21条和第22条的规定,未成年人之间缔结的童婚只要符合当事人共同经常居所地法律或者当事人共同国籍国法律或者婚姻缔结地法律,即为有效。但这显然违背了我国参加的国际公约规定的义务。因而,我国法院应当运用公共秩序保留拒绝承认童婚的效力。

五、"跛脚"婚姻

如上所述,由于不同国家对婚姻的实质要件和形式要件采用了不同的准据法标准,从而可能出现所谓的"跛脚"婚姻(limping marriage),即在一个国家有效而在另一个国家无效的婚姻。[2] 例如,在前述"范某明、范某昭、凌某清等与范某富继承纠纷案[3]"中,被继承人范某轮在香港缔结的第二次婚姻在香港为有效婚姻,而在我国内地则为无效。"跛脚"婚姻的存在会导致不合理的社会后果,比如一夫多妻现象、非婚生子女的权益保护、遗产的纠纷等。

"跛脚"婚姻是各国有关结婚和离婚的国际私法规则相互分歧以及各国之间离婚判决难以相互承认而造成的,因此仅仅依靠个别国家的努力是无法解决的。海牙国际私法会议1978年曾通过了《关于婚姻缔结和承认婚姻有效性公约》,试图在全球范围内消除"跛脚"婚姻现象,但该公约迄今为止只有三个缔约国,影响有限。欧盟于2003年颁布了《关于婚姻事项及父母责任事项的管辖权和判决承认与执行的第2201/2003号条例》,在管辖权和判决承认与执行方面统一了欧盟各成员法律,[4]2010年12月20日通过《在离婚和司法别居法律适用方面加强合作的条例》。这些国际性文件在一定区域内消除了"跛脚"婚姻,但在全球范围内,"跛脚"婚姻仍然难以避免。

---

〔1〕 See UNICEF, https://www.unicef.org/protection/child-marriage.

〔2〕 Sameh Iskander, Hinkende Ehen zwischen islamischem Recht und europäischem internationalen Privatrecht: Dargestellt am Beispiel Deutschlands und Ägyptens, 2009, S. 2.

〔3〕 上海市第一中级人民法院民事判决书,(1999)沪一中民初字第393号。

〔4〕 Council Regulation (EC) No. 2201/2003 of 27 November 2003 concerning Jurisdiction and the Recognition and Enforcement of Judgements in Matrimonial Matters and the Matters of Parental Responsibility.

第二节　夫妻关系

一、夫妻人身关系

男女双方结婚之后即成为夫妻，婚姻在夫妻之间会产生人身性和财产性权利与义务，即婚姻对夫妻的人身效力和财产效力，我国法律将其规定为夫妻人身关系和财产关系。

夫妻人身关系，即婚姻的人身效力（personal effect），在德国法上也称为婚姻的一般效力（allgemeine Ehewirkungen）。[1] 随着男女平等观念的发展，当代各国法律对夫妻人身关系的规定已大同小异，主要包括夫妻互负共同生活或同居义务、婚姻住所权、忠诚义务、扶养义务、扶助协作义务、婚姻住所权、家事代理权等。当代绝大多数民法典平等确立夫妻之间人身性的权利和义务，仅菲律宾等少数国家和地区规定夫妻地位不平等。不过，各国法律对夫妻人身关系的具体内容和法律救济方式仍有较大差异。[2]

历史上，各国普遍采用妻子随夫的原则，对于婚姻的效力采用丈夫的属人法。现在除了一些阿拉伯国家仍然采用该原则外，绝大多数国家均强调男女平等，因此在婚姻一般效力准据法上，各国普遍采用夫妻共同属人法。

我国《涉外民事关系法律适用法》第23条也采用了类似规定："夫妻人身关系，适用共同经常居所地法律；没有共同经常居所地的，适用共同国籍国法律。"如果夫妻没有共同国籍的，则根据《涉外民事关系法律适用法》第2条第2款所规定的最密切联系原则确定准据法。

实践中需要确定的是：夫妻人身关系，适用"何时的"共同经常居所地法律？是夫妻结婚时的还是离婚时的？我们认为，应当以夫妻所争议的法律关系发生时的共同经常居所地为准。

二、夫妻财产关系

（一）概论

夫妻财产关系即婚姻对夫妻之间的财产产生的法律效力（the proprietary consepqences of marriage），主要包括夫妻双方婚前财产的归属，夫妻在婚姻存续期间所获得财产的归属，夫妻对婚姻财产的管理、处分权以及夫妻间的债务承担等，也

---

[1] 参见德国《民法典施行法》第14条第1款。

[2] 参见蒋月：《当代民法典中夫妻人身关系的立法选择》，载《法商研究》2019年第6期。

被称为婚姻财产制(matrimonial property regime)。婚姻财产制在各国有法定财产制(statutory regime)和协定财产制(contractual regime)之分;各国的法定财产制又可分为共同财产制(community property system)和分别财产制(separate property system)。英美法系国家和少数大陆法系国家采用分别财产制,大陆法系多数国家采用共同财产制。我国法律也采用共同财产制作为一般法定财产制。在涉外婚姻当中,依据何国法律处理夫妻财产,对于夫妻双方均具有重要意义。

(二)当事人意思自治

我国《涉外民事关系法律适用法》第 24 条明确规定:"夫妻财产关系,当事人可以协议选择适用一方当事人经常居所地法律、国籍国法律或者主要财产所在地法律。"这表明,当事人所选择的法律用于支配双方之间的财产关系,不过该条对夫妻的选择权进行了限制,即只能在夫妻一方经常居所地国、国籍国或财产所在地国法律之间选择。这一规定明显借鉴了 1978 年海牙《夫妻财产制法律适用公约》[1]第 3 条。这样做的目的是维护夫妻财产制的相对稳定性,避免当事人滥用选择权,从而保护善意第三人的利益。

《涉外民事关系法律适用法》第 24 条未明确当事人的协议是婚前协议还是婚后协议。原则上应该是婚前协议,但婚后夫妻可以重新约定并改变此前的选择。[2]

对于该财产协议本身的效力,美国学者认为,婚前或婚后协议中选择的法律也应该支配该协议本身的解释、效力和执行等问题。[3]

(三)客观连结点

如果当事人没有选择准据法,则需要通过客观法律适用规范来指引准据法。此时,许多国家都规定,夫妻财产制适用夫妻人身关系的准据法。如德国《民法典施行法》第 15 条第 1 款、罗马尼亚《国际私法》第 21 条、奥地利《国际私法》第 19 条、意大利《国际私法》第 30 条、哈萨克斯坦共和国《婚姻家庭法典》第 205 条等。

我国《涉外民事关系法律适用法》第 24 条也规定:"当事人没有选择的,适用共同经常居所地法律;没有共同经常居所地的,适用共同国籍国法律。"这一规定同样借鉴了海牙《夫妻财产制法律适用公约》第 4 条。

实践中,如何确定夫妻共同经常居所地,往往会发生争议。[4]

---

[1] Convention of 14 March 1978 on the Law Applicable to Matrimonial Property Regimes, 1992 年生效,目前只有法国、卢森堡和荷兰三个缔约国。

[2] 卢某苏与万宁石梅湾大酒店有限公司等股权转让纠纷上诉案,海南省高级人民法院民事判决书,(2013)琼民三终字第 75 号。

[3] J. H. McLaughlin, *Premarital Agreements and Choice of Law: One, Two, Three, Baby, You and Me*, 72 Missouri Law Review 793 (2007).

[4] 王某玲、徐某明共有权确认纠纷案,广东省广州市中级人民法院民事判决书,(2020)粤 01 民终 7705 号。

(四)准据法的适用范围

由于《涉外民事关系法律适用法》第 24 条并未对动产和不动产进行区别对待,因此原则上,婚姻财产制的准据法支配夫妻所有财产,包括动产和不动产。这一点也来自海牙《夫妻财产制法律适用公约》第 3 条。不过,海牙公约和一些国家立法都对夫妻不动产的法律适用有所限制。比如海牙公约第 3 条第 4 款规定,夫妻可以专门对其不动产指定适用不动产所在地法律。

很多国家法律都规定夫妻双方可以达成婚前或婚后契约(antenuptial and postnuptial contract),约定婚姻关系存续期间所得的财产以及婚前财产的归属。我国《民法典》第 1065 条第 1 款也规定:“男女双方可以约定婚姻关系存续期间所得的财产以及婚前财产归各自所有、共同所有或者部分各自所有、部分共同所有。约定应当采用书面形式。”

婚姻契约中也可以约定婚姻财产契约的准据法。如果有约定,则该契约的效力、内容和解释等问题由该法律支配。比如,美国统一州法委员会 1983 年制定的《统一婚前协议法》[1]就允许当事人选择支配婚前协议的准据法。[2] 如果婚姻契约中没有约定准据法,则该契约适用夫妻财产关系的准据法。

夫妻间的扶养义务应按照扶养关系准据法,即《涉外民事关系法律适用法》第 29 条规定的法律,而不适用夫妻关系准据法。夫妻间的监护权,也依照《涉外民事关系法律适用法》第 30 条确定准据法。

三、准据法的改变

对于夫妻人身关系和财产关系的准据法,如果当事人共同经常居所地或国籍发生改变,则会产生准据法的改变问题。比如,一对夫妻结婚时共同经常居所在中国,几年后双方移居美国纽约,此时,支配其婚姻人身效力和财产效力的准据法是否可以改变?

对于人身效力的准据法,由于只对夫妻之间有影响,故应当允许改变,即应当以夫妻最后共同经常居所地法或最后共同国籍国法律为准。因此,当夫妻从中国移居美国纽约后,其夫妻间的人身关系也应当受美国纽约法律支配。

相反,对于夫妻财产关系的准据法,则另当别论。首先,如果当事人协议选择适用一方当事人经常居所地法律、国籍国法律或者主要财产所在地法律,则应当以选

---

〔1〕 该法目前已被美国 27 个州采纳(Arizona, Arkansas, California, Connecticut, Delaware, District of Columbia, Florida, Hawaii, Idaho, Illinois, Indiana, Iowa, Kansas, Maine, Montana, Nebraska, Nevada, New Mexico, North Carolina, North Dakota, Oregon, Rhode Island, South Dakota, Texas, Utah, Virginia, and Wisconsin)。

〔2〕 Uniform Premarital Agreement Act, Sec. 3(a)(7).

择时的法律为准;如果当事人事后改变经常居所或国籍,或者当事人将其财产转移至其他国家的,不影响当事人之前的选择。当事人如果想改变准据法,只能通过明示方式重新达成协议,改变双方之间的选择,但这种选择也不得影响善意第三人的利益。其次,如果当事人没有达成协议,根据《涉外民事关系法律适用法》第24条的规定,应当适用夫妻共同经常居所地法律或共同国籍国法律。此时,通常应以夫妻结婚时的共同居所地法律或共同国籍国法律为准,也就是说,夫妻财产制被"冻结"起来。这也被称为准据法的不可变性(immutability)。[1] 这样做的好处是有利于保障夫妻财产制的稳定性和可预见性,方便离婚后的财产分割和死亡后的财产继承,特别是在商事交往中有利于保护善意第三人的利益。当然,当事人可以事后通过明示协议选择其他法律作为夫妻财产制的准据法,从而将夫妻财产制"解冻",但当事人选择的法律原则上不具有溯及力。

第三节 非婚同居关系

一、概论

早在1987年,海牙国际私法会议常设局就起草了"关于非婚伴侣(cohabiting couples)法律适用的说明"。1992年,海牙国际私法会议常设局发布的一份调研报告指出,非婚同居现象(cohabitation outside marriage)已经逐渐从西欧国家蔓延到东欧和拉美国家。海牙国际私法会议第十八届大会决定把该议题纳入大会议程,同时决定把研究的范围扩大到管辖权、法律适用和判决承认与执行三个领域。[2] 2008年,海牙国际私法会议常设局发布了一份"关于非婚同居和登记伴侣国内法和国际私法发展状况的说明"。[3] 2015年3月,海牙国际私法会议常设局向总务委员会提交了一份关于非婚同居和登记伴侣的国内法和国际私法的最新发展情况的说明。[4] 总务委员会同时要求海牙国际私法会议常设局对各国情况进行问卷调查。

---

〔1〕 Bernd von Hoffmann/Karsten Thorn, Internationales Privatrecht, 9 Aufl. 2007, S. 321; Peter North & J. J. Fawcett, *Cheshire and North's Private International Law*, 13th edition, London, Butterworths, 1999, p. 1020.

〔2〕 Final Act of the Eighteenth Session of the Hague Conference on Private International Law, 19 October 1996, under Part B 4 c.

〔3〕 Note on developments in internal law and private international law concerning cohabitation outside marriage, including registered partnerships, Prel. Doc. No. 11 of March 2008 for the attention of the Council of April 2008 on General Affairs and Policy of the Conference.

〔4〕 Prel. Doc. No. 5 of March 2015 for the attention of the Council on General Affairs and Policy of March 2015.

截至2016年9月17日,已有28个国家和地区回复了该问卷。

根据各国回复情况,非婚同居现象(unmarried cohabitation)目前已经越来越普遍,并且随着出现越来越多的非婚生子女。比如在英国,非婚同居在2012年已经占全国人口的11.7%,达到590万人,[1]预计到2031年,将有四分之一的伴侣是以非婚同居方式生活在一起。在美国,2010年有6.6%的家庭属于非婚同居家庭。即使是在相对保守的亚洲各国,非婚同居现象也逐渐普遍。

同时,越来越多的国家开始在立法上承认登记伴侣关系(registered partnership)。登记伴侣在不同国家有不同名称,如"家庭伴侣"(domestic partnership)、"民事伴侣"(civil partnership)、"民事结合"(civil union)、"固定伴侣结合"(permanent couple union)、"法定同居"(statutory cohabitation)等。登记伴侣包括同性伴侣和异性伴侣。

对于登记伴侣关系,中国内地法律尚不予承认。而对于非婚同居,我国《民法典》未作规定。1989年最高人民法院发布《关于人民法院审理未办结婚登记而以夫妻名义同居生活案件的若干意见》和2001年《最高人民法院关于适用〈中华人民共和国婚姻法〉若干问题的解释(一)》有专门规定,但均已被废除。2020年颁布的《最高人民法院关于适用〈中华人民共和国民法典〉婚姻家庭编的解释(一)》(以下简称《民法典婚姻家庭编解释(一)》)第3条第1款规定:"当事人提起诉讼仅请求解除同居关系的,人民法院不予受理;已经受理的,裁定驳回起诉。"根据该解释第7条规定,未依据《民法典》第1049条规定办理结婚登记而以夫妻名义共同生活的男女,在1994年2月1日民政部《婚姻登记管理条例》公布实施以前,男女双方已经符合结婚实质要件的,按事实婚姻处理。1994年2月1日民政部《婚姻登记管理条例》公布实施以后,男女双方符合结婚实质要件的,人民法院应当告知其补办结婚登记。未补办结婚登记的,依据本解释第3条规定处理。

我国澳门特别行政区对于境外登记伴侣(包括同性伴侣)的态度较为宽容,一定程度上可以承认其效力。[2]

海牙国际私法会议目前已有的国际公约中并不直接涉及婚外同居关系,但是在某些公约中间接有所涉及。比如,海牙跨国收养公约就没有要求收养人必须是正式结婚的夫妻。因此,理论上说,登记伴侣也可以通过该公约收养儿童,不过,不同成员方可能会对公约是否适用于非婚同居收养人有不同解释。

海牙国际私法会议常设局在其报告中指出,目前还没有一项国际公约专门对婚

---

[1] Anna Stepien-Sporek & Margaret Ryznar, *The Consequences of Cohabitation*, 50 University of San Francisco Law Review 75 (2016); Kate Whiting, *Cohabitation in England & Wales and Scotland: The Case for Granting Equal Rights to Marital and Non-Marital Cohabitants*, 4 Edinburgh Student Law Review 52 (2020).

[2] 参见澳门特别行政区的答复,https://assets.hcch.net/docs/81a0d0f1-5d66-4d21-8795-258359faf30c.pdf。

外同居关系的国际私法问题加以规范，给现实中的当事人带来很大法律障碍。因此，报告呼吁海牙国际私法会议起草相关国际公约以消除该领域的法律不确定性。

二、法律适用

目前，一些承认非婚同居关系的国家在国际私法方面大都适用登记地国家法律。比利时2004年《国际私法》第四章专门规定了“同居关系”。根据该法第60条，同居关系适用首次登记国法律。

非婚同居者的契约财产关系，适用缔约时支配其财产关系的法律。2016年欧盟《关于登记伴侣财产制事项的管辖权、法律适用和判决承认与执行的条例》[1]规定，登记伴侣关系，如果当事人没有选择法律，则适用登记地法律。

也有学者主张，非婚同居关系类推适用婚姻关系的准据法。[2] 斯洛文尼亚共和国《国际私法》第41条规定：非婚同居者的财产关系，适用其共同国籍国法律；同居者国籍不同的，适用其共同居所地国法律；非婚同居者的契约财产关系，适用缔约时支配其财产关系的法律。

在中国，非婚同居现象也大量涌现，并发生了大量相关纠纷。[3] 学者们也开始探讨从法律上如何进行界定。[4] 我国法律也从以前的完全否定逐步走向中立。[5]

我国国际私法并没有专门针对非婚同居关系作出规定，但我国法院处理了很多涉外非婚同居引起的法律纠纷，包括同居伴侣之间的财产分割、扶养费追索、子女抚养等。[6] 我国法院大都根据我国法律进行了处理。[7]

---

[1] Council Decision (EU) 2016/954 of 9 June 2016 authorising enhanced cooperation in the area of jurisdiction, applicable law and the recognition and enforcement of decisions on the property regimes of international couples, covering both matters of matrimonial property regimes and the property consequences of registered partnerships.

[2] Striewe, Ausländisches und Internationales Privatrecht der nichtehelichen Lebensgemeinschaft, 1986, S. 385.

[3] Chen Wei & Shi Lei, *Cohabitation in China: Legislation and Practice*, 2017 INT'l Surv. FAM. L. 55 (2017).

[4] 参见何丽新：《论事实婚姻和非婚同居的二元化规制》，载《比较法研究》2009年第2期。

[5] 2001年《最高人民法院关于适用〈中华人民共和国婚姻法〉若干问题的解释(一)》已经对非婚同居关系作出了规定。2003年《关于适用〈中华人民共和国婚姻法〉若干问题的解释(二)》进一步要求人民法院受理当事人因同居期间财产分割或者子女抚养纠纷提起的诉讼。

[6] 最新案例参见王某与高某2同居关系纠纷案，河北省邯郸市永年区人民法院民事判决书，(2020)冀0408民初1565号。

[7] 参见符某与甘某1(KAM HENG)同居关系纠纷上诉案，海南省高级人民法院民事判决书，(2012)琼民三终字第41号；林某1、石某同居关系子女抚养纠纷案，福建省福州市中级人民法院(2017)闽01民终1156号民事判决书；黄某与崔某同居关系析产纠纷案，吉林省高级人民法院民事判决书，(2020)吉民终225号。

第四节　离　　婚

一、概论

婚姻在很多国家都与宗教紧密联系。在传统基督教中,婚姻被视为教徒的七项"圣礼"(sacrament)之一,因此基督教夫妻早期只能分居,不能离婚。虽然经过宗教改革和现代婚姻自由运动的启蒙,很多国家纷纷放弃了禁止离婚的法律,[1]但多数国家都对离婚规定了严格的条件和程序。对于当事人之间自愿解除婚姻的协议离婚制度,尤其受到法律的限制。不过随着社会的发展,当今世界各国离婚率都普遍增长,跨国离婚诉讼也日益频繁发生。

二、自愿离婚

(一)概论

自愿离婚(divorce by mutual consent)也称协议离婚。不同国家对于协议离婚的规定不同。英美法系上,协议离婚属于无过错离婚(no-fault divorce)的一种,当事人无须证明导致离婚的过错或理由,仅需说明婚姻已无可挽救地破裂(irretrievable breakdown of marriage)或意见分歧已不可调和(irreconcilable differences)即可。美国《统一婚姻与离婚法》(Uniform Marriage and Divorce Act)第 306 条亦允许夫妻达成分居协议(separation agreement)。英国《婚姻案件法》(Matrimonial Causes Act)亦有相同规定。[2] 但是,英美法系国家的协议离婚都必须通过法院判决的方式进行。大陆法系国家如德国、法国、瑞士等国法律虽然也规定了"两愿离婚"(einverständliche Scheidung),但也必须到法院获得离婚判决。[3] 日本《民法典》也允许协议离婚,但必须向户籍机关进行申报。俄罗斯的协议离婚也采用户籍登记方式。我国《民法典》第 1076 条第 1 款规定:"夫妻双方自愿离婚的,应当签订书面离婚协议,并亲自到婚姻登记机关申请离婚登记。"

《涉外民事关系法律适用法》第 26 条规定:"协议离婚,当事人可以协议选择适用一方当事人经常居所地法律或者国籍国法律。当事人没有选择的,适用共同经常居所地法律;没有共同经常居所地的,适用共同国籍国法律;没有共同国籍的,适用

---

〔1〕 意大利在 1970 年、西班牙在 1981 年、爱尔兰在 1996 年、智利在 2004 年、马耳他在 2011 年才允许离婚。菲律宾和梵蒂冈迄今为止仍不允许离婚。

〔2〕 Section 34(1) of the Matrimonial Causes Act 1973.

〔3〕 德国《民法典施行法》第 17 条第 2 款。

办理离婚手续机构所在地法律。”该规定首先采用了当事人意思自治原则，其目的在于尊重夫妻意愿，尽量便利当事人离婚。这一点借鉴了欧盟2010年12月20日通过的《关于离婚和司法别居法律适用的第1259/2010号条例(Rome Ⅲ)》的规定。[1]但是，在实践中，由于我国的自愿离婚是通过婚姻登记机关办理，而婚姻登记机关往往直接适用《婚姻登记条例》，所以忽视了《涉外民事关系法律适用法》第26条的规定。

(二)在我国境内缔结的婚姻的自愿离婚

我国2003年《婚姻登记条例》第10条规定：“内地居民自愿离婚的，男女双方应当共同到一方当事人常住户口所在地的婚姻登记机关办理离婚登记。中国公民同外国人在中国内地自愿离婚的，内地居民同香港居民、澳门居民、台湾居民、华侨在中国内地自愿离婚的，男女双方应当共同到内地居民常住户口所在地的婚姻登记机关办理离婚登记。”该条例第12条还规定，办理离婚登记的当事人有下列情形之一的，婚姻登记机关不予受理：(1) 未达成离婚协议的；(2)属于无民事行为能力人或者限制民事行为能力人的；(3)其结婚登记不是在中国内地办理的。

由此可见，在我国自愿离婚必须进行离婚登记，否则不被法律承认，而且，只有在我国境内缔结的婚姻才能在我国境内进行离婚登记。《婚姻登记条例》第10条第3款规定，离婚双方达成的离婚协议书应当载明双方当事人自愿离婚的意思表示以及对子女抚养、财产及债务处理等事项协商一致的意见。因此，在我国境内进行自愿离婚登记要符合我国法律规定的条件。登记机关直接依据《婚姻登记条例》办理离婚，不会适用《涉外民事关系法律适用法》第26条。

实践中我国法院一般也不会对我国婚姻登记机关颁发的离婚证本身进行实质审查，但是需要注意的是，协议离婚和离婚协议是两个不同的概念。人民法院在个案中有可能依照《涉外民事关系法律适用法》第26条来审查当事人离婚协议的效力。[2]

(三)在我国境外缔结的婚姻的自愿离婚

根据《婚姻登记条例》第12条的规定，在我国境外缔结的婚姻，如果当事人协议离婚的，不能在我国境内办理离婚登记。当事人只能在我国境外进行离婚程序。有的国家规定协议离婚必须进行申报(如日本)。有的国家对于协议离婚也要求以法院判决方式进行，当事人的离婚协议并不具有直接法律效力。例如，德国和瑞士的“两愿离婚”也必须到法院获得离婚判决。此类判决如要在我国得到承认，需根据

---

〔1〕 Council Regulation (EU) No. 1259/2010 of 20 December 2010 Implementing Enhanced Cooperation in the Area of the law Applicable to Divorce and Legal Separation.

〔2〕 参见云某嘉、瑞华国银投资管理有限公司金融借款合同纠纷案，广东省广州市中级人民法院民事判决书，(2019)粤01民再58号。

《最高人民法院关于人民法院受理申请承认外国法院离婚判决案件有关问题的规定》进行审查。[1] 我国在承认外国离婚判决时一般只进行形式审查，而不审查该判决的法律适用，所以在判断是否承认外国离婚判决时，也不需要适用《涉外民事关系法律适用法》第26条。

如果当事人之间仅仅达成了离婚协议，但未取得任何国家的离婚登记或离婚判决，该离婚协议在我国原则上不会被承认，此时不需要适用《涉外民事关系法律适用法》第26条。[2]

如果当事人在境外获得了有效的协议离婚登记或判决，但对于离婚的子女抚养安排或财产分割发生纠纷而起诉至我国法院，我国法院可根据《涉外民事关系法律适用法》第26条判断当事人间离婚协议的准据法。[3]

三、诉讼离婚

（一）管辖权

无论是在我国境内还是在境外缔结的婚姻，只要符合我国《民事诉讼法》的规定，当事人都可以向我国法院起诉离婚。但是，特殊情况下，比如当事人都是外国人，婚姻也在境外缔结，则我国法院可以拒绝受理。[4] 比如在"王某离婚纠纷再审审查与审判监督案"中，原告、被告双方在我国香港特别行政区结婚并都已取得我国香港特区居民身份，双方当事人没有在我国香港特区法院起诉离婚而直接向我国内地法院提起离婚诉讼，我国内地法院裁定不予受理。[5]

（二）法律适用

对于法院处理涉外离婚纠纷的准据法，各国所采取的方法有两种：法院地法原则和属人法原则。大陆法系国家大多采用当事人本国法原则。这主要是因为大陆法系对于婚姻的效力也采用当事人本国法原则。如德国《民法典施行法》第17条规定："离婚适用提起离婚诉讼程序时支配婚姻一般效力的法律。如果根据该国法律不得离婚，则适用德国法律，只要提出离婚的夫妻一方此时是德国人或者在结婚时是德国人。"这种做法的好处是，离婚准据法与婚姻准据法保持一致，可以避免出现

---

〔1〕 该规定已于1999年12月1日由最高人民法院审判委员会第1090次会议通过，自2000年3月1日起施行。最高人民法院法〔1998〕86号通知印发的《关于人民法院受理申请承认外国法院离婚判决案件几个问题的意见》同时废止。

〔2〕 参见杨某秋、王某峰民间借贷纠纷案，福建省高级人民法院民事裁定书，(2019)闽民申2355号。

〔3〕 参见松田浩德与松田江美、黄某芳确认合同无效纠纷案，福建省福州市晋安区人民法院民事判决书，(2014)晋民初字第641号。

〔4〕 参见何某某与黄某某离婚纠纷案，广东省汕尾市中级人民法院民事裁定书，(2005)汕尾中法立民终字第10号。

〔5〕 参见广东省高级人民法院民事裁定书，(2017)粤民申6427号。

"跛脚"婚姻。英美法系国家和斯堪的纳维亚国家以及前苏联等国家,采用法院地法原则。现在的俄罗斯和独联体国家仍然采用法院地法。

我国原《民法通则》受苏联立法的影响,也采用了法院地法原则。该法第 147 条规定,中华人民共和国公民和外国人离婚适用受理案件的法院所在地法律。最高人民法院原《民通意见》第 188 条进一步规定:我国法院受理的涉外离婚案件,离婚以及因离婚引起的财产分割,适用我国法律。《涉外民事关系法律适用法》第 27 条也规定:"诉讼离婚,适用法院地法律。"由于离婚的准据法与婚姻财产制的准据法不一致,实践中可能会发生冲突。

(三)离婚准据法的适用范围

离婚准据法决定离婚的条件和法律后果。比如离婚后原夫妻之间的扶养义务适用离婚准据法,而不适用扶养准据法。但是对于离婚的法律后果,离婚准据法的适用范围是有限的,比如对于离婚后的财产分割,还要考虑夫妻财产制准据法;对于离婚后的子女监护和抚养,还要适用亲子关系准据法。

另外,我国《涉外民事关系法律适用法》所规定的离婚在概念上应作广义理解,不仅指我国原《婚姻法》中规定的离婚,还应包括外国法律中与离婚类似的制度,比如西方国家的宣告婚姻无效(annulment)、司法别居(legal separation)、伊斯兰法律中的休妻(talaq)[1]和犹太法律中的 get (גט)[2]等。如果当事人在我国境外按照伊斯兰或犹太教法律缔结了婚姻,我国法院依照我国法律判决离婚时,就会发生冲突,因为我国婚姻法没有对宗教婚姻的离婚问题作专门规定。在国外已经发生很多与上述冲突相关的案件,[3]为此,英国于 2002 年颁布了《(宗教婚姻)离婚法》,[4]专门对宗教婚姻的离婚问题进行规范。

第五节　父母子女关系和其他近亲属关系

一、概论

父母子女关系(parent-child relationship)简称亲子关系,是指父母和子女间的权利与义务关系,包括人身关系和财产关系。我国《民法典》第 1127 条第 3 款规定:"本编所称子女,包括婚生子女、非婚生子女、养子女和有扶养关系的继子女。"其他近亲属关系包括兄弟姐妹之间、祖父母与孙子女之间的关系等。

---

〔1〕 D. Hinchcliffe, *Divorce in the Muslim World*, International Family Law 63 (2000).

〔2〕 Michael Freeman, *The Jewish Law of Divorce*, International Family Law 58 (2000).

〔3〕 Marcovitz vs Bruker, Quebec Court of Appeals (500-09-013353-032; September 20, 2005).

〔4〕 The Divorce (Religious Marriages) Act 2002.

在亲属关系国际私法领域,目前各国的普遍立法趋势是强调对妇女儿童和弱者利益的保护,因此许多国家均规定,亲子关系适用子女属人法。如日本《法例》第21条规定:"亲子间的法律关系,如果子女的本国法与父母一方本国法相同或者父母一方去世时与另一方本国法相同,则适用子女本国法。在其他情况下适用子女经常居所地法律。"[1]

二、父母子女人身关系

亲子关系中,发生纠纷比较多的是亲子关系的确认,尤其是父亲身份的确定(filiation)。世界上大多数国家都采用父亲身份推定原则(presumption of paternity),即只要是在婚姻关系存续期间受胎所生的子女即推定为丈夫的子女。[2] 我国法律并未直接规定父亲和母亲的定义。根据国家卫生和计划生育委员会(已撤销)、公安部2013年发布的《关于启用和规范管理新版〈出生医学证明〉的通知》,新生儿《出生医学证明》应填写父母信息。其中,父母一方或双方为外籍人士的,其姓名可填写中文或英文,其他信息填写中文。未提供新生儿父亲信息的,新生儿母亲应当提供本人签字的书面声明,签发机构可在《出生医学证明》上父亲信息的相应栏目处填写"/"。

我国《民法典》第1073条规定了亲子关系确认请求权:"对亲子关系有异议且有正当理由的,父或者母可以向人民法院提起诉讼,请求确认或者否认亲子关系。对亲子关系有异议且有正当理由的,成年子女可以向人民法院提起诉讼,请求确认亲子关系。"

对于亲子关系异议的处理,2020年《民法典婚姻家庭编解释(一)》第39条规定:"父或者母向人民法院起诉请求否认亲子关系,并已提供必要证据予以证明,另一方没有相反证据又拒绝做亲子鉴定的,人民法院可以认定否认亲子关系一方的主张成立。"

在国际私法上,我国《涉外民事关系法律适用法》第25条规定:"父母子女人身、财产关系,适用共同经常居所地法律;没有共同经常居所地的,适用一方当事人经常居所地法律或者国籍国法律中有利于保护弱者权益的法律。"

实践中,如何确定共同经常居所地成为一个难题,需要根据具体情况从有利于保护弱者权益角度进行判断。在"Peter Johannes Schultes(皮特·约翰内斯·舒尔斯特)与WEI WANG(王威)申请撤销监护人资格案"中,当事人双方及其子女均为德国国籍,男方也不在中国境内居住,女方和子女在中国境内居住已满两年。法院认

---

[1] 日本2006年新颁布的《法律适用通则法》第32条的规定与此完全相同。

[2] Sarah J. Pennington, *Two Women and a Baby: The Effect of Same-Sex Marriage on a Presumption of Maternity in a Dual Paternity State*, 48 Southern University Law Review 39 (2020).

为,当事人双方没有共同经常居所地,应适用其中一方当事人经常居所地法律中有利于保护弱者权益的法律,最后适用了中国法律。[1]

父母子女关系也包括继父母和继子女之间的关系。我国《民法典》第 1072 条第 2 款规定:“继父或者继母和受其抚养教育的继子女间的权利义务关系,适用本法关于父母子女关系的规定。”涉外案件中,继子女与继父母之间的亲子关系也适用《涉外民事关系法律适用法》第 25 条规定。[2]

祖父母和孙子女之间的探望权等人身关系,可以类推适用《涉外民事关系法律适用法》第 25 条规定。[3] 父母子女之间和其他亲属之间的监护权应依照《涉外民事关系法律适用法》第 30 条确定准据法。

三、父母子女财产关系

父母与子女之间的财产关系,包括父母对未成年子女财产的保管和处分权、父母对未成年子女民事损害责任的承担等。但是,父母对未成年人子女的抚养义务、成年子女对无民事行为能力父母的赡养义务等,依照《涉外民事关系法律适用法》第 29 条关于扶养的规定处理。

我国《涉外民事关系法律适用法》第 25 条规定:“父母子女人身、财产关系,适用共同经常居所地法律;没有共同经常居所地的,适用一方当事人经常居所地法律或者国籍国法律中有利于保护弱者权益的法律。”实践中应根据具体情况判断当事人共同经常居所地以及有利于保护弱者权益的法律。[4]

四、儿童拐带

由于跨国婚姻离婚率的上升,在离婚过程中或离婚后,经常发生父母一方非法拐带子女离开其经常居所地到另一国家的事件,此种事件被称为国际拐带儿童(international parental child abduction)。这里的“非法”是指父母一方违反监护权,私自将儿童带离其经常居所地。由于该行为将会对儿童的身心造成巨大伤害,从而违反了联合国《儿童权利公约》的基本原则,[5] 国际社会一致公认该行为为违法行为并要求各国应进行合作,将被非法拐带到其他国家的儿童返还给儿童经常居住地国。为此目的,海牙国际私法会议于 1980 年 10 月 25 日订立了《国际诱拐儿童民事

[1] 北京市第一中级人民法院民事裁定书,(2016)京 01 民辖终 289 号。
[2] 胡某、于某继承纠纷案,广东省珠海市中级人民法院民事判决书,(2019)粤 04 民终 878 号。
[3] 赖某与刘某李某等探望权纠纷案,重庆市第五中级人民法院民事判决书,(2018)渝 05 民终 1121 号。
[4] 孙×1 等抚养费纠纷案,北京市第二中级人民法院民事判决书,(2014)二中少民终字第 08865 号。
[5] 联合国《儿童权利公约》第 11 条规定:“缔约国应采取措施制止非法将儿童移转国外和不使返回本国的行为。”我国是该公约缔约国。

方面的公约》,[1]目前已有近90个缔约国和地区。该公约也适用于我国香港和澳门特别行政区,但中国内地尚不适用该公约。

实践中,我国法院对于外国法院作出的要求当事人交还被拐带儿童的判决也不予承认和执行。

五、跨国代孕现象

随着医学的发展,出现了代孕现象。代孕是指通过辅助生殖技术将体外受精的卵子植入孕母子宫,由孕母替他人完成怀胎和分娩的行为。世界上大多数国家包括我国都在法律上禁止商业性人工代孕,[2]但是仍有一些国家和地区允许商业代孕,比如印度和美国的某些州。[3] 由此导致世界各地的人士纷纷到这些允许代孕的国家和地区找人代孕生子。[4] 在印度甚至形成了一个年营业额数亿美元的跨国代孕市场。[5]

国际代孕给传统家庭关系带来严重挑战,如父亲身份、母亲身份、监护权、探视权、儿童的权利等。在国际私法上,应依照什么法律解决上述问题,也成为国际上重点关注的重要问题。[6] 我国法律虽然禁止商业代孕行为,但是对于代孕出生的儿童与正常受孕出生的儿童采取一视同仁政策。[7]

第六节 收 养

一、概论

收养(Adoption)是通过法律程序创设亲子关系的法律行为,在很多国家都有悠

---

[1] Hague Convention on the Civil Aspects of International Child Abduction of 1980. 中译本见外交部条法司编:《海牙国际私法会议公约集》,法律出版社2012年版,第126页。

[2] 参见我国卫生部2001年颁发的《人类辅助生殖技术管理办法》第22条。

[3] 美国加利福尼亚州、伊利诺伊州和内华达州允许代孕;See Johnson v. Calvert, 851 P. 2d 776, 778 (1993); Cal. Fam. Code § 7606 (2012); 另外,英国、俄罗斯、希腊、乌克兰等国也允许代孕。印度、美国加州和俄罗斯允许商业代孕。

[4] 我国法院曾以违反社会公共利益判定赴美代孕服务合同无效,参见深圳西尔斯国际商务咨询有限公司与孙某服务合同纠纷案,广东省深圳市中级人民法院民事判决书,(2018)粤03民终9212号。

[5] Kimberly D. Krawiec, *Altruism and Intermediation in the Market for Babies*, 66 Washington and Lee Law Review 203 (2009).

[6] 海牙国际私法会议从2010年起开始关注该问题,2015年成立了一个专家组负责这方面的工作,参见 Private International Law Issues Surrounding the Status of Children, Including Issues Arising from International Surrogacy Arrangements, Prel. Doc. No. 11 (Mar. 2011), C http://www.hcch.net/upload/wop/genaff2011pd11e.pdf。

[7] 陶某诉尹某霖监护权案,云南省昆明市中级人民法院民事裁定书,(2019)云01民终2092号。

久的历史。我国古代有“螟蛉子”的称谓,民间也有抱养、过继等称呼。西方收养制度起源于古罗马,现在已被大多数国家法律接受。

跨国收养则是指收养人和被收养人来自不同国家的收养行为。跨国收养中被收养的儿童多来自不发达国家。“二战”结束后,跨国收养进入一个新的发展高潮。

目前,世界上绝大多数国家都有关于收养的法律制度,但各国收养制度却存在颇多歧异。跨国收养的方式在各国间不统一引起了一系列问题,不利于保护儿童的权益。

改革开放以来,随着对外交往的不断扩大,我国涉外收养案件逐年增多。2015年,全国办理家庭收养登记2.2万件,其中,我国内地(大陆)居民收养登记1.9万件,我国港澳台地区华侨收养登记179件,外国人收养登记2942件。[1]

我国已加入联合国《儿童权利公约》,[2]并且与17个国家建立了双边收养合作关系,分别是美国、加拿大、英国、法国、西班牙、意大利、荷兰、比利时、丹麦、挪威、瑞典、芬兰、冰岛、爱尔兰、澳大利亚、新西兰、新加坡。这些国家的公民可以在中国收养子女。

二、涉外收养的法律适用

(一)收养的条件和手续

我国1991年颁布的《收养法》(已失效)允许外国人在我国收养子女。新颁布的《民法典》第1109条基本采纳了原《收养法》的规定:“外国人依法可以在中华人民共和国收养子女。外国人在中华人民共和国收养子女,应当经其所在国主管机关依照该国法律审查同意。收养人应当提供由其所在国有权机构出具的有关其年龄、婚姻、职业、财产、健康、有无受过刑事处罚等状况的证明材料,并与送养人签订书面协议,亲自向省、自治区、直辖市人民政府民政部门登记。前款规定的证明材料应当经收养人所在国外交机关或者外交机关授权的机构认证,并经中华人民共和国驻该国使领馆认证,但是国家另有规定的除外。”《外国人在中华人民共和国收养子女登记办法》第3条进一步明确规定:“外国人在华收养子女,应当符合中国有关收养法律的规定,并应当符合收养人所在国有关收养法律的规定;因收养人所在国法律的规

[1] 参见中华人民共和国民政部2015年社会服务发展统计公报。

[2] 《儿童权利公约》第21条规定:“凡承认和(或)许可收养制度的国家应确保以儿童的最大利益为首要考虑,并应:(A)确保只有经主管当局按照适用的法律和程序并根据所有有关可靠的资料,判定鉴于儿童有关父母、亲属和法定监护人方面的情况可允许收养,并且判定必要时有关人士已根据可能必要的辅导对收养表示知情的同意,方可批准儿童的收养;(B)确认如果儿童不能安置于寄养或收养家庭,或不能以任何适当的方式在儿童原籍国加以照料,跨国收养可视为照料儿童的一个替代办法;(C)确保得到跨国收养的儿童享有与本国收养相当的保障和标准;(D)采取一切适当措施确保跨国收养的安排不致使所涉人士获得不正当的财务收益;(E)在适当时通过缔结双边或多边安排或协定促成本条的目标,并在这一范围内努力确保由主管当局或机构负责安排儿童在另一国收养的事宜。”

定与中国法律的规定不一致而产生的问题,由两国政府有关部门协商处理。”

《涉外民事关系法律适用法》第 28 条规定:“收养的条件和手续,适用收养人和被收养人经常居所地法律。”如果收养人是夫妻的,应当适用夫妻双方共同居所地法律;双方经常居所地位于不同国家的,应当分别适用各自经常居所地法律。

根据《外国人在中华人民共和国收养子女登记办法》的规定,外国人在华收养儿童必须经过中国儿童福利和收养中心(以下简称中国收养中心)[1]办理相关手续。中国收养中心不受理个人直接递交的收养文件。中国收养中心在收到外国收养人通过其所在国政府或收养组织递交的收养文件后,对齐全、有效并向中国收养中心交纳了服务费的收养文件予以受理登记,并将受理登记情况告知递交收养文件的外国政府或外国收养组织。经中国收养中心审核,对符合中国有关法律规定条件的外国收养人,中国收养中心参照外国收养人的意愿为其选择适当的被收养人,并将被收养人、送养人的有关情况转交外国政府和征求收养人意见。外国政府和收养人同意接受推荐的被收养人后,中国收养中心为收养人签发来华收养子女通知书,并通过外国政府或外国收养组织将通知书转交给外国收养人。同时,中国收养中心向被收养人所在地的省级民政部门收养登记机关发出涉外送养通知。外国收养人接到来华收养子女通知书后,夫妻双方须持通知书原件亲自来华,到被收养人常住户口所在地的省级民政部门办理收养登记手续。外国收养人办理收养登记,应当填写外国人来华收养子女登记申请书,并提交与送养人订立的书面收养协议,同时提交中国收养中心签发的来华收养子女通知书原件、外国收养人身份证件和照片。省级民政部门对符合法律规定的收养关系当事人办理收养登记,颁发收养登记证,出具跨国收养合格证明。收养关系自登记之日起成立。

我国与多国签订的双边收养协定也规定了收养成立地国法律原则。例如,在《中华人民共和国政府和澳大利亚政府关于澳大利亚公民在中国收养中国儿童的换文》中规定:“澳大利亚联邦及各州和地区政府均承认,澳大利亚公民在中华人民共和国收养中国儿童,其收养关系自中华人民共和国省级人民政府民政部门登记之日起成立。因此,依照《中华人民共和国收养法》收养中国儿童的澳大利亚公民无需在澳大利亚各州或地区再次申请收养令。”[2]

(二)收养的效力

《涉外民事关系法律适用法》第 28 条规定:“收养的效力,适用收养时收养人经常居所地法律。”

各国对于收养的效力规定不同。我国原《收养法》第三章和《民法典》第五编第

---

〔1〕 2011 年 3 月起更名为中国儿童福利和收养中心,http://www.cccwa.cn/。

〔2〕《中华人民共和国政府和澳大利亚政府关于澳大利亚公民在中国收养中国儿童的换文》,1999 年 12 月 28 日发布。中国与意大利、新西兰、新加坡、冰岛等国也达成了类似的双边协议。

五章第二节专门规定了收养的效力。《民法典》第1111条规定："自收养关系成立之日起,养父母与养子女间的权利义务关系,适用本法关于父母子女关系的规定;养子女与养父母的近亲属间的权利义务关系,适用本法关于子女与父母的近亲属关系的规定。养子女与生父母以及其他近亲属间的权利义务关系,因收养关系的成立而消除。"第1112条规定:"养子女可以随养父或者养母的姓氏,经当事人协商一致,也可以保留原姓氏。"

海牙《跨国收养领域保护儿童及合作公约》对收养的效力采用的是收养成立地国(收养发生国)法律。该公约第五章规定了收养的承认及效力。第23条规定:"一、经收养发生国主管机关证明的根据本公约所进行的收养,其他缔约国应依法给予承认。该证明应指明按照第十七条第(三)项达成协议的中央机关及达成协议的时间。二、每一缔约国应在签署、批准、接受、核准或加入本公约时,将本国有权出具该证明的机关名称和职能以及任何对该指定机关的修改通知公约保存机关。"第26条规定:"一、对收养的承认包括:(一)儿童与其养父母之间法律上的父母子女关系;(二)养父母对儿童的父母责任;(三)儿童与其父亲或母亲之间先前存在的法律关系的终止,如果在发生收养的缔约国收养具有此种效力。二、如果收养终止先前存在的法律上的父母子女关系,在收养国及承认该收养的任何其他缔约国,该儿童应与各该国内具有同样效力的被收养儿童享有同等的权利。"第27条又规定:"当在原住国成立的收养并不终止先前存在的法律上的父母子女关系时,可在根据本公约承认该收养的收养国内转换成具有此种效力的收养,如果:(1)收养国法律允许……"可见,海牙公约的规定与我国《涉外民事关系法律适用法》第28条的规定有所不同。在该公约缔约国之间应优先适用公约的规定。

(三)收养关系的解除

《涉外民事关系法律适用法》第28条规定:"收养关系的解除,适用收养时被收养人经常居所地法律或者法院地法律。"我国《民法典》婚姻家庭编第五章第三节规定了收养关系的解除。可见,外国人在华收养子女的,如果解除收养关系,也要依照我国法律的规定办理相关登记手续。

三、海牙《跨国收养领域保护儿童及合作公约》

为了协调各国之间在跨国收养儿童方面的法律冲突,促进各国间的合作,海牙国际私法会议于1993年通过了《跨国收养领域保护儿童及合作公约》(Convention on the Protection of Children and Co-operation in Respect of Inter-country Adoption),截至2020年8月15日已经有102个缔约国。[1]

---

[1] 参见海牙国际私法会议网,http://www.hcch.net/Instruments conventions。

《跨国收养领域保护儿童及合作公约》规定了跨国收养的成立要件、中央机关和委任机构的合作、跨国收养的程序要件以及跨国收养的承认和效力等问题。《跨国收养领域保护儿童及合作公约》的宗旨是保护儿童最佳利益和基本权利，在缔约国之间建立合作制度，防止拐卖儿童的行为发生，保证根据该《跨国收养领域保护儿童及合作公约》进行的收养得到缔约国的承认。《跨国收养领域保护儿童及合作公约》的规定只适用于产生永久性的父母子女关系的收养，排除了类似简单收养的其他形式的收养。被收养儿童的年龄应在18岁以下，与联合国《儿童权利公约》的规定一致。《跨国收养领域保护儿童及合作公约》规定的收养人为夫妻或个人。

跨国收养的实质要件即收养所适用的法律，这是一个原则性问题。在跨国收养活动中，实质条件一般适用属人法原则，即依当事人经常居所地法。收养案件中的当事人包括收养人和被收养人。《跨国收养领域保护儿童及合作公约》规定收养程序的开始须适用收养人经常居所地国和被收养人经常居所地国双方的法律，即对儿童是否适于收养的条件的规定适用该儿童原住国法律，而对预期养父母是否适于收养儿童的规定适用收养国的法律。

《跨国收养领域保护儿童及合作公约》规定收养进行的条件为：儿童原住国的主管机关必须确认该儿童适于收养；对在原住国内安置该儿童的可能性作了应有的考虑后，确认跨国收养符合儿童的最佳利益；收养涉及的有关个人、机构和机关对同意收养作出保证等。收养国的主管机关必须确定预期养父母条件合格并适于收养儿童，保证预期养父母得到必要的商议；确认该儿童已经或将被批准进入并长期居住在该国。

由于该公约是严格按照联合国《儿童权利公约》制定的，因此得到了许多国家的赞同。2000年11月30日，中华人民共和国政府代表签署了该公约。2005年4月27日第十届全国人民代表大会常务委员会第十五次会议决定批准该公约，同时声明：(1)中华人民共和国民政部为中华人民共和国履行《跨国收养领域保护儿童及合作公约》赋予职责的中央机关。(2)《跨国收养领域保护儿童及合作公约》第15条至第21条规定的中央机关职能由中华人民共和国政府委托的收养组织——中国收养中心履行；只有在收养国政府或政府委托的组织履行有关中央机关职能的情况下，该国公民才能收养惯常居住在中华人民共和国的中国儿童。(3)中华人民共和国涉外收养证明的出具机关为被收养人常住户口所在地的省、自治区、直辖市人民政府民政部门，其出具的收养登记证为收养证明。(4)中华人民共和国没有义务承认根据《跨国收养领域保护儿童及合作公约》第39条第2款所达成的协议而进行的收养。[1]

---

〔1〕 参见《全国人民代表大会常务委员会关于批准〈跨国收养方面保护儿童及合作公约〉的决定》，2005年4月27日通过。

第七节 监 护

一、概论

监护(custody)是对未成年人、无民事行为能力或限制民事行为能力人,在无父母或父母不能行使亲权的情况下,为保护其人身、财产权益以及其他合法权益而设置的一种法律制度。监护和保佐(curatorship)是传统家庭法上的制度,随着现代人权平等观念的发展,监护和保佐制度被认为不符合对未成年人和智障者的平等保护,因此在很多国家发生了重大变革。例如,德国在 20 世纪 90 年代修改了民法典中的监护制度,取消了监护这一术语,代之以"照管"制度(Betreuung),并废除了禁治产制度。[1] 美国、日本等国也都进行了相应改革。[2] 我国《民法典》总则第二章第二节规定了监护,基本上沿用了原《民法通则》的规定,与国外法律相比,存在一定差异。[3]

二、监护的法律适用

最高人民法院原《民通意见》第 190 条规定:"监护的设立、变更和终止,适用被监护人的本国法律,但是,被监护人在我国境内有住所的,适用我国的法律。"《涉外民事关系法律适用法》第 30 条规定:"监护,适用一方当事人经常居所地法律或者国籍国法律中有利于保护被监护人权益的法律。"这些规定充分体现了保护被监护人利益的思想。

1996 年海牙国际私法会议通过的《关于父母责任和保护儿童措施的管辖权、法律适用、承认、执行和合作公约》[4]适用于所有对儿童采取的保护措施,包括监护、监管、保佐等。该公约对于管辖权和法律适用确立了儿童经常居所地原则,这一规定与我国法律在立法指导思想上的规定是一致的,都是为了儿童的最大利益。

2000 年海牙国际私法会议《成年人国际保护公约》[5]为那些心神丧失或精神耗弱的成年人提供了国际保护措施,包括监护和保佐等。它规定,成年人经常居所

---

[1] 参见陈惠馨:《德国有关成年人监护与保护制度之改革——德国联邦照顾法》,载《法学丛刊》1993 年第 1 期。

[2] 参见白绿铉:《日本修改成年人监护法律制度动态》,载《法学杂志》1999 年第 3 期;李霞:《监护制度比较研究》,山东大学出版社 2004 年版。

[3] 参见彭诚信、李贝:《现代监护理念下监护与行为能力关系的重构》,载《法学研究》2019 年第 4 期。

[4] 该公约于 2002 年 1 月 1 日生效,目前有 52 个缔约国。我国未加入。

[5] 该公约于 2009 年 1 月 1 日生效,目前有 12 个缔约国。我国未加入。

地国机关有权采取保护措施并适用该国法律。特殊情况下,出于对保护成年人人身和财产的需要,也可以适用与案件有实质联系的另一国法律。

实践中如何判断有利于保护被监护人权益的法律,需要根据具体案情而定。[1]

第八节　扶　　养

一、概论

扶养(raise)是指在一定的亲属之间基于身份关系,有经济能力的人对于无生活能力的人给予扶助以维持其生活的一种法律制度。扶养根据亲属关系的不同,有夫妻间的扶养、亲子间的扶养以及其他亲属间的扶养。[2] 我国《民法典》同时规定了"抚养""扶养"和"赡养"制度。抚养是指父母或祖父母对未成年子女或孙子女的养育;赡养则是成年子女对父母的养护。我国《民法典》第26条规定:"父母对未成年子女负有抚养、教育和保护的义务。成年子女对父母负有赡养、扶助和保护的义务。"扶养则主要用于夫妻之间和兄弟姐妹之间。《民法典》第1059条规定夫妻有相互扶养的义务;第1075条规定,有负担能力的兄、姐,对于父母已经死亡或者父母无力抚养的未成年弟、妹,有扶养的义务。由兄、姐扶养长大的有负担能力的弟、妹,对于缺乏劳动能力又缺乏生活来源的兄、姐,有扶养义务。第1123条规定,被继承人可以缔结遗赠扶养协议。"扶养"同时也被作为一个上位概念使用,包含了"抚养"和"赡养"。比如《民法典》第1130条第3款规定:"对被继承人尽了主要扶养义务或者与被继承人共同生活的继承人,分配遗产时,可以多分。"

目前国际上都统一采用"扶养"这一概念来泛指各种亲属之间的养育和扶助义务。比如,海牙国际私法会议1973年《抚养义务法律适用公约》[3]第1条规定:"本公约适用于因家庭关系、亲属关系、婚姻关系或姻亲关系而产生的扶养义务,包括非婚生子女的抚养义务。"2007年《扶养义务法律适用议定书》第1条的规定也与此相同。我国原《民法通则》第八章和《涉外民事关系法律适用法》也没有区分"扶养""抚养"和"赡养"而统一使用"扶养"概念。

二、扶养的法律适用

我国原《民法通则》第148条规定:"扶养适用与被扶养人有最密切联系的国家

---

〔1〕 廖某、邓某等申请确定监护人监护关系案,广东省中山市第一人民法院民事判决书,(2021)粤2071民特619号。

〔2〕 参见高留志:《扶养制度研究》,法律出版社2006年版,第1页。

〔3〕 该公约于1977年10月1日生效,目前只有15个缔约国。我国未加入。

的法律。”我国最高人民法院原《民通意见》第189条进一步规定:“父母子女相互之间的扶养、夫妻相互之间的扶养以及其他有扶养关系的人之间的扶养,应当适用与被扶养人有最密切联系国家的法律。扶养人和被扶养人的国籍、住所以及供养被扶养人的财产所在地,均可视为与被扶养人有最密切的联系。”《涉外民事关系法律适用法》第29条规定:“扶养,适用一方当事人经常居所地法律、国籍国法律或者主要财产所在地法律中有利于保护被扶养人权益的法律。”实践中应通过对所涉及的各个国家或地区法律中的规定进行比较以确定哪一法律对被扶养人更为有利。[1]

海牙国际私法会议1956年通过了《儿童扶养义务法律适用公约》,迄今有14个缔约国和地区。因葡萄牙是该公约缔约国,所以该公约也被适用于我国澳门特别行政区。根据我国向海牙国际私法会议发出的声明,该公约自1999年12月31日以后继续在我国澳门特别行政区适用。[2] 另外,海牙国际私法会议还于1973年通过了《扶养义务法律适用公约》,迄今有12个缔约国和地区。[3] 对于同时参加上述两个公约的国家和地区,后一公约取代前一公约,所以,1956年《儿童扶养义务法律适用公约》迄今只在比利时、列支敦士登、奥地利和我国澳门特别行政区之间有效。

---

〔1〕 李敏等诉区兆深抚养费案,广东省中山市中级人民法院民事判决书,(2011)中中法民一终字第776号。

〔2〕 参见 http://www.hcch.net/index_en.php?act=conventions.status&cid=37。

〔3〕 参见 http://www.hcch.net/index_en.php?act=conventions.status&cid=86。

第六章 继 承

第一节 法定继承

一、概论

(一)区别制原则

我国是一个海外侨民非常多的国家,我国许多公民在海外都有亲属,因此,涉外的继承问题非常突出。早在1954年,我国外交部和最高人民法院就联合发布了《外人在华遗产继承问题处理原则》。[1] 根据该规定,外人在华土地,一律不承认其所有权,不属于外人遗产范围,任何人不得继承,应归中华人民共和国所有。继承动产可以在互惠的前提下适用被继承人国家的法律。外国人所立遗嘱经过认证后也可得到执行。

1985年《继承法》第36条规定:"中国公民继承在中华人民共和国境外的遗产或者继承在中华人民共和国境内的外国人的遗产,动产适用被继承人住所地法律,不动产适用不动产所在地法律。外国人继承在中华人民共和国境内的遗产或者继承在中华人民共和国境外的中国公民的遗产,动产适用被继承人住所地法律,不动产适用不动产所在地法律。中华人民共和国与外国订有条约、协定的,按照条约、协定办理。"这一规定坚持了动产与不动产继承的区别制,但废除了原来的互惠要求,并从国籍原则改为住所原则。

1986年《民法通则》第149条作了进一步规定:"遗产的法定继承,动产适用被继承人死亡时住所地法律,不动产适用不动产所在地法律。"

《涉外民事关系法律适用法》第31条规定:"法定继承,适用被继承人死亡时经常居所地法律,但不动产法定继承,适用不动产所在地法律。"该规定仍然坚持了动产和不动产的"区别制",但是将住所地改为了经常居所地。

所谓遗产继承的"区别制"(Nachnassspaltung, scission system)就是指将遗产区分为动产和不动产,对于动产遗产和不动产遗产依照不同的法律适用规范所指引的

---

〔1〕 1954年9月28日,外交部、最高人民法院联合发布,该文件为内定原则,不对外公布,也不在判决书中引用。

准据法来进行继承。对于不动产，一般适用不动产所在地法律；对于动产，一般适用被继承人属人法，通常是其最后住所地法，少数国家采用被继承人本国法（如保加利亚和卢森堡）。

区别制源于法则区别学说，按照当时的理论，不仅是在法律适用上，而且在实体法上，也对动产和不动产进行区分，适用不同的继承规则。例如，英格兰在1926年以前就是如此。但是现在，除了极少数国家和地区（百慕大地区和美国少数州）仍然在实体法上坚持区别制之外，其他国家和地区都已经放弃该理论。但是在国际私法上，仍然有不少国家和地区坚持区别制，如英格兰、美国、法国、比利时、苏联等，土耳其也采用有限制的区别制。

（二）同一制原则

与区别制相对应的是“同一制”（Nachnaßeinheit，unitary system）或“单一制”，即不管遗产是动产还是不动产，均依照同一法律适用规范所指引的准据法进行继承，通常是被继承人的属人法。当今多数国家均采用“同一制”。其中有些国家采用被继承人住所地法，丹麦、挪威以及南美洲大多数国家；另一些国家采用本国法，如德国、日本、荷兰、瑞典、波兰、匈牙利、捷克斯洛伐克、南斯拉夫、希腊、意大利、西班牙和葡萄牙等。海牙国际私法会议1989年《关于遗产继承的准据法公约》〔1〕和欧盟2012年通过的《继承事项管辖权、准据法和判决承认与执行以及创设欧洲继承证书的条例》（以下简称《欧盟涉外继承条例》）也都采用了同一制，以被继承人死亡时最后经常居所地法律为准据法。〔2〕

我国原《继承法》和《民法典》在国内实体法上都没有采用区别制，但是在国际私法上一直沿用了区别制，主要是受到苏联立法的影响。“区别制”在实践中存在一个很大的缺陷：如果遗产不在被继承人本国法或住所地法所属国境内，或者其不动产遗产分布于不同国家境内，则继承就要受不同国家法律支配，这样会使继承关系复杂化。由于不同遗产适用不同国家的法律，还会产生准据法之间的调适问题（Angleichungfrage）〔3〕。鉴于此，目前多数国家的学者都赞同同一制。〔4〕

〔1〕 该公约1989年8月1日订立，尚未生效。中译本见外交部条约法律司编：《海牙国际私法会议公约集》，法律出版社2012年版，第156页。

〔2〕 该条例文本参见欧盟官方网，http://eur-lex. europa. eu/LexUriServ/LexUriServ. do? uri = OJ:L:2012:201:0107:0134:EN:PDF。

〔3〕 Bernd von Hoffmann/Karsten Thorn, Internationales Privatrecht, 9 Aufl. 2007, S. 400.

〔4〕 Lawrence Collins ed., *Dicey, Morris and Collins on The Conflict of Laws*, 14th edition, Vol. 1, Thomson Sweet & Maxwell, 2006, p. 1238.

二、继承准据法的适用范围

(一)继承的开始

继承准据法首先决定继承的开始,包括继承开始的原因、时间等。通常情况下继承都是因为被继承人死亡而开始(参见我国《民法典》第1121条)。但是在有些国家存在推定死亡、宣告失踪或宣告死亡的制度。死亡的时间、推定死亡、宣告失踪和宣告死亡等问题,属于继承的先决问题,应当适用该先决问题自己的准据法。至于推定死亡、宣告失踪和宣告死亡能否引起继承的开始,应当由继承的准据法确定。我国《民法典》第1121条第2款规定:"相互有继承关系的数人在同一事件中死亡,难以确定死亡时间的,推定没有其他继承人的人先死亡。都有其他继承人,辈份不同的,推定长辈先死亡;辈份相同的,推定同时死亡,相互不发生继承。"〔1〕

(二)法定继承人

谁是合法的继承人,继承人的顺序、代位继承、继承人丧失继承资格、继承人的权利能力和行为能力等问题,均由继承准据法支配。至于继承人与被继承人之间是否存在合法的亲属关系,如父母关系、夫妻关系、亲子关系等,属于继承的先决问题,应当由各法律关系的准据法确定。在"李刘某华诉汇丰银行(中国)有限公司上海国际贵都大饭店支行储蓄存款合同案"中,〔2〕被继承人刘某森系我国台湾地区居民,在美国西雅图死亡,生前最后经常居所地位于西雅图。被继承人生前拥有坐落于上海市宋园路某处房屋一套,并在被告处银行账户内遗留有存款25万多元。刘某森生前未留遗嘱,也无配偶和子女,父母均先于其死亡。原告为被继承人同父异母姐姐,要求继承该遗产。对于原告的继承人资格,根据《涉外民事关系法律适用法》第31条,应区分动产和不动产分别判定。对于不动产遗产,应适用不动产所在地法律,即中国法律。根据我国法律,刘某森的遗产应由第一顺序继承人即父母、配偶、子女共同继承;由于刘某森没有第一顺序继承人,则应由第二顺序继承人即兄弟姐妹、祖父母、外祖父母共同继承;由于其祖父母、外祖父母均已先于其死亡,因此前述遗产应由其姐姐李刘某华继承。而对于动产继承,应适用被继承人最后经常居所地法律,即美国华盛顿州法律。根据该州法律,兄弟姐妹作为死者直系卑亲属可以作为第二顺序继承人。

(三)遗产的范围

《民法典》第1122条规定,遗产是自然人死亡时遗留的个人合法财产。依照法律规定或者根据其性质不得继承的遗产,不得继承。至于哪些财产属于被继承人的

---

〔1〕 余某芳和杨某妹、杨某珠继承纠纷案,参见陆全惠:《谁有权继承空难死者的遗产?》,载《人民司法》1990年第8期。

〔2〕 上海市静安区人民法院民事判决书,(2015)静民四(商)初字第S906号。

遗产,除了适用继承准据法之外,对于特殊财产,还要根据该财产所涉及的法律关系准据法进行判断。

例如,对于土地,在私有制国家可以继承,而在我国,早在 1954 年,我国外交部、最高人民法院就颁布《外人在华遗产继承问题处理原则》,其中规定:"外人死后,其土地任何人不得继承,应为中华人民共和国所有。"根据我国《土地管理法》的规定,中华人民共和国实行土地的社会主义公有制,即全民所有制和劳动群众集体所有制。土地所有权不能由个人所有和继承。土地使用权可以转让,但也不能继承。根据我国《民法典》第 369 条规定,居住权不得继承。

对于人格权的继承,根据《涉外民事关系法律适用法》第 31 条规定,也应适用被继承人死亡时经常居所地法律。根据我国《民法典》第 992 条规定,人格权不得继承。

公司股东资格是否属于遗产范围,应当根据公司属人法确定。我国《公司法》第 75 条规定:"自然人股东死亡后,其合法继承人可以继承股东资格;但是,公司章程另有规定的除外。"〔1〕

实践中经常引起争议的是保险金的继承问题。对于社会保险金,应根据个人社会保险账户所属国家法律确定。我国《社会保险法》(2018 年修正)第 14 条规定,个人养老保险金账户余额在个人死亡后,可以由继承人继承。

对于商业保险金,应依保险合同准据法确定其是否属于遗产。例如,中国公民甲在日本留学期间向中国保险公司投保了人身保险。后来甲由于意外事故死亡,获得巨额保险金。甲生前未留遗嘱。甲的亲属对甲的遗产继承发生争议,向中国法院起诉。甲的遗产继承应适用其死亡时经常居所地法律,即日本法律。此时该笔保险金是否属于甲的遗产？由于保险合同的准据法是中国法律,应依据我国《保险法》判断。我国《保险法》第 42 条规定:被保险人死亡后没有受益人的,或者受益人先于被保险人死亡而没有其他受益人的,或者受益人依法丧失受益权或放弃受益权而没有其他受益人的,此时,保险金作为被保险人的遗产,由保险人向被保险人的继承人履行给付保险金的义务。

(四)遗产的继承份额、特留份

继承准据法决定各继承人对遗产的继承份额。对于尚未出生的胎儿是否享有特留份,也应当由继承准据法确定。

(五)继承的接受和放弃

根据许多国家的法律,继承人可以放弃继承。放弃或接受继承的条件和方式,一般也由继承准据法确定。

---

〔1〕 木崎由美与上海惠之隆扣件有限公司等股东资格确认纠纷上诉案,上海市第一中级人民法院民事判决书,(2017)沪 01 民终 3035 号。

第二节 遗 嘱

一、概论

遗嘱是死者在生前依法对其财产或其他事务进行处分并于死后发生法律效力的单方法律行为。立遗嘱人在不违反法律强行规定的前提下,可以通过订立遗嘱改变法定继承中有关继承人的范围、顺序以及继承份额等项规定,而按照自己的意思处理其遗产。遗嘱是各国法律都承认的一项制度,但各国有关遗嘱的具体规定并不相同。我国《民法典》第 1123 条规定:“继承开始后,按照法定继承办理;有遗嘱的,按照遗嘱继承或者遗赠办理;有遗赠扶养协议的,按照协议办理。”

一些国家法律允许立遗嘱人在遗嘱中指定继承所适用的法律。例如,2012 年《欧盟涉外继承条例》第 22 条就明确规定:“一个人可以选择其在做出选择之时或在死亡时的国籍国法律作为支配其继承整体事项的法律。”[1]我国《涉外民事关系法律适用法》不允许遗嘱人指定准据法。

二、遗嘱实质有效性的准据法

《涉外民事关系法律适用法》第 33 条规定:“遗嘱效力,适用遗嘱人立遗嘱时或者死亡时经常居所地法律或者国籍国法律。”这一规定也采用了同一制,没有区分动产遗嘱和不动产遗嘱。这里的“效力”一词,应该理解为遗嘱的实质有效性(validity),而不是效果(effect)。

值得注意的是,《涉外民事关系法律适用法》没有允许立遗嘱人选择遗嘱准据法。实践中,境外立遗嘱人经常会在遗嘱中指定应适用的法律。此种指定在境外法院通常被承认为有效。[2]

三、遗嘱形式有效性的准据法

对于遗嘱的形式有效性,目前各国立法的普遍趋势是,尽量使遗嘱在形式上有效,这就是所谓的“有利于遗嘱形式有效原则”(favor testamenti)。

为了使遗嘱在形式上有效,各国的立法趋势是为遗嘱的形式要件的法律适用规范设立多个可供选择的连结点,只要遗嘱的形式符合其中任何一个连结点所指引的

---

〔1〕 类似规定参见海牙国际私法会议《关于遗产继承的准据法公约》第 5 条和第 6 条。

〔2〕 参见邹某红、冯某华财产损害赔偿纠纷案,广东省佛山市中级人民法院民事判决书,(2019)粤 06 民终 220 号。

法律,就可以认定其具有形式效力。1961 年通过的海牙《遗嘱形式法律适用公约》就规定了多达 8 个连结点供法官选择。而德国《民法典施行法》第 26 条则规定了多达 10 个连结点。

对于遗嘱的形式的法律适用,各国的普遍趋势是不对动产遗嘱和不动产遗嘱加以区分。采用“同一制”的国家当然如此;即使是采用“区别制”的一些国家,也在遗嘱的形式要件上采取宽容的态度,不对动产遗嘱和不动产遗嘱进行区别对待,如英格兰。〔1〕俄罗斯《民法典》第 1224 条也反映了这一趋势。但也有少数国家对于处理不动产的遗嘱采取严格限制主义,例如哈萨克斯坦 1999 年《民法典》第 1123 条仍然规定,处分不动产的遗嘱的形式必须符合不动产所在地法律。

《涉外民事关系法律适用法》第 32 条规定:“遗嘱方式,符合遗嘱人立遗嘱时或者死亡时经常居所地法律、国籍国法律或者遗嘱行为地法律的,遗嘱均为成立。”这里的“方式”就是指“形式”(form)。其中的“遗嘱行为地”可以被理解为遗嘱订立地,也可以被理解为遗嘱执行地。该规定也体现了“有利于遗嘱形式生效原则”。对于位于我国境内的不动产遗产,当事人所订立的遗嘱也不必绝对符合我国法律。〔2〕

第三节　特殊继承问题

一、无人继承的财产

对于无人继承的财产(haereditas jacens, vacancy of succession),各国有两种处理方式。一些国家主张无人继承财产属于无主物(bona vacantia),国家依据国家主权或根据先占权将该财产征收归国库所有。英国、美国、法国、奥地利、秘鲁和日本等国采取此主张。另一些国家主张,国家可以作为无人继承财产的最后继承人(ultimus haeres),从而取得该财产。德国、西班牙、瑞士、意大利等国采此主张。例如,德国《民法典》第 1936 条就规定了“国库的法定继承权”。

因此,无人继承财产的归属问题,首先面临的是定性问题,要么将其定性为物权问题,要么将其定性为继承问题。由于不同国家对于无人继承遗产的性质认定不同,可能发生定性冲突问题,比如一方当事人以最后继承人身份要求继承,而另一当事方则以无主物所有人身份主张物之所有权。

---

〔1〕 Lawrence Collins ed., *Dicey, Morris and Collins on The Conflict of Laws*, 14th edition, Vol. 1, Thomson Sweet & Maxwell, 2006, p. 1237-1238.

〔2〕 参见周某 1、王某某等与周某 2、张某 2 法定继承纠纷案,上海市第二中级人民法院民事判决书,(2017)沪 02 民终 1359 号。

"马尔多纳遗产继承案"[1]就是这样一起典型案件。该案中,英国法律将该案视为无主物归属问题。按照英国法律,无主物的归属按照财产所在地法律即英国法,应当归英国所有。而西班牙法律则将该案定性为国家的继承权,应当按照英国关于财产继承的法律适用规范适用被继承人死亡时住所地法,即西班牙法律。按照西班牙法律,西班牙政府以最后继承人身份获得该遗产。英国法院最终以继承关系来处理该案,并适用西班牙法律,判决西班牙政府继承该遗产。[2]

我国《民法典》第1160条规定:"无人继承又无人受遗赠的遗产,归国家所有,用于公益事业;死者生前是集体所有制组织成员的,归所在集体所有制组织所有。"虽然该条并没有明确国家或集体所有制组织到底是以什么身份取得该遗产的,但是既然我国法律采用了"无人继承"这一术语,我们可以合理理解为,国家或集体所有制组织不是"继承人",否则该财产就不是"无人继承财产"。因此,无人继承遗产的处理在我国应当属于物权法上的问题。

从我国《民事诉讼法》也可以得出这一结论。我国《民事诉讼法》在第15章"特别程序"中专设了一节"认定财产无主案件",其中第198条规定:"申请认定财产无主,由公民、法人或者其他组织向财产所在地基层人民法院提出。"第199条规定:"人民法院受理申请后,经审查核实,应当发出财产认领公告。公告满一年无人认领的,判决认定财产无主,收归国家或者集体所有。"第200条规定:"判决认定财产无主后,原财产所有人或者继承人出现,在民法典规定的诉讼时效期间可以对财产提出请求,人民法院审查属实后,应当作出新判决,撤销原判决。"从上述规定可以看出,我国没有采用国家继承制度,对于无人继承财产,我国是将其作为无主物对待。

我国最高人民法院原《民通意见》第191条规定:"在我国境内死亡的外国人,遗留在我国境内的财产如果无人继承又无人受遗赠的,依照我国法律处理,两国缔结或者参加的国际条约另有规定的除外。"根据该规定,对于无人继承财产,首先应当依照我国缔结或参加的国际条约处理。例如,《中美领事条约》第32条规定:"接受国有关地方当局获悉由于派遣国国民在接受国死亡而遗有财产但在接受国未留下具名的继承人或又无遗嘱执行人时,应尽速将此事通知派遣国的领事官员。接受国有关地方当局获悉死者在接受国遗有财产不论该人属于何国国籍,根据死者遗嘱或按照接受国的法律,居住在接受国之外的派遣国国民在其中可能有利益时,应尽速将此事通知派遣国的领事官员。"我国和蒙古等国订立的领事条约中规定,缔约一方公民死亡后遗留在另一方领土上的无人继承财产中的动产,可以移交给死者所属国

---

[1] Re Maldonado's Estate (1954), p. 233(C. A.).

[2] 如果外国政府以无主物归属为请求,则英国法院会按英国法律优先支持英国政府的所有权。See Re Barnett's Trusts [1902] 1 Ch. 847; Re Musurus [1936] 2 All E. R. 1666.

领事处理。[1]

如果双边条约没有规定,则凡是在我国境内死亡的外国人,遗留在我国境内的财产如果无人继承也无人受遗赠,应当依据我国法律处理。

《法律适用法》第 35 条规定,无人继承遗产的归属,无论动产和不动产,均适用被继承人死亡时遗产所在地法律。这一规定是把上述原《民通意见》第 191 条的规定双边化,其本质上所解决的仍然是无人继承遗产的物权归属问题。实践中,应当先根据《法律适用法》第 31 条来确定遗产的继承人。假如某一遗产根据第 31 条之准据法为无人继承,则再根据第 35 条之准据法确定其归属。[2] 欧盟 2012 年通过的《继承事项管辖权、准据法和判决承认与执行以及创设欧洲继承证书的条例》[3] 第 33 条就采用了类似做法:"如果根据本条例规定的继承准据法,在遗嘱继承情况下不存在继承人或遗赠人,或在法定继承情况下没有任何自然人可以继承遗产,则本条例不排除遗产所在地国根据其国内法将其境内的遗产据为己有的权利。"

二、企业股份的继承

企业股份的继承,应当区分企业的性质。对于资合公司如股份公司,其股份纯粹是财产的象征,因此,各国公司法对于股份公司股权中财产权益的继承通常不加限制。相反,对于公司股东的身份,尤其是人合性质的公司企业的股东身份,如有限公司或合伙企业等,由于其股权具有人身属性,各国法律往往会对其继承和转让施加严格限制,特别是要受到公司章程的限制。我国《公司法》第 75 条规定:"自然人股东死亡后,其合法继承人可以继承股东资格;但是,公司章程另有规定的除外。"

在国际私法上,对于公司财产权益的继承,可以按照一般继承准据法处理。但是对于公司股份中人身权利的继承,除了适用继承准据法之外,还要受公司章程和公司准据法的限制。[4]

在"杨某、许某 1 继承纠纷案"中,二审法院认为:"许某某在遗嘱第八点列明'将属我所有其他动产及不动产均遗赠给……'故一审认为该条文的理解应包括广州市谊新百货有限公司股权权益,本院对此予以认同……本案是继承纠纷,被继承

---

〔1〕《中蒙领事条约》第 29 条第 4 款。该条约于 1987 年 2 月 7 日起生效。

〔2〕参见何某 1 诉佛山市顺德区乐从镇小布村民委员会法定继承纠纷案,广东省佛山市顺德区人民法院民事判决书,(2016)粤 0606 民初 21376 号。

〔3〕Regulation (EU) No. 650/2012 of the European Parliament and of the Council of 4 July 2012 on jurisdiction, applicable law, recognition and enforcement of decisions and acceptance and enforcement of authentic instruments in matters of succession and on the creation of a European Certificate of Succession, at http://eur-lex. europa. eu/LexUriServ/LexUriServ. do? uri = OJ:L:2012:201:0107:0134:EN:PDF.

〔4〕参见金某、金某妮与上海维克德钢材有限公司股权确认纠纷案,上海市第一中级人民法院民事判决书,(2009)沪一中民五(商)终字第 7 号。

人的合法遗产仅是财产性权益,对身份性的权益,应另行途径解决,杨某、许某1要求确认股东资格并办理工商登记变更,本院不予处理。"〔1〕

三、遗产的管理

《涉外民事关系法律适用法》第34条规定:"遗产管理等事项,适用遗产所在地法律。"该条针对"遗产管理"等事项,专门设置了一条冲突规则。

我国原《继承法》没有"遗产管理"这一概念,只在第四章规定了"遗产的处理"。《民法典》第六编"继承"第四章标题也是"遗产的处理",但增设了"遗产管理人"制度。根据《民法典》第1145条和第1146条的规定,继承开始后,遗嘱执行人为遗产管理人;没有遗嘱执行人的,继承人应当及时推选遗产管理人;继承人未推选的,由继承人共同担任遗产管理人;没有继承人或者继承人均放弃继承的,由被继承人生前住所地的民政部门或者村民委员会担任遗产管理人。对遗产管理人的确定有争议的,利害关系人可以向人民法院申请指定遗产管理人。

在不同国家的法律中,遗产管理人的法律地位有很大不同。在英美法中存在独立的遗产管理(estate administration)程序,这也是英美继承法与大陆继承法之间最大的差异之一。按照英国法,遗产管理是继承必经的独立程序,英国1925年专门颁布了《遗产管理法》。〔2〕根据该法,遗产必须由遗嘱指定的遗产执行人或法院指定的管理人进行管理。遗产管理人对遗产进行清理,清偿死者债务后,将剩余财产分配给合法继承人。遗产管理人必须向法院申请遗产管理令状(grant)才能分配遗产。未经法院授权,任何人都无权处分死者的遗产。因此,在英国,遗产管理应当依据授予遗产管理令状的法院地法。〔3〕

在大陆法系国家,没有必经的遗产管理程序,遗产一般由继承人直接占有。〔4〕大陆法系有些国家虽然也有遗产管理的概念,但其含义与英美法大相径庭。例如,德国《民法典》规定的遗产管理是指为向遗产债权人清偿债务而由继承人向遗产法院申请遗产管理命令,对遗产债务进行清偿的程序。〔5〕死者虽然也可以在遗嘱中指定遗产管理人,但管理人的职能类似于监督人。因此,大陆法系中,遗产管理不具有独立意义,是继承法的一部分,所以大陆法系国家都认为,遗产的管理适用法定继承准据法。〔6〕

我国《民法典》中的遗产管理人地位与德国法相似,也没有规定独立的遗产管理

---

〔1〕广东省广州市中级人民法院民事判决书,(2019)粤01民终14841号。

〔2〕Administration of Estates Act 1925.

〔3〕McClean & Beevers, *Morris on the Conflict of Laws*, Sweet & Maxwell Ltd., 2005, p. 441.

〔4〕法国《民法典》第724条、德国《民法典》第1942条。

〔5〕德国《民法典》第1975条。

〔6〕Bernd von Hoffmann/Karsten Thorn, Internationales Privatrecht, 9 Aufl. 2007, S. 409.

程序。但我国《民法典》和《信托法》规定可以设立遗嘱信托。此时，受托人可以根据遗嘱信托的规定对遗产进行信托管理。这种遗产信托管理人对遗产的管理应当依照信托准据法进行（《法律适用法》第17条）。

还有一种物权法上的共有物管理。我国原《物权法》第96条和《民法典》第300条均规定："共有人按照约定管理共有的不动产或者动产；没有约定或者约定不明确的，各共有人都有管理的权利和义务。"因此，在继承人共同担任遗产管理人的情况下，共同管理人对遗产的管理涉及物权处分，应当受物权准据法支配。[1]

《涉外民事关系法律适用法》第34条规定："遗产管理等事项，适用遗产所在地法律。"此处的"遗产管理等事项"，应当包括遗产管理人的指定、遗产管理人的职责、遗产管理人的报酬等事项。至于遗产在物权法上的事项，应当依照物权准据法处理。遗嘱信托的管理，则应适用信托准据法。对遗产所涉及的税款和债权债务关系的处理，应当依照相关税收义务和债权关系的准据法处理。

境外法院任命的遗产管理人到我国境内处理被继承人位于我国境内遗产的，需要首先确认该遗产管理人的法律地位。比如在"邹某红、冯某华财产损害赔偿纠纷案"中，法院认为：被继承人邹某基系香港特别行政区居民，其生前在香港特别行政区立下案涉遗嘱，其死亡前经常居住地亦为香港特别行政区。该遗嘱已于2017年4月3日经香港特别行政区高等法院原讼法庭认证并作出《附有遗嘱的遗产管理书》（授予书编号：×××/2016）。《附有遗嘱的遗产管理书》指定邹某兰为被继承人邹某基的遗产管理人。综上，案涉遗嘱符合香港特别行政区的法律规定并经香港特别行政区高等法院原讼法庭认证，具备法律效力；赵某甜、邹某兰、邹某洁作为遗嘱指定的继承人，邹某兰作为《附有遗嘱的遗产管理书》指定的遗产管理人，均对被继承人邹某基所遗留的遗产具备诉权。[2]

---

〔1〕参见汉德克、伊万·瑜廉多等与李长木物权保护纠纷案，福建省龙海市人民法院民事判决书，(2015)龙民初字第268号。

〔2〕广东省佛山市中级人民法院民事判决书，(2019)粤06民终220号。

第七章　物　　权

第一节　概　　论

物权(Sachenrecht)是大陆法中德国法上的概念,是指法律关系主体对物的直接支配并享受其利益的权利。与债权相比,物权是一种支配权、绝对权、对世权。德国法上,物权的对象"物"(Sache)仅仅是指"有形物"(koerperliche Gegenstaende),而不包括"无形物",即各种权利。因此,对于无形物的所有权就不属于德国物权法的范围,如知识产权。德国物权法强调物权法定、物权公示、物权绝对和一物一权原则。[1]

法国《民法典》没有"物"和"物权"的概念,而是采用了罗马法中的"财产"(les biens)和"财产权"的概念。法国法上的"财产"的范围要超过德国法上的"物",凡是能够成为财产的一部分并可被占有的财产均可以包括在内,如与物有关的各种权利或与物无关的各种权利(知识产权)等。[2]

英美法系国家只有"财产权"的概念,而没有"物权"概念。英美法的"财产"(property)在分类上与大陆法国家区别很大,通常区分为实体财产(real property or real estate)和人身财产(personal property),前者相当于大陆法上的不动产(immovables),后者相当于动产(movables),但与大陆法上的动产范围不一致,除了有形财产(tangible personal property)外,还包括各种无形财产,如知识产权、债权、股票和其他商业票据等。英美财产权制度有关于使用权、收益权、抵押权、质权、留置权和地役权等制度,但英美法中没有大陆法上的一物一权原则,同一物上可能成立多个所有权。另外,英美法系除了有普通法上的财产权之外,还有衡平法上的财产权制度。信托制度也是英美财产权制度的重要内容,大多数大陆法系国家则没有该制度。[3]

我国《民法典》规定:物权,是指权利人依法对特定的物享有直接支配和排他的

---

〔1〕 参见[德]曼弗雷德·沃尔夫:《物权法》,吴越、李大雪译,法律出版社2002年版,第13-17页。

〔2〕 参见[法]弗朗索瓦·泰雷、[法]菲利普·森勒尔:《法国财产法》,罗结珍译,中国法制出版社2008年版,第51页。

〔3〕 参见李进之等:《美国财产法》,法律出版社1999年版,第4页。

权利,包括所有权、用益物权和担保物权。我国《民法典》与德国法类似,原则上将物的范围限于有形物(动产和不动产)。法律规定权利作为物权客体的,依照其规定,如知识产权法、证券法、票据法、海商法、公司法等。我国法律也承认物权法定原则和物权的公示性和一物一权原则。[1] 我国的物权制度由于受我国特殊的社会主义市场经济制度的影响,具有自己的独特性。

第二节 不动产物权与动产物权

一、不动产物权

《涉外民事关系法律适用法》第36条规定:"不动产物权,适用不动产所在地法律。"物之所在地法原则(lex rei sitae)可以追溯到14世纪意大利的法则区别学派创始人巴托鲁斯。巴托鲁斯在探讨城邦法则的域外效力时提出了所谓的"巴托鲁斯规则",将法则区分为人的法则和物的法则。凡是人的法则,可以域外适用,即可以适用于境外的本城邦的人;凡是物的法则,则不具有域外效力,只能适用于城邦境内的物。[2] 经过后来学者的发展便诞生了国际私法上最基本的三个法律适用公式:属人法(lex personalia)、属物法和行为地法(lex loci actus)。其中,物权关系适用属物法,即物之所在地法。巴托鲁斯所创立的这种方法构成了法则区别学说的基础。

19世纪德国法学家萨维尼用法律关系本座说理论解释了物之所在地法原则的合理性。他认为,因为物权客体可以通过感觉感知,也就是说占有一定的空间,因此它的所在地同时也是以该物权为对象的法律关系的本座。一个人要想拥有或行使对某物的权利,就必须前往该物的所在地,同时,对于该法律关系而言,他必须自愿地服从该地域有效的法律。[3] 现在,不动产物权关系适用不动产所在地法律这一原则已经被几乎所有国家接受。[4] 我国司法实践中也普遍接受该原则。[5]

二、动产物权

(一)区别制与同一制

物权适用物之所在地法虽然是各国普遍采用的国际私法原则,但是对于动产和不动产是否都适用物之所在地法,历史上存在"同一制"和"区别制"的不同做法。

---

[1] 参见梁慧星、陈华彬:《物权法》,法律出版社2010年版,第2页以下。

[2] Max Gutzwiller, Geschichte des Internationalprivatrechts, 1977, S. 29.

[3] Savigny, System des heutigen Römischen Rechts, band Ⅷ, 1. Aufl. 1849, S. 169.

[4] Kegel/Schurig, Internationales Privatrecht, 9 Aufl. 2004, S. 765.

[5] 付某平与李某地财产权属纠纷案,最高人民法院民事裁定书,(2011)民监字第844号。

1. 区别制

法则区别学说时期,巴托鲁斯就提出不动产适用不动产所在地法。但是,对于动产,14 世纪意大利法则区别学说学者萨利塞托(Saliceto)最早提出了"动产随人"(mobilia personam sequuntur)的规则,即与动产有关的法则属于人的法则,应当适用属人法。19 世纪的各国国际私法立法都接受了法则区别学说的影响,主张动产适用动产所有人的属人法,主要是住所地法。这种观点在现代少数国家中仍然被采用,例如,阿根廷《民法典》第 11 条第 2 款、巴西《民法典》第 8 条第 1 款。美国的一些州也仍然坚持"动产随人"的传统主张。[1]

2. 同一制

到了 19 世纪,随着资本主义的进一步发展,动产随人原则被认为是封建主义制度的残余而进一步遭到学者们的集中批判。被称为现代国际私法之父的德国著名学者萨维尼也极力反对动产随人原则。按照他所提出的"法律关系本座说",无论是动产还是不动产,其"本座"都在物之所在地。[2] 萨维尼指出了动产随人原则的弊端。他指出,如果动产适用人的住所地法,那么这里的人是指谁呢?很多立法都规定是指财产的所有人。但是,在财产转让中,他是指以前的所有人还是新的所有人呢?特别是当多个人对动产所有权发生争议时,到底谁才是所有人呢?另外,动产物权除了所有权之外,还有其他物权,包括占有等权利,这时会出现所有人以外的其他利害关系人,这些人拥有不同的住所,此时应当以谁的住所为准呢?因此,萨维尼指出,适用住所地法在实践中由于模糊不清而难以取得效果。

动产随人原则面临的另一个障碍在于住所的不确定性。住所可以经常改变,而且在财产交易中的利害关系人很难查明物主的住所。如果物主的住所不在物的所在地,交易对方当事人还要去查明物主的住所地法律,这就妨碍了国际贸易的正常进行。

由于动产随人原则遭到激烈的批判,19 世纪下半叶以后很多国家的国际私法立法和司法实践都逐渐抛弃了该原则。[3] 日本 1898 年颁布的《法例》是世界上最早的国际私法单行立法之一,该法第 10 条中也正式确立了物权的同一制,即动产和不动产的物权都适用物之所在地法。泰国 1939 年《国际私法》、奥地利 1978 年《国际私法》以及当代多数大陆法系国家国际私法立法都采用同一制。在美国,斯托瑞主张的区分原则也被 1931 年《美国冲突法重述》所抛弃。现在只有少数几个美国的州

---

[1] Kegel/Schurig, Internationales Privatrecht, 9 Aufl. 2004, S. 766.

[2] Savigny, System des heutigen römischen Rechts, band Ⅷ, 1 Aufl. 1849, S. 169.

[3] Walter Raeburn, *Application of the Maxim Mobilia Sequuntur Personam to Bankruptcy in Private International Law*, 26 British Yearbook of International Law 177 (1949).

继续坚持该原则。[1]

3. 我国立法和司法实践

对于一般的动产物权,我国法院在早期的有关判例中已经采用了“物之所在地法”原则。[2]《涉外民事关系法律适用法》第37条规定:动产物权,当事人没有选择的,适用法律事实发生时动产所在地法律。

(二)当事人意思自治原则

20世纪50年代以后,一些西方学者开始对动产物权领域的物之所在地法原则提出质疑,并探讨了意思自治原则的适用可能性。[3] 他们认为,随着国际经济贸易的迅速发展,传统的物之所在地法原则面临一些挑战:第一,货物的跨国流动性日增,使得物之所在地越来越难以确定,尤其是运输中的货物,货物从始发地经运转地到目的地,到底以哪里的所在地为准?第二,国际货物贸易和运输中,货物的所在地与货物本身的联系可能只具有偶然性,比如货物在运输途中被临时存放于某一国家港口。此时适用物之所在地法不符合当事人预期,也有悖于交易安全。[4] 在这样的背景下,一些学者开始主张引入有限的当事人意思自治。当事人意思自治有如下优点:第一,避免动产物因所在地变动而导致准据法的不确定;第二,增加当事人对物权准据法的合理预期;第三,使物权准据法与合同准据法协调一致,不致发生冲突。[5]

最早在国际私法立法上将当事人意思自治原则引入物权领域的当属瑞士。瑞士1987年通过的《关于国际私法的联邦法》第99条和第100条原则上仍然确立了物之所在地法作为物权关系的准据法,但第104条接着规定:“(1)当事人得使动产物权的取得和丧失受发送地国家或目的地国家的法律支配或受物权的取得和丧失据以发生的法律行为所适用的法律支配。(2)此项法律选择不得用以对抗第三人。”该条规定授予了物权关系当事人可以选择物权取得和丧失所适用法律的权利,被认为打破了物权领域物之所在地法一统天下的格局。[6]

---

[1] Kegel/Schurig, Internationales Privatrecht, 9 Aufl. 2004, S. 766.

[2] 参见陆承业等诉张淑霞等分割受益人确定的出国劳务人员在国外获得的死亡保险赔偿金案,江苏省南京市中级人民法院民事判决书,(1997)宁民再终字第3号。

[3] Sovilla, Eigentumsübertragung an beweglichen körperlichen Gegenständen bei internationalen Kaufen (1954), S. 32ff; Drobnig, Eigentumsvorbehalte bei Importlieferungen nach Deutschland, RabelsZ 32 (1968), S. 460; Drobnig, Entwicklungstendenzen des deutschen internationalen Sachenrechts, in FS Kegel (1977), S. 150; Stoll, Rechtskollisionen bei Gebietswechsel beweglicher Sachen, RabelsZ 38 (1974), S. 451ff; Vischer, Das Problem der Kodifikation des schweizerischen IPR, ZSR 90 (1971) Ⅱ, S. 70f.

[4] Rolf H. Weber, Parteiautonomie im internationalen Sachenrecht?, RabelsZ 44 (1980), S. 510.

[5] Rolf H. Weber, Parteiautonomie im internationalen Sachenrecht?, RabelsZ 44 (1980), S. 519.

[6] 参见陈卫佐:《瑞士国际私法法典研究》,法律出版社1998年版,第155页。

瑞士的做法得到俄罗斯和几个东欧国家的响应。俄罗斯 2001 年《民法典》第三卷第六编(国际私法)第 1210 条第 1 款第 2 句规定:“合同当事人的法律选择适用于动产的所有权和其他物权的产生和消灭,但不得损害第三人所享有的权利。” 2008 年荷兰颁布的物权关系国际私法立法也仅在有限的范围内采纳了当事人意思自治。[1]

《涉外民事关系法律适用法》第 37 条规定:“当事人可以协议选择动产物权适用的法律。当事人没有选择的,适用法律事实发生时动产所在地法律。”这一条款在动产物权法律适用领域引入了当事人意思自治原则,而且没有施加任何限制。我们认为,这一规定是物权自由主义在国际私法领域的反映,是过于激进的做法,会给司法实践带来很大麻烦。

物权的绝对性、对世性和公示性都要求物权和物权的准据法只能受物之所在地法支配,而不能任由当事人约定。在物权关系中,除了物权权利人如所有权人之外,其他当事人都是不特定的。因此,《涉外民事关系法律适用法》第 37 条所规定的“当事人可以协议选择动产物权适用的法律”中的“当事人”就无法特定。既然是“协议选择”,就不可能是权利人自己一个人进行选择,必须是两个人或两个人以上。而如果是两个人或多个人,是指哪些人呢？这一点与债权关系不同。债权是对人权,是特定人之间的权利义务关系。因此,合同当事人就是缔结合同的双方当事人;侵权关系当事人就是侵权人和被侵权人。债权关系当事人既然是特定的,他们就可以协议选择他们之间关系的准据法。而物权关系当事人是权利所有人与一切人之间的关系,如何去协议选择法律呢？合同是对人权,只能约束合同当事人,不能对抗第三人;而物权是对世权,可以对抗一切人,包括第三人。物权的取得或转让常常会影响第三人利益,因此,为了保障交易安全,必须保证物权的明确性以便让第三人能够知晓物权的内容,这样才能对意欲取得物权的第三人给予充分的信赖保护,使他不至于因为标的物受他不可预见的法律支配而受损害。[2] 物权必须公示,这是物权法的最基本原则。只有物权的准据法明确,物权才可能公示。如果当事人可以任意地选择物权的准据法,物权的内容就处于漂浮状态,无法为众人所知晓。所以,物权准据法应当固定,而只有物之所在地的法律才最容易为人所尽知,从而最大限度地实现物权的公示。[3]

---

〔1〕 Teun Struycken, *The new Dutch Act on the Conflict of Law Rules relating to Property Matters*, Butterworths Journal of International Banking and Financial Law, 2008, p. 444-446.

〔2〕 Lalive, *The Transfer of the Chattels in the Conflict of Laws*, Oxford, Clarendon Press, 1955, p. 102-115.

〔3〕 Bernd von Hoffmann/Karsten Thorn, Internationales Privatrecht, 9 Aufl. 2007, S. 515.

第三节 运输中的物

一、当事人意思自治

运输中的物(Res in transitu),其所在地并不固定。尤其是运输中的货物可能正在公海上或空中,更无法确定所在地。此外,国际货物贸易运输中,货物的所在地与货物本身的联系可能只具有偶然性,比如货物在运输途中被临时存放于某一国家港口。此时适用物之所在地法不符合当事人预期,也有悖于交易安全。〔1〕在这样的背景下,一些学者开始主张引入有限的当事人意思自治。

我国《涉外民事关系法律适用法》第 38 条规定:“当事人可以协议选择运输中动产物权发生变更适用的法律。”该条规定没有对当事人所选择的法律施加任何限制,可能对善意第三人不利。从瑞士等国的立法来看,运输中的动产的物权通常情况下存在三个可供选择的地点:始发地、目的地和过境地。过境地通常与案件不具有实质性联系,因此很多国家规定当事人可以在运送目的地和始发地国法律中进行选择,如瑞士《国际私法》第 104 条。

二、当事人未选择

在当事人没有选择时,一般要根据具体案件中需要保护的当事人利益来决定适用始发地国法律还是目的地国法律。一般来说,始发地国法律有利于保护卖方利益;目的地国法律则有利于买方利益。我国《涉外民事关系法律适用法》第 38 条规定:“当事人没有选择的,适用运输目的地法律。”

国际海上货物运输通常提单或其他货运单,由于提单在我国被认为具有物权凭证效力,因此实践中我国法院大都是根据提单准据法来确定海上运输货物的物权。〔2〕我国法院尚未发生过援引《涉外民事关系法律适用法》第 38 条的案例。

---

〔1〕 Rolf H. Weber, *Parteiautonomie im internationalen Sachenrecht*?, Rabels Zeitschrift fuer auslaendisches und internationales Privatrecht 44 (1980), S. 510.

〔2〕 关于提单性质的典型案例参见中国建设银行股份有限公司广州荔湾支行与广东蓝粤能源发展有限公司等信用证开证纠纷案,载《最高人民法院公报》2016 年第 5 期。

第四节 使用中的交通工具

一、概论

交通工具如果尚未被使用,它的物权关系适用一般的物之所在地法原则。比如,工厂生产出来的一批汽车被卖给他人而发生的物权变动关系。但是对于正常使用中的交通运输工具,各国法律均要求进行登记,并以登记地国作为该交通工具的"国籍国"。关于使用中的交通工具的物权法律关系通常也不适用物之所在地法,而适用该交通工具之"国籍国"法律,即注册登记地国家法律。

二、船舶和航空器

(一)船舶和航空器所有权

我国《海商法》第270条规定:"船舶所有权的取得、转让和消灭,适用船旗国法律。"[1]我国《民用航空法》第185条规定:"民用航空器所有权的取得、转让和消灭,适用民用航空器国籍登记国法律。"

通常情况下,船舶的国籍登记地是非常明确的,容易确定。但在船舶被光船租赁给他人时,船舶往往要办理临时性国籍登记,其前提是该船舶原国籍登记已经或即将被中止或注销。临时船舶国籍登记证书有效期一般不超过1年,最长不超过2年。此时,就存在一个问题:船舶所有权所适用的船旗国法律是指光船租赁前的船旗国法律还是指光船租赁后办理的临时国籍国法律?根据各国通例,在光船租赁下,船舶所有权适用光船租赁前的船舶国籍登记国法律。[2]

(二)船舶和航空器抵押权

《海商法》第271条规定:"船舶抵押权适用船旗国法律。船舶在光船租赁以前或者光船租赁期间,设立船舶抵押权的,适用原船舶登记国的法律。"《民用航空法》第186条规定:"民用航空器抵押权适用民用航空器国籍登记国法律。"可见,我国法律对于船舶和航空器的担保物权也适用登记地国法律。

在"英国达拉阿尔巴拉卡投资公司诉巴哈马曲母普航运公司抵押的船舶被我国法院扣押要求确认抵押权优先受偿案"和"美国JP摩根大通银行与利比里亚海流航

---

〔1〕 相关判例参见富春航业股份有限公司、胜惟航业股份有限公司与鞍钢集团国际经济贸易公司海上运输无单放货纠纷再审案,载《最高人民法院公报》2002年第1期。

〔2〕 参见李海:《船舶物权之研究》,法律出版社2002年版,第349-350页。

运公司船舶抵押权纠纷案"[1]中,我国法院均依照《海商法》第 271 条的规定适用了相关国家的海商法。而在"原告北欧商业银行—欧洲银行与被告佛他贸易有限公司船舶抵押权纠纷案"[2]中,法院虽然认为根据《海商法》第 271 条应适用圣文森特和格林纳丁斯法律,但原、被告均未向法院提出法律适用要求,也未向法院提供圣文森特和格林纳丁斯法律,因此最终适用了中华人民共和国法律。

(三)船舶和航空器优先权

对于优先权(lien)的法律性质和范围,国内外存在很大争议。在大陆法国家,如法国和日本,由于在民法中存在优先权制度(先取特权),而且是被当作一种担保物权进行规定,因此优先权一般被认为属于法定担保物权。在英美法国家,彼此也有巨大差异。在美国法中有专门的海事优先权制度并有专门立法(Federal Maritime Lien Act);而在英国,1980 年的"The Halcyon Isle"案中,枢密院的五位大法官以 3∶2 的微弱多数判定船舶优先权是一种程序性救济(a procedural remedy)。[3] 在我国国内,不同学者受不同外国学说的影响,也持有不同主张:有学者认为是一种实体权利,有学者认为是一种程序性权利;有学者认为是一种担保物权,有学者认为是一种特殊债权。我国《海商法》只是在第 21 条中作了较为笼统的规定,在第 22 条中则罗列了属于船舶优先权的各项权利,但是对其性质采取了回避的态度,没有具体规定其到底是什么权利。我国原《民法通则》和《民法典》中也没有规定优先权制度,但是我国主流观点认为优先权,包括船舶优先权和航空器优先权,是一种实体权利,并且是一种物权。[4]

大陆法系国家将优先权视为担保物权,因此在国际私法上,对于船舶和航空器的优先权适用"旗国法"原则。[5] 而在英国,1980 年的"The Halcyon Isle"案将优先权定性为程序性权利,故适用法院地法。其他英联邦国家也接受了法院地法理论。但美国的做法与英国不同。在美国,船舶优先权已经被承认为实体性权利,因此在法律适用上大都按照政府利益分析和最密切联系原则等国际私法原则确定准据法。[6]

我国《海商法》第 272 条和《民用航空法》第 187 条也规定,船舶和航空器的优先

---

[1] 广州海事法院民事判决书,(2002)广海法初字第 116 号。

[2] 天津海事法院民事判决书,(2005)津海法商初字第 401 号。

[3] The Halcyon Isle (Bankers Trust v. Todd Shipyards), [1981] A. C. 221 at p. 235. [1980] 2 Lloyd's Rep. ,p. 332.

[4] 参见傅廷中、王文军:《论船舶优先权的物上代位性》,载《中国海商法年刊》2007 年(第 17 卷),第 85 页;李海:《船舶物权之研究》,法律出版社 2002 年版,第 146 页。

[5] 参见阿根廷《航运法》第 606 条、意大利《航运法》第 6 条、荷兰《海事冲突法》第 3 条、巴拿马《海商法》第 557 条、希腊《海商法》第 9 条等。

[6] Exxon Corp. v. Central Gulf Lines, 780 F. Supp. 191, 1992 AMC 1663 (S. D. N. Y. 1991).

权适用受理案件的法院地法律。其原因似乎在于,优先权的行使必须以扣押船舶或飞行器来行使,[1]扣押地一般为法院地。不过,法院地法理论在国外也遭到批判。[2]

(四)船舶和飞行器留置权

根据我国《民法典》的规定,留置权属于法定担保物权。船舶和飞行器的留置权也具有同样性质。在实践中,由于我国已经成为世界造船大国,因此船舶留置权问题也屡见不鲜。一般而言,船舶和飞行器的留置权应当适用留置物之所在地或登记地法律。

在"上诉人赛奥尔航运有限公司与被上诉人唐山港陆钢铁有限公司错误申请海事强制令损害赔偿纠纷案"[3]中,法院认为:赛奥尔公司与港陆公司于本案中一致选择适用中华人民共和国法律审查港陆公司申请海事强制令是否构成侵权,适用英国法审查赛奥尔公司是否享有留置权。依据《涉外民事关系法律适用法》第3条和第44条之规定,本案适用中华人民共和国法律审查港陆公司申请海事强制令是否构成侵权,适用英国法审查赛奥尔公司是否享有留置权。

(五)国际公约的规定

对于航空器的物权,我国加入了国际民航组织通过的1948年《国际承认航空器权利公约》(Convention on the International Recognition of Rights in Aircraft)[4]。该公约主要是一项国际私法方面的公约,并非统一各国实体法。公约规定了以下四种对航空器的权利:拥有航空器所有权的权利;航空器占有人通过购买取得该航空器所有权的权利;租赁航空器为期六个月以上的使用航空器的权利;为担保偿付债务而协议设定的各种航空器抵押权和任何类似权利。对于上述权利连续在不同缔约国中登记的合法性,按照每次登记时该航空器进行国籍登记的缔约国的法律予以确定(第1条第2款)。由此可见,公约确立了有关航空器权利的一项基本准据法:航空器国籍登记地法。

另外,公约也规定了一些例外情况。主要包括:(1)公约第2条第2款规定,除本公约另有规定外,登记本公约第1条第1款所列的任何权利对第三者的效力,根据该项权利登记地的缔约国的法律确定;(2)公约第4条第1款规定,救助航空器的报酬,或保管航空器必需的额外费用所产生的债权,优先于对航空器设立的所有其他权利和债权,只要根据救助或保管航空器的活动终结地的缔约国的法律,这些债权享有优先权并附有追续权;(3)第4条第4款规定,优先权登记期限的中断或中止

---

〔1〕 我国《海商法》第28条。

〔2〕 参见[加]威廉·泰特雷:《论船舶优先权法律冲突》,王立志等译,载《比较法研究》2009年第1期。

〔3〕 天津市高级人民法院民事判决书,(2012)津高民四终字第4号。

〔4〕 我国于2000年4月28日交存加入书,2000年7月27日起对我国生效。

由受理案件的法院地法律确定;(4)公约第7条规定,强制拍卖航空器的程序,依照拍卖地的缔约国的法律规定。

对于船舶的优先权和抵押权,1926年在布鲁塞尔通过了《统一有关船舶优先权和抵押权某些规则的国际公约》,该公约于1931年生效。该公约缔约国大多是大陆法系国家。该公约被1967年订于布鲁塞尔的同名公约取代。1993年,联合国国际海事组织又通过了《船舶优先权和抵押权国际公约》(International Convention on Maritime Lease and mortgages 1993),并于2004年生效。我国已于1994年签署,但尚未批准。

(六)船舶和民用航空器的登记

根据《船舶登记条例》(2014年修订)规定,下列船舶应当依照本条例规定进行登记:(1)在中华人民共和国境内有住所或者主要营业所的中国公民的船舶。(2)依据中华人民共和国法律设立的主要营业所在中华人民共和国境内的企业法人的船舶。但是,在该法人的注册资本中有外商出资的,中方投资人的出资额不得低于50%。(3)中华人民共和国政府公务船舶和事业法人的船舶。(4)中华人民共和国港务监督机构认为应当登记的其他船舶。

根据上述条例的规定,船舶经依法登记,取得中华人民共和国国籍,方可悬挂中华人民共和国国旗航行;未经登记的,不得悬挂中华人民共和国国旗航行。船舶不得具有双重国籍。凡在外国登记的船舶,未中止或者注销原登记国国籍的,不得取得中华人民共和国国籍。

中华人民共和国交通运输部于2016年12月8日通过《船舶登记办法》,对船舶所有权、船舶国籍、船舶抵押权、光船租赁、船舶烟囱标志和公司旗进行登记的行为进行了规范。

根据《民用航空器国籍登记条例》(2020年修订)规定,下列民用航空器应当依照本条例进行国籍登记:(1)中华人民共和国国家机构的民用航空器。(2)依照中华人民共和国法律设立的企业法人的民用航空器。(3)国务院民用航空主管部门准予登记的其他民用航空器。自境外租赁的民用航空器,承租人符合前款规定,该民用航空器的机组人员由承租人配备的,可以申请登记中华人民共和国国籍;但是,必须先予注销该民用航空器原国籍登记。

民用航空器经依法登记,取得中华人民共和国国籍。民用航空器不得具有双重国籍。未注销外国国籍的民用航空器,不得在中华人民共和国办理国籍登记;未注销中华人民共和国国籍的民用航空器,不得在外国办理国籍登记。

我国国务院1997年颁布的《民用航空器权利登记条例》对民用航空器所有权、占有权、抵押权和优先权的登记进行了规定。

第五节　境外流失文物

境外流失文物的追回往往涉及文物的来源国法律和文物所在地国法律的冲突。英、美、法等拥有大量被盗文物的国家国内法往往以保护善意取得人利益为由拒绝承认文物来源国依照其法律所主张的对文物的所有权。[1]

1970年,联合国教科文组织通过了《关于禁止和防止非法进出口文化财产和非法转让其所有权的方法的公约》,迄今已有100多个国家批准加入。但该公约仅是一个国际公法性质的公约。1995年6月在罗马外交大会上通过了《国际统一私法协会关于被盗或者非法出口文物的公约》。该公约确立了被盗文物返还的三个原则:非法挖掘的文物也视为被盗;被盗文物的持有者应该归还被盗文物;被盗文物的善意取得人在归还文物时,有权获得公平合理的补偿。该公约具有较强的可操作性。不过该公约没有溯及力。中国于1996年签署该公约时声明保留对历史上被非法掠夺文物的追索权。另外,拥有众多外国文物的英美等国却没有加入这一公约。面对目前流失在海外的文物,我们只是保留追索权,现在还无法根据公约的规定追回。

通过境外起诉的方式追索海外流失文物也是一个可行的途径。近年来,国际上兴起了向文物所在国法院起诉并要求有关机构或个人将被非法出口到法院地国的文物返还其来源国的诉讼浪潮。[2] 有越来越多的国家也开始承认文物来源国依据其国内法提出的所有权要求。1998年,加拿大一上诉法院宣布违反玻利维亚国家所有权法令进口文物的行为有罪;[3]意大利一法院将某文物强制返还厄瓜多尔;[4]美国法院也曾在几年前的一起案件中将一位纽约收藏家收藏的一古代意大利文物返还给意大利政府。[5] 英国法院在"伊朗政府诉巴拉卡特案"[6]中援引了戴西的权威著作的观点:"动产转让的有效性以及转让对有关当事人和其他对该动产主张

---

〔1〕 英国判例见 Attorney-General of New Zealand v. Ortiz,(1982) 3 W. L. R. 570;美国判例见 Government of Peru v. Johnson, 720 f. Supp. 810 (C. D. Cal. 1989)。

〔2〕 德国:KG Berlin, Urt. v. 16. 10. 2006-10 U 286/05, NJW 2007, 705;英国:Iran v. Berend, [2007] 2 All E. R. (Comm) 132, [2007] EWHC 132, [2007] Bus. L. R. D 65, KunstR Sp 2007, 206;在法国,阿根廷政府也起诉 Gaia 拍卖行,要求其返还一件公元前3世纪的 Tafi 文化时期的面具,2008年5月27日该诉讼被驳回;See Angelika Heinick, Rueckgabe trotz sauberer Provenienz? FAZ, 28. 6. 2008 Nr. 149 S. 50。

〔3〕 Regina v. Yoker, 122 C. C. C. 3d 298 (N. S. C. A. 1998).

〔4〕 Republic de Ecuador v. Danusso, Trib. De Torino, 25 Mar. 1982 (Italy).

〔5〕 United States v. An Antique Platter of Gold, 991 F. Supp. 222 (S. D. N. Y. 1997).

〔6〕 Government of the Islamic Republic of Iran v. the Barakat Galleries Limited, [2007] EWCA Civ1374 = [2007] 2 C. L. C. 994 = [2008] All. E. R. 1177.

权利的人所产生的效力,依照该动产在转让时所在地国家的法律(lex situs)确定……动产的转让如果根据该动产被转让时所在地国家的法律为有效并具效力,则在英国也为有效并具效力。"[1]最终,英国法院适用了伊朗的《文物法》,承认了伊朗对所诉文物的所有权。[2] 而我国一些民间机构和个人远赴法国巴黎法院起诉试图追讨圆明园流失文物的诉讼,则因诉讼主体资格问题被驳回。[3] 福建省三明市中级人民法院2020年审理的"福建章公祖师肉身坐佛像追索案"则为在中国境内诉讼追讨流失海外文物树立了先例。[4]

第六节 物权准据法的适用范围及其限制

一、物权准据法的适用范围

(一)物的种类以及动产物与不动产物的区分

在德国,物权法上的物仅指有形物,但动物不属于物,仅类推物权的规定(德国《民法典》第90a条)。我国《民法典》规定了野生动植物资源归国家所有,似乎把动物也视为物。另外,由于各国对于动产和不动产的区分标准不一致,对于同一物,依据不同国家之法律可能会作出不同归类。对于人工智能的法律属性问题也越来越引发国际关注。[5] 这都属于国际私法上的定性问题。

(二)物权的产生、内容、改变、转让和消灭

物权的种类及其内容,依照物之所在地法确定。相邻关系、共有关系的产生、变更和消灭,地上权、永佃权、地役权等用益物权的种类、内容及其变更和消灭,占有的性质和效果等问题,均依物之所在地法确定。

(三)担保物权

担保物权是为了确保债权的实现而在债务人或第三人的特定物或权利上设定的定限物权。一般担保物权具有从属性,必须从属于它所担保的债权(独立担保除外)。但是在涉外担保问题上,担保物权的准据法并非附属于债权的准据法,而应当

---

[1] Lawrence Collins ed., *Dicey, Morris and Collins on The Conflict of Laws*, 14th edition, Vol. 1, Thomson Sweet & Maxwell, 2006, Rule 18, para. 9-001.

[2] 参见杜涛:《境外诉讼追索海外流失文物的冲突法问题——伊朗政府诉巴拉卡特美术馆案及其启示?》,载《比较法研究》2009年第2期。

[3] 尚栩、郑赟春:《法国巴黎法院今晨就中国圆明园文物追索作出裁决,驳回停止拍卖的诉讼请求》,载《新民晚报》2009年2月24日,A17版。

[4] 关于该案的报道参见《2020年度人民法院十大案件》,载《人民法院报》2021年1月9日,第4版。

[5] 刘洪华:《论人工智能的法律地位》,载《政治与法律》2019年第1期。

适用担保物之所在地法。但是,对于法定担保物权如优先权,亦应考虑法院地法律。〔1〕

（四）处理物权的行为的方式

法律行为的方式一般适用行为地法,但如果涉及的是不动产,则应适用不动产所在地法。根据我国最高人民法院原《民通意见》第186条之规定,不动产所在地法适用于不动产的所有权、抵押权、使用权等物权关系。在涉及不动产的买卖、租赁等债权关系中,也要考虑到不动产所在地法的适用。

二、强制性规定的适用

《涉外民事关系法律适用法》第4条规定:"中华人民共和国法律对涉外民事关系有强制性规定的,直接适用该强制性规定。"由于我国有大量国有企业,近年来随着"走出去"战略的实施,越来越多的国有企业在境外投资,形成大量境外国有资产。这些资产的法律保护问题日益引起关注。早在1991年,国务院国有资产管理局、司法部、对外贸易与经济合作部(含原对外经济贸易部)就发布了《关于境外国有资产以个人名义进行产权注册办理委托协议书公证的规定》。1999年财政部、外交部、国家外汇管理局、海关总署联合发布了《境外国有资产管理暂行办法》。2011年,国务院国有资产管理委员会先后发布《中央企业境外国有产权管理暂行办法》和《中央企业境外国有资产监督管理暂行办法》。2020年,国资委发布了《关于进一步加强中央企业境外国有产权管理有关事项的通知》。根据这些规定,位于境外的我国国有企业资产,不仅要适用所在地法律,同时也要遵守我国的强制性规定。〔2〕

第七节　确定动产物权准据法的时间因素

一、适用何时的"所在地法"

对于不动产而言,由于其所在地不会发生变化,因此不会发生准据法的前后改变问题。但是对于动产,由于其所在地可能发生变化,从而会产生到底适用什么时间的所在地法律的问题。

一般规则是,物权法律关系应当适用导致物权变动的原因事实完成时的物之所在地法。〔3〕奥地利《国际私法》第31条规定:"对有形物物权的取得和丧失(包括

---

〔1〕参见我国《海商法》第272条关于船舶优先权和《民用航空法》第187条关于航空器优先权的规定。

〔2〕李某斌、张某芬与河南建总国际工程有限公司侵权纠纷案,河南省高级人民法院民事判决书,(2010)豫法民三终字第00115号。

〔3〕Kegel/Schurig, Internationales Privatrecht, 9 Aufl. 2004, S. 771.

占有),依此种取得或丧失所依据的事实完成时物之所在地法。"瑞士《国际私法》第100条也规定:"动产物权的取得与丧失,适用物权取得或丧失时动产所在地国法律。"我国《涉外民事关系法律适用法》第37条也规定,动产物权,适用"法律事实发生时"动产所在地法律。

根据上述规则,当某一物权成立、变更或消灭后,该标的物被转移到另一国家时,所适用的是原来的物之所在地法。例如,对于位于甲国的某一动产成立了某一物权,随后该动产转移到乙国,此时有关该物权发生的争议,应当适用甲国法。比如在"兴利公司、广澳公司与印度国贸公司、马来西亚巴拉普尔公司、库帕克公司、纳林公司货物所有权争议上诉案"〔1〕中,印度国贸公司从马来西亚巴拉普尔公司购买货物,物权发生了第一次变动;但货物在运输途中遭遇海盗而失踪。后来该批货物被一家香港公司转卖到中国当事人手中。现在印度国贸公司和马来西亚巴拉普尔公司在中国法院向中国当事人主张货物所有权。此时应当适用哪国法律?对于每一方当事人所主张的所有权,应当根据其所依据的法律关系发生时物之所在地法判断。

二、既得权的保护及其限制

对于动产物所在地发生改变后,依照先前的所在地法所取得的权利是否为后来所在地法承认和保护?各国适用的一般规则是,准据法的改变不影响先前所取得的合法权利。但是,依照先前所在地法所取得的权利要受后来所在地法的限制和约束,这主要是为了保护后来处置该动产的善意第三人的利益。比如,秘鲁《民法典》第2090条第2句、委内瑞拉《国际私法》第28条第2句规定,先前所取得的权利必须在满足改变后的所在地法所规定的要件后,才具有对抗第三人的效力;德国1999年修订的《民法典施行法》第43条第2款规定,如果权利标的物抵达另一国,则权利的行使不得违背该国的法律秩序。美国路易斯安那州《民法典》第3536条规定:"有体动产的物权受权利获得时该动产所在地州法律支配;但是在动产被转移到本州后,在该动产位于其他州时所获得的物权在以下情况下适用本州法律:(1)该权利符合本州法;或(2)权利拥有者知道或应当知道该动产已转移至本州;或(3)作此规定是处于公正和公平以便保护在该物转移至本州后处置该物的善意第三人。"2001年韩国《国际私法》和2006年日本《法律适用通则法》都有类似规定。

由此可见,在物权法领域,既得权保护原则是要受到一定限制的。〔2〕这一规定对我国具有重要意义,它涉及对外国资产进行国有化和征用后,该财产在国外被原

---

〔1〕兴利公司、广澳公司与印度国贸公司、马来西亚巴拉普尔公司、库帕克公司、纳林公司货物所有权争议上诉案,载《最高人民法院公报》1991年第1期。

〔2〕Bernd von Hoffmann/Karsten Thorn, Internationales Privatrecht, 9 Aufl. 2007, S. 523.

所有人起诉后,应当如何处理的问题;同时还涉及对我国流失海外文物的追回。我国还没有这方面的规定,很有必要予以补充。

第八节　有价证券

一、概论

有价证券(Wertpapier)是德国学者创造的一个法律概念,被大陆法系国家广为接受和采用。有价证券有广义和狭义之分。广义的有价证券是指一种表示民事权利的书面凭证,权利的发生、转移和行使均以持有该证券为必要。我国《民法典》仅在第898条中提到了"有价证券"。我国《刑法》第178条设立了"伪造、变造国家有价证券罪"。我国《公司法》第153条规定公司债券是一种"有价证券"。《民事诉讼法》第221条允许债权人提起给付有价证券的支付令申请。《保险法》第106条规定,保险公司的资金可用于"买卖债券、股票、证券投资基金份额等有价证券"。2015年最高人民法院《民诉法司法解释》第429条(2022年修订后改为第427条)明确规定,有价证券包括汇票、本票、支票、股票、债券、国库券、可转让的存款单等。这表明我国法律中的有价证券采用广义含义。[1] 狭义的有价证券仅仅指我国《证券法》意义上的资本证券,股票、公司债券、存托凭证和国务院依法认定的其他证券,包括政府债券、证券投资基金份额、资产支持证券等。

英美法上没有"有价证券"的概念,而有"流通票据"(negotiable instruments)和"商业证券"(commercial papers)的概念,其所包含的内容与大陆法国家并不一致。美国《统一商法典》规定了"商业证券"和"投资证券",其中的"商业证券"类似于我国法律上的票据。英国没有专门的"流通票据法",但对不同的证券有单行的立法,如《汇票法》和《支票法》等。[2]

证券上的权利包括两种。一种是持有证券的人对证券本身的物权权利,即证券所有权和其他物权。[3] 另一种是构成证券内容的权利,即证券所体现的权利,也就是证券持有人依照证券上的记载而享有或行使的权利,通常称为证券权利(Wertpapierrecht)。证券权利的性质依证券的类型而有所不同。

---

[1] 《最高人民法院关于适用督促程序若干问题的规定》第5条也有相同规定。

[2] 谢怀栻著,程啸修订:《票据法》,法律出版社2014年版,第9-10页。

[3] 我国原《物权法》第2条规定:"本法所称物,包括不动产和动产。法律规定权利作为物权客体的,依照其规定。"可见,有价证券在我国可以作为物权客体。

二、有价证券的准据法

对于证券本身的所有权、占有权等物权,应当适用证券的物权准据法,一般就是证券的所在地法(lex cartae sitae),[1]或者说是证券通常能够被发现的国家的法律。证券的物权准据法适用的范围与上面所提到的一般动产物权的准据法是一样的。

我国《涉外民事关系法律适用法》第 39 条规定:“有价证券,适用有价证券权利实现地法律或者其他与该有价证券有最密切联系的法律。”如上所述,这里的“有价证券”是指广义的有价证券,而不仅是指我国《证券法》中所规定的资本证券,因为《证券法》中没有用“有价证券”的概念,而“有价证券”按照我国民法上的一般理解均包括资本证券在内的各种有价证券。

《涉外民事关系法律适用法》第 39 条应当被理解为是针对有价证券的权利而做的规定。但是,对该条中的“权利实现地”到底如何理解?我们认为,应当根据具体有价证券的权利性质来确定相应的准据法。

有价证券所体现的权利大多是债权,比如请求支付金钱的债权请求权(票据、信用证)、请求交付货物的债权请求权(提单)[2]。另外一些有价证券同时体现债权请求权和社员权或成员资格权(如股票)。[3] 对于有价证券的权利,应依照权利的不同性质,适用与该权利有关的法律关系的准据法。[4] 比如,票据的权利,依照《票据法》第五章的有关规定确定其准据法;股票的权利,依照《公司法》和《证券法》的规定确定其准据法;提单的权利依照《海商法》第十四章确定其准据法。

三、间接持有制度下证券的物权准据法

传统的证券[5]交易体制是一种直接持有体制,即证券发行人与证券所有人之间存在直接的法律关系。投资者要么直接持有证券,要么作为所有人将无纸化的证券直接登记在发行人的股东名册上。当证券转让时,投资者要么持纸质证券去交易所进行交换,一手交钱一手交货;要么通过在发行人的登记簿上进行变更登记完成交易。

---

〔1〕 Bernd von Hoffmann/Karsten Thorn, Internationales Privatrecht, 9 Aufl. 2007, S. 516.

〔2〕 提单中体现的实际上也是一种债权,因此提单是一种债权证券;但无记名提单的交付被认为同时体现了物权的转让,所以无记名提单被认为具有物权属性,但对此也有争议,参见本书关于提单的章节。

〔3〕 近年来,美国率先兴起不动产证券化的趋势,比如将房产抵押权制作成证券出售。日本等都颁布了《不动产证券化法》。物权证券化可以加快资本的流转,但带来了金融风险。2007 年美国“次级债风波”就因此发生。参见王志勤:《美国不动产抵押权证券化法律问题研究》,载《东方法学》2019 年第 4 期。

〔4〕 Bernd von Hoffmann/Karsten Thorn, Internationales Privatrecht, 9 Aufl. 2007, S. 516.

〔5〕 此处的证券为狭义的有价证券,仅指我国《证券法》所规定的股票、债券等资本证券。

随着现代计算机技术的发展和跨国证券交易的迅猛发展,这种传统的交易体制逐步被间接持有体制所取代。[1] 在间接持有体制下,证券的登记、持有、转让和抵押等都通过位于不同国家的中间人的电子账户的记载来完成。因此,对于证券的物权,如果仍然按照传统的证券法律适用规范适用"物之所在地法",那么如何确定"物之所在地"就成为一个难题。2002 年 12 月 13 日,海牙国际私法会议通过了《关于经由中间人持有的证券的某些权利的法律适用公约》,[2]试图统一间接持有体制下证券跨国交易的冲突规则。该公约提出了一个特殊的连结点,即"相关中间人账户所在地"(The Place of Relevant Intermediary Account,PRIMA),同时引入了有限制的意思自治原则,即公约中所规定的有关事项所适用的法律为账户持有人与相关中间人在账户协议中明确同意的国家的法律,或者账户协议明确指明的另一国家的法律。[3]

在间接持有体制下证券的抵押也无法依照传统的物之所在地法。欧盟于 2002 年颁布的《抵押指令》[4]也确立了"账户所在地法"原则(The law of the country in which the relevant account is maintained)。

四、权利质权

权利质权是指为担保债务的履行,债务人或者第三人将其拥有的权利出质给债权人占有而产生的一种担保物权。各国法律对于什么样的权利可以设立质权有不同的规定。我国《民法典》第 440 条规定了可以出质的权利类型,其中大部分为有价证券权利,包括汇票、本票、支票,债券、存款单,仓单、提单和可以转让的基金份额、股权等。

由于权利为无形财产,没有物之所在地可用,所以只能寻求属人法的连结点。瑞士《国际私法》第 105 条规定,债权、有价证券或其他权利的质押适用当事人选择的法律;当事人没有选择时,适用质押权人经常居所地法。

我国《涉外民事关系法律适用法》第 40 条规定:"权利质权,适用质权设立地法律。"这一规定在逻辑上有自我循环的嫌疑,因为权利质押首要解决的问题就是哪些权利可以设立质权以及质权是否已有效设立,此时质权是否设立尚不得而知,也无

---

[1] 参见吴志攀:《证券间接持有跨境的法律问题》,载《中国法学》2004 年第 1 期。

[2] Convention on the Law Applicable to Certain Rights in Respect of Securities Held with an Intermediary.

[3] Florian Heindler, *The Law Applicable to Third-Party Effects of Transactions in Intermediated Securities*, Uniform Law Review, Vol. 24:4, p. 685-710 (2019).

[4] Directive 2002/47/EC of the European Parliament and of the Council of 6 June 2002 on financial collateral arrangements.

所谓设立地。[1] 实际上,不同类型权利的质权应当根据特别法的规定来确定其准据法。例如,根据《票据法》第98条的规定,票据的背书、承兑、付款和保证行为,适用行为地法律。因此,票据的质权应适用票据质押行为地法律,即票据交付地法律。对于其他没有特别规定的权利质权,可以将质权设立地理解为有价证券交付地或权利登记地。2020年国务院发布《关于实施动产和权利担保统一登记的决定》,自2021年1月1日起,在全国范围内实施动产和权利担保统一登记。在我国登记的存款单、仓单、提单质押应适用我国法律。

第九节　票　　据

一、票据的概念

票据是有价证券的一种。目前,世界上存在大陆法系和英美法系两套票据法律体系。前者以1930年和1931年在日内瓦召开的外交会议上通过的《1930年关于统一汇票和本票的日内瓦公约》、《1930年关于解决汇票和本票的若干法律冲突的公约》、《1930年关于汇票和本票的签章的日内瓦公约》、《1931年关于统一支票法的日内瓦公约》、《1931年关于解决支票的若干法律冲突的公约》、《1931年关于支票签章的日内瓦公约》等6个相关公约为代表,统称"日内瓦公约体系"。[2] 属于该体系的包括几乎所有欧洲大陆国家和南美、中东和东亚各国。后者以英国1882年《汇票法》[3]和美国1896年《统一流通证券法》[4]及美国《统一商法典》为代表。其中,美国《统一商法典》第三编对票据的规定有别于传统英国制度,尤其是不刻意区分各种票据,几乎所有条款都适用于所有类型的票据。[5] 为统一各国票据制度,1988年联合国国际贸易法委员会通过了《国际汇票和国际本票公约》,但迄今尚未生效。[6]

根据英美票据法,票据(negotiable instrument)是一种商业证券(commercial

---

〔1〕 各国国内实体法对于权利质押是否有效设立都有不同的规定,比如我国《民法典》第441条分别规定了不同类型权利设立质权的生效时间。

〔2〕 Series of League of Nations Publications, Ⅱ. Economic and Financial, 1930. Ⅱ. 27, Official no. C. 360. M. I 5 I. I 930 Ⅱ, plus Index: Official no. C. 148. M. 47.

〔3〕 Bills of Exchange Act 1882.

〔4〕 Uniform Negotiable Instruments Law of 1896. 该法后来被1952年《统一商法典》第三编代替。

〔5〕 Peter Ellinger, *International Encyclopedia of Comparative Law*, Vol. Ⅸ, Chapter 4, Negotiable Instruments, Tübingen 2000, para. 4-153.

〔6〕 United Nations Convention on International Bills of Exchange and International Promissory Notes,该公约迄今只有加蓬、利比亚、洪都拉斯、墨西哥和几内亚五个国家批准,尚未达到十个签署国的生效条件。参见http://www.uncitral.org/uncitral/zh/uncitral_texts/payments/1988Convention_bills_status.html。

paper),根据该证券,某人委托他人或亲自向另一人支付特定金额的款项。英美法中的票据包括汇票(bills of exchange)、本票(promissory notes)和支票(cheques)。

大陆法中没有统一的术语来称呼所有的票据。最有影响的德国法将所有类型的票据都称为有价证券(Wertpapier),但有价证券不仅包括票据。德国法中常用的概念 Wechsel 是指汇票,本票(Eigenwechsel)为汇票之一种。支票不同于汇票,由单独的法律规定。

根据我国《票据法》规定,票据是指出票人依《票据法》签发的,由本人或委托他人在见票时或在票据载明的日期无条件支付确定的金额给收款人或持票人的一种有价证券。我国《票据法》受日内瓦公约影响较大,但并非完全继承日内瓦公约体系,具有较强的中国特色。[1] 比如,一方面我国《票据法》有关票据的形式要件和背书的规定完全接受了日内瓦公约,《票据法》第 13 条第 1 款也接受了票据无因性原则。但同时我国《票据法》规定了票据必须有对价,否则无效(第 10 条和第 11 条)。[2] 另外有些制度则属于独创,比如第 17 条和第 41 条规定的票据权利的时效期间。[3]

票据作为有价证券的一种,具有有价证券的一般特征,即票据同时体现了两种不同的权利:一种是对票据本身所主张的物质权利,即票据所有权或他物权。另一种是构成票据内容的权利,即票据中所体现的权利,简称为票据权利,也就是票据持有人依照票据上的记载而享有或行使的权利。票据的物权关系依照《涉外民事关系法律适用法》第 37 条关于动产物权的规定处理。

二、涉外票据关系的法律适用

(一)涉外票据关系的概念

汇票起源于中世纪的跨国商事交易。当代国际商事交往中,票据的运用更是非常广泛,由此会产生涉外(国际)票据关系。通常,各国都是以票据行为地和票据当事人来判断票据是国内票据还是外国票据(涉外票据或国际票据)。例如,英国《统一汇票法》第 4 条规定:"本国汇票是指具有下列内容或在票面文义内载明下列内容的汇票:1. 发票和付款都在不列颠群岛境内;2. 在不列颠群岛境内开立、以境内居民为付款人。除此以外的任何其他汇票均属外国汇票。"

联合国《国际汇票和国际本票公约》第 2 条规定:"国际汇票是列明至少下列两

---

[1] 我国票据法的特色参见谢怀栻:《票据法概论》(增订版),法律出版社 2006 年版,第 29 页以下。

[2] 《最高人民法院关于审理票据纠纷案件若干问题的规定》第 13 条规定:"票据债务人以票据法第十条、第二十一条的规定为由,对业经背书转让票据的持票人进行抗辩的,人民法院不予支持",对票据有因性做了限制。

[3] 参见贾海洋:《"二阶段说"视域下的票据行为无因性理论》,载《当代法学》2012 年第 6 期。

处地点并指出所列明的任何两处地点位于不同国家的汇票:(a)汇票开出地点;(b)出票人签名旁所示地点;(c)受票人姓名旁所示地点;(d)受款人姓名旁所示地点;(e)付款地点。”

根据我国《票据法》〔1〕第94条第2款的规定:“前款所称涉外票据,是指出票、背书、承兑、保证、付款等行为中,既有发生在中华人民共和国境内又有发生在中华人民共和国境外的票据。”因此,所谓的涉外票据关系也就是具有上述涉外因素的票据关系。〔2〕由于各国尤其是大陆法系和英美法系国家间在票据法上多有差异,而国际商事交往中,票据关系的发生又经常具备涉外因素,就会产生票据的法律冲突问题,也就是涉外票据的法律适用问题。〔3〕

(二)区分票据关系和票据基础关系

票据关系是票据当事人之间基于票据行为而发生的关系。票据基础关系就是导致票据当事人之间发生票据行为的法律关系。票据的基础关系属于非票据关系,即不是基于票据行为本身而发生,但与票据行为有联系的法律关系。〔4〕根据票据的独立性原理,票据关系与票据的基础关系是彼此独立和相分离的,即使票据的基础关系不存在或无效或被撤销,只要出票、背书等行为依法成立,则票据关系仍然成立。〔5〕票据关系的准据法和票据基础关系的准据法应当依照不同标准确定。

(三)票据关系的法律适用——票据行为地法

票据关系虽然是债权债务关系,但是与一般的债权债务关系相比,涉外票据关系中一般不允许当事人任意选择准据法。大陆法和英美法虽然都将票据关系视为合同关系,但一般也不承认当事人有选择法律的权利。〔6〕我国某法院曾在一起涉及我国香港特别行政区当事人的案件中允许当事人选择适用我国香港特别行政区的《汇票条例》。〔7〕虽然适用该条例本身并无不当,但是这一做法不符合我国《票据法》的规定。

---

〔1〕2004年8月28日第十届全国人民代表大会常务委员会第十一次会议通过了修改《票据法》的决定,删除了第75条,因此新《票据法》第75条以后的编号依次有调整。

〔2〕票据当事人的国籍不应作为判断涉外票据的因素。如果票据的所有行为均在我国境内发生,仅开票人或背书人是外国人,该票据仍然是国内票据而非国际票据。

〔3〕Morawitz, Das internationale Wechselrecht, Eine Systematische Untersuchung der auf dem Gebiet des Wechselrechts auftretenden kollisionsrechtlichen Fragen (1991).

〔4〕参见王小能:《票据法教程》,北京大学出版社2001年版,第78页。

〔5〕参见王小能:《票据法教程》,北京大学出版社2001年版,第79页。

〔6〕Cheshire & North, *Private International Law*, 11th ed., Butterworth - Heinemann, 1987, p. 507; Lawrence Collins ed., *Dicey, Morris and Collins on The Conflict of Laws*, 14th edition, Vol. 1, Thomson Sweet & Maxwell, 2006, p. 1223.

〔7〕参见成发控股有限公司与被告王某斌票据追索权纠纷案,北京市高级人民法院民事判决书,(2008)一中民初字第7805号。

票据行为依照"场所支配行为"的格言,一般适用行为地法律。票据上的法律行为包括票据的出票、背书、承兑、保证、付款等行为,因此相应的行为地就有出票地、背书地、承兑地、保证地和付款地等。

1. 票据的形式(票据出票时的记载事项)

票据作为要式证券,必须按照法律规定的要求记载一些事项,否则会影响票据的效力。各国法律在票据的形式方面仍有一些差距,因此在法律适用上一般以出票地法律为准。我国《票据法》第 97 条规定:"汇票、本票出票时的记载事项,适用出票地法律。支票出票时的记载事项,适用出票地法律,经当事人协商,也可以适用付款地法律。"该规定与日内瓦公约基本一致。

2. 票据的背书、承兑、付款和保证

我国《票据法》第 98 条规定:"票据的背书、承兑、付款和保证行为,适用行为地法律。"这一规定也是借鉴日内瓦公约的做法。第 98 条的规定则没有再区分票据行为的形式要件和实质要件,我们只能理解为,票据的背书、承兑、付款和保证行为的形式要件和实质要件均适用行为地法,即背书地法、承兑地法、付款地法或保证地法。[1]

3. 票据追索权行使期限

票据追索权属于票据权利之一种,各国法律均规定了追索权行使的期限,以避免权利人长期不行使造成法律关系的不确定。各国法律规定的期限不一致,因此我国《票据法》第 99 条规定:"票据追索权的行使期限,适用出票地法律。"该规定与日内瓦公约的规定相同。

4. 票据的提示期限、有关拒绝证明的方式、出具拒绝证明的期限

票据的提示期限、拒绝证明的方式、出具拒绝证明的期限在各国法律中的规定均不相同。比如,对于付款提示期限,日内瓦体系采用的是期间主义,英美国家采用期日主义。我国《票据法》第 100 条规定:"票据的提示期限、有关拒绝证明的方式、出具拒绝证明的期限,适用付款地法律。"这一规定与日内瓦公约和其他国家的立法有所不同。

5. 票据丧失时的补救程序

票据丧失后的补救方式有两种,一是公示催告程序,为大陆法系国家采用;二是诉讼程序,即失票人丧失票据后,向法院提起诉讼,证明自己对票据的合法权利,并向有关责任人请求补偿。诉讼程序主要为英美国家采用。我国《票据法》第 15 条规

---

[1] 参见韩国大邱银行诉威海纺织集团进出口有限责任公司等票据付款请求权纠纷案,山东省威海市中级人民法院民事裁定书,(2008)威民二外初字第 63 号;韩国中小企业银行与天津三星电机有限公司票据付款请求权纠纷上诉案,天津市高级人民法院民事判决书,(2007)津高民四终字第 119 号等案例。

定了三种方式:公示催告、诉讼和挂失支付。票据丧失后,应当依据哪一国法律进行补救?我国《票据法》第101条规定:“票据丧失时,失票人请求保全票据权利的程序,适用付款地法律。”该规定与日内瓦公约的规定一致。

第八章　合同之债总论

第一节　概　　论

债(Schuld,Obligation)是特定当事人之间请求为特定行为的法律关系,也称为债权债务关系。根据我国《民法典》第118条的规定,债权是因合同、侵权行为、无因管理、不当得利以及法律的其他规定,权利人请求特定义务人为或者不为一定行为的权利。债权是与物权相对的一种民事权利。

债权是传统大陆法上的概念,英美法上没有债的概念,但同样存在关于债的制度,如合同、侵权等。我国债法的渊源主要有《民法典》和其他民商事单行法规(如《公司法》《拍卖法》《票据法》《保险法》《信托法》《海商法》等)中的有关规定以及最高人民法院的司法解释等。

涉外之债是指含有涉外因素的债权债务法律关系。涉外之债包括涉外合同之债、涉外侵权之债、涉外不当得利之债和涉外无因管理之债等。

我国关于债权债务关系的国际私法规范相对于其他领域更为完善,主要渊源包括《海商法》《民用航空法》《票据法》《涉外民事关系法律适用法》中的有关规定以及最高人民法院的相关司法解释。另外,联合国《国际货物销售合同公约》在我国实践中运用也很广泛。

第二节　当事人意思自治原则

一、概论

"当事人意思自治原则"(Autonomy of parties,Parteiautonomie)源于国内合同法上的"私法自治"(Privatautonomie)观念,即合同当事人可以选择支配合同的法律规范(lex voluntatis),以取代立法中的非强制性规范。在合同国际私法中,当事人意思自治是指当事人可以协议选择合同应受哪一国家或地区的法律支配。当事人的协议选择通常(但并不总是)体现在合同中的"法律选择条款"(choice of law clause)之中。

当事人意思自治原则起源于意大利早期法则区别学者的思想,但人们普遍公认16世纪法国法学家杜摩兰是奠基人。[1] 杜摩兰(Charles Dumoulin,1500—1566年)在他的《地方法则和习惯总结》这一历史巨著中[2]提出了他的著名论断,即应当遵循当事人的意愿而予以适用。对当事人意愿的解释可以是合同缔结地或当事人此前或现在的住所地等。[3] 19世纪后期,随着意大利著名法学家孟西尼等人的极力鼓吹,国际私法上的当事人意思自治原则逐渐被越来越多的国家接受。经过几个世纪的发展演变,“当事人意思自治原则”已经成为合同法律适用领域广为接受的基本原则,为世界上几乎所有国家法律所接受。[4]

我国原《民法通则》第145条规定:“涉外合同的当事人可以选择处理合同争议所适用的法律,法律另有规定的除外。”《海商法》第269条、《民用航空法》第188条、原《涉外经济合同法》第5条以及原《合同法》第126条均有相同规定。《涉外民事关系法律适用法》第41条规定,“当事人可以协议选择合同适用的法律”。

二、具体运用

(一)“涉外合同”当事人才可以选择准据法

根据原《民法通则》第145条规定,只有“涉外合同的当事人”才可以选择处理合同争议所适用的法律。《涉外民事关系法律适用法》第41条虽然没有用“涉外合同”,但该法是专门针对“涉外民事关系”而制定的,故第41条也只能针对涉外合同。我国司法实践中一般都认为国内合同当事人不能选择适用外国法。[5]

但实践中如何区分涉外合同和非涉外合同却是一个难题。按照我国《法律适用法解释一》第1条的规定,只要当事人一方或双方是外国公民、外国法人或者其他组织、无国籍人,或者当事人一方或双方的经常居所地在中华人民共和国领域外;或者标的物在中华人民共和国领域外;或者产生、变更或者消灭民事关系的法律事实发生在中华人民共和国领域外的,都可以认定为涉外合同。而按照1980年《联合国国际货物销售合同公约》第1条和1985年《国际货物销售合同法律适用公约》第1条的规定,该两个公约适用于营业地在不同国家的当事人之间所订立的货物销售合

---

[1] Max Gutzwiller, Geschichte des Internationalprivatrechts, S. 78ff.

[2] Franz Gamillscheg, Der Einfluss Dumoulins auf die Entwicklung des Kollisionsrechts, Tuebingen, 1955, S. 20.

[3] Franz Gamillscheg, Der Einfluss Dumoulins auf die Entwicklung des Kollisionsrechts, Tuebingen, 1955, S. 34.

[4] P. Nygh, *Autonomy in International Contracts*, Oxford, Clarendon Press, 1999, p. 8.

[5] 红庭(上海)贸易有限公司与嘉兴市维斯科海绵有限公司买卖合同纠纷上诉案,浙江省嘉兴市中级人民法院民事判决书,(2014)浙嘉商终字第244号;张家港保税区苏棉国际贸易有限公司与安徽恒硕纺织品有限公司买卖合同纠纷案,江苏省苏州市中级人民法院民事判决书,(2014)苏中商终字第0195号。

同,据此,判断合同国际性的标准则是当事人的营业地分处于不同国家。1929年《统一国际航空运输某些规则的公约》(华沙公约)第1条中关于"国际运输"的定义是以运输的始发地和目的地在不同缔约国境内为标准,[1] 1978年《联合国海上货物运输公约》第2条关于该公约适用范围的规定,也大致相同。[2] 1994年《美洲国家间合同法律适用公约》对于国际合同的判断标准是合同当事人惯常居所位于不同国家或合同标的位于不同国家。[3]

国际商事交易的发展使合同的国际性越来越难以判断,因此有些国家立法和国际条约对合同的国际性或涉外性不再做要求,如1980年《罗马合同债务法律适用公约》和2008年《罗马第一条例》都不限制纯粹的国内合同当事人选择外国法为合同准据法,只是当事人的选择不得限制国内强制性规范的适用。[4] 1994年《国际统一私法协会国际商事合同通则》在"前言"的注释中就"国际合同"的定义进行了说明:"一份合同的国际性可以用很多不同的标准来确定。在国内和国际立法中有的以当事人的营业地或经常居所地在不同的国家为标准,而有的则采用更为基本的标准,如合同'与一个以上的国家有重要联系'、'涉及不同国家之间法律的选择',或是'影响国际贸易的利益'。《通则》并未明确规定这些标准,只是设想要对'国际'合同这一概念给予尽可能广义的解释,以便最终排除根本不含国际因素的情形,如合同中所有相关的因素只与一个国家有关。"但该通则"并不妨碍个人之间同意将《通则》适用于一个纯粹的国内合同。但任何此类协议必须遵守管辖合同的国内法的强制性规则。"[5]

加拿大魁北克《民法典》第3111条也规定:"法律文书,无论是否具有外国因素,均由文书中所明示选择的法律或者基于该文书以特定方式作出的规定中所选择的法律支配。但如果法律文书不具有任何外国因素,则应适用在没有当事人选择的情况下所应该适用的国家的法律中的强制性规范。"

---

[1] 该公约第1条第2款规定:"本公约所指的'国际运输'的意义是:根据有关各方所订的契约,不论在运输中是否有间断或转运,其出发地和目的地是在两个缔约国的领土内,或在一个缔约国的领土内,而在另一个缔约国或非缔约国的主权、宗主权、委任统治权或权力管辖下的领土内有一个约定的经停地点的任何运输。在同一缔约国的主权、宗主权、委任统治权或权力管辖下的领土间的运输,如果没有这种约定的经停地点,对本公约来说不作为国际运输。"

[2] 该公约第2条第1款规定:"本公约的各项规定适用于在两个不同国家间的所有海上运输契约,如果:(1)海上运输契约规定的装货港位于一个缔约国内,或(2)海上运输契约规定的卸货港位于一个缔约国内,或(3)海上运输契约规定的备选卸货港之一是实际卸货港并位于一个缔约国内,或(4)提单或证明海上运输契约的其他单据是在一个缔约国内签发的,或(5)提单或证明海上运输契约的其他单据规定,本公约各项规定或者使其生效的任何国家立法,约束该契约。"

[3] 参见该公约第1条:http://www.oas.org/juridico/english/treaties/b-56.html。

[4] 该公约第3条第3款。

[5] 对外贸易经济合作部条约法律司编译:《国际统一私法协会国际商事合同通则》(中英文对照),法律出版社1996年版,第1-2页。

由于合同关系错综复杂,实践中要准确判断一份合同是否为涉外合同还需要结合案情进行具体分析。

在"荷兰商业银行上海分行诉苏州工业园区壳牌燃气有限公司担保合同偿付纠纷案"[1]中,涉及外国银行中国分行与中国企业签订的合同是否为涉外合同。荷兰商业银行上海分行与苏州工业园区壳牌燃气有限公司签订了一份融资担保协议,载明由荷兰商业银行上海分行为苏州工业园区壳牌燃气有限公司开立金额不超过650万美元的备用信用证。协议约定适用英格兰法律并根据英格兰法律予以解释,并服从英国法院的非专属管辖。法院依据英格兰法律判决苏州工业园区壳牌燃气有限公司偿还相关款项。《公司法》第十一章"外国公司的分支机构"第195条规定:"外国公司在中国境内设立的分支机构不具有中国法人资格。外国公司对其分支机构在中国境内进行经营活动承担民事责任。"根据该规定,外国银行中国分行作为外国法人,他们与中国当事人之间缔结的合同可以被认为是涉外合同。[2]

另外需要注意的是,如果一份合同使用外文订立并选择外国法律作为准据法,单凭这一点还不能使该合同具有涉外因素。[3]

(二)当事人选择法律的范围

1. 国家的实体法

一般来说,当事人所选择的法律是某一特定国家的国内法(state law)。[4] 例如,根据德国《民法典施行法》第27条的规定,当事人所选择的法律仅包括"国家的法律"(staatliches recht),而不包括"非国家的法律规范"(如商人法)。[5] 欧共体1980年《罗马合同法律适用公约》明文规定了这一点。欧盟国家后来在制定取代《罗马公约》的《罗马第一条例》时发生了争论,一些国家主张可以允许当事人协议选择所谓的"商人法"(lex mercatoria),如《国际商事合同通则》和《欧洲合同法原则》等。

---

〔1〕 江苏省高级人民法院民事判决书,(2000)苏经初字第1号。

〔2〕 另参见法国外贸银行股份有限公司上海分行诉江守商事(中国)贸易有限公司金融借款合同纠纷案,上海市第一中级人民法院民事裁定书,(2015)沪一中民六(商)初字第S125号。

〔3〕 大连日创置业有限公司与大连东洋置业有限公司委托合同纠纷再审案,辽宁省高级人民法院民事裁定书,(2010)辽民三申字第11号。

〔4〕 Lawrence Collins ed., *Dicey, Morris and Collins on The Conflict of Laws*, 14th edition, Vol. 1, Thomson Sweet & Maxwell, 2006, p. 1223; Paul Lagarde, "Le nouveau droit international privé des contrats après l'entrée en vigueur de la convention de Rome du 19 juin 1980", *Revue Critique De Droit International Priv*, p. 287, 300–301; Ulrich Drobnig, *The UNIDROIT Principles in the Conflict of Laws*, 3 Uniform Law Review 385 (1998); Ralf Michaels, Privatautonomie und Privatkodifikation–Zu Anwendbarkeit und Geltung Allgemeiner Vertragsrechtsprinzipien, Rabels Zeitschrift fuer auslaendisches und internationales Privatrecht 62 (1998), S. 580, 593–594; Peter North & J. J. Fawcett, *Cheshire and North's Private International Law*, 13th edition, London, Butterworths, 1999, p. 559–560.

〔5〕 Von Hoffmann/Thorn, Internationales Privatrecht, S. 432.

但该观点被否决。《罗马第一条例》只是在前言第 13 项中提到："本条例不阻止当事人将非国家的法律条文或国际条约并入合同。"〔1〕在美国,《第二次冲突法重述》第 187 条和《统一商法典》第 1-105 条也都规定所选择的法律是"国或州的法律"(the law of state)。〔2〕 1994 年《美洲国家间合同法律适用公约》第 17 条也明文规定："就本公约目的而言,本公约中的法律是指一国现行法,但不包括冲突法。"〔3〕我国 1987 年发布的《最高人民法院关于适用〈涉外经济合同法〉若干问题的解答》(现已失效)第 2 条第 2 款中也规定："当事人选择的法律,可以是中国法,也可以是港澳地区的法律或者是外国法。"因此,原则上,"非国家的法律"(non-state law)不能作为准据法被当事人选择适用。〔4〕 2015 年海牙国际私法会议通过的《国际商事合同法律选择原则》第 3 条允许当事人选择"非国家的法律",但该原则并非强制性条约。〔5〕 另外在国际商事仲裁中,主流观点认为当事人可以选择非国家的法律支配其合同。〔6〕

当事人所选择的法律,根据普遍的观点,一般不包括其中的国际私法,而只是实体法选择,这就是所谓的"合同法上无反致"原则。2007 年 7 月 23 日发布的《最高人民法院关于审理涉外民事或商事合同纠纷案件法律适用若干问题的规定》(现已失效)〔7〕第 1 条规定："涉外民事或商事合同应适用的法律,是指有关国家或地区的实体法,不包括冲突法和程序法。"〔8〕

2. 实际联系

《法律适用法解释一》第 5 条规定："一方当事人以双方协议选择的法律与系争的涉外民事关系没有实际联系为由主张选择无效的,人民法院不予支持。"

---

〔1〕 该条例内容参见欧盟官方法律网,http://eur-lex.europa.eu/LexUriServ/LexUriServ.do? uri = OJ:L:2008:177:0006:0016:EN:PDF。

〔2〕 值得注意的是,2001 年修订的《统一商法典》第 1-301 条(替代原第 1-105 条)已经有所松动,允许合同当事人选择非国家规则。2001 年美国俄勒冈州冲突法立法也不再将当事人选择的法律限定为"state law"。See Symeon C. Symeonides, *Contracts Subject to Non-State Norms*, 54 American Journal of Comparative Law 209 (2006).

〔3〕 该公约已在墨西哥和委内瑞拉两国间生效,公约官方文本见:http://www.oas.org/juridico/english/treaties/b-56.html。

〔4〕 Giulia Sambugaro, *What "Law" to Choose for International Contracts?*, 3 The European Legal Forum 126 (2008).

〔5〕 Peter Mankowski, *Article 3 of the Hague Principles: The Final Breakthrough for the Choice of Non-State Law*, 22 Uniform Law Review 369 (2017).

〔6〕 Michal Konig, *Non-State Law in International Commercial Arbitration*, 35 Polish Yearbook of International Law265 (2015); Lawrence Collins ed., *Dicey, Morris and Collins on The Conflict of Laws*, 14th edition, Vol. 1, Thomson Sweet & Maxwell, 2006, p. 1567-1568.

〔7〕 法释〔2007〕14 号,2007 年 6 月 11 日由最高人民法院审判委员会第 1429 次会议通过,2007 年 8 月 8 日起施行。

〔8〕 UBAF(HONG KONG)LTD 与中国银行股份有限公司河南省分行保证合同纠纷案,最高人民法院民事裁定书,(2014)民四终字第 26 号。

国际上的趋势是,一般不对涉外合同当事人选择法律的自由进行限制,当事人完全可以选择与合同毫无联系的任何国家的法律作为准据法。[1] 但是,有些国家的司法判例中采用或曾经采用“合理联系”(reasonable relationship)或“合理利益”(l'interet raisonnable)原则来限制当事人所选择的准据法,即当事人所选择的法律必须是与合同有“合理联系”或“合理利益”的国家的法律。例如,瑞士联邦最高法院在其判例中就一贯坚持“合理利益”标准。[2] 但是在其 1987 年《国际私法法规》第 116 条中放弃了这一限制。

在英格兰,法院曾在著名的维他食品公司案中否决了当事人选择适用英格兰法的条款,理由是该合同与英格兰没有关系。[3] 但随着英国接受欧盟罗马合同法律适用公约之后,现在已不再要求合同必须与当事人所选择的法律有关联。[4] 澳大利亚有个别案例以“当事人的法律选择与合同没有事实联系”为由否定了法律选择的效力[5],但澳大利亚的主流观点认为,当事人选择的法律并不一定非要与合同有实质联系。[6] 美国《冲突法重述》(第二次)第 187(2)(a)条仍然要求当事人所选择的法律必须与合同有“合理联系”。[7] 一些州的司法实践中也有如此要求,比如在“Contour Design 公司案”[8]中,法院拒绝适用被选择的科罗拉多州法律,因为“与科罗拉多州之间唯一的联系是起草该合同的律师位于科罗拉多州”。但是这方面的限制也有缩小的趋势,比如加利福尼亚州、伊利诺伊州和纽约州法律对于标的额在 25 万美元以下的合同不再限制其法律选择。[9] 特别是 2001 年修订的《统一商法典》第 1-301 条已经废除了原来的第 1-105 条中所规定的“合理联系”要件。[10] 路易斯安那州和俄勒冈州通过的冲突法立法也都不再规定“合理联系”要求。但是,各国法律均禁止当事人通过选择外国法律来规避本应得到适用的法律,

---

[1] 1991 年国际法协会《关于私人间国际合同中当事人意思自治的决议》第 2 条规定:“当事人可以自由选择合同适用的法律。他们可以选择任何国家的法律。”该决议官方文本参见国际法协会官方网,http://www.idi-iil.org/idiF/resolutionsF/1991_bal_02_fr.PDF。

[2] 参见陈卫佐:《瑞士国际私法法典研究》,法律出版社 1998 年版,第 172 页。

[3] Vita Food Products Inc. v. Unus Shipping Co. Ltd. (1939), A. C. 290.

[4] Lawrence Collins ed., *Dicey, Morris and Collins on The Conflict of Laws*, 14th edition, Vol. 1, Thomson Sweet & Maxwell, 2006, p. 1562.

[5] Lawrence Collins ed., *Dicey, Morris and Collins on The Conflict of Laws*, 14th edition, Vol. 1, Thomson Sweet & Maxwell, 2006, p. 1563.

[6] 参见董丽萍:《澳大利亚国际私法研究》,法律出版社 1999 年版,第 162 页。

[7] Restatement (Second) of Conflict of Laws (1971), § 187(2)(a), at 561; UCC 1-105(1).

[8] 693 F. 3d 102 (1st Cir. 2012) (decided under New Hampshire conflicts law).

[9] New York General Obligations Law § 5-1401; 735 Illinois Compiled Statute 105/5-5; California Civil Code § 1646.5.

[10] Mo Zhang, *Party Autonomy and Beyond: An International Perspective of Contractual Choice of Law*, 20 Emory International Law Review 511 (2006).

尤其是其中的强制性规范。

从我国《涉外民事关系法律适用法》和相关司法解释的规定来看,我国并不要求当事人所选择的法律必须与合同具有客观联系。

3. 国际条约

我国原《民法通则》第 145 条和《涉外民事关系法律适用法》第 41 条都没有说明当事人是否能够选择国际条约和国际惯例。对于国际条约能否被当事人选择适用,我们认为不能一概而论,而要看各国国内法中对待国际条约的态度以及各国际条约本身的规定。国际条约在国内的适用不是当事人可以任意选择的事情。比如,我国加入的世界贸易组织各项协议,当事人就不能任意选择适用。

在我国,宪法中对于我国缔结或加入的国际条约如何适用没有统一规定。就民事领域的国际条约而言,我国原《民法通则》第 142 条第 2 款的规定已被废除。但《票据法》第 95 条、《海商法》第 268 条、《民用航空法》第 184 条规定,中华人民共和国缔结或者参加的国际条约同中华人民共和国的民事法律有不同规定的,适用国际条约的规定,但中华人民共和国声明保留的条款除外。从该条款的字面含义上看,应该理解为:当涉外民事关系应当适用我国法律时,才优先适用我国缔结或参加的国际条约的规定。如果涉外民事关系的准据法不是我国法律,此时我国缔结或参加的国际条约是否适用,就取决于相关国际条约本身的适用范围或者案件准据法所属国法律的规定。本书将在下文中结合《联合国国际货物销售合同公约》对该问题进行详细论述。

对于我国没有加入的国际公约,当事人能否在合同中选择适用呢?这个问题也应根据国际条约的具体情况而定。[1] 最高人民法院《法律适用法解释一》第 7 条规定:"当事人在合同中援引尚未对中华人民共和国生效的国际条约的,人民法院可以根据该国际条约的内容确定当事人之间的权利义务,但违反中华人民共和国社会公共利益或中华人民共和国法律、行政法规强制性规定的除外。"根据最高人民法院的解释,当事人所选择的尚未对我国生效的国际条约不能作为合同准据法,而只能视为当事人之间的合同条款。[2] 另外,如果我国法律适用规范指引适用某一外国法律,而该外国所缔结或参加的国际条约根据该外国法律的规定可以作为该国法律的一部分而适用,则必须要适用该条约,即使我国不是该条约的缔约国。[3]

---

〔1〕 参见万鄂湘、余晓汉:《国际条约适用于国内无涉外因素的民事关系探析》,载《中国法学》2018 年第 5 期。

〔2〕 参见《最高人民法院〈关于适用中华人民共和国涉外民事关系法律适用法若干问题的解释(一)〉答记者问》,载最高人民法院网,http://www.court.gov.cn/xwzx/jdjd/sdjd/201301/t20130106_181593.htm。

〔3〕 参见三井住友海上火灾保险株式会社诉中远海运集装箱运输有限公司多式联运合同纠纷案,上海市高级人民法院民事裁定书,(2018)沪民终 140 号。

实践中使用较多的是《统一提单的若干法律规则的国际公约》(《海牙规则》)。该公约第10条规定,该公约的规定仅适用于在任何缔约国所签发的提单。但1968年修订后的《海牙—维斯比规则》第10条则规定,只要提单载有的或为提单所证明的合同规定该合同受该公约的规则或某一缔约国国内法约束,就应适用该公约,无论承运人、托运人、收货人或任何其他有关人是否具有缔约国国籍。《联合国海上货物运输公约》(汉堡规则)第2条也有类似规定。因此,一份与中国有关的提单,如果在其首要条款中载明适用《海牙—维斯比规则》或者《汉堡规则》,由于中国不是公约缔约国,中国法院不能将其作为国际条约对待。此时,该公约的规定应当被视为并入提单的条款,只对运输合同当事人之间有约束力,对其他当事人之间不具有约束力。

4. 国际惯例(usages)和惯常做法(practice)

(1)明示或默示选择

如本书前面所述,国际惯例虽然不是我国法律的渊源,但可以被当事人在合同中选择,从而约束当事人双方(见本书关于国际私法渊源部分的论述)。尤其在国际合同中,当事人可以以明示或默示的方式约定合同受国际惯例等"软法"的支配。[1]联合国《国际货物销售合同公约》第9条规定:"(1)双方当事人业已同意的任何惯例(any usage)和他们之间确立的任何惯常做法(practices),对双方当事人均有约束力。(2)除非另有协议,双方当事人应视为已默示地同意对他们的合同或合同的订立适用双方当事人已知道或理应知道的惯例,而这种惯例,在国际贸易上,已为有关特定贸易所涉同类合同的当事人所广泛知道并为他们所经常遵守。"

由此可见,国际惯例和惯常做法要具有约束力,必须经过当事人的明示或默示的选择(同意)。这一点可以从各有关国际惯例本身的规定看出。1994年罗马国际统一私法协会《国际商事合同通则》(2016年修订)前言就明确指出:"在当事人一致同意其合同受通则管辖时,适用通则。"国际商会制定的《国际贸易术语解释通则》(2020年修订版)(Incoterms)在引言中也明确指出:希望使用Incoterms的商人,应在合同中明确规定该合同采用Incoterms并注明所选用的版本。[2] 国际商会的《托收统一规则》、《跟单信用证统一惯例》和《见索即付保函统一规则》等管理规则都规定只有在该惯例规则被当事人纳入合同时才对合同当事人各方具有约束力。1932年《华沙—牛津规则》也规定,"凡没有按下文规定的方式明文采用本规则者",则不得认为该规则支配合同当事人之间的权利与义务。1998年《欧洲合同法原则》第1-101条、美国1941年修订的《美国对外贸易定义》序言等都有同样规定。

---

〔1〕 Steven L. Schwarcz, *Soft Law as Governing Law*, 104 Minnesota Law Review2471 (2020).

〔2〕 参见中国国际商会/国际商会中国国家委员会组织翻译:《国际贸易术语解释通则2020》,对外经济贸易大学出版社2019年版。

当事人对国际惯例和惯常做法的同意(选择)包括明示和默示两种方式。明示的方式例如直接在合同中规定合同适用《托收统一规则》等;默示的选择例如当事人采用了跟单信用证,就会视为接受了《跟单信用证统一惯例》。

在"日本国三忠株式会社诉中国福建九州(集团)股份有限公司国际货物买卖合同短重赔偿案"[1]中,厦门中级人民法院认为,本案中当事人虽没有明确约定合同准据法,但是在合同中约定了CNF价格条件,意味着当事人默示接受了国际商会制定的《国际贸易惯例术语解释通则》的约束。《见索即付保函统一规则》也规定:"本条虽未表明也适用于反担保函,但从以后的条文中可以看出,不仅它对反担保函下了定义,又规定了开立反担保函者的责任,可以推定本规则也适用于反担保函。"

(2)选择的性质

但是,当事人所作的这种选择到底是什么性质?是将国际惯例和惯常做法选择为合同的准据法(governing law),还是将国际惯例和惯常做法并入合同,从而作为合同本身的条款?由于国际惯例和惯常做法并非具有普遍约束力的法律,将其视为并入合同的条款似乎更有说服力。联合国国际贸易法委员会秘书处对《联合国国际货物销售合同公约》第9条草案所作的评论也认为:"因为惯例对当事人发生约束作用只不过是因为当事人明示、默示地将惯例并入(incorperating)销售合同,按照意思自治原则,(发生冲突时)这些惯例应该适用,而不应适用与之冲突的公约条款。"[2]欧盟2008年通过的《罗马第一条例》在前言第13项中也提到:"本条例不阻止当事人将非国家的法律条文或国际条约并入合同。"[3]当事人在合同中选择国际惯例,并不能排除合同还要受其准据法的约束,合同准据法决定着当事人所选择的国际惯例的效力。例如,美国第九巡回上诉法院曾指出,涉案的国际信用证指明适用国际商会跟单信用证统一规则(UCP400),但该规则"并非某一外国的法律,而只是国际商会出版的一份惯例纲要",因此它"不能阻止加州商法典的适用"。[4]

(3)判断惯例和惯常做法的标准

根据《联合国国际货物销售合同公约》第9条的规定,判断商业惯例和惯常做法的标准包括主观标准和客观标准。

---

[1] 该案例参见最高人民法院中国应用法学研究所编:《人民法院案例选(1992-1999年合订本)》(商事卷·上),中国法制出版社2000年版。

[2] 参见联合国国际贸易法委员会秘书处《国际货物销售合同公约草案评论》,第8条(正式文本第9条)第5段,正式记录第18页。转引自李巍:《联合国国际货物销售合同公约评释》,法律出版社2002年版,第48页。

[3] This Regulation does not preclude parties from incorporating by reference into their contract a non-State body of law or an international convention.

[4] 829 F. 2d 949, 953-54 (9th Cir. 1987); P. John Kozyris, *Choice of Law in the American Courts in 1987: An Overview*, 36 American Journal of Comparative Law 547 (1988).

第一,主观标准,即该惯例或惯常做法应当为当事人所知道或理应知道。主观标准是从分析当事人主观状态来看他是否同意一项惯例,并不依赖于当事人是否实际知道或了解该惯例的内容。

第二,客观标准,即该惯例为特定交易所涉及的某一类合同当事人广泛知道和经常遵守。比如对于谷物、羊毛、棉花、鲜活水产品、蔬菜水果等的交易,其质量、包装、运输、交货等方式都受特定交易惯例支配,从事这方面交易的当事人应当了解该惯例和标准。

(三)当事人选择法律的时间

最高人民法院《法律适用法解释一》第6条第1款规定:"当事人在一审法庭辩论终结前协议选择或者变更选择适用的法律的,人民法院应予准许。"

目前各国的立法趋势是不对当事人选择合同准据法的时间进行限制。当事人既可以在订立合同的同时选择准据法,也可以在合同订立之后选择。我国《最高人民法院第二次全国涉外商事海事审判工作会议纪要》第46条规定:"涉外商事合同的当事人可以在订立合同时或者订立合同后,经过协商一致,以明示方式选择合同争议所适用的法律。"但最晚到什么时候可以作出选择?在以前的《最高人民法院关于适用〈涉外经济合同法〉若干问题的解答》第2条第4款规定:"当事人在订立合同时或者发生争议后,对于合同所适用的法律未作选择的,人民法院受理案件后,应当允许当事人在开庭审理以前作出选择。"实践中,许多案件当事人往往在开庭审理前并不能达成一致协议,直到开庭审理后,在庭审中才协议作出法律选择。在这种情况下,我国法院通常也是认定其效力的。[1]《法律适用法解释一》第6条第1款规定,当事人在一审法庭辩论终结前协议选择或者变更选择适用的法律的,人民法院应予准许。

当事人事后也可以变更原先作出的法律选择。[2] 但是,如果允许当事人事后选择法律或者允许当事人协议改变先前的合同准据法,就存在合同准据法的改变问题(Statutwechsel),即当事人后来选择的法律与先前的合同准据法可能会不一样。在这种情况下,原则上应当遵循"溯及既往原则"(ex tunc),即后来选择的法律对于

---

〔1〕 参见大西洋韦拉克鲁斯私人有限公司、长岛县东村海珍品发展有限公司海上、通海水域养殖损害责任纠纷案,山东省高级人民法院民事判决书,(2021)鲁民终509号;莆田市东南香米业发展有限公司等与莆田市国有资产投资有限公司借款合同纠纷上诉案,最高人民法院民事判决书,(2017)最高法民终391号;翔鹭石化股份有限公司、泰科科技株式会社买卖合同纠纷案,最高人民法院民事判决书,(2018)最高法民终349号等。

〔2〕 参见NK化工PTE有限公司(NKChemicalsPTElte)与斯科特·伯顿(ScottBurton)等补偿合同纠纷案,江苏省高级人民法院民事判决书,(2012)苏商外终字第0024号;人保蝶山公司、梧州市汇祥船务有限公司海上、通海水域保险合同纠纷案,广西壮族自治区高级人民法院民事判决书,(2017)桂民终426号等。

合同订立后发生的所有问题均具有效力;但是对于某些特定问题,应当适用“不溯及既往原则”(ex nunc),即当事人对合同法律适用条款的修改不得影响合同的形式有效性以及善意第三人依照先前的准据法对合同所享有的权利。〔1〕

(四)当事人选择法律的方式

1. 明示选择

当事人选择法律的方式,有明示和默示两种。多数国家均允许当事人明示或默示选择法律。如德国《民法典施行法》第27条规定:“法律选择必须明示或者能够明确地从合同的条款中或者从事实情况中得出。”

《涉外民事关系法律适用法》第3条规定:“当事人依照法律规定可以明示选择涉外民事关系适用的法律。”但由于我国原《合同法》和《民法典》都允许采用口头形式订立合同(《民法典》第469条),如果一味坚持要求当事人必须明示选择合同准据法就过于严格了。

2. 推定选择

最高人民法院2007年7月23日发布的《关于审理涉外民事或商事合同纠纷案件法律适用若干问题的规定》第4条第2款规定:“当事人未选择合同争议应适用的法律,但均援引同一国家或者地区的法律且未提出法律适用异议的,应当视为当事人已经就合同争议应适用的法律作出选择。”

2012年《法律适用法解释一》第8条第2款规定:“各方当事人援引相同国家的法律且未提出法律适用异议的,人民法院可以认定当事人已经就涉外民事关系适用的法律做出了选择。”

我国法院在实践中经常采用此种推定方式,例如“周某驰诉中建荣真无锡建材科技有限公司肖像权、姓名权纠纷案”。〔2〕最高人民法院也在多起案件中采用该方式。〔3〕

三、对当事人意思自治的限制

(一)公共秩序保留

我国原《民法通则》第150条规定:“依照本章规定适用外国法律或者国际惯例

---

〔1〕 Reinhart, Zur nachtraeglichen Aenderung des Vertragsstatuts nach Art. 27 Abs. 2 EGBGB durch Parteivereinbarung im Prozess, IPRax 1995, S. 365ff.

〔2〕 参见《最高人民法院公报》2020年第2期。

〔3〕 参见陈某亮与克拉斯·彼得·瑞丁民间借贷纠纷案,最高人民法院民事判决书,(2018)最高法民终1112号;成都中德西拉子环保科技有限公司、中国长城资产(国际)控股有限公司动产质权纠纷案,最高人民法院民事判决书,(2020)最高法民终1101号;建设信贷银行股份公司埃森特佩企业银行业务中心分行与沈阳远大铝业工程有限公司信用证欺诈纠纷再审案,最高人民法院民事判决书,(2020)最高法民再265号等。

的,不得违背中华人民共和国的社会公共利益。"《涉外民事关系法律适用法》第5条规定:"外国法律的适用将损害中华人民共和国社会公共利益的,适用中华人民共和国法律。"根据上述规定,合同当事人协议选择外国法作为准据法的,不得违背中国的公共秩序,否则将适用中国法律。

在"梁某齐、黄某安合同纠纷案"中,[1]一审法院认为,(当事人之间的)该协议涉及成立于我国香港特别行政区的公司股权变更,故该协议的效力问题,本应当适用我国香港特别行政区法为准据法,但因粤港两地车牌的使用需经相关部门审批,黄某安与梁某齐通过变更粤港两地车牌拥有公司的股权方式,达到转让两地车牌的目的,规避了相关职能部门对于粤港两地车牌的管理。根据《涉外民事关系法律适用法》第5条的规定,涉外法律的适用将损害中华人民共和国社会公共利益的,适用中华人民共和国法律。因此,对于黄某安与梁某齐签订的《永久转让协议书》应适用我国内地法律为准据法。笔者认为,本案对公共秩序保留的认定过于宽泛。

(二)强制性规范的限制

《涉外民事关系法律适用法》第4条规定:"中华人民共和国法律对涉外民事关系有强制性规定的,直接适用该强制性规定。"《法律适用法解释一》第9条规定:"一方当事人故意制造涉外民事关系的连结点,规避中华人民共和国法律、行政法规的强制性规定的,人民法院应认定为不发生适用外国法律的效力。"在合同中,当事人所选择的法律不能排除我国立法中的强行性或禁止性规定的适用,也不能排除国际公约中的强制性规定(jus cogens)。例如,对于文化财产的进出口方面,我国参加的联合国《关于禁止和防止非法进出口文化财产和非法转让其所有权的方法的公约》[2]规定:"本公约缔约国违反本公约所列的规定而造成的文化财产之进出口或所有权转让均属非法。"

(三)不动产所在地法律对当事人意思自治的限制

最高人民法院在《第二次全国涉外商事海事审判工作会议纪要》第56条中规定:"不动产买卖、租赁或者抵押合同,适用不动产所在地法。"这主要是考虑到我国不动产法律制度具有特殊性。我国《土地管理法》规定,我国实行土地的社会主义公有制,即全民所有制和劳动群众集体所有制。任何单位和个人不得侵占、买卖或者以其他形式非法转让土地。土地使用权可以依法转让。国家为了公共利益的需要,可以依法对土地实行征收或者征用并给予补偿。国家依法实行国有土地有偿使用制度。但是,国家在法律规定的范围内划拨国有土地使用权的除外。《城市房地产管理法》(2019年修正)和国务院《城市房地产开发经营管理条例》(2020年修订)对我国城市房地产的开发、交易、租赁、转让等进行了专门规定。司法部、建设部(现为

---

[1] 广东省深圳市中级人民法院民事判决书,(2020)粤03民终14304号。

[2] 该公约1970年11月17日订于巴黎,于1972年4月24日生效。1990年1月25日起对中国生效。

住建部)、外交部、国务院侨办 1989 年发布的《关于办理华侨、港澳同胞、台湾同胞以及外国人房屋产权事宜中如何确认公证文书效力的通知》目前仍然有效。

四、复合法律选择

通常,当事人在一份合同中只会选择一个国家(地区)的法律来支配他们之间的合同,这种情况被称为单一法律选择。如果合同当事人同时在一份合同中选择了两个或两个以上的法律,则被称为复合法律选择。复合法律选择包括以下几种情况。

(一)重叠式选择

合同当事人所选择的两个或两个以上的法律都支配整个合同。例如,当事人在合同中约定:"本合同适用 A 国法律和 B 国法律。"或者合同中甲条款约定合同受 A 国法律支配,但乙条款又约定合同受 B 国法律或某国际条约支配。这种法律选择被称为"重叠法律选择"。在实践中,这种重叠法律选择条款非常不利于合同关系的稳定性,当事人应当尽量避免作出重叠性法律选择。法院在审判中,如果不能确定当事人到底希望适用哪一法律,可以认定"当事人所作的法律选择无法执行"。

(二)任意性选择

当事人在合同中约定合同争议适用甲国或乙国法律。这种情况也被称为"浮动的准据法"(floating proper law),即合同准据法处于不确定状态。此时,法官不能简单认为法律选择条款无效,而应当允许当事人进行第二次选择,即在所选择的两个或多个法律中选择一个。如果当事人之间无法达成一致,则由法官根据案情选择适用其一。[1]

(三)分割选择

如果当事人在一份合同中选择了两个或两个以上的法律,但明确约定这些法律分别支配该合同的不同部分,即对合同的不同方面约定不同的准据法。现代国际商事合同实践中对分割方法(depecage, splitting the applicable law)普遍持肯定态度。[2]

---

〔1〕 参见沈阳神羊游乐园有限公司与马来西亚进出口银行有限公司金融借款合同纠纷上诉案,最高人民法院民事判决书,(2017)最高法民终 636 号。该案中,双方签订的《贷款协议》第 17.21(a)项约定:"以马来西亚法律作为本协议的管辖法律,应根据马来西亚法律进行解释,如果马来西亚法律不适用或者不具有执行力,各方应将争议适用中国法律或其他进出口银行认可的适用法律,所有担保文件所适用的法律与上述情形相同。"双方当事人一方主张适用中国法律,另一方主张适用马来西亚法律。法院以当事人未能提供马来西亚法律为由适用了中国法律。

〔2〕 Christopher G. Stevenson, *Depecage: Embracing Complexity to Solve Choice-of-Law Issues*, 37 Indiana Law Review 303 (2003); Symeon C. Symeonides, *Issue-by-Issue Analysis and Dépeçage in Choice of Law: Cause and Effect*, 45 University of Toledo Law Review 751 (2014).

五、区分合同准据法和合同并入条款

在实践中还要注意区分合同准据法和合同中的并入条款(incorporation)。在国际商事合同中,当事人有时候会在合同中约定:本合同中的条款依某国法律解释。尤其是在国际海事运输中,承运人所签发的提单中经常将《海牙规则》或《美国海上货物运输法》等载入提单条款之中。

例如,《中国远洋运输公司提单》第2条中就约定:"凡根据本提单或与其有关的一切争议均应按中国法律在中华人民共和国的法院解决或在中华人民共和国仲裁",但该提单第27条同时规定:"关于运往美国或从美国运出的货物,尽管有本提单的其他条款,本提单应遵守美国1936年海上货物运输法的规定。"在这样的提单中,运输合同的准据法应当是中国法律,而《海牙规则》和《美国海上货物运输法》应当被视作并入提单的合同条款,该条款规定的内容专门用于运往美国或从美国运出的货物买卖。[1] 而对于其他货物的买卖,适用中国法律。[2]

六、当事人缺席对法律选择的影响

在民事诉讼中,当事人不应诉,会对自己的诉讼权利产生不利的影响。在国际私法上,当事人不应诉主要会影响到当事人协议选择管辖权和协议选择准据法的权利。

《民事诉讼法》第147条规定:"被告经传票传唤,无正当理由拒不到庭的,或者未经法庭许可中途退庭的,可以缺席判决。"[3]在"中国工商银行深圳市分行与嘉星(集团)有限公司等被告借款纠纷案"[4]中,双方贷款协议约定适用我国澳门特别行政区法律,其他担保协议分别约定适用中国内地法律和我国香港特别行政区法律。对于担保合同,双方约定该担保书受我国香港特别行政区法律管辖并按我国香港特别行政区法律解释。原告起诉后,所有被告没有答辩,经法院合法传唤后均不到庭。法院审理认为,被告经合法传唤不到庭,从而构成对于其依法享有的法律适用的选择权的放弃,并否定了当事人双方在合同中约定的准据法的效力,转而适用

---

〔1〕 Lawrence Collins ed., *Dicey, Morris and Collins on The Conflict of Laws*, 14th edition, Vol. 1, Thomson Sweet & Maxwell, 2006, p. 1571.

〔2〕 参见美国总统轮船公司与菲达电器厂、菲利公司、长城公司无单放货纠纷再审案,载《最高人民法院公报》2002年第5期。

〔3〕 香港新建业有限公司等诉上海新建业有限公司等欠款担保纠纷案,载《最高人民法院公报》2004年第1期。

〔4〕 广东省高级人民法院民事判决书,(2000)粤法经二初字第14号。

原告主张的中国内地法律。[1] 该案的做法也被我国其他法院采用。在"宁波保税区汉光工贸有限公司诉俄罗斯远航国际运输有限公司海上货物运输合同无单放货纠纷案"[2]中,法院认为"根据提单背面条款,提单法律关系应适用英国法,但鉴于本案被告缺席,原告在庭审中主张适用中国法,故本案应适用我国《海商法》和其他相关法律审查"。

七、当事人所选择的合同准据法发生改变

(一)新法优于旧法原则

在涉外合同中,如果当事人选择了准据法,但是当事人所选择的某国法律后来发生了改变,此时应当适用先法(旧法)还是后法(新法)?

原则上,应当遵守"新法优于旧法"原则(lex posterior derogat priori)。我国《立法法》第92条规定:"同一机关制定的法律、行政法规、地方性法规、自治条例和单行条例、规章……;新的规定与旧的规定不一致的,适用新的规定。"既然某国法被当事人选择为合同准据法,就应当理解为他们已经同意把整个合同的命运托付给该国法律,如果在合同缔结到履行期间该国法律发生改变,合同也应当随之受新法律的约束。因此,假如合同准据法所属国后来宣布合同条款(如黄金保值条款)无效或宣布利率下调,合同也应相应地随之改变。例如,1911年,德国曾从一荷兰银行贷款一笔马克,约定贷款合同受德国法律支配。"一战"爆发后,德国取消了金本位制,借款合同到期时,马克的实际价值接近于零。但上诉法院仍然认为,债权人不能要求按照1911年的马克实际价值偿还贷款,因为合同既然适用德国法,就意味着它要受德国法变迁的影响。[3] 同时,"法律不溯及既往"原则也应被遵循。

(二)外国法被并入合同

实践中还应当注意区分两种情况,即当事人明确选择某国法律为合同准据法和当事人将某国法律规定作为合同条款并入合同。如果认为某国法律是被当事人纳入(incorporating in)合同作为合同条款,此时该国法律条款已经成为合同的一部分,即使后来发生修改,也不能对合同产生影响。

实践中,要注意当事人在合同中使用的术语。通常,如果当事人约定"本合同受某国法律约束或支配或解释",则可以理解为该国法律为合同准据法;相反,如果当事人约定对合同中某一方面的问题依照某国法律中某一或某些条款执行,此时可以理解为当事人将该国法律中的有关规定纳入合同作为合同的条款。比如,海上运输

[1] 有学者对此案的判决提出了质疑。参见黄进、杜焕芳:《2002年中国国际私法的司法实践述评》,载韩德培等主编:《中国国际私法与比较法年刊—2002》(第5卷),法律出版社2004年版,第45页。

[2] 宁波海事法院民事判决书,(2006)甬海法商初字第143号。

[3] Martin Wolff, *Private International Law*, Oxford University Press, 1945, p. 430-431.

合同中,提单的法律选择条款所选择的是准据法,而首要条款或其他背面条款中所并入的《海牙规则》或某国法律条文则是提单的并入条款。[1]

但是在实践中,往往很难区分外国法到底是被当事人选为合同准据法还是作为合同条款。在这种情况下,不同国家的法官和学者就会发生尖锐的分歧。特别是当准据法的改变是由于准据法所属国发生革命或政变导致政权更迭而引起的,此时应当适用新法还是旧法?资本输出国往往坚持“并入条款”理论,主张应当适用原来的法律,而不适用新的法律,以便保护投资方利益。

与此类似的问题是,如果准据法所属国领土主权发生变更,新主权者的法律代替原主权者的法律,此时合同应当适用新法还是旧法?西方学者也认为应当适用原来的法律。[2]

(三)稳定条款

在适用新法还是旧法的问题上,资本输出国与资本输入国之间存在尖锐对立。资本输出国为了保护本国的对外投资者,主张在合同中加入一种“稳定条款”(stabilization clauses),把适用于合同的东道国的法律“冻结”(freeze up)起来,以便不受东道国法律改变的影响。[3] 稳定条款尤其用于规避东道国的国有化和征收法律。

而作为资本输入国的广大第三世界国家为了维护本国主权,则极力主张把外国的投资合同置于本国法律的控制之下,坚持本国法律的改变对合同有约束力。

随着经济全球化的发展,许多国家为了吸引投资,允许外资合同继续适用旧法。我国以前的《涉外经济合同法》第40条就规定,在中华人民共和国境内履行、经国家批准成立的中外合资经营企业合同、中外合作经营企业合同、中外合作勘探开发自然资源合同,在我国法律有新的规定时,仍然可以按照合同原来的规定执行,而不受新法的影响。同时该法第41条规定,该法施行之日前成立的合同,经过当事人协商同意,也可以适用该法。

我国《外商投资法》第25条规定:“地方各级人民政府及其有关部门应当履行向外国投资者、外商投资企业依法作出的政策承诺以及依法订立的各类合同。因国家利益、社会公共利益需要改变政策承诺、合同约定的,应当依照法定权限和程序进行,并依法对外国投资者、外商投资企业因此受到的损失予以补偿。”

---

〔1〕 Lawrence Collins ed., *Dicey, Morris and Collins on The Conflict of Laws*, 14th edition, Vol. 1, Thomson Sweet & Maxwell, 2006, p. 1571.

〔2〕 Martin Wolff, *Private International Law*, Oxford University Press, 1945, p. 431.

〔3〕 Walde, Thomas & George Ndi, *Stabilizing International Investment Commitments: International Law Versus Contract Interpretation*, 31 Texas International Law Journal 215 (1996); Margarita Coale, *Stabilization Clauses in International Petroleum Transactions*, 30 Denver Journal of International Law & Policy 217 (2002).

第三节　当事人没有选择法律时的法律适用

一、最密切联系原则

(一)概念

我国早在1985年《涉外经济合同法》第5条中就规定:“合同当事人可以选择处理合同争议所适用的法律。当事人没有选择的,适用与合同有最密切联系的国家的法律。”1986年原《民法通则》第145条重申了上述规定。1987年《最高人民法院关于适用〈涉外经济合同法〉若干问题的解答》第2条第4、5、6款对于“最密切联系”原则的具体运用做了详细的规定。《海商法》第269条和1999年原《合同法》第126条也做了同样规定。《涉外民事关系法律适用法》第41条也规定:“当事人没有选择的,适用履行义务最能体现该合同特征的一方当事人经常居所地法律或者其他与该合同有最密切联系的法律。”

(二)最密切联系地的确定

由于最密切联系地只是一个非常抽象的概念,它本身并没有指明可供直接援用的法律,因此它的适用就必须依赖于法官的主观分析和判断。这样做的潜在弊端是难以排除法官的主观臆断和偏见,容易导致法官适用他最熟悉的法院地法。因此,最密切联系作为一个连结点或者作为一个指导法律适用的原则,在英美法系国家比较容易得到适用,而在大陆法系国家,它的适用通常会受到一定限制,也就是说,最密切联系原则通常要与客观连结点结合起来进行适用。

在合同法律适用方面,大陆国家发展出“特征性履行”理论,用来补充最密切联系原则,指导法官如何确定“最密切联系地”。

二、特征性履行方法

(一)概念

由于最密切联系原则是一项具有主观任意性的连结原则,在大陆法系国家,由于立法严格限制法官的自由裁量权,因此,必须对“最密切联系原则”加以具体化。“特征性履行”(Charakteristische Leistung, characteristic performance)方法就是大陆法国家为了使“最密切联系原则”具有可操作性而发展出来的一种理论方法。[1] “特

---

〔1〕 Nichy Richardson, *The Concept of Characteristic Performance and the Proper Law Doctrine*, Bond Law Review, Vol. 1:2, p. 284-288 (1989); F. Vischer, *The Concept of the Characteristic Performance Reviewed*, in A. Borrás et al. eds., E Pluribus Unum: Liber Amicorum Georges A. L. Droz, on the Progessive Unification of Private International Law, The Hague: Martinus Nijhoff, 1996.

征性履行”也被称为“特征性给付”(prestation caracteristique)或“特征性债务”(characteristic obligation)理论。[1] 它是指在双务合同中,以最能反映合同特征的合同履行方的经常居住地或营业地所在国法律为合同准据法。一般而言,双务合同中,特征性履行方就是“非支付价款方”。

“特征性履行”方法自从在欧洲《罗马合同之债法律适用公约》中得到全面地贯彻以来,已经成为大陆法国家合同法律适用上除“当事人意思自治”外最基本的方法。

(二)我国法律的规定

1. 一般规定

原《最高人民法院关于审理涉外民事或商事合同纠纷案件法律适用若干问题的规定》第5条第2款规定:“人民法院根据最密切联系原则确定合同争议应适用的法律时,应根据合同的特殊性质,以及某一方当事人履行的义务最能体现合同的本质特性等因素,确定与合同有最密切联系的国家或者地区的法律作为合同的准据法。”《涉外民事关系法律适用法》第41条也规定:“当事人没有选择的,适用履行义务最能体现该合同特征的一方当事人经常居所地法律或者其他与该合同有最密切联系的法律。”

2. 具体合同的特征性履行方

在判断案件中,需要根据合同的性质来判断哪一方当事人的履行构成特征性履行。2005年最高人民法院《第二次全国涉外商事海事审判工作会议纪要》第56条规定:“人民法院根据最密切联系原则确定合同应适用的法律时,应根据合同的特殊性质,以及当事人履行的义务最能体现合同的本质特性等因素,确定与合同有最密切联系国家的法律作为合同的准据法。”该条列举了18种合同的最密切联系地,大多数是适用“非支付价款方”的住所地或营业地所在地法律。《涉外民事关系法律适用法》第41条采用了特征性履行方的“经常居所地”法律。对于自然人来说,住所和经常居所可能不一致。但是对于法人而言,住所地是指主要办事机构所在地(《民法典》第63条),而经常居所地是指其主营业地(《法律适用法》第14条)。

《民法典》规定了19种有名合同。除《民法典》外,一些单行法中也规定了特殊的合同类型,如《保险法》《劳动合同法》《招标投标法》《海商法》《民用航空法》等。

“特征性履行”方法并不能适用于所有合同,因为有些合同很难判断特征性履行方,即双方当事人的履行对合同而言都不具有特征性。某些合同中,双方当事人的履行都是支付金钱,比如货币兑换合同,双方的履行都具有特征性。而有些合同,双方当事人都不支付价款,比如以货易货合同,双方相互交换实物,何者的履行为特征

---

[1] D'Oliveira, *Characteristic Obligations in the Draft EEC Obligation Convention*, 25 American Journal of Comparative Law 303 (1977).

性履行无法确定。在双方共同投资合同中,也很难确定何者为特征性履行方。此时,就应当适用其他与该合同有最密切联系的法律。对“最密切联系地”的确定应依据其他客观连结点判断,如合同的订立地、履行地、当事人的营业地等。

结合我国法律法规以及历年来司法解释和司法实践,我们将各种合同依照特征性履行地和其他最密切联系地归纳如下:

(1)买卖合同,适用合同订立时卖方经常居所地法;如果合同是在买方住所地谈判并订立的,或者合同明确规定卖方须在买方经常居所地履行交货义务的,适用买方经常居所地法。〔1〕

(2)供用电、水、气、热力合同,适用供应方经常居所地法律。〔2〕

(3)赠与合同,适用赠与人经常居所地法律。〔3〕

(4)借款合同,适用贷款人经常居所地法律。〔4〕

(5)保证合同,适用保证人经常居所地法律。〔5〕

(6)动产租赁合同,适用出租人经常居所地法律。〔6〕

(7)融资租赁合同,适用承租人经常居所地法律。〔7〕

(8)保理合同,适用保理人经常居所地法律。〔8〕

(9)承揽合同,适用加工承揽人经常居所地法律。〔9〕

---

〔1〕参见南京置达进出口有限公司诉快乐男爵国际有限公司(Happy Baron International B. V.)国际货物买卖合同纠纷案,江苏省南京市中级人民法院民事判决书,(2010)宁商外初字第26号。

〔2〕参见广州洽诚贸易有限公司等诉广州供电局有限公司等供用电合同纠纷案,广东省广州市中级人民法院民事判决书,(2013)穗中法民四终字第12号。

〔3〕参见刘某辉诉许某萍等赠与合同纠纷案,上海市第一中级人民法院民事裁定书,(2016)沪01民申361号。

〔4〕参见中国银行股份有限公司威海分行与于某玲、小林健金融借款合同纠纷案,山东省威海市中级人民法院民事判决书,(2019)鲁10民初102号。

〔5〕参见陈某与太仓市淏华科技小额贷款有限公司保证合同纠纷案,江苏省苏州市中级人民法院民事判决书,(2019)苏05民终9390号。

〔6〕参见江某萍诉东莞嘉汇电器有限公司等租赁合同纠纷案,广东省东莞市第三人民法院民事判决书,(2013)东三法民四初字第8号。

〔7〕《最高人民法院关于审理融资租赁合同纠纷案件若干问题的规定》第4条,法发〔1996〕19号。该规定已被《最高人民法院关于审理融资租赁合同纠纷案件适用法律问题的解释》取代,但后者取消了原第4条。

〔8〕参见卡×万利商业保理有限公司诉深圳市罗湖区米×服装店(经营者:包某红)合同纠纷案,广东省深圳市前海合作区人民法院民事判决书,(2016)粤0391民初1545号;中国工商银行股份有限公司漳浦支行诉福建祺源化学品发展有限公司等金融借款合同纠纷案,福建省漳州市中级人民法院民事判决书,(2013)漳民初字第131号。

〔9〕参见上海伽姆普实业有限公司与MoraglisS. A. 承揽合同纠纷上诉案,上海市高级人民法院民事判决书,(2012)沪高民二(商)终字第4号。

(10)建设工程合同,适用建设工程所在地法律。[1]

(11)运输合同,适用承运人经常居所地法律。[2]

(12)技术合同,适用技术开发方、受让方、被许可方或咨询服务接受方经常居所地法律。[3]

(13)保管合同,适用保管人经常居所地法律。[4]

(14)仓储合同,适用仓储人经常居所地法律。

(15)委托合同,适用受托人经常居所地法律。

(16)物业服务合同,适用服务方经常居所地法律。[5]

(17)行纪合同,适用行纪人经常居所地法律。[6]

(18)中介合同,适用中介人经常居所地法律。

(19)合伙合同,适用合伙企业登记地法律。[7]

(20)动产质押合同,适用质权人经常居所地法律。[8]

(21)保险合同,适用保险人经常居所地法律。[9]

(22)证券的发行、交易和转让合同,分别适用证券发行地法律、证券交易地法律和证券转让地法律。[10]

(23)拍卖合同,适用拍卖举行地法律。[11]

---

〔1〕参见梁某效与东莞市金檀实业有限公司、叶耀祥建设工程施工合同纠纷案,广东省东莞市中级人民法院民事判决书,(2015)东中法民一终字第2151号。

〔2〕参见深圳市龙岗区平湖辅城坳高发制品厂等与深圳市鸿捷达速递有限公司货运合同纠纷上诉案,广东省高级人民法院民事判决书,(2004)粤高法民四终字第236号。

〔3〕参见交互数字通信有限公司(InterDigitalCommunications,INC)等与华为技术有限公司标准必要专利使用费纠纷上诉案,广东省高级人民法院民事判决书,(2013)粤高法民三终字第305号。

〔4〕参见吴某与何某文保管合同纠纷案,四川省高级人民法院民事判决书,(2016)川民终588号;日网株式会社诉上海成康国际贸易有限公司保管合同纠纷案,上海市第一中级人民法院民事判决书,(2007)沪一中民五(商)初字第22号。

〔5〕参见佛山市宇恒物业管理有限公司与鲍红专物业服务合同纠纷案,广东省佛山市南海区人民法院民事判决书,(2018)粤0605民初262号。

〔6〕参见梅某军、德州市陵城区久久红窗帘店行纪合同纠纷案,山东省德州市中级人民法院民事判决书,(2021)鲁14民终2839号。

〔7〕《外国企业或者个人在中国境内设立合伙企业管理办法》,中华人民共和国国务院令第567号。

〔8〕参见恒丰银行股份有限公司温州分行与温州凯其美贸易有限公司、温州东海控股有限公司金融借款合同纠纷,浙江省温州市中级人民法院民事判决书,(2019)浙03民初784号。

〔9〕参见中国人民财产保险股份有限公司上海市分公司与自然环保集团(私人)有限公司等海上保险合同纠纷上诉案,上海市高级人民法院民事判决书,(2013)沪高民四(海)终字第108号。

〔10〕参见杉浦立身与龚茵股权转让纠纷案,上海金融法院民事判决书,(2018)沪74民初585号。

〔11〕参见刘某松等诉清远市新世纪拍卖有限公司拍卖合同纠纷案,广东省清远市中级人民法院民事判决书,(2007)清中法民三初字第31号。

(24)不动产合同,适用不动产所在地法律。[1]

第四节　合同准据法的适用范围

一、概论

在《最高人民法院关于审理涉外民事或商事合同纠纷案件法律适用若干问题的规定》第2条明确规定:“本规定所称合同争议包括合同的订立、合同的效力、合同的履行、合同的变更和转让、合同的终止以及违约责任等争议。”《最高人民法院关于适用〈中华人民共和国仲裁法〉若干问题的解释》第2条规定:“当事人概括约定仲裁事项为合同争议的,基于合同成立、效力、变更、转让、履行、违约责任、解释、解除等产生的纠纷都可以认定为仲裁事项。”对于上述合同争议,原则上都适用合同准据法。按照最密切联系原则确定的涉外商事合同应适用的法律,是指有关国家及地区的实体法规范,不包括冲突规范和程序法规范。

二、合同中的特殊问题

(一)合同中的法律选择条款的效力

对于合同中的法律选择条款,一般认为独立于主合同。合同无效、被撤销或者终止的,不影响合同中独立存在的有关解决争议方法的条款的效力(我国原《合同法》第57条)。合同中的法律选择条款是否有效,应当根据单独的法律来判断。至于到底适用什么法律,存在一定分歧。

国际上大多主张依据当事人协议选择的法律来判断。例如,1985年海牙《国际货物销售合同法律适用公约》第10条就规定:“如果当事人已经就合同应适用的法律达成了协议,该法律适用协议的存在和有效性应当由被选择的法律来决定。”德国、瑞士等国立法也采该观点。不过这种做法存在一个逻辑上的弊端:当事人之间是否达成了有效的法律选择协议还没有确定,如何根据该法律判断其自身的效力?鉴于这种难题,英美国家学者及司法判例多支持适用法院地法。但法院地法观点容易导致原告挑选对己有利的法院起诉。[2]

我国法院也多采用法院地法。最高人民法院在“山东聚丰网络有限公司与韩国MGAME公司、天津风云网络技术有限公司网络游戏代理及许可合同纠纷管辖权异

---

〔1〕 参见王某玲、王某泽赠与合同纠纷再审案,福建省高级人民法院民事裁定书,(2019)闽民申1752号。

〔2〕 参见杜涛:《新〈民事诉讼法〉下当事人协议选择境外法院问题》,载《人民司法(应用)》2017年第1期。

议案”中认为:“对协议选择管辖法院条款的效力,应当依据法院地法进行判断;原审法院有关协议管辖条款必须符合选择的准据法所属国有关法律规定的裁定理由有误。”〔1〕鉴于法律选择条款与法院选择条款都属于争议解决条款,而且在合同中往往放在一起进行约定,因此我国法院都应依法院地法判断,尤其是在判断提单中的法律选择条款效力时。〔2〕

(二)合同的形式

对于合同的形式,当前的主流观点是“有利于合同生效”原则。原则上,合同的形式效力也应当受合同准据法支配。如果合同当事人选择了法律,该法律当然也支配合同的形式问题。但是,如果合同依据合同准据法不具有形式效力时,如果合同符合订立地法律的形式要件,此时也应当认为合同形式上有效。〔3〕

(三)合同当事人的行为能力

在合同领域,当事人的缔约能力问题属于合同的实质效力问题,而实质效力问题应当受合同准据法支配。这样就可能产生一个问题,如果当事人选择了合同准据法,则当事人的缔约能力就会受他所选择的法律支配。如果他们本来不具有缔约能力,则他们可以选择一个国家的法律使自己具有缔约能力,这种情况不利于国际交易的安全。一般认为,合同当事人的缔约能力问题不能由当事人选择的法律支配。1980年欧共体《罗马合同法律适用公约》也把当事人的能力问题排除在公约适用范围之外。当事人能力问题通常由当事人属人法支配。在英格兰,一般适用与合同有最密切联系的法律或者适用当事人的住所或居所地法律。〔4〕在大陆法国家,通常适用当事人本国法。但当事人属人法经常要受到缔约地法律的限制。如果当事人依据属人法为无行为能力,而依照缔约地法为有行为能力,则应当认为其有行为能力。我国《法律适用法》第12条的规定就是如此。

(四)合同的转让

合同的转让是指合同一方当事人依法将其合同权利和义务全部或部分地转让给第三人。包括合同权利的转让、合同义务的转让和合同权利与义务的概括转让三种形态。〔5〕对于合同转让的性质、当事人之间的关系,各国法律均有很大差异。随

---

〔1〕 最高人民法院民事裁定书,(2009)民三终字第4号。

〔2〕 参见北京泰宇博洋国际贸易有限责任公司与上海浦东幸运船务有限公司运输合同纠纷上诉案,天津海事法院民事判决书,(2015)津海法商初字第685号;天津市高级人民法院民事判决书,(2016)津民终200号。

〔3〕 Lawrence Collins ed., *Dicey, Morris and Collins on The Conflict of Laws*, 14th edition, Vol. 1, Thomson Sweet & Maxwell, 2006, p. 1573.

〔4〕 Lawrence Collins ed., *Dicey, Morris and Collins on The Conflict of Laws*, 14th edition, Vol. 1, Thomson Sweet & Maxwell, 2006, p. 1621.

〔5〕 参见王利明、崔建远:《合同法总则》,中国政法大学出版社2000年版,第406页。

着资产证券化的日益盛行,在国际经济贸易中经常涉及债权债务的转让,因此法律适用问题尤为引人关注。

以债权转让为例,合同转让涉及三方当事人间的关系:转让方与原债务人间的关系、转让方与受让方之间的关系、受让方与债务人之间的关系。前两个法律关系比较明确,适用当事人之间合同的准据法。关键是受让方与债务人之间的关系,是否受原始合同(被转让的合同)准据法的约束?

2001年联合国国际贸易法委员会(Uncitral)通过了《联合国国际贸易应收款转让公约》[1]。该公约调整的应收款的转让就是指要求债务人偿付一定金钱数额的合同权利的国际转让,如货物买卖合同中要求买受人支付价款的权利、专利许可合同中要求支付许可费的权利、保险合同中的索赔权利等。该公约除了规定应收款转让的统一实体法规范之外,专门在第五章中规定了冲突法规则。

根据该公约的规定,对于转让合同的形式,所在地在同一国家的双方之间订立的转让合同,满足管辖该合同的法律要求的,或满足订立合同时所在国的法律要求的,在形式上对双方有效;所在地在不同国家的双方之间订立的转让合同,满足管辖该合同的法律要求的,或满足其中一方国家的法律要求的,在形式上对双方有效(第27条)。对于转让人与受让人相互间的权利和义务关系,适用转让人与受让人双方选定的法律;转让人与受让人没有选择法律的,其协议所产生的相互间权利和义务受与该转让合同关系最密切的国家的法律管辖(第28条)。对于受让人与债务人之间的权利和义务关系,适用原始合同的准据法。该法律决定对受让人与债务人之间的转让在合同上的限制是否有效、受让人与债务人之间的关系、转让在哪些条件下可对债务人发生效力和债务人的义务是否已得到解除等(第29条)。另外,公约还对应收款的优先权的法律适用(第30条)、强行规范的适用(第31条)、公共秩序保留(第32条)等问题作了规定。

我国《民诉法司法解释》第33条规定:"合同转让的,合同的管辖协议对合同受让人有效,但转让时受让人不知道有管辖协议,或者转让协议另有约定且原合同相对人同意的除外。"对于法律选择协议,我国法院通常也按照该原则处理。[2]

---

[1] United Nations Convention on the Assignment of Receivables in International Trade. 中文本参见 http://www.uncitral.org/uncitral/zh/uncitral_texts/payments/2001Convention_receivables_status.html。目前仅有卢森堡、马达加斯加和美国签署该公约而尚未批准,另有利比里亚加入公约并成为第一个缔约国。

[2] 中国平安保险股份有限公司北京分公司诉东南亚船务有限公司(Dongnama Shipping Co., Ltd.)海上货物运输合同代位求偿纠纷案,天津海事法院民事判决书,(2002)海商初字第243号;安吉富利家具有限公司与先达航运有限公司等海上货物运输合同纠纷上诉案,上海市高级人民法院民事判决书,(2012)沪高民四(海)终字第3号。

(五)合同中的代理权

大陆法国家坚持代理内部关系和外部关系的分别制,对于代理权问题主张适用单独的准据法,而不依附于代理合同或主要合同的准据法。《涉外民事关系法律适用法》第16条对代理的准据法有专门规定。

(六)合同中的律师费条款

各国对于律师费的支付有不同制度。[1] 律师费是否受合同准据法的约束?不同国家法院有不同做法。美国一些州法院认为,律师费用问题属于程序问题,应当适用法院地法[2],另有一些州法院将其视为实体问题,因此会受到法律选择条款的影响。[3]

在"郭叶律师行诉厦门华洋彩印公司代理合同纠纷管辖权异议案"中,原告与被告签订了聘任书,约定由原告担任被告公司在我国香港特别行政区上市的保荐人和承销商的律师,向保荐人和承销商提供法律服务,由被告给原告支付法律专业服务费用。双方当事人在聘任书中约定适用我国香港特别行政区法律。原告完成了提供法律服务的义务,而被告却不支付费用。原告请求判令被告支付拖欠的法律专业服务费用。[4] 该案律师费应当适用当事人约定的我国香港特别行政区法律。

---

[1] 闻长智:《律师费转付制度在民事诉讼中的运用——以创金合信基金管理有限公司债券交易纠纷案为例》,载《法律适用·司法案例》2019年第2期。

[2] See, e. g. , Alaska Rent-A-Car, Inc. v. Avis Budget Grp. , Inc. , 738 F. 3d 960, 974 (9th Cir. 2013); Sentinel Indus. Contracting Corp. v. Kimmins Indus. Serv. Corp. , 743 So. 2d 954, 960 (Miss. 1999); Neb. Nutrients, Inc. v. Shepherd, 626 N. W. 2d 472, 518 (Neb. 2001); N. Bergen Rex Transp. , Inc. v. Trailer Leasing Co. , 730 A. 2d 843, 848 (N. J. 1999); GB Auctions, Inc. v. Private Ledger, Inc. , 2014 WL 4627773, at *5 (Wash. App. Sept. 16, 2014); Smithco Eng'g, Inc. v. Int'l Fabricators, Inc. , 775 P. 2d 1011, 1017 n. 4, 1019 (Wyo. 1989).

[3] See, e. g. , PVI, Inc. v. Ratiopharm GmbH, 253 F. 3d 320, 329 (8th Cir. 2001); Boyd Rosene & Assocs. , Inc. v. Kan. Mun. Gas Agency, 174 F. 3d 1115, 1125 (10th Cir. 1999); Aries v. Palmer Johnson, Inc. , P. 2d 1373, 1381 (Ariz. Ct. App. 1987); Seattle-First Nat'l Bank v. Schriber, 625 P. 2d 1370, 1373 (Or. App. 1981).

[4] 郭叶律师行诉厦门华洋彩印公司代理合同纠纷管辖权异议案,载《最高人民法院公报》2004年第7期。

第九章　合 同 分 论

第一节　国际货物买卖合同

一、《联合国国际货物销售合同公约》

(一)概述

《联合国国际货物销售合同公约》是联合国贸易法委员会主持起草的一项影响广泛的国际货物买卖合同方面的实体法公约。该公约于 1980 年 4 月 10 日在有 62 个国家出席的维也纳联合国会议上获得通过,截至 2022 年 8 月底已经有 95 个缔约国。[1] 世界上主要的贸易国家(除英国和印度外)都已经成为公约成员国。公约于 1988 年 1 月 1 日起对我国生效。

我国在加入《联合国国际货物销售合同公约》的时候根据《联合国国际货物销售合同公约》的规定提出了两项保留,即根据《联合国国际货物销售合同公约》第 95 条[2]的规定对《联合国国际货物销售合同公约》第 1 条第 1 款(b)项提出的保留以及根据《联合国国际货物销售合同公约》第 96 条[3]对《联合国国际货物销售合同公约》第 11 条提出的保留。《联合国国际货物销售合同公约》第 11 条规定销售合同不受形式要求的限制,这与我国原来的《涉外经济合同法》相抵触,故我国对此提出了保留。由于我国 1999 年原《合同法》取消了书面形式的要求,故我国对《联合国国际货物销售合同公约》第 11 条所做保留的前提已经不存在,2013 年 1 月 16 日,我国政府正式通知联合国秘书长,取消了对公约第 11 条提出的保留。该项声明自 2013

---

[1] 参见联合国国际贸易法委员会网,http://www. uncitral. org/uncitral/zh/uncitral_texts/sale_goods/1980CISG_status. html。

[2] 该条规定:“任何国家在交存其批准书、接受书、核准书或加入书时,可声明它不受本公约第一条第(1)款(b)项的约束。”

[3] 该条规定:“本国法律规定销售合同必须以书面订立或书面证明的缔约国,可以随时按照第十二条的规定,声明本公约第十一条、第二十九条或第二部分准许销售合同或其更改或根据协议终止,或者任何发价、接受或其他意旨表示得以书面以外任何形式做出的任何规定不适用,如果任何一方当事人的营业地是在该缔约国内。”

年8月1日起生效。[1]

我国原《民法通则》第142条规定:“涉外民事关系的法律适用,依照本章的规定确定。中华人民共和国缔结或参加的国际条约同中华人民共和国的民事法律有不同规定的,适用国际条约的规定,但中华人民共和国声明保留的条款除外。”根据这一规定,《联合国国际货物销售合同公约》似乎应当优先于我国国内法而得到适用。但《联合国国际货物销售合同公约》是一个很特殊的公约,它的适用有一些独特之处。

(二)《联合国国际货物销售合同公约》适用范围

双方当事人营业地在不同缔约国的合同。《联合国国际货物销售合同公约》第1条第1款a项规定,《联合国国际货物销售合同公约》适用于营业地在不同缔约国的当事人之间所订立的货物销售合同。例如,我国和埃及都是《联合国国际货物销售合同公约》缔约国,营业地在我国上海的某公司和营业地在开罗的某公司之间的货物买卖合同,属于《联合国国际货物销售合同公约》的适用范围。

在确定《联合国国际货物销售合同公约》适用范围时,《联合国国际货物销售合同公约》以“营业地标准”作为唯一的依据,明确排除了当事人国籍这一因素。《联合国国际货物销售合同公约》第1条第3款规定:“在确定本公约适用范围时,当事人的国籍和当事人或合同的民事或商业性质应不予考虑。”

如果当事人有一个以上的营业地,则以与合同及合同的履行关系最密切的营业地为其营业地(第10条第1款);如果当事人没有营业地,则以其惯常居住地为准(第10条第2款)。

根据《联合国国际货物销售合同公约》第1条第2款规定,当事人营业地在不同国家的事实,必须能够从合同中或者从订立合同前任何时候或订立合同时当事人之间的任何交易或当事人透露的信息中反映出来,否则不能认定该合同是“国际”合同,而只能作为国内合同对待。

在适用《联合国国际货物销售合同公约》时还要考虑到的一个条件是:管辖法院必须是缔约国。因为《联合国国际货物销售合同公约》是一项国际条约,它只对缔约国有约束力,而不能约束第三国。如果案件的管辖法院位于非缔约国境内,该国法院没有义务适用《联合国国际货物销售合同公约》,而只需根据本国国际私法适用有关国家的国内法。但此时如果法院地国国际私法所指引的合同准据法为某一缔约国法律,根据《联合国国际货物销售合同公约》第1条第1款b项规定,《联合国国际货物销售合同公约》也应适用(间接适用)。[2]

间接适用意在扩大《联合国国际货物销售合同公约》的适用范围,但却是以缩小

---

〔1〕 参见 http://www.unis.unvienna.org/unis/pressrels/2013/unisl180.html。

〔2〕 参见李巍:《联合国国际货物销售合同公约评释》,法律出版社2002年版,第8页。

缔约国国内法的适用范围为代价的,并且很可能违背当事人的意思。例如,营业地在我国的当事人与一营业地在某一非缔约国的当事人间订立的合同,如果当事人约定合同适用中国法律,或者当事人没有约定合同适用的法律,但根据最密切联系原则合同应当适用中国的法律,而中国是《联合国国际货物销售合同公约》缔约国,因而此时也要适用《联合国国际货物销售合同公约》的规定。这样一来,实际上就使我国相关的合同立法凡是在与公约相同的范围内都得不到适用。而且,如果当事人约定适用中国法,其意愿可能是要适用中国的《民法典》合同编,但如果接受《联合国国际货物销售合同公约》的该条规定,就使当事人的这一意愿落空。因此,在缔结《联合国国际货物销售合同公约》时,各国对此存在很大争议。作为妥协的产物,《联合国国际货物销售合同公约》第 95 条规定,缔约国可以对该条款规定提出保留。目前只有中国、美国、新加坡、捷克、斯洛伐克、圣文森特和格林纳丁斯、亚美尼亚等少数几个国家提出了此项保留。这种保留的效果到底如何,在学者中间产生了很大的分歧。[1]

（三）不适用《联合国国际货物销售合同公约》的销售合同和《联合国国际货物销售合同公约》未涉及的法律问题

《联合国国际货物销售合同公约》并不适用于所有的国际货物销售合同,也并未规定国际货物销售合同的所有方面,《联合国国际货物销售合同公约》第 2 条明确规定了不受《联合国国际货物销售合同公约》调整的各种情况。

此外,《联合国国际货物销售合同公约》的内容也有限,它"只适用于销售合同的订立以及卖方和买方因此种合同产生的权利义务"。对于虽属于公约范围,但公约没有加以规定的事项,《联合国国际货物销售合同公约》第 7 条第 2 款规定:"凡本公约未明确解决的属于本公约范围的问题,应按照本公约所依据的一般原则解决,在没有一般原则的情况下,则应按照国际私法规定适用的法律解决。"因此,对于不属于公约范围的合同以及公约未加规定的事项,由各国国内的冲突法解决。

最高人民法院在"中国国际正龙贸易公司与河北省纺织品进出口宏达有限公司买卖合同纠纷案"[2]中指出:本案一方当事人系在古巴注册的公司,我国和古巴均系 1980 年《联合国国际货物销售合同公约》的成员国,因此,本案应当适用该公约。根据该公约第 4 条的规定,公约仅适用于销售合同的订立以及卖方和买方因此种合

---

〔1〕 C. M. Bianca and M. J. Bonell, *Commentary on the International Sales Law: The* 1980 *Vienna Sales Convention*, Fred B Rothman & Co., 1987, p. 654; Peter Schlechtriem, Uniform Sales Law – The Experience with Uniform Sales Laws in the Federal Republic of Germany, Juridisk Tidskrift (1991/92), S. 1–28.

〔2〕 中华人民共和国最高人民法院民事裁定书,(2008)民申字第 1277 号。

同而产生的权利和义务,并不调整合同的效力以及所售货物的所有权问题。对于公约不调整的部分,还应当根据法律适用规范确定应当适用的法律。本案当事人在合同中没有约定应当适用的法律,即应当根据最密切联系原则确定应当适用的法律。本案合同的签订地、履行地均在中国,中国系与本案所涉合同最密切联系的地点,因此,本案除适用《联合国国际货物销售合同公约》之外,还应当适用中华人民共和国法律。

(四)当事人意思自治与《联合国国际货物销售合同公约》的适用

1. 当事人可以排除《联合国国际货物销售合同公约》的适用

根据《联合国国际货物销售合同公约》第6条的规定,双方当事人可以约定不适用《联合国国际货物销售合同公约》,或在第12条的条件下,减损《联合国国际货物销售合同公约》的任何规定或改变其效力。由此可见,《联合国国际货物销售合同公约》是任意性的(optional)或补充性的(supplementary),《联合国国际货物销售合同公约》的规定并不具有高于当事人意思自治的效力。

当事人在合同中排除公约适用的方式有两种:明示的(express)和默示的(implied)方式。明示的方式就是在合同中明确规定合同争议的解决不受《联合国国际货物销售合同公约》调整。通常的规定方式是:"本合同规定的当事人的权利和义务不受《联合国国际货物销售合同公约》约束(The rights and obligations of the parties under this contract shall not be governed by the CISG)。"但是,当事人排除了《联合国国际货物销售合同公约》的适用,如果没有进一步选择合同准据法,此时应当按照法院地的国际私法规则确定应当适用的法律。如果法院地的国际私法规则指引适用某一公约缔约国的法律时(如中国法),由于当事人已经在合同中明确排除了公约的适用,因此也不应当适用公约的规定,而应当适用该国的国内法。

对于公约是否允许当事人以默示的方式排除公约的适用,公约本身并没有明文规定。最典型的默示排除方式是在合同中明确选择某一国家国内法作为合同准据法,只要所选择的国家是非公约缔约国,或者虽然是公约缔约国,但当事人在合同中已经特别指出适用该国国内法。

2. 当事人能否选择适用《联合国国际货物销售合同公约》

对于不属于《联合国国际货物销售合同公约》调整范围的合同,应当按照各国国际私法去确定应当适用的法律。但当事人能否通过协议使本来不受公约调整(《联合国国际货物销售合同公约》第2条和第3条明确排除的销售)的合同适用公约呢?比如纯粹的国内合同或消费者合同、服务合同等。这就是所谓的"选择加入公约"(Opting-in CISG),公约对此没有明确规定。理论上应当允许,此时可以视为当事人把公约的条文并入合同(Incorporating in Contract)。这样做的依据并非源自《联合国国际货物销售合同公约》本身,而是源于国内法对当事人实体法上意思自治权利的认可。[1] 但当事人"参加公约"无论如何不能违反本国公共政策和强制性法律规定(强行规范)。实践中,当事人选择适用《联合国国际货物销售合同公约》的情况大多发生在仲裁案件中。[2]

(五)《联合国国际货物销售合同公约》在我国的适用

原对外经济贸易部1987年发布的《关于执行联合国国际货物销售合同公约应注意的几个问题》第1条规定,自1988年1月1日起,我国公司与上述国家(匈牙利除外)的公司达成的货物买卖合同如不另做法律选择,则合同规定事项将自动适用公约的有关规定,发生纠纷或诉讼亦得依据公约处理。故各公司对一般的货物买卖合同应考虑适用公约,但公司亦可根据交易的性质、产品的特性以及国别等具体因素,与外商达成与公约条文不一致的合同条款,或在合同中明确排除适用公约,转而选择某一国的国内法为合同适用的法律。

另外,根据《联合国国际货物销售合同公约》第90条的规定,《联合国国际货物销售合同公约》缔约国之间业已缔结或将来缔结的双边国际销售合同协定具有优先于《联合国国际货物销售合同公约》的效力。比如,我国就曾与苏联、蒙古、民主德国等社会主义国家间订立了多项双边贸易协定,其中都附有相应的《交货共同条件》,这种《交货共同条件》就优先于《联合国国际货物销售合同公约》。[3]

二、《联合国国际货物销售合同公约》适用范围以外的合同

对于不属于《联合国国际货物销售合同公约》适用范围内的国际货物买卖合同,

---

〔1〕参见[德]彼得·施莱希特里姆等:《联合国国际货物销售合同公约评释》(第3版),李慧妮译,北京大学出版社2006年版,第17页。

〔2〕我国很多法院也以当事人合意作为适用公约的理由,参见卡格兰卡安全公司与厦门佳事通贸易有限公司、福建泉州动吧鞋服有限责任公司国际货物买卖合同纠纷案,福建省高级人民法院民事判决书,(2014)闽民终字第1454号等。

〔3〕最高人民法院1996年在《关于涉蒙经济合同未直接约定仲裁条款如何认定案件管辖权给内蒙古自治区高级人民法院的复函》中指出:"中外双方当事人订立的外贸合同中约定合同未尽事宜适用中国和蒙古国之间的交货共同条件的,因该交货共同条件即1988年11月4日《中华人民共和国对外经济贸易部和蒙古人民共和国对外经济供应部关于双方对外贸易机构之间相互交货共同条件的议定书》规定了因合同所发生或者与合同有关的一切争议在双方达不成协商解决的协议时,应以仲裁方式解决,并规定了具体办法,故应认定当事人自愿选择通过仲裁方式解决其纠纷,人民法院不应受理因该类合同引起的纠纷。"中国与匈牙利之间的贸易合同适用中国与匈牙利1962年签订的"交货共同条件"。但2004年5月1日起,匈牙利加入欧盟,双方是否仍然适用该"交货共同条件",尚待有关部门的意见。在武汉中级人民法院2004年5月11日判决的"武汉中欧制衣有限公司诉万隆国际贸易有限责任公司国际货物买卖合同货款纠纷案[(2002)武经初字第116号]"中,原告武汉中欧公司因货物买卖合同货款纠纷对住所在匈牙利布达佩斯的被告万隆公司提起诉讼,法院适用了《国际货物销售合同公约》作为判案的依据。《中苏交货共同条件》对中俄仍然有效,参见华埠经济贸易公司与中国外运山东威海公司等船舶进口代理合同、废钢船买卖合同纠纷案,最高人民法院(2000)交提字第3号。

应当依照法院地国际私法规则确定应适用的法律。《涉外民事关系法律适用法》第41条规定:“当事人可以协议选择合同适用的法律。当事人没有选择的,适用履行义务最能体现该合同特征的一方当事人经常居所地法律或者其他与该合同有最密切联系的法律。”2007年《最高人民法院关于审理涉外民事或商事合同纠纷案件法律适用若干问题的规定》(现已失效)第5条第2款规定:“人民法院根据最密切联系原则确定合同争议应适用的法律时,应根据合同的特殊性质,以及某一方当事人履行的义务最能体现合同的本质特性等因素,确定与合同有最密切联系的国家或者地区的法律作为合同的准据法。(一)买卖合同,适用合同订立时卖方住所地法;如果合同是在买方住所地谈判并订立的,或者合同明确规定卖方须在买方住所地履行交货义务的,适用买方住所地法……”在我国法院的司法实践中,常常以合同履行地作为最密切联系地。[1]

第二节　消费者合同

一、当事人意思自治的限制

在消费者合同方面,适用“保护弱者”原则。由于在消费者合同中,消费者与商品销售者相比,处于弱势地位,双方所签订的合同往往是格式合同,其中的法律选择条款往往是销售者强加上去,而消费者没有选择的余地。很多国家均制定有专门的消费者保护立法,比如我国的《消费者保护法》,其中多是一些强制性规范,消费者合同中当事人所选择的法律只有在不与这些强制性规范相抵触的情况下才能适用。

英国法院在“维他食品案”中就确立了一项原则,即消费者合同中法律选择条款的有效性取决于该条款是否诚实或合法。[2] 在美国,印第安纳州立法要求对于与该州有某种联系的消费者信贷交易适用法院地法并禁止协议选择其他州的法律。[3]

欧共体《罗马公约》第5条和2008年通过的《罗马第一条例》第6条也专门规定了消费者合同,其中规定,当事人作出的法律选择不得剥夺消费者经常居所地国法律的强制性规定所给予消费者的保护。

---

〔1〕 杜邦(DuPont phillipf)与绍兴县远行进出口有限公司国际货物买卖合同纠纷申请再审案,最高人民法院民事裁定书,(2011)民申字第606号。

〔2〕 Vita Food Products Inc. v. Unus Shipping Co., (1939) A. C. 277.

〔3〕 See Ind. Code § 24-4.5-1-201. 类似立法美国很多州都有。See, e. g., La. Rev. Stat. Ann. § § 9:3511, 9:3563, 51:1418.

如果合同中所选择的法律对消费者有利，法院应当予以支持。比如美国 Cordonnier 案。[1]

二、适用对消费者有利的法律

在当事人没有选择法律的情况下，消费者合同一般适用对消费者有利的法律，比如《罗马公约》第 5 条第 3 款的规定。我国《涉外民事关系法律适用法》第 42 条规定："消费者合同，适用消费者经常居所地法律；消费者选择适用商品、服务提供地法律或者经营者在消费者经常居所地没有从事相关经营活动的，适用商品、服务提供地法律。"该条没有允许双方当事人协议选择法律，仅允许消费者单方面选择适用商品或服务提供地法律。[2] 如果消费者没有选择，则适用消费者经常居所地法律。如果经营者在消费者经常居所地没有从事相关经营活动的，适用商品、服务提供地法律。[3] 消费者如果主动到境外购买商品或服务，可能会适用对消费者不利的境外法律。例如，在"黄某鹏、安盛保险（百慕达）有限公司人身保险合同纠纷"中，法院认为，本案为涉外人身保险合同纠纷。《涉外民事关系法律适用法》第 42 条规定："消费者合同，适用消费者经常居所地法律；消费者选择适用商品、服务提供地法律或者经营者在消费者经常居所地没有从事相关经营活动的，适用商品、服务提供地法律。"首先，本案人身保险合同系黄某鹏与安盛保险有限公司所订立的由安盛保险有限公司向黄某鹏提供保险服务的合同，属于消费者合同的范畴。由于安盛保险有限公司未在我国内地从事相关保险经营活动，诉争的人身保险合同系在我国澳门特别行政区订立，主要的保险服务也是在我国澳门特别行政区提供，故按照上述规定，本案人身保险合同纠纷应适用我国澳门特别行政区法律作为准据法进行裁决。[4]

第三节　劳动合同

一、劳动法的强制性

在各国法律体系中，由于劳工保护运动和人权运动的兴起，使劳动法越来越处于一种特殊地位，它被认为介于"公法"和"私法"之间，即原则上它属于私法范围，

---

[1] 357 S. W. 3d 597 (Mo. 2012).

[2] 王志豪与李官辉网络购物合同纠纷案，广州互联网法院民事判决书，(2019) 粤 0192 民初 11265 号。

[3] 李某群与蒋某芳等买卖合同纠纷上诉案，广西壮族自治区高级人民法院民事判决书，(2016) 桂民终 34 号。

[4] 黄某鹏、安盛保险（百慕达）有限公司人身保险合同纠纷案，广东省中山市第一人民法院民事判决书，(2021) 粤 2071 民初 12484 号。

但是劳动者在劳动期间的职业安全、健康保障、工作时间、公共休假、最低报酬、妇女、儿童、残疾人权益等问题均关系到劳动者的切身利益，关系到国家的公共秩序，因此，各国制定了大量关于劳动保护方面的强制性立法，例如关于工作时间的限制、禁止使用童工、强制性劳工保险、抚恤金发放等，并赋予其强制力，规定在其境内履行的劳动合同必须遵守该国的相关规定，以确保该国法律赋予劳动者的基本权益得以实现。

社会制度的不同，经济发展和文化的差异，使各国的劳动及社会保障制度发展并不均衡，表现在劳动法中的强制性规范的内容和范围也不一样。有些国家规定，劳动者在法定节假日不得加班，以确保劳动者的身体健康；有些国家，尤其是发展中国家法律允许劳动者加班，只是规定雇主必须支付加倍工资，以此来限制雇主任意安排加班的行为，保护劳动者的利益。又如，一些发达国家规定了劳动者带薪休假制度，这种制度在一些发展中国家却难以实行。出于国家安全和社会稳定考虑，几乎所有国家都对外国人在境内的就业施加一定程度上的限制。

有一些国家赋予其国内劳动法中的所有规定以强制性，要求其境内的劳动者，包括外国籍人士，都应当适用其劳动法。例如1970年伊拉克《劳动法典》、1981年安哥拉《一般劳动法》、1980年阿拉伯联合酋长国《联邦雇佣关系法》、1987年厄瓜多尔《劳动法典》等。也有一些国家，如阿根廷、非洲法语系国家规定，在其境内履行的劳动合同只能适用该国法律。

二、劳动法的地域适用范围

在美国，一些涉及劳工保护的联邦层面的立法被法院认定为具有域外适用效力。比如，除《平等工资法》之外，[1]旨在禁止劳动关系中肤色、宗教、性别和国别等歧视的1964年《民事权利法》第7条，[2]用于禁止对残疾人劳动歧视的《美国残疾人法》[3]和禁止雇佣中年龄歧视的《反雇佣年龄歧视法》，[4]均明文规定有一定的域外效力，可以适用于美国公民与美国雇主签订的在美国境外履行的劳动合同。[5]不过，前述反劳动歧视法规同时规定了“外国法抗辩”条款。根据这些条款，如果雇

---

〔1〕 See 29 U. S. C. § 206, the Equal Pay Act of 1963. 由于《平等工资法》实质上是《公平劳动标准法》第6条的一项修正案，因此其与《公平劳动标准法》一样，不适用于在美国境外履行的劳动合同。

〔2〕 See 42 U. S. C. § 2000e(f), Title Ⅶ of the Civil Rights Act of 1964.

〔3〕 See 42 U. S. C. § 12111(4), Americans with Disabilities Act of 1990.

〔4〕 See 29 U. S. C. § 630(f), Age Discrimination in Employment Act.

〔5〕 美国法下的“美国雇主”包括在美国成立的企业，不在美国成立但与美国有充分联系的企业，以及为美国公司所实际控制的企业。See Douglas B. Mishkin, Pamela S. Richardson, and Sonia M. Babber: *Extraterritorial Application of US Employment Laws and Their Possible Conflict with Applicable Foreign Laws*, BNA's Employment Discrimination Report, Vol. 23, No. 16, p536 (2007).

主依照 1964 年《民事权利法》第 7 条或《美国残疾人法》或《反雇佣年龄歧视法》行事，会导致对员工工作地法律的违反，则《民事权利法》第 7 条或《美国残疾人法》或《反雇佣年龄歧视法》中的条款将不适用。[1] 美国宾夕法尼亚州和纽约州法院也已有判例将该两州的州一级相关劳动法规判定为具有一定的域外效力。[2]

我国《劳动法》和《劳动合同法》都将其适用范围限定为我国境内的企业。比如《劳动法》第 2 条规定："在中华人民共和国境内的企业、个体经济组织(以下统称用人单位)和与之形成劳动关系的劳动者，适用本法。"《劳动合同法》第 2 条也同样规定："中华人民共和国境内的企业、个体经济组织、民办非企业单位等组织(以下称用人单位)与劳动者建立劳动关系，订立、履行、变更、解除或者终止劳动合同，适用本法。"[3]这表明，我国《劳动法》和《劳动合同法》的适用范围以"中华人民共和国境内的企业"为限。至于如何理解"境内的企业"，至少存在两种解释：(1)依我国法律在我国成立的企业；(2)营业地位于我国境内的企业。笔者认为，将"中国境内"的用人单位理解为在中国境内设立的用人单位，更符合我国的实践。

我国法院认为，外国企业驻华代表处不属于《劳动合同法》规范的"用人单位"，其与中国人之间建立的用工关系不属于劳动合同关系。[4]

在"班某程与 RAMUNICOMANAGEMENT(MCC)LIMITED[瑞木镍钴管理(中冶)有限公司]劳动争议案"[5]中，原告主张，根据《涉外民事关系法律适用法》第 43 条规定，劳动合同，适用劳动者工作地法律；难以确定劳动者工作地的，适用用人单位主营业地法律。劳务派遣，可以适用劳务派出地法律。因此，本案应当适用中国法律。但是法院审理后认为，《劳动法》第 2 条第 1 款规定：在中华人民共和国境内的企业、个体经济组织(以下统称用人单位)和与之形成劳动关系的劳动者，适用本法。本案中，班某程起诉的瑞木公司系一家在中华人民共和国境外注册成立的公司，不属于我国《劳动合同法》《劳动法》中的用人单位，故本案不适用上述法律的相关规定。班某程基于《劳动合同法》和《劳动法》请求支付违法解除劳动关系赔偿金、未签订劳动合同双倍工资差额、失业保险损失及带薪休假工资，不属于人民法院受理劳动争议案件范围。最后驳回了原告诉讼请求。

---

[1] See 42 U. S. C. § 2000e-1(b), Title Ⅶ of the Civil Rights Act of 1964; 42 U. S. C. § 12112(c), Americans with Disabilities Act of 1990; 29 U. S. C. § 623 (f) (1), Age Discrimination in Employment Act.

[2] See Truman v. Dewolff, Boberg & Associates, Inc., (W. D. Pa. Jul. 7, 2009); Torrico v. Int'l Bus. Mach. Corp., 213 F. Supp. 2d 390, 397 (S. D. N. Y. 2002).

[3] 2007 年 6 月 29 日第十届全国人民代表大会常务委员会第 28 次会议通过，2008 年 1 月 1 日实施。

[4] 曹沫香与香港万信实业有限公司中山代表处、中山市友谊国际劳务有限公司劳务合同纠纷案，广东省中山市中级人民法院民事判决书，(2019)粤 20 民终 7290 号。

[5] 班某程诉 RAMUNICOMANAGEMENT(MCC)LIMITED[瑞木镍钴管理(中冶)有限公司]劳动争议案，北京市高级人民法院民事裁定书，(2016)京民申 439 号。

三、对当事人意思自治的限制

国际劳动合同中,虽然经常有法律选择条款,但这种条款的效力经常会受到限制,因为这种法律选择条款通常是由雇佣方事先拟定的标准格式合同条款。劳工相对于雇佣方而言处于"弱方"地位,在谈判和签订劳动合同时往往处于不利地位。因此,在劳动合同领域,不能像在其他合同领域那样完全受"当事人意思自治"原则的支配。

1980年《罗马公约》第6条第1款和取代该公约的2008年《罗马第一条例》第8条第1款虽然都允许劳动合同当事人选择准据法,但同时规定,法律选择"不得剥夺在没有法律选择时依照本条第2、3、4款应当适用的法律中那些不能通过协议加以减损的强制性规定给予受雇者的保护"。同时根据该条例第9条的规定,不管合同最终适用什么法律,都不得排除法院地国家法律中的强制性规定。[1]。加拿大魁北克《民法典》第3118条第1款也有类似规定。

在美国也是如此。根据多数州都采用的《第二次冲突法重述》第187条规定,合同中的法律选择条款所选择的法律如果违反了某个州的基本政策,而该州对于适用其法律拥有更大利益,并且在没有法律选择的情况下本来就应该适用该州法律,则该项法律选择条款将不会获得执行。这项例外经常在雇佣合同案件中被采用。Ruiz案[2]和Drennen诉埃克森美孚公司案[3]就是两个典型案例。

我国《涉外民事关系法律适用法》第43条规定:"劳动合同,适用劳动者工作地法律;难以确定劳动者工作地的,适用用人单位主营业地法律。劳务派遣,可以适用劳务派出地法律。"该规定完全排除了劳动合同当事人的意思自治。实践中,如果法律选择条款对劳动者有利,不违反我国法律中的强制性规定,也可以认定其有效。

在我国实践中,发生过很多有关竞业禁止协议(covenants not to compete)的案件。[4] 在一起此类案件中,被告与原告美国A公司签订的《员工协议》约定被告负有竞业限制义务并约定"本协议按照明尼苏达州的法律理解和解释"。法院并未否认合同中法律选择条款的效力,但是以当事人未提供明尼苏达州法律为由,依照《涉外民事关系法律适用法》第10条直接适用了中国法律。由于我国《劳动合同法》也

---

[1] 参见《罗马第一条例》第9条。

[2] 667 F. 3d 1318 (9th Cir. 2012).

[3] 367 S. W. 3d 288 (Tex. App. Hous. 14th Dist. 2012), reh'g denied (June 19, 2012), petition for review filed (Sept. 4, 2012).

[4] 我国《劳动合同法》第23条也允许用人单位和劳动者订立竞业禁止协议。各国法律对竞业禁止的规定各有不同。比如我国《劳动合同法》第24条规定,竞业限制期限,不得超过2年。而意大利《民法典》第2125条规定的竞业限制期限为3年(经理为5年)。

承认竞业限制条款的效力，因此判决被告败诉。[1]

在“郎某凯与北京英迈特矿山机械有限公司劳动争议案”中，[2]原告郎某凯与被告英迈特公司和被告境外母公司签署协议，各方约定：“郎先生担任北京英迈特的总经理，与北京英迈特存在劳动关系”，协议中约定准据法和管辖法院分别为英格兰法律和英格兰法院。法院审理后认为：郎某凯要求确认其与英迈特公司、MMD矿山机械发展有限公司2009年12月15日签署的协议合法有效，对英迈特公司有约束力的诉讼请求，因该协议为三方主体签订，在目前只有二方主体的情况下，郎某凯在本案中要求确认协议合法有效并对英迈特公司有约束力的诉讼请求因涉及案外人利益，本院在此不予处理，郎某凯可以另行解决。

四、劳动地法

如果法律选择条款无效或者当事人没有选择劳动合同应当适用的法律，各国通常适用劳动地法律（Lex loci laboris），即劳动者惯常从事劳动的地点的法律。[3] 一般认为，劳动地法律有利于保护劳动者利益。[4]《罗马第一条例》和此前的《罗马公约》都采用了该原则。[5] 其他国家或地区如加拿大魁北克的《民法典》第3118条、瑞士《国际私法》第121条、突尼斯《国际私法》第67条、罗马尼亚《国际私法立法》第102条、列支敦士登《国际私法立法》第48条等也有相同规定。

我国《涉外民事关系法律适用法》第43条规定：“劳动合同，适用劳动者工作地法律；难以确定劳动者工作地的，适用用人单位主营业地法律。”我国《劳动合同法》第61条也规定：“劳务派遣单位跨地区派遣劳动者的，被派遣劳动者享有的劳动报酬和劳动条件，按照用工单位所在地的标准执行。”

《法律适用法》第43条未区分个人劳动合同和集体劳动合同。从字面解释的角度，二者应当均包括在内。

五、外国人在国内就业的特殊规定

近年来，外国人在中国就业的情况越来越多。据统计，2000年，在华就业外国人

---

[1] 上海市浦东新区人民法院民事判决书，(2010)浦民一(民)初字第26514号。

[2] 参见郎某凯与北京英迈特矿山机械有限公司劳动争议案，北京市顺义区人民法院民事判决书，(2019)京0113民初8955号。

[3] A. Christensen&M. Malmstedt, *Lex Loci Laboris versus Lex Loci Domicilii – An Inquiry into the Normative Foundations of European Social Security Law*, 2 European Journal of Social Security 69 (2000).

[4] Anatolij Dovgert, *Comparative Study of Rules concerning International Employment Contracts*, 5 International Journal of Comparative Labour Law & Industrial Relations82 (1989).

[5] Olaf Deinert, Neues Internationales Arbeitsvertragsrecht, RdA (2009), Heft 3, S. 145.

约7.4万人。截至2011年年底,在华就业外国人约22万人。近年来,外国人在华就业问题越来越引起关注。[1]

根据《外国人在中国就业管理规定》的规定,[2]外国人在中国内地就业必须持有《外国人就业许可证书》和《外国人就业证》[3]并与用人单位签订劳动合同。该规定第25条规定:“用人单位与被聘用的外国人发生劳动争议,应按照《中华人民共和国劳动法》和《中华人民共和国企业劳动争议调解仲裁法》处理。”来内地(大陆)就业的我国香港特别行政区、澳门特别行政区、台湾地区的人员也要遵循相同的规定。[4]

根据中共中央组织部、人力资源社会保障部、公安部等25部门联合印发的《外国人在中国永久居留享有相关待遇的办法》的规定,[5]凡持有中国《外国人永久居留证》的外籍人员在中国就业的,免办《外国人就业证》;符合条件的,可优先办理《外国专家证》《回国(来华)专家证》以及各地人才工作居住证。

外国人、无国籍人未依法取得就业证件即与中国境内的用人单位签订劳动合同,以及我国香港特别行政区、澳门特别行政区和台湾地区居民未依法取得就业证件即与内地(大陆)用人单位签订劳动合同,当事人请求确认与用人单位存在劳动关系的,人民法院不予支持。[6] 但是法院可以作为普通民事纠纷予以受理,并按民法的有关规定提供救济。持有《外国专家证》并取得《外国专家来华工作许可证》的外国人,与中国境内的用人单位建立用工关系的,可以认定为劳动关系。[7]

《社会保险法》[8]第97条规定:“外国人在中国境内就业的,参照本法规定参加社会保险。”根据《在中国境内就业的外国人参加社会保险暂行办法》规定,[9]在中国境内依法注册或者登记的企业、事业单位、社会团体、民办非企业单位、基金会、律师事务所、会计师事务所等组织依法招用的外国人,应当依法参加职工基本养老保险、职工基本医疗保险、工伤保险、失业保险和生育保险,由用人单位和本人按照规

---

[1] 参见夏艺轩:《在粤外国人就业管理问题研究》,载《辽宁警察学院学报》2018年第5期。

[2] 2017年3月13日中华人民共和国人力资源和社会保障部令第32号修正。

[3] 外国来华专家需要取得《外国专家来华工作许可证》,参见国家外国专家局关于印发《外国专家来华工作许可办理规定》等的通知(外专发〔2004〕139号)。

[4] 《台湾和香港、澳门居民在内地就业管理规定》(劳部发〔1994〕102号)。

[5] 人社部发〔2012〕53号。

[6] 《最高人民法院关于审理劳动争议案件适用法律若干问题的解释(四)》(法释〔2013〕4号),第14条。

[7] 《最高人民法院关于审理劳动争议案件适用法律问题的解释(一)》(法释〔2020〕26号),第33条;参见张某、西迪斯(中山)科技有限公司劳动合同纠纷二审民事判决书,广东省中山市中级人民法院民事判决书,(2019)粤20民终1424号。

[8] 2018年12月29日第十三届全国人民代表大会常务委员会第七次会议修正。

[9] 人力资源和社会保障部2011年9月6日第16号令公布,自2011年10月15日起施行。

定缴纳社会保险费。与境外雇主订立雇用合同后，被派遣到在中国境内注册或者登记的分支机构、代表机构工作的外国人，应当依法参加职工基本养老保险、职工基本医疗保险、工伤保险、失业保险和生育保险，由境内工作单位和本人按照规定缴纳社会保险费。

外国人携带外籍女佣来华的，是属于一般劳务人员来华就业，应根据《外国人在中国就业管理规定》规定，报请省级劳动、公安部门审批。批准后，携带女佣的外国人可代其申办就业许可，入境后办理就业证和居留证。该女佣的就业证与居留证的有效期不得超过携带其来华的外国人的居留证有效期。女佣在华就业期间，不得更换雇主，若被解雇，须办理就业与居留终止手续，并立即出境。〔1〕

六、外国公司驻华办事机构在华雇佣人员的劳动合同

外国公司在我国设立的办事处或代表机构的工作人员与其公司之间的劳动合同关系较为复杂，包括两类情形：

第一类为该外国公司雇佣的外籍员工，派驻在我国境内的代表处或办事处工作，双方之间的劳动合同是在我国境外依照外国法律签署。如果双方发生劳动纠纷，向中国法院起诉，中国法院可以受理，在不违反中国强制性法律的情况下，也可以依照双方约定的法律进行审理。

第二类为该外国公司在我国境内招聘的中国籍员工与公司之间的劳动关系。根据《公司法》第 195 条的规定："外国公司在中国境内设立的分支机构不具有中国法人资格。外国公司对其分支机构在中国境内进行经营活动承担民事责任。"因此，外国公司在我国境内的代表机构不能独立与我国境内的自然人签署劳动合同。

实践中，我国公民在外国公司驻华分支机构工作，都要通过经合法批准的中国对外劳务派遣公司与外国用人单位签署劳务派遣协议。根据《劳动合同法》的规定，劳动派遣包含两个不同的合同关系：劳务派遣单位是用人单位，应当与被派遣劳动者订立劳动合同；劳务派遣单位与用工单位之间应当订立劳务派遣协议。劳动合同适用《涉外民事关系法律适用法》第 43 条第 1 句的规定，而劳务派遣协议则依照《涉外民事关系法律适用法》第 43 条第 2 句之规定："劳务派遣，可以适用劳务派出地法律。"在"原告程某诉被告北京某人力资源服务上海有限公司、德国某有限公司上海代表处劳动合同纠纷案"〔2〕中，法院适用了我国《劳动合同法》有关劳务派遣的规定。

---

〔1〕 1996 年 12 月 16 日《劳动部办公厅关于苏州工业园区外国人携带第三国女佣来华问题的复函》（劳办发〔1996〕267 号）。

〔2〕 程某诉北京某人力资源服务上海有限公司、德国某有限公司上海代表处劳动合同纠纷案，上海市黄浦区人民法院民事判决书，(2012)黄浦民一(民)初字第 2548 号。

在“日本黄帽子株式会社诉被告吕某辉劳务(雇佣)合同纠纷”[1]中,原告为日本公司,被告为中国公民吕某辉,被告与上海市对外服务有限公司签订《聘用合同》,根据该合同,被告被派遣到原告的上海代表处工作;同时,原告也与上海市对外服务有限公司签订了《劳务合同》,根据该合同,原告通过上海市对外服务有限公司雇用被告。后被告在合同到期前辞职,原告要求其赔偿。双方曾向上海市劳动争议仲裁委员会申请劳动仲裁,但上海市劳动争议仲裁委员会认为该争议不属于其受理范围。原告诉至人民法院。在审理中,双方当事人均同意适用中华人民共和国法律处理本案。法院认为,外国企业目前不具备我国《劳动法》规定的劳动关系主体资格,不能单独与劳动者订立劳动合同。外国公司代表机构包括办事处在我国境内没有用工权利,不能与中国籍职工建立劳动关系;外国公司招聘职工,必须先由职工与对外服务公司签订劳动合同,再由对外服务公司与外国公司签订劳务输出合同,外国公司与职工之间成立特殊劳动关系。这种特殊劳动关系是现行劳动法律调整的标准劳动关系和民事法律调整的民事劳务关系以外的一种用工关系,在这种特殊劳动关系中,劳动者一方在用人单位从事有偿劳动、接受管理,但与另一用人单位存有劳动合同关系。本案中,被告与上海市对外服务有限公司签订的聘用合同的性质为劳动合同,双方建立了劳动关系;同时,被告与原告驻上海代表处也形成特殊劳动关系。

七、对外劳务输出合同

我国目前已经成为世界上重要的劳务输出国。我国法律规定,境外企业、自然人及外国驻华机构不得直接在中国境内招收劳务人员或境外就业人员。[2] 因此,我国合法的劳务输出主要有三种形式:一是国家政府部门与外国政府签订的劳务合作协议项下的劳务输出;二是取得对外劳务合作经营资格的企业与境外允许招收或雇佣外籍劳务人员的公司、中介机构或私人雇主签订合同,并按照合同约定的条件有组织地招聘、选拔、派遣中国公民到境外为外方雇主提供劳务服务;三是具备条件的个人自行到海外就业。[3] 第一种劳务输出由政府间双边协议调整,一般不会涉及私法上的争议。第三种劳务输出由劳务人员与所在国家的雇主签署的劳动合同

---

〔1〕 江苏省镇江市中级人民法院民事判决书,(2008)镇民三初字第87号。

〔2〕 《商务部关于做好境外就业管理工作的通知》第1条第4项,商合发〔2008〕525号。

〔3〕 还有一种情况,即中国企业承包境外工程建设项目的,组织中国劳务人员在境外工作。参见《对外承包工程管理条例》,2008年5月7日国务院第8次常务会议通过,自2008年9月1日起施行。这种情况下,双方之间的劳动合同属于一般的劳动合同,而不是劳务派遣合同。对外承包工程企业必须依照《劳动合同法》与外派劳务人员签订劳动合同。参见商务部、外交部2010年8月20日印发《进一步做好对外劳务合作工作的紧急通知》。

调整,通常依照劳动地国法律解决。近年来,我国法院开始遇到此类纠纷。[1]

实践中最常见的纠纷发生于第二种劳务输出形式,即由我国的相关劳务合作经营公司组织的劳务输出。

2012年国务院通过的《对外劳务合作管理条例》[2]第2条规定:"本条例所称对外劳务合作,是指组织劳务人员赴其他国家或者地区为国外的企业或者机构(以下统称国外雇主)工作的经营性活动。"该条例第5条规定,从事对外劳务合作,应当按照省、自治区、直辖市人民政府的规定,经省级或者设区的市级人民政府商务主管部门批准,取得对外劳务合作经营资格。该条例还规定,对外劳务合作企业应当与国外雇主订立书面劳务合作合同(第21条),并应当负责协助劳务人员与国外雇主订立确定劳动关系的合同,并保证合同中有关劳务人员权益保障的条款与劳务合作合同相应条款的内容一致(第27条)。对外劳务合作企业应当与劳务人员订立书面服务合同(第23条);劳务人员在国外实际享有的权益不符合合同约定的,对外劳务合作企业应当协助劳务人员维护合法权益,要求国外雇主履行约定义务、赔偿损失;劳务人员未得到应有赔偿的,有权要求对外劳务合作企业承担相应的赔偿责任。对外劳务合作企业不协助劳务人员向国外雇主要求赔偿的,劳务人员可以直接向对外劳务合作企业要求赔偿。劳务人员在国外实际享有的权益不符合用工项目所在国家或者地区法律规定的,对外劳务合作企业应当协助劳务人员维护合法权益,要求国外雇主履行法律规定的义务、赔偿损失。因对外劳务合作企业隐瞒有关信息或者提供虚假信息等原因,导致劳务人员在国外实际享有的权益不符合合同约定的,对外劳务合作企业应当承担赔偿责任(第29条)。

根据该条例的规定,在对外劳务输出中,实际上存在三份合同关系:第一,外国雇主与我国对外劳务合作企业之间的劳务合作合同;第二,对外劳务合作企业与劳务人员之间的服务合同;第三,外国雇主与劳务人员的劳动合同。其中,只有外国雇主与外派劳务人员之间的劳动合同才是真正的劳动合同关系,而前两种合同只是劳务服务合同。[3] 在实践中,如果对外劳务合作企业是实际上的雇主,则应以劳动合同关系处理。[4]

---

[1] 船员私自受雇到外籍船舶工作,如果未签订劳动合同,则按民法上的普通合同处理,参见广州海事法院民事判决书,(2009)广海法初字第353号。

[2] 2012年5月16日国务院第203次常务会议通过,自2012年8月1日起施行,中华人民共和国国务院令第620号发布。

[3] 根据该条例第23条第2款的规定,还有另一种情况,即对外劳务合作企业组织与其建立劳动关系的劳务人员赴国外工作的,这种情况应当属于对外劳务派遣,可以适用《涉外民事关系法律适用法》第43条第2句。

[4] 参见董某诉中国海外工程有限责任公司劳动争议案,北京市第一中级人民法院民事判决书,(2018)京01民终2264号。

《最高人民法院关于金龙万、金龙哲与黑龙江省国际经济技术合作公司出国劳务合同纠纷案是否适用最高人民法院(法(经)函[1990]73号)复函的答复》[1]指出,金某万和金某哲与黑龙江省国际经济技术合作公司之间形成的劳务关系及担保关系是平等主体之间基于合同而建立的民事法律关系,属民法调整的范围,不属于劳动合同关系。

对外劳务合作企业与劳务人员之间,如果没有签订劳动合同的,属于一种居间合同关系,其依照《涉外民事关系法律适用法》第41条规定处理。对外劳务合作企业与外国雇主之间则属于劳务派遣关系,如果当事人没有另行约定,可以根据《涉外民事关系法律适用法》第43条第2句的规定,适用派出地法律。

在南通法院审理的一起对外劳务合作合同案件中,[2]被告 Itshak Reitmann(以色列国籍)于2008年2月24日与江苏海外集团签订了《关于派送中国工人赴乌克兰工作的合同》,合同约定由海外集团为 Reitman 公司输送至少200名拥有5年工作经验的专业建筑工人到乌克兰工作。合同中还约定:雇主和雇员之间的问题争执根据工人工作所在地法律解决,招工方和安置方之间的问题根据问题产生地的法律解决。后因合同未能履行而发生纠纷,原告诉至南通市中级人民法院。诉讼中,江苏海外集团明确选择适用中国法律,Itshak Reitmann 未明确选择合同争议应适用的法律,但其在答辩状中援引了中国法律。据此,本案适用中国法律作为判断合同效力、解决合同所生争议的准据法。

八、海员劳务合同

海员劳务输出属于对外劳务输出的一种类型,实践中往往存在三方面法律关系:船员与船员外派企业之间的合同关系;船员外派企业与境外雇主之间的合同关系;外派船员与境外雇主之间的合同关系。对于这些关系的性质,实践中仍存在很大争议。[3]

最高人民法院在《关于仰海水与北京市鑫裕盛船舶管理有限公司之间是否为劳动合同关系的请示的复函》中指出:“劳务派遣单位属于用人单位的,应当履行用人单位对劳动者的义务。根据交通运输部颁布的《船员服务管理规定》,船员服务机构向船员提供船员服务业务,应当与船员签订船员服务协议。本案鑫裕盛公司是具有从事对外劳务合作经营资格的船员外派服务机构,不是劳动者的用工单位。因此,仰海水与鑫裕盛公司签订的《船员聘用合同》为船员服务合同,不属于船员劳务合

---

[1] [2001]民立他字第3号,现行有效。

[2] 参见储某林诉 ItshakReitmann 合作合同纠纷案,江苏省南通市中级人民法院民事判决书,(2009)通中民三初字第0010号。

[3] 参见王亚男:《外派船员权利保护法律问题研究》,载《法学杂志》2013年第4期。

同,也不属于船员劳动合同,不适用《劳动合同法》的规定。对涉案纠纷,按照鑫裕盛公司与仰海水签订的《船员聘用合同》约定,并根据有关法律规定,依法审理。"〔1〕上述意见认为,船员与船员外派企业之间不属于劳动合同关系,而属于一般民事合同关系。

在"孙某诉厦门中远海运劳务合作有限公司、东方海外货柜航运有限公司劳务合同纠纷案"〔2〕中,原告主张两被告是《劳动合同法》第58条规定的派遣单位、用人单位,两被告均与原告成立劳动合同关系。中远劳务公司则辩称其与原告仅形成中介合同关系,不应适用《劳动合同法》。被告东方海外公司辩称其与原告签订的是雇佣协议,其不是《劳动合同法》规定的劳务派遣的用工单位。法院认为,原告与中远劳务公司签订船员服务协议,约定了中远劳务公司负责原告的外派上船工作事宜,并维护原告在船工作期间的合法权益,该合同内容没有关于劳动力交换等体现劳动合同性质的条款约定,此类合同是船员服务合同,不属于船员劳务合同,也不属于船员劳动合同,不适用《劳动合同法》的规定。关于原告与东方海外公司的法律关系问题。原告与东方海外公司签订的船员雇佣协议性质上属于劳动合同,但依据《劳动合同法》第2条的规定,该法仅适用于中华人民共和国境内的企业等组织与劳动者之间的劳动合同,因东方海外公司系我国香港特别行政区的法人,故其与原告签订的船员雇佣协议不适用《劳动合同法》的规定。〔3〕

在"梁某民与钻石国际邮轮公司(Diamond Cruise International Co. Limited)船员劳务合同纠纷案"〔4〕中,法院认为:本案系船员劳务合同纠纷。被告系注册在巴哈马国的公司,本案具有涉外因素。依据《涉外民事关系法律适用法》第41条的规定,当事人可以协议选择合同适用的法律。当事人没有选择的,适用履行义务最能体现该合同特征的一方当事人经常居所地法律或者其他与该合同有最密切联系的法律。现原、被告未就涉案纠纷的法律适用达成一致意见,因此鉴于原告在庭审中表示适用中华人民共和国法律,且原告系中国公民,受中国公司指派上船工作,因此本院确定以中华人民共和国法律作为审理本案纠纷的准据法。

而在"马里森尼·米古拉与阿若艾尼亚海运公司、奥维乐蒙娜斯航运公司船员劳务合同纠纷案"〔5〕中,法院则认为:本案系涉外船员劳务合同纠纷。根据《涉外民

---

〔1〕〔2011〕民四他字第4号。

〔2〕厦门海事法院民事判决书,(2018)闽72民初880号。

〔3〕参见张珠围、田兴玉:《船员外派劳务纠纷中合同准据法的确定》,载《人民司法·案例》2019年第26期。

〔4〕上海海事法院民事判决书,(2019)沪72民初566号。该案入选2020年《最高人民法院关于船员权益保护典型案例》。

〔5〕宁波海事法院民事判决书,(2018)浙72民初579号。该案入选2020年《最高人民法院关于船员权益保护典型案例》。

事关系法律适用法》第43条的规定,“劳动合同,适用劳动者工作地法律”。涉案船舶于2015年11月17日起被本院扣押于中国浙江舟山港,两被告负责看管船舶,原告受雇到中国浙江舟山为两被告履行看管船舶义务,故原告的工作地在我国领域内,应适用中华人民共和国法律。原告还主张船舶优先权,根据《海商法》第272条关于“船舶优先权,适用受理案件的法院所在地法律”的规定,本案船舶优先权同样适用中华人民共和国法律。

在“阮某源、骆某四船员劳务合同纠纷案”〔1〕中,法院认为:本案系船员劳务合同纠纷。关于本案的法律适用。本案合同约定工作地点为坦桑尼亚,骆某四亦在该地实际工作,故本案具有涉外因素。一审庭审中,骆某四选择适用中国法律,阮某源未明确选择适用的法律,根据《涉外民事关系法律适用法》第41条关于“当事人可以协议选择合同适用的法律。当事人没有选择的,适用履行义务最能体现该合同特征的一方当事人经常居所地法律或者其他与该合同有最密切联系的法律”的规定,鉴于骆某四、阮某源的经常居所地均在中国,且双方的合同是根据中国法律进行订立的,故本案纠纷应适用中国法律解决。

2020年6月8日,最高人民法院审判委员会第1803次会议通过了《最高人民法院关于审理涉船员纠纷案件若干问题的规定》,〔2〕其中第17条规定:“船员与船舶所有人之间的劳动合同具有涉外因素,当事人请求依照《中华人民共和国涉外民事关系法律适用法》第四十三条确定应适用的法律的,应予支持。船员与船舶所有人之间的劳务合同,当事人没有选择应适用的法律,当事人主张适用劳务派出地、船舶所有人主营业地、船旗国法律的,应予支持。船员与船员服务机构之间,以及船员服务机构与船舶所有人之间的居间或委托协议,当事人未选择应适用的法律,当事人主张适用与该合同有最密切联系的法律的,应予支持。”

九、我国缔结和参加的国际条约

(一)多边公约

我国加入了数十项关于劳动保护的国际公约,〔3〕其中与国际私法有关的有:

(1)《海员协议条款公约》,〔4〕该公约是国际劳工组织理事会于1926年在日内瓦举行的第九届会议上订立,中国政府1936年批准,1984年经我国政府承认,关于

〔1〕 广东省高级人民法院民事判决书,(2018)粤民终1688号。该案入选2020年《最高人民法院关于船员权益保护典型案例》。

〔2〕 法释〔2020〕11号。

〔3〕 相关信息及公约中文本见原劳动和社会保障部网,http://www.molss.gov.cn/gb/zwxx/node_5441.htm;国际劳工组织制定的所有公约的信息见该组织官方网,http://www.ilo.org/dyn/normlex/en/f?p=1000:12030:0::NO:::。

〔4〕 Convention Concerning Seamen's Articles of Agreement.

该年6月11日起对中国生效。该公约对海员与船方签订劳动协议进行了规定,很大程度上保护了海员的利益。

(2)《本国工人与外国工人关于事故赔偿的同等待遇公约》,[1]该公约由国际劳工组织于1925年制定,1934年4月27日经中国政府批准,1984年6月11日经中国政府承认,对中国生效。该公约规定,各会员国承允对于已批准本公约的任何其他会员国的人民在其国境内因工业意外事故而受伤害者,或对于需其赡养的家属,在工人赔偿方面,应给予与本国人民同等的待遇;有关会员国之间得订立特别协议,规定工人暂时或间断地在一会员国国境内为设在另一会员国国境内的企业工作时受工业事故者,其赔偿应依照另一会员国的法律与条例办理。

(二)双边条约

中国目前已经与多个国家达成了双边劳务合作协议,比如《关于中华人民共和国公民在俄罗斯联邦和俄罗斯联邦公民在中华人民共和国的短期劳务协定》[2]《中华人民共和国政府和马来西亚政府关于雇用中国劳务人员合作谅解备忘录》[3]《中华人民共和国政府和卡塔尔国政府关于规范卡塔尔雇佣中国劳务人员的协议》[4]《中华人民共和国政府和约旦哈希姆王国政府关于双边劳务合作的协定》[5]《中华人民共和国政府和毛里求斯共和国政府关于双边劳务合作的协定》[6]《中华人民共和国政府和新加坡共和国政府关于双边劳务合作的谅解备忘录》[7]《中华人民共和国政府和阿拉伯联合酋长国政府关于双边劳务合作的谅解备忘录》[8]《中华人民共和国商务部和大韩民国劳动部关于输韩劳务人员的谅解备忘录》[9]《中华人民共和国商务部和大韩民国劳动部关于启动雇佣许可制劳务合作的谅解备忘录》[10]等。这些备忘录一般都规定:雇主应通过中国经营公司招聘劳务人员。中国经营公司应根据雇主要求,向雇主提供合适的劳务人员供其选拔。雇主和经营公司应根据两国法律和本备忘录的规定签订劳务合作合同,规定双方在劳务人员招选、培训、派遣、接纳、使用、管理等过程中的权利和义务。

2008年4月7日,《中华人民共和国政府与新西兰政府自由贸易协定》正式签署。这是中国与发达国家签署的第一个自由贸易协定,也是中国与其他国家签署的

---

〔1〕 Convention Concerning Equality of Treatment for National and Foreign Workers as Regards Workmen's.

〔2〕 2000年11月3日签订,2001年2月5日生效。

〔3〕 2003年9月签订,2004年3月1日生效。

〔4〕 2008年6月23日签订,2011年9月28日起生效。

〔5〕 2005年12月12日签订并生效。

〔6〕 2005年1月签订并生效。

〔7〕 2008年8月23日与《中国—新加坡自由贸易协定》同时签订并生效。

〔8〕 2007年11月5日签订并生效。

〔9〕 2007年4月10日签订并生效。

〔10〕 2010年5月28日签订并生效。

第一个涵盖货物贸易、服务贸易、投资等多个领域的自由贸易协定。该协定已于2008年10月1日开始生效。根据该协定在自然人临时雇佣入境方面的内容，2009年11月，中国商务部和新西兰劳工部签署了《中国自然人临时雇佣安排》。[1]

在社会保险缴纳方面，我国与韩国亦签订了《中华人民共和国与大韩民国互免养老保险缴费临时措施协议》，与德国、丹麦、卢森堡、日本、加拿大、法国等国签署了政府间社会保障协定。

第四节 国际海上货物运输合同和提单

一、概论

（一）海上货物运输合同与提单的概念

我国《海商法》第41条规定："海上货物运输合同，是指承运人收取运费，负责将托运人托运的货物经海路由一港运至另一港的合同。"而提单则是指用以证明海上货物运输合同和货物已经由承运人接收或者装船，以及承运人保证据以交付货物的单证。提单中载明的向记名人交付货物，或者按照指示人的指示交付货物，或者向提单持有人交付货物的条款，构成持有人据以交付货物的保证。[2]

由于提单在国际海上货物运输中的作用至关重要，其重要性甚至已经超过了海上货物运输合同本身。因此，本节主要探讨提单的冲突法问题。

提单（bill of lading）分为记名提单、指示提单和无记名提单。记名提单要求货物交付给被记名的人并不得转让；指示提单要求根据特定人的指示交付货物，并且可以经过记名背书或者空白背书而转让；不记名提单允许任何持有人提取货物，并可以通过简单的交付而无须背书即可转让。[3] 记名提单不可转让，不具有流通性，因此不属于通常意义上的提单。本节所讨论的仅指可转让的不记名提单。

（二）提单的性质

对于提单的法律性质存在争议。我国法学界主流意见以及法院许多司法判例均认为，提单具有三项基本功能：第一，提单是海上货物运输合同的证明；第二，提单是货物的收据；第三，提单是物权凭证。[4] 所谓物权凭证，是指提单体现了对提单项下货物所拥有的所有权。"物权凭证"的概念，来源于英语"document of title"。[5]

---

[1] 商务部关于对新西兰开展劳务合作有关工作的通知，商合服函〔2010〕179号。

[2] 《海商法》第71条。

[3] 《海商法》第79条。

[4] 参见杨良宜：《提单及其他付运单证》，中国政法大学出版社2007年版，第1页。

[5] 参见杨良宜：《提单及其他付运单证》，中国政法大学出版社2007年版，第6页。

《海牙规则》第 1 条(b)款也明确将提单视为一种“document of title”。但有学者指出,将“document of title”中的“title”翻译为大陆法上的“物权”并不准确,因此,将提单理解为“物权凭证”属于误解。[1] 英美法上根本没有“物权”和“债权”的区分,“权利”(title)并不等同于大陆法上的“物权”。[2] 该误解的另一个来源是对德国《商法典》相关条款的误译。德国《商法典》第 448 条是关于内河运输货运单的规定,原文标题是“Traditionswirkung des Ladescheins”,[3]我国国内权威译本将其翻译为“物权凭证”。[4] 实际上,该条的字面含义是“货运单的交付功能”。首先,Ladeschein 不是提单,而是内河运输的提货单。其次,“Tradition”一词源于拉丁文“*tradere*”,基本含义是“交付、传承”。第 448 条只是规定,货运单的交付与货物的交付具有同样的效果,从中推导不出货运单是物权凭证的结论。另外,德国《商法典》第 475g 条对仓单(lageschein)同样规定了“交付功能”(traditionswirkung),该译者同样将其误译为“物权凭证”。

德国《商法典》关于提单(konnossement)的规定是在该法第 642-657 条。其中,第 650 条同样规定了提单的“交付功能”(traditionswirkung des konnossements),[5]其内容与第 448 条关于货运单的规定完全相同。也就是说,海运提单、内河运输货运单和仓单都具有交付功能。

在大陆法中,提单属于交付证券(traditionspapier),是有价证券之一种,具有有价证券的所有特征,类似于票据和信用证。[6] 提单具有交付功能,提单的转让或交付视为提单项下货物的转让或交付。但是提单转让或交付并不意味着提单项下货物所有权的转移。货物所有权的转让并非通过提单本身的背书或提交,而是通过作为基础法律关系的买卖合同。对此,普通法学界的权威学者、加拿大著名海商法学者泰特雷教授指出:提单严格来讲不是物权凭证(document of title),而应被看作一种“转让凭证(document of transfer)”“背书凭证”或“交付凭证”。[7]

对于交付提单行为的法律性质,德国法上有两种观点:抽象的债务允诺说(abstraktes schuldversprechen)和交付合同说(begebungsvertrag),后者逐渐成为主流

---

〔1〕 参见李海:《关于“提单是物权凭证”的反思——兼论提单的法律性质》,载《中国海商法年刊》1996 年卷。

〔2〕 “Title”用在不同语境下可以分别表示所有权、人身权、诉权、债权等大陆法系上的不同权利类型。

〔3〕 该条规定:“如果承运人已经占有货物,则提单一旦交付给其中所指定的收货人,对于货物上权利的取得而言,具有与交付该货物相同的效果。提单向第三人转让的,与此相同。”

〔4〕 参见《德国商法典》,杜景林、卢谌译,法律出版社 2010 年版,第 246 页。

〔5〕 国内权威译本同样将其误译为“物权凭证”,同上书,第 316 页。

〔6〕 Wolfgang Dumke, Das Konnossement als Wertpapier (Ph. D. diss., University of Hamburg1970), S. 1-2.

〔7〕 参见[加]威廉·泰特雷:《国际冲突法:普通法、大陆法及海事法》,刘兴莉译,黄进校,法律出版社 2003 年版,第 199-200 页。

观点。[1] 无论采用哪种观点,提单当事人包括提单背书转让人和受让人、持有人和承运人之间的关系都独立于基础交易关系(货物买卖合同和运输合同),因此提单与票据一样具有独立性、抽象性和无因性。[2] 提单持有人有权在卸货港要求在海上运输过程中实际占有货物的承运人交付货物,但这种权利是基于法律的规定,而非基于提单持有人对货物的物权。由于提单的无因性,承运人必须向提单持有人放货,无论该持有人是否真正取得货物的物权。比如,无记名提单遗失后,拾到提单的人凭提单向承运人提货的,承运人也有义务放货,除非失主已通过法定程序禁止承运人放货。

就我国而言,从《海商法》的立法思想和立法体例来看,提单被规定在"海上货物运输合同"一章之中,是将其作为运输合同来对待的。从《海商法》第 71 条的定义也得不出"物权凭证"的结论。

一些学者认为,如果否定提单的物权凭证功能,实践中的侵权之诉将无从谈起,因为提单持有人无法向没有合同关系的侵权人主张权利。[3] 这种观点其实是一种误解。我国《海商法》第 78 条和德国《商法典》第 656 条一样,都明确规定,提单只解决承运人和持有人之间的权利义务关系。这种义务属于交付合同义务。托运人和承运人之间的关系只受运输合同的约束。

2009 年《最高人民法院关于审理无正本提单交付货物案件适用法律若干问题的规定》[4]第 3 条规定:"承运人因无正本提单交付货物造成正本提单持有人损失的,正本提单持有人可以要求承运人承担违约责任,或者承担侵权责任。"这表明,在无单放货情况下,提单持有人原则上只能根据提单向承运人主张违约责任;至于侵权责任,一般发生在承运人与无正本提单的提货人合谋共同实施无单放货行为的情况下。[5] 在这种情况下,正本提单持有人所主张的对货物的所有权的依据是买卖合同,而非提单。

二、提单的法律冲突与法律适用

(一)提单法律冲突

海运提单是重要的海上货物运输合同凭证。海上货物运输通常都是在不同国

---

[1] Baumbach, Hefermehl & Casper, Wechselgesetz, Scheckgesetz, Recht der kartengestützten Zahlungen, 23 Aufl. 2008, S. 60.

[2] 也有德国学者认为提单只具有"半无因性", See Wolfgang Dumke, Das Konnossement als Wertpapier (Ph. D. diss., University of Hamburg1970), S. 3.

[3] 参见李章军:《国际海运承运人责任制度研究》,法律出版社 2006 年版,第 166 页。

[4] 2009 年 2 月 16 日由最高人民法院审判委员会第 1463 次会议通过,自 2009 年 3 月 5 日起施行。

[5] 《关于审理无正本提单交付货物案件适用法律若干问题的规定》第 14 条第 2 款规定:"正本提单持有人以承运人与无正本提单提取货物的人共同实施无正本提单交付货物行为为由提起的侵权诉讼,诉讼时效适用本条前款规定。"从中可以推断出上述结论。

家的港口间进行,因此提单具有很强的国际性。尽管目前国际上有相关的公约调整提单法律关系,包括1924年《海牙规则》[1]、1968年《海牙/维斯比规则》[2]、1978年《汉堡规则》[3]和2008年《鹿特丹规则》,[4]但这几个公约并不一致,参加的国家也不同。比如,《海牙规则》和《海牙/维斯比规则》仅适用于出口货物运输,而《汉堡规则》和《鹿特丹规则》一样,适用于装货地和卸货地位于不同国家的所有海上运输。另外,各国立法中对于提单的规定也各有不同。例如,现在世界上至少存在九种关于提单的单位责任限制的制度。[5] 这都导致在提单领域存在法律冲突的可能性很大。

(二)当事人意思自治原则

1. 提单中的法律选择条款

承运人与收货人、提单持有人之间因提单而引起的法律纠纷,属于合同之债务纠纷,首先应当适用提单中约定的法律。实践中,承运人都会在提单中事先印制好关于管辖权和法律选择的格式条款。在司法实践中,这种格式条款一般都需要得到当事人的遵守和法院的承认。

提单中的法律适用条款(applicable law/governing law clause),即指明该提单引起争议适用何国法律解决的条款。提单中大多会约定适用轮船公司注册地国法律。但有时国际大型轮船公司为了提高竞争力,采用所谓"浮动"适用法律条款。

(1)明示法律适用条款

该条款往往明确规定提单及其证明的运输合同的解释、适用,应受某一特定国家法律管辖。大多数格式提单均规定适用承运人主营业地国法律,使之能够预见其权利和责任。但这对收货人或提单持有人而言则不是那么有利。

(2)浮动准据法条款(floating proper law)

这种法律选择条款规定了可供选择的两种以上的法律,因而缔约当时无法确切

---

[1] International Convention for the Unification of Certain Rules of Law relating to Bills of Lading,1924年订于布鲁塞尔,1931年生效,现有90多个缔约国。该公约在中国目前只适用于香港特别行政区和澳门特别行政区。

[2] Protocol to Amend the International Convention for the Unification of Certain Rules of Law Relating to Bills of Lading,1968年修订于布鲁塞尔,1977年6月23日生效,目前有90多个缔约国;1979年通过了该公约的第二议定书,1982年2月24日生效,目前有20多个缔约国。

[3] United Nations Convention on the Carriage of Goods by Sea,1978年订于汉堡,1992年11月1日生效,目前有34个缔约国。参见 http://treaties. un. org/pages/ViewDetails. aspx? src = TREATY& mtdsg_no = XI-D-3&chapter = 11&lang = en。

[4] 全称为《联合国全程或部分海上国际货物运输合同公约》,2008年12月11日联合国大会通过。截至2022年年底,仅有5个国家批准,尚未生效。

[5] 参见[加]威廉·泰特雷:《国际冲突法:普通法、大陆法及海事法》,刘兴莉译,黄进校,法律出版社2003年版,第206页。

地知道提单究竟应受什么法律管辖。[1] 此种条款由于在缔结合同当时无法确定提单准据法，因此依照英美普通法无效。

(3)默示选择法律条款(implied choice)

在租约下签发的提单大多载明首要条款，但很少载明法律适用条款，而是代之以并入条款，将租约中的所有条款、条件、自由与豁免以及法律选择和仲裁条款等都并入提单。[2] 但这种并入条款是否有效，存在争议。

2. 法律选择条款与首要条款、地区条款的关系

(1)首要条款(clause paramount)

首要条款是指提单中指明该提单受某一国际公约或某一国家法律的某一特定法规制约的条款。顾名思义，该条款本义在于使该条款成为提单合同至高无上的基础条款，具有高于其他提单条款的效力。首要条款是独立于提单法律适用条款的专门条款，通常用来将有关提单的国际公约如《海牙规则》或《海牙/维斯比规则》并入提单，从而使该公约条款具有高于提单其他所有条款的效力。多数海运公司的提单中除了有"首要条款"外，均另有"法律适用和管辖权条款"。如 Congenbill 1994 租约提单中除了有首要条款之外，另有法律适用和管辖权条款。

(2)地区条款(Local Clause)

是根据某些国家国内立法适用范围的强制性规定，在提单中指明运往和(或)运出该国家港口的货物时必须适用该国国内法规的条款。美国 1936 年《海上货物运输法》规定，凡进出口美国的船舶签发的提单必须适用该法。各船公司为避免因违法导致运输无效，纷纷在提单中加列这种"地区条款"，如中远公司的提单。

要正确判断提单纠纷的法律适用，必须准确把握这几种条款的性质与效力。

提单中的"法律适用条款"本质上是一种法律选择协议模式，一般认为虽然提单中的法律适用条款是事先印好的，但提单是承运人应托运人的要求而签发的，故提单中的条款包括法律适用条款应视为承、托双方意思自治、协商一致的结果。至于提单由托运人出让后，在非托运人的提单受让人与承运人之间，提单中的法律适用条款是否亦具有同等效果，实践中一直有不同的理解和主张。[3]

提单中的"首要条款"只指明适用某一规则或某一特定法规，一般认为其是将适

---

[1] 例如：Any claim or dispute arising under this Bill of Lading shall be determined either by the law of the country where the Carrier, or the defendant if not the Carrier, has his principal place of business according to the laws of that country。

[2] 例如：All the terms, conditions, liberties, and exceptions of the said Contract of Affreightment of Charter Party are herewith incorporated, including proper law and arbitration clauses。

[3] Phillip A. Buhler, *Forum Selection and Choice of Law Clauses in International Contracts: A United States ViewPoint with Particular Referecnce to Maritime Contracts and Bills of Lading*, University of Miami Inter-27 American Law Review 1 (1995).

用于提单的某个公约或某国法律的一部分“并入”(incorporating in)合同,本质上只是提单中的一个条款,而该首要条款本身是否有效,还要根据提单的准据法进行审查。因此,当提单中有明示法律选择条款时,首要条款中被纳入的某公约或法规不是作为合同准据法,而是作为当事人议定的合同条款被实施,而且该条款仅调整合同的某些事项。

提单中的“地区条款”是为了满足某国国内法中的某特定法规的强制性规定而设置的,故在该提单货物运输涉及该国港口即提单受该国强制性法律规定制约的情况下,可考虑优先认可该地区条款的有效性。一些国家的海上运输法中,专门规定了某类运输必须适用其国内法。如英国 1924 年《海上货物运输法》第 1 条、澳大利亚 1991 年《海上货物运输法》第 11 条以及美国 1999 年《海上货物运输法》。目前,世界多数国家的班轮公司在其经营美国航线的班轮运输的格式提单上都专门列有“地区条款”,规定对于运自美国的货物,也必须遵守美国《海上货物运输法》。但是,这种地区条款的效力遭到国际上的质疑,因为它体现的是国内法的单方面域外效力,违背了国际私法的基本原则。[1] 笔者认为,提单中的地区条款并非法律选择条款,它所选择的某国法律不能被认为是支配提单的准据法,而只是一种并入条款,构成提单的一部分。该并入条款的效力还要受提单准据法的制约。

我国法院在对待提单中的“首要条款”和法律选择条款时出现了不同观点。[2] 有的法院将首要条款中选择的法律视为提单准据法;最高人民法院在新近案例中没有认可提单中首要条款所并入的美国法律。[3] 也有法院认为,提单中的首要条款和法律选择条款是承运人单方面的格式条款,在未征得其他当事方同意的情况下无效。

(三)强制性规范的适用

如前所述,国际私法中的强制性规范可以排除当事人所选择的法律。但是要注意区分两类强制性规范:一类是内国法意义上的强制性规范,它们在本国法律体系内,不能通过当事人协议排除其适用。但是,如果它们并非合同准据法的一部分,则不具有这种效力。另一类则是国际私法上的强制性规范,它们不仅不能通过合同排除适用,同时也不能通过选择适用外国法律而排除其适用。美国《海上货物运输法》只能被认为属于国内强制性规范,只能在提单准据法是美国法时才具有约束力。

---

[1] 参见[加]威廉·泰特雷:《国际冲突法:普通法、大陆法和海事法》,刘兴莉译,黄进校,法律出版社 2003 年版,第 205 页。

[2] 美国总统轮船公司与菲达电器厂、菲利公司、长城公司无单放货纠纷再审案,载《最高人民法院公报》2002 年第 5 期。

[3] 参见康立信(亚洲)有限公司与深圳市翊达运通国际货运代理有限公司海上货物运输合同再审案,最高人民法院民事判决书,(2016)最高法民再 35 号。

与此相关的争议是我国《海商法》第四章的效力问题。《海商法》第 44 条规定："海上货物运输合同和作为合同凭证的提单或者其他运输单证中的条款,违反本章规定的,无效。此类条款的无效,不影响该合同和提单或者其他运输单证中其他条款的效力。将货物的保险利益转让给承运人的条款或者类似条款,无效。"笔者认为,只有我国《海商法》被确定为运输合同或提单的准据法之后,这些强制性的法律条款才能起作用。也就是说,我国《海商法》中的强制性规范也属于国内法上的强制性规范。如果当事人在提单首要条款中载明了适用《海牙规则》或《海牙/维斯比规则》,该规则只能被理解为提单中并入的条款,因此仍然可以用《海商法》第四章排除《海牙规则》。但如果当事人在提单中另外加入了"法律选择条款",而且我国《海商法》未被指定为准据法时,第四章中的强制性规范对案件就没有法律约束力了。[1]

与此不同的是《国际海运条例》(2019 年修订)。该条例第 2 条规定:"本条例适用于进出中华人民共和国港口的国际海上运输经营活动以及与国际海上运输相关的辅助性经营活动。"该条例的性质与美国《海上货物运输法》完全不同,它主要是一部行政管理法规,内容涉及国际海运营运人的执业资格、经营范围、反不正当竞争行为等。因此,它不属于私法上的强制性规范,而属于《涉外民事关系法律适用法》第 4 条意义上的涉外民事关系中的强制性规定,任何从事进出我国港口的国际海上运输经营活动都必须遵守,即使运输合同准据法不是我国法律也不例外。

(四)特征性履行和最密切联系原则

当事人在提单或运输合同中没有约定准据法时,通常运用特征性履行理论和最密切联系原则确定准据法。我国海事法院在审理涉外提单纠纷案件时,也经常适用最密切联系原则,但在运用此原则确定提单应适用的法律时,却有较大的随意性,有的案例中,仅写明:"原告与被告未在合同中约定解决纠纷所适用的法律,应适用与合同最密切联系的国家的法律解决本案纠纷。由于本案货物运输的目的港是中国港口,故本案适用中国法律",也有案例只是简单地写明:"综合考虑,中国与本案合同纠纷的联系最密切,因此,应适用中华人民共和国法律处理本案。"[2]

---

[1] 这一观点已得到最高人民法院的确认,参见刘贵祥:《在全国海事审判工作会议上的总结讲话》,载万鄂湘主编:《涉外商事海事审判指导》(第 25 辑),人民法院出版社 2013 年版,第 23 页。

[2] 三木商事株式会社诉香港裕星船务代理有限公司海上货物运输合同纠纷案,宁波海事法院民事判决书,(2013)甬海法商初字第 404 号。

第五节　信　　托

一、信托的概念和法律冲突

信托制度起源于英国的用益(use)权制度。16 世纪英国颁布《用益权法》之后,从用益制度中发展出信托(trusts)制度。英国工业革命之后,封建土地制度被废除,用益制度的规避法律功能丧失意义,逐渐发展成为一种处分财产的统一信托制度,被广泛运用于社会生活的几乎所有领域,比如遗产管理、个人理财、投资金融、兴办福利事业等。[1] 1893 年,英国颁布了历史上第一部成文的信托法《受托人法》,此后又制定了一系列信托方面的法规,使英国信托制度日趋完善。美国独立战争之后,信托业务也逐渐发展,信托法也深受英国衡平法的影响,并于 1935 年由美国法学会编辑出版了《信托法重述》一书,从而形成了完整的信托法体系。其他普通法国家也同样继受了英国信托法制度。

按照一般理解,信托就是委托人基于信任关系将其财产托付给受托人,受托人基于衡平法上的义务为他人利益而享有该财产的普通法上的所有权,而受益人则享有该财产在衡平法上的所有权。[2] 英美信托的特征就是所有权的分立(split ownership),即可以让两个或两个以上的人对同一财产同时拥有独立的所有权:受托人拥有普通法上的所有权,受益人拥有衡平法上的所有权。英美法上的信托特别强调对受益人的保护,以至于被认为对受托人的债权人过于苛刻。[3]

由于信托制度具有灵活实用的特点,也被一些大陆法国家采纳。日本最早于 1922 年就颁布了《信托法》和《信托业法》,此后经多次修订,成为大陆法系国家(地区)信托制度的典型代表,并影响韩国等的信托立法。我国也于 2001 年 4 月 28 日颁布了《信托法》,并于 2001 年 10 月 1 日起施行。我国《信托法》第 2 条明确指出:"本法所称信托,是指委托人基于对受托人的信任,将其财产权委托给受托人,由受托人按委托人的意愿以自己的名义,为受益人的利益或者特定目的,进行管理或者处分的行为。"根据这一定义,我国《信托法》创立了世界信托法律制度的一个新的先例,即信托财产所有权不发生转移,仍然由委托人保有。信托只需要信托财产的处分权和收益权的转移。我国之所以采用此种规定,主要着眼点在于将信托定位为受人之托、代人理财的财产管理制度,以"便于接受",否则,如果将信托表述为"委托

[1] 参见徐孟洲主编:《信托法》,法律出版社 2006 年版,第 8 页。

[2] Alastair Hudson, *Equity and Trusts*, 4. Ed. Routledge-Cavendish, 2005, p. 35-36.

[3] Q. A. Ha, *The Reception of Trust in Different Legal Systems*, Verlag Dr. Kovac, 2008, p. 15.

人一旦将财产交付信托,即丧失其对该财产的所有权,不再属于其自有财产”,这就会使一些人难以接受。[1] 不过如此一来,我国的信托实际上就成为一种特殊的合同。[2]

由于各国对信托的概念各有不同规定,彼此的信托制度也各有差异。特别是在离岸信托中,各个离岸地所颁布的信托法规牵涉多方面的法律问题,往往会引起在岸地(Onshore)国家,特别是大陆法系国家的抵抗。所以离岸信托的应用特别要考虑到本国法律是否承认离岸信托,离岸信托地如何选择,适用的法律如何选择等因素。总而言之,信托冲突包括以下几个方面的问题:(1)依照何国法律判断一项信托有效成立?(2)信托的管理依照何国法律?(3)何国法院对信托拥有管辖权?(4)对于依照外国法律成立的信托,内国法院是否予以承认?(5)外国法院作出的有关信托的判决能否被内国法院承认或执行?

在我国《信托法》颁布以前,我国法院在“广东省轻工业品进出口集团公司与TMT贸易有限公司商标权属纠纷上诉案”[3] 中曾遇到过信托纠纷,一审法院和二审法院在审理该案件时出现了分歧,并引起了广泛争议。一审法院将其定性为委托合同关系,并适用与合同有最密切联系的法律。二审中,最高人民法院将案件涉及的法律关系定性为信托关系,并适用内地法律作为准据法。由于我国内地当时还没有信托法,法院最后适用了原《民法通则》第4条所规定的诚实信用原则。

二、信托的法律适用

(一)当事人的法律选择

我国信托制度主要是作为一种合同来设计的,所以应当允许当事人选择准据法。《涉外民事关系法律适用法》第17条也明确规定:“当事人可以协议选择信托适用的法律。当事人没有选择的,适用信托财产所在地法律或者信托关系发生地法律。”

不过应当首先将成立信托的合同与信托本身区别开来。信托合同是导致信托成立的基础关系,有学者将设立信托比喻为发射火箭。信托是火箭本身;设立信托的行为是火箭发射器,二者应当区分。[4] 信托合同的成立和效力按照一般的合同准据法处理,通常由当事人双方协议选择;而信托本身的问题依照信托准据法。由于我国的信托大都是通过委托人和受托人之间的委托合同来设立,所以《法律适用

---

〔1〕 参见卞耀武主编:《中华人民共和国信托法释义》,法律出版社2002年版,第4页。

〔2〕 Lusina Ho, *Trust Law in China*, Sweet&Maxwell Asia, 2003, p. 57.

〔3〕 广东省轻工业品进出口集团公司与TMT贸易有限公司商标权属纠纷上诉案,最高人民法院民事判决书,(1998)知终字第8号。

〔4〕 David Hayton, *International Recognition of Trusts*, in John Glasson (ed.), The International Trust, 2002, p. 126.

法》第17条允许双方当事人为信托约定准据法。而《关于信托的法律适用及其承认的公约》(以下简称《海牙信托公约》)则规定,信托准据法可以由委托人单方面指定。[1] 无论是委托人单方指定还是双方约定,都必须是明示的,因为我国《信托法》规定,信托合同必须以书面为之,因此,在我国信托的准据法不能通过默示方式推定。这一点与《海牙信托公约》是有区别的。

(二)当事人未选择时

《涉外民事关系法律适用法》第17条第2句规定:"当事人没有选择的,适用信托财产所在地法律或者信托关系发生地法律。"

(三)信托准据法支配的事项

如上所述,应当区分信托准据法和信托基础关系的准据法。根据《海牙信托公约》第8条规定,信托准据法支配信托本身的问题,包括信托的有效性、解释、效力及其管理等。由于我国信托制度是作为一种"受人之托,代人理财"的制度来设计的,故信托关系在我国主要是信托管理关系,其范围应当比《海牙信托公约》要狭窄一些。

(四)强制性规范的适用

由于我国的信托主要被用于投资理财,而我国的资本市场和货币尚未实现完全开放。无论是外国投资者在我国境内进行信托投资,还是我国境内投资者对外进行信托投资,我国法律都有很多限制。

由于信托制度的复杂性,特别是在离岸信托制度下,信托制度经常被人恶意利用来规避法律或进行其他非法活动,以至于很多国家的信托法都有一些强制性和限制性规定,以保护本国的国家、社会和公共利益。比如,我国《信托法》也允许设立遗嘱信托,但遗嘱信托有可能与继承准据法中的保护继承人的规定相冲突,特别是当遗嘱信托剥夺特定继承人继承权的情况下。另外,信托也可能被用于避税,从而与有关国家的税法相抵触。[2]

国际信托中的强制性规范包括三类:第一类,准据法中的强制性规范;第二类,法院地国家法律中的强制性规范;第三类,其他国家法律中的强制性规范。对于第一类强制性规范,根据《涉外民事关系法律适用法》第4条应当直接适用。第二类强制性规范通常也会被法院适用,因为它属于准据法的一部分。第三类强制性规范比较有争议,比如,法院地为信托管理地A国,信托准据法为受托人营业地B国法律,但信托财产所在地C国法律中有一项强制性规定禁止宣言信托,而B国法律并不禁止宣言信托,此时A国法院是否会尊重C国的该项强制性规范?《海牙信托公约》

---

[1] 《海牙信托公约》第6条。

[2] 参见戴庆康:《国际信托的法律冲突与法律适用》,东南大学出版社2009年版,第100页。

对该问题作了折中的规定,其第16条第2款规定:"如果另一国家与案件有足够密切的联系,那么,在例外情况下,可以给予该国具有前款述及的性质的规则以效力。"但该条第3款又规定,任何缔约国可通过保留方式,声明其将不适用本条第2款。所以这一问题就交由各国法院自己裁定。

(五)我国《信托法》第3条的含义

我国《信托法》第3条规定:"委托人、受托人、受益人(以下统称信托当事人)在中华人民共和国境内进行民事、营业、公益信托活动,适用本法。"有人将该条规定视为一条单边法律适用规范,即在我国境内进行的信托活动适用我国《信托法》。但我们认为,该条规定与我国《保险法》第3条、《票据法》第2条、《证券投资基金法》第2条等条款一样,属于地域适用范围规范。这种规范与国际私法中的法律适用规范是不一样的。由于我国《信托法》主要是一部私法性质的立法,所以《信托法》第3条的规定容易与《涉外民事关系法律适用法》第17条相抵触。外国学者也曾对《信托法》第3条提出过批评。[1]

《涉外民事关系法律适用法》第17条也表明,《信托法》第3条并非法律适用规范,并非所有在我国境内进行的信托都要适用我国《信托法》。涉外信托关系依照《涉外民事关系法律适用法》第17条确定准据法。没有涉外因素的信托关系才直接适用我国《信托法》。

三、信托的跨国承认

信托的承认是指在外国依照外国法律设立的信托能否被内国承认为信托,如果被承认为信托的话,会产生什么法律后果。信托的承认实际上与信托的准据法是一个问题的两个方面。承认一个信托,也就意味着承认了该信托的准据法的效力。

信托的承认往往发生在那些没有信托制度的国家。对于这些国家而言,依照外国法在外国成立的信托在其法律中没有对应的概念,所以才需要承认。比如,委托人在英国根据英国法律成立了一个信托,信托财产位于德国境内,受益人向德国法院提起诉讼,要求受托人返还信托利益。此时,德国法院就面临是否承认该项制度为信托制度的问题。相反,假如该信托财产位于美国境内,受益人向美国法院起诉,美国法院不需要考虑是否承认其为信托,而是直接根据美国的冲突法确定信托的准据法,并以此确定当事人之间的权利义务。

对于没有信托制度的国家而言,信托的承认问题是一个难题。特别是在离岸中心设立的信托,往往与规避法律和恶意欺诈联系在一起,更加难以为其他国家所接受。因此,没有信托制度的大陆法国家,往往根据不同的信托类型将其定性为其国

---

〔1〕参见 Immanuel Gebhardt & Holger Hanisch,《对第一章的评论——总则》,载朱少平、葛毅主编:《中国信托法起草资料汇编》,中国检察出版社2002年版,第131页。

内法上的类似制度,如代理、委任、特殊合同或基金等。[1]

即使是在都有信托制度的国家之间,比如英国和中国之间,由于彼此的信托制度差异太大,也可能会出现信托的承认问题。因为信托本身是英美法系的独特制度,其他继受信托制度的国家对信托都做了不同程度的改造,导致在一个国家设立的信托按照他国法律制度不一定也构成信托。比如有学者就指出,依照我国《信托法》设立的信托就有可能不会被其他国家(如英美国家)承认为信托。[2]

四、海牙信托公约

海牙国际私法会议于 1985 年 7 月 1 日在第 15 届会议上通过了一项《海牙信托公约》。[3] 该公约共五章 32 条。截至 2021 年 12 月,该公约已在英国、澳大利亚、加拿大、意大利、荷兰、卢森堡、马耳他、摩纳哥、列支敦士登、圣马力诺、巴拿马和瑞士等国以及我国香港特别行政区生效。[4]

我国内地不宜接受《海牙信托公约》,理由如下:

首先,从总体上看,我国的信托制度与其他国家(地区)存在根本性差异,与《海牙信托公约》关于信托的定义也不相同。由此,导致我国无论是在信托的法律适用方面还是在信托的承认方面都无法与《海牙信托公约》的规定保持一致。

其次,在法律适用方面,《海牙信托公约》规定委托人可以任意明示或默示地选择信托准据法,而且其所选择的法律不受限制,可以与信托本身没有密切联系。这反映了普通法系国家的实践,特别有利于离岸信托。当事人可以将某个信托指定适用某个离岸中心的信托法以规避在岸地的法律。我国目前阶段对离岸金融市场的管理还缺乏必要经验,有关制度尚未建立,因此如果加入《海牙信托公约》将会更方便有些人成立离岸信托以逃避我国税收和监管法律。很多大陆法系国家也是基于这方面考虑才拒绝加入该公约。

最后,在信托承认方面,《海牙信托公约》第 11 条规定,根据前章规定的法律所设定的信托应作为信托而予承认。这意味着,一项根据离岸中心法律有效成立的信托也必须被缔约国(地区)承认。这有利于通过离岸信托的方式规避我国法律。

---

[1] David Hayton, *International Recognition of Trusts*, in John Glasson ed. , The International Trust, 2002, p. 136.

[2] Lusina Ho, *Trust Law in China*, Sweet & Maxwell Asia, 2003, p. 41.

[3] Hague Convention of 1 July 1985 on the Law Applicable to Trusts and on their Recognition.

[4] 参见海牙国际私法会议网,http://www. hcch. net/index_en. php? act=conventions. status&cid=59。

第十章 准合同之债

第一节 概　　论

我国《民法典》首次采用了“准合同”的概念,在合同编中单设了第三分编“准合同”。准合同(quasi-contracts)起源于罗马法的“类合同”(quasi ex contractu)。[1] 盖尤斯最早使用了这一概念,并用该概念指称合同和侵权之外、与合同相类似的法律事实,包括无因管理、非债清偿、监护和遗赠等。法国《民法典》最早规定了准合同制度,包括无因管理、不当得利与非债清偿三种形式。2017 年法国新债法改革对法国《民法典》的准合同制度做了较大改造。[2] 德国、日本、韩国、俄罗斯等国《民法典》没有准合同概念,将不当得利和无因管理作为独立制度加以规定。

欧盟及其成员国近年来普遍采用“非合同之债”和“法定之债”的概念,包含了准合同之债与侵权之债。[3] 2007 年欧盟通过的《关于非合同之债法律适用的条例》(以下简称《罗马第二条例》)[4]就把侵权、不当得利、无因管理和缔约过失等都包括在里面。非合同之债或法定之债就是根据法律之规定而产生,而不是根据当事人之合同而产生之债。[5] 非合同之债的概念具有更大的包容性,可以把现代民法上出现的一些新兴债权债务关系包括进去,比如争议很大的“前合同责任”。[6]

---

〔1〕 参见王利明:《准合同与债法总则的设立》,载《法学家》2018 年第 1 期。

〔2〕 参见李世刚:《法国新债法:债之渊源(准合同)》,人民日报出版社 2017 年版。

〔3〕 Nils Jansen, *The Concept of Non-Contractual Obligations: Rethinking the Divisions of Tort, Unjustified Enrichment, and Contract Law*, 1 Journal of European Tort Law 16 (2010).

〔4〕 Regulation (EC) No 864/2007 of the European Parliament and of the Council of 11 July 2007 on the law applicable to non-contractual obligations (Rome Ⅱ).

〔5〕 Medicus & Brand, Gesetzliche Schuldverhältnisse, 6 Aufl. 2020; Manfred Wandt, Gesetzliche Schuldverhältnisse, 9 Aufl. 2019.

〔6〕 J. Cartwright & M. Hesselink eds., *Precontractual Liability in European Private Law*, Cambridge University Press, 2008.

第二节 不当得利之债

一、不当得利的概念

不当得利(ungerechtfertigte Bereicherung,unjust enrichment)是指没有合法根据而取得利益,致使他人利益受到损失的事实。由于不当得利人(受益人)取得该利益没有合法依据,因此负有向利益受损人返还该项利益的义务,这样在不当得利人和利益受损人之间就形成不当得利之债权债务关系。

不当得利制度起源于罗马法,后来被世界各国,包括大陆法系和英美法系各国法律所承认。但是,各国法律对不当得利的规定是有所不同的。法国《民法典》仅将"非债清偿"规定为不当得利。[1]法国的判例和学说还创设了不当得利请求辅助性制度对不当得利的返还加以限制,即不当得利请求权只有在受益人取得利益且受损人无其他请求权可以行使时,才可以行使。在德国民法上,不当得利被规定为债的发生原因之一,从而形成了独立的制度。[2] 德国《民法典》将不当得利分为履行之不当得利(Leistungskondiktion)、侵权之不当得利(Eingriffskondiktion)以及其他类型的不当得利。[3] 这一分类为日本、韩国和我国台湾地区等大陆法国家和地区所接受。[4] 英国法律在传统上虽然承认不当得利的返还义务,但是并没有把不当得利看作与合同和侵权并列的专门制度,而只是将其作为一种"准合同之债",允许当事人提起返还请求权之诉(restitution)。但近年来,随着欧盟法的统一化趋势,不当得利制度在英国也被广泛承认。[5]

我国原《民法通则》第92条最早对不当得利制度作了规定:"没有合法根据,取得不当利益,造成他人损失的,应当将取得的不当利益返还受损失的人。"原《民通意见》第131条对不当得利的返还范围作了具体规定。《民法典》第985条规定:"得利人没有法律根据取得不当利益的,受损失的人可以请求得利人返还取得的利益。"

二、不当得利的法律适用

当事人意思自治原则

---

[1] 法国《民法典》第1376、1377条。

[2] 参见霍政欣:《不当得利的国际私法问题》,武汉大学出版社2006年版,第33页。

[3] 德国《民法典》第812-822条。

[4] 参见王泽鉴:《不当得利》(第2版),北京大学出版社2015年版。

[5] Johnston & Zimmermann, *Unjust Enrichment: Key Issues in Comparative Perspective*, Cambridge University Press, 2002, p. 3.

《涉外民事关系法律适用法》第 47 条第 1 句规定："不当得利、无因管理，适用当事人协议选择适用的法律。"纵观全世界各国国际私法，在不当得利领域采用全面的当事人意思自治原则乃我国首创。[1] 该规定没有针对不同类型不当得利进行区分，对此应作具体分析。

(一)基于其他法律关系而导致的不当得利

因其他法律关系而导致的不当得利，包括因履行合同而导致的不当得利和因侵权行为而导致的不当得利。由于这种不当得利是基于其他法律关系而产生，比如由于错误的或无效的履行行为或因侵权行为，因此在国际私法上，应当受其他法律关系准据法支配。

比如，在"SGB 高压电器设备制造股份有限公司与西安景腾贸易有限责任公司等不当得利纠纷案"中，[2]原告 SGB 高压电器设备制造股份有限公司与第三人暖通设备厂签订买卖协议，暖通设备厂委托西安景腾贸易有限责任公司代理该项外贸出口业务，由西安景腾贸易有限责任公司负责向 SGB 高压电器设备制造股份有限公司收取货款。SGB 高压电器设备制造股份有限公司向西安景腾贸易有限责任公司多支付 2 万欧元货款，SGB 高压电器设备制造股份有限公司以不当得利为由要求西安景腾贸易有限责任公司归还。法院认为，西安景腾贸易有限责任公司是否构成不当得利，取决于双方之间的合同关系。根据原《民法通则》第 145 条的规定，合同应适用最密切联系国家的法律，即中国法律。依照我国原《民法通则》第 92 条之规定，双方合同关系确立，不构成不当得利。

大多数国家新近颁布的国际私法均如此规定。如德国 1999 年《民法典施行法》第 38 条就规定："基于履行行为产生的不当得利而提起的诉讼请求，适用该履行行为所依据的法律关系准据法。基于侵犯某一受保护的利益而产生的不当得利而提起的诉讼请求，适用该侵权行为发生地法律。"英国国际私法也采用同样原则：不当得利适用债之准据法。如果债是因合同而生，则适用合同之准据法。如果是因侵权而引起之不当得利，则适用侵权之准据法。[3] 欧盟《罗马第二条例》第 10 条第 1 款也规定："如果不当得利引起的非合同之债是因当事人之间现存的其他关系而产生，比如合同或侵权关系，而该法律关系与不当得利密切相关，则不当得利应适用该法律关系准据法。"

---

[1] 最高人民法院在"陈国新诉陕西省进出口公司不当得利纠纷案"中，就依照当事人意思自治适用了中国法律，最高人民法院(2007)民四监字第 25 号民事裁定书。《涉外民事关系法律适用法》颁布后适用第 47 条第 1 句的案例见：江苏省高级人民法院民事判决书，(2011)苏商外终字第 0059 号，上海市第一中级人民法院民事判决书，(2012)沪一中民四(商)终字第 S378 号等。

[2] 陕西省西安市中级人民法院民事判决书，(2009)西民四初字第 00343 号。

[3] Lawrence Collins ed., *Dicey, Morris and Collins on The Conflict of Laws*, 14th edition, Vol. 1, Thomson Sweet & Maxwell, 2006, p. 1863, 1978.

综上所述，对于因给付而导致的不当得利，应根据导致不当得利的原因关系，或者适用当事人之间的合同准据法，或者适用侵权准据法。由于《涉外民事关系法律适用法》对于合同和侵权都允许当事人协议选择所适用的法律，因此，因合同或侵权而导致的不当得利也当然可以适用当事人所选择的法律。但要注意的是，如果不当得利是因侵权关系而产生，当事人之间只可能在事后达成协议选择准据法；如果不当得利的产生与一项不动产交易有关，则要适用不动产所在地法律，而不能适用当事人选择的法律。

（二）非因其他法律关系而产生的不当得利

真正的不当得利是指没有其他原因关系情况下所产生之债，如拾得遗失物、非债清偿等。此种不当得利发生后，当事人协议约定所适用法律的，可以准许。

1. 共同经常居所地法律

《涉外民事关系法律适用法》第 47 条第 2 句规定："当事人没有选择的，适用当事人共同经常居所地法律。"这一规定借鉴了欧盟《罗马第二条例》第 10 条第 2 款，与《涉外民事关系法律适用法》第 44 条有关侵权准据法的规定也保持一致。

在"上诉人曹某英、周某济与被上诉人饶某环、一审第三人邹某才不当得利纠纷案"[1]中，双方因在越南进行的展销货款发生纠纷。法院经审理认为，虽然本案两上诉人以买卖合同纠纷为由诉请被上诉人返还 9 万元款项，但本案案件事实表明两上诉人与被上诉人之间并不存在买卖合同关系，双方当事人之间债权债务为不当得利，本案的案由应为不当得利纠纷。因涉案不当得利行为发生地在越南，双方当事人在一审审理过程中未选择本案实体处理应当适用的法律，而双方当事人共同经常居所地在中国，根据《涉外民事关系法律适用法》第 47 条规定，当事人没有选择的，适用当事人共同经常居所地法律，故本案实体审理应当适用中华人民共和国法律。

2. 不当得利发生地法律

《涉外民事关系法律适用法》第 47 条第 2 句还规定，当事人"没有共同经常居所地的，适用不当得利、无因管理发生地法律"。不当得利发生地国法律（the place of the enrichment）是多数国家对于不当得利之债所规定的准据法，因为通常情况下，不当得利发生地与不当得利有最密切联系。如日本《法例》第 11 条、匈牙利《国际私法立法》第 35 条、意大利《国际私法法规》第 61 条、白俄罗斯《民法典》第 1131 条、罗马尼亚《国际私法法规》第 104 条、德国《民法典施行法》第 38 条第 3 款等。我国司法实践中曾不分不当得利的类型，全部采用不当得利发生地法律。[2]

在"中国农业银行青岛高科技工业园支行与伊莱克达・贝库姆股份公司返还货

---

〔1〕 广西壮族自治区高级人民法院民事判决书，（2012）桂民四终字第 2 号。

〔2〕 参见原告 DSI 公司与被告迪迅公司不当得利纠纷案，江苏省苏州市中级人民法院民事判决书，（2002）苏中民三初字第 023 号。

款纠纷案"中,[1]伊莱克达·贝库姆股份公司误将应付给青岛利洋公司的货款打入青岛国富公司在中国农业银行青岛高科技工业园支行的账户。该支行将该笔货款抵偿了青岛国富公司所欠的贷款。伊莱克达·贝库姆股份公司向其追偿该笔货款。二审法院以侵权行为地位于中国境内为由适用中国法律。但该案应为不当得利返还纠纷,应适用不当得利发生地法律。

第三节　无 因 管 理

一、概论

无因管理(negotiorum gestio, voluntary service)是指没有法律规定的或者约定的义务而代为他人管理事务。在无因管理之债中,管理人因管理他人的事务而支出一定的费用,或者自己受到一定的损失,或者因管理他人事务而向第三人负担债务,管理人有权向本人追偿。[2]

无因管理在罗马法上被作为准契约的一种,即当事人之间虽未订立契约,但出于公平原则和公序良俗原则的考虑,其行为所发生的法律效果与缔结契约相同。法国《民法典》继承罗马法的观点,将无因管理规定在"准契约"之中。德国《民法典》排除了准契约的概念,首创将无因管理作为独立的制度,成为与合同、侵权和不当得利并列的债的发生原因之一,也被称为法定之债。瑞士、日本、苏联及东欧国家均采德国之理论。我国原《民法通则》第93条、原《民通意见》第132条、原《民法总则》第121条等均简略规定了无因管理的构成要件和法律效果,《民法典》则在准合同分编设专章(第979条至第984条)对无因管理做了较为详细的规范。

无因管理为世界上大多数国家(地区)法律所采用,但各国(地区)法律多有歧义,带来法律冲突和法律适用问题。[3]

二、无因管理的法律适用

(一)当事人意思自治原则

《涉外民事关系法律适用法》第47条将不当得利和无因管理合并为一个条款进行规定:"不当得利、无因管理,适用当事人协议选择适用的法律。当事人没有选择的,适用当事人共同经常居所地法律;没有共同经常居所地的,适用不当得利、无因

---

[1] 山东省高级人民法院民事判决书,(2002)鲁民四终字第43号。

[2] 参见叶知年:《无因管理制度研究》,法律出版社2015年版;王道发:《论侵权责任法与无因管理之债的界分与协调——兼评〈侵权责任法〉第23条》,载《法制与社会发展》2017年第2期。

[3] Wandt, Die Geschaeftsfuehrung ohne Auftrag im internationalen Privatrecht, 1989.

管理发生地法律。”根据这一规定,无因管理行为也首先适用当事人协议选择的法律。欧盟《罗马第二条例》第 14 条也允许无因管理行为当事人事后协议选择准据法。如果当事人双方从事的都是商业活动,则也可以在事前选择准据法。

(二)当事人未选择时的法律适用

根据《涉外民事关系法律适用法》第 47 条的规定,在当事人未选择时,无因管理适用当事人共同经常居所地法律。这一规定也与欧盟《罗马第二条例》第 11 条第 2 款相同。

如果当事人没有共同经常居所,则适用无因管理发生地法律。这一规则得到几乎所有国家的承认。因为无因管理从性质上讲是一种事实行为,故与行为发生地有最密切之联系。适用管理行为发生地法不会偏袒任何一方当事人,而且利于法律的查明。[1]

英国法上虽没有无因管理的规定,但对于依据外国法可以成立的无因管理,在英国冲突法上也将其归为返还得利的行为或准契约行为,应当适用利益产生地法律。[2]

大陆法多数国家均直接规定,无因管理适用管理行为地法律。日本、秘鲁等国国际私法立法以及德国《民法典施行法》第 38 条第 1 款、意大利《国际私法立法》第 61 条、哈萨克斯坦《民法典》第 1116 条等均采用此种原则。

(三)因其他法律关系产生之无因管理

无因管理行为可能因其他法律关系而产生。比如甲乙双方签署买卖合同,甲将货物交付乙方后,合同因重大误解而被撤销。甲以不当得利为由要求乙方归还货物,乙则以无因管理为由要求甲方支付其对该货物的管理费用。无论是甲方的不当得利请求还是乙方的无因管理请求都是基于此前的合同而产生,所以应当依照合同准据法解决。欧盟《罗马第二条例》第 11 条第 1 款也如此规定。韩国 2001 年《国际私法》第 30 条规定亦同。

第四节　海难救助和共同海损

一、海难救助

(一)海难救助合同

根据我国《海商法》第 171 条的规定,海难救助是指在海上或者与海相通的可航

---

〔1〕 Bernd von Hoffmann/Karsten Thorn, Internationales Privatrecht, 9 Aufl. 2007, S. 479.

〔2〕 Lawrence Collins ed., *Dicey, Morris and Collins on The Conflict of Laws*, 14th edition, Vol. 1, Thomson Sweet & Maxwell, 2006, p. 1863.

水域，对遇险的船舶和其他财产进行的救助。按照我国《海商法》的规定，救助方与被救助方就海难救助达成协议，海难救助受该救助合同约束。根据我国《海商法》第269条的规定，当事人可以选择救助合同应当适用的法律。如果没有选择的，依照最密切联系原则确定准据法。

（二）无合同情况下的海难救助

如果没有救助合同或者救助合同被撤销或宣告无效，救助方实施海难救助行为的法律性质如何界定？常见的有无因管理、见义勇为、不当得利等学说。[1]

德国学者一般认为，如果救助方和被救助方没有救助合同，救助方主动实施海难救助而产生的损失，也可以依据无因管理而要求获救方赔偿。[2] 依照此种观点，此种情况下的海难救助应根据《涉外民事关系法律适用法》第47条确定准据法。当事人可以事后协议选择准据法；如果没有选择，适用双方共同经常居所地法律；没有共同经常居所地的，适用海难救助地法律。如果救助是在一国领海或内河河道实施，海难救助地就位于该国。但如果救助行为发生在公海上，则无法适用救助地法律。此时，有学者认为，应当适用被救助船舶之船旗国法律，因为适用该法律对双方当事人而言最为公平，而且也能使判决容易得到执行。[3]

我国法院在实践中往往适用最密切联系原则确定准据法。例如，在"中国人民保险公司河北省分公司诉塞浦路斯瓦塞斯航运有限公司海难救助费用分摊追偿纠纷案"[4]中，中国饲料进出口公司委托被告公司轮船承运一批货物。该轮船在阿根廷港口发生搁浅，分别与两家公司签署救助合同，救助方实施了救助，由此产生了巨额救助费用175万美元，中国饲料进出口公司因此提供给救助公司110万美元作为担保。事后，救助方与被救助方就救助报酬产生纠纷，救助公司在伦敦申请仲裁。经伦敦劳合社两次仲裁，被救助方共应支付救助报酬115万美元及利息等，其中货方分摊救助费及利息88万美元及其他费用。后来中国饲料进出口公司向宁波海事法院申请扣押了被告轮船并起诉，要求被告分摊救助费。法院认为根据最密切联系的原则应适用我国《海商法》，判决被告支付原告分摊救助费用。

另外需要注意的是，根据我国交通运输部公告，[5]我国已经加入《1989年国际救助公约》(International Rescue Convention 1989)。[6] 根据该公约规定："本公约适用于在一缔约国提起的有关公约所辖事项的诉讼或仲裁。"因此，在公约规定范围内

---

〔1〕 参见司玉琢：《海商法专论》(第3版)，中国人民大学出版社2015年版，第265页。

〔2〕 Bernd von Hoffmann/Karsten Thorn, Internationales Privatrecht, 9 Aufl. 2007, S. 480.

〔3〕 Bernd von Hoffmann/Karsten Thorn, Internationales Privatrecht, 9 Aufl. 2007, S. 481.

〔4〕 中华人民共和国宁波海事法院民事判决书，(1996)甬海商初字第207号。

〔5〕 1996年7月3日交通运输部交函外〔1996〕275号文发布。

〔6〕 我国根据该公约第30条第1款的规定，保留该条第1款(a)项、(b)项、(d)项不适用该公约的权利。

的海难救助,在我国进行诉讼或仲裁的,应当依照公约的规定。〔1〕

二、共同海损

对于共同海损(general average),根据我国《海商法》第193条的规定,是指在同一海上航程中,船舶、货物和其他财产遭遇共同危险,为了共同安全,有意地合理地采取措施所直接造成的特殊牺牲、支付的特殊费用。共同海损应当由受益方按照各自的分摊价值的比例分摊。

对于共同海损,由于国际上已经形成了比较统一的规则,即《约克—安特卫普规则》(York Antwerp Rules)。该规则最早是1877年在安特卫普由68个国家代表参加的会议上通过的。由于该规则源于《1864年约克规则》,所以命名为《1877年约克—安特卫普规则》。此后该规则几经修改,迄今已有7个版本,即1877年、1890年、1924年、1950年、1974年、1994年和2004年的规则。由于这一规则属于国际惯例,订约人可以自由选用任一版本,目前使用较多的是《1994年约克—安特卫普规则》。虽然该规则不是有法律约束力的国际条约,但是大多数国家的海商法都吸收了这些规则的制度,因此在事实上得到了很大程度的统一,从而使得法律冲突问题不再是很严重的问题。

尽管如此,法律适用规范仍然是必要的。对于共同海损理算,国际上通常适用理算地法律。理算地可以由合同约定。没有约定的,通常按照航程终止地法律理算。〔2〕 我国《海商法》第274条也规定:"共同海损理算,适用理算地法律。"在"敏航公司(AGILITY SHIPPING COMPANY)等与中基宁波集团股份有限公司共同海损纠纷上诉案"中,双方约定该案共同海损由理霍事务所在伦敦进行理算,因此涉案共同海损的理算适用英国法。〔3〕

---

〔1〕 交通运输部南海救助局诉阿昌格罗斯投资公司、香港安达欧森有限公司上海代表处海难救助合同纠纷案,最高人民法院指导案例110号(2019年)。

〔2〕 Lawrence Collins ed., *Dicey, Morris and Collins on The Conflict of Laws*, 14th edition, Vol. 1, Thomson Sweet & Maxwell, 2006, p. 1268.

〔3〕 参见敏航公司(AGILITY SHIPPING COMPANY)等与中基宁波集团股份有限公司共同海损纠纷上诉案,山东省高级人民法院民事判决书,(2016)鲁民终1435号。

第十一章 侵权责任

第一节 概 论

大陆法系民法通常将侵权行为作为一种债的关系加以规定，在立法体例上侵权行为法属于“债法”的内容。德国《民法典》在“债法”中设立“侵权行为”一节；法国《民法典》将侵权行为作为“非合同之债”的一种。在英美法系国家，由于不存在独立的民法和债法概念以及独立的民法典，因此侵权行为法是一个独立的法律体系。

我国《民法典》在立法体例上采用侵权责任独立成编（第七编）的形式，但我国《民法典》同样承认侵权行为之债。《民法典》第 118 条规定：债权是因合同、侵权行为、无因管理、不当得利以及法律的其他规定，权利人请求特定义务人为或者不为一定行为的权利。第 120 条规定：民事权益受到侵害的，被侵权人有权请求侵权人承担侵权责任。因此，我国的侵权法制度在《民法典》中具有了体系定位上的双重性，即其既归属于债法体系，也归属于民事责任体系，具有鲜明的中国特色。〔1〕

各国对于侵权（tort，delict，unerlaubte Handlung）也没有统一的定义，各国所使用的概念之间也彼此存在差异。我国《民法典》第 1165 条规定：“行为人因过错侵害他人民事权益造成损害的，应当承担侵权责任。依照法律规定推定行为人有过错，其不能证明自己没有过错的，应当承担侵权责任。”第 1166 条规定：“行为人造成他人民事权益损害，不论行为人有无过错，法律规定应当承担侵权责任的，依照其规定。”根据上述规定，我国法律上的侵权责任包括过错责任和无过错责任。〔2〕

近年来，世界各国都兴起了侵权法改革浪潮，尤其是欧盟和美国的侵权法律制度都在发生剧烈变革。〔3〕 相对于合同领域，跨境侵权行为所导致的法律冲突问题越来越激烈，尤其是在产品责任、网络侵权、环境保护、消费者保护和人权保护等特殊领域。

---

〔1〕 参见房绍坤、张玉东：《论〈民法典〉中侵权责任规范的新发展》，载《法制与社会发展》2020 年第 4 期。

〔2〕 参见程啸：《中国民法典侵权责任编的创新与发展》，载《中国法律评论》2020 年第 3 期。

〔3〕 参见欧洲侵权法小组编著：《欧洲侵权法原则：文本与评注》，于敏、谢鸿飞译，法律出版社 2009 年版；李世刚：《法国侵权责任法改革——基调与方向》，人民日报出版社 2017 年版；胡岩：《美国侵权法改革及其对我国的启示》，载《法律适用》2019 年第 19 期。

第二节　一般侵权责任

一、侵权行为地法原则

(一)概论

我国原《民法通则》第146条第1句规定:"侵权行为的损害赔偿,适用侵权行为地法律。"《涉外民事关系法律适用法》第44条也规定:"侵权责任,适用侵权行为地法律。"我国立法规定的这一原则也是各国普遍采用的侵权行为法律适用原则。该原则可以追溯到法则区别学说时代所提出的"场所支配行为"这一古老法则。由于侵权行为之债是一种法定之债,而非意定之债,因此各国出于保护本国利益和维护本国法律权威的目的,均要求发生于本国的侵权行为的责任依照本国法律予以确认。因而,无论是大陆法系国家还是英美法系国家,尽管对侵权行为的立法并不尽相同,但普遍承认应当依照行为地法律(lex loci delictus)确定该行为的性质和责任。[1]

美国的做法比较独特,20世纪60年代爆发的冲突法革命就是从侵权法领域开始的,其结果是大多数美国州都放弃了单一的侵权行为地法原则,改用《第二次冲突法重述》规定的"要素衡量方法"(contact-counting)或"政府利益分析"及"最密切联系原则"等更具灵活性的法律选择方法。[2]

(二)侵权行为地的认定

尽管各国都承认侵权行为地法原则,但是对于"侵权行为地"的认定却存在差异。对"侵权行为地"的认定属于对法律适用规范中的连结点的解释问题,应当依据该法律适用规范所属国法律解释。各国对"侵权行为地"的认定有不同规定。

1. 侵权行为发生地

通常所理解的"侵权行为地"就是导致损害的行为或事件发生地。这一规则也被称为"来源国原则"(country-of-origin principal)。[3] 德国《民法典施行法》第40条第1款和英国1995年《国际私法(杂项规定)》也采用该原则。来源国原则被认为更容易确定,特别适合于现代科技条件下的特殊侵权责任,例如广播电视和网络侵

---

〔1〕 Peter Kaye, *Private International Law of Tort and Product Liability: Jurisdiction, Applicable Law and Protective Measures*, Dartmouth, 1991;参见林强:《涉外侵权法律选择中的"侵权行为地"界定——从侵权一般冲突规则的解释切入》,载《现代法学》2018年第4期。

〔2〕 Symeon C. Symeonides, *Choice of law in Cross-Border Torts: Why Plaintiffs Win and Should*, 61 Hastings Law Journal 337 (2009).

〔3〕 Ralf Michaels, *EU Law as Private International Law? Reconceptualising the Country-of-Origin Principle as Vested-Rights Theory*, 2 Journal of Private International Law 195 (2006).

权责任的认定。该原则为欧盟2000年电子商务指令所采纳。[1]

2. 侵害结果发生地(lex loci damni)

多数情况下,侵权行为地和侵权结果发生地都是一致的。但是对于某些侵权行为,其损害后果在侵权行为发生时可能并未表现出来,而是在事后一段时间才发生。此时,为了保护受害人利益,很多人主张适用侵权行为的损害结果发生地法律,因为侵权结果发生地往往就在受害人的经常居所地。欧盟《罗马第二条例》第4条也采用了此连结点。

3. 选择适用侵权行为发生地或侵害结果发生地法律

为了进一步保护当事人尤其是受害人利益,目前国际上的发展趋势是允许当事人或法官选择适用侵权行为发生地法律或者损害结果发生地法律。据美国学者统计,美国过去几十年的侵权冲突法案件中,超过80%的案例都适用了对受害者有利的法律。[2] 其他国家立法也都倾向于如此规定。如德国《民法典施行法》第40条第1款第2句规定:"受害人可以要求适用结果发生地国法律以代替上述(行为地)法律。"

我国原《民通意见》第187条规定:"侵权行为地法律包括侵权行为实施地法律和侵权结果发生地法律。如果两者不一致时,人民法院可以选择适用。"值得注意的是,我国上述原《民通意见》把选择的权利赋予法官。而其他一些国家规定可以由当事人(受害人)自行选择。

二、对侵权行为地法律的限制和例外

(一)当事人共同经常居所地法律优先

我国原《民法通则》第146条第1款第2句规定:"当事人双方国籍相同或者在同一国家有住所的,也可以适用当事人本国法律或者住所地法律。"《涉外民事关系法律适用法》第44条第2句将其修改为"当事人有共同经常居所地的,适用共同经常居所地法律"。这一规定与欧盟《罗马第二条例》第4条第2款的规定是一致的。此种限制在美国著名的巴布科克诉杰克逊案[3]中就被采用。在德国和其他国家法律中都有类似规定,如德国《民法典施行法》第40条第2款等。[4] 该项限制被认为

[1] Directive 2000/31/EC of the European Parliament and of the Council of 8 June 2000 on certain legal aspects of information society services, in particular electronic commerce, in the Internal Market (Directive on electronic commerce), Official Journal L 178, 17/07/2000, p. 1-16.

[2] Symeon C. Symeonides, *Choice of law in Cross-Border Torts: Why Plaintiffs Win and Should*, 61 Hastings Law Journal 337 (2009).

[3] Babcock v. Jackson, 191 N. E. 2d. 279(N. Y. 1963).

[4] Jan von Hein, *Something old and Something Borrowed, But Nothing New? Rome Ⅱ and the European Choice-of Law Evolution*, 82 Tulane Law Review 1663 (2008).

有利于保护本国公民免受外国法律的管辖,而且也符合当事人的合理预期,同时可以降低诉讼成本。〔1〕

(二)法院地法的限制

早期很多国家主张侵权行为适用法院地法。英国法上的"双重可诉性规则"(double actionability rule)也要求侵权行为的损害赔偿必须符合法院地法。〔2〕根据该规则,原告只有能证明其要求侵权赔偿之诉讼请求同时符合法院地法和行为地法的规定时,才可能被法院承认。但1995年英国《国际私法(杂项规定)法令》已经明文废除了该规则。〔3〕

另外,由于不同国家法律对侵权行为的责任形式和赔偿制度有很大差异,一些国家所规定的侵权赔偿制度,尤其是英美法上的一些特殊的侵权责任制度,如"惩罚性损害赔偿"(punitive damages),并不为其他国家所承认。因此,一些国家法律规定,依照外国法律进行的侵权损害赔偿应当受到法院地国法律的限制。如德国《民法典施行法》第40条第3款规定,当事人不得提出受其他国家法律支配的诉讼请求,如果该请求从根本上远远超出了受害者所需要的适当赔偿,或者明显出于对受害者进行适当赔偿之外的目的,或者违反了德国承担的国际条约上的义务。

我国原《民法通则》第146条第3款规定:"中华人民共和国法律不认为在中华人民共和国领域外发生的行为是侵权行为的,不作为侵权行为处理。"该规定类似于以前英国法上的"双重可诉性规则"。该条款是受到苏联立法的影响而作出的,〔4〕在一些中亚国家新近立法中仍然被继续采用,〔5〕但俄罗斯联邦新颁布的《民法典》已取消了这一规定。〔6〕我国法院也从未援用过该条规定,《涉外民事关系法律适用法》也取消了该规定。

三、在非主权地区发生的侵权行为

在南极或北极等非主权地区发生的侵权行为无侵权行为地法律可用。此时应依有关国际条约或当事人之间的协议处理。比如在南、北极发生的环境侵权行为,

---

〔1〕 Tim W. Dornis, "*When in Rome, do as the Romans do?*"—*A Defense of the Lex Domicilii Communis in the Rome-Ⅱ-Regulation*, European Legal Forum, Issue 4, p. 152, 157 (2007).

〔2〕 该规则最早由 Phillips v. Eyre (1870) 一案确立, See: L. R. 6 Q. B. 1 (28-29, per Willes J.); Lawrence Collins ed., *Dicey, Morris and Collins on The Conflict of Laws*, 14th edition, Vol. 1, Thomson Sweet & Maxwell, 2006, p. 1899.

〔3〕 Private International Law (Miscellaneous Provisions) Act 1995, §10.

〔4〕 参见经过1977年最高苏维埃法令修订的1964年苏俄《民法典》第566(4)条第3款。

〔5〕 参见哈萨克斯坦共和国1999年《民法典》第1117条第3款。

〔6〕 参见2002年生效的俄罗斯联邦共和国《民法典》第1219条。

需要考虑有关国际环境协议的适用问题。[1] 美国曾有案例认为,在南极洲发生的人身伤亡侵权行为不能适用美国联邦侵权法,因为美国法律没有域外效力,不能适用于无人所属的南极地区。[2]

四、当事人意思自治原则

(一)一般规定

一些国家国际私法立法将"当事人意思自治原则"引入侵权领域,允许涉外侵权纠纷当事人选择案件的准据法。荷兰法院在1979年的莱茵河跨国污染案中首次允许适用当事人协议选择的荷兰法律作为该侵权案件的准据法。[3] 瑞士《联邦国际私法立法》第132条首次以立法形式规定:"当事人得于损害事件发生后的任何时候约定适用法院地法。"德国《民法典施行法》第42条规定:"非合同之债法律关系据以产生的事件发生后,当事人可以选择应适用的法律。第三人的权利不受影响。"欧盟《罗马第二条例》第14条也采用了相同规定。[4] 我国《涉外民事关系法律适用法》第44条第2句同样规定:"侵权行为发生后,当事人协议选择适用法律的,按照其协议。"

我国司法实践中也经常允许适用当事人事后选择的法律。在"中国农业银行青岛高科技工业园支行与伊莱克达·贝库姆股份公司返还货款纠纷案"[5]中,原告德国公司与青岛利洋有货物买卖关系,但原告向被告发出的付款指令错误地将青岛国富公司记载为受益人。原告向青岛市中级人民法院起诉,要求被告返还错付的货款。山东省高级人民法院二审后认为:"本案所争议的侵权行为发生地在中华人民共和国境内,伊莱克达公司又选择了中华人民共和国青岛市中级人民法院起诉,双方当事人均同意本案适用中华人民共和国法律审理,因此,原审法院适用中华人民共和国法律审理本案是正确的。"

在天津市高级人民法院审理的"上诉人赛奥尔航运有限公司与被上诉人唐山港陆钢铁有限公司错误申请海事强制令损害赔偿纠纷案"[6]中,法院认为:赛奥尔公司与港陆公司于本案中一致选择适用中华人民共和国法律审查港陆公司申请海事

---

[1] Markus Vordermayer, *The Extraterritorial Application of Multilateral Environmental Agreements*, 59 Harvard International Law Journal 59 (2018).

[2] Smith v. United States, 507 U. S. 197, 204 (1993) (Federal Tort Claims Act for conduct in Antarctica).

[3] DC Roterdam, January 8, 1979, 1979 NJ 113, 28 NILR 63 (1981).

[4] Mo Zhang, *Party Autonomy in Non-Contractual Obligations: Rome Ⅱ and its Impacts on Choice of Law*, 39 Seton Hall Law Review 861 (2009).

[5] 山东省高级人民法院民事判决书,(2002)鲁民四终字第43号

[6] 天津市高级人民法院民事判决书,(2012)津高民四终字第4号。

强制令是否构成侵权，适用英国法审查赛奥尔公司是否享有留置权。依据《涉外民事关系法律适用法》第3条和第44条之规定，本案适用中华人民共和国法律审查港陆公司申请海事强制令是否构成侵权，适用英国法审查赛奥尔公司是否享有留置权。

（二）限制和例外

1. 特殊领域的限制

并非所有侵权责任都可以任由当事人协议选择准据法。比如在知识产权侵权中，由于知识产权的属地性，通常不允许当事人协议选择法律，只能适用请求保护地国家的法律。[1] 我国《涉外民事关系法律适用法》第50条规定："知识产权的侵权责任，适用被请求保护地法律，当事人也可以在侵权行为发生后协议选择适用法院地法律。"该规定值得商榷。

不正当竞争和限制竞争行为导致的侵权责任也与此类似。由于竞争法和反垄断法具有国家干预的性质，通常只具有属地效力。特殊情况下需要域外适用的，各国都是通过"效果原则"来对发生于域外但对本国市场产生影响或效果的限制竞争或垄断行为进行调查。因此在该领域，通常也没有当事人选择法律的空间。[2]

2. 选择时间上的限制

根据《涉外民事关系法律适用法》第44条的规定，当事人只能在侵权行为发生后协议选择准据法。而欧盟《罗马第二条例》第14条第2款则允许当事人在侵权行为发生前选择法律，但只限于商事交易的当事人。如果一方当事人是普通消费者，则此种协议无效。这一点对于产品侵权责任至关重要。

3. 选择的方式

与合同当事人协议选择法律类似，侵权当事人的法律选择也必须是明示。

4. 强行法和公共秩序的限制

根据《涉外民事关系法律适用法》第4条的规定，当事人的法律选择不得排除我国强制性规范的直接适用。同时，所选择的法律也不得违背我国社会公共利益。

5. 对第三人的影响

当事人所选择的法律不得对善意第三人的利益造成不利影响。比如，当事人不得通过选择法律加重第三方保险公司的负担。

---

〔1〕 参见欧盟《罗马第二条例》第8条第3款。另参见本书有关知识产权的章节。

〔2〕 参见欧盟《罗马第二条例》第6条第4款。

第三节 产品责任

一、概论

产品责任(product liability,Produktehaftung)是指有瑕疵的产品或者没有正确说明用途或使用方法的产品,致使消费者或使用者人身或财产的损失,产品的制造者或销售者所应承担的赔偿责任。产品责任作为一种特殊侵权行为责任,最初发端于美国,20世纪60年代以后为世界各国所接受。我国原《民法通则》第122条首次规定了产品责任。原《侵权责任法》第五章作了更详细的规定。《民法典》第七编第四章基本延续了原《侵权责任法》的相关规则。

随着经济全球化的发展,国际产品责任事件层出不穷。近年来爆发的丰田汽车和大众汽车产品责任事件都轰动全球,引发了多国消费者的集团诉讼。[1] 由于各国产品责任法的内容各不相同,致使国际产品责任的法律冲突问题越来越尖锐。

我国近年来多次发生涉外产品责任引起的侵权纠纷诉讼,被告多为一些著名的跨国公司。如北京市第二中级人民法院2000年二审审结的"陈某金、林某鑫诉日本三菱汽车工业株式会社损害赔偿纠纷案"[2]、"荆某廉、张某荣等诉美国通用汽车公司、美国通用汽车海外公司损害赔偿案"[3]和"蔡某钦、黄某英诉德国梅赛德斯—奔驰汽车公司、香港富荣车行产品质量责任纠纷案"[4]等。这些案例中,因为被诉的产品责任事故均发生在我国境内,法院都直接适用了我国法律(原《民法通则》、《产品质量法》和《消费者权益保护法》等)。但是由于我国相关国内法不完善,对产品责任受害者提供的保护非常有限,如果单纯适用我国法律并不利于维护我国消费者的权益。

二、产品责任的法律适用

(一)国外立法

在产品责任案件中,如果按照一般的侵权行为地法规则,很难确定具体的侵权

---

〔1〕 Zalubowski, *David*, *Toyota settlement in sudden-acceleration case will top $1 billion*, Los Angeles Times, 26 December 2012; Arnold W. Reitze Jr., *The Volkswagen Air Pollution Emissions Litigation*, 46 Environmental Law Reporter-News & Analysis 10564 (2016).

〔2〕 陈某金、林某鑫诉日本三菱汽车工业株式会社损害赔偿纠纷案,载《最高人民法院公报》2001年第2期。

〔3〕 该案参见祝铭山主编:《典型案例与法律适用——消费者权益纠纷》,中国法制出版社2003年版。

〔4〕 广东省东莞市中级人民法院民事判决书,(2000)东中法经初字第10号。

行为地。按照通常的理解,产品责任案件中侵权行为发生地就是受害人获得产品的地点,而侵权结果发生地就是产品责任事故发生地。由于现代社会产品生产、流通和消费的国际化以及人员的国际流动,经常导致一个产品的购买地、使用地、事故发生地并不一致,而且往往具有偶然性。例如,中国人A前往国外旅游,在甲国购买某一产品,产品在乙国发生事故,但是损害结果在A到达丙国时才发生,该产品的生产商是丁国公司,但在中国有营业地,产品在乙国和丙国市场没有销售。此时,产品的获得地和损害结果发生地都在外国,但该外国与案件只有偶然联系,而不具有密切联系。相反,受害人作为中国居民,在中国有住所,产品生产商在中国也有营业地,因此,中国法律与案件具有更为密切的联系。

此外,在产品责任案件中,目前的流行趋势是强调对消费者的保护,因此在法律适用上,也尽可能适用对受害人较为有利的法律。比如,一些国家允许原告选择适用被告营业地或住所地法律或者产品获得地法律。[1] 但是在保护消费者利益的同时,也要考虑到对产品生产商利益的平衡,特别是为了实现法律的可预见性和确定性,一般要排除当事人不可预见的法律的适用。基于以上因素,各国在产品责任的法律适用领域大都采用多元化连结点,即所谓的梯级连结(Anknüpfungsleiter)。由于该理论是德国学者克格尔首先提出,所以也被称为"克格尔之梯"(Kegelsche Leiter)。[2] 最典型的梯级连结模式是欧盟《罗马第二条例》第5条第1款,该款规定:"在不影响第4条第2款规定的情况下,适用于因产品造成的损害而引起的非合同之债的法律应当为:(1)损害发生时受害人的经常居所地国家的法律,如果该产品在该国家销售;如果不存在上述法律,则为:(2)产品获得地国家的法律,如果产品在该国家销售;如果不存在上述法律,则为:(3)损害发生地国家的法律,如果产品在该国家销售。然而,如果被请求承担责任人不能合理地预见该产品或同类型产品会在第(1)、(2)或(3)项所规定的准据法所属国销售时,准据法应当是被请求承担责任人的经常居所地国家的法律。"

欧盟的规则与海牙国际私法会议1973年第12届会议上通过的《产品责任法律适用公约》[3]的规定有很大区别。《产品责任法律适用公约》主要采纳了美国和挪威代表的建议,规定原告可以在两个或者三个国家的法律中选择一个对其利益可予最大保护的法律适用于产品责任案件。这些可供原告选择的国家包括缺陷产品造

---

〔1〕 如加拿大魁北克《民法典》第3128条、瑞士《国际私法立法》第135条等。

〔2〕 Junker, Die Rom Ⅱ-Verordnung: Neues Internationales Deliktsrecht auf europäischer Grundlage, NJW (2007), Heft 51, S. 3679.

〔3〕 Convention of 2 October 1973 on the Law Applicable to Products Liability,1977年10月1日生效,截至2022年年底有11个缔约国,都在欧洲。参见 http://www.hcch.net/index_en.php? act=conventions.status&cid=84。

成损害所在地国、受害人经常居所地国家以及被告的主营业地所在国。[1] 这样的规定更加强调对消费者的保护，但它显然更有利于美国法的适用。由于很多国家对美国侵权法上的惩罚性赔偿有疑虑，因此《产品责任法律适用公约》并未获得很多国家响应。

（二）我国立法

我国《涉外民事关系法律适用法》第 45 条规定："产品责任，适用被侵权人经常居所地法律；被侵权人选择适用侵权人主营业地法律、损害发生地法律的，或者侵权人在被侵权人经常居所地没有从事相关经营活动的，适用侵权人主营业地法律或者损害发生地法律。"这一规定赋予被侵权人很大的单方选择权，而忽略了对侵权人和被侵权人之间利益的平衡。虽然《产品责任法律适用公约》也强调对受害者的保护，但在法律适用上也没有把法律选择权单方面地赋予受害者。欧盟《罗马第二条例》也只是允许当事人双方根据第 4 条第 2 款的规定事后达成法律选择协议；在没有事后协议的情况下，则完全依照第 5 条第 1 款所规定的客观连接点来确定准据法。我国《涉外民事关系法律适用法》第 45 条的规定允许被侵权人在其经常居所地法律、侵权人主营业地法律和损害发生地法律之间任意选择，这对产品经营者而言会带来较大不确定性，使其无法预期产品销售后的法律后果。[2]

《涉外民事关系法律适用法》第 45 条还规定，侵权人在被侵权人经常居所地没有从事相关经营活动的，适用侵权人主营业地法律或者损害发生地法律。这里的"从事相关经营活动"如何理解？欧盟《罗马第二条例》和海牙公约所用的术语是"产品进入该国市场"（if the product was marketed in that country）。"从事相关经营活动"通常理解为在该国设立分公司或办事处或者设立生产企业等；而"进入该国市场"则并不一定表示该企业直接在该国从事经营活动，产品可能是通过正常贸易渠道出口到该市场。相反，即使某企业在某国市场从事经营活动，也并不一定意味着该企业的某种产品进入该国市场。比如，丰田汽车公司在美国销售的某款汽车存在质量问题导致驾车人受到损害，丰田汽车在中国有经营活动，但该款汽车并不在中国市场销售。如果某位中国消费者通过走私渠道购买了该款汽车并在中国境内发生事故，丰田汽车就无法以该款汽车没进入中国市场为由提出抗辩。

---

[1] W. L. M. Reese, *Further Comments on the Hague Convention on the Law Applicable to Products Liability*, 8 Georgia Journal of International & Comparative Law 311(1978).

[2] 参见鋈利保险股份有限公司、株式会社明治产品责任纠纷案，山东省高级人民法院民事判决书，(2019)鲁民终 1028 号。

第四节　海事侵权责任

一、船舶碰撞侵权责任

我国《海商法》第273条规定:"船舶碰撞的损害赔偿,适用侵权行为地法律。船舶在公海上发生碰撞的损害赔偿,适用受理案件的法院所在地法律。同一国籍的船舶,不论碰撞发生于何地,碰撞船舶之间的损害赔偿适用船旗国法律。"根据这一规定,如果船舶碰撞发生在一国领水之内,则适用侵权行为地法律。如果碰撞发生在公海上,则适用法院地法律。发生碰撞的船舶具有同一国籍的,无论碰撞发生在何处,都适用船旗国法律。如果是船舶与岸上设施发生碰撞,也适用碰撞发生地法律。〔1〕

另外,我国还加入了《国际海上避碰规则公约》。〔2〕 该公约由国际海事组织于1972年10月20日通过,1977年7月15日生效,截至2022年年底已有155个缔约国。该规则规定凡船舶及水上飞机在公海及与其相连可以通航海船的水域,除在港口、河流实施地方性的规则外,都应遵守该规则。规则主要是有关定义、号灯及标记、驾驶及航行规则等。规则对船舶悬挂的号灯、号型及发出的号声,在航船舶自应悬挂的号灯的位置和颜色,锚泊的船舶悬挂号灯的位置和颜色,失去控制的船舶必须使用的号灯和号型表示,船舶在雾中航行以及驾驶规则等,都作了详细的规定。1972年《国际海上避碰规则公约》自生效以来,国际海事组织(IMO)于1981年、1987年、1989年、1993年、2001年和2007年分别对该规则公约进行了修正。2020年我国最高人民法院修订了《关于审理船舶碰撞和触碰案件财产损害赔偿的规定》。〔3〕

二、海上作业人身伤亡损害赔偿

海上作业发生人身损害的,受害人可以提起侵权损害赔偿请求。1992年印发的《最高人民法院关于审理涉外海上人身伤亡案件损害赔偿的具体规定(试行)》已经失效,应依照《涉外民事关系法律适用法》确定准据法。根据《涉外民事关系法律适

---

〔1〕 参见再审申请人梅西尔控股公司、日商奥德赛船舶管理公司与海南新兴港务有限公司船舶触碰损害赔偿纠纷案,最高人民法院民事裁定书,(2011)民申字第1491号。另参见索莱多有限公司、爱尔默克航运有限公司与杭州湾大桥工程指挥部船舶触碰桥梁损害赔偿纠纷案,最高人民法院民事裁定书,(2011)民申字第175号。

〔2〕 Convention on the International Regulations for Preventing Collisions at Sea 1972(COLREGs).

〔3〕 法释〔2020〕18号。

用法》第 44 条,首先应依据当事人协议选择的法律。如果没有选择,但当事人有共同经常居所地的,适用共同经常居所地法律。如果没有共同经常居所地,则适用侵权行为地法律。

在判断侵权行为地时,应考虑到海上作业人身损害事件的具体情形。对于发生于船舶内部的人身伤亡事件,侵权行为地法可以认定为船旗国法(law of flag),无论船舶航行在公海上还是航行在一国领水之内。[1] 因为在传统国际法上,船舶被视为船旗国的移动领土,在船舶内发生的行为视为发生在该国领域内。

在海上捕鱼、开采石油天然气和矿产等作业中发生的人身损害事故,原则上依照《涉外民事关系法律适用法》第 44 条确定准据法。[2] 如果涉及对外劳务输出,还要考虑到相关劳务合同准据法以及我国有关强制性规定,包括《对外劳务合作管理条例》《对外承包工程管理条例》等。为了保障外派劳务人员合法权益,商务部还发布了《对外劳务合作风险处置备用金管理办法(试行)》。[3]

三、海上旅客运输损害赔偿

1994 年中国正式加入《1974 年海上旅客及其行李运输雅典公约》和《1974 年海上旅客及其行李运输雅典公约的议定书》。该公约适用于下列条件下的任何国际运输中因旅客死亡或人身伤害和行李灭失或损坏造成的损失:(a)船舶悬挂本公约某一当事国的国旗或在其国内登记,或(b)运输合同在本公约某一当事国内订立,或(c)按照运输合同,起运地或到达地位于本公约某一当事国内。

《1974 年海上旅客及其行李运输雅典公约》第 3 条规定,对因旅客死亡或人身伤害和行李灭失或损坏造成的损失,如造成此种损失的事故发生在运输期间,而且是因承运人或其在职务范围内行事的雇用人或代理人的过失或疏忽所致,则承运人负有责任。

《1974 年海上旅客及其行李运输雅典公约》第 8 条规定:"承运人对每一旅客的死亡或人身伤害所承担的责任,在任何情况下,不得超过每次运输 700,000 金法郎。如果按照受理案件的法院地的法律,损害赔偿金是以分期付款的方式偿付,则这些付款的等值本金价值不得超过所述的限额。"《1974 年海上旅客及其行李运输雅典公约的议定书》第 2 条则规定:"承运人对每位旅客的死亡或人身伤害的责任,在任

---

[1] 参见[加]威廉·泰特雷:《国际冲突法——普通法、大陆法及海事法》,刘兴莉译,黄进校,法律出版社 2003 年版,第 298 页;Kegel/Schurig, Internationales Privatrecht, 9 Aufl. 2004, S. 740。

[2] 杨某诉钟某等海上人身损害责任纠纷案,广东省广州海事法院民事判决书,(2011)广海法初字第 373 号。

[3] 陈某某等诉南阳市国际经济技术合作有限公司等海上人身损害赔偿纠纷再审案,山东省高级人民法院民事判决书,(2013)鲁民再字第 5 号。

何情况下不得超过每次运输46,666个计算单位。"[1]

《1974年海上旅客及其行李运输雅典公约》第17条规定了诉讼管辖权:(1)根据《1974年海上旅客及其行李运输雅典公约》产生的诉讼,经原告选择,应向下列某一法院提起,但该法院应在本公约当事国内:(a)被告永久居住地或主营业所在地的法院,或(b)运输合同规定的起运地或到达地的法院,或(c)原告户籍地国或永久居住地国有的法院,但被告须在该国有营业所并受其管辖,或(d)运输合同订立地国的法院,但被告须在该国有营业所并受其管辖。(2)在造成损失的事故发生后,当事各方可商定将该损害赔偿金的索赔提交任何法院管辖或交付仲裁。

四、国际油污损害赔偿

(一)《国际油污损害民事责任公约》

国际油污损害是一种特殊侵权行为,是指海洋上由于船舶泄漏或排放持久性油类而发生的污染损害和其他损害。关于国际油污损害的民事赔偿责任,我国已经加入了国际海事组织1969年制定并于1992年修订的《国际油污损害民事责任公约》[2],因此,在公约规定的适用范围内,应当适用公约的规定。[3] 如果不属于公约适用范围之内的油污损害,则依据一般侵权行为的法律适用原则确定准据法。

1. 公约的适用范围

根据《国际油污损害民事责任公约》规定,公约适用于在缔约国领土和领海上由于船舶泄漏或排放持久性油类而发生的污染损害以及防止油污损害或将这种损害减少到最低限度而采取预防措施所造成的损失和损害。公约适用的船舶是指装运散装油类货物的任何类型的远洋船舶和海上船舶,但不包括军舰或政府船舶。

2. 管辖权

根据《国际油污损害民事责任公约》规定,对于国际油污损害赔偿案件的管辖权,如果在一个或若干个缔约国领土或领海内发生了油污损害事件,或在上述领土或领海内采取了防止或减少油污损害的预防措施的情况下,赔偿诉讼只能向上述的一个或若干个缔约国的法院提起。

---

[1] 羊某某与英国嘉年华邮轮有限公司、浙江省中国旅行社集团有限公司海上、通海水域人身损害责任纠纷案,上海海事法院民事判决书,(2016)沪72民初2336号。

[2] 我国于1980年1月30日接受《1969年国际油污损害民事责任公约》,该公约1980年4月30日起对中国生效;1999年我国加入《修正1969年国际油污损害民事责任公约的1992年议定书》,2000年1月5日对我国生效。

[3] 参见天津市渔政渔港监督管理处诉英费尼特航运有限公司(Infinity Shipping Co. ,LTD.)等船舶碰撞油污染损害赔偿纠纷案,天津海事法院民事判决书,(2003)津海法事初字第184号。法院依据公约判决被告英费尼特航运有限公司赔偿原告天津市渔政渔港监督管理处渔业资源损失1465.42万元,赔偿原告调查评估费48万元,赔偿原告上述款项的利息。被告伦敦汽船船东互保协会承担连带赔偿责任。

3. 判决的承认与执行

根据《国际油污损害民事责任公约》规定，有管辖权的法院作出了任何判决，如果可以在原判决国实施而不需要通常的复审手续，则应为各缔约国所承认，并且在履行各缔约国规定的各项手续后应当在各缔约国立即执行，除非判决是以欺骗手段获得的，或判决未给予被告合理的通知和陈述其立场的公正机会。

（二）《国际燃油污染损害民事责任公约》

1. 概论

20世纪90年代以来，船舶燃油污染问题越来越受到重视。1992年，油轮的燃油污染损害被纳入1992年《国际油污损害民事责任公约》（以下简称CLC公约）。它虽然解决载运2000吨以上持久性油类船舶的油污染问题（包括货油和燃油），但其他船舶的燃油污染问题由于没有强制保险的规定，一直悬而未决。1996年，国际海事组织（IMO）法律委员会第75届大会拟定了《国际燃油污染损害民事责任公约》草案，2001年3月23日获得通过，并于2008年11月21日生效。该公约于2009年3月9日起正式对我国生效，同时适用于我国澳门特别行政区，但暂时不适用于我国香港特别行政区。交通运输部海事局2008年发布了《关于实施〈2001年国际燃油污染损害民事责任公约〉的通知》对该公约在我国的适用情况作了规定。〔1〕我国法院在一些案件中已经按照该公约的规定作出了判决。〔2〕

2. 公约适用范围

根据《国际燃油污染损害民事责任公约》第2条的规定，本公约仅适用于在缔约国的领土，包括领海以及专属经济区造成的污染以及为预防或减轻这种损害而采取任何预防措施的地点。

3. 公约主要内容

《国际燃油污染损害民事责任公约》规定，在事故发生时，船舶所有人应对事故引起的任何由于船上装载的或者源于船舶的燃料油所造成的污染损害负责。为了保证该责任的履行，《国际燃油污染损害民事责任公约》第7条要求在一缔约国内登记1000总吨以上船舶必须进行保险或取得其他经济担保。缔约国的主管当局应向每艘船舶颁发一份《燃油污染损害民事责任保险或其他财务保证书》。对污染损害的任何索赔，可向保险人或提供经济担保的其他人直接提出。根据我国加入该公约的声明，该公约第7条不适用于中华人民共和国内河航行船舶。

4. 管辖权和判决承认与执行

当某一事件在一个或若干个缔约国的领土，包括领海或该公约第2条所述的区

〔1〕海船舶〔2008〕623号。

〔2〕上海鑫安船务有限公司与普罗旺斯船东2008-1有限公司等船舶污染损害责任纠纷再审案，最高人民法院民事判决书，（2018）最高法民再367号。

域中造成了污染损害，或已在上述领土、包括领海或此类区域中采取了防止或减轻污染损害的预防措施时，对船舶所有人、保险人或其他为船舶所有人的赔偿责任提供担保的人提起的索赔诉讼，可在上述任何缔约国的法院提起。由具有该公约第9条所述管辖权的法院所作的任何判决，若可在原判决国实施而无须通常的复审手续时。除下列情况外，应为各缔约国所承认：(1)判决是以欺骗取得；(2)未给被告以适当的通知和陈述其立场的公正机会。

(三)《最高人民法院关于审理船舶油污损害赔偿纠纷案件若干问题的规定》

《最高人民法院关于审理船舶油污损害赔偿纠纷案件若干问题的规定》[1]于2011年7月1日起施行，2020年修正。根据该司法解释的规定，船舶发生油污事故，对中华人民共和国领域和管辖的其他海域造成油污损害或者形成油污损害威胁，人民法院审理相关船舶油污损害赔偿纠纷案件，适用本规定。当事人就油轮装载持久性油类造成的油污损害提起诉讼、申请设立油污损害赔偿责任限制基金，由船舶油污事故发生地海事法院管辖。油轮装载持久性油类引起的船舶油污事故，发生在中华人民共和国领域和管辖的其他海域外，对中华人民共和国领域和管辖的其他海域造成油污损害或者形成油污损害威胁，当事人就船舶油污事故造成的损害提起诉讼、申请设立油污损害赔偿责任限制基金，由油污损害结果地或者采取预防油污措施地海事法院管辖。

油轮装载的持久性油类造成油污损害的，应依照《防治船舶污染海洋环境管理条例》、1992年《国际油污损害民事责任公约》的规定确定赔偿限额。油轮装载的非持久性燃油或者非油轮装载的燃油造成油污损害的，应依照《海商法》关于海事赔偿责任限制的规定确定赔偿限额。

五、海事赔偿责任限制

(一)概论

海事赔偿责任限制是有别于一般民事损害赔偿原则的一项特殊的法律制度。它是指作为责任人的船舶所有人、经营人和租船人等，在发生重大海损事故(如船舶碰撞、搁浅、货物损坏、人身伤亡等)后，可依据法律的规定，将自己的赔偿责任限制在一定的限额内的一种法律制度。建立海事赔偿责任限制制度的目的是促进海上运输业的发展、鼓励海上救助、适应海上保险业务和促进商品流通。此外，由于责任人享受责任限制，客观上会导致债权人不能得到充分的赔偿。它的价值在当代已经遭到诸多质疑。但是它又不可能完全废除，只能有待进一步完善。[2] 因此，法律对

---

〔1〕 法释〔2011〕14号颁布，法释〔2020〕18号修正。

〔2〕 参见[加]威廉·泰特雷：《国际冲突法——普通法、大陆法及海事法》，刘兴莉译，黄进校，法律出版社2003年版，第332页。

责任人享受责任限制作了相应的限制规定，如果损失是由于责任人故意或者明知可能造成损失而轻率地作为或不作为造成的，责任人即丧失享受责任限制的权利。

(二)相关国际条约

目前国际上通过的关于海事责任限制的公约有三个：

1. 1924年通过的《关于统一海上船舶所有人责任限制若干规则的国际公约》

该公约采用船价制、执行制和金额制并用的制度限制船舶所有人的赔偿责任。因为该公约存有诸多不合理因素，批准的国家(地区)很少，实际上并未生效。

2. 1957年通过的《船舶所有人责任限制的国际公约》[1]

1957年在布鲁塞尔举行的第十届海洋法外交会议上通过，1968年5月31日生效。该公约采用单一的金额制度，统一了各国(地区)关于船舶所有人责任限制的法律规定，因而得到了较多国家(地区)的接受。

3. 1976年制定的《海事索赔责任限制公约》

因航运事业的发展船舶吨位越来越大，按吨位计算方法限制责任已不能适应，因而国际海事组织于1976年订立了《海事索赔责任限制公约》以取代前述两个公约。[2] 该公约采用按吨位递减的方法计算，对责任限额作了大幅度的提高，并采用国际货币基金组织规定的特别提款权作为计算单位。非国际货币基金组织成员方，且该国(地区)法律不允许使用特别提款权，可采用与金法郎等值的计算单位，公约称为“货币单位”。

我国尚未加入上述任何公约，但我国《海商法》大量借鉴了1976年《海事索赔责任限制公约》的规定。我国香港地区也适用1976年《海事索赔责任限制公约》。

(三)管辖权与法律适用

由于各国加入的国际公约不同，许多国家没有加入任何公约，各国国内立法对于海事赔偿责任限制的规定不同，带来冲突法问题。海事赔偿责任限制主要涉及两个方面的问题，首先是责任限制基金的设立问题，其次是享受赔偿责任限制的权利问题。

《最高人民法院关于审理海事赔偿责任限制相关纠纷案件的若干规定》(2020年修正)对于海事赔偿责任限制纠纷案件的管辖权作了如下规定：责任人在诉讼中申请设立海事赔偿责任限制基金的，应当向受理相关海事纠纷案件的海事法院提出。相关海事纠纷由不同海事法院受理，责任人申请设立海事赔偿责任限制基金

---

[1] International Convention Relating to the Limitation of the Liability of Owners of Sea-going Ship, 1957.

[2] Convention on Limitation of Liability for Maritime Claims (LLMC)，1986年12月1日生效，截至2022年年底有55个缔约国；该公约1996年议定书于2004年5月13日生效，有63个缔约国。2012年4月16-20日在伦敦召开的IMO法律委员会第99次会议上，通过了《〈1976年海事赔偿责任限制公约〉1996年议定书》有关提高赔偿限额的修正案。该修正案将于2015年6月8日生效。

的,应当依据诉讼管辖协议向最先立案的海事法院提出;当事人之间未订立诉讼管辖协议的,向最先立案的海事法院提出。海事赔偿责任限制基金设立后,设立基金的海事法院对海事请求人就与海事事故相关纠纷向责任人提起的诉讼具有管辖权。

对于法律适用问题,早期船舶碰撞和所有其他海事赔偿的责任限制事项都适用法院地法。而现在许多国家都考虑对相关问题进行区分,即责任限制基金的设立问题是程序问题,适用法院地法;而享受赔偿责任限制的权利问题属于实体问题,依照侵权行为准据法或最密切联系地法。但从英美等国的判例来看,法院地法仍然是主流观点。[1]

我国《海商法》第 275 条规定,海事赔偿责任限制,适用受理案件的法院地法律。[2] 不过,适用法院地法容易带来当事人挑选法院(forum shopping)问题。

第五节 航空侵权责任

一、国际航空运输损害赔偿

(一)概论

现代航空活动具有鲜明的国际性。一次普通的国际航班运输,就可能牵涉众多的国家或地区。例如,航班运输的始发地、目的地、经停地位于不同国家(地区);航班的承运人、实际承运人、货运代理人、托运人、收货人、旅客等可能是不同国家(地区)人。而目前各国(地区)航空法存在众多分歧,法律冲突问题尤为严重。2014 年 3 月 8 日发生的"马航 370 航班事件"就造成多起跨国(地区)民事诉讼,迄今仍未全部解决。正因如此,国际上一直致力于国际航空运输法的统一。

目前,调整国际航空运输的法律规则主要是 1929 年《统一国际航空运输若干规则的公约》(以下简称《华沙公约》)[3] 以及嗣后经历次修订而形成的华沙体系(Warsaw System)。除《华沙公约》外,还包括 1955 年《关于修改 1929 年 10 月 12 日

---

[1] 如美国大法官 Holmes 审理的著名的"The Titanic"案,233 U. S. 718(1914),参见[加]威廉·泰特雷:《国际冲突法——普通法、大陆法及海事法》,刘兴莉译,黄进校,法律出版社 2003 年版,第 338 页以下。

[2] 艾灵顿航运私人有限公司海事诉讼特别程序案件特别程序赔偿裁定书,宁波海事法院民事裁定书,(2019)浙 72 民特 7 号。

[3] Convention for the Unification of Certain Rules Relating to International Carriage By Air,1929 年 10 月 12 日通过,1933 年 2 月 13 日生效,截至 2020 年年底有 152 个缔约国。我国 1958 年 7 月 20 日交存加入书,1958 年 10 月 18 日对我国生效。

统一国际航空运输某些规则的华沙公约的议定书》(以下简称《海牙议定书》)[1]、1961年《瓜达拉哈拉公约》、1971年《危地马拉议定书》以及1975年四个《蒙特利尔附加议定书》。1999年在加拿大蒙特利尔签署了《蒙特利尔公约》[2],取代了《华沙公约》。我国《民用航空法》第184条规定:"中华人民共和国缔结或者参加的国际条约同本法有不同规定的,适用国际条约的规定,但是,中华人民共和国声明保留的条款除外。"在我国和其他缔约国之间的空中运输以及其他符合公约规定的国际空中运输,应当分别适用《华沙公约》、《海牙议定书》及《蒙特利尔公约》的相关规定。[3]

(二)《华沙公约》

1. 公约的适用范围

《华沙公约》第1条就规定,公约适用于所有以航空器运送旅客、行李或货物而收取报酬的国际运输,也适用于免费的运输。公约所适用的国际运输是指出发地和目的地是在两个缔约国领土内,或在一个缔约国领土内,而在另一个缔约国或非缔约国的主权、宗主权、委任统治权或权力管辖下的领土内有一个约定的经停地点的任何运输。对于往返程运输,通常的解释认为出发地和目的地相同,[4]因此,如果一张机票上记载的出发地、经停地和目的地分别为"北京—曼谷—北京",则该项运输也属于公约所规定的国际运输,即使泰国不是《蒙特利尔公约》缔约国。

值得注意的是,《华沙公约》和《蒙特利尔公约》所规定的"国际运输"是以航线为标准的,而非以乘客的国籍为标准。如果是在国内航班运输中发生的损害赔偿,无论乘客是中国人还是外国人,均适用《国内航空运输承运人赔偿责任限额规定》[5]的赔偿标准。相反,如果在国际航班运输中发生的损害赔偿,则无论乘客是中国人还是外籍人,均应适用《华沙公约》或《蒙特利尔公约》。《华沙公约》规定的国际航班空难遇难者的赔偿额,相当于7.5万美元,《蒙特利尔公约》进一步提高到大约13.8万美元。

在2002年的"4·15国航釜山空难"中,对于遇难旅客的赔偿,应当依据《华沙公约》规定的赔偿标准进行统一赔偿,而不应区分旅客的中外国籍。而在同年的"5·7大连空难"和2004年的包头"11·21"空难中遇难的乘客,无论中外乘客,只

---

[1] Protocol to Amend the Convention for the Unification of Certain Rules Relating to the International Carriage By Air Signed at Warsaw on 12 October 1929,该议定书有137个缔约方。我国1975年8月20日交存批准书,1975年11月18日起对中国生效。

[2] Convention for the Unification of Certain Rules for International Carriage by Air,1999年5月28日通过,2003年11月4日生效,截至2020年年底有139个缔约方。2005年7月31日对我国生效。

[3] 参见王瀚:《国际航空运输责任法研究》,法律出版社2012年版。

[4] Rinck v. Deutsche Lufthansa A. G., 57 A. D. 2d 370, aff'd, 44 N. Y. 2d 714 (N. Y. 1978); See Micheal Bogdan, *Aircraft Accident in the Conflict of Laws*, Rec. des Cours, Martinus Nijhoff, 1988, p. 28.

[5] 2006年1月29日经国务院批准,自2006年3月28日起施行。

能依据我国国内的赔偿标准进行赔偿,而不适用《华沙公约》。

2.赔偿请求的依据

对于航空运输事故提起的损害赔偿,存在责任竞合问题,即到底是属于违约责任还是侵权责任问题。《华沙公约》第17条规定:"对于旅客因死亡、受伤或身体上的任何其他损害而产生的损失,如果造成这种损失的事故是发生在航空器上或在上下航空器过程中,承运人应负责任。"《华沙公约》第24条同时规定:"(1)如果遇到第18、19两条所规定的情况,不论其根据如何,一切有关责任的诉讼只能按照本公约所列条件和限额提出。(2)如果遇到第17条所规定的情况,也适用上项规定,但不妨碍确定谁有权提出诉讼以及他们各自的权利。"根据该条的规定,不管是依据违约责任还是侵权责任提出索赔,只能根据公约的规定进行。上述规定旨在排除以责任竞合为由规避公约的规定。其含义就在于排除原告或法院对索赔请求权的选择,无论其选择的索赔根据如何,都必须受公约规定的条件和责任限额的约束,法院不得拒绝适用公约的相关条款。也就是说,就公约规定的有关条件和责任限额而言,公约不承认存在责任竞合的情况,也不允许原告和法院在此方面作出选择。此条规定表明了公约的排他性适用效力(exclusivity of the Convention)。[1]

3.诉讼管辖权

根据《华沙公约》第28条的规定,有关赔偿的诉讼,应该按照原告的意愿,在一个缔约国的领土内,向承运人住所地或其总管理处所在地或签订契约的机构所在地法院提出,或向目的地法院提出。诉讼程序应依受理法院所在地法律。该公约第29条规定,诉讼时效的计算方式也依照法院地法律。

(三)《华沙公约》的修订

尽管《华沙公约》的最初的目的是统一国际航空运输的某些规则,但其具有先天不足。在华沙体制下,虽然实行的是严格责任制度或者说是推定过错责任,但可得到的赔偿数额一直受到限制。《华沙公约》也没有建立自动审查责任限额的机制。国际航空组织多次对《华沙公约》进行修订,试图弥补其缺陷。

《海牙议定书》将《华沙公约》的责任限额增加了一倍,还修正了《华沙公约》的其他内容,比如简化了运输凭证的内容,延长了《华沙公约》的索赔期限,确认了航空承运人损害赔偿规则对受雇人、代理人的适用等,以解决其他各种早已出现的问题。《瓜达拉哈拉公约》进一步修正了华沙体制,规定旅客既可以起诉缔约承运人,也可以起诉实际承运人,或者是上述二者,但全部的责任仍然停留在限额以内。《危地马拉议定书》将《华沙公约》规定的推定过失责任制改为客观责任制,并且将对旅客的赔偿限额提高到前所未有的150金法郎(当时相当于10万美元)。除此之外,还增

---

[1] Sidhu v. British Airways [1997] AC 430 at p. 437 per Lord Hope. 转引自唐明毅、陈宇:《国际航空私法》,法律出版社2004年版,第292-293页。

加了一个可起诉法院,取消了行李分类等。四个《蒙特利尔附加议定书》主要的修改是将上述公约中的赔偿货币单位金法郎改为特别提款权。

(四)IATA 责任体制

随着国际航空运输业的逐渐发展壮大,《华沙公约》规定的对旅客的赔偿限额逐渐引起一些国家的不满,尤其是美国。于是在"国际航空运输协会"(IATA)[1]的倡导之下,在其会员航空公司之间签署了一系列旨在提高赔偿限额的协议,称为 IATA 责任体制,主要包括 1966 年《蒙特利尔协议》、1995 年《吉隆坡协议》(IIA)和 1996 年《关于实施国际航空运输协会承运人间协议的措施的协议》(MIA)。

《吉隆坡协议》是一个承运人之间的民间协议,不是国际公约,不需要得到政府的批准。该协议最主要的规定是:对于旅客遭受《华沙公约》第 17 条所指的死亡、受伤或其他身体伤害提出的索赔,采取行动放弃该公约第 22 条第 1 款关于可索取的损害赔偿所规定的责任限额,以使支付的赔偿金额可以根据旅客住所地法律进行确定。

1996 年的 MIA 协议最重要的条款是:(承运人)同意,在不违背可适用的法律的前提下,对于可获得的损害赔偿金的索赔由旅客住所地或者永久居所地国法确定。

IATA 体制的效力来自《华沙公约》第 22 条第 1 款,即通过签订特殊的合同,承运人与旅客可以约定一个更高的责任限额。特殊的合同通常是客票。综合而言,适用 IIA 或 MIA 的条件有三:第一,航空公司签署了 IIA 和 MIA;第二,签署了 IIA 和 MIA 的航空公司将实施条款并入其运输条件和运价规章中;第三,该责任条件已给了旅客充分的通知。

(五)《蒙特利尔公约》

鉴于华沙体系的破裂,国际民用航空组织从 20 世纪 90 年代开始研究对华沙体系的现代化问题,并于 1999 年在蒙特利尔召开的外交大会上通过了一项新的《统一国际航空运输某些规则的公约》(以下简称《蒙特利尔公约》),取代了有几十年历史的《华沙公约》。[2]《蒙特利尔公约》基本保留了《华沙公约》的结构并吸收了华沙

---

[1] 国际航空运输协会是各国定期航班航空公司之间的一个行业组织。该协会在确定国际航空运费和国际航空立法方面发挥着重要作用。中国国际航空公司、南方航空公司等中国十多家航空公司都是该协议会员。关于该协会的情况参见该协会的官方网,http://www.iata.org。

[2]《蒙特利尔公约》于 2003 年 11 月 4 日起生效。我国政府已经于 2005 年 2 月 28 日正式批准了该公约。该公约于 2005 年 7 月 31 日起在我国正式生效。我国是该公约第 94 个缔约国。2004 年 1 月,外交部驻澳门公署通过外交部转来的澳门特别行政区行政长官何厚铧先生的信函,希望我国在批准公约后,能适用于澳门特别行政区。2004 年 3 月,外交部征求香港特别行政区政府对于公约适用问题的意见。2004 年 5 月,外交部驻港公署转来香港特别行政区政府的意见,称特区政府原则上同意 1999 年《蒙特利尔公约》适用于香港特区,但现阶段不能确定完成立法工作的具体时间,因此建议中央政府在批准该公约时,向有关方面表明,公约暂不适用于香港特区。因此,全国人大常委会关于批准《统一国际航空运输某些规则的公约》的决定中声明如下:在中华人民共和国政府另行通知前,公约暂不适用于中华人民共和国香港特别行政区。

体系下的许多合理制度。《蒙特利尔公约》的最大更新之处在于创立了一个“双梯度责任制度”(Two-tier Liability System),并引入“第五管辖权”法院。《蒙特利尔公约》第33条第1款沿用了《华沙公约》第28条规定的四种管辖法院,第2款则增加了一个管辖法院:“对于因旅客死亡或伤害产生的损失,诉讼可以向本条第1款所述的法院之一提起,或者在这样一个当事国领土内提起,即发生事故时旅客的主要且永久居所在该国领土内,并且承运人使用自己的航空器或者根据商务协议使用另一承运人的航空器经营到达该国领土或者从该国领土始发的旅客航空运输业务,并且在该国领土内该承运人通过其本人或者与其有商务协议的另一承运人租赁或拥有的住所从事其旅客航空运输经营。”这种基于旅客的居所而享有的管辖权被称为第五管辖权,它只适用于人身伤害和死亡的索赔案件。

《蒙特利尔公约》第56条规定:“一国有两个或者多个领土单位,在各领土单位内对于本公约处理的事项适用不同的法律制度的,该国可以在签署、批准、接受、核准或者加入时,声明本公约适用于该国所有领土单位或者只适用于其中一个或者多个领土单位,该国也可随时提交另一份声明以修改此项声明。”

(六)《华沙公约》在我国的适用

我国法院曾依照《华沙公约》审理多起航空运输纠纷。影响比较大的有“上海振华港口机械有限公司诉美国联合包裹运送服务公司国际航空货物运输合同快递延误赔偿纠纷案”[1]和“陆某诉美国联合航空公司国际航空旅客运输损害赔偿纠纷案”[2]等。在陆某案中,原告中国公民陆某乘坐被告美联航班机过程中意外受伤,向上海市静安区人民法院提起诉讼,要求根据《华沙公约》《海牙议定书》《蒙特利尔协议》所确定的7.5万美元赔偿责任限额,请求判令被告赔偿损失。后来在诉讼中,原告变更诉讼请求,要求被告按照《吉隆坡协议》规定的10万特别提款权(约132,099美元)承担赔偿责任。被告美联航主张,《吉隆坡协议》既不是国际惯例也不是国际条约,并且该协议的内容也未纳入旅客运输合同中,故不应适用。上海市静安区人民法院认为:本案是涉外旅客运输合同纠纷与侵权纠纷的竞合,法院依职权为受害当事人选择适用侵权损害赔偿责任。关于本案的法律适用,双方当事人一致的选择是《华沙公约》。我国与美国都是《华沙公约》和《海牙议定书》的成员国,故本案应首先适用《华沙公约》和《海牙议定书》。《吉隆坡协议》不是国际条约,对本案不予适用。《海牙议定书》规定,承运人对每一旅客所负的责任以25万法郎为限,但旅客可与承运人以特别合同约定较高的责任限度。本案中,双方当事人在机

---

[1] 上海振华港口机械有限公司诉美国联合包裹运送服务公司国际航空货物运输合同快递延误赔偿纠纷案,载《最高人民法院公报》1996年第1期。

[2] 陆某诉美国联合航空公司国际航空旅客运输损害赔偿纠纷案,载《最高人民法院公报》2002年第4期。

票上约定的承运人赔偿责任限额是7.5万美元。因此,法院判决被告美联航赔偿原告陆某约合7.5万美元的损失。

(七)《蒙特利尔公约》在我国的适用

由于《蒙特利尔公约》和《华沙公约》的缔约国并不完全相同,因此,在同为两个公约的缔约国之间,优先适用《蒙特利尔公约》;其他情况下,适用双方同为缔约国的那一公约。[1] 而且,《蒙特利尔公约》还具有强制适用的效力,其第49条规定:"运输合同的任何条款和在损失发生以前达成的所有特别协议,其当事人借以违反本公约规则的,无论是选择所适用的法律还是变更有关管辖权的规则,均属无效。"我国加入《蒙特利尔公约》之后,已经发生多起适用该公约的案例。[2] 但也有个别案例在本应适用《蒙特利尔公约》的情况下继续适用了《华沙公约》。[3]

在智傲物流有限公司与法国航空公司国际航空运输合同纠纷一案[4]中,智傲物流有限公司委托法国航空公司运输一台飞机引擎从法国到上海。运输过程中货物发生损坏。空运单背面条款载明适用《华沙公约》。法院认为,由于中国和法国均为《蒙特利尔公约》缔约国,且《蒙特利尔公约》具有强制适用效力,该项选择不得排除《蒙特利尔公约》的适用。

二、航空器制造商的产品责任

由于航空事故受害者对华沙体系的责任限制或者对事故发生地国法律规定的赔偿标准不满,为了获得较为充分的赔偿金,在航空事故诉讼中,受害者会把航空器制造商列为被告,追究其产品责任。在这种情况下,就只能依照产品责任的诉讼程序进行处理。例如,1964年一架波音飞机在意大利罗马附近失事。受害者向波音公司所在地华盛顿州法院起诉波音公司,指控波音公司上的一个零件存在瑕疵导致事故发生。最终法院适用了意大利法律来确定波音公司的责任,因为意大利是事故发生地。[5]

我国2004年发生的"包头空难"引发了一起跨国诉讼。该空难事故中,由包头飞往上海的东航航班在机场附近坠落,55人遇难。东航参照1993年国务院第132号令关于国内航空运输旅客空难赔偿7万元最高限额的规定,考虑到消费价格总指

[1] 参见《蒙特利尔公约》第55条。

[2] 阿卜杜勒·瓦希德诉中国东方航空股份有限公司航空旅客运输合同纠纷案,最高人民法院指导案例51号(2015年)。

[3] 参见许某等诉法国航空公司航空旅客运输合同纠纷案,广东省广州市中级人民法院(2007)穗中法民民事判决书,四初字第143号(涉及机票超卖)。

[4] 上海市浦东新区人民法院一审民事判决书,(2006)浦民二(商)初字第4384号;上海市第一中级人民法院二审民事判决书,(2007)沪一中民五(商)终字第27号。

[5] 参见赵维田:《国际航空法》,社会科学文献出版社2000年版,第393-394页。

数的变动因素，每人赔偿 25 万元。这一赔偿标准被遇难者家属认为严重偏低。2005 年 11 月，包头空难 21 名遇难者家属，在美国加利福尼亚州法院提起赔偿诉讼，要求被告失事飞机制造商加拿大庞巴迪公司、飞机发动机制造商美国通用电气公司承担赔偿责任，中国东方航空集团公司承担共同赔偿责任。美国法院根据美国法律中的“不方便法院原则”，驳回了原告的起诉。[1]

三、航空器事故导致的对地面第三人的损害赔偿

航空器对他国地面（水面）第三方造成人身或物质损害，也会引发民事责任。[2] 对此问题，国际民航组织于 1952 年制定了《关于外国航空器对地（水）面第三方造成损害的公约》（以下简称 1952 年《罗马公约》），[3] 并于 1978 年制定了修订该公约的《蒙特利尔议定书》。1952 年《罗马公约》适用于“在一缔约国登记的航空器在另一缔约国境内造成的损害”，并仅适用于“飞行中航空器或从航空器掉下来的任何人或物体造成的”直接损害。公约规定，经营人应当对该损害承担完全责任。公约还规定了经营人的责任限额。对于诉讼管辖权，公约规定，损害发生地法院是唯一的起诉法院。我国未加入 1952 年《罗马公约》。

由于主要航空大国都拒绝加入 1952 年《罗马公约》，该公约影响有限，主要原因在于公约对航空公司的责任限制标准过低。经过多年努力，国际民航组织于 2009 年 5 月 1 日通过了《关于因涉及航空器的非法干扰行为而导致对第三方造成损害的赔偿的公约》（以下简称《非法干扰公约》）[4] 和《关于航空器对第三方造成损害的赔偿的公约》（以下简称《一般风险公约》）[5]。该两个公约适用于“国际飞行”，即飞行出发地和目的地位于两个国家领土的任何飞行，或者出发地和目的地均位于一国领土内，但在另一国领土内有经停地的飞行。[6]

我国《民用航空法》第 189 条规定：“民用航空器对地面第三人的损害赔偿，适用侵权行为地法。民用航空器在公海上空对水面第三人的损害赔偿，适用受理案件的法院所在地法律。”

在 1999 年发生的“大韩航空公司货机坠毁侵权纠纷案”中，韩国大韩航空公司

---

[1] ZHANG GUIMEI et al. v. General Electric Co., 172 Cal. App. 4th 689(2009).

[2] 如 1988 年 12 月 21 日发生的洛克比空难事故除造成机上人员全部遇难外，还造成地面 11 人死亡。

[3] Rome Convention on Damage Caused by Foreign Aircraft to Third Partiesace on the Surface, 1958 年 2 月 4 日生效，截至 2020 年年底有 49 个缔约国。世界上主要航空大国都未加入。

[4] Convention on Compensation for Damage to Third Parties Resulting from Acts of Unlawful Interference Involving Aircraft, ICAO DCCD Doc. No. 43, 1/5/09.

[5] Convention on Compensation for Damage Caused by Aircraft to Third Parties, ICAO DCCD Doc. No. 42, 1/5/09.

[6] 参见覃华平：《航空器致第三方损害赔偿责任公约研究》，中国政法大学出版社 2013 年版。

一架麦道运输机坠毁于上海莘庄地区,造成 3 名机组人员和地面 5 人当场遇难,30 余人受伤,并造成巨额财产损失。财产受害人向上海市第一中级人民法院起诉要求赔偿损失。法院认为,根据我国《民用航空法》规定,民用航空器对地面第三者的损害赔偿,适用侵权行为地法律,即我国法律,并根据我国法律作出了赔偿判决。对于地面死亡人员的人身赔偿,4 位死者家属向上海市第一中级人民法院起诉。原告认为应适用韩国大韩航空公司所签署的《吉隆坡协议》,赔偿金额相当于 13.6 万美元。上海市第一中级人民法院判决认为,根据我国法律规定,民用航空器对地面第三人的损害赔偿,适用侵权行为地法律,故本案适用我国法律。法院依据我国原《民法通则》和《民用航空法》,判决被告分别支付几位被告 88 万-111 万元人民币。该赔偿额远远超出了《国内航空旅客身体损害赔偿暂行规定》中 7 万元人民币的国内空难赔付标准,也超出了《华沙公约》中规定的相当于 7.5 万美元的国际航空赔付标准,相当于《吉隆坡协议》所规定的赔偿标准。大韩航空公司不服判决,向上海市高级人民法院上诉,被驳回。[1]

---

[1] 该案在当时虽然创下我国国内民事赔偿额的最高纪录,但如果按照韩国法律进行赔偿,可能获得的赔偿额可能会更高。参见董念清:《中国航空法:判例与问题研究》,法律出版社 2007 年版,第 206 页。

第十二章 知识产权

第一节 概 论

一、知识产权的概念

知识产权(intellectual property)从广义上讲,是指在工业、科学、文学和艺术领域因智力成果而产生的法律权利。[1] 知识产权这一术语是由德国人在18世纪最早提出的,也称为无形财产权(intangible property,Immaterialgueterrecht)或精神财产权(geistiges Eigentum)。传统知识产权包括两类:工业产权和著作权。《关于建立世界知识产权组织的条约》第2条规定,"知识产权"包括有关下列项目的权利:文学、艺术和科学作品,表演艺术家的表演以及唱片和广播节目,人类一切活动领域内的发明,科学发现,工业品外观设计,商标、服务标记以及商业名称和标志,制止不正当竞争,以及在工业、科学、文学或艺术领域内由于智力活动而产生的一切其他权利。[2]

知识产权是私权。[3] 从西方国家"知识产权"这一概念的用语来看,无论是英语的property还是德语的Eigentum都说明知识产权是一种"财产权"。但是知识产权不同于传统民事权利,法律上也不能套用传统的民法原理。在德国等大陆法系国家,传统的物权仅指有形物,而知识产权作为无形物,不属于物权法调整。英美法系国家则把它称为"诉讼中的准财产权"或"无形准动产"。[4] 我国民法对于物权也采取狭义观点,即认为物权中的物不包括作为无体物的知识产权。[5]

大多数国家并不把知识产权法纳入民法典中,而是制定单行的立法,如著作权

---

[1] WIPO Intellectual Property Handbook: Policy, Law and Use, WIPO Publication No. 489, 2nd ed. (2004), p. 3.

[2] 《建立世界知识产权组织的条约》,1967年7月14日订于斯德哥尔摩,第2条第8项。

[3] 参见郑成思:《知识产权法——新世纪初的若干研究重点》,法律出版社2004年版,第60页。

[4] 参见郑成思:《知识产权法》(第2版),法律出版社2003年版,第9页。

[5] 我国《民法典》第115条规定:"物包括不动产和动产。法律规定权利作为物权客体的,依照其规定。"我国现行法律未将知识产权规定为物权客体。参见梁慧星、陈华彬:《物权法》(第5版),法律出版社2010年版,第10页。

法、商标权法；或者制定统一的知识产权法典，如法国1992年的《知识产权法典》。[1] 英美法系国家把知识产权视为“无形动产”（intangible movables）的一部分，通常也规定在单行立法中，如英国1988年的《版权法》、1977年的《专利法》等。也有部分国家在民法典中规定知识产权，如俄罗斯《民法典》。我国《民法典》第123条只规定了民事主体依法享有知识产权，但最终也没有将知识产权具体法律纳入其中。

在新一轮产业革命背景下，各国对于知识产权的竞争愈演愈烈。[2] 尤其是近年来，美国为首的西方国家对我国实施越来越严格的技术封锁和限制。跨国知识产权纠纷无法按照一般的国际私法原则处理，因此知识产权在国际私法中一直是一个相对特殊的领域。[3]

二、知识产权的属地性和独立性原则

知识产权与其他民事权利不同，它起源于封建社会由君主或国家授予个人的一种“特权”（Privileg）或特许权（Konzession）。[4] 因此，知识产权虽是私权，但体现了很强的公共利益，这也就决定了知识产权原则上只能在其授予地国有效。如果权利人想要在某一国家保护其知识产权，就必须到该国依照该国法律申请权利。这就是所谓的知识产权的“属地性”或“地域性”（Territoriality）。这种观点得到所有国家的承认，并且也被所有的知识产权国际条约所确认。《保护工业产权的巴黎公约》第6条、《保护文学艺术作品的伯尔尼公约》第2条等均体现了这一点。

知识产权的属地性和独立性是密不可分的，独立性是属地性的必然结果。《保护工业产权的巴黎公约》第4.2条（专利权：同一发明在不同国家取得的专利权是相互独立的）规定：“（1）本联盟成员国的国民向本联盟各成员国申请的专利权与其在本联盟其他成员国或非本联盟成员国为同一发明所取得的专利权各不相涉。（2）上述规定，应理解为具有不受限制的意义，特别是指在优先权期限内申请的各项专利权，就其无效和剥夺权理由以及其正常有效期而言，是相互无关的……”《保护工业产权的巴黎公约》第6条（商标：注册条件；同一商标在不同国家所受的保护是相互独立的）规定：“（1）申请和注册商标的条件，由本联盟各成员国的本国法律决定……”由此可见，专利权和商标权权利人在各成员国取得的专利权和商标权是互相独立的。

---

〔1〕 自1992年荷兰《民法典》以来，越来越多国家颁布的新民法典中开始包括知识产权内容。参见郭禾、张新峰：《民法典编纂背景下的知识产权法体系化路径》，载《知识产权》2020年第5期。

〔2〕 参见单晓光：《新一轮科技革命与中国的知识产权战略》，载《人民论坛·学术前沿》2019年第13期。

〔3〕 P. Sean Morris, *To What Extent Do Intellectual Property Rights Drive the Nature of Private International Law in the Era of Globalism*, 29 Transnational Law & Contemporary Problems 449 (2019).

〔4〕 参见郑成思：《知识产权论》，法律出版社1998年版，第4页。

在各国取得的商标权或专利权只受该国法律保护,并不能自然地在其他成员国国内具有效力,只能依据国民待遇原则和优先权原则在其他成员国重新申请。

著作权与商标权、专利权相比,具有一定的特殊性。《保护文学艺术作品的伯尔尼公约》第5条第2款第1句规定了著作权的"自动保护原则",即享有及行使依国民待遇所提供的有关权利时,不需要履行任何手续,也无论作品起源国是否存在有关保护的规定。根据该原则,公约成员国国民及在成员国有长期居所的其他人,在作品创作完成时即自动享有版权;非成员国国民且在成员国无长期居所者,其作品首先在成员国出版时即享有版权。著作权的"自动保护原则"使一些人对著作权的地域性产生怀疑。他们认为,既然著作权是自动产生的,无须任何国家行政机关批准,因此在一国享有的著作权,在其他国家都应当得到承认。这种观点是对著作权地域性的误解。其实,《保护文学艺术作品的伯尔尼公约》规定的自动保护原则并没有改变著作权的属地性,因为《保护文学艺术作品的伯尔尼公约》同时规定了"著作权独立原则",即在每个国家取得的著作权是彼此独立的。《保护文学艺术作品的伯尔尼公约》取消的只是注册手续,取而代之的是自动保护。但自动保护仍然是按照各成员国自己的法律保护,而不是依据著作权来源国法律进行保护。

作为无形产权的知识产权的属地性与有形财产权物权的属地性具有根本区别。有形物的物权虽然也有属地性,即必须依照物之所在地国家的法律确定其成立和效力,但由于全世界绝大多数国家的国际私法都采用物之所在地法原则,所以该物权一旦成立,在该物被转移到他国境内时,该物权不需要登记也不需要通过国际条约的规定就可以被其他国家承认。知识产权则不同。在一个国家登记成立的专利权和商标权等,并不必然在其他国家被承认,一旦被转移到其他国家后,就需要按照该另一国家法律重新进行注册登记才有效。

一些外国企业和个人利用专利和商标的独立性进行商标的域外抢注,给我国企业造成损失。中国海信公司的"海信"(Hisense)商标和厦门东林电子公司的"萤火虫"(Firefly)商标被欧洲大公司抢注,造成这两家公司的产品不能进入欧洲市场。除此以外,"英雄"、"大宝"、"红星"(二锅头)、"安踏"、"六神"、"雕牌"、"小护士"等商标都被海外企业或个人抢注。"王致和"商标和"恰恰"商标海外维权案更是引起了广泛关注。[1] 此外,也有一些国内企业和个人抢注国外商标引发的纠纷。[2]

---

〔1〕 参见曹中强、杨敏锋:《中国企业商标海外被抢注的原因与应对》,载《中华商标》2019年第4期。

〔2〕 参见CASTEL FRERES SAS与李某之等侵犯商标专用权及不正当竞争纠纷上诉案,浙江省高级人民法院民事判决书,(2011)浙辖终字第9号。

三、知识产权的国际保护与国民待遇原则

(一)知识产权的国际保护

由于知识产权的地域性,原则上,在一国所获得的知识产权只能在该国境内有效,在其他国家都不会得到承认和保护。但是随着国际经济交往的发展,国际贸易和国际技术转让等,使得知识产权的跨国界流动越来越频繁,如果各国均严格坚守知识产权的属地性,就会带来一些矛盾。例如,一个中国的专利发明人在中国获得了一项专利,他享有的专利权在美国、德国、英国等国家是得不到承认的。如果另一外国人获知该专利内容后抢先到外国申请了该专利,此时该专利的中国发明人的专利产品出口到该外国后,反而会侵犯后者的专利权。这显然是极为不公正的,它只会鼓励欺骗和盗窃行为,也不利于人类的科学技术进步。这种矛盾促使国际社会于19世纪80年代缔结了有关知识产权的国际公约,进行知识产权的国际保护。

对于知识产权的国际保护有几种不同模式。一种观点主张制定一个统一的知识产权实体法公约,统一各国知识产权制度。这种主张因各国之间的巨大分歧而根本尚未实现。另一种观点主张制定一个知识产权的国际私法公约,就像物权适用物之所在地法一样,给知识产权也规定一个唯一的连结点,各国在处理涉外知识产权法律冲突时,统一适用该连结点所在地法律,这样就可以间接实现各国知识产权保护标准的统一。这种主张试图打破知识产权的属地性,要求各国适用外国知识产权法。该观点在西方发达国家一直很流行,〔1〕但遭到多数国家反对。

目前,国际上已有的知识产权保护的公约包括《保护工业产权的巴黎公约》〔2〕《保护文学艺术作品的伯尔尼公约》〔3〕《世界版权公约》〔4〕《世界知识产权组织版权条约》〔5〕《世界知识产权组织表演和录音制品条约》〔6〕等。这些国际公约都是折中的产物。它们在承认各国知识产权属地性的基础上,通过各国之间相互赋予对

---

〔1〕 Graeme B. Dinwoodie, *Developing a Private International Intellectual Property Law: The Demise of Territoriality?*, 51 William and Mary Law Review 711 (2009).

〔2〕 Paris Convention for the Protection of industrial Property as Amended at Stockholm in 1967,我国于1984年12月19日交存加入书,并对公约第28条第1款持有保留。已有166个缔约国。

〔3〕 Berne Convention for the Protection of Literary and Artistic Works,我国于1992年7月1日决定加入并声明根据该公约附件第1条的规定,享有附件第2条和第3条规定的权利。1992年10月5日公约对我国生效。已有170多个缔约国。

〔4〕 Universal Copyright Convention,1952年订立于日内瓦,1955年生效,我国于1992年7月1日加入其巴黎修订本。已有150多个缔约国。

〔5〕 World Intellectual Property Organization Copyright Treaty,1996年12月20日由世界知识产权组织通过,中国2007年3月9日加入,2007年6月9日生效。已有90多个缔约国。

〔6〕 WIPO Performances and Phonograms Treaty, 我国于2007年3月9日加入,2007年6月9日生效。已有90多个缔约国。

方国民以国民待遇来进行知识产权的国际保护。这些公约并不具有取代各缔约国国内法的效力,它们只是为各国知识产权的保护提供一些最低标准。[1]

《保护工业产权的巴黎公约》第2条第1款对国民待遇作了规定:"任何本同盟成员国的国民,在工业产权保护方面,在其他本同盟成员国内应享有各该国法律现在或今后给予该国国民的各种便利;本公约所特别规定的权利不得遭受任何损害。因而,他们只要遵守对该国国民适用的条件和手续,就应和该国国民享有同样的保护,并在他们的权利遭受任何侵害时,得到同样的法律救济。"但该公约同时也规定了国民待遇的适用限制,即"本同盟国成员国法律关于司法及行政程序、管辖权力以及送达通知地址的选定或代理人的指定的规定,凡属工业产权法律所要求的,特声明保留"[2]。

《保护文学艺术作品的伯尔尼公约》第5.1条也规定:"根据本公约得到保护作品的作者,在除作品来源国外的本联盟各成员国,就其作品享受各该国法律现今给予或今后将给予其国民的权利,以及本公约特别授予的权利。"

世界贸易组织《与贸易有关的知识产权协议》也明确肯定了《保护工业产权的巴黎公约》、《保护文学艺术作品的伯尔尼公约》、《罗马公约》和《集成电路公约》中所规定的国民待遇原则。[3]

(二)我国法律中的国民待遇原则

我国加入上述知识产权公约和WTO之后修订的知识产权法均对国民待遇原则作了规定。《著作权法》[4]第2条规定:"中国公民、法人或者非法人组织的作品,不论是否发表,依照本法享有著作权。外国人、无国籍人的作品根据其作者所属国或者经常居住地国同中国签订的协议或者共同参加的国际条约享有的著作权,受本法保护。外国人、无国籍人的作品首先在中国境内出版的,依照本法享有著作权。未与中国签订协议或者共同参加国际条约的国家的作者以及无国籍人的作品首次在中国参加的国际条约的成员国出版的,或者在成员国和非成员国同时出版的,受本法保护。"《著作权法实施条例》[5]第7-8、33-35条对外国人著作权的保护作了具

---

〔1〕 知识产权领域的国际公约不能直接在我国适用,参见《法律适用法解释一》第4条。另参见王迁:《国际版权条约与〈著作权法〉关系》,载《中国版权》2019年第6期。

〔2〕 《巴黎公约》第2条第3款。

〔3〕 《与贸易有关的知识产权协议》第3条第1款。

〔4〕 1990年9月7日通过;2020年11月11日第三次修正。

〔5〕 2002年8月2日公布;2013年1月30日第二次修订。

体规定。[1]

《商标法》[2]第 17 条规定："外国人或者外国企业在中国申请商标注册的，应当按其所属国和中华人民共和国签订的协议或者共同参加的国际条约办理，或者按对等原则办理。"第 18 条规定："外国人或者外国企业在中国申请商标注册和办理其他商标事宜的，应当委托依法设立的商标代理机构办理。"第 25 条规定了外国商标在中国申请时的优先权。《商标法实施条例》[3]第 5 条对外国人和外国企业在我国申请商标作了具体规定。《专利法》[4]第 17－19 条和第 29 条以及《专利法实施细则》[5]也有类似规定。

在外国人知识产权的保护方面还存在一个所谓的"超国民待遇"问题，即外国人享有的某些知识产权我国国民却不能享有。比如，实用艺术品目前仍然不属于我国《著作权法》的保护对象，但是却受到《保护文学艺术作品的伯尔尼公约》的保护。我国政府 1992 年 9 月 25 日发布的《实施国际著作权条约的规定》(2020 年已被修改)[6]第 6 条规定："对外国实用艺术作品的保护期，为自该作品完成起二十五年。"根据这一规定，我国法律只保护外国实用艺术作品。[7]

在我国的知识产权保护问题上还有一个特别值得重视的问题，即对港澳台地区知识产权的保护。由于我国大陆和港澳台地区同属于中国，因此彼此之间不能适用《保护工业产权的巴黎公约》《保护文学艺术作品的伯尔尼公约》《罗马公约》以及其他知识产权国际公约。港澳回归前，我国有关部门曾发布过一些涉及港澳地区知识产权保护的部门规章，如国家版权局《关于内地出版港澳同胞作品版权问题的暂行规定》[8]、《关于出版台湾同胞作品版权问题的暂行规定》、[9]国家知识产权局《关

[1] 第 7 条：《著作权法》第 2 条第 3 款规定的首先在中国境内出版的外国人、无国籍人的作品，其著作权自首次出版之日起受保护。第 8 条：外国人、无国籍人的作品在中国境外首先出版后，30 日内在中国境内出版的，视为该作品同时在中国境内出版。第 33 条：外国人、无国籍人在中国境内的表演，受著作权法保护。外国人、无国籍人根据中国参加的国际条约对其表演享有的权利，受著作权法保护。第 34 条：外国人、无国籍人在中国境内制作、发行的录音制品，受著作权法保护。外国人、无国籍人根据中国参加的国际条约对其制作、发行的录音制品享有的权利，受著作权法保护。第 35 条：外国的广播电台、电视台根据中国参加的国际条约对其播放的广播、电视节目享有的权利，受著作权法保护。

[2] 1982 年 8 月 23 日通过；2019 年 4 月 23 日第四次修正。

[3] 2002 年 8 月 3 日国务院令第 358 号公布，2014 年 4 月 29 日修订。

[4] 1984 年 3 月 12 日通过；2020 年 10 月 17 日第四次修正。

[5] 2001 年 6 月 15 日公布；2010 年 1 月 9 日第二次修订。

[6] 国务院令第 105 号。

[7] 浙江省宁波市中级人民法院民事判决书，(2011)浙甬知初字第 249 号和(2011)浙甬知初字第 250 号。

[8] 国家版权局[86]权字第 30 号，现已失效。

[9] 参见 1987 年 12 月 26 日《国家版权局关于当前在对台文化交流中妥善处理版权问题的报告》。

于台湾同胞专利申请的若干规定》[1]、《关于港澳地区专利申请若干问题的规定》[2]和《关于香港回归后中国内地和香港专利申请若干问题的说明》[3]等。随着我国内地(大陆)和香港特别行政区、澳门特别行政区及台湾地区同时加入WTO并签署《与贸易有关的知识产权协议》,内地(大陆),香港特别行政区、澳门特别行政区和台湾地区作为独立关税区,彼此间也应当给予对方居民的知识产权以平等的保护。

2003年6月29日,中华人民共和国商务部代表中央政府与香港特别行政区财政司共同签署了《内地与香港关于建立更紧密经贸关系的安排》,此后又分别签署了多项补充协议;2003年10月17日,中国商务部与澳门特区政府经济财政司分别代表中央政府和澳门特区政府在澳门正式签署了《内地与澳门关于建立更紧密经贸关系的安排》及其六个附件文本。此后,知识产权保护也被逐步纳入了双边更紧密经贸关系的合作范围。2011年11月16日,国家知识产权局与香港特别行政区政府知识产权署在香港签署了首份知识产权合作协议。2013年12月,香港特别行政区政府知识产权署与国家知识产权局签订《关于专利领域的合作安排》,其中包括"原授专利"制度相关安排。"原授专利"制度实行后,专利申请人可在香港直接申请并接受实质审查。[4]

2010年6月29日,海峡两岸关系协会与台湾海峡交流基金会在重庆签署了《海峡两岸经济合作框架协议》和《海峡两岸知识产权保护合作协议》,并于同年9月12日起生效,从而使两岸知识产权保护有法可依。[5]

第二节　知识产权的法律适用

一、被请求保护地法律

《涉外民事关系法律适用法》第48条规定:"知识产权的归属和内容,适用被请求保护地法律。"该条采用了国际上公认的"被请求保护地法律"原则(lex loci protectionis)。

由于商标权、专利权和著作权都具有严格的属地性,在不同国家注册登记的商

---

〔1〕 2010年11月15日颁布。

〔2〕 国家知识产权局1995年8月21日第51号公告,自1995年10月1日起施行。

〔3〕 国家知识产权局1997年12月29日公告第57号。

〔4〕 参见冯心明:《CEPA框架下内地与港澳知识产权法律冲突与解决》,载《暨南学报(哲学社会科学版)》2008年第1期。

〔5〕 参见曾丽凌:《两岸知识产权争端解决机制评析与展望》,载《海峡法学》2014年第4期。

标和专利权，只能分别要求各国法律的保护，因此在国际私法上，对于专利权、商标权和著作权，都只能依照“被请求保护地法律”或称“权利主张地法律”(The law of the country where rights are claimed)来保护自己的权利。[1]

该原则得到《保护工业产权的巴黎公约》和世界多数国家立法的承认。[2]《保护工业产权的巴黎公约》第10.3条针对商标、厂商名称、假标记以及不正当竞争的救济措施、起诉权规定：“1.本同盟成员国约定对其他本同盟成员国国民保证采取适当的法律救济有效地制止第9、10和10.2条所指的一切行为。2.它们并约定采取措施准许不违反其本国法律的联合会和协会代表有关工业家、生产者或商人，在被请求保护地国法律允许的范围内，向法庭或有关行政机关控告，要求制止第9、10条和第10.2条所指的行为。”《保护文学艺术作品的伯尔尼公约》第5条第2款第2句规定：“除本公约条款外，保护的程度以及为保护作者权利而向其提供的补救方法完全由被要求给予保护的成员国法律规定。”

1992年《实施国际著作权条约的规定》第2条明确规定：“对外国作品的保护，适用《中华人民共和国著作权法》(以下简称《著作权法》)、《中华人民共和国著作权法实施条例》、《计算机软件保护条例》和本规定。”其第4条规定：“本规定所称外国作品，包括：(一)作者或者作者之一，其他著作权人或者著作权人之一是国际著作权条约成员国的国民或者在该条约的成员国有经常居所的居民的作品；(二)作者不是国际著作权条约成员国的国民或者在该条约的成员国有经常居所的居民，但是在该条约的成员国首次或者同时发表的作品；(三)中外合资经营企业、中外合作经营企业和外资企业按照合同约定是著作权人或者著作权人之一的，其委托他人创作的作品。”这可以说明，我国法律也是承认了知识产权的属地性原则的，即外国人要求我国保护其知识产权的，我国法院只会依据我国知识产权法律提供保护。

根据被请求保护地法律原则，假如某一美国作者在美国出版一本书，在美国享有了版权，按照“自动保护原则”，他可以在英国、德国、中国等公约成员国内要求享有版权。但是，在其他成员国所要求享有的版权只能依据各该成员国国内法的规

---

[1] 被请求保护地法原则得到学术界广泛承认，参见 Fawcett and Torremans, *Intellectual Property and Private International Law*, 2nd edition, Oxford, 2011; Drexl and Kur eds., *Intellectual Property and Private International Law: Heading for Future*, Oxford, 2005; Basedow, Drexl, Kur & Metzger eds., *Intellectual Property in the Conflict of Laws*, Tuebingen, 2005; Basedow, Kono & Metzger eds., *Intellectual Property in the Global Arena: Jurisdiction, Applicable Law, and the Recognition of Judgments in Europe, Japan and the US* Tuebingen, 2010; Kono ed., *Intellectual Property and Private International Law, Comparative Perspectives* Oxford, 2012; European Max Planck Group on Conflict of Laws in Intellectual Property (CLIP), *Conflict of Laws in Intellectual Property: The CLIP Principles and Commentary*, Oxford, 2013; 木棚照一編著：『知的財産の国際私法原則研究——東アジアからの日韓共同提案』(稲田大学比較法研究所，2012年)。

[2] 欧盟2007年《罗马第二条例》第8条也采用了请求保护地原则。

定。由于各国版权法的内容不同,他所享有的版权的内容也会有所不同,即分别享有"英国版权""德国版权""中国版权"等。而且各国版权是彼此独立的。如果该作者的版权在中国遭到侵犯,被侵犯的只是"中国版权",他只能获得中国著作权法规定的救济。

在《涉外民事关系法律适用法》颁布之前,北京市高级人民法院在"奥特拉产品有限公司与扬特股份有限公司专利权权属纠纷上诉案"中,就依据"国际私法的一般原理"适用了被请求保护地法律,即我国法律。[1] 最高人民法院在多起案件中均适用了被请求保护地法律解决知识产权侵权纠纷。[2]

二、被请求保护地法律的确定

(一)被请求保护地与注册登记地

有人主张专利和商标适用注册登记地法律。但这并不准确,因为商标和专利具有属地性,商标和专利在不同国家注册登记,就受不同国家法律保护。所以笼统地说注册登记地仍然无法确定准据法。例如,美国专利权人在美国申请注册的专利在中国被中国企业使用在自己的产品上,该美国专利并未在中国申请注册。美国专利权人到中国法院起诉中国企业侵犯其专利权,中国法院显然不能适用注册地法律(美国法律)保护其专利,只能依据被请求保护地中国法律判定中国企业是否构成侵权。如果该专利同时也在中国注册,则会出现两个注册地。因此,适用被请求保护地法律最为准确。

比如在我国法院审理的"美国耐克国际有限公司诉浙江省嘉兴市银兴制衣厂等商标侵权纠纷案"[3]中,美国耐克公司的"NIKE"商标在世界大多数国家都获得了注册,但西班牙 CIDESPORT 公司在耐克公司之前就抢先在西班牙注册了该商标。所以,在西班牙境内,"NIKE"商标是属于 CEDESPORT 公司的。西班牙公司与中国浙江一家工厂合作进行委托加工,所生产的带有耐克商标的体育用品全部返销到西班牙,既没有在中国销售,也没有向任何第三国出口。美国耐克公司认为,它的商标权在中国受到侵犯,向深圳市中级人民法院起诉。此案中,如果按照注册登记地法律,则应当适用西班牙法律,从而驳回耐克公司的请求。但本案中,被请求保护的是原告在中国的商标权,所以被请求保护地是中国。法院最后也依照中国法律承认了

---

[1] 北京市高级人民法院民事判决书,(2009)高民终字第 5840 号。

[2] 百安奇售货设备集团公司(BianchiVendingGroupS)与周某等商标转让合同纠纷申请案,最高人民法院民事判决书,(2013)民提字第 103 号;米其林集团总公司诉李道伟等侵害商标权纠纷案,最高人民法院民事判决书,(2015)民提字第 37 号;本田技研工业株式会社、重庆恒胜鑫泰贸易有限公司侵害商标权纠纷再审案,最高人民法院民事判决书,(2019)最高法民再 138 号。

[3] 美国耐克国际有限公司诉浙江省嘉兴市银兴制衣厂等商标权侵权纠纷案,广东省深圳市中级人民法院民事判决书,(2001)深中法知产初字第 55 号。

耐克公司在中国境内的商标权,判决原告胜诉。

(二)被请求保护地与来源国

除了"请求保护地国"外,知识产权法中另一个重要概念是"来源国法"(lex originis)。根据《保护文学艺术作品的伯尔尼公约》第5条第4款的规定,所谓"来源国"是指:(1)对于首次在本联盟一成员国发表的作品,应以该国家为来源国;对于在给予不同保护期的本联盟数成员国同时发表的作品,来源国为立法给予最短保护期的国家。(2)对于在非本联盟成员国和本联盟某一成员国同时发表的作品,应视后者为来源国。(3)对于未发表的作品或首次在非本联盟成员国发表而未同时在本联盟成员国发表的作品,则以作者为其公民的本联盟成员国为来源国,然而对于其制片人于本联盟某一成员国有所在地或经常居所的电影作品,则以该国为来源国;对于建立在本联盟某一成员国内的建筑物或设置在本联盟某一成员国内房屋中的绘画和造型艺术作品,应以该国为来源国。

少数国家的国际私法规定,知识产权适用来源国法律。比较典型的是葡萄牙《民法典》第48条规定:"著作权适用作品第一次发表地国家的法律。如果作品尚未发表,适用作者的属人法。工业产权适用产权获得地国家的法律。"〔1〕

来源国法律与《保护文学艺术作品的伯尔尼公约》第5条第2款规定的国民待遇原则会发生冲突,也不符合知识产权的属地性和独立性原则。在葡萄牙,来源国法律原则也被认为脱离实际。〔2〕 值得注意的是,深受葡萄牙法律影响的我国澳门特别行政区的"民法规范"并没有采用葡萄牙《民法典》中的来源国法原则。〔3〕

来源国法原则早在100年前就在法国等国被提出过,〔4〕但并未被主流接受。根据这种理论,实际上就是主张所有知识产权均依照来源国法律确定。这其实是要打破知识产权的属地性,试图使来源国的知识产权获得普遍承认。20世纪90年代以后,随着因特网的发展,来源国法原则开始被一些学者重新提起。他们认为,地域性原则不利于网络空间知识产权的传播和保护。〔5〕

来源国法原则显然有利于知识产权发达国家,因为世界上绝大多数重要的知识产权都掌握在他们手里。来源国法原则未被大多数国家接受,因此,一个国家如果没有与外国达成双边或多边国际协定的话,绝对不会主动适用外国的著作权法来保

---

〔1〕 罗马尼亚2011年《民法典》第2624条和第2625条以及希腊1993年《版权法》第67条的规定与葡萄牙相同。

〔2〕 Dario Moura Vicente, A tutela internacional da propriedade intellectual, Almedina, 2008, p. 230.

〔3〕 澳门特别行政区《民法典》第47条采用了请求保护地法原则。

〔4〕 E. Bartin, Localisation territorial des monopoles intellectuels, Clunet 61, 1934, p. 781 et seq.

〔5〕 Francois Dessemontet, *Conflict of Laws for Intellectual Property in Cyberspace*, 18 Journal of International Arbitration 487 (2001); J. Ginsburg, *The Private International Law of Copyright in an Era of Technological Change*, Hague Academy of International Law, 1998, p. 99.

护本国境内的外国著作权。[1] 从近年来的发展来看,地域性原则并未给网络知识产权带来多么严重的障碍。美国法学会2007年的《知识产权:跨国争端中的管辖权、法律适用和判决的原则》、欧洲知识产权国际私法小组2011年的《知识产权冲突法原则》以及日本韩国联合起草的2010年《知识产权国际私法原则》都没有放弃地域性原则。

在浙江省宁波市中级人民法院审理的一起美国A公司与中国B公司著作权侵权纠纷案中,[2] B公司在2011年第109届广交会上展示的灯具产品侵犯了原告A公司享有的在美国版权局登记的版权。本案中,原告著作权来源国为美国,但法院认为,因被请求保护地在中华人民共和国,根据《涉外民事关系法律适用法》第50条之规定,本案应适用中华人民共和国的法律解决双方纠纷。本案原告为美国公司,美国与中国均为《保护文学艺术作品的伯尔尼公约》成员国,依《保护文学艺术作品的伯尔尼公约》第2条的规定,公约保护的文学艺术作品包括实用艺术品,故中国对源于《保护文学艺术作品的伯尔尼公约》成员国国民的实用艺术品负有保护义务。根据国务院《实施国际著作权条约的规定》的相关规定,外国实用艺术品在中国自作品完成起25年受中国法律、法规保护。我国《著作权法》虽未明确规定对实用艺术品给予著作权保护,但在司法实践中,根据我国参加的国际公约和相关法律的规定,对实用艺术品的著作权保护,是从其实用性和艺术性角度分别予以保护,对于实用性部分不适用著作权保护,对艺术性部分可以归入《著作权法》规定的美术作品给予保护,故原告主张的十件(组)太阳能灯作品可作为美术作品予以保护。

(三)被请求保护地与法院地

1993年12月发布的《最高人民法院关于深入贯彻执行〈中华人民共和国著作权法〉几个问题的通知》[3] 第2条就涉外著作权案件的法律适用问题曾作出规定,审理涉外著作权案件应适用我国《著作权法》等有关法律、法规;我国国内法与我国参加或缔结的国际条约有不同规定的适用国际条约,但我国声明保留的除外;国内法和国际条约都没有规定的,按对等原则并参照国际惯例进行审理。该规定实质是涉外著作权案件适用法院地法(lex fori),即涉外案件若由我国法院审理,适用我国

---

[1] 在早期一些国家之间缔结的双边知识产权保护条约中,曾经规定著作权的保护适用来源国法律。但《伯尔尼公约》已经取代了这些公约。

[2] 浙江省宁波市中级人民法院民事判决书,(2011)浙甬知初字第249号。

[3] 该通知已于2013年1月18日被废除,参见《最高人民法院关于废止1980年1月1日至1997年6月30日期间发布的部分司法解释和司法解释性质文件(第九批)的决定》。

法律。这一做法在我国早期司法实践中颇具代表性。[1]

大多数情况下,被请求保护地往往与法院地是一致的,因为权利人通常会到权利主张地法院去起诉。[2] 但在实践中,有时权利人要求一国法院保护的并不一定是法院地国的知识产权,此时法院地与被请求保护地就会不一致。例如,如果来源于日本的作品在中国遭到未经授权的使用,但当事人在被告住所地美国法院提起诉讼,要求保护该作品的中国版权,美国法院只能适用中国法律以确定侵权行为是否成立,而中国既不是来源国,也不是法院地国,而是被请求保护地国。再如,美国出版商出版了一部德文作品的英译本。该德文作品在美国已经过了 50 年保护期,而德国法律规定的保护期为作者死后 70 年,因此该作品在德国仍然受到法律保护。出版后的英译本出售到德国。此时,权利人可能会在美国起诉美国出版商,但此时可以适用的法律却只能是德国法,而不是法院所在地美国法,因为德国是被请求保护地国,也就是说,被请求保护的是德国版权,而非美国版权。

由于知识产权的地域性,同一知识产权在不同国家(地区)受到不同法律的保护。但是在因特网日益普及的全球化时代,对同一知识产权的侵权行为往往同时在多个国家(地区)发生,该知识产权的权利人如果分别到多个国家(地区)去打官司,会费时费力。此时,权利人往往会选择在某一个国家(地区)的法院对发生在所有地方的侵权行为提起侵权诉讼。受理案件的法院就需要分别适用不同国家和地区的法律来对案件作出判决。因此,被请求保护地法律并不能被法院地法替代。

三、几个特殊问题

(一)知识产权的归属和内容

《涉外民事关系法律适用法》第 48 条规定:“知识产权的归属和内容,适用被请

---

[1] 最高人民法院知识产权审判庭原庭长蒋志培法官曾指出:“知识产权涉外民事侵权案件一般不存在适用外国法律的问题,必须直接依据国内法裁判案件,这是知识产权法律地域性的最基本的要求。”参见蒋志培:《在全国法院知识产权审判工作座谈会上的总结讲话》,载《知识产权审判指导》2005 年第 2 辑,人民法院出版社,第 25 页。另参见北京市高级人民法院 2004 年发布的《关于涉外知识产权民事案件法律适用若干问题的解答》第 9-11 条。

[2] 比如某 1 公司诉某 2 公司侵害外观设计专利权纠纷案,浙江省宁波市中级人民法院民事判决书,(2011)浙甬知初字第 406 号;铃木株式会社诉长铃集团长春摩托车工业有限公司等侵犯注册商标专用权纠纷案,河南省郑州市中级人民法院民事判决书,(2010)郑民三初字第 20 号;建省友力化油器有限公司等与株式会社京滨侵犯著作权纠纷上诉案,山东省高级人民法院民事判决书,(2010)鲁民三终字第 47 号;某 1 公司诉某 2 公司等侵害外观设计专利权纠纷案,浙江省宁波市中级人民法院民事判决书,(2012)浙甬知初字第 184 号;鲁道夫·达斯勒体育用品波马股份公司诉广西南宁三君百货有限责任公司侵害商标权纠纷案,广西壮族自治区南宁市中级人民法院民事判决书,(2012)南市民三初字第 5 号等案例。这些判例都正确援用了《涉外民事关系法律适用法》第 50 条适用了请求保护地国法律,同时也是法院地法律。被请求保护地与法院地不一致的情况确实很少发生。但并不能因此而主张用法院地代替被请求保护地,因为二者的理论基础不一样。

求保护地法律。”就著作权而言,《保护文学艺术作品的伯尔尼公约》除了规定适用被请求保护地国法律之外,没有规定适用其他法律,因此,应当把被请求保护国法律理解为覆盖了《保护文学艺术作品的伯尔尼公约》提供的对作者保护的所有方面,包括著作权的享有、行使、权利内容、权利限制、保护期限等。无论是作者的精神权利还是经济权利,均适用被请求保护地国法律。

例如,对于作者的精神权利,《保护文学艺术作品的伯尔尼公约》第 6. 2 条规定:作者享有主张对其作品的著作者身份的权利,并享有反对对上述作品进行任何歪曲或割裂或有损于作者声誉的其他损害的权利。这种权利,在其死后至少应保留到财产权期满为止,并由向之提出保护要求的国家本国法所授权的人或机构行使。为保障本条所承认的权利而采取的补救方法由向之提出保护要求的国家的法律规定。

对于转载或广播的权利,《保护文学艺术作品的伯尔尼公约》第 10. 2 条规定:对在报纸或期刊上已发表的经济、政治和宗教问题的时事性文章,或无线电已转播的同样性质的作品,本联盟成员国法律有权准许在报刊上转载,或向公众作无线或有线广播,如果对这种转载、广播或转播的权利未作直接保留的话。但任何时候均应明确指出其出处;不履行该项义务的后果依照被请求保护地国的法律确定。

(二)诉讼人资格

在专利权纠纷中,由于专利权人往往不会亲自实施专利,而是把专利转让给别人,自己获得使用费。因此一旦发生专利侵权,受害最大的往往是被许可人。因此许多国家都规定,在专利侵权纠纷中,除专利权人外,其他利害关系人也可以提起侵权诉讼,通常是独占许可证协议的被许可人。而普通许可证协议的被许可人如果未获得授权,在他发现专利侵权时,可以要求专利权人起诉。如果专利权人不行使起诉权,一些国家规定被许可人可以自行起诉,而专利权人可以作为诉讼参加人出庭。有的国家强制性要求专利权人必须作为主起诉人起诉。我国法律未规定专利被许可人是否有权自行对侵权人起诉。

在涉外专利侵权案中,谁有权起诉的问题,属于涉外民事诉讼中的适格当事人问题。通常应当适用法律关系准据法,即专利侵权纠纷的准据法,也就是请求保护地国的法律。

(三)著作权的作者身份

对于著作权人的作者身份问题,根据《保护文学艺术作品的伯尔尼公约》的规定,也倾向于依照保护国法律确定。[1] 该公约第 14. 2 条第 2 款第 1 项规定:“确定

---

[1] 对此也有不同观点。美国曾有判例认为,《保护文学艺术作品的伯尔尼公约》第 5. 2 条规定的权利主张国法律明确限定在两个问题上,即著作权保护范围和著作权保护手段。但是,该条没有包括著作权主体问题,如果把权利主张国著作权法适用于著作权主体问题,就扩大了《保护文学艺术作品的伯尔尼公约》第 5. 2 条的适用范围。See ITAR-Tass v. Russian Kurier, Inc. , 153F. 3d82 (2d Cir. 1998).

电影作品版权的所有者,属于被要求给予保护的国家法律规定的范围。”另外,该公约第14.2条第2款第2项和第3款也规定,为电影作品创作作出贡献的作者是否属于版权所有人的问题(包括电影剧本的作者、音乐作品的作者乃至导演是否属于作者的问题),也由保护国法律确定。也就是说,在确认著作权的作者的身份问题上,公约是主张适用保护国法律的。

也有一些国家立法和学者倾向于适用作品来源国法律确定作者身份和作品原始版权(authorship and initial ownership),〔1〕原因在于《保护文学艺术作品的伯尔尼公约》对于作品的作者问题和原始版权归属问题没有作出规定。《与贸易有关的知识产权协议》也没有能够在这方面达成最低标准。而各国的法律在这方面的差异巨大。〔2〕因此,在涉外案件中到底依据何国法律确定作品作者,不同国家就采用了不同方法。我们主张,与著作权的内容问题一样,对于文学和艺术作品的作者身份和原始版权归属问题原则上也应该由请求保护地国家法律确定。

例如,一位英国雇员,为履行职务为公司创作了一幅建筑表现图。该建筑表现图未经许可被中国一公司复制发行了。中英两国均为《保护文学艺术作品的伯尔尼公约》成员国。英国公司表示不追究中国公司的侵权行为。但该英国雇员以“作者”身份到中国法院起诉,主张自己的“版权”。中国法院应如何处理?

此案可以被定性为一起知识产权侵权纠纷,对于该侵权行为本身,应当适用被请求保护地国家的法律,即中国法律。这一点毫无疑义。但该案中存在一个先决问题,即该诉讼人是否该建筑表现图的真正“版权人”,从而是否有权主张版权?依照英国版权法,该雇员不仅已创作出来的作品,而且尚未创作出来的作品,均归英国公司所有;雇员得到公司的报酬后,不享有版权。而依中国《著作权法》,该建筑表现图不是中国法律中的“设计图”,不属于中国《著作权法》中规定的“职务作品”的范围,因此,依照中国法律,该雇员本人是合格的著作权人。那么,应当依据什么法律判断该雇员是不是真正的著作权人呢?有人主张,应当根据英美法中的处理办法,即一国法院在审理案件时,应当将外国法(本案中为英国版权法)作为“事实”看待,而不应当不予考虑。本案中,英国法中关于版权原始归属的规定应当作为我国法院判案的“事实”加以考虑,故应否定该雇员为合法的著作权人。〔3〕笔者认为,这一观点值得商榷。我国作为大陆法系国家,法院在审理案件时,从不把外国法作为“事实”,而是作为平等的法律看待。本案中,诉讼人是否是合格的著作权人的问题,是一个先决问题。对于先决问题,根据国际私法的理论与实践,应当把它看作一个独立的问

〔1〕例如,美国《版权法》第104A条的规定;参见[美]保罗·戈尔斯坦:《国际版权原则、法律与惯例》,王文娟译,中国劳动社会保障出版社2003年版,第101页。

〔2〕大陆法系国家通常认为只有自然人才能成为作品作者,而英美法系国家认为法人也可以成为作者。

〔3〕参见郑成思:《知识产权论》,法律出版社2007年版,第453页。

题，依照法院地法律适用规范确定其法律适用。本案中，对于诉讼人是不是合法的著作权人，也应当依照被请求保护地法律，即我国法律来判断。根据我国法律，应当确认只有该雇员是唯一合法的著作权人，而不必考虑该作品原始版权已经依英国法归属于英国公司的事实。

四、被请求保护地法律的适用限制和例外

根据《保护文学艺术作品的伯尔尼公约》的规定，在某些情况下，被请求保护地国的法律要受到其他法律的限制。

1.《保护文学艺术作品的伯尔尼公约》第 7 条第 8 款规定，对于作品的保护期限，“无论如何，期限将由被要求给予保护的国家的法律加以规定；但是，除该国法律另有规定外，此种期限不得超过作品来源国规定的期限”。但是，对于这一规定，不能将其理解为：如果某项著作权在来源国不存在，从而保护期为零，于是提供保护的国家就不能提供比零更长的保护期，即不予保护。上述规定只是说，在保护国的保护期长于来源国时，要受到来源国法律的限制；而在保护国的保护期短于来源国时，该规定就不适用了。

2.《保护文学艺术作品的伯尔尼公约》第 2 条第 7 款规定：“在来源国仅仅作为平面与立体设计受到保护的作品，在本同盟其他成员国只享有各该国给予平面和立体设计的那种专门保护；但如在该国并不给予这种专门保护，则这些作品将作为艺术作品而得到保护。”

3. 对于追续权，即对于艺术作品原作和作家及作曲家的手稿，作者或作者死后由国家法律所授权的人或机构享有的从作品的原件出售的利润中提成的权利，《保护文学艺术作品的伯尔尼公约》第 14. 3 条第 2 款规定：“只有当作者本国法律承认该保护的情况下，才可以在本同盟成员国国内要求上述条款所规定的保护，而且保护的程度应限于请求保护地国法律所允许的程度。”因此，请求保护国法律要受到作者本国法律（不一定是来源国法律）的限制。

4. 根据《保护文学艺术作品的伯尔尼公约》第 14. 2 条第 2 款第 1 项的规定，请求保护地国的法律有权决定电影作品版权的所有者。但是根据该款第 3 项的规定，将一部作品改编成电影的合同，是否必须采用书面形式，“应当由电影制片人总部所在地国或其经常居所所在的本同盟成员国法律确定。但是，被要求提供保护的本同盟成员国的法律可以要求该允诺应当以书面合同或相当的文书的形式”。

五、强制性规范和公共秩序

知识产权除了是权利人享有的一种私权之外，同时它也体现了一种公共利益。在特殊情况下，国家为了公共利益的需要，可以通过国内立法免除自己的知识产权保护义务。《保护文学艺术作品的伯尔尼公约》就允许成员国在几种特定情形下通

过强制性许可代替合理报酬。另外,在著作权的自动行使过程中以及《保护文学艺术作品的伯尔尼公约》所未涉及的其他法律问题,也不适用保护国法律,有时必须要考虑到有关国家国内强行法。比如关于税收,《保护文学艺术作品的伯尔尼公约》第14.3条第3款规定,对作品收益进行征税的程序和税额由各国法律决定。另外,《保护文学艺术作品的伯尔尼公约》第17条承认各成员国有如下剩余权力(residual power):本公约的规定绝不妨碍本联盟每一成员国政府以立法或行政程序行使允许、监督或禁止任何作品或其制品的发行、演出或展出的权利,如果有关当局认为有必要对这些作品行使这种权利的话。该规定的目的是保障各国对有关作品的审查权。根据该条规定,国家所采取的保护公共秩序的强制措施具有优先性。例如,对于违禁作品,我国有关机关可以禁止其出版或对其进行查封销毁,但并不意味着我国不保护该作品的著作权。[1]

在技术转让方面,各国更是有非常严格的限制。近年来,美国政府开始对我国实施经济制裁和技术出口限制,给我国科技企业的发展带来障碍。[2] 我国也相应地颁布了针对性出口管制法律措施,如《技术进出口管理条例》(2020年修订)、《核出口管制条例》(2006年修订)、《核两用品及相关技术出口管制条例》、《生物两用品及相关设备和技术出口管制条例》、《有关化学品及相关设备和技术出口管制办法》等。[3]

第三节 知识产权合同的法律适用

一、概论

国际知识产权合同包括国际技术转让合同、商标权转让合同、著作权转让合同、出版合同等。值得注意的是,这里的"国际"或"涉外"是广义的,应当根据最高人民法院原《民通意见》第178条的要求,从合同的主体、标的以及合同订立、履行等行为是否具有涉外因素这几个方面去判断。

知识产权合同与普通合同之间存在显著不同。以著作权转让合同为例,世界上只有极少数国家将其纳入《民法典》(如巴西《民法典》)或《合同法》(瑞士《债法

---

〔1〕 参见尹腊梅:《论违法作品的著作权保护——兼谈〈著作权法〉第4条之法律适用》,载《知识产权》2017年第4期。

〔2〕 参见黄琪轩:《大国战略竞争与美国对华技术政策变迁》,载《外交评论(外文学院学报)》2020年第3期。

〔3〕 第十三届全国人大常委会2020年7月3日第二十次会议已经对《出口管制法(草案二次审议稿)》进行了审议。

典》)之中。一些国家颁布单行著作权合同法(如德国)。大多数国家都将著作权合同纳入著作权法之中进行特殊规定。我国在《合同法》(现已失效)颁布之前曾有《技术合同法》,现在已被《合同法》代替。《技术进出口管理条例》经2020年修订后继续有效,该条例对技术进出口合同有强制性要求,例如该条例第17条规定:“对属于自由进口的技术,实行合同登记管理。进口属于自由进口的技术,合同自依法成立时生效,不以登记为合同生效的条件。”

我国《商标法》第42条规定,转让注册商标的,转让人和受让人应当签订转让协议,并共同向商标局提出申请。第43条规定,商标注册人可以通过签订商标使用许可合同,许可他人使用其注册商标。我国《著作权法》第10条也允许著作权人向他人转让或者许可他人使用著作权中的经济权利。该法第三章对著作权许可使用和转让合同作了具体规定。《专利法》第10条规定,专利申请权和专利权可以转让。转让专利申请权或者专利权的,当事人应当订立书面合同。第12条规定,任何单位或者个人实施他人专利的,应当与专利权人订立书面实施许可合同。

在经济全球化的今天,知识产权的国际转让越来越频繁,相应的法律适用问题越来越引人关注。

二、法律适用

(一)当事人意思自治原则

对于国际合同纠纷案件的准据法选择,一般应当依照合同的法律适用原则确定准据法。我国《涉外民事关系法律适用法》第49条规定:“当事人可以协议选择知识产权转让和许可使用适用的法律。当事人没有选择的,适用本法对合同的有关规定。”这与瑞士《国际私法》第110条规定相同。

根据《涉外民事关系法律适用法》第41条的规定,合同法律适用的首要的原则是当事人意思自治,即当事人协议选择合同准据法。但是,由于知识产权的属地性,对于国际知识产权转让合同能否适用当事人协议选择的法律,不能一概而论。对于国际著作权转让合同和商标权转让合同,当事人意思自治原则通常不会受到抵制。

最大的争议集中在国际技术转让合同中。在该领域,发展中国家与发达国家之间存在尖锐的斗争。发展中国家的当事人通常是国际技术转让合同的受让方。这些国家为了维护本国的经济发展,防止在技术上受制于人,大都建立了对技术进口的严格审查制度。因此在国际技术转让合同中,这些国家主张必须适用受让方本国法律,反对适用合同当事人约定的转让方或其他第三国法律。而发达国家通常作为国际知识产权转让合同的转让方,希望合同受转让方国家法律支配。由于在国际知识产权转让合同谈判中,转让方处于有利地位,因此所订立的合同往往选择转让方本国法律。所以发达国家普遍支持当事人意思自治原则。由此产生的分歧也导致联合国贸易与发展大会所提出的《国际技术转让行动守则》至今无法通过。因此,目前各国的做法并不一致。

在 1985 年的联合国《国际技术转让行动守则》(UNCTAD Code of Conduct on the Transfer of Technology)草案中,由于各国之间的分歧,对于是否允许合同当事人选择合同准据法,未能达成一致。其中,中国代表团提出的非正式建议是:技术转让交易合同当事人双方经共同同意,可以选择适用于他们合同关系的法律,但必须明了,此种法律选择不得阻碍任何与当事人或交易有实质联系的国家法律制度中那些不能由合同排除的有关规则的适用。[1] 另外,从我国以前的《涉外经济合同法》和《最高人民法院关于适用〈涉外经济合同法〉若干问题的解答》的规定来看,我国对于涉外技术转让合同也是允许当事人协议选择准据法的。[2]

即使允许当事人选择合同准据法,知识产权合同当事人的选择权也会更多地受到法院地公共秩序条款和当事人所属国以及被请求保护国法律的限制,尤其在合同准据法和合同当事人本国法以及被请求保护国法律发生冲突的情况下(见下文)。我国《民法典》第 877 条规定:"法律、行政法规对技术进出口合同或者专利、专利申请合同另有规定的,依照其规定。"我国《专利法》第 10 条第 2 款规定:"中国单位或者个人向外国人、外国企业或者外国其他组织转让专利申请权或者专利权的,应当依照有关法律、行政法规的规定办理手续。"若转让涉及的法律法规属于我国对涉外技术合同的强制性规定,可以排除当事人选择的法律。

(二)当事人未选择准据法时的处理

如果合同当事人没有选择法律,知识产权合同同样依照特征性履行方法和最密切联系原则确定准据法。

1. 国际技术转让合同

国际技术转让包括涉外专利权转让、专利申请权转让、专利实施许可以及 Know-How 许可等。《最高人民法院关于适用〈涉外经济合同法〉若干问题的解答》第 2 条规定,在当事人没有选择法律的情况下,对于涉外技术转让合同,适用受让人营业所所在地法律。这一规定也符合各国的普遍实践。因为在国际技术转让合同中,受让方所在地通常也是合同履行地,与合同显然具有更密切的联系。此时,合同的"特征性履行方"应当是受让方,而非转让方。但 2007 年《最高人民法院关于审理涉外民事或商事合同纠纷案件法律适用若干问题的规定》中取消了有关技术转让合同的规定。

2. 著作权许可和转让合同

对于国际著作权合同,如果当事人没有约定合同准据法,通常而言,对于比较简单的著作权许可使用或转让合同,例如为取得一笔一次结清的价款而转让著作权权

---

[1] TD/CODE TOT/47 (1985), Appendix A, p. 1-10.

[2] 参见《最高人民法院关于适用〈涉外经济合同法〉若干问题的解答》第 2 条。

益的合同,可以适用合同的"特征性履行方",即转让方(著作权人)的住所地或营业所所在地国法律。因为这种合同类似于一般的买卖合同,因此以"非支付价款方"为特征性履行方。但更常见的国际著作权合同中,合同的主要目的不仅仅是转让著作权,而更多的是作品本身的使用。受让方(出版商)要根据合同对权利人的作品进行出版、发行等。因此,这类合同的特征性履行方应当是受让方,合同就应当适用受让方住所地或营业所所在地法律。[1]

(三)强制性规定

对于国际技术转让合同,都要受到本国一些强制性规定的专门控制。《专利法》第10条第2款规定:"中国单位或者个人向外国人、外国企业或者外国其他组织转让专利申请权或者专利权的,应当依照有关法律、行政法规的规定办理手续。"国务院2001年颁布了《技术进出口管理条例》,[2]其中规定,技术进出口包括专利权转让、专利申请权转让、专利实施许可等各种技术在中国境内和境外之间的转移。该管理条例属于我国的强制性法律规范,有关的技术进出口合同只要符合该管理条例的适用范围,必须遵守该管理条例,无论合同准据法为何国法律。另外,商务部还于2009年修订了《技术进出口合同登记管理办法》。[3] 商务部和科技部2008年发布的《中国禁止出口限制出口技术目录》[4]对禁止出口和限制出口的技术做了具体列举。

三、知识产权合同准据法与知识产权准据法之间的冲突

在知识产权合同纠纷中,要注意区分合同纠纷和知识产权本身的纠纷。无论知识产权合同适用何国法律,其中所涉及的知识产权本身只具有属地性,如果对于该知识产权的内容、归属、有效期等产生争议,则只能适用被请求保护地法律。比如,在专利权许可证合同中,美国专利权人授权中国企业在中国使用其专利。当事人约定合同适用美国法律。后来双方针对合同发生纠纷,美国当事人在中国法院起诉,要求中国当事人根据合同支付专利使用费。中国当事人则主张美国当事人的专利无效。此时,对于合同纠纷,当然适用当事人约定的美国法律。但是对于该专利本身的效力问题,则不受合同准据法约束,而应当适用中国专利法判断。

例如,在广受关注的苹果公司和深圳唯冠科技有限公司"IPAD"商标权纠纷案

---

[1] 参见[美]保罗·戈尔斯坦:《国际版权原则、法律与惯例》,王文娟译,中国劳动社会保障出版社2003年版,第109页。

[2] 2020年第三次修订。

[3] 商务部令2009年第3号。

[4] 商务部、科技部2020年第38号公告对该目录进行了调整,2021年第37号公告再一次更新并于2021年11月2日开始实施。

中,[1]我国台湾地区唯冠电子公司拥有“IPAD”商标在其他国家的注册权利,深圳唯冠公司则持有“IPAD”的大陆商标权。我国台湾地区唯冠电子公司与英国IP公司达成商标转让协议,将唯冠集团旗下的所有“IPAD”商标转让给英国IP公司。该转让协议中约定:“本协议由香港法律排他性管辖,香港法院对由本协议产生或与本协议相关的纠纷具有排他性管辖权。”英国IP公司再以象征性的1美元将其转让给苹果公司。苹果公司向深圳法院起诉要求确认其为“IPAD”中国商标的所有人。被告深圳唯冠公司则认为,转让协议为我国台湾地区唯冠与英国IP公司所签,该转让协议属无权处置,对其不产生效力,IPAD大陆商标权仍归自己所有。

法院将该案定性为商标权权属纠纷,但是并未将该案作为涉外案件处理,而是直接适用了我国大陆法律进行了判决。事实上,该案为典型涉外知识产权纠纷,其中,商标权权属纠纷应依照被请求保护地法律处理,即中国大陆法律;而商标转让协议应适用当事人约定的我国香港特别行政区法律。

有时也可能会发生合同准据法和知识产权准据法(被请求保护国法律)之间的冲突问题。如果美国当事人的专利没有依照我国《专利法》的规定在我国申请注册,我国法律是不会保护该专利的。此时我国当事人可以无偿使用该专利,但只限于在我国境内使用。而根据当事人双方签订的合同,我国当事人则需要向美国当事人支付使用费。[2] 此时应当依照我国专利法判定合同无效还是应当依照美国合同法判定合同有效?笔者认为应当尊重当事人的约定,只要合同不违反我国的强制性规定,就应当判定合同有效,即使该外国人的专利在我国不受法律保护。

另外在著作权的体现物(作品)发生转移的情况下,要注意该作品本身的转移与作品著作权的转移是相互独立的。例如,在美术作品买卖合同中,如果合同中没有约定该美术作品的著作权是否一起转移,则该美术作品的著作权是否由原著作权人保留?不同国家的规定也不相同。如果是涉外合同,就需要确定准据法问题。例如,一位中国人从一位外国画家手中购买了一幅画,双方签订了买卖合同,并约定合同适用美国纽约州法律,但没有约定该画的著作权是否同时转移。该中国人将该画在中国进行展出,获得门票收入。美国画家向中国法院起诉,主张该中国人侵犯其

---

[1] 广东省深圳市中级人民法院民事判决书,(2010)深中法民三初字第208、233号。

[2] 原则上,如果外国人的专利没有在我国申请注册,是不受我国法律保护的,我国企业或个人可以无偿使用。但是在特殊情况下,我国当事人可能不得不与外国专利权人签订专利许可证合同保护该人在我国并没有法律效力的“专利”。例如,在复杂的技术实施方案中,需要使用外国人的一个专利,该专利没有在我国注册,但是与该专利相关的某个技术秘密(Know-how)掌握在该专利权人手里。我国当事人虽然可从专利说明书中获得该专利的内容,但得不到该Know-how。为了获得该Know-how,我方不得不答应在合同中承认该外国人的专利权,并支付专利使用费。或者外国专利权人已经将其技术在许多国家申请了专利,我国企业生产的使用了该专利的产品需要出口到其中一些国家。此时我国企业需要同该专利权人签订许可证合同,以换取向这些国家的出口销售权。

对作品的展出权。中国买主认为自己根据合同已经获得了该画的所有权,自己当然可以展出。对于该幅画的买卖合同,应当适用合同准据法。但是对于中国买主是否获得该画的展出权,属于著作权转移问题,受著作权准据法支配,应当适用中国著作权法。我国《著作权法》第 20 条规定,美术等作品原件所有权的转移,不视为作品著作权的转移,但美术作品原件的展览权由原件所有人享有。

第四节　知识产权侵权

一、被请求保护地法律

多数国家国际私法都规定,侵权行为适用侵权行为地法律,包括侵权行为实施地法律(lex loci delictus)和结果发生地法律(lex loci damni)。对于知识产权侵权,有些国家立法和司法实践也直接适用侵权行为地法律。[1] 但主流观点认为,被请求保护国法律适用于所有知识产权纠纷,有关知识产权的归属、取得、变更和消灭、内容和解释、侵犯知识产权的责任等问题,都适用被请求保护地法律。我国《涉外民事关系法律适用法》第 50 条同样规定:"知识产权的侵权责任,适用被请求保护地法律……"

知识产权侵权纠纷中,侵权行为地与被请求保护地在很多情况下是一致的,但也不尽然。比如《保护文学艺术作品的伯尔尼公约》第 16 条规定,对作品的侵权复制品,应当在作品受保护的本同盟成员国予以扣押。也就是说,对侵权作品的扣押应当在能够对作品提供保护的国家,并依照该国法律进行。此时,侵权复制作品被扣押地国可能并不是侵权行为地,但它是被请求保护地。

知识产权侵权不适用一般侵权冲突法规则,其原因还在于知识产权侵权与民法上一般侵权行为之间的差别。一般侵权行为(tort)必须具备几个要件,其中最关键的是行为人主观上的过错和客观上的损害。而知识产权侵权(infringement)则完全不同,往往不需要行为人的主观过错和客观损害结果。因此,知识产权侵权责任并不仅仅是"损害赔偿"责任,更多情况下是查封、扣押、停止侵害行为、返还不当得利等其他责任。涉外知识产权侵权因此也很难适用一般侵权行为准据法。欧盟《罗马第二条例》对此做了非常明确的区分。《罗马第二条例》第 4 条规定,一般侵权行为适用损害发生地法律。但第 8 条专门规定:基于知识产权侵权发生的非合同之债适用请求保护地法律(the law of the country for which protection is claimed)。

在我国早期司法实践中,很多知识产权侵权纠纷都是按照侵权行为地法律来判

---

[1] 奥地利《国际私法》第 34 条和意大利《国际私法》第 54 条。

断。例如,在"吴冠中诉上海朵云轩和香港永成古玩拍卖公司侵犯著作权案"中,被告上海朵云轩和香港永成古玩拍卖有限公司在香港联合主办近代中国书画拍卖会。拍卖作品中有一幅署名吴冠中的《毛泽东肖像》画。吴冠中认为该画非其所画,要求停止拍卖该画像。古玩拍卖有限公司请香港专家鉴定后否认了吴冠中的造假指控,并在香港如期举行了拍卖,该画顺利成交。吴冠中以朵云轩、香港永成公司侵害其著作权为由,向上海法院提起诉讼。法院按侵权行为适用侵权行为地法律原则,适用了内地著作权法,其理由是被告曾在内地散发宣传品,因此上海是本案侵权行为地之一。〔1〕 这一判决理由显然过于扩大了侵权行为地的范围,因为该案中的拍卖行为是在我国香港特别行政区。

《涉外民事关系法律适用法》颁布后,仍有部分法院依照侵权行为地法适用我国法律,比如重庆市高级人民法院审理的"中山市古镇光艺灯饰五金电器厂与被上诉人布隆姆伯格工业有限公司(BLUMBERG INDUSTRIES, INC. d/b/a Fine Art Lamps)、原审被告重庆灯巢家居有限公司侵犯著作权纠纷一案"。〔2〕

二、知识产权网络侵权

(一)概论

随着互联网信息技术的发展以及大数据和人工智能技术运用对生活领域的全面渗透,利用网络从事侵权行为,成为民事侵权领域理论和实践的一个新领域。信息网络侵权的客体主要是人身权益、知识产权、域名权以及新兴的数据权利等。〔3〕各国在此领域也展开了激烈的立法竞争。由于网络天然的跨国界属性,各国立法的适用范围如何界定,引发了广泛关注。欧盟和美国纷纷在立法中加入域外适用条款,使得网上管辖权竞争日益激烈。〔4〕

早在信息网络产业初兴的2000年,最高人民法院便发布了《关于审理涉及计算机网络著作权纠纷案件适用法律若干问题的解释》。2001年我国修改《著作权法》,加入了"信息网络传播权"作为著作权内容之一。2001年最高人民法院颁布《关于审理涉及计算机网络域名民事纠纷案件适用法律若干问题的解释》。〔5〕 国务院于2006年发布的《信息网络传播权保护条例》〔6〕对信息网络传播权侵权作了细致规

〔1〕 上海市高级人民法院民事判决书,(1995)沪高民终(知)字第48号;另参见最高人民法院关于吴冠中诉上海朵云轩、香港永成古玩拍卖有权公司著作权纠纷案的函(1995年7月6日)。

〔2〕 重庆市高级人民法院民事判决书,(2011)渝高法民终字第00319号。

〔3〕 程啸:《论大数据时代的个人数据权利》,载《中国社会科学》2018年第3期;任颖:《数据立法转向:从数据权利入法到数据法益保护》,载《政治与法律》2020年第6期。

〔4〕 敖海静:《关于〈一般数据保护条例〉适用的地域范围的指南》,载《经贸法律评论》2020年第2期。

〔5〕 法释〔2001〕24号。

〔6〕 2013年1月30日修订。

定，该条例主要借鉴了美国1998年颁布的《千禧年数字版权法》（Digital Millennium Copyright Act）第二章“在线版权侵权责任限制”的规定。2009年制定的原《侵权责任法》仅在第36条规定网络用户、网络服务提供者利用网络侵害他人民事权益的，应当承担侵权责任。随后，最高人民法院发布《关于审理侵害信息网络传播权民事纠纷案件适用法律若干问题的规定》〔1〕和《关于审理利用信息网络侵害人身权益民事纠纷案件适用法律若干问题的规定》〔2〕，对原《侵权责任法》的规定进行了细化。2018年发布的《电子商务法》第41条至第45条规定了电商领域的知识产权保护制度。但我国《电子商务法》仅适用于我国境内的电子商务（《电子商务法》第2条）。

在上述立法和司法解释的基础上，2020年《民法典》对网络侵权做了较为系统的规范。其中第1194条规定：“网络用户、网络服务提供者利用网络侵害他人民事权益的，应当承担侵权责任。法律另有规定的，依照其规定。”第1195条规定：“网络用户利用网络服务实施侵权行为的，权利人有权通知网络服务提供者采取删除、屏蔽、断开链接等必要措施。”

（二）法律适用

对于网络知识产权侵权，原则上仍应适用《涉外民事关系法律适用法》第50条之规定，即被请求保护地法律。〔3〕

对于域名侵权纠纷，最高人民法院2001年《关于审理涉及计算机网络域名民事纠纷案件适用法律若干问题的解释》第7条曾规定：“涉外域名纠纷案件，依照民法通则第八章的有关规定处理。”2020年修订后取消了该规定。《涉外民事关系法律适用法》颁布后，应依照《涉外民事关系法律适用法》处理。域名到底是“网络虚拟财产”还是“知识产权”或“名称权”，不同法院认识不同，从而会导致选用的法律适用规范不同。有的法院援引《涉外民事关系法律适用法》第44条，有的法院则援引第46条或第50条。〔4〕

三、当事人意思自治

《涉外民事关系法律适用法》第50条后半句规定：“当事人也可以在侵权行为发生后协议选择适用法院地法律。”这显然是为了与第44条所规定的当事人意思自治原则保持协调。但我们认为这一规定是值得商榷的，因为假如法院地不是被请求

〔1〕 法释〔2012〕20号。

〔2〕 法释〔2014〕11号。

〔3〕 萨尔瓦多·菲拉格慕股份有限公司（SALVATORE FERRAGAMOS）诉盐城市绅士源贸易有限公司等侵害商标权、不正当竞争纠纷案，浙江省杭州市余杭区人民法院民事判决书，（2017）浙0110民初6750号。

〔4〕 北京剑盟教育咨询有限公司与英国文化协会等网络域名权属纠纷案一审，北京互联网法院民事判决书，（2019）京0491民初6678号。

保护地,当事人选择适用法院地法律就破坏了知识产权的属地性。无论是知识产权国际公约还是欧盟《罗马第二条例》,都不允许当事人选择知识产权侵权准据法。

第五节 知识产权婚姻财产制和继承

一、知识产权的婚姻财产制问题

大多数国家法律均规定,除当事人另有协议外,夫妻一方作为权利人的知识产权中的精神权利,不属于夫妻共同财产。对于其中的经济权利是否可以作为夫妻共同财产,各国的规定不尽相同。另外,对于作者在婚姻关系存续期间创作的美术作品(如绘画、雕塑等),在离婚时是否作为共同财产对待?各国规定也不一致。我国《民法典》婚姻家庭编第1062条规定,夫妻婚姻关系存续期间所得的财产中,知识产权的收益属于夫妻共同财产。《最高人民法院关于适用〈中华人民共和国民法典〉婚姻家庭编的解释(一)》第24条规定:"民法典第一千零六十二条第一款第三项规定的'知识产权的收益',是指婚姻关系存续期间,实际取得或者已经明确可以取得的财产性收益。"

在涉外婚姻中,如果涉及此类问题,应当注意区分知识产权本身和由知识产权带来的收益。知识产权本身具有属地性,有关知识产权的纠纷原则上均适用权利主张地法。因此,知识产权本身能否作为夫妻共同财产,应当根据权利主张地法律确定。但是由知识产权带来的收益通常体现为一定的金钱或实物,是否可以归入夫妻共同财产,应当由夫妻财产制准据法支配。例如,一位中国作者婚姻期间在美国出版一部著作,获得100万元稿费。他离婚时,其妻子向中国法院起诉,认为自己为该书的出版付出了劳动,主张该书是夫妻共同财产,要求获得该书在美国的部分版权,同时主张该100万元稿费也是夫妻共同财产,要求获得一半稿费。本案作为夫妻财产分割案件,对于100万元稿费是否属于夫妻共同财产,显然应当依据夫妻共同属人法,即中国婚姻法;对于她能否依据夫妻共同财产制获得该书的部分美国版权,则属于著作权纠纷,应当依据被要求提供保护的国家的法律,即美国法律。

二、知识产权的继承问题

由于知识产权是一种无形财产权,许多国家对于知识产权的继承问题并非援用民法和继承法来处理,而是在知识产权立法中进行专门规定。[1] 一些国家甚至规

---

〔1〕 参见王干:《知识产权继承制度初论》,载《知识产权》2005年第4期。

定,著作权的继承不适用民法继承的一般规则,如法国和德国。[1] 我国原《继承法》第3条规定,公民的著作权、专利权中的财产权利可以作为遗产继承。《商标法实施条例》第32条规定:"注册商标专用权因转让以外的继承等其他事由发生移转的,接受该注册商标专用权的当事人应当凭有关证明文件或者法律文书到商标局办理注册商标专用权移转手续。"《集成电路布图设计保护条例》第13条规定:"布图设计专有权属于自然人的,该自然人死亡后,其专有权在本条例规定的保护期内依照继承法的规定转移。"由此可见,商标专用权和布图设计专有权都可以继承。

如果发生涉外继承纠纷,对于被继承人的知识产权应当依据何国法律进行继承?我国《涉外民事关系法律适用法》第31条对于法定继承采取的是区别制,即动产适用被继承人死亡时经常居所地法律,不动产适用不动产所在地法律。然而知识产权很难归入动产或不动产,而且知识产权与一般的有形财产不同,具有强烈的地域性。对于知识产权的继承,无法适用继承准据法,而应依照知识产权准据法处理,即被请求保护地法律。

比如,一位美国作者的作品在中国和美国等各地出版,其依照中国著作权法享有相应的著作权。在该作者死后,其著作权的继承,就其中国著作权而言,应依据中国著作权法的规定进行继承;[2] 就其美国著作权而言,则依照美国法律继承;依此类推。

---

[1] 法国《著作权法》第24条规定,已故作者的遗属可以继承其作品的收益;德国《著作权法》第28条规定,著作权可以由继承人继承,包括财产权和人格权。

[2] 我国《著作权法》第21条规定:著作权属于自然人的,自然人死亡后,其享有的经济权利在本法规定的保护期内,依照继承法的规定转移。

第十三章　域外送达和域外取证

第一节　域 外 送 达

一、概论

域外送达(service out of the jurisdiction)是指一国司法机关根据国际条约或国内立法的规定将诉讼和非诉讼文书送交在本国没有住所的诉讼当事人或其他诉讼参与人。[1] 在我国,司法文书是指起诉状副本、上诉状副本、反诉状副本、答辩状副本、传票、判决书、调解书、裁定书、支付令、决定书、通知书、证明书、送达回证以及其他司法文书。[2] 送达是一种司法行为,因此具有严格的属地性。原则上,一国不能在他国境内进行送达行为,一国也不会承认外国司法机关在本国境内进行的送达行为。但是,送达在涉外民事诉讼中具有重要的意义。未经合法有效的送达往往会导致所作出的判决不会得到外国的承认与执行。因此,各国在域外送达领域纷纷进行各方面的合作,包括签订多边公约和双边条约。我国目前加入了 1965 年《关于向国外送达民商事司法文书和司法外文书的海牙公约》(以下简称《送达公约》),并与数十个国家签订了包含送达规定的双边司法协助条约。最高人民法院 2013 年通过了《关于依据国际公约和双边司法协助条约办理民商事案件司法文书送达和调查取证司法协助请求的规定》(2020 年修订)及其实施细则。

我国 1982 年 3 月 8 日第五届全国人民代表大会常务委员会第二十二次会议通过的《民事诉讼法(试行)》[3]第 196 条就规定了域外送达的六种方式,包括外交途径送达、中国驻外使领馆代为送达、邮寄送达、司法协助协议方式送达、当事人诉讼代理人送达和公告送达。1991 年颁布的首部《民事诉讼法》第 247 条增加了以国际条约方式送达和向我国境内的代表机构、分支机构或业务代办人送达。2007 年第一次修正时未对送达方式作出调整。2012 年修订的《民事诉讼法》第 267 条增加了传

---

[1] 参见何其生:《域外送达制度研究》,北京大学出版社 2007 年版,第 1 页。

[2] 《最高人民法院关于涉外民事或商事案件司法文书送达问题若干规定》第 2 条。该规定自 2006 年 8 月 22 日起施行,法释(2006)5 号。

[3] 自 1982 年 10 月 1 日起试行。

真和电子邮件送达方式。另外,最高人民法院于 2006 年 7 月 17 日通过了《关于涉外民事或商事案件司法文书送达问题若干规定》(2020 年修正),对域外送达作了较详细的规定。

在我国涉外司法实践中,送达问题一直是影响法院审判效率的一个严重障碍,主要是送达过程漫长,而且成功率较低。早在 2002 年,最高人民法院就指出:"我国涉外民商事案件的送达成功率不到 30%,70%多的都因送达不成功而无法启动诉讼程序。"[1] 近年来,这一局面有所改善。[2] 据统计,2011 年至 2015 年,我国人民法院办理涉外送达文书 12,866 件。域外送达的回复率达到 60%左右。[3]

二、双边司法协助条约

《民事诉讼法》第 274 条第 1 项规定,域外送达首先"依照受送达人所在国与中华人民共和国缔结或者共同参加的国际条约中规定的方式"。截至 2021 年 12 月底,我国与 30 多个国家订立了民商事领域的双边司法协助条约或协定(参见表 13-1)。这些双边条约和协定中大都规定了双方相互委托送达司法文书和司法外文书的规定。如果受送达人所在国与我国签订有双边司法协助条约,且同属于《送达公约》缔约国的,根据《送达公约》第 11 条的规定和我国最高人民法院、外交部和司法部《关于执行〈海牙送达公约〉的通知》第 7 条的规定,应当优先适用双边司法协助协定的规定。

表 13-1　中外民商事司法协助条约一览

条约名称	签署/生效时间
中国和法国民事、商事司法协助协定	1987. 5. 4/1988. 2. 8
中国和波兰民事和刑事司法协助协定	1987. 6. 5/1988. 2. 13
中国和蒙古民事和刑事司法协助条约	1989. 8. 31/1990. 10. 29
中国和罗马尼亚民事和刑事司法协助条约	1991. 1. 16/1993. 1. 22
中国和意大利民事司法协助的条约	1991. 5. 20/1995. 1. 1
中国和西班牙民事、商事司法协助的条约	1992. 5. 2/1994. 1. 1
中国和俄罗斯民事和刑事司法协助条约	1992. 6. 19/1993. 11. 14

---

〔1〕 万鄂湘:《入世后我国的司法改革与涉外民商事审判》,载《国际经济法论丛》2002 年第 6 期,第 18 页。

〔2〕 参见万鄂湘:《在全国涉外商事审判庭长座谈会上的讲话》,载《涉外商事海事审判指导》(第 22 辑),人民法院出版社 2012 年版,第 2 页。

〔3〕 参见孙劲、曾朝晖:《新时期人民法院国际司法协助的进展、特点和趋势》,载《人民司法(应用)》2017 年第 1 期。

续表

条约名称	签署/生效时间
中国和土耳其民事、商事和刑事司法协助条约	1992. 9. 28/1995. 10. 26
中国和乌克兰民事和刑事司法协助条约	1992. 10. 31/1994. 1. 19
中国和古巴民事和刑事司法协助条约	1992. 11. 24/1994. 3. 26
中国和白俄罗斯民事和刑事司法协助条约	1993. 1. 11/1994. 11. 29
中国和哈萨克斯坦民事和刑事司法协助条约	1993. 1. 14/1995. 7. 11
中国和保加利亚民事司法协助的协定	1993. 6. 2/1995. 6. 30
中国和泰国民商事司法协助和仲裁合作的协定	1994. 3. 16/1997. 7. 6
中国和埃及关于民事、商事和刑事司法协助的协定	1994. 4. 21/1995. 5. 31
中国和希腊民事和刑事司法协助条约	1994. 10. 17/1996. 6. 29
中国和塞浦路斯民事、商事和刑事司法协助条约	1995. 4. 25/1996. 1. 11
中国和匈牙利民事和商事司法协助的条约	1995. 10. 9/1997. 3. 21
中国和摩洛哥民事和商事司法协助的协定	1996. 4. 16/1999. 11. 26
中国和吉尔吉斯民事和刑事司法协助条约	1996. 7. 4/1997. 9. 26
中国和塔吉克斯坦民事和刑事司法协助条约	1996. 9. 16/1998. 9. 2
中国和新加坡民事和商事司法协助的条约	1997. 4. 28/1999. 6. 27
中国和乌兹别克斯坦民事和刑事司法协助条约	1997. 12. 11/1998. 8. 29
中国和越南民事和刑事司法协助条约	1998. 10. 19/1999. 12. 25
中国和老挝民事和刑事司法协助条约	1999. 1. 25/2001. 12. 15
中国和突尼斯民事、商事司法协助条约	1999. 5. 4/2000. 7. 20
中国和立陶宛民事和刑事司法协助条约	2000. 3. 20/2002. 1. 19
中国和阿根廷关于民事和商事司法协助的条约	2001. 4. 9/2011. 10. 9
中国和韩国民事、商事司法协助条约	2003. 7. 7/2005. 4. 27
中国和朝鲜民事和刑事司法协助条约	2003. 11. 19/2006. 1. 21
中国和阿联酋民事、商事司法协助条约	2004. 4. 21/2005. 4. 12
中国和科威特国关于民事和商事司法协助的协定	2007. 6. 18/2013. 6. 6
中国和秘鲁关于民事和商事司法协助的条约	2008. 3. 19/2009. 2. 28
中国和巴西关于民事和商事司法协助的条约	2009. 5. 19/2014. 8. 16
中国和阿尔及利亚关于民事和商事司法协助的条约	2010. 1. 10/2012. 6. 16
中国和波黑关于民事和商事司法协助的条约	2012. 12. 18/2014. 10. 12

续表

条约名称	签署/生效时间
中国和埃塞俄比亚关于民事和商事司法协助的条约	2014. 5. 4/2018. 1. 3
中国和伊朗关于民事和商事司法协助的条约	2016. 1. 23/2021. 7. 13

三、海牙送达公约

(一)概述

海牙国际私法会议《送达公约》于1965年11月15日订立于海牙,1969年2月10日生效。[1] 1992年1月1日起公约对我国生效。目前已有79个缔约方。英国于1970年将公约适用于我国香港特别行政区,葡萄牙于1999年4月12日将公约适用于我国澳门特别行政区。另外,该公约不阻止缔约方之间另行订立协定,规定相互间协助送达的途径。

(二)适用范围

《送达公约》适用于民事或商事司法文书或司法外文书向国外送达的情况(第1条第1款)。一般来说,只要一项案件不涉及刑事或税务,就可以被认为是民事或商事。司法文书是与诉讼直接有关的文书,如法院的传票和判决书等;司法外文书是指不与诉讼直接相关的文书,但必须是一个缔约方的某一机关或司法官员作出的,而不是私人文书。如果文书只在国内送达,而不送达到国外,也不适用公约的规定。

(三)送达机关

《送达公约》规定,各缔约国应指定一个中央机关以便收受其他缔约国发来的送达文书的请求,进行送达,答复请求国。公约的这一规定是该公约的一大创造和特色,可以显著提高协助送达的效率。联邦制国家可以指定几个中央机关。每一缔约国除了中央机关之外还可以指定其他机关处理送达,但请求人始终有权向其中央机关提出送达请求(第2、18条)。在我国,司法部是被指定的处理送达问题的中央机关。

(四)送达的程序

请求送达文书的机关应依照公约规定的格式作成请求书,送交被请求国中央机关。被请求国中央机关经审查,如果请求书符合公约规定,则应自行或安排一个适当的机关以下列三种方式送达该文书(第5条):(1)依照其国内法为其国内诉讼所规定的对在其境内的人送达文书的方式;(2)依请求机关所请求的特别方法,除非该

---

〔1〕 Convention of 15 November 1965 on the Service Abroad of Judicial and Extrajudicial Documents in Civil or Commercial Matters. See: http://www.hcch.net/index_en.php? act=conventions.status&cid=17.

方法与被请求国法律不相容;(3)送达给自愿接受送达的收件人。

被请求国应按照公约规定的格式制作声明书,送交请求送达的机关,证明文书已经送达或未能送达。

(五)拒绝送达

《送达公约》规定,只有在被请求国认为送达请求的执行将损害其主权或安全时,才可以拒绝请求。

(六)其他送达途径

除了中央机关送达之外,《送达公约》规定了其他送达的途径。

1. 送达国外交代表或领事直接送达

《送达公约》第8条规定,缔约国有权不受约束地通过其外交人员或领事将文书直接送达到在国外的人员。但公约同时规定,任何缔约国可以宣布反对在其境内由外国外交代表或领事直接送达文书,除非该文书是向制作该文书的国家的本国人送达。法国、德国、比利时、希腊、捷克、挪威、埃及、葡萄牙和中国等国都作了此种反对声明。

2. 送达国领事或外交代表转交送达

《送达公约》规定,每个缔约国可以通过其领事将文书送达给另一缔约国所指定的机关,以便进行送达。在例外情况下,每个缔约国外交代表可以进行此种转交行为。

3. 邮寄送达(第10条第1款)

通过邮局将文书直接送达到国外的受送达人。中国、捷克、埃及、德国、希腊、挪威、土耳其等国对此声明保留。[1]

4. 由文书作出地国有关司法助理人员、官员或其他有权人员直接通过目的地国上述人员送达(第10条第2款)。中国、捷克、埃及、芬兰、德国、希腊、日本、挪威、瑞典、英国、土耳其等国均对此提出保留。

5. 由对司法程序具有利害关系的人将文书通过目的地国有关司法助理人员、官员或其他有权人员直接送达受送达人。中国、捷克、埃及、芬兰、德国、希腊、日本、挪威、瑞典、英国、土耳其、以色列、丹麦等国均对此提出保留。

另外,《送达公约》还规定了送达费用(第12条)和对被告利益的保护(第15条和第16条)。中国等国对第15条和第16条提出了保留。

---

[1] 最高人民法院在2010年12月23日《关于申请承认(及执行)德意志联邦共和国奥芬堡州法院地20460/07判决一案的请示的复函》中指出,根据我国对《送达公约》第10条的保留,我国不认可德国奥芬堡州法院向北京富克拉家具销售有限公司邮寄第20460/07判决书的送达方式,故该判决尚未对北京富克拉家具销售有限公司发生法律效力,故申请承认和执行该判决的条件尚不具备。

(七)《送达公约》在我国的适用

我国于1991年3月2日批准加入《送达公约》后,最高人民法院、外交部、司法部于1992年3月4日发布了《关于执行〈关于向国外送达民事或商事司法文书和司法外文书公约〉有关程序的通知》。1992年9月19日,司法部、最高人民法院和外交部又联合颁布了《关于执行海牙送达公约的实施办法》,〔1〕对送达中的一些细节问题作了规定。根据《关于执行〈关于向国外送达民事或商事司法文书和司法外文书公约〉有关程序的通知》的规定,我国司法部被指定为有权接受我国通过领事途径转递的文书的中央机关。该通知规定的具体送达程序如下:

1. 凡公约成员国驻华使、领馆转送该国法院或其他机关请求我国送达的民事或商事司法文书,应直接送交司法部,由司法部转递给最高人民法院,再由最高人民法院交有关人民法院送达给当事人。送达证明由有关人民法院交最高人民法院退司法部,再由司法部转交给该国驻华使、领馆。

2. 凡公约成员国有权送交文书的主管当局或司法助理人员直接送交司法部请求我国送达的民事或商事司法文书,由司法部转递给最高人民法院,再由最高人民法院交有关人民法院送达给当事人。送达证明由有关人民法院交最高人民法院退司法部,再由司法部送交该国主管当局或司法助理人员。

3. 对公约成员国驻华使、领馆直接向其在华本国公民送达民事或商事司法文书,如不违反我国法律,可不表示异议。

4. 我国法院若请求公约成员国向该国公民或第三国公民或无国籍人送达民事或商事司法文书,有关中级人民法院或专门人民法院应将请求书和所送司法文书送有关高级人民法院转最高人民法院,由最高人民法院送司法部转送该国指定的中央机关;必要时,也可以由最高人民法院送我国驻该国使馆转送给该国指定的中央机关。

5. 我国法院欲向在公约成员国的中国公民送达民事或商事司法文书,可委托我国驻该国的使、领馆代为送达。委托书和所送司法文书应由有关中级人民法院或专门人民法院送有关高级人民法院转最高人民法院,由最高人民法院径送或经司法部转送我国驻该国使、领馆送达给当事人。送达证明按原途径退有关法院。

为了简化执行《送达公约》的送达程序,提高国际司法协助的效率,最高人民法院办公厅于2003年9月23日又发布了《关于指定北京市、上海市、广东省、浙江省、江苏省高级人民法院依据海牙送达公约和海牙取证公约直接向外国中央机关提出和转递司法协助请求和相关材料的通知》,〔2〕规定由上述几个省市的高级人民法院就涉及海牙送达公约和海牙取证公约的司法协助工作进行试点,上述几个省市的高

---

〔1〕 司发通〔1992〕093号。

〔2〕 法办〔2003〕297号。

级人民法院可以依据海牙公约的规定直接向公约成员国中央机关提出和转递本院及下级法院提出的送达民事司法文书和司法外文书的请求及相关材料。

四、外交途径送达

(一)概论

根据《民事诉讼法》第274条第2项的规定,人民法院对在我国境内没有住所的当事人送达诉讼文书,受送达人所在国与我国没有共同参加或订立有关国际条约的,或者通过条约无法送达的,可以采用外交途径送达。另外,根据第283条的规定,中国法院和外国法院相互通过司法协助的方式代为送达文书的,如果我国与该外国没有条约关系,也可依照互惠原则,通过外交途径进行。

(二)外交送达的程序

关于外交途径送达问题,我国于1986年发布了《最高人民法院、外交部、司法部关于我国法院和外国法院通过外交途径相互委托送达法律文书若干问题的通知》。[1]

1. 凡已同我国建交的国家的法院,通过外交途径委托我国法院向我国公民或法人以及在华的第三国或无国籍当事人送达法律文书,除该国与我国另有协议外,一律根据互惠原则按以下程序办理:

(1)由该国驻华使馆将法律文书交外交部领事司转递给有关高级人民法院,再由该高级人民法院指定有关中级人民法院送达给当事人。当事人在所附送达回证上签字后,中级人民法院将送达回证退高级人民法院,再通过外交部领事司转退给对方;如未附送达回证,则由有关中级人民法院出具送达证明交有关高级人民法院,再通过外交部领事司转给对方。

(2)委托送达法律文书须用委托书。委托书和所送法律文书须附有中文译文。

(3)法律文书的内容有损我国主权和安全的,予以驳回;如受送达人享有外交特权和豁免,一般不予送达;不属于我国法院职权范围或因地址不明或其他原因不能送达的,由有关高级人民法院提出处理意见或注明妨碍送达的原因,由外交部领事司向对方说明理由,予以退回。

2. 我国法院通过外交途径向国外当事人送达法律文书,应按下列程序和要求办理:

(1)要求送达的法律文书须经省、自治区、直辖市高级人民法院审查,由外交部领事司负责转递。

(2)须准确注明受送达人姓名、性别、年龄、国籍及其在国外的外文地址,并将该

---

〔1〕 外发〔1986〕47号。

案基本情况函告外交部领事司，以便转递。

(3)须附有送达委托书。

3.对拒绝转递我国法院通过外交途径委托送达法律文书的国家或有特殊限制的国家，我国可根据情况采取相应措施。

2014年，经最高人民法院国际合作局与外交部领事司协调，通过外交途径进行委托送达等司法协助行为统一由最高人民法院国际合作局审查和转递，不再通过外交部领事司。这一变化加强了最高人民法院对各级人民法院国际民商事司法协助工作的全面管理，统一了审查和办理标准。[1]

在“仰某诉辽宁省政府案”中，仰某原是中国“华晨集团”的董事长，2002年3月财政部下文将华晨资产划归辽宁省，同月底辽宁省政府成立接受华晨资产工作组，5月仰某出走美国，6月仰某被撤销董事局主席职务，10月辽宁省公安厅批准逮捕仰某，2003年8月8日，仰某夫妇在美国华盛顿哥伦比亚特区联邦地区法院起诉中国辽宁省政府，请求归还其夫妇(仰妻加入美国国籍)被“不当剥夺的个人财产”并给予赔偿。美国华盛顿哥伦比亚特区联邦地区法院立案受理该案后，于8月21日正式对辽宁省政府发出民事案传票，以UPS特快专递挂号方式寄往中国司法部，要求按照《送达公约》向辽宁省政府发出民事案传票及诉状。传票要求被告方向原告律师送达针对该传票随附诉状的答辩，并规定，答辩须在传票送达60日内作出，否则法院将缺席判决被诉方败诉。

2003年10月23日，依据《送达公约》第13条第1款“执行请求将损害被请求国国家主权或安全”的不予送达的规定，中国司法部拒绝了仰某的律师的送达请求。之后，仰某的美国律师又通过美国法院向美国国务院申请协助送达传票，2003年11月19日由美国驻中国大使馆派员向中国外交部送出外交照会，并附送有关该案的司法文书，通过外交途径送达了司法文书。2005年2月28日，美国联邦地区法院作出判决，认为该法院对此案无管辖权。仰某随即向美国哥伦比亚特区联邦上诉巡回法院提起上诉。2006年7月7日，上诉法院判决维持原判。

五、其他送达方式

(一)使领馆直接送达

对于使领馆直接送达法律文书，我国采取了限制性规定。我国《民事诉讼法》第274条第3项规定，对具有中华人民共和国国籍的受送达人，可以委托中华人民共和国驻受送达人所在国的使领馆代为送达。《最高人民法院、外交部、司法部关于我国法院和外国法院通过外交途径相互委托送达法律文书若干问题的通知》第5条进一

---

[1] 参见孙劲、曾朝晖：《新时期人民法院国际司法协助的进展、特点和趋势》，载《人民司法(应用)》2017年第1期。

步规定，我国法院向在外国领域内的中国籍当事人送达法律文书，如该国允许我国使、领馆直接送达，可委托我国驻该国使、领馆送达。此类法律文书可不必附有外文译本。

《民事诉讼法》第284条第2款规定，外国驻中华人民共和国的使领馆可以向该国公民送达文书和调查取证，但不得违反中华人民共和国法律，并不得采取强制措施。除此之外，未经中华人民共和国主管机关批准，任何外国机关或者个人不得在我国领域内送达文书。《最高人民法院、外交部、司法部关于我国法院和外国法院通过外交途径相互委托送达法律文书若干问题的通知》第2条进一步规定，外国驻华使、领馆可以直接向其在华的本国国民送达法律文书，但不得损害我国主权和安全，不得采取强制措施。如对方通过外交途径委托我方向其在华的该国国民送达法律文书，亦可按该通知第1条的规定予以送达。

（二）向诉讼代理人送达

根据《民事诉讼法》第274条第4项的规定，人民法院对在我国领域内没有住所的当事人送达诉讼文书，可以向受送达人委托的有权代其接受送达的诉讼代理人送达。因此，人民法院在向诉讼代理人送达法律文书时，应当审查其是否获得了有关当事人的授权。除受送达人在授权委托书中明确表明其诉讼代理人无权代为接收有关司法文书外，其委托的诉讼代理人均可视为有权代其接受送达的诉讼代理人。[1]

（三）向在我国境内的代表机构或分支机构、业务代办人送达

《民事诉讼法》第274条第5项规定，我国法院对于在我国领域内没有住所的当事人，可以向受送达人在中华人民共和国领域内设立的代表机构或者有权接受送达的分支机构、业务代办人送达。

对于向外国公司驻华代表机构送达法律文书的问题，最高人民法院2002年6月11日通过的《关于向外国公司送达司法文书能否向其驻华代表机构送达并适用留置送达问题的批复》[2]规定，外国公司在我国有代表机构的，就不属于域外送达，即使外国公司总部位于一个《送达公约》缔约国境内，也不必适用《送达公约》进行域外送达，而应当根据《民事诉讼法》第266条之规定，适用我国《民事诉讼法》中关于国内送达的规定，可以采用留置送达的方式。[3] 根据《最高人民法院关于涉外民事或商事案件司法文书送达问题若干规定》（2020年修正）第5条的规定，人民法院向受送达人送达司法文书，可以送达给其在中华人民共和国领域内设立的代表机

---

〔1〕《最高人民法院关于涉外民事或商事案件司法文书送达问题若干规定》第4条。

〔2〕法释〔2002〕15号。

〔3〕参见《最高人民法院关于向外国公司送达司法文书能否向其驻华代表机构送达并适用留置送达问题的批复》（2002年6月11日最高人民法院审判委员会第1225次会议通过），法释〔2002〕15号。

构。受送达人在中华人民共和国领域内有分支机构或者业务代办人的,经该受送达人授权,人民法院可以向其分支机构或者业务代办人送达。此外,第 12 条规定,人民法院向受送达人在中华人民共和国领域内的法定代表人、主要负责人、诉讼代理人、代表机构以及有权接受送达的分支机构、业务代办人送达司法文书,可以适用留置送达的方式。[1]

在"美国联合企业有限公司与中国山东省对外贸易总公司烟台公司购销合同纠纷上诉案"[2]中,最高人民法院认为,原审法院在中国境内向联合公司的法定代表人初由忠送达法律文书并不违反我国法律的规定,合法有效。

另外,境外当事人在我国境内设立的分公司、全资子公司可以视为境外当事人在我国设立的代表机构,人民法院可以向其送达诉讼文书。但对于有商务代理关系的代理机构,则需要经过境外当事人明确授权才可以进行送达。如果未经授权,则不能向有商务代理关系的代理机构送达。至于留置送达,必须对有权接受诉讼文书的有关机构方才适用。

引人注目的"蔡某钦、黄某英诉德国梅赛德斯——奔驰汽车公司、香港富荣车行产品质量责任纠纷案"[3]曾因域外送达问题迟迟不能开庭。广东省东莞市中级人民法院于 2000 年 2 月 6 日受理了该案,并向奔驰公司北京分公司送达了司法文书。但被告认为,法院应按《送达公约》规定的送达方式将起诉书送达公司的德国总部,所以东莞市中级人民法院立案后经过三年都不能开庭,仅起诉书就送了七次。2002 年 3 月全国"两会"期间,全国人大代表苏子锐与数位人大代表向大会提交了要求保护使用进口产品者的正当权益的联名议案,建议司法部门应协助解决起诉书送达问题。2002 年 6 月 18 日,最高人民法院发布 2002 年第 15 号公告,即《关于向外国公司送达司法文书能否向其驻华代表机构送达并适用留置送达问题的批复》(2021 年 1 月 1 日起被废止),认为:当受送达人在中华人民共和国领域内设有代表机构时,便不再属于《送达公约》规定的"向国外送达的情形"。因此,人民法院可以根据原《民事诉讼法》第 274 条第 5 项的规定向受送人在中华人民共和国领域内设立的代表机构送达诉讼文书,而不必根据《送达公约》向国外送达。针对外国公司拒绝签收的问题,该公告同时规定,人民法院向外国公司的驻华代表机构送达诉讼文书时,可以适用留置送达的方式。据此,东莞市中级人民法院向戴姆勒—克莱斯勒股份公司在中国北京设立的戴姆勒—克莱斯勒中国投资有限公司送达了诉状。

(四)向在我国境内的外国自然人或外国企业的法定代表人、主要负责人送达

受送达人是自然人或企业、其他组织的,该自然人或者该企业、组织的法定代表

---

〔1〕 法释〔2020〕20 号。

〔2〕 最高人民法院民事判决书,(1998)经终字第 358 号 。

〔3〕 广东省东莞市中级人民法院民事判决书,(2000)东中法经初字第 10 号。

人、主要负责人在中华人民共和国领域内的,人民法院可以向该自然人或者该法定代表人、主要负责人送达。[1] 这一方式在《民事诉讼法》第 274 条中并未规定,但被人民法院司法实践所采纳。最高人民法院发布的《全国法院涉外商事海事审判工作座谈会会议纪要》第 12 条对外国自然人的境内送达作出了最新规定,“人民法院对外国自然人采用下列方式送达,能够确认受送达人收悉的,为有效送达:(一)向其在境内设立的外商独资企业转交送达;(二)向其在境内担任法定代表人、公司董事、监事和高级管理人员的企业转交送达;(三)向其同住成年家属转交送达;(四)通过能够确认受送达人收悉的其他方式送达”。

(五)邮寄送达

邮寄送达是指一国法院直接将诉讼文书或非诉讼文书通过邮局邮寄给国外的受送达人。对于邮寄送达方式,各国法律的态度不尽相同。对于《送达公约》中规定的邮寄送达方式,包括中国在内的许多国家也都提出了保留。

我国《民事诉讼法》第 274 条第 6 项对于我国法院向国外当事人送达诉讼文书规定:“受送达人所在国的法律允许邮寄送达的,可以邮寄送达,自邮寄之日起满三个月,送达回证没有退回,但根据各种情况足以认定已经送达的,期间届满之日视为送达。”因此,邮寄送达方式必须适用于其所在国法律允许通过邮寄方式送达的受送达人,特快专递是邮寄送达的方式之一。邮寄送达时应附有送达回证,以受送达人在送达回证上的签收行为来确认邮寄送达的效力。如果当事人未在送达回证上签收,但在邮件回执上签收,亦可视为已经合法送达。送达回证及邮局回执均没有退回,自邮寄之日起三个月,根据各种情况足以认定已经送达的,期间届满之日视为送达。[2] 自邮寄之日起满三个月,如果未能收到送达与否的证明文件,且根据各种情况不足以认定已经送达的,视为不能用邮寄方式送达。

如果受送达国不接受邮寄送达,但是位于该国境内的受送达人自愿接受邮寄送达,我国法院也可以邮寄送达。[3]

但是对于外国法院能否通过邮寄送达方式向在我国境内的当事人送达诉讼文书,我国法律没有明文规定。《民事诉讼法》第 284 条第 3 款规定:“除前款规定的情况外,未经中华人民共和国主管机关准许,任何外国机关或者个人不得在中华人民共和国领域内送达文书、调查取证。”同时,根据我国对《送达公约》关于邮寄送达规定所提出的保留,可以推定我国原则上是不接受外国法院或机关通过邮寄方式向我国境内的当事人送达法律文书的,除非经过我国主管机关的准许。

---

[1] 《最高人民法院关于涉外民事或商事案件司法文书送达问题若干规定》第 3 条。

[2] 有关邮寄送达的问题,参见最高人民法院 2004 年 9 月 17 日公布、自 2005 年 1 月 1 日起施行的《最高人民法院关于以法院专递方式邮寄送达民事诉讼文书的若干规定》(法释〔2004〕13 号)。

[3] 唐某敏与国家开发银行等保证合同纠纷案,最高人民法院民事判决书,(2019)最高法民终 395 号。

(六)电子方式送达

随着互联网的发展,电子通讯方式在域外送达中开始得到许多国家的采用。1999年4月26日英国《民事诉讼规则》第6.2条明确规定:“送达文书可采取如下方式:……(e) 根据有关诉讼指引,通过传真或其他电子通讯方式。”[1]美国法院在2000年的Broadfoot v. Diaz[2]案中也确立了电子送达的合法性。2000年5月29日欧盟理事会通过的《关于在成员国之间送达民事或商事司法及司法外文书的第1348/2000号(欧共体)条例》[3]第4条第2款也允许电子送达。

我国《最高人民法院关于适用〈中华人民共和国海事诉讼特别程序法〉若干问题的解释》[4]第55条规定:“海事诉讼特别程序法第八十条第一款(三)项规定的其他适当方式包括传真、电子邮件(包括受送达人的专门网址)等送达方式。通过以上方式送达的,应确认受送达人确已收悉。”2003年《最高人民法院关于适用简易程序审理民事案件的若干规定》(2020年修正)第6条规定:“原告起诉后,人民法院可以采取捎口信、电话、传真、电子邮件等简便方式随时传唤双方当事人、证人。”

我国很多地方法院也借鉴《海事诉讼特别程序法》的经验,开始在涉外商事审判中采用电子送达方式。采用传真送达或者电子送达方式方便、快捷,有助于人民法院提高审判工作效率。如果人民法院在审理涉外商事案件中认为需要采用传真送达或者电子送达方式,且受送达人所在国法律也允许使用的,可以使用传真或者电子送达方式,但应当确认受送达人已收到有关诉讼文书。在总结上述经验的基础上,《最高人民法院关于涉外民事或商事案件司法文书送达问题若干规定》(2020年修正)第10条规定:“除本规定上述送达方式外,人民法院可以通过传真、电子邮件等能够确认收悉的其他适当方式向受送达人送达。”《民事诉讼法》第274条第7项增加了传真和电子邮件方式送达。

实践中,我国法院早已有用传真送达的案例。上海某公司因违约被加拿大某公司起诉于加拿大安大略省高等法院。原告律师以传真方式向被告送达了起诉状。因为中国和加拿大都是《送达公约》的成员国,而加拿大民事诉讼程序规定,从安大略省以外提交的声明陈述书可以通过《送达公约》缔约国的中央机关递交,或者《送达公约》第10条允许的方式(邮寄送达、文书作出地国有关司法助理人员、官员或其他有权人员直接通过目的地国上述人员送达以及利害关系人通过目的地国司法助理人员、官员或其他主管人员送达),以及安大略省民事程序规则允许的方式,但是,

---

〔1〕 徐昕:《英国民事诉讼规则》,中国法制出版社2001年版,第21页。

〔2〕 Broadfoot v. Diaz (In re Telemedia Associates, Inc.), 245 B. R. 713 (Bankr. N. D. Ga. 2000).

〔3〕 Council Regulation (EC) No. 1348/2000 of 29 May 2000 on the Service in the Member States of Judicial and Extrajudicial Documents in Civil and Commercial Matters, Official Journal L160, 30/06/2000, p. 37.

〔4〕 2002年12月3日由最高人民法院审判委员会第1259次会议通过。

无论是加拿大的规则,还是《送达公约》第10条,都不允许以传真的方式送达法院传票。另外,中国加入《送达公约》时,对有关条款作出了保留。因此该项送达对中方当事人没有约束力。即使法院错误地作出缺席判决,我方也有充分的理由申请撤销此项缺席判决。后来原告放弃了诉讼。

最高人民法院《民诉法司法解释》第135条规定,电子送达可以采用传真、电子邮件、移动通信等即时收悉的特定系统作为送达媒介。2017年7月19日《最高人民法院关于进一步加强民事送达工作的若干意见》第12条将短信和微信等新型通讯方式列入电子送达方式的范围。[1] 但判决书、裁定书、调解书除外。2018年《最高人民法院关于互联网法院审理案件若干问题的规定》[2]以及2020年《民事诉讼程序繁简分流改革试点方案》[3]中对电子送达文书范围有所突破,允许互联网法院和试点法院在当事人同意的前提下,通过电子方式送达判决书、裁定书、调解书等裁判文书。但是,其他法院尚不能电子送达判决书、裁定书和调解书。2021年12月24日通过的关于修改《民事诉讼法》的决定时才得以完全突破。《民事诉讼法》第90条规定,经受送达人同意,人民法院可以采用能够确认其收悉的电子方式送达诉讼文书。通过电子方式送达的判决书、裁定书、调解书,受送达人提出需要纸质文书的,人民法院应当提供。[4]

此外,2021年12月31日,最高人民法院发布的《全国法院涉外商事海事审判工作座谈会会议纪要》第11条规定:"人民法院向在中华人民共和国领域内没有住所的受送达人送达司法文书,如受送达人所在国法律未禁止电子送达方式的,人民法院可以依据民事诉讼法第二百七十四条的规定采用电子送达方式,但违反我国缔结或参加的国际条约规定的除外。受送达人所在国系《海牙送达公约》成员国,并在公约项下声明反对邮寄方式送达的,应推定其不允许电子送达方式,人民法院不能采用电子送达方式。"

(七)公告送达

所谓公告送达,是指将需要送达的法律文书的内容用张贴公告、登报或广播等方法告知有关受送达人。

《民事诉讼法》第274条第8项规定:"不能用上述方式送达的,公告送达,自公告之日起满三个月的,即视为送达。"这一规定一个重要的变化是将公告送达的期间缩减为三个月。

---

〔1〕 法发〔2017〕19号。第12条:"采用短信、微信等方式送达的,送达人员应记录收发手机号码、发送时间、送达诉讼文书名称,并将短信、微信等送达内容拍摄照片,存卷备查。"

〔2〕 法释〔2018〕16号。

〔3〕 法〔2020〕10号。

〔4〕 中华人民共和国主席令第106号。

最高人民法院《民诉法司法解释》(2022年修正)第532条进一步规定:"对在中华人民共和国领域内没有住所的当事人,经用公告方式送达诉讼文书,公告期满不应诉,人民法院缺席判决后,仍应当将裁判文书依照民事诉讼法第二百七十四条第八项规定公告送达。自公告送达裁判文书满三个月之日起,经过三十日的上诉期当事人没有上诉的,一审判决即发生法律效力。"

另外,对于通过其他途径送达长期没有回音的,有关法院根据案件的有关情况能够合理地推断已经不能送达的,也应当进行公告送达。

根据《最高人民法院关于涉外民事或商事案件司法文书送达问题若干规定》第9条的规定,采用公告方式送达的,公告内容应在国内外公开发行的报刊上刊登。根据《最高人民法院关于审理和执行涉外民商事案件应当注意的几个问题的通知》中的要求,公告内容应当在《人民法院报》或省级以上对外公开发行的报纸上和在受案法院公告栏内同时刊登。〔1〕浙江省高级人民法院在绍兴县远行进出口有限公司与杜邦国际货物买卖合同纠纷二审民事判决书中明确表示,《人民法院报》虽系中文印制,但其在国内和国外(包括美国境内)均公开发行,因此通过《人民法院报》公告送达,可视为公告内容在国内外公开发行的报刊上刊登。〔2〕

第二节　域外调查取证

一、概论

域外取证(Beweisaufnahme im Ausland,Evidence-Taking abroad)是指当与诉讼有关的证人或证据位于国外时,受诉法院国的有关机构或人员通过一定程序在法院国境外提取证据的行为。取证行为与送达行为一样,是一种司法行为,是国家司法主权的体现。因此原则上一国法院是不能在他国境内任意调取证据的,否则就侵犯了他国的主权。因此,域外取证必须经过他国的同意,未经他国同意而进行的域外取证往往会导致所作出的判决得不到他国的承认与执行。各国目前都是通过国际条约或双边司法协助的方式进行域外取证方面的合作。〔3〕

---

〔1〕法〔2000〕51号。

〔2〕浙江省高级人民法院民事判决书,(2010)浙商外终字第92号。

〔3〕2011年至2015年,共有22个国家的法院向我国法院提出调查取证请求共计117件,其中,依据《海牙取证公约》提出的请求共有45件;依据双边司法协助条约提出的请求共67件;基于互惠原则提出的请求共5件。参见孙劲、曾朝晖:《新时期人民法院国际司法协助的进展、特点和趋势》,载《人民司法(应用)》2017年第1期。

二、双边司法协助条约

我国与数十个国家订立的双边司法协助条约中也规定了进行调查取证方面的合作义务和程序。这些条约中一般都规定了取证请求书的内容和格式、请求书的执行方式、当事人拒绝作证、通知调查取证的时间和地点以及通知调查取证执行的结果等。[1]

在"黑龙江省东宁县华埠经济贸易公司与中国外运山东威海公司等船舶进口代理合同、废钢船买卖合同纠纷再审案"[2]中,中国公司从俄罗斯进口一艘船舶,有关该船舶的登记文件和公证文书等都是在俄罗斯境内制作的,能否作为证据被我国法院认定,法院依照中国和俄罗斯之间签署的《关于民事和刑事司法协助的条约》第29条的规定进行了确定。上海浦东新区人民法院曾于2019年根据《中华人民共和国和越南社会主义共和国关于民事和刑事司法协助的条约》协助越南平定省法院对我国境内企业南洋商业银行(中国)有限公司进行送达及调查取证。[3]

三、海牙取证公约

(一)公约概况

1970年3月18日海牙国际私法会议通过了《关于从国外调取民事或商事证据的公约》[4](以下简称《海牙取证公约》),1972年10月7日生效,截至2021年年底已有64个缔约国。该公约是一个"开放性公约",任何国家,只要是"国际私法会议"成员国、联合国成员国、联合国专门机构成员国、《国际法院规约》当事国,都可以加入该公约。中国于1997年3月18日加入。根据该公约规定,对于本公约的加入只有在加入国与声明接受其加入的缔约国之间生效,目前已有荷兰、卢森堡、德国等国对我国的加入提交了接受声明书。我国澳门特别行政区和香港特别行政区在回归之前已经接受了公约。[5]

(二)取证嘱托书(rogatory commission, commission rogatoire)

《海牙取证公约》第1条第1款规定:"在民事或商事方面,一个缔约国的司法机关可以根据其法律规定,通过取证嘱托书请求另一缔约国的主管机关调取证据或为其他司法行为。"对于"民事或商事"的概念,公约也没有作出定义,但至少刑事案件

---

[1] 参见司法部司法协助局编:《中外司法协助条约规则概览》,法律出版社1998年版。

[2] 法公布(2002)第33号,中华人民共和国最高人民法院民事裁定书(2000)交提字第3号。

[3] 参见上海市高级人民法院官网报道,http://www1.hshfy.sh.cn/shfy/web/xxnr.jsp?pa=aaWQ9MjAyMzcyMjgmeGg9MSZsbWRtPWxtMTcxz&zd=xwxx。

[4] The Hague Convention on the Taking of Evidence Abroad in Civil or Commercial Matters, http://www.hcch.net/index_en.php?act=conventions.status&cid=82.

[5] 该公约1978年8月22日起对香港生效;1999年12月14日起对澳门生效。

被排除在外。

根据《海牙取证公约》第 3 条的规定，取证包括向被调查人进行询问，对他们提出须进行询问的问题，以及勘验文件和财产，包括动产和不动产。

取证嘱托书既可以用于已开始的诉讼程序，也可以使用将来才开始的诉讼程序。在后一种情况下主要是为了保全证据。

另外，对于普通法中的“审理前文件披露”(Discovery of documents)制度，公约规定缔约国可以在签署、批准或加入公约时声明予以保留。我国对此提出了有限保留，即仅仅执行已在嘱托书(请求书)中列明并与案件有直接密切联系的文件的调查请求。[1]

《海牙取证公约》第 3 条规定了嘱托书的内容，包括请求机关和被请求机关，当事人身份、地址、代理人，诉讼的性质和标的以及案件的简况，要取得的证据或其他要执行的司法行为等。

(三)中央机关

根据《海牙取证公约》第 2 条的规定，每一缔约国应依其本国法组织一个中央机关，以收受从另一缔约国司法机关发送的取证嘱托书，并转送给主管机关执行。该另一缔约国，即请求国，应将取证嘱托书直接送交被请求国的中央机关，而不需要被请求国其他机关的参与。至于在请求国内需要经过什么程序将取证嘱托书交送给被请求国中央机关，应当由各国国内法决定。《海牙取证公约》第 24 条第 1 项规定，任何缔约国除指定一个中央机关外，还可以指定几个其他机关，以收受取证嘱托书，并决定各该机关管辖权的范围。此时，请求国可以自由决定将取证嘱托书发送给被请求国中央机关或者其他指定机关。联邦制国家可以指定不止一个中央机关。我国指定的中央机关是司法部。

根据《海牙取证公约》第 9 条的规定，负责执行嘱托书的缔约国司法机关应根据其本国法律所规定的方式和程序进行。但是，也可以应请求机关的要求，依特殊方式进行，除非该要求与被请求国的法律不相容，或者因被请求国的司法实践和程序或因有实际困难而不能执行。

关于《海牙取证公约》第 12 条规定，只有当嘱托书的执行不属于被请求的法院权限范围内或者被请求国认为嘱托书的执行会损害其主权或安全时，才可以拒绝执行嘱托书。被请求国不得仅以其国内法对诉讼事项由其专属管辖或以其国内法对该事项不准提起诉讼为由拒绝执行。

执行嘱托书的证明应由被请求机关通过请求机关所使用的同一途径送交请求机关。如果嘱托书全部或部分没有执行时，也应立即通过同一途径将此事项及理由

---

〔1〕参见《全国人民代表大会常务委员会关于我国加入〈关于从国外调取民事或商事证据的公约〉的决定》第 2 条。

通知请求机关。

（四）不通过中央机关转交取证嘱托书

《海牙取证公约》第27条规定，该公约不妨碍缔约国通过中央机关以外的途径将嘱托书交给其司法机关；第28条第1项也规定，两个以上的缔约国可以缔结协定排除第2条规定的嘱托书转递途径（中央机关途径）；《海牙取证公约》第32条还规定，公约不影响各缔约国就公约所包含的事项缔结一些专门协定。因此，公约缔约国也可以通过其他方式将取证嘱托书送交被请求国执行机关。例如，可以请本国外交代表和领事将取证嘱托书送交被请求国执行机关，也可以由请求国司法机关直接将取证嘱托书送交或由当事人送交给被请求国执行机关。

（五）外交官或领事人员和特派员调查取证

《海牙取证公约》第二章规定了请求国驻被请求国的外交人员和领事以及请求国或被请求国的特派员在被请求国境内取证的制度。但是，由于各国对此存在分歧，因此《海牙取证公约》第33条第1款规定各缔约国可以对此提出全部或部分保留。我国全国人大常委会在加入公约的决定书中也对此提出了有限保留，即除第15条以外，公约第二章在我国不予适用。

《海牙取证公约》第15条规定的是外交人员和领事对其本国人的取证。该条规定："在民事或商事方面，缔约国的外交官或领事可以在另一缔约国领土上在其行使职权的区域内，不受约束地进行只涉及其侨民并且属于其本国法院受理的诉讼的所有取证行为。"根据该规定，外交人员和领事对其本国人取证必须具备一定条件：（1）取证只限于对证人进行询问，而不扩及于其他司法行为，因为其他司法行为只能由司法机关进行；（2）取证只能在其执行职务的区域内进行；（3）进行询问不能采取强制措施；（4）取证只限于正在请求国的法院内进行的民事或商事案件，而不适用于为将来进行的诉讼采取的证据保全。

《海牙取证公约》第15条第2款规定了限制条件，即"每一缔约国有权声明，调取证据的请求必须由上述人员或其代表向声明国指定的主管机关提出，并须得到该机关的许可"。

四、非缔约国间的取证合作

《民事诉讼法》第283条规定："根据中华人民共和国缔结或者参加的国际条约，或者按照互惠原则，人民法院和外国法院可以相互请求，代为送达文书、调查取证以及进行其他诉讼行为。外国法院请求协助的事项有损于中华人民共和国的主权、安全或者社会公共利益的，人民法院不予执行。"《民事诉讼法》第284条规定："请求和提供司法协助，应当依照中华人民共和国缔结或者参加的国际条约所规定的途径进行；没有条约关系的，通过外交途径进行。"

根据《最高人民法院、外交部、司法部关于我国法院和外国法院通过外交途径相互委托送达法律文书若干问题的通知》第 8 条规定:“我国法院和外国法院通过外交途径相互委托代为调查或取证,参照以上有关规定办理。”因此,通过外交途径进行调查取证,也适用该通知规定的程序。

另外,《民事诉讼法》第 284 条第 2 款和第 3 款规定:“外国驻中华人民共和国的使领馆可以向该国国民送达和调查取证,但不得违反我国法律,并不得采取强制措施。除前款规定的情况外,未经中华人民共和国主管机关准许,任何外国机关或个人不得在中华人民共和国领域内送达文书、调查取证。”我国司法机关进行的调查取证,应当依照我国法律规定的程序进行。外国法院请求采用特殊方式的,也可以按照其请求的特殊方式进行,但请求采用的特殊方式不得违反我国法律(《民事诉讼法》第 286 条)。

五、当事人提供证据

(一)一般规定

在国际民事诉讼中,当事人也可以自己提供民事证据。如果是在国内调取的证据,如果属于公文文书性质,法官可以根据国内行政机关或企业的规章进行判断;属于证人证言的,可以传唤证人到庭质证;属于物证的,可以查验现场或进行鉴定。但是如果是从域外调取的证据,由于受国家司法主权的限制,法官很难查明其真实性。我国《民事诉讼法》对于如何确认域外证据的真实性问题没有规定。但对于从域外寄交的授权委托书,《民事诉讼法》第 62 条第 3 款规定:“侨居在国外的中华人民共和国公民从国外寄交或者托交的授权委托书,必须经中华人民共和国驻该国使领馆证明;没有使领馆的,由与中华人民共和国有外交关系的第三国驻该国使领馆证明,再转由中华人民共和国驻该第三国使领馆证明,或者由当地爱国华侨团体证明。”

(二)公证和认证手续

对于当事人提供的在我国境外形成的证据,根据《最高人民法院关于民事诉讼证据的若干规定》(2019 年修订)第 16 条的规定,当事人提供的公文书证系在中华人民共和国领域外形成的,该证据应当经所在国公证机关证明,或者履行中华人民共和国与该所在国订立的有关条约中规定的证明手续。中华人民共和国领域外形成的涉及身份关系的证据,应当经所在国公证机关证明并经中华人民共和国驻该国使领馆认证,或者履行中华人民共和国与该所在国订立的有关条约中规定的证明手续。当事人向人民法院提供的证据是在我国香港特别行政区、澳门特别行政区、台湾地区形成的,应当履行相关的证明手续。但如果证据所在国与我国没有外交关系,可以参照《民事诉讼法》第 62 条第 3 款的规定,该证据应经与我国有外交关系的第三国驻该国使领馆认证,再转由我国驻该第三国使领馆认证。当事人向人民法院提供的外文视听资料,应附有文字记录以及中文译本。

(三)无须办理公证和认证手续的证据

但《最高人民法院关于民事诉讼证据的若干规定》也有过于严格之嫌,没有区分需公证事项和无须公证事项。2020年发布的《最高人民法院关于知识产权民事诉讼证据的若干规定》第8条规定:“中华人民共和国领域外形成的下列证据,当事人仅以该证据未办理公证、认证等证明手续为由提出异议的,人民法院不予支持:(一)已为发生法律效力的人民法院裁判所确认的;(二)已为仲裁机构生效裁决所确认的;(三)能够从官方或者公开渠道获得的公开出版物、专利文献等;(四)有其他证据能够证明真实性的。”该规定第9条规定:“中华人民共和国领域外形成的证据,存在下列情形之一的,当事人仅以该证据未办理认证手续为由提出异议的,人民法院不予支持:(一)提出异议的当事人对证据的真实性明确认可的;(二)对方当事人提供证人证言对证据的真实性予以确认,且证人明确表示如作伪证愿意接受处罚的。前款第二项所称证人作伪证,构成民事诉讼法第一百一十一条规定情形的,人民法院依法处理。”

实践中,对于用于国际流通的商业票据、我国驻外使领馆取得的证据材料、通过双边司法协助协定或者外交途径取得的证据材料以及当事人没有异议的证据材料,则无需办理公证、认证或者其他证明手续。〔1〕

(四)我国驻外使领馆办理公证和认证手续的程序

对于驻外使领馆进行公证、认证的问题,目前的依据是外交部、司法部和民政部1997年3月27日发布的《关于驻外使、领馆就中国公民申请人民法院承认外国法院离婚判决事进行公证、认证的有关规定》,其中第3条规定:“国内中级人民法院受理当事人的申请时,对外国法院离婚判决书的真伪不能判定,要求当事人对该判决书的真实性进行证明的,当事人可向驻外使、领馆申请公证、认证。外国法院的离婚判决书可经过居住国公证机构公证、外交部或外交部授权机构认证,我使、领馆认证;抑或居住国外交部直接认证,我使、领馆认证。进行上述认证的目的是为判决书的真伪提供证明,不涉及对其内容的承认。”该规定虽然仅限于对外国离婚判决的公证、认证,但对其他事项也可参考。

(五)其他规定

实践中,如果相关证据或文件因特殊原因确实不能得到使领馆的认证,人民法院不能直接采纳。人民法院应根据《民事诉讼法》第72条和第73条的规定,由当事人互相质证、辨别真伪后决定是否采纳。〔2〕 不过值得注意的是,根据2019年修订

---

〔1〕 参见《涉外商事海事审判实务问题解答》,最高人民法院民事审判第四庭2008年12月发布。

〔2〕 参见《最高人民法院关于未经我国驻外使领馆认证的域外形成的证据效力问题的请示的复函》,〔2012〕民四他字第15号。

的《最高人民法院关于民事诉讼证据的若干规定》第16条的规定,当事人提供的公文书证系在中华人民共和国领域外形成的,该证据只需要经所在国公证机关证明即可,不再需要使领馆认证。其中的"公文书证"包括外国法院作出的判决、裁定,外国行政机关出具的文件,外国公共机构出具的商事登记、出生及死亡证明、婚姻状况证明等文件,但不包括外国鉴定机构等私人机构出具的文件。[1]

对于当事人提交的外文书证或外文说明资料的中文译本,应当责令当事人提交有资质的翻译公司的译本,并经公证认证,以防止当事人事后反悔。

对于一审期间已经办理了公证认证或者其他证明手续的证据材料,二审期间一般不必再办理公证认证或者其他证明手续,但一审、二审之间情况发生变化了除外。比如,对于公司发生变化,法定代表人或者诉讼代理人已经更换的,有关当事人仍需办理规定的公证认证或者其他证明手续。

人民法院在审理涉外商事案件中,对于当事人提供的境外证据,即使已经履行了公证认证或者其他证明手续,也应当在庭审中进行质证,以确定有关证据材料的证明力。

在"日本国三忠株式会社诉中国福建九州(集团)股份有限公司国际货物买卖合同短重赔偿案"[2]中,厦门市中级人民法院二审认为,被上诉人三忠株式会社所提供的短重证明材料,因未经具有法律证明效力的部门的证明和中华人民共和国驻日使领馆的认证,无法确定其真实性,也无法证明短重的事实发生在该批货物装船前,故原审法院认定短重责任应由上诉人九州公司承担缺乏依据,应予纠正。

(六)外国法院判决认定的事实能否作为证据

很多国家的法院都承认外国法院判决具有证明效力,可以作为证据使用,但必须符合一定的条件,比如符合判决作出地国法律关于其真实性的要件,不违反内国公共秩序等。这些条件与承认和执行外国法院判决的条件相比要宽松很多。[3]

实践中,一方当事人将外国法院作出的发生法律效力的判决、裁定或者外国仲裁机构作出的仲裁裁决作为证据提交,人民法院应当组织双方当事人质证后进行审查认定,但该判决、裁定或者仲裁裁决认定的事实,不属于《民诉法司法解释》第93条第1款规定的当事人无须举证证明的事实。一方当事人仅以该判决、裁定或者仲裁裁决未经人民法院承认为由主张不能作为证据使用的,人民法院不予支持。[4]

我国一些地方法院在审判实践中也有所突破,对于国外或港澳特别行政区法院作出的发生法律效力的裁判文书,都直接作为证据予以采用,但要求该法律文书必

---

[1] 参见最高人民法院2021年发布的《全国法院涉外商事海事审判工作座谈会会议纪要》第16条。

[2] 《人民法院案例选(1992-1999年合订本)》(商事卷·上),中国法制出版社2000年版。

[3] 例如比利时2004年《国际私法》第26、28条。

[4] 参见最高人民法院2021年发布的《全国法院涉外商事海事审判工作座谈会会议纪要》第15条。

须经过公证。[1] 2006年《内地与澳门特别行政区关于相互认可和执行民商事判决的安排》第3条第2款也规定："没有给付内容，或者不需要执行，但需要通过司法程序予以认可的判决，当事人可以向对方法院单独申请认可，也可以直接以该判决作为证据在对方法院的诉讼程序中使用。"

在"广东发展银行江门分行与香港新中地产有限公司借款担保纠纷上诉案"[2]中，最高人民法院在二审中指出："本案中新中地产公司已经就主合同纠纷，以回丰公司为被告向香港特别行政区法院提起诉讼，香港特别行政区高等法院已经作出判决，确认了主债务的数额。新中公司提供了香港特别行政区高等法院的判决等证据材料，证明主债务的有效存在及主债务的数额等事实问题。江门发展银行未能提供充分证据予以反驳，故对香港特别行政区高等法院判决中确定的关于新中公司与回丰公司之间的主债务有效存在及其债务的数额，本院作为事实予以确认。"

我国法院曾在一起涉外重婚犯罪案件中采纳了日本婚姻判决作为证据。[3]《全国法院涉外商事海事审判工作座谈会会议纪要》第15条规定，一方当事人将外国法院作出的发生法律效力的判决、裁定或者外国仲裁机构作出的仲裁裁决作为证据提交，人民法院应当组织双方当事人质证后进行审查认定，但该判决、裁定或者仲裁裁决认定的事实，不属于《民诉法司法解释》第93条第1款规定的当事人无须举证证明的事实。一方当事人仅以该判决、裁定或者仲裁裁决未经人民法院承认为由主张不能作为证据使用的，人民法院不予支持。

在"大友新亚、李某财产损害赔偿纠纷案"中，最高人民法院认为"大友新亚提供的日本国法院判决由日本外务省证明法院书记员印章属实，外务省官员的签章由我国驻日领事馆认证属实，李某、何某顺未能提供相反证据予以推翻，应认定日本国法院判决是真实的。因此，日本国法院的裁判文书在本案中可以作为证据使用。上述外国法院判决未经人民法院承认，在我国不发生法律效力，故其认定的事实不属于免证事实，但不影响人民法院将该判决作为证据之一，而应结合本案其他证据予以认定"[4]。

六、海牙《取消外国公文认证要求的公约》

1961年10月5日通过的《取消外国公文认证要求的公约》(通常被简称为《签注公约》)，截至2021年年底已有122个缔约国，是海牙国际私法会议迄今为止缔约

[1] 深圳中级人民法院：《WTO与审判工作研讨会》，载《京华时报》2002年5月27日，A9版。

[2] 广东省高级人民法院民事判决书，(1998)粤法经二初字第14号；最高人民法院民事裁定书，(2001)民四终字第14号。

[3] 参见桥本浩重婚案，上海市第一中级人民法院刑事判决书，(2010)沪一中刑初字第135号。

[4] 大友新亚、李某财产损害赔偿纠纷案，最高人民法院民事判决书，(2015)民提字第150号。

国数量最多的公约,因此也是最成功的公约。海牙国际私法会议也十分珍惜该公约取得的成就,历年来都十分尽力地致力于完善和推广该公约,以方便该公约在成员国的适用。《签注公约》附加证明书使用频率非常高。据海牙国际私法会议统计：2015 年,澳、日、韩、俄、南非等 49 个成员方和我国香港、澳门地区签发的附加证明书总量已达近 500 万份。

目前,该公约只对中国香港特别行政区和澳门特别行政区适用。我国内地为何不加入公约？中国政府在回复海牙国际私法会议 2012 年所做的问卷调查时回答道:“考虑到中国的公证制度尚有待完善,并且中国现有的认证制度非常严格和统一,在保障公文的可信度以及公文的传递效率方面都发挥了积极作用,因此中国尚未加入公约(但公约已在香港特区和澳门特区适用)。尽管如此,中国高度评价公约在促进人员和投资流动方面所发挥的作用。中国目前正在研究与公约有关的国内法律和法规。”中国政府还指出,中国正在考虑加入该公约,但尚无时间表。[1]

七、向境外提供证据与国家保密法

近年来,一些外国法院要求诉讼当事人提交位于我国境内的证据,引发了与我国保密法和其他法律的冲突。[2]

《保守国家秘密法》第 3 条规定,“一切国家机关、武装力量、政党、社会团体、企业事业单位和公民都有保守国家秘密的义务。任何危害国家秘密安全的行为,都必须受到法律追究”。该法第 30 条还规定:“机关、单位对外交往与合作中需要提供国家秘密事项,或者任用、聘用的境外人员因工作需要知悉国家秘密的,应当报国务院有关主管部门或者省、自治区、直辖市人民政府有关主管部门批准,并与对方签订保密协议。”《审计法》第 16 条规定:“审计机关和审计人员对在执行职务中知悉的国家秘密、工作秘密、商业秘密、个人隐私和个人信息,应当予以保密,不得泄露或者向他人非法提供。”2021 年颁布的《数据安全法》第 36 条规定:“中华人民共和国主管机关根据有关法律和中华人民共和国缔结或者参加的国际条约、协定,或者按照平等互惠原则,处理外国司法或者执法机构关于提供数据的请求。非经中华人民共和国主管机关批准,境内的组织、个人不得向外国司法或者执法机构提供存储于中华人民共和国境内的数据。”2022 年 5 月 19 日,国家互联网信息办公室发布了《数据出境安全评估办法》,自 2022 年 9 月 1 日起施行。

---

〔1〕 Http://www.hcch.net/upload/wop/apostille2012_cn.pdf, 与 2008 年进行的调查相比,中国政府表达的对公约的态度明显更为积极。2008 年的调查问卷参见 http://www.hcch.net/upload/wop/2008china12.pdf。

〔2〕 参见钱振球:《论阻断法的司法适用》,载《中国应用法学》2022 年第 2 期;郑曦:《刑事数据出境规则研究》,载《法律科学(西北政法大学学报)》2022 年第 2 期。

2021年颁布的《个人信息保护法》第三章专门规定了“个人信息跨境提供的规则”。其中第41条规定：“中华人民共和国主管机关根据有关法律和中华人民共和国缔结或者参加的国际条约、协定，或者按照平等互惠原则，处理外国司法或者执法机构关于提供存储于境内个人信息的请求。非经中华人民共和国主管机关批准，个人信息处理者不得向外国司法或者执法机构提供存储于中华人民共和国境内的个人信息。”第42条规定：“境外的组织、个人从事侵害中华人民共和国公民的个人信息权益，或者危害中华人民共和国国家安全、公共利益的个人信息处理活动的，国家网信部门可以将其列入限制或者禁止个人信息提供清单，予以公告，并采取限制或者禁止向其提供个人信息等措施。”

此外，我国在金融领域的很多法律法规中也规定了当事人的保密义务，比如《反洗钱法》第5条第1款〔1〕，《金融机构反洗钱规定》第7条〔2〕、第15条〔3〕和第16条〔4〕，以及《金融机构大额交易和可疑交易报告管理办法》第23条〔5〕等。

另外，中国证券监督管理委员会、国家保密局和国家档案局联合发布的《关于加强在境外发行证券与上市相关保密和档案管理工作的规定》〔6〕也要求，在境外发行证券与上市过程中，境外上市公司(包括拟上市公司)以及提供相关证券服务的证券公司、证券服务机构应当严格贯彻执行有关法律法规的规定以及本规定的要求，履行保密义务。该规定要求，境外上市公司在与有关证券公司、证券服务机构签订服务协议时，应当依照《保守国家秘密法》等法律法规及本规定，对有关证券公司、证券服务机构承担保密义务的范围等事项依法作出明确的约定；服务协议关于适用法律以及有关证券公司和证券服务机构承担保密义务的约定条款与中国有关法律法规的规定以及本规定不符的，应当及时修改。

在美国法院审理的一起涉及中国银行的案件中，美国法院要求中国银行提交与

〔1〕 该款规定：“对依法履行反洗钱职责或者义务获得的客户身份资料和交易信息，应当予以保密；非依法律规定，不得向任何单位和个人提供。”

〔2〕 该条规定：“中国人民银行及其工作人员应当对依法履行反洗钱职责获得的信息予以保密，不得违反规定对外提供。中国反洗钱监测分析中心及其工作人员应当对依法履行反洗钱职责获得的客户身份资料、大额交易和可疑交易信息予以保密；非依法律规定，不得向任何单位和个人提供。”

〔3〕 该条规定：“金融机构及其工作人员对依法履行反洗钱义务获得的客户身份资料和交易信息应当予以保密；非依法律规定，不得向任何单位和个人提供。金融机构及其工作人员应当对报告可疑交易、配合中国人民银行调查可疑交易活动等有关反洗钱工作信息予以保密，不得违反规定向客户和其他人员提供。”

〔4〕 该条规定：“金融机构及其工作人员依法提交大额交易和可疑交易报告，受法律保护。”

〔5〕 该条规定：“金融机构及其工作人员应当对依法履行大额交易和可疑交易报告义务获得的客户身份资料和交易信息，对依法监测、分析、报告可疑交易的情况予以保密，不得违反规定向任何单位和个人提供。”

〔6〕 中国证券监督管理委员会、国家保密局、国家档案局公告〔2009〕29号。

巴勒斯坦恐怖组织在该银行广州分行账号有关的金融信息作为证据。[1] 中国银行以我国上述保密法为理由提出抗辩。美国法院认为,在尊重中国保护其国家秘密的国家利益与美国反对恐怖主义袭击并为当事人伸张正义的国家利益之间,美国的利益应当优先,并要求中国银行提交相关证据。美国法院的这一裁决结果显然违背了国际礼让原则,侵犯了中国的主权权利。

---

〔1〕 Wultz et al. v. Bank of China Limited, Doc. 261, May 1, 2013.

第十四章　判决和仲裁裁决的跨国承认与执行

第一节　判决的跨国承认与执行

一、概论

依照国际法上的属地主权原则，一国法院作出的判决和裁决（本书统称为判决），如同其立法机关制定的法律一样，本身只具有地域效力，即只在其境内有效。如果要使这种判决在他国发生任何效果，就必须得到他国的承认（recognition）；有些判决还需要在他国执行（enforcement）。

一国承认他国判决的效果，是将他国判决发生的一些效果延及于己国境内，也就是承认了他国判决在内国的既判力（res judicata），并使他国判决在内国产生间接再诉禁止效力（collateral estoppels）。[1]

承认与执行彼此既有联系也有区别。有些判决仅需承认即可，比如确认之诉的判决。有些判决必须先申请承认，需要执行的，再申请执行。比如我国《民事诉讼法》第289条规定："人民法院对申请或者请求承认和执行的外国法院作出的发生法律效力的判决、裁定，依照中华人民共和国缔结或者参加的国际条约，或者按照互惠原则进行审查后，认为不违反中华人民共和国法律的基本原则或者国家主权、安全、社会公共利益的，裁定承认其效力，需要执行的，发出执行令，依照本法的有关规定执行。违反中华人民共和国法律的基本原则或者国家主权、安全、社会公共利益的，不予承认和执行。"

国际法并未规定各国有承认和执行他国法院判决的义务，但是，除非一些国家闭关自守，否则不可能完全不予承认和执行外国的判决，尤其是民商事判决。很难设想，如果各国都不相互承认他国的判决，国际交往将如何进行。例如，一国的离婚判决如果不被他国承认，当事人就必须在他国另行起诉，否则一旦他在该国重新结

---

〔1〕"既判力"是指有合法管辖权的法院就案件作出终局性判决后，在原当事人之间不得就同一事项、同一诉讼标的再次起诉。"间接再诉禁止"是指对同一当事人之间已经法院判决的争点禁止当事人以另一不同诉因为根据再次争讼；See Smit, *International Res Judicata and Collateral Estoppel in the United States*, 9 UCLA Law Review 44 (1962)。

婚,将被视为重婚。在其他法律关系中也同样如此,如果一国法院的判决不被他国承认和执行,当事人就不得不到他国另行起诉。这无论是从经济的角度还是从时间的角度都是巨大的损失和浪费。因此,现代社会已经没有完全不承认和不执行外国法院判决的国家,只是各国承认和执行的范围和方式有所不同。

除一些区域性国际条约外,国际法也并未规定关于承认和执行外国判决的统一规则,因此各个国家都可以自由地决定这种规则。各国通常根据本国法律决定对外国法院判决的承认与执行,同时各国之间订立了许多相互承认与执行对方判决的双边或多边国际条约。

二、相关国际公约

(一)海牙《选择法院协议公约》

1971年海牙国际私法会议通过了《承认与执行外国民商事判决公约》,[1]该公约虽然已生效,但迄今只有荷兰、葡萄牙、阿尔巴尼亚、塞浦路斯和科威特等5个缔约国。从1992年起,海牙国际私法会议试图订立一项更为广泛的关于民商事管辖权和判决承认与执行的公约。由于欧盟和美国之间的分歧,经过10多年的努力,才于2005年6月30日通过了一项范围有限的《选择法院协议公约》(choice of court agreement convention)。[2] 我国也积极参与了公约的制定工作,并于2017年9月签署了公约,但尚未批准。[3] 公约于2015年10月1日起正式生效,截至2021年年底已有32个缔约国。公约的生效将会促进国际商事交易中纠纷解决的可预见性,方便当事人选择法院。公约的核心原则包括:当事人所选择的法院对纠纷具有排他性管辖权,其他任何法院必须放弃管辖;被选择的法院所作出的判决必须被其他缔约国承认和执行。如果更多的国家接受该公约,将会极大地便利国际商事纠纷的解决。

(二)2019年《关于外国民商事判决承认与执行的海牙公约》

由于《选择法院协议公约》的适用范围有限,因此海牙国际私法会议于2011年重新启动判决承认与执行公约的起草工作(judgments project)。经过几年努力,2019年7月2日,海牙国际私法会议第22届外交大会通过了《关于外国民商事判决承认与执行的公约》。[4] 截至2022年3月已有6个签字国。公约共32条,适用于民商

---

〔1〕 Convention of 1 February 1971 on the Recognition and Enforcement of Foreign Judgments in Civil and Commercial Matters, http://www. hcch. net/index_en. php? act=conventions. status&cid=78.

〔2〕 参见海牙国际私法会议官方网, https://www. hcch. net/en/instruments/conventions/specialised-sections/choice-of-court。

〔3〕 参见杜涛:《中国批准海牙〈选择法院协议公约〉的法律问题及对策》,载《武汉大学学报(哲学社会科学版)》2016年第4期。

〔4〕 该公约的正式文本参见海牙国际私法会议网, https://assets. hcch. net/docs/806e290e-bbd8-413d-b15e-8e3e1bf1496d. pdf。

事判决的承认与执行,但将家事、继承、公司、破产、海事运输、诽谤、隐私权、知识产权、主权债务、武装部队行动、执法活动、反托拉斯(竞争)等事项都排除在公约适用范围之外。尤其是知识产权问题,被从公约中彻底排除。原草案中所有涉及知识产权的条款被全部删除。即使知识产权问题作为先决问题出现,该裁决也不能依据公约得到承认和执行。[1]

(三)其他专门性国际公约

在我国所加入的某些专门性国际公约中也规定了相互承认缔约国法院判决。1969年《国际油污损害民事责任公约》第10条规定:“1.由具有第九条所规定的管辖权的法院所作的判决,如可在原判决国实施而不再需要通常复审手续时,除下列情况外,应为各缔约国所承认:(1)判决是以欺骗取得;(2)未给被告人以合理的通知和陈述其立场的公正机会。2.按本条第1款确认的判决,一经履行各缔约国所规定的各项手续之后,应在各该国立即执行。在各项手续不允许重提该案的是非。”

三、双边司法协助条约

我国与有关国家订立的双边司法协助条约中对相互承认和执行对方法院判决均有规定。综合各项双边司法协助条约有关判决承认与执行的规定,可以归纳为以下内容。

(一)民事判决的范围

根据各项双边司法协助条约的规定,我国和对方缔约国可以相互承认和执行的判决一般包括法院作出的民事判决、裁定、决定、调解书等。有的司法协助条约还规定可以承认和执行对方仲裁机构作出的仲裁裁决和仲裁调解书(如中国和保加利亚、古巴、埃及、希腊等国的司法协助协定)。

(二)请求书

各司法协助条约规定,申请承认和执行对方法院作出的判决,必须提交申请书。申请书由申请人向作出该项裁决的缔约一方法院提出,由该法院依照条约规定的途径转交给缔约另一方法院或中央机关。请求书也可以由当事人直接提交给被请求一方有管辖权的法院。请求书一般要附上相应的文件,如经证明无误的裁决书副本,证明未出庭一方当事人已经合法传唤或在当事人一方没有诉讼行为能力时已得到适当代理的证明书,证明裁决已经送达的送达回证等。

(三)承认与执行判决的条件或拒绝承认与执行的情形

我国与少数国家订立的司法协助协定从积极角度规定了承认和执行对方法院

---

[1] 参见孙笑非、吴琼:《〈承认与执行外国民商事判决公约〉评介与展望》,载《国际法学刊》2019年第1期。

裁决的条件，而大多数司法协助协定均从消极角度规定拒绝承认和执行对方法院裁决的情形。归纳起来，拒绝承认和执行对方判决的情形包括：

1. 根据作出判决一方法律，判决尚未生效或不具有执行力。[1]

2. 根据被请求承认与执行判决的缔约方法律，提出请求的缔约一方的司法机关对该案无管辖权，或者被请求的缔约一方法院对该案件有专属管辖权。

3. 根据作出判决一方法律，未出庭的当事一方未经合法传唤，或在当事一方没有诉讼行为能力时未得到适当代理。

4. 存在"诉讼竞合"问题，即被请求承认与执行的缔约一方法院对于相同当事人之间就同一标的的案件已经作出了生效裁决，或正在进行审理，或已经承认了在第三国对该案件所作的生效裁决。

5. 承认与执行该裁决有损于被请求的缔约一方的主权、安全、公共秩序或基本利益，或者裁决结果违反被请求缔约一方法律的基本原则。

6. 请求一方法院没有适用按照被请求一方国际私法规则应当适用的法律。我国与大多数国家订立的双边司法协助协定中没有规定这一条件，只是在与法国和西班牙等少数国家订立的协定中有这一要求。但是这一要求的适用是有限制的，即只适用于自然人的身份或能力方面，而且如果请求一方法院所适用的法律可以得到相同结果的除外。

（四）间接裁判管辖权

根据一些双边司法协助条约的规定，提出请求的缔约方法院所作出的裁决要想得到被请求的缔约方的承认与执行，请求方作出裁决的法院必须对该案件具有管辖权，这种管辖权被称为间接管辖权。在什么情况下才能认为作出裁决的缔约方法院对案件有间接管辖权呢？根据有关条约的规定，有以下一些情形：[2]

1. 在提起诉讼时，被告在该国境内有住所或居所。

2. 被告因其商业活动被提起诉讼时，在该国境内设有代表机构。

3. 被告已明示接受该缔约一方法院的管辖。

4. 被告就争议的实质问题进行了答辩，未就管辖权问题提出异议。

5. 在合同案件中，合同在作出裁决的缔约一方境内签订，或已经或应当在该缔约一方境内履行，或者诉讼的直接标的物在该缔约一方境内。

6. 在合同外侵权责任案件中，侵权行为或结果发生在该缔约一方境内。

7. 在身份关系诉讼中，在提起诉讼时，身份关系人在作出判决的缔约一方境内

---

[1] 李一立申请承认和执行外国法院民事判决、裁定再审案，浙江省丽水市中级人民法院民事裁定书，(2018)浙11民再10号。

[2] 参见《中国与埃及民刑事司法协助条约》第22条、《中国与意大利民事司法协助条约》第22条、《中国与西班牙民商事司法协助条约》第21条等。

有住所或居所。

8. 在扶养责任案件中,债权人在提起诉讼时在该缔约一方境内有住所或居所。

9. 在继承案件中,被继承人死亡时住所地或主要遗产所在地在作出判决的缔约一方境内。

10. 争议的对象是位于作出判决的缔约一方境内的不动产的物权。

（五）承认与执行判决的程序

根据各项双边司法协助条约的规定,被请求方法院在承认与执行对方法院判决时,应当按照自己本国法律规定的程序进行。但是,被请求的缔约方法院对于对方法院的判决仅限于审查该判决是否符合双边司法协定规定的条件,而不进行实质性审查。

（六）承认与执行的效力

各双边司法协助协定均规定,缔约一方司法机关作出的判决,一经另一方法院承认与执行,即与该方法院作出的判决具有同等的效力。

2020 年 7 月中旬,杭州市中级人民法院收到某信托公司提出的申请,称其与某天然气公司保证合同纠纷一案已审理终结,判决业已生效。因某天然气公司拒不履行生效判决确定的义务,经向杭州市中级人民法院申请强制执行,查明该公司在我国境内财产不足以清偿其债务,其在哈萨克斯坦共和国境内有财产。据此,某信托公司按照《中华人民共和国和哈萨克斯坦共和国关于民事和刑事司法协助的条约》的有关规定,请求杭州市中级人民法院依据上述双边条约的约定向哈萨克斯坦共和国司法部和哈萨克斯坦共和国主管法院提出请求,请求其承认和执行杭州市中级人民法院作出的生效民事判决。杭州市中级人民法院在最高人民法院的指导下,通过最高人民法院全国法院涉外司法协助管理平台进行信息填写和材料上传,向最高人民法院国际合作局寄送纸质材料,完成了相关司法协助工作。[1]

在"中国葛洲坝集团股份有限公司诉意大利裕信银行股份有限公司上海分行独立保函纠纷案"中,上海金融法院认为,根据《中华人民共和国和意大利共和国关于民事司法协助的条约》的规定,止付禁令不属于两国可相互承认与执行的司法协助范围,也未经我国法定程序予以确认,在判断被告的迟延履行是否具有正当理由时,我国法院不受该禁令约束。[2]

---

〔1〕 该案入选浙江省杭州市中级人民法院发布涉外民商事审判十大典型案例(2012—2021)之一。

〔2〕 中国葛洲坝集团股份有限公司诉意大利裕信银行股份有限公司上海分行独立保函纠纷案,上海金融法院民事判决书,(2018)沪 74 民初 1419 号。

四、非缔约国金钱判决在我国的承认与执行

(一)一般规定

《民事诉讼法》第288条规定:"外国法院作出的发生法律效力的判决、裁定,需要中华人民共和国人民法院承认和执行的,可以由当事人直接向中华人民共和国有管辖权的中级人民法院申请承认和执行,也可以由外国法院依照该国与中华人民共和国缔结或参加的国际条约的规定,或者按照互惠原则,请求人民法院承认和执行。"根据这一规定,与我国没有条约关系的国家的法院作出的判决,需要在我国得到承认与执行的,可以由当事人直接向我国有管辖权的中级人民法院提出申请,也可以由外国法院根据互惠原则向我国法院提出申请。

(二)承认和执行的条件

《民事诉讼法》第289条规定:"人民法院对申请或者请求承认和执行的外国法院作出的发生法律效力的判决、裁定,依照中华人民共和国缔结或者参加的国际条约,或者按照互惠原则进行审查后,认为不违反中华人民共和国法律的基本原则或者国家主权、安全、社会公共利益的,裁定承认其效力,需要执行的,发出执行令,依照本法的有关规定执行。违反中华人民共和国法律的基本原则或者国家主权、安全、社会公共利益的,不予承认和执行。"根据这一规定,并结合我国法院司法实践,对于与我国没有条约关系的外国法院判决、裁定,人民法院按照互惠原则进行审查后,认定有下列情形之一的,裁定不予承认和执行:

1. 根据中华人民共和国法律,判决作出国法院对案件无管辖权。

2. 被申请人未得到合法传唤或者虽经合法传唤但未获得合理的陈述、辩论机会,或者无诉讼能力的当事人未得到适当代理。

3. 外国判决尚未发生法律效力的。[1]

4. 判决通过欺诈方式取得。

5. 人民法院已对同一纠纷作出判决,或者已经承认和执行第三国就同一纠纷作出的判决或者仲裁裁决。

6. 外国法院的判决违反我国法律的基本原则或我国的国家主权、安全、社会公共利益的。[2]

---

〔1〕 最高人民法院在2010年12月23日《关于申请承认(及执行)德意志联邦共和国奥芬堡州法院地20460/07判决一案的请示的复函》中指出,根据我国对《送达公约》第10条的保留,我国不认可德国奥芬堡州法院向北京富克拉家具销售有限公司邮寄第20460/07判决书的送达方式,故该判决尚未对北京富克拉家具销售有限公司发生法律效力,故申请承认和执行该判决的条件尚不具备。

〔2〕 对于外国法院作出的惩罚性赔偿判决,如果外国法院判决的判项为损害赔偿金且明显超出实际损失的,人民法院可以对超出部分裁定不予承认和执行。参见最高人民法院2021年《全国法院涉外商事海事审判工作座谈会会议纪要》第45条。

7. 作出判决的外国与我国不存在互惠关系。

实践中,人民法院首先要审查外国法院判决的真实性和有效性。人民法院应当根据判决作出国的法律审查该判决、裁定是否已经发生法律效力。有待上诉或者处于上诉过程中的判决、裁定不属于《民事诉讼法》第 289 条规定的"发生法律效力的判决、裁定"。不能够确认外国法院判决、裁定的真实性,或者该判决、裁定尚未发生法律效力的,应当裁定驳回申请。驳回申请后,申请人再次申请且符合受理条件的,人民法院应予受理。[1]

(三)互惠原则

1. 概论

所谓"互惠原则"(Principle of Reciprocity),德国一般称为对等原则(Gegenseitigkeitsprinzip),就是在国际民事诉讼中,各个国家相互给予对方国家或国民平等的便利或待遇,即给予对方国家和国民的待遇与该外国给予本国国家和国民的待遇是同等的,因此,"互惠原则"从另一个角度上看,也就是"对等原则";如果从否定的角度上看,也可以被称为"报复原则"(tit for tat),即如果外国对本国国家或国民的民事权利或民事诉讼权利施加限制的,本国对该国国家或国民也给予同等的报复性限制。例如,我国《民事诉讼法》第 5 条第 2 款规定:"外国法院对中华人民共和国公民、法人和其他组织的民事诉讼权利加以限制的,中华人民共和国人民法院对该国公民、企业和组织的民事诉讼权利,实行对等原则。"

在国际民事判决承认与执行中,互惠原则包含两方面的含义:第一,外国法院判决要想得到本国承认,必须该外国法院也承认本国法院判决。比如,如果某外国从来都不承认我国法院作出的判决,则该外国法院的判决也不会得到我国的承认。第二,本国承认和执行外国法院判决的条件与外国承认和执行本国法院判决的条件必须相对等,即对外国承认和执行本国法院判决的条件与本国承认和执行外国法院判决的条件相比较,如果在同样的情况下外国承认和执行本国法院判决的条件与本国法律规定的条件相一致或更宽松,则本国就承认和执行该外国法院判决;否则,本国将拒绝承认和执行该外国法院判决。[2] 比如,我国不以实质审查标准来判断是否承认外国法院判决,但如果某外国对我国法院判决进行实质审查,则我国也可以对其判决进行实质审查,或者拒绝承认该国判决。

很多国家在承认和执行外国法院判决时都规定了互惠原则,例如德国《民事诉讼法》第 328 条、日本《民事诉讼法》第 118 条、大韩民国《民事诉讼法》第 217 条等。

2. 互惠原则的弊端

如果各国把"互惠原则"推至极端,就可能在彼此之间造成一种博弈论下的"囚

---

[1] 参见最高人民法院 2021 年《全国法院涉外商事海事审判工作座谈会会议纪要》第 42-43 条。

[2] 参见杜涛:《互惠原则与外国法院判决的承认与执行》,载《环球法律评论》2007 年第 1 期。

徒困境”(prisoner's dilemma)。[1] 在“日本公民五味晃申请中国法院承认和执行日本法院判决案”中,因为不存在互惠关系日本法院的判决而被我国法院拒绝承认。而2003年日本大阪法院在一起案件中则以中国法院的这一判决为由,认为中国与日本之间不存在互惠关系,从而拒绝承认中国法院的一个判决。[2] 由此导致的结果体现在广受关注的“夏某琴诉讼案”中,尽管南京市玄武区人民法院对南京大屠杀幸存者夏某琴诉日本学者名誉侵权案作出支持夏某琴的判决,[3]但根据日本法院判例,南京法院的判决不可能得到日本的承认和执行。夏某琴不得不再次奔赴日本法院另行起诉。尽管日本最高法院于2009年2月5日作出最终判决,夏某琴再次获胜,但显而易见,互惠原则的弊端,使夏某琴不得不在两国之间奔波。

3. 互惠原则的软化

在国外,对于外国法院判决的承认和执行要求互惠的做法越来越受到批判。晚近很多国家的立法和实践都开始放弃或软化对互惠的要求。[4]

在美国,虽然早在1895年的“希尔顿诉居约案”[5]中就确立了互惠原则,但该原则一直就受到批判。现在美国绝大多数的州已经抛弃了互惠的要求,在承认和执行外国判决的问题上不再过问有无互惠。[6] 特别值得一提的是,2009年7月22日,美国加利福尼亚州联邦上诉法院作出一项裁决,同意执行中国湖北省高级人民法院作出的一项民事判决,要求美国罗宾逊直升机有限公司向中国湖北葛洲坝三联实业股份有限公司赔偿约65万美元。[7] 这是美国法院承认和执行中国法院商事判决的第一案,具有历史意义。该案中,美国法院根据加州《统一外国金钱判决承认法》的规定,也没有审查中国法律对美国法院判决的互惠待遇。

德国学者近年来提出了“合作的互惠原则”(Kooperative Reziprozität),即只要能确定外国没有拒绝承认本国法院判决的先例,就推定存在互惠。[8] 德国法院也在实践中做出了表率。2006年,柏林高等法院根据德国《民事诉讼法》第328条承认

---

〔1〕 参见杜涛:《走出囚徒困境:中日韩民事判决相互承认制度的建构——以构建东亚共同体为背景的考察》,载《太平洋学报》2011年第6期。

〔2〕 大阪高判平成15年4月9日,载《判例时报》1841号,第111页。

〔3〕 《夏某琴诉日本右翼侵犯名誉权案 被评为2003-2007年南京中院十大维权案例》,载《江苏法制报》2007年10月11日,第8版。

〔4〕 See Béligh Elbalti, *Reciprocity and the Recognition and Enforcement of Foreign Judgments: A Lot of Bark But not Much Bite*, 13 Journal of Private International Law 203(2017).

〔5〕 Hilton v. Guyot, 159 U. S. 113, 164-165 (1895).

〔6〕 Scoles & Weintraub, *Conflict of Laws*, 2nd edition, 1972, p. 288.

〔7〕 湖北葛洲坝三联实业股份有限公司等诉罗宾逊直升机有限公司案,湖北省高级人民法院民事判决书,鄂民审字(2001)第1号;美国法院判决书参见 Hubei Gezhouba Sanlian Industrial Co., Ltd. et al. v. Robinson Helicopter Co., Inc., 425 Fed. Appx. 580 (9th Cir. 2011)。

〔8〕 Preiffer, Kooperative Reziprozitaet, RabelsZ 55, 1991, S. 734.

了中国无锡市中级人民法院的一项民事判决。[1] 特别值得关注的是，德国法院对互惠原则的解释："由于中、德之间不存在相互承认法院判决的国际条约，那么具体司法实践就成了处理案件的依据。如果双方都等待对方先迈出一步，自己再跟进给予对方互惠的话，事实上永远不可能发生相互间的互惠，互惠原则也只能是空谈而已，这种情况并不是立法者和执法者所希望的。为了在没有签订国际条约的情况下不阻止相互承认法院判决的向前发展，要考虑的是，如果一方先走出一步，另一方会不会跟进。按现在国际经贸不断发展的情况，中国有可能是会跟进的"；"中国法律中的相应规定与德国《民事诉讼法》第328条第1款相符合，因此不应当对相互给予互惠产生怀疑"。[2] 2013年，我国武汉市中级人民法院也以互惠原则承认执行了德国法院作出的一项判决。[3]

瑞士1987年《关于国际私法的联邦法》也完全放弃了互惠主义，唯一的例外是外国的破产宣告。[4] 1991年加拿大魁北克《民法典》(第10卷)规定，除了承认外国税法上的判决仍然需要有该外国的互惠外(第3162条)，对于承认外国普通民事判决并没有互惠要求(第3155条)。[5] 委内瑞拉1998年《国际私法法》[6]、比利时2004年《国际私法典》[7]等也对互惠关系不再做要求。2019年10月3日，新加坡新修订的《外国判决互惠执行法(修正案)》正式生效，其中也放松了对互惠的要求，采用了"实质性互惠"(substantial reciprocity)标准。

我国《民事诉讼法》第288条和第289条都一再强调互惠原则，与一些西方国家出于历史和政治等原因对我国法院作出的判决存在误解和偏见有关。[8]

近年来，我国与外国相互承认与执行商事判决的案例越来越多。2016年12月9日，南京市中级人民法院根据互惠原则承认并执行了新加坡法院的一项民事判决，其理由是新加坡法院曾在2014年主动承认和执行了苏州市中级人民法院在"昆山捷安特轻合金科技有限公司与雅克斯(远东)私人有限公司、上海亚提斯机电设备有

---

[1] KAMMERGERICHT-BERLIN-Beschluss vom 18.05.2006, Aktenzeichen: 20 SCH 13/04. 另参见马琳：《析德国法院承认中国法院民商事判决第一案》，载《法商研究》2007年第4期。

[2] KAMMERGERICHT-BERLIN-Beschluss vom 18.05.2006, Aktenzeichen: 20 SCH 13/04.

[3] 湖北省武汉市中级人民法院民事裁定书，(2012)鄂武汉中民商外初字第00016号。

[4] Adam Samuel, *The New Swiss Private International Law Act*, 37 International and Comparative Law Quarterly 685 (1988).

[5] H. P. Glenn, *Codification of Private international Law in Quebec*, RabelsZ 60 (1996), S. 264.

[6] Tatiana B. de Maekelt, Das neue venezolanische Gesetz über Internatianales Privatrecht, RabelsZ (64) 2000, S. 338.

[7] Marta Pertegas, The Belgian Code on Private International Law: a tour d'horizon, IPRax2006, S. 56-57.

[8] 最典型的是对我国法院判决终局性的认识，See Liu Nanping, *Vulnerable Justice: Finality of Civil Judgments in China*, 13 Columbia Journal of Asian Law 35 (1999)。

限公司买卖合同纠纷案"中作出的判决。[1] 2019 年 3 月，青岛市中级人民法院首次根据互惠原则承认了韩国法院商事判决。[2] 2020 年 9 月，宁波市中级人民法院基于互惠关系承认并执行了美利坚合众国加利福尼亚州斯坦尼斯洛斯郡高等法院第 2018177 号判决。[3]

根据最高人民法院 2021 年发布的《全国法院涉外商事海事审判工作座谈会会议纪要》的规定，人民法院在审理申请承认和执行外国法院判决、裁定案件时，有下列情形之一的，可以认定存在互惠关系：(1) 根据该法院所在国的法律，人民法院作出的民商事判决可以得到该国法院的承认和执行；(2) 我国与该法院所在国达成了互惠的谅解或者共识；(3) 该法院所在国通过外交途径对我国作出互惠承诺或者我国通过外交途径对该法院所在国作出互惠承诺，且没有证据证明该法院所在国曾以不存在互惠关系为由拒绝承认和执行人民法院作出的判决、裁定。

对于外国与我国是否存在互惠关系应当逐案审查确定。在 2022 年 3 月 17 日，上海海事法院发布了一项裁决，确认英国高等法院的判决可以在中华人民共和国被承认和执行。这是中国法院首次依据互惠原则承认英国法院判决的案件。[4] 也是首例参照《全国法院涉外商事海事审判工作座谈会会议纪要》中有关互惠原则的认定标准的案件，具有十分重要的意义。

(四) 执行外国法院判决、裁定的方式

在美国等普通法国家，通常由当地法院作出一项新的判决来执行外国法院的判决。[5] 在欧洲大陆国家，通常需要当地法院作出一项"可执行性宣告"(exequatur)，当事人凭此宣告向执行机关要求执行。[6]

在我国，根据《民事诉讼法》第 289 条的规定，外国判决、裁定首先应由我国法院以裁定的方式承认其效力，需要执行的，再由我国法院发出执行令，依照我国法律的规定予以执行。

---

[1] Kolmar Group AG 与江苏省纺织工业(集团)进出口有限公司申请承认和执行外国法院民事判决、裁定特别程序案，江苏省南京市中级人民法院民事裁定书，(2016) 苏 01 协外认 3 号。

[2] 崔综元、尹智映申请承认与执行法院判决、仲裁裁决案件案，青岛市中级人民法院民事裁定书，(2018) 鲁 02 协外认 6 号。

[3] 参见温某川、黄某峰、WBVInternationalLLC 申请承认与执行法院判决、仲裁裁决案件案，浙江省宁波市中级人民法院民事裁定书，(2018) 浙 02 协外认 6 号。

[4] 《全国法院涉外商事海事审判工作座谈会会议纪要》第 49 条。

[5] Hay, Borchers & Symeonides, *Conflict of Laws*, 5th edition, West Academic Publishing, 2010, § 24.5 et seq.

[6] Kerameus, *Enforcement in the International Context*, Rec. des Cours 264 (1997), 178-410; R. Lutz, *A Lawyer's Handbook for Enforcing Foreign Judgments in the United States and Abroad*, Cambridge University Press, 2007.

五、非缔约国离婚判决在我国的承认

(一)概论

根据《最高人民法院关于人民法院受理申请承认外国法院离婚判决案件有关问题的规定》的规定,[1]中国公民向人民法院申请承认外国法院离婚判决,人民法院不应以其未在国内缔结婚姻关系而拒绝受理;中国公民申请承认外国法院在其缺席情况下作出的离婚判决,应同时向人民法院提交作出该判决的外国法院已合法传唤其出庭的有关证明文件。外国公民向人民法院申请承认外国法院离婚判决,如果其离婚的原配偶是中国公民的,人民法院应予受理;如果其离婚的原配偶是外国公民的,人民法院不予受理,但可告知其直接向婚姻登记机关申请再婚登记。[2] 当事人向人民法院申请承认外国法院离婚调解书效力的,人民法院应予受理,并根据《最高人民法院关于中国公民申请承认外国法院离婚判决程序问题的规定》进行审查,作出承认或不予承认的裁定。

需要注意的是,外国法院离婚判决中的夫妻财产分割、生活费负担、子女抚养方面判决的承认执行,不适用《最高人民法院关于中国公民申请承认外国法院离婚判决程序问题的规定》,因此不能直接予以承认和执行。[3] 但我国部分法院在实践中已有突破。[4]

在离婚案件中,我国法院早期也比较强调互惠原则。例如,1985年《最高人民法院关于美国法院未通过外交途径径直将离婚判决书寄给我人民法院如何处理的批复》[5]中就指出:"在中美两国目前尚无司法协定的情况下,美国加利福尼亚高等法院未通过外交途径,直接给苏州市中级人民法院寄来蔡××与周××离婚判决书副本,这种做法,不仅违反我国民事诉讼法的有关规定,也不符合一般国际关系中的互惠原则。因此,以上材料可由苏州市中级人民法院径直退回美国加利福尼亚高等法院。"

(二)承认的条件

1991年发布的《最高人民法院关于中国公民申请承认外国法院离婚判决程序问题的规定》(2020年修正)没有要求互惠原则。其中第12条中规定,外国法院的

---

[1] 1999年12月1日通过,自2000年3月1日起施行,最高人民法院法〔1998〕86号通知印发的《关于人民法院受理申请承认外国法院离婚判决案件几个问题的意见》同时废止。2020年12月23日修正。

[2] 莫某梅、叶某耀申请认可和执行香港特别行政区法院民事判决案,广东省深圳市中级人民法院民事裁定书,(2020)粤03民初321号。

[3] 上诉人计伟与被上诉人赵凤云、赵凤琴案外人执行异议纠纷案,辽宁省沈阳市中级人民法院民事判决书,(2016)辽01民终6201号。

[4] 杨某与潘某某离婚后财产纠纷案,上海市高级人民法院民事裁定书,(2018)沪民申888号。

[5] (85)民他字第37号。

离婚判决具有下列情形之一的，不予承认：(1)判决尚未发生法律效力的；[1] (2)作出判决的外国法院对案件没有管辖权；(3)判决是在被告缺席且未得到合法传唤情况下作出的；(4)该当事人之间的离婚案件，我国法院正在审理或已作出判决，或者第三国法院对该当事人之间作出的离婚案件判决已为我国法院所承认；(5)判决违反我国法律的基本原则或者危害我国国家主权、安全和社会公共利益。

《民诉法司法解释》第542条也规定："当事人向中华人民共和国有管辖权的中级人民法院申请承认和执行外国法院作出的发生法律效力的判决、裁定的，如果该法院所在国与中华人民共和国没有缔结或者共同参加国际条约，也没有互惠关系的，裁定驳回申请，但当事人向人民法院申请承认外国法院作出的发生法律效力的离婚判决的除外。"

在北京市中级人民法院审理的"李某、丁某秋申请承认日本国法院作出的离婚调解协议案"中，法院也承认了日本大阪地方法院作出的离婚调解书的效力。

对于外国法院作出的分居判决，我国法院一般不予承认。最高人民法院1984年《关于旅居外国的中国公民按居住国法律允许的方式达成的分居协议，我驻外使领馆是否承认问题的函》中指出："关于在国内结婚后旅居阿根廷的中国公民王钰与杨洁敏因婚姻纠纷，由于阿根廷婚姻法不允许离婚，即按阿根廷法律允许的方式达成长期分居协议，请求你部承认并协助执行问题，经与外交部领事司研究认为，我驻外使领馆办理中国公民之间的有关事项，应当执行我国法律。王钰与杨洁敏的分居协议，不符合我国婚姻法的规定，故不能承认和协助执行。他们按照阿根廷法律允许的方式达成的分居协议，只能按阿根廷法律规定的程序向阿有关方面申请承认。如果他们要取得在国内离婚的效力，必须向国内原结婚登记机关或结婚登记地人民法院申办离婚手续。"

但是，对于离婚判决之外的其他身份关系判决，我国法院仍没有取消互惠原则。

六、我国法院判决在外国的承认与执行

《民事诉讼法》第287条规定："人民法院作出的发生法律效力的判决、裁定，如果被执行人或者其财产不在中华人民共和国领域内，当事人请求执行的，可以由当事人直接向有管辖权的外国法院申请承认和执行，也可以由人民法院依照中华人民共和国缔结或者参加的国际条约的规定，或者按照互惠原则，请求外国法院承认和执行。"根据这一规定，我国法院作出的民事判决需要在外国承认和执行的，可以通过以下方式。

---

〔1〕梁某莘与王某华共有纠纷案，广东省广州市海珠区人民法院民事判决书，(2019)粤0105民初6035号。

(一)当事人直接向外国法院申请

当事人直接向外国法院申请承认与执行我国法院判决的,由该外国法院根据其国内法律规定予以审查。各国审查标准不同,结果会有差异。比如在2006年,柏林高等法院根据德国《民事诉讼法》第328条承认了中国无锡市中级人民法院的一项民事判决。[1] 在"湖北葛洲坝三联实业股份有限公司诉罗宾逊直升机公司案"中,[2]美国加州法院就根据我国当事人的申请,依照加州《统一外国金钱判决承认法》的规定,历史上首次承认了我国法院作出的商事判决。新加坡法院曾在2014年主动承认和执行了苏州市中级人民法院的一项判决。以色列法院也于2015年主动承认了江苏省南通市中级人民法院的一项判决。

我国与国外缔结的双边司法协助条约中,通常都允许当事人直接向缔约另一方法院提出申请,该国法院会按照条约规定的方式予以审查决定。有些国家与我国缔结的司法协助条约规定,只能由当事人直接向对方法院申请承认与执行。[3] 有些条约规定,只有当申请人在裁决执行地国境内有住所或居所时,才可以由当事人直接申请。[4]

(二)我国法院向外国法院申请

我国与国外缔结的双边司法协助条约大都规定:承认与执行法院裁决的请求由申请人向作出该项裁决的缔约一方法院提出,该法院再按照条约规定的途径转交给缔约另一方法院。但中国与法国、意大利和西班牙等国缔结的条约只允许当事人直接向对方法院申请。中国与土耳其司法协助条约则只允许缔约方法院向另一方法院提请。

(三)我国法院判决被外国承认与执行的新发展

随着我国与其他国家在互惠原则问题上的逐步软化,我国法院判决在世界各国越来越得到承认和执行。

以色列特拉维夫地区法院曾于2015年10月6日承认了我国南通市中级人民法院针对以色列公民作出的一项判决。以色列高等法院坚持对互惠原则进行宽松化解释,维持了一审判决。对于该案所涉互惠问题,以色列法院驳回了判决债务人提出的中国和以色列并不存在互惠关系的抗辩并认为,只要在外国执行以色列法院的判决存在"合理的潜在可能性",即可认定两国之间存在互惠关系。

---

[1] KAMMERGERICHT-BERLIN-Beschluss vom 18.05.2006, Aktenzeichen: 20 SCH 13/04. 该案是德国法院历史上首次承认中国法院商事裁决。

[2] 湖北省高级人民法院民事判决书,鄂民审字(2001)第1号;美国法院终审判决书为:Hubei Gezhouba Sanlian Industrial Co., Ltd. et. Al. v. Robinson Helicopter Co., Inc., 425 Fed. Appx. 580 (9th Cir. 2011)。

[3] 《中法条约》第20条、《中国意大利条约》第23条、《中国西班牙条约》第19条等。

[4] 如《中俄条约》《中国与乌克兰条约》《中国与塔吉克斯坦条约》等。

2017 年 12 月 19 日,澳大利亚维多利亚省最高法院墨尔本普通法庭依照普通法承认并执行了中国江苏省南通市崇川区人民法院于 2017 年 4 月 6 日作出的一项商事判决,开启了澳大利亚法院承认和执行中国法院商事判决的先例。〔1〕 2019 年 2 月 27 日,澳大利亚维多利亚省最高法院再次承认了中国江苏省苏州市虎丘区人民法院的商事判决。〔2〕 2019 年 11 月 14 日,加拿大不列颠哥伦比亚省上诉法院承认并执行了中国河北省唐山市中级人民法院的两项金钱判决。〔3〕

美国加利福尼亚州中区法院近日依据该州《统一外国金钱判决承认法》承认和执行了我国青岛市中级人民法院一项判决。〔4〕 2020 年 1 月 6 日,美国纽约州皇后县法院同意承认并执行我国珠海市香洲区人民法院一项判决。〔5〕 2022 年 1 月,美国伊利诺伊州中部地区厄巴纳分部地方法院作出简易判决,承认盐城中院(2019)苏09 民初 263 号判决。〔6〕

第二节　国际商事仲裁裁决的承认与执行

一、国际商事仲裁协议

(一)概念

国际商事仲裁(International Commercial Arbitration)是指国际经济贸易活动的当事人依据事先或者争议发生后所达成的仲裁协议,自愿将有关具有国际因素的商事争议提交给某临时仲裁庭或常设仲裁机构进行审理,由后者依据法律或公平原则作出对双方均有约束力的仲裁裁决的一种争议解决制度。〔7〕

国际商事仲裁协议系指国际商事纠纷各方当事人按照意思自治原则,表示愿意将他们之间已经发生或可能发生的商事性质的争议提交仲裁解决的书面协议。仲裁协议是仲裁程序的基础,缺乏有效的仲裁协议,仲裁程序就无法进行。

根据我国《仲裁法》规定,“商事”是指平等主体的公民、法人和其他组织之间发生的合同纠纷和其他财产权益纠纷,不包括婚姻、收养、监护、扶养、继承以及行政争议。劳动争议仲裁依照《劳动争议调解仲裁法》进行,不属于通常的商事仲裁。因农

〔1〕 Liu v. Ma [2017] VSC 810.

〔2〕 Suzhou Haishun Investment Management Co. Ltd. v. Zhao & Ors [2019] VSC 110.

〔3〕 Li v. Wei, 2019 BCCA 114 (CanLII) (38679).

〔4〕 Qingdao Youli Century Guar. Co. v. Shaoqiang Chen, 2018 U. S. Dist. LEXIS 225464.

〔5〕 Huizhi Liu v. Guoqing Guan & Xidong Fang (713741/2019).

〔6〕 Yancheng Shanda v. Wan, 2:20-cv-2198 (C. D. IL 2021)

〔7〕 参见陈治东:《国际商事仲裁法》,法律出版社 1998 年版,第 14 页。

村土地承包经营发生的纠纷需要仲裁的,适用《农村土地承包经营纠纷调解仲裁法》。

"国际"一词等同于"涉外",根据《最高人民法院关于审理仲裁司法审查案件若干问题的规定》[1]第12条的规定,仲裁协议或者仲裁裁决具有《法律适用法解释一》第1条规定情形的,为涉外仲裁协议或者涉外仲裁裁决。

(二)类型

我国《仲裁法》[2]第16条第1款规定:"仲裁协议包括合同中订立的仲裁条款和以其他书面方式在纠纷发生前或者纠纷发生后达成的请求仲裁的协议。"根据该规定,仲裁协议主要有两种类型:

1."仲裁条款"(arbitration clause):指各方当事人在争议发生前订立的,表示愿意将他们之间将来可能发生的争议提交仲裁解决的协议。这种协议一般包括在合同中作为合同的一项条款,故称"仲裁条款"。

2."请求仲裁的协议"(submission agreement),指各方当事人在争议发生前或发生后订立的,表示愿将他们之间已经发生的争议提交仲裁解决的书面协议。

(三)仲裁协议的准据法

一项仲裁协议是否有效首先取决于其应适用的准据法。仲裁协议的准据法独立于仲裁实体问题的准据法和仲裁程序问题的准据法。

2006年《最高人民法院关于适用〈中华人民共和国仲裁法〉若干问题的解释》第16条对涉外仲裁协议效力的准据法作出明确规定:"对涉外仲裁协议的效力审查,适用当事人约定的法律,当事人没有约定适用的法律但约定了仲裁地的,适用仲裁地法律;没有约定适用的法律也没有约定仲裁地或者仲裁地约定不明的,适用法院地法。"《涉外民事关系法律适用法》第18条则规定:"当事人可以协议选择仲裁协议适用的法律。当事人没有选择的,适用仲裁机构所在地法律或者仲裁地法律。"《法律适用法解释一》第12条规定,"当事人没有选择涉外仲裁协议适用的法律,也没有约定仲裁机构或者仲裁地,或者约定不明的,人民法院可以适用中国内地法律认定仲裁协议的效力。"2017年《最高人民法院关于审理仲裁司法审查案件若干问题的规定》第13条进一步规定:"当事人协议选择确认涉外仲裁协议效力适用的法律,应当作出明确的意思表示,仅约定合同适用的法律,不能作为确认合同中仲裁条款效力适用的法律。"第14条规定:"人民法院根据《中华人民共和国涉外民事关系法律适用法》第十八条的规定,确定确认涉外仲裁协议效力适用的法律时,当事人没有选择适用的法律,适用仲裁机构所在地的法律与适用仲裁地的法律将对仲裁协议的效力作出不同认定的,人民法院应当适用确认仲裁协议有效的法律。"

仲裁协议未约定仲裁机构和仲裁地,但根据仲裁协议约定适用的仲裁规则可以

---

[1] 法释[2017]22号。

[2] 1994年8月31日通过,2017年9月1日第二次修正。

确定仲裁机构或者仲裁地的，应当认定其为《涉外民事关系法律适用法》第18条中规定的仲裁机构或者仲裁地。

人民法院适用《承认及执行外国仲裁裁决公约》(《纽约公约》)审查当事人申请承认和执行外国仲裁裁决案件时，被申请人以仲裁协议无效为由提出抗辩的，人民法院应当依照该公约第5条第1款(甲)项的规定，确定确认仲裁协议效力应当适用的法律。[1]

(四)或诉或裁条款的有效性

有效的仲裁协议可以排除有关国家法院对该特定纠纷的管辖权。我国《仲裁法》第5条规定："当事人达成仲裁协议，一方向人民法院起诉的，人民法院不予受理，但仲裁协议无效的除外。"《民事诉讼法》第278条也规定："涉外经济贸易、运输和海事中发生的纠纷，当事人在合同中订有仲裁条款或者事后达成书面仲裁协议，提交中华人民共和国涉外仲裁机构或者其他仲裁机构仲裁的，当事人不得向人民法院起诉。"

实践中，当事人有可能在合同中同时约定法院管辖条款和仲裁条款。这种"或诉或裁条款"的有效性具有争议。[2]《最高人民法院关于适用〈中华人民共和国仲裁法〉若干问题的解释》第7条规定："当事人约定争议可以向仲裁机构申请仲裁也可以向人民法院起诉的，仲裁协议无效。但一方向仲裁机构申请仲裁，另一方未在仲裁法第二十条第二款规定期间内提出异议的除外。"最高人民法院在《关于当事人既约定仲裁又约定诉讼的仲裁条款效力问题的函》[3]中明确指出："双方当事人之间合同中解决争议的条款既约定涉外仲裁机构仲裁又约定可向人民法院起诉，按照本院有关司法解释，该仲裁约定无效。"此时，法院可以根据《民事诉讼法》的规定确定自己的管辖权。[4]

但是，如果当事人在仲裁协议中约定争议发生后"先仲裁、后诉讼"的，不属于《最高人民法院关于适用〈中华人民共和国仲裁法〉若干问题的解释》第7条规定的仲裁协议无效的情形。根据《仲裁法》第9条第1款关于仲裁裁决作出后当事人不得就同一纠纷向人民法院起诉的规定，"先仲裁、后诉讼"关于诉讼的约定无效，但不

---

〔1〕 根据《纽约公约》第5条第1款(甲)项之规定，仲裁协议的准据法首先"依当事人作为协定准据之法律"，如果当事人未指明以何法律为准时，则"依裁决地所在国法律"。

〔2〕 参见杜涛、张炳南：《我国"或裁或审"条款的反思与突破——兼评〈仲裁法司法解释第7条〉》，载《时代法学》2020年第1期。

〔3〕 《最高人民法院关于深圳联昌印染有限公司诉香港益锋行纺织有限公司承包合同纠纷案拟立案受理的报告的复函》(法经〔1996〕110号)。

〔4〕 江苏天腾建设集团有限公司与江苏海阔生物医药有限公司建设工程施工合同纠纷案，江苏省高级人民法院民事判决书，(2015)苏民终字第00645号。

影响仲裁协议的效力。[1]

如果仲裁庭和法院对于仲裁协议的有效性发生了分歧，此时应由法院最后裁决。《仲裁法》第20条规定："当事人对仲裁协议的效力有异议的，可以请求仲裁委员会作出决定或者请求人民法院作出裁定。一方请求仲裁委员会作出决定，另一方请求仲裁委员会作出裁定的，由人民法院裁定。"《最高人民法院关于确认仲裁协议效力的几个问题的批复》[2]进一步规定：如果当事人关于仲裁协议的效力产生争议，而一方当事人将争议提交仲裁委员会，另一方当事人坚持向法院提起诉讼要求确认仲裁协议无效，如果仲裁委员会受理了案件，并且已经做出了裁决，则法院应当驳回案件。如果仲裁委员会受理了案件却还未做出裁决，则法院应当受理案件，并通知仲裁委员会中止仲裁程序。

二、国际商事仲裁裁决的承认与执行

（一）我国涉外仲裁机构作出的裁决

《民事诉讼法》第280条规定："经中华人民共和国涉外仲裁机构裁决的，当事人不得向人民法院起诉。一方当事人不履行仲裁裁决的，对方当事人可以向被申请人住所地或者财产所在地的中级人民法院申请执行。"第281条规定："对中华人民共和国涉外仲裁机构作出的裁决，被申请人提出证据证明仲裁裁决有下列情形之一的，经人民法院组成合议庭审查核实，裁定不予执行：（一）当事人在合同中没有订有仲裁条款或者事后没有达成书面仲裁协议的；（二）被申请人没有得到指定仲裁员或者进行仲裁程序的通知，或者由于其他不属于被申请人负责的原因未能陈述意见的；（三）仲裁庭的组成或者仲裁的程序与仲裁规则不符的；（四）裁决的事项不属于仲裁协议的范围或者仲裁机构无权仲裁的。人民法院认定执行该裁决违背社会公共利益的，裁定不予执行。"

（二）我国仲裁机构作出的涉外仲裁裁决

《仲裁法》颁布以后，我国新组建的仲裁机构都可以受理涉外仲裁案件。[3] 人民法院对申请执行我国仲裁机构作出的涉外仲裁裁决案件的审查，也适用《民事诉讼法》第281条的规定。[4]

（三）国外仲裁机构在《纽约公约》缔约国领土内作出的裁决

《民事诉讼法》第290条规定："国外仲裁机构的裁决，需要中华人民共和国人民

---

[1] 2021年最高人民法院《全国法院涉外商事海事审判工作座谈会会议纪要》第94条。

[2] 最高人民法院，法释〔1998〕27号。

[3] 参见《国务院办公厅关于贯彻实施〈中华人民共和国仲裁法〉需要明确的几个问题的通知》（国办发〔1996〕22号）。

[4] 参见《最高人民法院关于审理仲裁司法审查案件若干问题的规定》（法释〔2017〕22号），第17条第2款。

法院承认和执行的,应当由当事人直接向被执行人住所地或者其财产所在地的中级人民法院申请,人民法院应当依照中华人民共和国缔结或者参加的国际条约,或者按照互惠原则办理。"根据这一规定,国外仲裁机构作出的仲裁裁决包括两类:在《纽约公约》缔约国领土内作出的仲裁裁决和在非《纽约公约》缔约国领土内作出的仲裁裁决。

1986年我国正式加入联合国1958年《纽约公约》。该公约于1987年4月22日对我国生效,截至2022年8月1日已有170个成员方。[1]

中国在加入该公约时,作了"互惠保留"和"商事保留",即我国仅对在《纽约公约》缔约方境内作成的仲裁裁决的承认与执行适用该公约;我国仅对按照我国法律属于契约性和非契约性商事法律关系所引起的争议适用该公约。[2]

依照1987年4月10日《最高人民法院关于执行我国加入的〈承认及执行外国仲裁裁决公约〉的通知》的规定,我国受理承认和执行《纽约公约》裁决的主管机构为下列地点的中级人民法院:(1)被执行人为自然人的,为其户籍所在地或者居住地;(2)被执行人为法人的,为其主要办事机构所在地;(3)被执行人在我国无住所、居所或者主要办事机构,但有财产在我国境内的,为其财产所在地。此外,我国有管辖权的人民法院接到一方当事人的申请后,应依照《纽约公约》的规定予以审查,如果认为不具有《纽约公约》第5条第1、2项所列的情形,应当裁定承认其效力,并且依照《民事诉讼法》规定的程序执行;如果认定具有第5条第2项所列情形之一的,或者根据被执行人提供的证据证明具有第5条第1项所列情形之一的,应当裁定驳回申请,拒绝承认与执行。

(四)《纽约公约》下拒绝承认与执行的理由

1. 程序性事由

《纽约公约》第5条集中规定了被请求承认和执行地国拒绝承认和执行外国仲裁裁决的7项条件。其中第1款规定,如果执行程序的被申请人能举证证明外国仲裁裁决有下列情形之一的,被请求执行的法院可以依据被申请人的请求,拒绝承认和执行该项裁决:

(1)仲裁协议的当事人依对其适用的法律无行为能力,或根据仲裁协议选择的准据法,或在未指明准据法时,依裁决作出地国家的法律,该仲裁协议无效。

(2)被执行人未得到关于指定仲裁员或进行仲裁程序的适当通知,或由于其他

---

〔1〕 Https://uncitral.un.org/en/texts/arbitration/conventions/foreign_arbitral_awards/status2。

〔2〕 所谓"契约性和非契约性商事法律关系",具体是指由于合同、侵权或者根据有关法律规定而产生的经济上的权利义务关系,如货物买卖、财产租赁、工程承包、加工承揽、技术转让、合资经营、合作经营、勘探开发自然资源、保险、信贷、劳务、代理、咨询服务和海上、民用航空、铁路、公路的客货运输以及产品责任、环境污染、海上事故和所有权争议等,但不包括外国投资者与东道国政府之间的争端。参见《最高人民法院关于执行我国加入的〈承认与执行外国仲裁裁决公约〉的通知》。

原因不能对案件提出申辩。

(3)裁决所处理的争议事项超出仲裁协议所规定的范围,但如果交付仲裁的事项的裁决可以与未交付仲裁的事项作出划分时,裁决中关于交付仲裁事项的裁决可以得到执行。

(4)仲裁庭的组成或仲裁程序与当事人的仲裁协议不符,或在双方当事人无协议时,与仲裁地国家的法律不相符合。

(5)仲裁裁决对当事人尚未发生约束力,或者仲裁裁决已被仲裁地国家的主管机关撤销或停止执行。

上述由被执行人举证证明的 5 项理由均为程序性的事项,被执行地国法院不得以事实不清或法律适用不当等实体事项作为拒绝承认和执行的理由;此外,从许多国家履行《纽约公约》的实践来看,即使一项外国裁决存在第 5 条第 1 款所规定的拒绝执行条件之一,被请求执行国法院也可以裁定执行该项裁决,[1]因为《纽约公约》第 5 条第 1 款和第 2 款所采用的是"可以"这一非强制性措辞。

2. 公共秩序保留

依照《纽约公约》第 5 条第 2 款的规定,如果被请求承认和执行仲裁裁决的法院经查明认为,按照该国的法律,裁决中的争议事项不能以仲裁方式解决或承认和执行该裁决有违该国的公共秩序的,也可以主动拒绝承认或执行该项裁决,而无须当事人的举证。

以公共秩序为由拒绝承认和执行外国仲裁裁决在《纽约公约》规定的 7 项理由中最容易经常被裁决执行地法院所采用,原因在于"公共政策"一词的含义具有宽泛性和不确定性。但在国际商事仲裁的实践中,法院通常都对"公共政策"一词作出狭义解释。

在广东远洋运输公司诉美国康奈狄克海运公司(Guangdong Ocean Shipping Company China v. Marships of Conneticut Company Limited US)案[2]中,广州海事法院强制执行了一项由二人仲裁庭在英国伦敦作出的临时仲裁裁决。该案在国内外受到了广泛的欢迎,体现了中国对"公共政策"条款的正确理解。

在"上海远东航空技术进出口公司与香港锐夫动力有限公司补偿贸易纠纷案"[3]中,尽管申请人和被申请人已在补偿贸易协议中约定仲裁应在瑞典斯德哥尔摩进行,斯德哥尔摩商会仲裁院已受理该案并作出其有管辖权的中间裁决,上海市

---

[1] China Nanhai Oil v Gee Tai Holdings [1995] 2 HKLR 215 (Hong Kong High Court); Shaheen v. Sonatrach 585 F SUPP 57, 62, 64-65 (SDNY 1983); aff'd 733 F 2d 260 (2nd Cir 1984); Crome Resources SA v Leopold Lazarus Ltd. 102 SEMAINE JUDICIARE 67 (1980) (Swiss Federal Tribunal).

[2] 参见最高人民法院中国应用法学研究所编:《人民法院案例选》(民事、经济、知识产权、海事、民事诉讼法卷),人民法院出版社 1997 年版,第 2174-2178 页。

[3] 参见李虎:《国际商事仲裁裁决的强制执行》,法律出版社 2000 年版,第 158-159 页。

中级人民法院仍然受理了被申请人基于同一争议而提出的诉讼请求。上海市中级人民法院受理的依据是,法院认为上述协议中的仲裁条款因未指明斯德哥尔摩商会仲裁院而不确定,不能执行;而当香港锐夫动力有限公司依《纽约公约》请求原上海市中级人民法院承认并执行由斯德哥尔摩商会仲裁院作出的终局裁决时,该法院又以上海远东航空技术进出口公司诉香港锐夫动力有限公司一案尚在审理之中而不受理香港锐夫动力有限公司的承认及执行裁决的申请。尽管在最高人民法院的直接干预下,上海市中级人民法院最后受理了香港锐夫动力有限公司的申请并承认和执行了该项裁决,但该案在国际上给我国司法机构的声誉造成了极大的负面影响,损害了国家的对外开放政策和法制环境的声誉。

为此,最高人民法院于 1995 年 8 月 28 日颁布了《关于人民法院处理与涉外仲裁及外国仲裁事项有关的通知》,创设了执行外国仲裁裁决和涉外仲裁裁决承认与执行的"报核制度"。该通知第二点规定:"凡一方当事人向人民法院申请执行我国涉外仲裁机构裁决,或者向人民法院申请承认和执行外国仲裁机构的裁决,如果人民法院认为我国涉外仲裁机构裁决具有民事诉讼法第二百六十条情形之一的,或者申请承认和执行的外国仲裁裁决不符合我国参加的国际公约的规定或者不符合互惠原则的,在裁定不予执行或者拒绝承认和执行之前,必须报请本辖区所属高级人民法院进行审查;如果高级人民法院同意不予执行或者拒绝承认和执行,应将其审查意见报最高人民法院。待最高人民法院答复后,方可裁定不予执行或者拒绝承认和执行。"

2013 年,最高人民法院发布《关于正确审理仲裁司法审查案件有关问题的通知》,要求对于当事人申请确认仲裁协议效力的案件以及当事人申请撤销或者不予执行中国贸易仲裁委员会或者上海贸易仲裁委员会、华南贸易仲裁委员会作出的仲裁裁决的案件,人民法院在作出裁定之前,须经审判委员会讨论提出意见后,逐级上报至最高人民法院,待最高人民法院答复后,方可作出裁定。2017 年,最高人民法院发布了《关于仲裁司法审查案件报核问题的有关规定》,[1]对申请承认和执行外国仲裁裁决案件等仲裁司法审查案件的报核作了更为严格的规定。

(五)在非《纽约公约》缔约国领土内作出的仲裁裁决

世界上只有少数国家尚未加入《纽约公约》。对于在非《纽约公约》缔约国领土内作出的仲裁裁决,需要我国法院承认和执行的,应按照《民事诉讼法》第 290 条规定,或者根据双边条约,或者根据互惠原则办理。在审查标准上,根据《仲裁法》第 71 条规定,被申请人提出证据证明涉外仲裁裁决有《民事诉讼法》第 258 条第 1 款(2021 年《民事诉讼法》第 281 条第 1 款)规定的情形之一的,经人民法院组成合议庭审查核实,裁定不予执行。

---

〔1〕 法释〔2017〕21 号,2021 年修正。

第十五章 跨国破产程序

第一节 破产程序概论

一、破产程序

传统的破产制度(bankruptcy)是指按照法律正式宣布某人或某企业无力偿还债务,由法定机构接收其财产以分给债权人的制度。在大多数国家,破产包括自然人破产和法人破产。[1] 在现代社会,破产的含义已有很大变化,从传统的破产向"支付不能"(insolvency)转变。支付不能是一个更广义的概念,而破产只是处理支付不能的一种特殊制度,除破产之外,还有其他可供选择的程序,包括破产前程序和混合程序。[2] 破产前程序是一种准集体程序(quasi-collective proceedings),它是指在法院或行政机关监督下给予陷入金融困境中的债务人在破产前进行重整的机会以避免其陷入破产境地。混合程序(hybrid proceedings)则是指将债务人的财产置于法院或破产管理人监督之下,但又允许债务人在一定程度上处分其财产的程序。例如,德国1999年破产法改革就将原来的《破产法》(Konkursordnung)修改为《支付不能法》(Insolvenzordnung),将破产与和解整合在一起。英国1986年颁布的《支付不能法》(Insolvency Act of 1986)仅适用于公司破产。在美国,现行破产法为1978年《美国破产改革法》(Bankruptcy Reform Act),取代了1898年的《破产法》(Bankruptcy Act),并被2005年的《禁止滥用破产和消费者保护法》(Bankruptcy Abuse Prevention and Consumer Protection Act of 2005)修改。该法适用于个人和公司。加拿大则有《破产和支付不能法》(Bankruptcy and Insolvency Act),也将二者区别对待。

欧盟2015年颁布了修订后的《欧洲议会和理事会2015年5月20日关于破产程序的第2015/848号条例》(以下简称《破产程序条例》)[Regulation (EU) 2015/848 of the European Parliament and of the Council of 20 May 2015 on insolvency proceedings],该条例虽然沿用了"insolvency"这一概念,但在范围上将其扩大到无偿付能力的公司或者其他类型的法人的清算程序、司法协议、和解以及类似程序。联

---

〔1〕 在英国,bankruptcy特指自然人破产。

〔2〕 欧盟目前已有至少15个成员国国内法中有破产前程序或混合程序。

合国 1997 年《跨国界破产示范法》(UNCITRAL Model Law on Cross-Border Insolvency)(以下简称《示范法》)对“insolvency”采用广义理解,没有给其下具体定义,而是用笼统的“程序”(proceeding)一词来指称各国法律中所有处理支付不能的集体程序。[1]

我国《企业破产法》[2]第 2 条规定:“企业法人不能清偿到期债务,并且资产不足以清偿全部债务或者明显缺乏清偿能力的,依照本法规定清理债务。”从这个定义中可以看出,我国的破产法是处理企业支付不能时的一种债务清理程序。我国法律中的破产,仅指企业破产,而不包括个人破产。但同时,我国《企业破产法》同时规定了重整、和解和破产清算三种程序,这也表明,我国《破产法》中“破产”的概念实际上兼有广义和狭义两种含义,广义上相当于“支付不能”(Insolvency),狭义上仅指“破产清算程序”(Bankruptcy)。本书也是从广义角度使用破产这一概念。

近年来,我国高度重视市场主体退出渠道建设,降低市场主体退出成本,激发市场主体竞争活力,完善优胜劣汰的市场机制,推动经济高质量发展。国家发展改革委、最高人民法院、工业和信息化部、民政部、司法部、财政部、人力资源社会保障部、人民银行、国资委、税务总局、市场监管总局、银保监会、证监会 2019 年专门发布了《加快完善市场主体退出制度改革方案》的通知。最高人民法院也于 2020 年印发了《关于推进破产案件依法高效审理的意见》。

二、跨国破产

近年来的全球金融危机导致全世界范围内出现大规模企业破产浪潮。据统计,在 2009-2011 年,欧盟每年有 20 万家企业破产,其中 1/4 属于跨国破产。2008 年,美国雷曼兄弟公司宣布进入破产保护程序,更是轰动全球。2014 年,欧盟境内的跨国破产数量又翻了一番。[3]

跨国破产(transnational insolvency)也称为国际破产(international insolvency)、跨境破产(cross-border insolvency),是指含有涉外因素或国际因素的破产,包括破产债务人在一个以上国家拥有资产,或该债务人的债权人有的不是来自进行破产程序的国家等情形。[4] 在国际破产案件中,由于各国坚持对其本国债权人利益予以

---

[1] 《联合国跨国界破产示范法立法指南》第 51 段;英文原文见联合国贸易法委员会官方网,http://www.uncitral.org/pdf/english/texts/insolven/insolvency-e.pdf。

[2] 2006 年 8 月 27 日第十届全国人民代表大会常务委员会第二十三次会议通过,2007 年 6 月 1 日起施行。

[3] Proposal for a Regulation of the European Parliament and of the Council amending Council Regulation (EC) No. 1346/2000 on insolvency proceedings, Council of the European Union, 10284/14 ADD 1 JUSTCIV 134 EJUSTICE 54 CODEC 1366, 3 June 2014.

[4] 联合国国际贸易法委员会《跨国界破产示范法立法指南》第 1 段。

保护，不信任甚至敌视外国的破产法律制度，在国际私法中普遍适用的“国际礼让”原则和私法的等价性原则在破产法领域并未得到广泛接受。因此，到目前为止，除区域性国际机构外（如欧盟），国际上仍然很难建立起统一的国际破产法律制度，处理破产案件仍然主要靠各国国内法院依据国内法来完成。

1997 年 5 月 30 日，联合国国际贸易法委员会通过的《示范法》旨在协助各国在本国破产法中建立一种现代法律框架，以更有效地处理涉及陷入严重财务困境或资不抵债的债务人的跨国界破产程序。它不是要统一实体破产法，而是侧重于授权和鼓励各法域进行合作与协调，并尊重各国程序法之间的差异。2004 年，联合国国际贸易法委员会通过了《跨国界破产示范法立法指南》，主要是为各国当局和立法机关制定新的法律和条例或审查现行法律和条例是否充分时，提供一种参考工具。2009 年 7 月 1 日，国际贸易法委员会又通过了《跨国界破产合作实践指南》，旨在向破产从业人员和法官介绍跨国界破产实务中如何进行合作和沟通的情况。2011 年 7 月 1 日，国际贸易法委员会又通过了《跨国界破产示范法：司法角度的审视》，旨在协助法官解决按照《示范法》提出的承认申请可能产生的问题。截至 2019 年年底，已有 51 个国家和地区根据《示范法》制定了本国（地区）的破产法，包括美国、英国、澳大利亚、加拿大、日本、韩国、新西兰、南非、波兰等。〔1〕

此外，还有一些国际机构致力于跨国破产法的协调工作，制定了一些国际性文件，包括：国际律师协会理事会起草的《跨国界破产协约》〔2〕、美国法学会 2000 年起草的《跨国界案件法院对法院联系的适用准则》，〔3〕以及欧洲破产协会起草的《欧洲跨国界破产联系与合作准则》〔4〕。

最高人民法院 2020 年印发的《关于人民法院服务保障进一步扩大对外开放的指导意见》也专门提出要“妥善处理跨境破产、金融、执行案件。坚持同类债权平等保护原则，积极参与和推动跨境破产国际条约的制定，完善跨境破产协调机制，依法保护债权人和投资人权益”。

2021 年 5 月，最高人民法院与香港特别行政区政府结合司法实践，就内地与香港特别行政区法院相互认可和协助破产程序工作进行会谈协商，签署了《最高人民

---

〔1〕 联合国国际贸易法委员会官方网，http://www.uncitral.org/uncitral/zh/uncitral_texts/insolvency/1997Model_status.html。

〔2〕 Cross-Border Insolvency Concordat adopted by the Council of the International Bar Association Section on Business Law (Paris, 17 September 1995) and by the Council of the International Bar Association (Madrid, 31 May 1996).

〔3〕 Guidelines Applicable to Court-toCourt Communications in Cross-Border Cases, published by the American Law Institute (16 May 2000) and adopted by the International Insolvency Institute (10 June 2001).

〔4〕 European Communication and Cooperation Guidelines for Cross-Border Insolvency, prepared by INSOL Europe's Academic Wing (2007).

法院与香港特别行政区政府关于内地与香港特别行政区法院相互认可和协助破产程序的会谈纪要》,指定若干试点地区有关中级人民法院与香港特别行政区法院依法开展相互认可和协助破产程序工作。

跨国或跨境破产程序(cross-border insolvency proceedings)所涉及的问题非常复杂,本书只探讨与国际私法有关的几个问题,即跨国破产案件的管辖权问题和法律适用问题以及破产程序的域外效力。[1]

第二节 跨国破产案件的管辖权

一、单一破产制和复合破产制

(一)单一破产制

在跨国破产中,涉及位于不同国家的破产财产或位于不同国家的债权人。一些国家主张,在跨国破产案件中只需要在一个地方的法院对债务人的破产财产进行全球性管理,也就是说只需要进行一个破产程序,该程序对债务人位于全球所有地方的财产和对全球所有的债权人均有同样的效力。这种观点就是单一破产制。在单一破产制下,破产程序的主审法院以外的外国法院不得再提起针对债务人的破产程序,或者只能进行一些附属于主要破产程序的辅助程序。单一破产制对应的是破产中的普遍主义观念。近年来,由于全球化遭遇逆流,普遍主义学派遭到挫折。[2]

(二)复合破产制

与单一破产制相对应的是所谓的"复合破产制",即允许针对同一债务人在两个以上的国家提起多重破产程序,也被称为"平行程序"(concurrent proceedings)。复合破产制对应的是破产属地主义。大多数国家均主张外国破产程序仅在该国境内有效,因此允许在本国提起平行破产程序。平行破产程序就是把破产程序分为"主要破产程序"和"非主要破产程序"。联合国的《示范法》和欧盟的《破产程序条例》均采用了修正的普遍主义(modified universalism),因而也承认了平行破产程序。《示范法》第2条(b)款规定的是主要程序,第2条(c)款规定的是非主要程序。《示范法》第五章专门规定了平行程序问题:当承认了某一外国的主要破产程序后,如果

---

〔1〕 Ian Fletcher, *Insolvency in Private International Law*, 2nd edition, Oxford, 2007; Look Chan Ho, *Cross Border Insolvency: A Commentary on the UNCITRAL Model Law*, 3rd edition, Globe Law and Business, 2012; R. Sheldon ed., *Cross-Border Insolvency*, 3rd edition, Bloomsbury Professional, 2011; Paul Omar, *International Insolvency Law: Reforms and Challenges*, Ashgate, 2013.

〔2〕 Eric Sokol, *The Fate of Universalism in Global Insolvency: Neoconservatism and New Horizons*, 44 Hastings International and Comparative Law Review 39 (2021).

债务人在本国拥有财产，本国法院享有针对债务人在本国开始破产程序的管辖权，但该程序的效力仅限于债务人位于本国境内的财产。欧盟《破产程序条例》第3条第1款规定，破产程序原则上由债务人主要利益中心地国法院管辖，该法院提起的破产程序就是主要破产程序（main proceedings，Hauptverfahren）。同时，该条例也不排除债务人营业所所在地国家法院受理针对债务人的其他破产程序。这种程序包括两类：特殊破产程序（particular proceedings，Partikularverfahren）和附属破产程序（secondary proceedings，Sekundaerinsolvenzverfahren）。二者的区别是：如果程序是在主要破产程序开始之前提起，就是特殊破产程序；如果程序是在主要破产程序开始之后提起，则成为附属破产程序。主要破产程序具有普遍效力，而特殊破产程序和附属破产程序均只具有地域效力，即只对位于程序开始国境内的债务人财产有效。

二、主要破产程序的管辖权

我国原《企业破产法（试行）》[1]第5条规定："破产案件由债务人所在地人民法院管辖。"最高人民法院2002年《关于审理企业破产案件若干问题的规定》第1条作了更为明确的规定："企业破产案件由债务人住所地人民法院管辖。债务人住所地指债务人的主要办事机构所在地。债务人无办事机构的，由其注册地人民法院管辖。"2006年通过的《企业破产法》第3条的规定与《企业破产法（试行）》第5条的规定完全相同。这些规定表明，我国对于破产案件也采用了传统上的住所地管辖标准（domiciliary bankruptcy）。[2]

不过，当代最新的趋势是采用债务人"主要利益中心地"标准（center of main interests，COMI）。联合国《示范法》和欧盟《破产程序条例》均规定债务人主要利益中心所在地法院应具有启动破产程序的管辖权。一般而言，债务人主要利益中心通常被推定为债务人的注册办事处或个人的经常居住地。[3]

有争议的问题是，对于跨国破产案件能否适用我国《民事诉讼法》中关于涉外管辖权的一般规定？根据大多数国家的实践，对于破产案件的管辖权通常不适用一般民事诉讼的管辖权规定。在一般民事纠纷中，有原告和被告，而在破产案件中，只有债权人和债务人，破产程序既可以由债权人提起，也可以由债务人本身提起，因此没有原告和被告之分。因此，普通民事诉讼中建立在"原告就被告"基础之上的管辖权规则不能适用于破产程序。

另外，破产程序涉及众多债权人，无法要求所有当事人达成管辖权协议，因此，破产程序中一般也不适用《民事诉讼法》中的协议管辖制度。

---

〔1〕 1986年12月2日第六届全国人民代表大会常务委员会第十八次会议通过。

〔2〕 参见石静遐：《跨国破产的法律问题研究》，武汉大学出版社1999年版，第79页以下。

〔3〕 欧盟《破产程序条例》（修订版）第3条第1款；联合国跨国破产《示范法》第16条第3款。

2018年,最高人民法院发布《关于同意深圳市中级人民法院内设专门审判机构并集中管辖部分破产案件的批复》(法〔2018〕363号),同意在深圳市中级人民法院内设专门审理破产案件的机构,跨境破产案件也由该机构专门管辖。2019年,最高人民法院同意在上海市第三中级人民法院和广州市中级人民法院内设专门审判机构并集中管辖部分破产案件,包括跨境破产案件。

三、附属破产程序的管辖权

如果债务人的住所地不在我国境内,但在我国有营业机构和财产,此时,如果外国依据住所地原则对该债务人行使了破产程序的管辖权,我国法院能否再对该债务人提起附属破产程序呢?或者在该债务人主要利益中心地或住所地开始主要破产程序之前,我国法院能否以其他理由对该债务人开始一项独立的破产程序呢?根据国际上的普遍实践和我国破产法的原则,这显然是允许的。欧盟新《破产程序条例》对此也不禁止,只是施加了一定限制。[1]

此时,我国法院行使的破产程序管辖权不是依据债务人住所地标准,而是依据其他标准,通常是以债务人财产所在地在我国或者营业所在我国为依据。目前,国际上的立法趋势是采用债务人营业所所在地标准,例如,联合国《示范法》第2条和欧盟《破产程序条例》第3条第2款。但要注意的是,此时我国法院进行的破产程序也只对债务人位于我国境内的财产有效。

1992年,深圳市中级人民法院曾经受理的中国银行深圳分行申请宣告国际商业信贷银行(BCCI)深圳分行破产案,[2]就是采用的这一原则。在该案中,尽管国际商业信贷银行已经在外国开始了多起破产程序,但针对其位于我国的财产,我国法院行使了管辖权,并进行了破产程序,最终维护了我国债权人的利益。这种做法也符合国际上的普遍实践。

第三节 跨国破产案件的法律适用

一、破产法院地法原则

破产程序作为一种程序制度,应当适用破产程序开始地法律,即破产法院地法

---

〔1〕 欧盟《破产程序条例》(修订版)序言第38段。

〔2〕 国际商业信贷银行注册地位于卢森堡,总部位于伦敦,在全球60多个国家拥有300多家机构。20世纪90年代初,因涉嫌卷入洗钱,该银行总部被英格兰中央银行宣布关闭,其在全球各地的机构纷纷陷入破产诉讼。该银行倒闭事件直接导致1992年巴塞尔协议的诞生。

(lex fori concursus),[1]通常被称为"破产准据法"(Insolvenzstatut)。[2] 对于主要破产程序,应当适用受理主要破产程序的法院地法律;对于非主要破产程序,也应当适用受理非主要程序的法院地法律。

破产法院地法主要支配破产程序中的所有程序性问题,包括破产案件的国内管辖权、破产申请的提出方式、破产财产的移交方式、破产管理人的任命及其权利、债权申报的规则、债权人会议的组成和召集、债权人投票的权利分配和行使方式、决议的通知和申诉、破产程序终结的条件和效力、破产费用承担等事项。欧盟新《破产条例》第7条第2款就详细罗列了破产法院地法所支配的事项。

二、破产实体问题的法律适用

(一)概论

破产程序涉及的不仅是程序问题,还有大量的实体问题,即直接影响当事人的实体权利和义务关系的问题。比如,破产原因的内容与构成、破产财产的范围、破产管理人的权利、破产债权的证明和确认、破产分配顺序、优先权、和解与整顿、可撤销交易、抵销权、撤销权、破产免责等。对于破产中涉及的实体问题,如果没有特殊规定,进行破产程序的法院都倾向于适用法院地法,因为法院地法对法官而言显然更为熟悉,也更为明确。但是由于跨国破产问题的复杂性,对于所有的问题统一适用法院地法有时是不公平的,也是不现实的。因此对于某些特殊问题,需要考虑适用法院地法以外的法律。

(二)破产债权的法律适用

破产债权是指破产宣告前成立的、对破产人的财产所享有的、可以并且必须通过破产程序受偿的财产请求权。各国对于破产债权的范围和顺位等均有不同规定,在跨国破产中依照不同国家的法律处理破产债权问题就会对当事人的利益产生巨大影响。对于这一问题,国际上有两种观点:一种观点主张应当适用支配债权的准据法;另一种观点主张适用法院地法。从联合国《示范法》和欧盟《破产程序条例》的规定以及各国的实践来看,适用法院地法的主张占据上风。[3]

但是要特别注意的是,在破产程序开始之前,一项针对债务人的债权应当受其本身的准据法支配,只有在破产程序开始之后,这些债权才转由破产程序开始地(法院地)法律调整。例如,在我国成立、主要营业地位于我国的一家公司在美国拥有一份不动产。通常情况下,该不动产的权益应当受不动产所在地法律支配,即美国法

---

[1] J. L. Westbrook, *Theory and Pragmatism in Global Insolvencies: Choice of Law and Choice of Forum*, 65 American Bankruptcy Law Journal 465(1991).

[2] Schack, Internationales Zivilverfahrensrecht, C. H. Beck, 1996, S. 451ff.

[3] 2015年欧盟《破产程序条例》第7条。

律。但如果该公司在我国开始了破产程序,在破产前存在于该不动产之上的债权仍然受该不动产所在地法律调整,但该债权是否属于破产债权以及该债权针对其他债权人的效力(如优先权问题),则应当依照法院地法,即我国法律确定。这一原则也得到英国冲突法的承认。〔1〕

(三)第三人的担保权

通常,破产程序主要用于解决债务人和无担保债权人之间的财产分配问题。对于有担保的债权人无需通过破产程序实现债权。有担保的债权可以在破产程序开始前通过变卖债务人或第三人的担保财产获得偿付,而无担保的债权人只能通过破产程序实现债权。有担保的债权人所享有的这种权利在大陆法系国家被称为别除权(Absonderungsrecht)。我国破产法没有采用"别除权"的概念,而是直接用了"有财产担保的债权"的概念。〔2〕 我国《企业破产法》第109条规定:"对破产人的特定财产享有担保权的权利人,对该特定财产享有优先受偿的权利。"

相对于有担保的债权人而言,无担保的债权人处于非常不利的地位。因此,有担保的债权对破产债权人的影响十分巨大。由于各国法律对于有担保债权的规定存在差异,法院依据不同国家法律来确定有担保债权的存在与否以及如何处理有担保债权问题,就会对破产程序产生重要影响。

在大陆法国家,对于担保物权通常适用物之所在地法。欧盟新《破产程序条例》第8条也规定,破产程序的开始不应影响到债权人或者第三人在有形或者无形资产上、动产或者不动产上设定的物上权利,包括在特定的资产和时常发生变动的不确定资产的整体上设定的权利,只要该资产属于债务人,并且在破产程序开始时,位于另一成员国境内。

(四)抵销权的法律适用

破产抵销权是指在破产宣告时,对破产人负有债务的债权人所享有的不依破产程序而直接以自己所享有的债权抵销所负的相当数额的债务的权利。我国《企业破产法》第40条规定了破产抵销权制度。

在现代社会,由于商业交往的发达,交易双方相互拥有债权债务的情况大量发生。当一方当事人破产时,是否允许相互抵销债权债务,以及如何进行抵销,各国法律的规定均有差异,因此会影响到破产债权人的权利。例如,普通法国家和大陆法的德国法系和斯堪的那维亚国家均承认破产抵销权;而法国及拉美国家则不允许或

---

〔1〕 Lawrence Collins ed., *Dicey, Morris and Collins on The Conflict of Laws*, 14th edition, Vol. 1, Thomson Sweet & Maxwell, 2006, p. 1051.

〔2〕 参见邹海林:《破产程序和破产实体制度比较研究》,法律出版社1995年版,第333页以下。

限制进行破产抵销。[1]

在跨国破产程序中,破产的程序事项适用破产法院地法律。但是,由于破产抵销权渊源于民法上的抵销权制度,是民法上的抵销权在破产程序中的扩张运用,因此不属于程序法问题,适用法院地法并不完全合适。这种情况下,通常要考虑到主债权的准据法,即支配破产债务人的债权的法律。欧盟新《破产程序条例》第9条第1款规定:“破产程序的开始并不影响债权人就其债权与债务人拥有的债权主张抵销的权利,当这种抵销被法律许可时,可适用于破产债务人的债权。”

(五)所有权保留的法律适用

所有权保留是指当事人在货物买卖合同中约定,在卖方交货后,只有当买方充分履行付款义务时,货物的所有权才转移到买方手中。在此之前,尽管货物已经交付至买方,但卖方将一直保留对货物的所有权,并在买方不履行付款义务时,卖方仍有追索货物的权利。

在跨国破产中,所有权保留条款的效力问题直接影响到破产债权人的利益。在买卖合同中,如果买方已经占有了货物但尚未支付货款就被宣告破产,此时卖方是否可以援引合同中的所有权保留条款,主张从破产财产中直接取回货物,而不依破产程序进行求偿?如果承认所有权保留条款,则卖方的债权将得到完全的实现,否则,卖方将不得不参加破产程序,只能从破产财产的分配中部分实现自己的债权。

跨国破产中所有权保留条款的效力问题,实际上就是破产法院是否承认依照物之所在地法成立的所有权保留的效力。因为所有权保留属于物权问题,应当适用物之所在地法。而破产程序一般适用破产法院地法。因此,这里涉及的就是物之所在地法和法院地法之间的冲突。英美法系国家一般是承认所有权保留的效力的。大陆法系国家如德国、荷兰等,对此也是予以承认的。但是法国、卢森堡等对此加以拒绝。

欧盟2015年《破产程序条例》第10条规定:(1)在破产程序启动时,资产位于成员国而不是程序启动国境内的情况下,针对资产购买方开始的破产程序不影响在所有权保留条款下卖方的权利。(2)针对资产出售方开始的破产程序,在资产交付后,破产程序不构成撤销或终止此次出售的基础,并不能阻止购买方根据破产程序开始时资产所在国而非程序开始国的法律规定取得财产的所有权。

---

[1] 参见石静遐:《跨国破产的法律问题研究》,武汉大学出版社1999年版,第298页以下。但是自从欧盟《破产程序条例》生效后,法国作为欧盟成员国,也应当接受该条例中关于破产抵销权的规定;参见欧盟《破产程序条例》第6条。

第四节　破产程序的跨国承认与执行

一、概论

(一)破产程序的域外效力

破产程序的域外效力问题可以从两个角度来看待:一方面是我国破产程序的域外效力问题;另一方面是外国破产程序在我国的效力问题。这两个方面的问题可以统称为破产的国际效力问题。

具体而言,破产程序的域外效力问题包含以下问题:[1]

1. 当我国法院决定受理某债权人或债务人提出的破产申请后,如果破产债务人的部分财产位于外国时,在该外国进行的有关破产财产的民事强制执行程序是否也应当中止?债务人能否就位于该外国的自己的财产对个别债权人进行清偿?反之,如果外国法院受理了针对某一债务人的破产申请,那么针对该债务人位于我国的财产所进行的强制执行程序是否也应当中止?债务人能否就该财产对个别债权人进行清偿?

2. 当我国法院宣告债务人破产后,破产财产的管理人(如清算组)能否对债务人在国外的财产行使回收权?也就是说,如果债务人在国外有财产,清算组能否将其财产在该外国进行变卖或拍卖,将其所得价金统一分配给破产债权人?反之,外国法院宣告债务人破产后,破产管理人能否对债务人位于我国的财产行使回收权?该问题的实质就是:在国内宣告的破产,其破产财产(破产财团)是否应当包括债务人位于国外的财产。

3. 我国《企业破产法》第32条规定:“人民法院受理破产申请前六个月内,债务人有本法第二条第一款规定的情形,仍对个别债权人进行清偿的,管理人有权请求人民法院予以撤销。”日本、德国、法国等国的破产法也有类似规定。问题在于,在这段时间内,债务人能否就自己在国外的财产向债务人提前清偿或提供财产担保。如果债务人已经实施了上述行为,那么破产财产的管理处分权人能否以债务人清偿、转让行为无效为根据,追回其财产或对上述行为行使否认权。

4. 在债务人与债权人达成和解协议,进行破产整顿时,其整顿中财产的运用是否应涉及外国的财产?

---

〔1〕 参见张卫平:《论破产程序的域外效力》,载梁慧星主编:《民商法论丛》(第4卷),法律出版社1996年版,第148页以下。

（二）普遍主义与属地主义

关于在一国境内进行的破产程序是否具有域外效力，属于国际破产法的基本理论问题。在这方面，国际上存在两种基本原则的对立：普遍主义和属地主义。

1. 普遍主义（universalism），对应的是“单一破产制”（unity），即主张一国的破产程序具有完全的国际效力。这样一来，债务人在一国被宣告破产后，就不需要再在其他国家宣告破产。同一个破产程序对位于所有国家的债权人和破产财产都具有效力。[1]

普遍主义源于“破产之上无破产”（faillite sur faillite ne vaut）或“一人一破产”的法律格言，其理论基础是债权人的平等性和债务人财产的统一性。通过采用普遍主义的单一破产制，有利于在全世界范围内合理分配债务人的财产，公平对待所有债权人，有效地管理债务人的财产。因此，从理论上讲，普遍主义更具有说服力。从当前各国的实践来看，普遍主义已经成为主流趋势。美国、英国是采用普遍主义的典型国家。[2] 欧洲大陆法系许多国家原来是采用属地主义的，但是现在已经有了重大变化。例如，德国以前的立法和司法实践均只坚持本国破产程序的域外效力，但否定外国破产程序的域内效力。但 1985 年德国联邦法院的一项判决实现了德国破产法从属地主义向普遍主义的转折。[3] 1994 年修订、1999 年生效的德国《破产条例施行法》第 102 条第 1 款则从立法上彻底贯彻了普遍主义思想。2002 年和 2015 年欧盟《破产程序条例》也贯彻了普遍主义的原则。[4]

但是，在实践当中，普遍主义往往无法得到真正有效的执行。[5] 普遍主义原则要求财产所在国放弃对当地财产的控制权，这是许多国家所不愿意接受的。因此，目前采绝对普遍主义的国家也并不多。

2. 属地主义（territorialism），对应的是“复合破产制”（pluralism），即主张一国所进行的破产程序和所作的破产宣告仅对位于该国领域内的破产财产有效力，而不及于域外。因此，债务人要想对债务人位于外国的财产进行分配，就需要再到外国重新提起另一个破产程序。属地主义的理论基础是破产程序的公法性质，其效力不能及于域外。属地主义反映了国家对本国债权人利益的保护和对本国经济利益的维护。日本破产法立法从 1922 年颁布之日直到 2000 年都坚持了绝对的属地主义原

---

〔1〕 参见石静遐：《跨国破产的法律问题研究》，武汉大学出版社 1999 年版，第 19 页以下。

〔2〕 See Varoon Sachdev, *Choice of Law in Insolvency Proceedings: How English Courts' Continued Reliance on the Gibbs Principle Threatens Universalism*, 93 American Bankruptcy Law Journal 343 (2019).

〔3〕 Schack, Internationales Zivilverfahrensrecht, 3 Aufl. 2002, S. 436.

〔4〕 欧盟《破产程序条例》第 3 条第 1 款、第 16 条以下。

〔5〕 Schack, Internationales Zivilverfahrensrecht, 3 Aufl. 2002, S. 471.

则。[1] 韩国破产法也采取属地主义。[2]

3. 折中主义

由于普遍主义和属地主义各有利弊,目前世界上大多数国家均不采用绝对的普遍主义或绝对的属地主义,而是采用折中主义。很多国家都主张,本国法院进行的破产程序具有域外效力,但不承认外国破产程序的域内效力。比如德国 1985 年以前的立法和司法实践。随着国际经济全球化的加强,普遍主义得到了越来越多国家的接受。许多国家也开始有条件地承认外国破产程序在本国的效力。但绝对采用普遍主义的国家也几乎没有。因此,建立在“新实用主义”基础之上的“折中主义”成为更为可取的立法取向。折中主义表现为一种“修正的普遍主义”(modified universalism)或者“合作的属地主义”(cooperative territorialism)。这一折中主义已经在联合国国际贸易法委员会 1997 年通过的《跨界破产示范法》(Model Law on Cross-Border Insolvencies)和欧盟《破产条例》中得到体现。[3] 日本 2000 年 11 月制定的《关于外国倒产处理程序的承认援助法》也删除了《破产法》第 3 条和《公司更生法》第 4 条关于属地主义的规定,在一定条件下可以承认外国破产程序的效力。[4]

(三)联合国《承认和执行与破产有关判决的示范法》

在国际贸易法委员会 2014 年第 47 届大会上,第五工作组(破产法)被授权起草一项关于破产相关判决承认与执行的示范法草案。在 2016 年 12 月举行的第五十届会议上,第五工作组提交了一份草案。[5] 草案共 15 条。根据草案的规定,该示范法适用于一国程序中颁布的与破产有关的判决在另一国寻求获得承认和执行。草案还规定了承认和执行与破产有关的判决的条件以及拒绝承认和执行的情形。

2018 年 7 月 2 日,联合国贸易法委员会第 51 届会议通过了《关于承认和执行与破产有关判决的示范法》[6] 及其《颁布指南》。[7] 2019 年 12 月 20 日,联合国大会正式通过了该示范法。[8] 《承认和执行与破产有关判决的示范法》为承认和执行与

---

[1] 日本《破产法》第 3 条;参见 Schack, IZVR, S. 436。

[2] 韩国《破产法》第 3 条。

[3] Matthew T. Cronin, *UNCITRAL Model Law on Cross-Border Insolvency: Procedural Approach to a Substantive Problem*, 24 Journal of Corporation Law 711 (1999).

[4] 参见李旺:《日本关于国际破产法律制度的修改》,载《法学》2001 年第 11 期。

[5] https://documents - dds - ny. un. org/doc/UNDOC/LTD/V16/086/49/PDF/V1608649. pdf?OpenEleme。

[6] 联合国大会正式记录 A/73/17,https://undocs. org/ch/A/74/17。

[7] 联合国大会第 52/158 号决议,附件。该示范法及《颁布指南》的中文版参见国际贸易法委员会官方网,https://uncitral. un. org/sites/uncitral. un. org/files/media-documents/uncitral/zh/ml_recognition_gte_z_0. pdf。

[8] A/RES/73/200.

破产有关的判决提供了一种简便的制度,可以有助于为陷入财务困境的企业收复价值,从而增加重整或清算获得成功的可能性,有利于所有利益方,包括债权人、员工和其他利益关系方。根据《承认和执行与破产有关判决的示范法》的规定,与破产有关的判决是指"作为破产程序的结果产生的或实质上与之相关联的"判决(无论该程序是否已经结束),并且判决是在破产程序启动时或启动之后作出的。但其中不包括破产程序的启动程序判决。《承认和执行与破产有关判决的示范法》主要规定了以下问题:《承认和执行与破产有关判决的示范法》与其他条约之间的关系;对于承认和执行判决的申请程序,包括可否提供临时救济;拒绝承认和执行的理由;与破产有关判决的效力和可执行性;原判国的判决复审对承认和执行判决的影响;判决在承认国的同等效力以及为承认和执行判决而可对判决各部分加以分割。

在2019年7月15日第1099次会议上,联合国贸易法委员会审议通过了《企业集团破产示范法草案》和《颁布指南草案》的案文,[1]并建议所有国家在修订或通过与破产有关的立法时积极考虑《承认和执行与破产有关判决的示范法》。该示范法共32条,适用于对企业集团内一个或多个成员启动了破产程序的企业集团,并处理这些破产程序的进行和管理,以及这些破产程序之间的跨国界合作,包括判决的承认与执行等。

二、我国立法与实践

(一)地方法规

我国以前的破产立法,无论是1986年的《企业破产法(试行)》还是1991年的《民事诉讼法》第十九章"企业法人破产还债程序",均未对破产的域外效力问题进行规定。[2] 当时立法者的倾向性意见与德国1985年前的实践似乎是一致的,即对外国破产程序采取属地原则,对我国破产程序采用普遍性原则,即主张我国法院的破产程序具有域外效力,但外国法院的破产程序的效力在我国不予承认。[3]

我国地方性法规中对此问题有所规定。1986年广东省第六届人大常委会通过的《深圳经济特区涉外公司破产条例》(现已失效)第5条对外国破产程序在深圳的效力作了规定:"依国外破产法宣告的破产,对破产人在特区的财产不发生效力。"这一规定就是采取的典型的属地主义原则。

(二)司法实践

我国司法实践中也早已遇到跨国(境)破产问题。1992年,深圳市中级人民法

---

〔1〕 Https://uncitral.un.org/sites/uncitral.un.org/files/media-documents/uncitral/zh/mlegi_-_advance_pre-published_version_-_c.pdf。

〔2〕《企业破产法(试行)》只适用于国有企业;《民事诉讼法》第19章适用于非国有企业。

〔3〕 参见汤维健:《论跨国破产》,载《比较法研究》1995年第2期。

院曾经受理过中国银行深圳分行申请宣告国际商业信贷银行(BCCI)深圳分行破产案,该案是中国法院在跨国破产程序中坚持严格属地主义原则的典型案例。[1]

1999年发生的"广东国际信托投资公司破产案"(以下简称广信破产案)使得跨国破产问题引起了我国理论和实务界的极大兴趣,同时也引起了全世界对我国处理跨国破产问题的法律和政策的高度关注。2003年2月28日,广东省高级人民法院终于审结了此案。该案明确肯定了我国法院破产程序的普遍主义效力。香港高等法院在与该案相关联的"中芝兴业财务有限公司诉广信案"中,也肯定了广东省高级人民法院的做法。

但广信破产案只涉及我国法院破产程序的域外效力问题。对于外国法院破产程序在我国的效力问题,当时的立法并未规定,此前的判决也多采取属地主义态度。但广东省佛山市中级人民法院于2001年11月审理的"意大利B&T Ceramic Groubs. r.1有限公司申请承认意大利米兰法院破产判决案",明确承认了意大利法院作出的破产判决在我国的法律效力,[2]该案被诸多媒体评价为我国加入WTO后第一起承认域外破产程序的案例。[3]

2002年7月18日通过的《最高人民法院〈关于审理企业破产案件若干问题的规定〉》虽然没有对跨国破产问题专门规定,但其第73条第4款规定:"破产企业在境外的财产,由清算组予以收回。"根据这一规定,我国法院审理的破产案件对境外破产财产具有域外效力。

(三)2006年《破产法》

2006年8月27日颁布的《企业破产法》第5条作了如下规定:"依照本法开始的破产程序,对债务人在中华人民共和国领域外的财产发生效力。对外国法院作出的发生法律效力的破产案件的判决、裁定,涉及债务人在中华人民共和国领域内的财产,申请或者请求人民法院承认和执行的,人民法院依照中华人民共和国缔结或者参加的国际条约,或者按照互惠原则进行审查,认为不违反中华人民共和国法律的基本原则,不损害国家主权、安全和社会公共利益,不损害中华人民共和国领域内债权人的合法权益的,裁定承认和执行。"这一规定采取了有限制的普遍主义原则,可以说比较符合国际上的趋势,也与我国近年来的司法实践相一致。

(四)对外国破产程序的承认和执行

在"大浩化工株式会社诉宇岩涂料株式会社、内奥特钢株式会社买卖合同纠纷

---

〔1〕 参见石静遐:《跨国破产的法律问题研究》,武汉大学出版社1999年版,第70页。

〔2〕 广东省佛山市中级人民法院民事裁定书,(2000)佛中法经初字第633号。

〔3〕 该案被广东高级人民法院评为广东省2002年十大涉外民商事纠纷案件之一,载《粤港信息日报》2003年1月30日。

案”[1]中，也涉及外国破产程序在我国的效力问题。该案中，双方为韩国企业，两被告均在韩国法院进入破产程序，宇岩涂料在中国有可供扣押的财产，原告于是向中国法院起诉追讨货款。两被告认为，原告应当在韩国法院申报债权，其在中国起诉是为了规避韩国破产程序，要求中国法院不予受理其起诉。我国法院以不方便法院为由驳回原告起诉，认为当事人之间的法律关系在韩国法院解决更为便利。本案中，我国法院未受理原告针对我国境内的外国破产企业财产提起的诉讼，意味着间接地承认了外国法院破产程序的效力。

不过，对于境外法院做出的清盘命令是否能够被我国法院认可，最高人民法院的态度有所反复。在早先的案例中，最高人民法院对此持否定态度。[2] 近年来，最高人民法院和地方人民法院都倾向于承认外国破产管理人的诉讼地位。

在“新兴产业株式会社破产财产管理人与北京龙头房地产开发有限公司房屋买卖合同纠纷案”中，[3]北京市高级人民法院认为：根据《涉外民事关系法律适用法》第 14 条关于“法人及其分支机构的民事权利能力、民事行为能力、组织机构、股东权利义务等事项，适用登记地法律”，以及《最高人民法院关于贯彻执行〈中华人民共和国民法通则〉若干问题的意见（试行）》第 184 条“外国法人以其注册登记地国家的法律为其本国法，法人的民事行为能力依其本国法确定”之规定，判断涉外民事案件中法人的民事权利能力及民事行为能力，应适用其注册登记地法律。根据原告起诉时提供的《日本破产法》第 80 条“有关破产财产的诉讼以破产财产管理人为原告或被告”可知，原告系日本法院确认的新兴产业株式会社的破产财产管理人，有权以原告的身份向本院提起本案诉讼，不违反我国相关法律规定。被告所提原告主体不适格的主张缺乏依据，不予支持。

2018 年最高人民法院发布的《全国法院破产审判工作会议纪要》第 49 条对跨境破产与互惠原则的关系作了规定。人民法院在处理跨境破产案件时，要妥善解决跨境破产中的法律冲突与矛盾，合理确定跨境破产案件中的管辖权。在坚持同类债权平等保护的原则下，协调好外国债权人利益与我国债权人利益的平衡，合理保护我国境内职工债权、税收债权等优先权的清偿利益。积极参与、推动跨境破产国际条约的协商与签订，探索互惠原则适用的新方式，加强我国法院和管理人在跨境破产领域的合作，推进国际投资健康有序发展。该纪要第 50 条提出了跨境破产案件中的权利保护与利益平衡。依照《企业破产法》第 5 条的规定，开展跨境破产协作。人民法院认可外国法院作出的破产案件的判决、裁定后，债务人在中华人民共和国

---

[1] 江苏省高级人民法院民事裁定书，(2010)苏商外终字第 0053 号。

[2] 最高人民法院 2011 年 9 月 28 日《关于北泰汽车工业控股有限公司申请认可香港特别行政区法院命令案的请示的复函》（[2011]民四他字第 19 号）。

[3] 最高人民法院民事判决书，(2016)最高法民终 312 号。

境内的财产在全额清偿境内的担保权人、职工债权和社会保险费用、所欠税款等优先权后,剩余财产可以按照该外国法院的规定进行分配。

(五)我国破产程序在境外的承认和执行

浙江尖山光电股份有限公司系海宁市重点光伏企业,浙江省海宁市农村信用合作联社对该公司及其三个子公司享有到期金融债权本金1.1亿余元人民币,一直未被清偿。2013年11月5日,海宁市农村信用合作联社向法院申请对债务人进行重整。债务人在法定期限内未提出异议。海宁市人民法院同意了该申请,并依法指定尖山公司清算组担任债务人的破产重整一案管理人。2014年6月30日,该院出具《决定书》,表示注意到债务人"在美国拥有大量破产财产"(主要是位于新泽西州某仓库中的太阳能电池板),依据管理人申请,对管理职责范围补充决定如下:"管理人有权依据美利坚合众国法典第11篇('破产法')第15章之规定,向美国司法机构寻求相关司法救济,并有权采取其认为合适的步骤履行其职务",正式授权破产管理人作为债务人的代表,寻求美国破产救济。2014年7月11日,管理人任命了一位"指定受权人"(Authorized Designee),2014年7月16日,该指定受权人聘请的美国律师,向位于新泽西州的美国联邦破产法院提交了《承认外国主要程序和提供救济和帮助》的申请动议书。

美国联邦破产法院新泽西州地区首席法官伯恩斯(Gloria M. Burns)于2014年8月12日签署命令,[1]批准了此项申请:(1)根据联邦破产法典第1517(a)(1)—(3)条,及第1517(b)(1)条,确认中国破产程序符合美国法定义下的"外国主要程序"的各项条件;(2)命令立即提供相应的美国司法救济:"根据联邦破产法典第362条,第1519(a)(1)条,和第1521(a)条,所有的自然人债权人和企业债权人,从现在起,被禁止(stayed, without limitation)推进执行一切针对债务人的、或债务人在美国境内的任何财产(包括被主张但待确认的财产)的判决或执行令(writ of execution);并被禁止从事任何占有、控制、移转、处分、或设限于债务人在美财产的行为;或未经本庭允许,进行任何针对债务人及其资产的其他行为……任何正在进行中的移转、设限、处分债务人在美资产及其相关收益(含所有被主张但待确认的财产)均暂停实施,直至法院签发相关指令。"

该判决具有相当重要的意义:作为美国法院承认中国破产程序的首例,必将为其他有破产重整需求的中国企业寻求将其在美资产和债权纳入在华发起的破产程序产生积极的示范作用,也为中国法院未来依照互惠原则承认美国破产程序在华的效力带来重要启示并提供了可能。中国多家在美上市企业如赛维集团(LDK)和尚德集团(Sun Tech)都在美国寻求破产救济。

---

〔1〕 *In re Zhejiang Topoint Photovoltaic Co., Ltd.*, Case No. 14-24549 5/12/2015, at: http://www.njb.uscourts.gov/opinions/GB/docs/2015/R14-24549_May_12_Opinion.pdf.

第十六章　区际司法协助

第一节　概　　论

一、我国的区际法律冲突

在我国，由于存在内地（大陆）、香港特区、澳门特区和台湾地区等不同的法域，因此，我国的区际法律冲突问题（涉港澳台法律纠纷）尤为突出。[1] 最高人民法院早在 1987 年发布的《关于审理涉港澳经济纠纷案件若干问题的解答》（已失效）中规定："（一）人民法院受理的经济纠纷案件，凡具有下列情形之一的，属于涉港澳经济纠纷案件：1. 当事人一方或双方是港澳同胞，或在香港、澳门地区登记成立的企业或者其他经济组织；2. 经济纠纷争议的标的物在香港、澳门地区的；3. 经济关系的发生、变更或者消灭在香港、澳门地区的。（二）居住在香港、澳门特别行政区的外国人（包括持英国、葡萄牙本土护照的华人）或者港澳同胞在外国登记成立的企业、其他经济组织，与内地的企业、其他经济组织或者与在港澳地区登记成立的企业、其他经济组织之间的经济纠纷案件，不属于涉港澳经济纠纷案件，而是涉外经济纠纷案件。（三）港澳同胞或者港澳地区企业、其他经济组织在内地成立的独资企业或投资兴办的合资经营企业、合作经营企业与内地的企业、其他经济组织之间的经济纠纷案件，也不属于涉港澳经济纠纷案件，而是国内经济纠纷案件。"

目前，我国还没有专门的法律来解决涉港澳台的案件。最高人民法院 2012 年《法律适用法解释一》第 17 条规定："涉及香港特别行政区、澳门特别行政区的民事关系的法律适用问题，参照适用本规定。"

《民诉法司法解释》第 549 条也规定："人民法院审理涉及香港、澳门特别行政区和台湾地区的民事诉讼案件，可以参照适用涉外民事诉讼程序的特别规定。"

2010 年 4 月 26 日最高人民法院通过了《关于审理涉台民商事案件法律适用问题的规定》（2020 年已修正），自 2011 年 1 月 1 日起施行。[2] 该规定共三条，内容包括：

---

〔1〕 详细的研究参见黄进：《区际冲突法研究》，学林出版社 1991 年版。

〔2〕 法释〔2010〕19 号，2020 年法释〔2020〕18 号修正。

第一,人民法院审理涉台民商事案件,应当适用法律和司法解释的有关规定。根据法律和司法解释中选择适用法律的规则,确定适用我国台湾地区民事规定的,人民法院予以适用。

第二,我国台湾地区当事人在人民法院参与民事诉讼,与大陆当事人有同等的诉讼权利和义务,其合法权益受法律平等保护。

第三,适用我国台湾地区规定不得违反大陆法律的基本原则或者社会公共利益。

另外要注意的是,人民法院在引用我国台湾地区规定时应称为"台湾地区某某规定"适用我国台湾地区的规定应仅限于我国台湾地区的民商事规定。如果应适用的我国台湾地区的规定对有关问题未做规定或者规定不明确的,则适用大陆的有关法律规定。

司法实践中,涉港澳台案件与普通涉外案件还是有很多不同之处,特别是在某些规则的运用上要加以区别,比如定性、反致、公共秩序保留等方面。因为在同一主权国家内部,毕竟不像国际私法中那样要受到国际间利益分歧和利益争夺的影响和制约。

香港特别行政区和澳门特别行政区法院基本上也是适用国际私法规范(主要是判例)来解决区际冲突问题。而在我国台湾地区,则于1992年专门颁布了"台湾地区与大陆人民关系条例",其中包括了用于解决我国台湾地区与我国大陆区际法律冲突的冲突法规范。

二、我国的区际司法协助

我国不同区域之间的规定冲突原则上参照适用国际私法的基本规定。这种参照适用在法律适用和确定管辖权方面比较容易进行,因为在这方面通常不会涉及不同区域法院之间的相互合作问题。各法域的法院只需要根据自己的法律确定本法院的管辖权和应适用的法律。但是在跨境送达、调查取证和判决的承认与执行方面,就很难套用国际民事诉讼程序中的规定。因为在这些领域,通常是通过国家间的司法协助来进行的,而这种司法协助大都是基于各国间的多边或双边条约的规定,或者通过外交途径。而在我国内地(大陆)与香港特别行政区、澳门特别行政区和台湾地区之间的民事司法合作中,由于是在一国框架之下,就无法借助于国际条约,也不能采取外交途径。

我国香港特别行政区和澳门特别行政区在回归祖国之前,分别通过英国和葡萄牙加入了一些有关国际司法协助的国际条约,如香港参加了1961年的《海牙取消外国公文认证要求公约》、1965年的海牙《送达公约》、1970年的《海牙取证公约》和1958年的联合国《纽约公约》。根据中英《联合声明》和《香港特别行政区基本法》的规定,这些条约在1997年后仍可继续适用于香港,包括我国尚未加入的条约。[1]但是,无论是在香港和澳门回归前还是回归后,香港和澳门都不是这些条约的独立的缔约方。在香港和澳门回归祖国前,对于我国内地和香港、澳门共同适用的国际条约,我国内地和香港、澳门之间可以依照该国际条约的规定的。例如,1992年3月4日,最高人民法院、外交部、司法部联合发出《关于执行〈关于向国外送达民事或商事司法文书和司法外文书公约〉有关程序的通知》[2],最高人民法院经征询国务院港澳办公室的意见后规定,香港最高法院和内地人民法院送达司法文书和司法外文书,可以参照该通知的有关规定办理。[3]

但是在香港、澳门回归之后,由于香港、澳门和内地都同属一个中国,彼此之间的关系就不能适用国际条约的规定。例如,在1997年7月1日之前,我国内地仲裁机构作出的仲裁裁决可以依照《纽约公约》的规定,在香港申请承认与执行。在实践中,截至1997年7月1日之前,我国内地有160多件仲裁裁决都是通过这种途径在香港得到承认与执行的。但是在1997年7月1日之后,对此类裁决就不能再依照《纽约公约》在香港承认与执行了。[4] 至于我国台湾地区,由于不是国际法主体,就更不能参加任何以国家身份订立的国际条约。

因此,对于我国内地(大陆)与我国香港特别行政区、澳门特别行政区、台湾地区之间,以及我国港澳台地区之间的区际司法协助(互助)问题,只能根据各地区自己的规定以及各地区之间的合作安排来解决。

第二节 送 达

一、内地与香港特别行政区之间

《香港特别行政区基本法》第95条规定:"香港特别行政区可与全国其他地区的司法机关通过协商依法进行司法方面的联系和相互提供协助。"根据这一规定,最高人民法院经过与香港地区代表协商,于1998年12月达成了《关于内地与香港特别行政区法院相互委托送达民商事司法文书的安排》,在内地以最高人民法院司法解

[1] 关于国际条约在香港和澳门特别行政区适用的具体情况参见王西安:《国际条约在中国特别行政区的适用》,广东人民出版社2006年版;饶戈平、李赞:《国际条约在香港的适用问题研究》,中国民主法制出版社2008年版。

[2] 外发〔1992〕8号文件。

[3] 参见1992年7月5日最高人民法院办公厅关于"送达公约"适用于香港的通知。

[4] 参见香港高等法院在"河北进出口公司诉保利得工程有限公司执行仲裁裁决案"的判决,《香港案例》1997年,第276页。转引自董立坤:《国际私法论》(修订本),法律出版社2000年版,第508页以下。

释的形式发布。[1] 该安排规定,内地法院和香港法院委托送达司法文书,均通过各高级人民法院和香港特别行政区高等法院进行。内地司法文书包括:起诉状副本、上诉状副本、授权委托书、传票、判决书、调解书、裁定书、决定书、通知书、证明书、送达回证等;香港司法文书包括:起诉状副本、上诉状副本、传票、状词、誓章、判案书、判决书、裁决书、通知书、法庭命令、送达注明等。最高人民法院司法文书可以直接委托香港特别行政区高等法院送达。委托方请求送达司法文书,应当出具委托书,委托书应以中文作出。不论司法文书中确定的出庭日期或者期限是否已过,受委托方均应送达。受委托方接到委托书后,应当及时完成送达,最迟不超过收到委托书之日起两个月。送达完成后,应当出具送达回证或送达证明书。受托方无法送达的,应当注明原因、拒收事由和日期,并及时退回委托书及所附全部文书。

1999-2014年,内地法院委托香港法院送达民商事司法文书15,127件,香港法院协助送达成功率为36.6%;香港法院委托内地法院送达民商事司法文书1959件,内地法院协助送达成功率53.5%。[2]

二、内地与澳门特别行政区之间

2001年,最高人民法院根据《澳门特别行政区基本法》第93条的规定,经过与澳门地区代表协商,达成了《关于内地与澳门特别行政区法院就民商事案件相互委托送达司法文书和调取证据的安排》,在内地以最高人民法院发布司法解释的形式予以公布,自2001年9月15日起施行。[3] 该安排关于送达的规定与上述与香港地区的《关于内地与香港特别行政区法院相互委托送达民商事司法文书的安排》内容上基本是一致的。2020年施行的修订本增加了通过司法协助网络平台以电子方式转递和邮寄送达的规定。

三、《最高人民法院关于涉港澳民商事案件司法文书送达问题若干规定》

为了进一步规范涉港澳司法文书送达问题,2009年2月16日,最高人民法院审判委员会第1463次会议通过了《最高人民法院关于涉港澳民商事案件司法文书送达问题若干规定》。[4] 该规定第8条规定,人民法院可以通过传真、电子邮件等能够确认收悉的其他适当方式向受送达人送达。第10条规定,除公告送达方式外,人民法院可以同时采取多种法定方式向受送达人送达。采取多种方式送达的,应当根

---

[1] 法释[1999]9号,1998年12月30日由最高人民法院审判委员会第1038次会议通过。

[2] 参见高晓力:《从内地法院民商事司法协助实践看“两地安排”的发展》,载《中国法律》2015年第6期。

[3] 法释[2001]26号,2001年8月7日最高人民法院审判委员会第1186次会议通过,2019年12月30日最高人民法院审判委员会第1790次会议修正,该修正自2020年3月1日起施行。

[4] 法释[2009]2号。

据最先实现送达的方式确定送达日期。

四、海峡两岸之间

近年来,人民法院受理涉台案件的数量不断增加,但两岸法院审理互涉案件遇到了送达的瓶颈问题。在双方未达成双边司法互助安排的情况下,最高人民法院2008年4月17日单方面公布《关于涉台民事诉讼文书送达的若干规定》,[1]并于4月23日起施行。该规定共11条,主要内容包括:适用的范围;送达或者代为送达的民事诉讼文书的种类;人民法院向所在地我国台湾地区的当事人送达民事诉讼文书的途径、方式;涉台民事诉讼文书送达适用留置送达、传真和电子邮件送达的规定;在两岸法院相互委托送达的情况下,对送达主体和委托函的具体要求;涉台民事诉讼文书公告送达的具体规定;送达期限的规定等。

2009年4月26日,时任海峡两岸关系协会会长陈云林与台湾海峡交流基金会董事长江丙坤在南京签署《海峡两岸共同打击犯罪及司法互助协议》。该协议规定,双方同意依己方规定,尽最大努力,相互协助送达司法文书,并在调查取证方面相互合作。双方同意依己方规定相互协助调查取证,包括取得证言及陈述;提供书证、物证及视听资料;确定关系人所在或确认其身份;勘验、鉴定、检查、访视、调查;搜索及扣押等。受请求方在不违反己方规定前提下,应尽量依请求方要求之形式提供协助。受请求方协助取得相关证据资料,应及时移交请求方。双方同意基于互惠原则,于不违反公共秩序或善良风俗之情况下,相互认可及执行民事确定判决与仲裁裁决(仲裁判断)。截至2014年6月,两岸审判、检察机关相互委托送达文书、调查取证等司法协助接近4万件,成效显著。[2]

2010年12月16日,最高人民法院审判委员会第1506次会议通过了《最高人民法院关于人民法院办理海峡两岸送达文书和调查取证司法互助案件的规定》,[3]自2011年6月25日起施行。制定该规定的目的是落实《海峡两岸共同打击犯罪及司法互助协议》,进一步推动海峡两岸司法互助业务的开展。根据该规定,人民法院可以办理海峡两岸民事、刑事、行政诉讼案件中的送达文书和调查取证司法互助业务。最高人民法院是与我国台湾地区业务主管部门就海峡两岸司法互助业务进行联络的一级窗口。最高人民法院台湾司法事务办公室主任是最高人民法院指定的协议联络人。最高人民法院授权高级人民法院就办理海峡两岸送达文书司法互助案件,建立与我国台湾地区业务主管部门联络的二级窗口。中级人民法院和基层人民法

---

[1] 法释[2008]4号。

[2] 2014年6月19日最高人民法院海峡两岸司法互助协议五周年新闻发布会。相关案例参见《2014年人民法院涉台司法互助典型案例》,载《人民法院报》2015年7月1日,第3-4版。

[3] 法释[2011]15号。

院应当指定专人负责海峡两岸司法互助业务。

根据该规定第7条的规定,人民法院向住所地在我国台湾地区的当事人送达民事和行政诉讼司法文书,可以采用下列方式:(1)受送达人居住在大陆的,直接送达。受送达人是自然人,本人不在的,可以交其同住成年家属签收;受送达人是法人或者其他组织的,应当由法人的法定代表人、其他组织的主要负责人或者该法人、其他组织负责收件的人签收。受送达人不在大陆居住,但送达时在大陆的,可以直接送达。(2)受送达人在大陆有诉讼代理人的,向诉讼代理人送达。但受送达人在授权委托书中明确表明其诉讼代理人无权代为接收的除外。(3)受送达人有指定代收人的,向代收人送达。(4)受送达人在大陆有代表机构、分支机构、业务代办人的,向其代表机构或者经受送达人明确授权接受送达的分支机构、业务代办人送达。(5)通过协议确定的海峡两岸司法互助方式,请求我国台湾地区送达。(6)受送达人在我国台湾地区的地址明确的,可以邮寄送达。(7)有明确的传真号码、电子信箱地址的,可以通过传真、电子邮件方式向受送达人送达。

采用上述方式均不能送达或者我国台湾地区当事人下落不明的,可以公告送达。

人民法院需要向住所地在我国台湾地区的当事人送达刑事司法文书,可以通过协议确定的海峡两岸司法互助方式,请求我国台湾地区送达。

人民法院协助我国台湾地区法院送达司法文书,应当采用民事诉讼法、刑事诉讼法、行政诉讼法等法律和相关司法解释规定的送达方式,并应当尽可能采用直接送达方式,但不采用公告送达方式。

第三节 调 查 取 证

一、内地与香港特别行政区之间

2016年12月29日,最高人民法院和香港特别行政区政府律政司在深圳签署《关于内地与香港特别行政区法院就民商事案件相互委托提取证据的安排》。该安排规定了适用范围、联络机关、办理程序等事项,旨在为两地相互委托取证工作的开展提供明确指引和制度性安排。该安排生效后,民商事案件当事人可以分别通过两地联络机关向对方法院请求协助询问证人、取得文件、扣留财产、取样鉴定等,将在很大程度上减少两地法院在审理民商事领域互涉案件时面临的障碍。

根据该安排的规定,内地指定的联络机关分别是各高级人民法院,香港特区指定的联络机关是政务司司长办公室辖下的行政署。

二、内地与澳门特别行政区之间

《最高人民法院关于内地与澳门特别行政区法院就民商事案件相互委托送达司法文书和调取证据的安排》(2020年修正)规定,委托方法院请求调取的证据只能是与诉讼有关的证据。代为调取的证据的范围包括:代为询问当事人、证人和鉴定人,代为进行鉴定和司法勘验,调取其他与诉讼有关的证据。该安排在2020年修正后增加了视频、音频取证方式。

另外,根据《最高人民法院关于民事诉讼证据的若干规定》[1]第16条的规定,当事人向人民法院提供的证据是在我国香港特别行政区、澳门特别行政区、台湾地区形成的,应当履行相关的证明手续。根据司法部2006年颁布、2020年修正的《公证程序规则》第12条的规定,居住在我国香港特别行政区、澳门特别行政区、台湾地区的当事人,委托他人代理申办涉及继承、财产权益处分、人身关系变更等重要公证事项的,其授权委托书应当经其居住地的公证人(机构)公证,或者经司法部指定的机构、人员证明。具体方法如下:在内地无住所的香港当事人从内地以外寄交或者托交的有关诉讼材料,需经我国司法部委托的香港律师公证,公证书上应盖有中国法律服务(香港)有限公司转递香港公证文书专用章。在内地无住所的澳门当事人从内地寄交或者托交的有关诉讼材料,应盖有中国法律服务(澳门)有限公司证明事务专用章。

三、海峡两岸之间

根据《最高人民法院关于人民法院办理海峡两岸送达文书和调查取证司法互助案件的规定》的规定,[2]人民法院办理海峡两岸调查取证司法互助业务,限于与我国台湾地区法院相互协助调取与诉讼有关的证据,包括取得证言及陈述;提供书证、物证及视听资料;确定关系人所在地或者确认其身份、前科等情况;进行勘验、检查、扣押、鉴定和查询等。人民法院协助我国台湾地区法院调查取证,应当采用民事诉讼法、刑事诉讼法、行政诉讼法等法律和相关司法解释规定的方式。在不违反法律和相关规定、不损害社会公共利益、不妨碍正在进行的诉讼程序的前提下,人民法院应当尽力协助调查取证,并尽可能依照我国台湾地区请求的内容和形式予以协助。[3]

在我国大陆无住所的我国台湾地区当事人从我国台湾地区寄交或者托交的有

---

〔1〕 法释〔2001〕33号,自2002年4月1日起施行;法释〔2019〕19号,2019年10月14日最高人民法院审判委员会第1777次会议修正。

〔2〕 法释〔2011〕15号。

〔3〕 相关案例参见《2014年人民法院涉台司法互助典型案例》,载《人民法院报》2015年7月1日,第3-4版。

关诉讼材料，应经我国台湾当地的公证机构或者其他部门、民间组织、律师出具证明，个人可由其工作单位出具证明。对于公证文书的真实性如何认定，则应依据两岸于 1993 年 4 月 29 日共同签署的《海峡两岸公证书使用查证协议》和司法部发布的《海峡两岸公证书使用查证协议实施办法》的规定办理。[1]

第四节　法院判决和仲裁裁决的承认与执行

一、内地与香港特别行政区之间

（一）相互执行仲裁裁决

在仲裁裁决的相互执行方面，在 1997 年 7 月 1 日之前，我国内地仲裁机构作出的仲裁裁决可以依照《纽约公约》的规定，在香港申请执行。但在 1997 年 7 月 1 日之后，《纽约公约》不再适用于内地和香港之间。由于双方已经有《纽约公约》的基础，因此在 1999 年 6 月 21 日，最高人民法院与香港特别行政区政府在深圳达成《关于内地与香港特别行政区相互执行仲裁裁决的安排》，[2]该安排在内地以最高人民法院发布司法解释的方式发布和实施，在香港则由香港特别行政区通过修改仲裁条例的方式予以实施，其内容与《纽约公约》大致相同。

2009 年，最高人民法院发布《关于香港仲裁裁决在内地执行的有关问题的通知》，[3]当事人向人民法院申请执行在香港特别行政区作出的临时仲裁裁决、国际商会仲裁院等国外仲裁机构在香港特别行政区作出的仲裁裁决的，人民法院应当按照《关于内地与香港特别行政区相互执行仲裁裁决的安排》的规定进行审查。不存在《关于内地与香港特别行政区相互执行仲裁裁决的安排》第 7 条规定的情形的，该仲裁裁决可以在内地得到执行。

2020 年最高人民法院与香港特别行政区政府经协商达成《最高人民法院关于内地与香港特别行政区相互执行仲裁裁决的补充安排》，[4]对 1999 年的《关于内地

[1] 1993 年 4 月 29 日海峡两岸关系协会、中国公证员协会与财团法人海峡交流基金会签署了《海峡两岸公证书使用查证协议》。司法部发布《海峡两岸公证书使用查证协议实施办法》（司发〔1993〕006 号）。根据该协议及其实施办法，双方同意相互寄送涉及继承、收养、婚姻、出生、死亡、委托、学历、定居、扶养亲属及财产权利证明公证书副本。关于寄送公证书副本及查证事宜，双方分别以中国公证员协会或有关省、自治区、直辖市公证员协会与财团法人海峡交流基金会相互联系。任何个人、公证处或省以下公证员协会不得向海基会寄送公证书副本或答复查证事项。

[2] 1999 年 6 月 18 日最高人民法院审判委员会第 1069 次会议通过，法释〔2000〕3 号。

[3] 法〔2009〕415 号。

[4] 法释〔2020〕13 号。该安排第 1、4 条自 2020 年 11 月 27 日起施行，第 2、3 条自 2021 年 5 月 19 日起施行。

与香港特别行政区相互执行仲裁裁决的安排》进行了补充修订。其中,将原安排第1条修改为:"内地人民法院执行按香港特区《仲裁条例》作出的仲裁裁决,香港特区法院执行按《中华人民共和国仲裁法》作出的仲裁裁决,适用本安排。"这一修改扩大了香港特别行政区法院可执行的内地仲裁裁决的范围。另外,新安排还修改了第2条第3款,对于被申请人在内地和香港特别行政区均有住所地或者可供执行财产的,申请人可以分别向两地法院申请执行。

(二)相互认可和执行当事人协议管辖的民商事案件判决

1. 背景

在法院判决的相互认可和执行方面,内地与香港特区之间存在较大的分歧。长期以来,香港特区法院的判决无法在内地得到认可与执行。如1998年3月香港高等法院裁决香港瑞昌置业有限公司、巨龙集团公司、黎某刚、温某娟等四被告偿还原告香港美达多财务有限公司1.3亿多元,在香港仅执行了6000多万元财产,而其中有三个被告在广州有多处房产和地产,因两地间没有相互认可和执行法院判决的安排,香港特区高等法院的裁决不能在内地获得认可与执行,当事人不得不在内地法院重新起诉。〔1〕

在"利登利公司等申请承认和执行香港特别行政区高等法院民事判决案"〔2〕中,厦门市中级人民法院审查后认为:"目前,内地法院与香港特别行政区法院尚未就相互承认和执行民事判决事项作出安排,因此,内地法院受理此类申请没有依据。"最终,法院对该案不予立案受理,并向申请人说明了理由,告知其有权就本案向内地有管辖权的人民法院重新起诉。在"远侨投资有限公司申请承认香港法院民事诉讼判决之法律效力案"〔3〕中,法院以同样理由拒绝承认香港特区法院的判决。

同样,内地法院的判决也一直难以在香港特区得到直接认可和执行,其中最大的障碍在于香港特区法院一直拒绝承认内地法院判决的终局性。〔4〕 在1996年香港高等法院审理的"集友银行诉陈某君案"中,福建省中、高两级人民法院作出判决,要求被告陈某君作为担保人赔偿贷款方集友银行4万多美元。但在集友银行要求香港法院承认和执行内地司法判决程序中,内地败诉方向福建省人民检察院提出申诉,随后检察院提出抗诉。由于内地抗诉程序已展开,香港法院法官认为,该判决并不是最终及不可推翻的,因此不具有终局性。〔5〕 此后,集友银行案作为先例在香港

---

〔1〕 参见徐玛丽、王天喜:《美达多财务有限公司诉瑞昌置业有限公司等借款合同案》,载《中国法律》2000年第4期。

〔2〕 载《人民法院案例选》2001年第1辑,人民法院出版社2001年版。

〔3〕 福建省泉州市中级人民法院民事裁定书,(2001)泉民字第01号。

〔4〕 Nanping Liu, *A Vulnerable Justice*: *Finality of Civil Judgements in China*, 13 Columbia Journal of Asian Law 35 (1999).

〔5〕 Chiyu Banking Corp. Ltd. v. Chan Tin Kwun (集友银行诉陈天君案),[1996] 2 HKLR 395。

回归后的一系列相关案件中被援用。

双方有关部门就此问题进行了长期协商。香港特区政务司于2002年3月起草了一份《香港特别行政区与内地相互执行商事判决》的咨询议案。[1] 后经过多次磋商,最高人民法院和香港特区政府律政司于2006年7月14日在香港签署了《关于内地与香港特别行政区法院相互认可和执行当事人协议管辖的民商事案件判决的安排》(以下简称《协议管辖安排》)。[2]

2. 主要内容

《协议管辖安排》共18条,主要内容包括:

(1)适用范围

该安排只适用于"内地人民法院和香港特别行政区法院在具有书面管辖协议的民商事案件中作出的须支付款项的具有执行力的终审判决"(第1条);而案件所涉法律关系仅限于"当事人之间的民商事合同,不包括雇佣合同以及自然人因个人消费、家庭事宜或者其他非商业目的而作为协议一方的合同"(第3条)。[3]

(2)具有执行力的终审判决

对于什么是"具有执行力的终审判决",一直是内地与香港特区谈判的焦点问题。《协议管辖安排》给出的定义是:所谓"具有执行力的终审判决",在内地是指最高人民法院的判决;或高级人民法院、中级人民法院以及经授权管辖第一审涉外、涉港澳台民商事案件的基层人民法院依法不准上诉或者已经超过法定期限没有上诉的第一审判决,第二审判决和依照审判监督程序由上一级人民法院提审后作出的生效判决。《协议管辖安排》还特别规定:"当事人向香港特别行政区法院申请认可和执行判决后,内地人民法院对该案件依法再审的,由作出生效判决的上一级人民法院提审。"(第2条第2款)

(3)受理法院和受理条件

申请认可和执行符合本安排规定的民商事判决,在内地向被申请人住所地、经常居住地或者财产所在地的中级人民法院提出,在香港特别行政区向香港特别行政区高等法院提出(第4条);申请人应当提交申请书、判决书副本、证明书、身份证明

[1] 载香港特区立法会CB(2)2020/01-02(01)号文件。

[2] 内地方面,该《协议管辖安排》于2006年6月12日由最高人民法院审判委员会第1390次会议通过。根据双方一致意见,该《协议管辖安排》自2008年8月1日起生效。2008年7月3日最高人民法院公告,法释〔2008〕9号。在香港方面,香港特区立法会于2008年4月23日正式通过了与《协议管辖安排》相一致的《内地判决(交互强制执行)条例》[Mainland Judgments (Reciprocal Enforcement) Ordinance],该条例也于2008年8月1日起生效。

[3] 最高人民法院在一起船舶碰撞纠纷案中指出:"本案属于因船舶碰撞产生的侵权纠纷,不是民商事合同法律关系,不应当适用《安排》的规定。"中华人民共和国最高人民法院民事裁定书(2010)民申字第872号。

材料等。

(4)拒绝认可和执行的理由

判决有下列情形之一的,不予认可和执行:根据当事人协议选择的原审法院地的法律,管辖协议属于无效;判决已获完全履行;根据执行地的法律,执行地法院对该案享有专属管辖权;根据原审法院地的法律,未曾出庭的败诉一方当事人未经合法传唤或者虽经合法传唤但未获依法律规定的答辩时间;判决是以欺诈方法取得的;执行地法院就相同诉讼请求作出判决,或者外国、境外地区法院就相同诉讼请求作出判决,或者有关仲裁机构作出仲裁裁决,已经为执行地法院所认可或者执行的;违反内地社会公共利益,违反香港特别行政区公共政策的。

(5)申请执行的期限

申请人申请认可和执行的期间为二年。

(6)受理期间的财产保全

法院受理认可和执行判决的申请之前或者之后,可以按照执行地法律关于财产保全或者禁止资产转移的规定,根据申请人的申请,对被申请人的财产采取保全或强制措施。

(7)《协议管辖安排》的溯及力

内地与香港特别行政区法院自该安排生效之日(含本日)起作出的判决,适用该安排。

《协议管辖安排》生效后,内地法院已承认和执行了多起香港法院判决。[1]

香港方面为了实施《协议管辖安排》,于2008年颁布了《内地判决(交互强制执行)条例》(香港特区法律第597章)[2]。但是由于《协议管辖安排》本身的局限性,导致香港法院很少有机会适用。直到2016年2月16日,香港特区高等法院在"吴作程 v. 梁儷 AND OTHERS"一案中,正式承认了深圳市中级人民法院的一项民事调解书。[3]

(三)香港居民在内地离婚诉讼的管辖权

最高人民法院1984年4月14日《关于原在内地登记结婚,现双方均居住香港,他们发生离婚诉讼,内地人民法院可否按〈关于驻外使领馆处理华侨婚姻的若干规定〉的通知办理的批复》[4]规定:"对于夫妻双方均居住在港澳的同胞,原在内地登

---

[1] 如迅盈控股有限公司(SWIFTSURPLUSHOLDINGSLIMITED)与达信管理有限公司(TOPVISIONMANAGEMENTLIMITED)申请认可和执行香港特别行政区法院民事判决案,广东省肇庆市中级人民法院(2014)肇中法民二初字第1号民事裁定书等。

[2] Mainland Judgments (Reciprocal Enforcement) Ordinance, L. N. 195 of 2008.

[3] 香港特区高等法院HCMP 2080/2015号判决书。被认可的是深圳市中级人民法院民事调解书,(2014)深中法涉外初字第91号。

[4] (84)法民字第3号。

记结婚的，现在发生离婚诉讼，如果他们向内地人民法院请求，内地原结婚登记地或原户籍地人民法院可以受理。”这是最高人民法院专门针对港澳同胞离婚诉讼特别管辖权所作的规定。我国《民事诉讼法》没有规定婚姻缔结地法院拥有离婚案件的管辖权，作为一种例外，即根据上述最高人民法院的司法解释，在一定条件下婚姻缔结地法院对该类离婚案件可以行使管辖权。只要有一项条件不具备的，内地法院就不应受理此种案件。具体条件包括：(1)离婚案件的双方当事人均为港澳居民；(2)婚姻缔结地在内地；(3)双方在港澳离婚确有困难；(4)双方都回内地并共同请求内地人民法院处理其离婚问题。

在“香港居民蔡某祥诉王某心离婚诉讼管辖权异议案”[1]中，原告蔡某祥为香港居民，与被告王某心在福建省晋江市办理结婚登记手续。后共同在香港定居。后来原告蔡某祥向晋江市人民法院提起离婚诉讼。而被告王某心在答辩中提出管辖权异议，称本案并非一般普通离婚案，它涉及在港的重婚问题，在香港可一并审理。离婚案应由香港法院受理较为实际；一审法院驳回被告对管辖权的异议。但二审法院审查认为本案应由当事人直接向香港法院起诉。

(四)相互认可和执行离婚判决

改革开放前，香港法院离婚判决曾被内地拒绝承认。1974年5月17日，《最高人民法院关于一方当事人向香港法院起诉离婚对香港法院所作离婚判决我法院不予承认的复函》，函告上海市高级人民法院：“你院(74)沪高法民字第293号请示收悉。我们认为，关于×××与×××离婚一案，应由你市有关法院根据我国法律另行判决，香港法院判决不予承认。”[2]改革开放后，随着内地与香港居民通婚现象的增多，内地法院开始放宽对香港离婚判决的承认。1991年9月20日最高人民法院在《关于我国公民周芳洲向我国法院申请承认香港地方法院离婚判决效力，我国法院应否受理问题的批复》[3]中向黑龙江省高级人民法院指出：我国公民周芳洲向人民法院提出申请，要求承认香港地方法院关于解除英国籍人卓见与其婚姻关系的离婚判决的效力，有管辖权的中级人民法院应予受理。受理后经审查，如该判决不违反我国法律的基本原则和社会公共利益，可裁定承认其法律效力。

不过上述最高人民法院批复并非司法解释，只具有个案效力，各地法院在实践中仍有不同做法。北京市和江苏省法院曾经根据上述批复承认过香港法院离婚判

---

〔1〕 中国应用法学研究所编：《人民法院案例选(1992-1999年合订本)》民事卷(上)，中国法制出版社2000年版。

〔2〕 (74)法民字第3号。

〔3〕 (91)民他字第43号。

决中解除婚姻关系的效力。[1] 2007年6月8日,广东省高级人民法院《关于暂时不予承认香港特别行政区法院离婚判决法律效力的批复》,批复中山市中级人民法院:"你院报来的关于《×××申请承认香港法院离婚判决一案的请示》收悉。经研究,答复如下:香港回归后,香港特别行政区与内地尚未就相互承认生效判决达成相关安排。对于香港法院作出的离婚判决,暂时不予承认为宜。你院在裁定不予承认该离婚判决的法律效力时,应告知当事人可向内地人民法院提起离婚诉讼。"[2]

在香港,《香港内地判决(交互强制执行)条例》也不适用于内地法院离婚判决的执行。2010年,香港特区终审法院在"马琳诉杨军离婚案"中,直接根据《婚姻诉讼条例》承认了深圳市中级人民法院作出的一项离婚判决。[3] 这是香港回归后首次承认内地法院离婚判决,具有历史意义。2010年12月15日,香港特区立法会修订了《婚姻法律程序与财产条例》,确认了经认可的内地法院离婚判决的法律效力。香港特区律政司表示,将与内地就订立相互认可和执行婚姻判决安排的相关事宜进行讨论,以实现两地婚姻判决的流通。[4]

2017年6月20日,根据《香港特别行政区基本法》第95条的规定,最高人民法院与香港特别行政区政府经协商,终于达成了《最高人民法院、香港特别行政区政府关于内地与香港特别行政区法院相互认可和执行婚姻家庭民事案件判决的安排》(以下简称《婚姻家庭安排》)。根据该安排的规定,当事人向香港特别行政区法院申请认可和执行内地人民法院就婚姻家庭民事案件作出的生效判决,或者向内地人民法院申请认可和执行香港特别行政区法院就婚姻家庭民事案件作出的生效判决的,适用该安排。当事人向香港特别行政区法院申请认可内地民政部门所发的离婚证,或者向内地人民法院申请认可依据《婚姻制度改革条例》(香港特区法例第178章)第V部、第VA部规定解除婚姻的协议书、备忘录的,参照适用该安排。

2022年2月14日,最高人民法院正式公布《关于内地与香港特别行政区法院相互认可和执行婚姻家庭民事案件判决的安排》司法解释,自2022年2月15日起施行。[5]

(五)相互认可和执行民商事案件判决

2019年1月14日,最高人民法院审判委员会第1759次全体会议讨论通过了

---

〔1〕参见刘某燕申请认可和执行香港特别行政区法院民事判决案,北京市第三中级人民法院民事裁定书,(2015)三中民特字第6540号;郦某申请承认香港法院判决案,江苏省南京市中级人民法院民事裁定书,(2015)宁民初字第64号。

〔2〕粤高法民一复字(2007)6号。

〔3〕ML v. YJ, FACV, 20/2009.

〔4〕香港特区立法会司法及法律事务委员会《有关内地与香港相互认可与执行婚姻判决的资料》,立法会CB(2)1781/10-11(04)号文件。

〔5〕法释〔2022〕4号。

《关于内地与香港特别行政区法院相互认可和执行民商事案件判决的安排》(尚未生效)。2019 年 1 月 18 日,最高人民法院副院长杨万明和香港特别行政区政府律政司司长郑若骅分别代表两地在北京签署该项安排。该安排旨在建立内地与香港特别行政区法院相互认可和执行民商事案件判决的制度性安排,实现两地民商事案件判决的异地流通,减轻当事人在两地重复诉讼之累,同时也节省两地的司法资源。该安排具有以下特点:

第一,在案件类型上,将两地同属民商事纠纷的各类案件判决基本全部纳入互认范围。本安排签署后,加上之前已经签署的《婚姻家事安排》,两地法院 90%左右的民商事案件判决将有望得到相互认可和执行。

第二,在判决类型上,将两地生效判决均纳入适用范围。两地分属不同法系,法律制度、诉讼程序有较大差异。双方求同存异、彼此理解,充分尊重对方的审判程序,将各自的生效判决包括内地的再审判决全部纳入。

第三,在互认内容上,将金钱判项、非金钱判项均纳入互认范围。香港根据其《外地判决(交互强制执行)条例》规定,仅认可和执行其他法域民商事案件判决中的金钱判项。在本安排商签过程中,双方秉持"一国"原则,将金钱判项和非金钱判项全部纳入互认范围。

鉴于该项《内地与香港特别行政区法院相互认可和执行民商事案件判决的安排》范围广泛,包含了当事人协议管辖的情形,故该安排施行之日即同时废止 2006 年《协议管辖安排》;同时考虑到尊重当事人意思自治,作了过渡期的规定,即该安排生效前,当事人已签署《协议管辖安排》所称书面管辖协议的,仍适用前一安排。对于《婚姻家事安排》中规定的案件的判决认可和执行,仍然适用《婚姻家事安排》。

《内地与香港特别行政区法院相互认可和执行民商事案件判决的安排》签署后,在香港将转化为当地法例、在内地转化为司法解释后,在两地同时生效。该安排已经由最高人民法院审判委员会审议通过,目前尚待香港转化为本地法例后才能生效实施。

值得注意的是,上述《内地与香港特别行政区法院相互认可和执行民商事案件判决的安排》并不适用于破产案件。因此在我国香港特别行政区法院进行的清盘程序的法律效力尚不能为我国内地法院所认可。[1]

(六)仲裁程序相互协助保全

2019 年 3 月 25 日,最高人民法院审判委员会第 1763 次会议通过了《关于内地与香港特别行政区法院就仲裁程序相互协助保全的安排》,并于 2019 年 4 月 2 日于香港签署,自 2019 年 10 月 1 日起生效。

---

〔1〕 熊某丽、阿尔法企业控股有限公司等借款合同纠纷案,最高人民法院执行裁定书,(2021)最高法执监 209 号。

根据该安排,香港仲裁程序的当事人,在仲裁裁决作出前,可以参照《民事诉讼法》《仲裁法》以及相关司法解释的规定,向被申请人住所地、财产所在地或者证据所在地的内地中级人民法院申请保全。内地仲裁机构管理的仲裁程序的当事人,在仲裁裁决作出前,可以依据香港特别行政区《仲裁条例》《高等法院条例》,向香港特别行政区高等法院申请保全。

需要注意的是,该安排所称"香港仲裁程序",是指以香港特别行政区为仲裁地,并且由特定机构或者常设办事处管理的仲裁程序,具体名单由香港特别行政区政府向最高人民法院提供,并经双方确认。

该安排生效以来,内地法院已在多起案件中根据安排的规定为香港仲裁程序提供了财产保全协助措施。〔1〕

二、内地与澳门特别行政区之间

(一)相互认可和执行民商事判决

2006年2月28日《内地与澳门特别行政区关于相互认可和执行民商事判决的安排》在澳门签署,于2006年4月1日起在内地生效。〔2〕 该安排共24条,主要涉及受理认可和执行申请的管辖法院、在两地同时申请执行及其协调问题,认可判决的程序、拒绝认可的情形、当事人的救济途径,受理认可和执行请求期间的财产保全、另行诉讼等问题。

1.承认与执行的判决的范围

根据《内地与澳门特别行政区关于相互认可和执行民商事判决的安排》第1条的规定,内地与澳门特别行政区可以相互认可和执行对方法院作出的民商事案件(在内地包括劳动争议案件,在澳门特别行政区包括劳动民事案件)的判决。《内地与澳门特别行政区关于相互认可和执行民商事判决的安排》所称"判决",在内地包括:判决、裁定、决定、调解书、支付令;在澳门特别行政区包括:裁判、判决、确认和解的裁定、法官的决定或者批示。

2.受理法院

内地有权受理认可和执行判决申请的法院为被申请人住所地、经常居住地或者财产所在地的中级人民法院。澳门特别行政区有权受理认可判决申请的法院为中级法院,有权执行的法院为初级法院。

3.对申请认可与执行的判决的审查

《内地与澳门特别行政区关于相互认可和执行民商事判决的安排》规定,被请求方法院应当尽快审查认可和执行的请求,并作出裁定。被请求方法院经审查核实存

---

〔1〕 参见香港国际仲裁中心网站统计资料:https://www.hkiac.org/zh-hans/about-us/statistics。

〔2〕 2006年2月13日最高人民法院审判委员会第1378次会议通过,法释〔2006〕2号。

在下列情形之一的，裁定不予认可：(1)根据被请求方的法律，判决所确认的事项属被请求方法院专属管辖；(2)在被请求方法院已存在相同诉讼，该诉讼先于待认可判决的诉讼提起，且被请求方法院具有管辖权；(3)被请求方法院已认可或者执行被请求方法院以外的法院或仲裁机构就相同诉讼作出的判决或仲裁裁决；(4)根据判决作出地的法律规定，败诉的当事人未得到合法传唤，或者无诉讼行为能力人未依法得到代理；(5)根据判决作出地的法律规定，申请认可和执行的判决尚未发生法律效力，或者因再审被裁定中止执行；(6)在内地认可和执行判决将违反内地法律的基本原则或者社会公共利益；在澳门特别行政区认可和执行判决将违反澳门特别行政区法律的基本原则或者公共秩序。

对于根据上述规定的第(1)(4)(6)项不予认可的判决，申请人不得再行提起认可和执行的申请。但根据被请求方的法律，被请求方法院有管辖权的，当事人可以就相同案件事实向当地法院另行提起诉讼。根据上述规定第(5)项所指的判决，在不予认可的情形消除后，申请人可以再行提起认可和执行的申请。

《内地与澳门特别行政区关于相互认可和执行民商事判决的安排》生效以来，内地法院已经承认和执行了多起澳门法院判决。[1] 澳门法院判决也可以被内地法院作为证据采用。[2]

(二)相互认可和执行仲裁裁决

根据《澳门特别行政区基本法》第 93 条的规定，最高人民法院与澳门特别行政区法院经协商，达成《关于内地与澳门特别行政区相互认可和执行仲裁裁决的安排》，并于 2007 年 10 月 30 日签署，自 2008 年 1 月 1 日起在内地施行。[3]

《关于内地与澳门特别行政区相互认可和执行仲裁裁决的安排》共 16 条，内容包括适用范围；受理申请的法院的级别规定；申请认可和执行的申请书的内容及提交的具体文件要求；认可和执行仲裁裁决的条件；申请执行的期限；财产保全措施规定等。

---

〔1〕 方某与陆某某申请认可澳门特别行政区法院判决纠纷案，广东省高级人民法院民事裁定书，(2013)粤高法民一认字第 1 号；张某良等与谭某雄等申请认可和执行澳门特别行政区法院民事判决案，广东省珠海市中级人民法院民事裁定书，(2010)珠中法民认字第 1 号；梁某玫与洪某雯申请认可澳门民事判决案，广东省珠海市中级人民法院民事裁定书，(2014)珠中法民四认字第 1 号；张某、张某悦等与申请认可和执行澳门特别行政区法院民事判决特殊程序案，广东省珠海市中级人民法院民事裁定书，(2015)珠中法民四认字第 2 号；杨某、周某容等与周某康、周某敏申请认可和执行澳门特别行政区法院民事判决特殊程序案，广东省珠海市中级人民法院民事裁定书，(2015)珠中法民四认字第 1 号；徐某石诉蒋某华申请认可和执行澳门特别行政区民事判决纠纷案，江苏省南通市中级人民法院民事裁定书，(2014)通中民初字第 00125 号等。

〔2〕 北京圆明园花园别墅有限公司与刘某、梁某炳合资、合作开发房地产合同纠纷案，最高人民法院民事裁定书，(2014)民申字第 1623 号。

〔3〕 法释〔2007〕17 号。

根据《关于内地与澳门特别行政区相互认可和执行仲裁裁决的安排》的规定，澳门特别行政区仲裁机构及仲裁员按照澳门特别行政区仲裁法规在澳门作出的民商事仲裁裁决、内地仲裁机构依据《仲裁法》在内地作出的民商事仲裁裁决，除特别规定情形的，都可以分别在内地和澳门特别行政区得到认可和执行。对于被执行人在内地和澳门特别行政区均有财产可供执行的，当事人可以分别向内地、澳门特别行政区法院提出认可和执行的申请，内地、澳门特别行政区法院都应当依法进行审查。对申请予以认可的，法院就可以采取执行措施，查封、扣押或者冻结被执行人财产。仲裁地法院应当先进行执行清偿。内地、澳门特别行政区法院执行财产的总额，不得超过依据裁决和法律规定所确定的数额。对于一方当事人向一地法院申请执行仲裁裁决，另一方当事人向另一地法院申请撤销该仲裁裁决，被执行人申请中止执行且提供充分担保的，执行法院应当中止执行。

(三)仲裁程序相互协助保全

2022 年 2 月 25 日，最高人民法院常务副院长贺荣和澳门特别行政区政府行政法务司司长张永春分别代表两地签署《关于内地与澳门特别行政区就仲裁程序相互协助保全的安排》(以下简称《仲裁保全安排》)。《仲裁保全安排》在内地已转化为司法解释，在澳门将刊登在政府公报。经双方协商一致，《仲裁保全安排》于 2022 年 3 月 25 日在两地同时生效。[1] 这是自澳门回归祖国以来，内地与澳门签署的第 5 项司法协助安排，标志着两地仲裁协助的全面覆盖，实现"一国"之内比与其他国家更加紧密的司法协助。

《仲裁保全安排》共 12 条，对保全的类型、适用的仲裁程序、申请保全的程序、保全申请的处理等作了规定。《仲裁保全安排》将适用的仲裁程序限定于内地与澳门仲裁机构管理的仲裁程序，不包括临时仲裁程序和其他国家或者地区仲裁机构管理的仲裁程序。需要说明的是，考虑到澳门仲裁机构数量较少，《仲裁保全安排》未再限定澳门仲裁机构的条件。

三、海峡两岸之间

(一)概论

自 1992 年以来，我国大陆人民法院审理的涉台民事案件每年递增 7%以上，经济纠纷案件年均递增 26%。我国台湾地区法院审理的涉及大陆的民事案件也逐年递增。两岸判决的相互承认与执行问题逐步被提上两岸相关机关的议事日程。

我国台湾地区 1992 年 7 月 16 日颁布的"台湾地区与大陆地区人民关系条例"第 74 条规定："在大陆作成之民事确定裁判、民事仲裁判断，不违背台湾地区公共秩

---

〔1〕《最高人民法院关于内地与澳门特别行政区就仲裁程序相互协助保全的安排》(法释〔2022〕7 号)。

序或善良风俗者,得声请法院裁定认可。前项经法院裁定认可之裁判或判断,以给付为内容者,得为执行名义。前二项规定,以在台湾地区作成之民事确定判决、民事仲裁判断,得声请我国大陆法院裁定认可或为执行名义者,始适用之。”

(二)《最高人民法院关于认可和执行台湾地区法院民事判决的规定》

2015年6月2日最高人民法院审判委员会第1653次会议通过了《最高人民法院关于认可和执行台湾地区法院民事判决的规定》,[1]自2015年7月1日起施行。该规定施行之后,《最高人民法院关于人民法院认可台湾地区有关法院民事判决的规定》(法释〔1998〕11号)、《最高人民法院关于当事人持台湾地区有关法院民事调解书或者有关机构出具或确认的调解协议书向人民法院申请认可人民法院应否受理的批复》(法释〔1999〕10号)、《最高人民法院关于当事人持台湾地区有关法院支付命令向人民法院申请认可人民法院应否受理的批复》(法释〔2001〕13号)和《最高人民法院关于人民法院认可台湾地区有关法院民事判决的补充规定》(法释〔2009〕4号)同时废止。

该规定的具体内容如下:

1. 我国台湾地区法院民事判决,包括我国台湾地区法院作出的生效民事判决、裁定、和解笔录、调解笔录、支付命令等;刑事案件中作出的有关民事损害赔偿的生效判决、裁定、和解笔录,以及我国台湾地区乡镇市调解委员会等出具并经我国台湾地区法院核定的调解文书等,也可以适用该规定。

2. 申请认可我国台湾地区法院民事判决的案件,由申请人住所地、经常居住地或者被申请人住所地、经常居住地、财产所在地中级人民法院或者专门人民法院受理。

3. 申请人申请认可我国台湾地区法院民事判决,应当提供相关证明文件,以证明该判决真实并且已经生效。

4. 人民法院受理认可我国台湾地区法院民事判决的申请之前或者之后,可以按照《民事诉讼法》及相关司法解释的规定,根据申请人的申请,裁定采取保全措施。

我国台湾地区法院民事判决具有下列情形之一的,裁定不予认可:(1)申请认可的民事判决,是在被申请人缺席又未经合法传唤或者在被申请人无诉讼行为能力又未得到适当代理的情况下作出的;(2)案件系人民法院专属管辖的;(3)案件双方当事人订有有效仲裁协议,且无放弃仲裁管辖情形的;(4)案件系人民法院已作出判决或者中国大陆的仲裁庭已作出仲裁裁决的;(5)香港特别行政区、澳门特别行政区或者外国的法院已就同一争议作出判决且已为人民法院所认可或者承认的;(6)我国台湾地区、香港特别行政区、澳门特别行政区或者外国的仲裁庭已就同一争议作出

---

〔1〕 法释〔2015〕13号。

仲裁裁决且已为人民法院所认可或者承认的。

认可该民事判决将违反一个中国原则等国家法律的基本原则或者损害社会公共利益的，人民法院应当裁定不予认可。

5. 经人民法院裁定认可的我国台湾地区法院民事判决，与人民法院作出的生效判决具有同等效力。

(三) 海峡两岸的司法实践

1. 我国大陆

自从 1998 年《最高人民法院关于人民法院认可台湾地区有关法院民事判决的规定》(法释〔1998〕11 号)颁布以来，我国台湾地区法院判决在我国大陆的认可和执行已不存在法律障碍。[1]

我国台湾地区仲裁机构作出的仲裁裁决也能够根据上述规定在大陆得到认可。例如，和华(海外)置地有限公司申请认可我国台湾地区中华仲裁协会仲裁裁决效力案。[2]

2. 我国台湾地区

我国台湾地区法院较早开始承认大陆法院的离婚判决。1995 年 9 月 20 日，台湾板桥地方法院认可了江苏省南京市中级人民法院作出的一项离婚判决，成为首例被我国台湾地区法院认可的离婚判决。此后，人民法院所作的离婚判决不断被台湾法院认可。1996 年 1 月 19 日，台湾桃园地方法院认可了福建省厦门市中级人民法院作出的一项损害赔偿金的判决，为首例承认金钱赔偿的判决。此后，被我国台湾地区认可的大陆法院判决越来越多。[3]

不过，我国台湾地区"最高法院"2007 年在判决中认为，大陆作成的民事判决被认可后，仅具有执行力而不发生既判力。[4] 该判决在海峡两岸遭到广泛质疑。[5]

(四) 认可和执行我国台湾地区仲裁裁决

1998 年发布的《最高人民法院关于人民法院认可台湾地区有关法院民事判决的规定》第 19 条规定："申请认可台湾地区有关法院民事裁定和台湾地区仲裁机构裁决的，适用本规定。"根据该条规定，人民法院在司法实践中已办理若干起认可和执行我国台湾地区仲裁裁决的案件。但是，仲裁裁决直接套用对法院判决认可和执

---

〔1〕 相关案例参见《2014 年人民法院涉台司法互助典型案例》，载《人民法院报》2015 年 7 月 1 日，第 3-4 版。

〔2〕 厦门中级人民法院民事裁定书，(2004)厦执行字第 137 号。

〔3〕 详细情况参见王建源：《论两岸民事司法中判决的认可与执行问题》，载《台湾研究集刊》2004 年第 4 期；王冠玺、周翠：《两岸民事判决的认可与执行问题研究》，载《法学研究》2010 年第 3 期。

〔4〕 我国台湾地区 96 年度台上字第 2531 号判决和 97 年度台上字第 2376 号判决。

〔5〕 有关评论参见王冠玺、周翠：《两岸民事判决的认可与执行问题研究》，载《法学研究》2010 年第 3 期。

行的规则,明显忽略了仲裁裁决与法院判决在认可和执行方面的差异,特别是审查条件上的差异(其中有些审查条件甚至相冲突)。在实践中,内地与港澳之间对法院判决和仲裁裁决的认可和执行也是分别签署安排的。鉴于此,最高人民法院决定于2015年6月30日发布《关于认可和执行台湾地区仲裁裁决的规定》,同年7月1日起施行。

根据该规定第2条规定:"本规定所称台湾地区仲裁裁决是指,有关常设仲裁机构及临时仲裁庭在台湾地区按照台湾地区仲裁规定就有关民商事争议作出的仲裁裁决,包括仲裁判断、仲裁和解和仲裁调解。"该条款明确了可予认可和执行的我国台湾地区仲裁裁决的认定标准及其外延,进一步扩大了认可和执行的范围。该规定的其他规定大多参考了《纽约公约》以及与港澳地区两个安排的做法。

参考文献

一、中文著作

1. 韩德培主编:《国际私法》(第 3 版),高等教育出版社、北京大学出版社 2014 年版。
2. 李双元、欧福永主编:《国际私法》(第 6 版),北京大学出版社 2022 年版。
3. 李浩培:《国际民事诉讼法概论》,法律出版社 1996 年版。
4. 黄进:《宏观国际法学论》,法律出版社 2022 年版。
5. 万鄂湘主编:《中华人民共和国涉外民事关系法律适用法条文理解与适用》,中国法制出版社 2011 年版。
6. 章尚锦、杜焕芳主编:《国际私法》(第 6 版),中国人民大学出版社 2019 年版。
7. 丁伟主编:《国际私法学》(第 3 版),上海人民出版社 2013 年版。
8. 刘仁山:《国际私法与人类命运共同体之构建》,法律出版社 2019 年版。
9. 徐冬根:《国际私法》,北京大学出版社 2016 年版。
10. 蒋新苗:《国际私法本体论》(第 2 版),法律出版社 2021 年版。
11. 林燕萍主编:《新编国际私法学》,北京大学出版社 2021 年版。
12. 王国华:《海事国际私法原论》,北京大学出版社 2007 年版。
13. 何其生主编:《国际私法入门笔记》,法律出版社 2019 年版。
14. 杜焕芳主编:《国际私法练习题集》(第 4 版),中国人民大学出版社 2018 年版。
15. 袁发强:《国际私法学》,北京大学出版社 2012 年版。
16. 霍政欣:《国际私法(英文版)》(第 3 版),对外经济贸易大学出版社 2021 年版。
17. 霍政欣:《国际私法学》(第 2 版),中国政法大学出版社 2020 年版。
18. 邹国勇:《外国国际私法立法选译》,武汉大学出版社 2017 年版。
19. 杜涛:《国际私法国际前沿年度报告(2011-2016)》,法律出版社 2017 年版。
20. 中华人民共和国外交部条约法律司编:《海牙国际私法会议公约集》,法律出版社 2012 年版。

二、外文著作

1. Zheng Sophia Tang, Yongping Xiao & Zhengxin Huo, *Conflict of Laws in the People's Republic of China*, Cheltenham, Elgar, 2016.
2. Martin Davies & Andrew Bell et al., *Nygh's Conflict of Laws in Australia*, 10th

edition, Sydney, 2019.

3. Jonathan Harris, Dicey, *Morris & Collins on the Conflict of Laws*, 16th edition, London, Thomson Sweet & Maxwell, 2022.
4. Ugljesa Grusic & Christian Heinze et al., *Cheshire and North's Private International Law*, 15th edition, London, Oxford University Press, 2017.
5. François Mélin, droit international privé, 7e édition, Gualino, 2016.
6. Jean-pierre Laborde Jean Derruppe, Droit international privé, 18e édition, Dalloz, 2014.
7. Bernard Audit & Louis d'Avout, Droit international privé, 6e édition, Paris, Economica, 2010.
8. Sandrine Clavel, droit international privé, 4e édition, 2016.
9. Stephen G. A. Pitel (ed.), *Private International Law in Common Law Canada: Cases, Text and Materials*, 4th edition, Emond, 2016.
10. Janet Walker, *Halsbury's Laws of Canada-Conflict of Laws*, LexisNexis Canada, 2020.
11. Brilmayer, Goldsmith & OConnor, *Conflicts of Law: Cases and Materials*, 8th edition, Aspen, 2019.
12. Herma Kay, Larry Kramer, Kermit Roosevelt & David Franklin, *Conflict of Laws, Cases, Comments, Questions*, 11th edition, West, 2022.
13. Symeonides & Perdue, *Conflict of Laws: American, Comparative*, International Cases and Materials, 4th edition, West, 2019.
14. Born & Rutledge, *International Civil Litigation in United States Courts*, 6th edition, Aspen, 2018.
15. Kegel & Schurig, Internationales Privatrecht, 9 Aufl., C. H. Beck 2004.
16. von Hoffmann & Thorn, Internationales Privatrecht, 10 Aufl., C. H. Beck 2022.
17. Haimo Schack, Internationales Zivilverfahrensrecht, 8 Aufl. München: C. H. Beck, 2021.
18. Bernard Dutoit & Andrea Bonomi, Droit international privé suisse, 6e édition, Bâle, Helbing Lichtenhahn, 2022.
19. Kazuaki Nishioka & Yuko Nishitani, *Japanese Private International Law*, Hart, 2021.
20. Geert van Calster, *European Private International Law*, 3rd edition., Hart, 2021.
21. Magnus&Mankowski, *European Commentaries on Private International Law*, Vol. Ⅰ-Ⅲ, Köln, Verlag Dr. Otto Schmidt, 2019.
22. Gilles Cuniberti, *Conflict of Laws: A Comparative Approach-Text and Cases*, 2nd edition, Edward Elgar, 2022.